真实与方法（四）

音乐考古学图像资料研究成果导读

贾伯男　向娟慧　孔义龙 ◎ 主编

文化艺术出版社
Culture and Art Publishing House

图书在版编目（CIP）数据

真实与方法. 四, 音乐考古学图像资料研究成果导读 / 贾伯男, 向娟慧, 孔义龙主编. — 北京：文化艺术出版社, 2022.3
ISBN 978-7-5039-7372-7

Ⅰ. ①真… Ⅱ. ①贾… ②向… ③孔… Ⅲ. ①音乐—考古学—中国 Ⅳ. ①K875.5

中国国家版本馆CIP数据核字(2023)第002581号

真实与方法（四）
——音乐考古学图像资料研究成果导读

主　　编	贾伯男　向娟慧　孔义龙
责任编辑	董良敏　袁可华
责任校对	董　斌
书籍设计	姚雪媛
出版发行	文化藝術出版社
地　　址	北京市东城区东四八条52号（100700）
网　　址	www.caaph.com
电子邮箱	s@caaph.com
电　　话	（010）84057666（总编室）　84057667（办公室） 　　　　　84057696—84057699（发行部）
传　　真	（010）84057660（总编室）　84057670（办公室） 　　　　　84057690（发行部）
经　　销	新华书店
印　　刷	国英印务有限公司
版　　次	2023年12月第1版
印　　次	2023年12月第1次印刷
开　　本	710毫米×1000毫米　1/16
印　　张	30.5
字　　数	610千字
书　　号	ISBN 978-7-5039-7372-7
定　　价	128.00元

版权所有，侵权必究。如有印装错误，随时调换。

本书为国家哲学社科基金艺术学项目

（项目编号：21BD057）系列成果

指导委员会

王 红　王 玲　王子初　王小盾　王希丹　王克芬　王金旋　牛龙菲
李 玫　李荣有　吕钰秀　杨 瑾　陈秉义　金 重　和云峰　郑汝中
　　　　金经言　郑祖襄　郭 净　洛 秦　曹 林　符桑尼

编辑委员会

主　编：

贾伯男　向娟慧　孔义龙

编　委：

黄若昕　王 萍

编者感言

近年来，在中国音乐史学的分支学科中，中国音乐考古学成果丰硕，学科理论日趋完善，梯队建设十分健全，是学科意识较强、发展速度较快，对史学及音乐学推动较大、影响较广的学科。

在音乐考古学中，乐器与图像研究几乎各占半壁江山，而由于图像与乐器的差异性较大，各自的研究对象和方法等均有差异，所以图像研究往往自成体系。作为中国音乐考古学中的重要组成部分，图像文物研究也取得了长足的发展。针对中国音乐考古学中图像资料的丰硕研究成果，我们尝试编写一部成果导读对近年来长期耕耘在这一领域的学术研究者的工作做出力所能及的回顾与梳理。于是，我们采取了一种归纳法，从该交叉学科诸多领域的成果中归纳出四个方面：一、音乐图像的发现与实物材料的发布；二、成果的催生与思维的启迪；三、研究方法与研究历史；四、中外音乐考古图像资料集成。从而构成导读的大框架。

为保证编撰的客观性、全面性及相对准确性，在导读编写过程中，我们曾向许多专家学者请教编撰方案，得到王子初先生、李荣有先生、金经言先生等专家学者的建设性意见，以及其他专家学者们提供的代表性成果的电子文本，为编撰带来了极大的便利。在此，我们对他们的关爱与支持表达最真挚的敬意与感谢！

我们编写的目的主要有三个：一是整合中国音乐考古学中图像资料研究的优秀成果，将该领域的基本特征与发展面貌分类型、分层次、分疏密浓淡地呈现在读者面前；二是通过呈现该领域优秀的研究成果，展现前辈学者们卓越的成就，让大家领略到辛勤耕耘的学者，特别是那些耗费毕生心血的前辈学者在其成果中蕴含的科研精神；三是通过尽可能清晰的成果呈现，为关心、从事图像文物研究的同人特别是初级研究工作者提供真实有效的引导。

在具体的方式方法上，考虑到各篇章内容的差异，我们还须做些简单说明。

1. 由于我们还不具备全面、高度评价很多成果的资格和水平，所以该导读并未将评价作为编写的首要任务。我们的任务是尽可能多地呈现中国音乐考古学中图像资料研究的优秀成果，特别是在原文或原著的呈现与评述之后，还通过"拓展"环节为大家提供阅读的通道与窗口，从而使该书真正具备"阅读"与"查找"的双重功能。

2. 从结构上讲，每篇的总体结构可概括为两部分，第一部分是"呈现原始的报道、论文或著作"，第二部分是"评述与拓展"。由于各篇涉及的领域不同，呈现的目的也不同，所以在表述上略有变化。

3. 在摘录各种代表性成果的观点时，当遇到原成果的探讨对象及论点与导读在本节中整体想要强调的论点略有偏差时，我们会摘录某些可能是原成果中非核心的论点。

4. 本书收录的论文出自不同时期的不同刊物，它们的格式、体例均不统一，且不同专家作者的文字表述习惯也不尽相同。为了尊重原文、尊重作者，我们并未按现代图书出版的编辑规范对原文做完全统一的修改，而是尽量保留原文的表述方式与基本格式。

5. 部分章节中收录了原文中的一些图片、谱例及表格等，编号按照篇、章、序号排列，如第一篇第三章的第五张图片，即图 1.3.5。其中第二篇（上）用 2.1；第二篇（下）用 2.2，如第二篇（下）第三章的第一张图片，即图 2.2.3.1。为方便读者查找，凡引用的图片、谱例及表格均在注释标注原图序号，如未标记，则原文没有序号。

6. 由于本书篇幅有限，我们对部分成果的内容进行了有选择性的摘录，并未呈现全文，并对原成果中的图片、表格进行了删减，若读者想更进一步了解相关内容，烦请参见成果原文。

7. 本书的每一篇排序均按照时间顺序展开，第一篇采用中国历史年代的排序方法，第二、三、四篇按照作者出版或发表完成的时间为依据。

8. 由于近年来中国音乐考古学在国际音乐学界上拥有一席之地；敦煌学本身的特殊性和国际音乐图像学的发展，中国图像文物研究得到了许多国外学者的广泛关注，因此在第二篇、第四篇和部分扩展中筛选了外国学者的文章，供读者开阔视野。

大家看得出来，我们的出发点和愿望是好的，但真正做起来才感觉水平非常有限，不够精准或详尽之处请大家谅解！

诚然，中国音乐考古学虽然走过了八十余年的风雨，但真正有意义的学科建设在 20 世纪 80 年代方才开始，而有关图像资料的研究也是在此时才刚刚开始。经过 30 多年的发展，无论是基础材料研究成果还是研究方法和相关工具书上，都有快速的积累。此书及其中提到的论著所反映的只能算是该领域发展过程的上一阶段成果，未来中国音乐考古学中的图像研究将在哪些领域进行探索并推出怎样的成果无疑是前辈学者的期望，更是年轻学者们肩负的责任。

谨以此书献给曾为图像资料研究建起灯塔的引路者们！献给砌起该领域基石立起学科大厦而倾注毕生心血的跨世纪建设者们！献给在该领域紧紧跟随、相互激励的新世纪青年学者们！

2022 年 2 月 21 日于广州

目　录

第一篇　音乐图像的发现与实物材料的发布

第一章　新疆呼图壁康家石门子岩画和甘肃嘉峪关北黑山列舞岩画 / 3

　　第一节　文物介绍与调查报告 / 3
　　第二节　评述与扩展 / 5

第二章　宴乐渔猎纹铜壶、成都宴乐武舞图铜壶 / 8

　　第一节　文物介绍与发掘报告 / 8
　　第二节　评述与扩展 / 11

第三章　长沙马王堆一号汉墓、西汉侍其繇墓击筑图 / 15

　　第一节　发掘报告 / 15
　　第二节　评述与扩展 / 23

第四章　河南南阳军帐营汉画像石墓、成都羊子山乐舞百戏画像石 / 27

　　第一节　发掘报告 / 27
　　第二节　评述与扩展 / 32

第五章　密县打虎亭汉墓、酒泉十六国墓、西安东郊唐苏思勖墓、白沙宋墓壁画 / 36

　　第一节　发掘报告 / 36
　　第二节　评述与扩展 / 57

第六章　成都天回山崖墓乐舞俑、鄂州七里界4号墓卧箜篌乐俑、西安西郊中堡村唐墓乐舞俑 / 61

　　第一节　文物介绍与发掘报告 / 61
　　第二节　评述与扩展 / 68

第七章　南京西善桥南朝墓、邓县彩色画像砖墓 / 73

　　第一节　发掘报告 / 73
　　第二节　评述与扩展 / 81

第八章　太原北齐徐显秀墓、北齐东安王娄睿墓 / 85

　　第一节　发掘报告 / 85
　　第二节　评述与扩展 / 103

第九章　莫高窟 220 窟 / 107

　　第一节　研究报告 / 107
　　第二节　评述与扩展 / 115

第十章　莫高窟 156 窟 / 126

　　第一节　研究报告 / 126
　　第二节　评述与扩展 / 129

第十一章　斫琴图 / 132

　　第一节　文物介绍 / 132
　　第二节　评述与扩展 / 133
　　拓　展 / 135

第二篇　成果的催生与思维的启迪

第一章　《先秦两汉时期云南的民族舞蹈》/ 139

　　第一节　原文 / 139
　　第二节　评述与拓展 / 155

第二章　《解析敦煌舞谱结构的钥匙——"十六字诀"说和"乾舞谱"说》/ 157

　　第一节　原文 / 157
　　第二节　评述与拓展 / 170

第三章　《周代钟镈正鼓对称顾龙纹断代》/ 172

　　第一节　原文 / 172
　　第二节　评述与拓展 / 182

第四章 《汉画像的音乐学研究》/ 184

  第一节　绪论及目录 / 184
  第二节　评述与拓展 / 187

第五章 《台北故宫博物院绘画中的音乐图像研究》/ 190

  第一节　原文 / 190
  第二节　评述与拓展 / 200

第六章 《宋、元、明琵琶图像考——琵琶乐器汉化过程的图像分析》/ 202

  第一节　原文 / 202
  第二节　评述与拓展 / 207

第七章 《礼复乐兴：两汉钟鼓之乐与礼乐文化图考》/ 210

  第一节　前言及目录 / 210
  第二节　评述与拓展 / 221

第八章 《丝绸之路考察中发现的问题——古代竖笛出现年代新论》/ 224

  第一节　原文 / 224
  第二节　评述与拓展 / 240

第九章 《艺术中的音乐》/ 242

  第一节　序及目录 / 242
  第二节　评述与拓展 / 261

第十章 《唐代墓葬中的胡人伎乐形象与唐代的乐籍制度》/ 263

  第一节　原文 / 263
  第二节　评述与拓展 / 272

第十一章 《从音乐图像学看契丹—辽时期的音乐文化交流》/ 275

  第一节　原文 / 275
  第二节　评述与拓展 / 292

第十二章 《朝鲜境内高句丽墓音乐壁画的内容、分类及特征》/ 295

  第一节　原文 / 295
  第二节　评述与拓展 / 302
  拓　展 / 303

第十三章 《敦煌曲谱研究》/ 307

第一节 原文 / 307
第二节 评述与拓展 / 322

第十四章 《敦煌壁画中的五弦琵琶及其唐乐》/ 324

第一节 原文 / 324
第二节 评述与拓展 / 340

第十五章 《敦煌壁画乐史资料总录与研究》/ 343

第一节 引言、目录 / 343
第二节 评述与拓展 / 357

第十六章 《敦煌壁画乐舞研究》/ 359

第一节 序、目录 / 359
第二节 评述与拓展 / 361
拓　展 / 366

第三篇　研究方法与研究历史

第一章 《音乐图像学及音乐图像研究》/ 371

第一节 原文 / 371
第二节 基本内容及意义 / 379

第二章 《音乐图像学的历史现状与未来发展刍议》/ 381

第一节 原文 / 381
第二节 基本内容及意义 / 393

第三章 《中国图像类音乐文物的种类与分布》/ 396

第一节 原文 / 396
第二节 基本内容及意义 / 404

第四章 《图像中的音乐史料研究视角与方法》/ 406

第一节 原文 / 406
第二节 基本内容及意义 / 413

第五章　《中国音乐图像学概论》/ 414

第一节　目录及导论 / 414
第二节　评述与拓展 / 428
拓　展 / 430

第四篇　中外音乐考古图像资料集成

第一章　《图片音乐史》/ 433

第一节　作者、概要 / 433
第二节　《上古时代的音乐》目录及译后记 / 435
第三节　基本内容及评述 / 438

第二章　《中国音乐文物大系》/ 440

第一节　基本信息摘要 / 440
第二节　目录及综述 / 449
第三节　基本内容及评述 / 465

第三章　《敦煌石窟艺术全集》/ 467

第一节　前言及目录 / 467
第二节　基本内容及评述 / 472
拓　展 / 474

第一篇

音乐图像的发现与实物材料的发布

第一章　新疆呼图壁康家石门子岩画和甘肃嘉峪关北黑山列舞岩画

第一节　文物介绍与调查报告

嘉峪关市文物清理小组：《甘肃地区古代游牧民族的岩画——黑山石刻画像初步调查》

——《文物》1972年第12期

黑山石刻画像，是在1972年5月，我市举办"出土文物展览"后，嘉峪关市动力厂黑山湖农场职工在山区牧羊时发现后提供的线索，我们立即派人同报告人前去进行了勘查。

黑山位于嘉峪关市西北的黑山湖附近。沿着崎岖的山沟，蜿蜒曲折向西北伸展，山势陡峭，地形险阻，越来越高。翻过三道叠崖，沟谷渐开，相继出现四道鼓心沟。沟宽18—24米，在沟两面绵延二里多路的崖壁石面上，散乱地分布着石刻画像（图一，略）。据初步勘察所发现的就有三十余处，当然这是不完全的数字。在沟两面起伏的悬崖陡壁下，画像一般出现在较平整的岩面上，以平凿的方法浅琢在发亮的黑紫色石岩上，看来与新疆额敏县卡拉依米里河畔、卡伊卡爱山坡上的岩画情况颇为近似。雕出的画像呈茶黄色，琢刻极浅，艺术技法虽很简单粗糙，但画境古拙，形象生动，人物粗犷有力，具有独特的风格。画像位置距沟底0.5—3米不等，有的一块壁面分几层构成一组，有的一人或一二个动物成为一个画面，画面大小不一，高0.2—2.4米，宽0.3—3米。画像内容大致有人物、马、牛、羊、虎、鹿、骆驼、狗、飞雁、鸟、围猎、射雁以及鸡、鱼等形象（图二、三、四、五、六、七、一〇、一一，略）。这也同新疆霍城县干沟、额敏县卡伊卡爱和裕民县红石头泉等地的岩画内容相似，属于游牧民族的记事画。但不同的是人物的形象，特别是衣饰装束完全不同，并且也未出现帐篷。从画面观察，雕凿工具看来只有两种，一种是宽约半厘米的平头圆背凿，一种是尖头凿。由于黑山石质非常坚硬，一般铁、石器是无法琢刻的。因而这两种工具的硬度应是很强的，可能是加钢的铁器或非常坚硬的砾石。雕琢的方法也有两种：一种是用平头凿或尖凿，只雕琢动物肢体结构的轮廓线，勾勒出动物形象，这一般是较大的形象；另一种是琢凿出轮廓后通体用尖凿加以细密的雕琢，成为微浅的阴镌画面，一般不具线条，只是把鹿角用刻线画出。其中比较大的画面，只有第四（图版九：3，略）、五（图八，略）、八（图版九：1，略）、十（图版九：2，略）、二十（图六，略）、二十二、二十六、三十等很少几处。如第八为构图较复杂的狩猎场面，在几只庞大的野牛和长角鹿的前、后、左、右有多人持弓箭进行围猎，而野牛则扬尾抵角，表现出既欲逃窜又要与人搏斗之势，十分生动逼真。野牛最大者高16厘米、长32厘米。第十为操练场面，画面组织比较规整，上下分为三组，共计三十人，每组人数多少不等。第一组九人，位于最上层，其中七人横排列队，前面有一人，持弓射箭，前有箭靶。后左侧有一人远观。第二组十二人是中间一层，其中九人横排列队，右起第一人，手牵一狗。前面有二人，一人做练武状，面前有靶状物；右侧队前较远有一人，双手叉腰做观望状，队后左侧稍远处一人，一手叉腰，一手下垂，做远观状。第三组九人，位于岩面最下层左角，其中六人横排列队，前面二人做练武状，队后面一人，在叉腰观看。人像大小不一，姿态不同。有的双手叉腰，有的一手叉腰，头上均耸立有尖长状饰物，似雉翎。细腰，有着短裙者，也有着长裙者，露足。从整个画面看，除队前练武者外，凡在队前或队后稍远处的人，可能是大小首领之类的人物。其他较大的画面，内容虽丰富，但较凌乱，是在岩面上陆陆续续信手刻画的。画的方向和方位不一，大小不等。内容有人、有兽。动物中有牛、鹿、羊、马、雁、虎、蛇等（图九，略）。有的画面上有一人双手各持举一大环，似在捕鹿，不知所持是否为捕兽工具或有别的寓意。在这已发现的三十余处岩画中，绝大多数内容与新疆的岩画一样是反映游牧、狩猎生活的，而无农业生产活动，也没有出现先进的生产工具和生活用具。个别画面虽表现了简单的军事操练，但未见刀、矛等兵器。其人物的形象与服饰，与辉县出土的战国铜鉴上水陆攻战图的风格近似。因此，看来岩画时代较早，应是我国西北地区古代游牧民族的文化遗存。

从我国古代历史上看，早在春秋战国时期，羌族在西北地区就是个强大的民族，后来匈奴族强盛，逐渐侵入西北地区，羌族退居青海、河西一带。秦至汉初，大月氏活动于祁连、敦煌之间，不久由于匈奴的侵袭，大月氏西迁葱岭，匈奴则占据河西一带。至汉武帝时，为了开通西域，于元狩二年（公元前121年），派大将霍去病驱走匈奴，固守河西走廊后，嘉峪关一带即无少数民族活动。直至汉代末叶，西北地区各民族之间，大规模的战争又趋频繁。但这时汉民族的农业等先进生产技术和文化已影响到西北各少数民族，同时在军事上刀、矛等兵器也已普遍使用，而画面上不见有所反映，也未发现任何文字。因此，我们认为这些摩崖浅雕画像，可能是羌族、大月氏或匈奴族早期的文化遗物。像这样的石刻在甘肃还是首次发现，这些记事性的岩画，对于研究甘肃地区古代少数民族的社会生活与历史文化，具有较为重要的价值。

嘉峪关黑山石刻画像调查记录（略）

《中国音乐文物大系》总编辑部：《中国音乐文物大系·新疆卷》

——大象出版社 1999 年版

呼图壁康家石门子舞蹈图岩刻

时　　代：公元前 10 世纪

藏　　地：呼图壁县康家石门子山岩峭壁下部

考古资料：1987 年，呼图壁县有关人员和新疆文物考古工作者发现了康家石门子岩刻。该地距呼图壁县约 75 千米，地处天山支脉山谷中。地理坐标：东经 86° 19'，北纬 43° 51'，海拔 1500 多米。岩刻画总面积 120 多平方米，布满大小人物 300 多身。岩刻内容反映了古代先民的祭祀场面和追求种族繁衍、生生不息的生殖崇拜图景。该岩刻人头部用浅浮雕手法，眉弓、鼻梁、两颊均微微隆起，两眼深凹，头部以下、四肢均用减地阴刻，技法水平较高。康家石门子岩刻的发现，对认识新疆古代民族的乐舞形式有较大的参考意义。

画面内容：岩刻中有一幅双头同体人像。人高约 170 厘米。人身上部用倒三角形表示躯干，双腿向左弯曲，呈舞蹈姿态。双头同体人像表现男女交合的图形，蕴含着民族始祖和创世的观念，也是人类父母相合的象征。用舞蹈姿态表示了繁衍后代的愉悦（图 2·8·5a，略）。

岩刻最上部为一列舞蹈者，共有 8 身，大小错落，产生远近感。舞人头部刻画得很真实，上身呈倒三角形，两腿修长，小腿弯曲。头上有高帽，顶部插翎羽两支。肩平展，左小臂下沉，右小臂上扬，做舞蹈状（图 2·8·5b，略）。

第二节　评述与扩展

一、传世文物与出土文物相关音乐内容及评述

《甘肃地区古代游牧民族的岩画——黑山石刻画像初步调查》是对甘肃嘉峪关市黑山石刻岩画的初步调查，介绍了岩画发现的经过，岩画的具体位置、长宽高、内容和时间断代等。在《中国音乐文物大系·甘肃卷》中将该处岩画断代为新石器时期。

呼图壁康家石门子舞蹈图岩刻位于呼图壁县康家石门子山岩峭壁下部，断代为公元前 10 世纪。《中国音乐文物大系·新疆卷》对这件文物的名称、时代、藏地、

考古资料、画面内容及图像进行了详细的阐述。

评述：新疆呼图壁康家石门子岩画和甘肃嘉峪关北黑山列舞岩画都是我国时间较早的岩画，前者为新石器时期，后者为公元前 10 世纪。二者都是保存较完整、面积较大，能直观地反映原始生活的文物，是我国现存岩画中的佼佼者。两幅岩画在排列布局方面，规整有序，条理、层次鲜明，能清晰地看到音乐仪式的布局。二者反映的均不是中原地区的音乐生活，而是边疆和草原地区的音乐文化，也体现出我国音乐文化的多样性和多元化特点。

二、其他相关报告

张军剑、尹建峰：《呼图壁又发现四处古代岩画》，《昌吉日报》2009 年 8 月 25 日。

三、器物的音乐学意义

郑汝中、董玉祥：在河西走廊嘉峪关市北 15 千米黑山峡谷中，发现许多岩刻画。有各种动物图像及狩猎图、放牧图、舞蹈图、操练图等。此幅画刻在距地面高 0.98 米的一块不规则岩石上，石面坐东北朝西南，略呈长方状。长约 2.8 米，宽约 1.03 米。

画面所描绘的场面宏大，有人物图像近 30 身，分上、中、下三层列队横排，前有单人教练，有双手叉腰者，有单手叉腰者，头上均佩戴尖长状饰物，似雉翎。图似为一种与军事有关的操练性舞蹈。（郑汝中、董玉祥主编：《中国音乐文物大系·甘肃卷》，大象出版社 1998 年版，第 279 页。）

亢骜：黑山岩画为羌族文化遗迹，岩画图像风格粗犷、手法古拙、造型生动、境界高深，具有较高的艺术价值和文化研究价值，并对研究河西走廊古代羌族的社会生活与历史文化有着极其重要的参考价值。（亢骜：《黑山石刻岩画：游牧民族的影像》，《神州民俗》2015 年第 3 期，第 32—33 页。）

古丽娅：女像通体涂朱站立。在他们脚下刻有两排欢快舞蹈的小人，高约 20 厘米（图 4，略）。舞蹈小人上身前倾，弓腰屈腿，动作整齐划一。人们仰头观看时，仿佛仍能听到远古先民进行巫术活动时边狂舞边高声呐喊的声音。这种舞蹈小人像还有一组，刻于上述舞蹈小人右侧最下方，这组舞蹈小人由一男子作引导，导引男子面向右侧，与舞蹈小人相对。舞蹈动作与前一组基本相同。导引男子的出现可进一步说明这些舞蹈的小人形象可能就是正在举行巫术活动的人们自身。

呼图壁县康家石门子岩画的发现，具有极其重大的意义，其思想内涵之丰富，超过了新疆其他地区岩画，它对于我们研究新疆地区古代民族、宗教、历史、民俗、雕刻艺术、原始舞蹈及中亚古代文明都具有重要的价值。（古丽娅：《新疆呼图壁康家石门子岩雕画的初步研究》,《美术研究》1990年第3期,第51—55页。)

王爱军、胡学军、肖志强: 它所蕴藏的原始思维、原始宗教、原始舞蹈、原始艺术等内涵,具有极高的学术价值,是反映远古时期人类祈祷、追求欢乐和野性思维活动的"标本"。[王爱军、胡学军、肖志强:《新疆呼图壁康家石门子岩画探析》,《石河子大学学报(哲学社会科学版)》2006年第2期,第1—3页。]

王子初: 音乐图像中,内容最古老的可能要算岩画了。一些岩画反映的是人类十分原始的群体乐舞场景。我们所能看到的往往只是人体的舞姿和舞人队列构图的表象,其音乐的含意是从这种舞姿和舞队表象所体现的某种律动,并辅之以对先民乐、舞不分的普遍现象的认识而感受到的。迄今为止,人们还没有从岩画中发现确切的、可以称为乐器的形象。所以一般说来,岩画可以直接描绘古人乐舞活动的场面,但并没有直接表现"音乐"。中国新疆、西藏、内蒙古、甘肃、云南、广西、贵州、四川、黑龙江等地区都发现过古老的岩画,其中有一些反映了先民乐舞生活的场面。由于中国地域广大,各地区、各民族社会发展的不平衡,相当一部分岩画的年代不一定早于公元前2000年。不过,多数岩画所反映的内容,确是人类史前社会生活的写照。乐舞岩画可以新疆的呼图壁康家石门子、内蒙古阴山和甘肃嘉峪关黑山等地的岩画为代表。(王子初:《中国图像类音乐文物的种类与分布》,《中国音乐》2013年第1期,第16—22、82页。)

林艺鸣: 在这一地带的一处绝色崖壁上,刻有数百个大小不等的人物形象的巨幅岩画,人们将它叫作康家石门子岩画。岩画图案的艺术特征是写意而非写真。男性剽悍粗犷、活力强健;女性戴冠载舞、窈窕婀娜。岩画呈现出多元的文化信息,它对研究昌吉先民的思想文化史、舞蹈艺术史、社会民族史等都具有重大的学术价值。这幅岩画被考古专家称为"天下第一岩画",又被称为"新疆古代文明的里程碑"。(林艺鸣:《新疆呼图壁县康家石门子岩画文化信息探究》,《昌吉学院学报》2013年第2期,第23—25页。)

四、相关研究成果

1. 王敏:《论呼图壁康家石门子岩画的民族特点与造型特征》,《装饰》2006年第1期,第40—41页。

2. 陈晓军:《呼图壁康家石门子岩画视觉艺术形式简析》,《新疆艺术学院学报》2010年第2期,第24—26页。

3. 艾克拜尔·米吉提:《呼图壁·岩画·雀尔沟》,《回族文学》2013年第5期,第91—95页。

4. 张莉、马登杰:《新疆呼图壁康家石门子岩画辨析》,《青海民族研究》2014年第2期,第179—182页。

第二章　宴乐渔猎纹铜壶、成都宴乐武舞图铜壶

第一节　文物介绍与发掘报告

袁荃猷：《中国音乐文物大系·北京卷》

——大象出版社 1996 年版

名　　称： 宴乐渔猎纹铜壶
时　　代： 战国
藏　　地： 故宫博物院
考古资料： 传世品。1946 年接收德人杨宁史所藏文物。此铜壶的形制及纹饰，与 1965 年四川成都百花潭中学出土的战国嵌错宴乐狩猎纹铜壶，极为相似。

画面内容： 壶形圆体，直口，深腹，平底，圈足。肩上有兽面衔环。通高 31.6 厘米、口径 10.9 厘米、足径 11.9 厘米。重 3.54 千克。壶通体刻有图像，两面相同，一面略残。生动地反映出战国时期的社会生活——宴乐、渔猎等情景。在壶的中部，上层为宴饮图像，下层为奏乐图像。图中簨虡 1 架，左边悬编钟 4 件，右边悬编磬 5 件，右侧竖建鼓 1 架。簨虡下有演奏者 6 人：左起 2 人跪坐敲钟，1 人跪坐吹一竖笛，1 人立，似吹一较短管状物，1 人立双手持槌击磬，最右边 1 人侧立，双手持槌击建鼓。从图像中可以清楚看出战国时期编钟、编磬的一种悬挂情况和演奏方法，也可看出乐队的组合形式。（图 1-2-1）

图 1-2-1　宴乐渔猎纹铜壶及奏乐纹饰[①]

[①] 袁荃猷主编：《中国音乐文物大系·北京卷》，大象出版社 1996 年版，第 168 页，原图 2·1·2c。

四川省博物馆：《成都百花潭中学十号墓发掘记》

——《文物》1976 年第 3 期

成都宴乐武舞图铜壶出土于百花潭中学十号墓，年代为战国时期。百花潭位于成都西南约一公里。1964 年夏至 1965 年春，百花潭中学扩建时发现一批战国时期的土坑墓葬，四川省博物馆先后派人进行了清理。百花潭中学第十号墓于 1965 年 2 月 26 日清理。该墓墓底两侧微斜，略呈弧形，似独木舟底的形状，推测可能为"船棺"，骨架头北足南，下肢被扰，葬式不明。

一、墓室

……

二、随葬品

共四十八件。其中陶器一件，系尖底盏形器，夹砂红陶，残甚，不能复原。铜器四十七件。分布情况是：二十八件置于铜甗内（铜戈十一件、铜矛三件、铜削二件、铜斧四件、铜凿四件、铜勺四件），六件置于铜壶内（铜矛一件、铜剑一件、铜削二件、铜条片二件），十件置于墓室北端（铜刀二件、铜矛二件、小铜鍪一件、铜匕形器二件、铜钺二件、尖底陶盏一件），四件置于下肢附近（铜壶、铜鼎、铜甗、大铜鍪各一件）（图一，略）。现分述如下：

……

壶一件。小口，长颈，斜肩，深腹，平底，圈足。肩上有兽面衔环。有盖，盖面微拱，上有三鸭形钮。通高 40 厘米、口径 13.4 厘米、腹径 26.5 厘米、足高 2 厘米。其上满布用铅类矿物错成的图像。盖面饰卷云纹、圆圈纹和兽纹。壶身以三条带纹分为四层画面，第一、二、三层的图像，两面对称，现仅介绍每层中的一个部分（图 1-2-2）。

……

右面一组为采桑图像。皆着长裳，七人有长辫，无帻，其余八人皆有帻。上部有桑树两株，枝叶茂盛，每株上各有两人用篮采桑，下有十二人用篮运桑，另有一人歌舞助兴。这组图像为我们重现了当时采桑的情景。

图1-2-2　嵌错铜壶及花纹摹本[1]

第二层，分左右两组。左面一组为宴乐武舞图像。皆有帻。左边有楼房一幢，两檐上及楼下右柱外各有一鸟。楼上六人，皆腰悬短剑。左二人右向，前一人跽坐于台上，台前较高似桌，上挂一弓，后一人立柱外，双手执长柄扇形物。右四人左向立，第一人前置两觚，双手举觯面向左面第一人，第二人一手举觯，另一手似执一勺，前面有一釜置于架上，第三人垂手而立，第四人立于柱外。楼下室内左边悬编钟一组四个，右边悬编磬一组五个。下有八人，皆右向，立与跽坐相间，四立者着长裳，双手高举，各执一桴，左边两人击钟，右边两人击磬，四跽坐者着短服，吹笙。左柱旁悬一竿，右柱下置一觚。左柱外上一人右向，长裳，佩剑，双手捧觯而饮，前置两觚，一觚上有横线三条表示热气，下一人跽坐于地，右向，着短服，前置一觚，也冒着热气。右柱外一人右向立，长裳，双手各执一桴，分别击打鼓和丁宁。鼓右一人左向立，长裳，执觚向鼓师。再右为两人相对跽坐于地，短服，左边的执一"十"字形物，右边的身后有一大鼎，鼎内有勺。其上左方有一双耳钵形器，右侧有七人，四人左向，长裳，佩剑，分作两行，右手前伸，微向上曲，左手持矛，矛柄饰带三条，做舞蹈之姿态，似即《礼记·乐记》所说的"干戚之舞"，也就是"武舞"。此壶出于四川，可能这一武舞造型，即取材于本地固有之"巴渝舞"。另外三人，两人左向立，着长裳，一人短服跽坐于地，右向。

……

---

[1] 四川省博物馆：《成都百花潭中学十号墓发掘记》，《文物》1976年第3期，原图版二。

第二节 评述与扩展

一、传世文物与出土文物相关音乐内容及评述

目前所见战国时代的宴乐纹铜壶有故宫藏宴乐渔猎纹铜壶、成都宴乐武舞图铜壶两件。

故宫藏宴乐渔猎纹铜壶为传世品，1946年接收自德人杨宁史，现藏于故宫博物院。1996年出版的《中国音乐文物大系·北京卷》，对这件文物的名称、时代、藏地、考古资料、画面内容及图像进行了详细的阐述。

成都宴乐武舞图铜壶为发掘出土文物，四川省博物馆1976年发表在《文物》第3期的《成都百花潭中学十号墓发掘记》全面翔实地介绍了该文物的发掘情况。

第一部分——墓室。对墓室的详细情况进行简单的概述，推测可能为"船棺"。

第二部分——随葬品。对四十八件出土器物分布情况、类型、形制纹饰进行详细论述。其中宴乐武舞图铜壶的壶身以三条带纹分为四层画面，第一、二、三层的图像，两面对称，文章对各层的画面内容做了全面的介绍。

第三部分——小结。这一部分对于墓的时代、铜壶的铸造地区进行了推论，认为该墓葬年代为战国时期，铜壶的铸造地就在四川，以及对于这一铜壶的发现对研究当时有关生产、生活、战争、兵器、舟楫、礼器、礼俗、服饰、建筑和工艺美术等的价值给予充分肯定。

评述：故宫藏宴乐渔猎纹铜壶为传世品，1946年被故宫博物院接收。其来源已不得而知，但就其形制和纹饰来看，与1965年四川成都百花潭中学出土的战国宴乐武舞图铜壶极为相似，因成都百花潭中学的铜壶为发掘出土，有具体的断代信息，因此以百花潭中学出土铜壶为准，判断故宫所藏宴乐渔猎纹铜壶为战国时代铜壶。其图像中有乐器、悬挂方式、演奏、组合形式等，可以直观地反映当时实际的礼乐生活。通常墓葬中的乐悬反映的是周代五礼中的凶礼，其葬制编列与实际宴乐的乐悬编列存在明显差异。因此这两件宴乐纹铜壶是目前已知最早的战国时代实际宴乐组合的文物记载。

二、其他相关报告

1. 杨宗荣：《战国绘画资料》，中国古典艺术出版社1957年版。
2. 民族音乐研究所编：《中国音乐史参考图片》第6辑，音乐出版社1958年版。
3. 郭宝钧：《考古学专刊乙种第十一号山彪镇与琉璃阁》，科学出版社1959

年版。

4. 逊时:《四川省博物馆编:〈四川船棺葬发掘报告〉》,《考古》1961年第7期,第391—394页。

5. 中国科学院考古研究所编著:《美帝国主义劫掠的我国殷周铜器集录》,科学出版社1962年版。

6. 容庚:《商周彝器通考》,上海人民出版社2008年版。

三、器物的音乐学意义

唐复年: 左面一组为宴享乐舞的场面,七人在亭榭上敬酒如仪,榭栏下有二圆鼎,二奴仆正从事炊事操作。此二圆鼎之形制,浅腹圆底,附耳附足,正与春秋至战国时期标准鼎制相合。下面是乐舞部分,《仪礼·大射》:"乐人宿县于阼阶东,笙磬西面,其南笙钟……"图中三人敲钟,一人击磬,一人持二桴(鼓槌)敲打鼓和丁宁,尚有一人持似号角状的吹奏乐器正在演奏,表现了载歌载舞的热闹场面。根据这一组纹饰中鼎和甬钟的形制,可以推断本器的时代应在春秋末至战国初期。(唐复年:《战国宴乐射猎攻战纹壶》,《故宫博物院院刊》1983年第3期,第84—86、90—102页。)

严福昌、肖宗弟: 此铜壶出于成都,为蜀国铸造,嵌错铜器类似的还有河南汲县山彪镇1号墓出土的一对大鉴,其上"水陆交战图"与此壶第三层画面相似。《商周彝器通考》875鉴上的弋射与此壶相似。比较而言,此壶图像丰富精美,尤其是保留了武舞和金鼓、丁宁助战的图像。亦有学者认为此壶宴乐、武舞、弓矢武舞图像是为古代巴渝舞之遗存。(严福昌、肖宗弟主编:《中国音乐文物大系·四川卷》,大象出版社1996年版,第156页。)

华明玲、田彬华: 目前出土的春秋战国时期的蜀乐器较多。实物有编钟(甬钟)、镈、钲、铜鼓、铜铃(丁宁)、编磬等。有些乐器虽然没有实物出土,却有相关的图文资料出土,间接证实了当时蜀音乐文化中使用乐器的情况。其中一幅战国时期的"钟磬宴乐武舞图",展示了战国时期蜀音乐文化的一些形态。1965年4月于成都市百花潭中学10号战国墓出土的1件铜壶,根据出土性质判断为蜀国铸造。现为四川省博物馆所收藏。铜壶保存完好。……这幅"钟磬宴乐武舞图"中展现的乐器有编磬、编钟、建鼓、丁宁(铃)、笙、排箫等,并展示了各种乐器的演奏方式,初现了战国时期蜀乐器的特点。[华明玲、田彬华:《三星堆出土乐器研究》,《西南科技大学学报(哲学社会科学版)》2009年第2期,第6—12、44页。]

王子初: 一些古代的乐器或一些日常生活器皿上常常有表现音乐内容的绘画和雕塑装饰,这里统称"器皿饰绘"。如北京故宫博物院所藏战国铜壶上的宴乐渔猎纹即是。它具体地描绘了其时贵族宫廷中表演钟磬之乐的实况……宴乐渔猎纹铜壶为战国器，通体刻有精美图像。壶中部，上层刻有宴饮图，下层为奏乐图。奏乐图中置簨虡1架，悬编钟4件，编磬5件。演奏者6人，持槌且歌且舞；右侧竖建鼓1架。为战国时期贵族宫廷钟磬礼乐的表演场面，也可看出当时乐队的组合形式。（王子初：《中国图像类音乐文物的种类与分布》，《中国音乐》2013年第1期，第16—22、82页。）

李荣有：（古人逐步建立了以鼓类乐器和金类乐器作为统令三军、攻守进退之号令的明确分工。）在所见青铜器表面刻绘战阵中的军乐图像中，多以简约的方式勾勒描绘了建鼓和丁宁合体悬置的形象，从而成为战阵军乐存在于世的珍贵史料信息。……成都百花潭中学10号战国墓出土铜壶水陆攻战纹军乐图。壶身以三条横向凸纹从上往下分成四层图案，第三层描绘繁纷复杂的战场格斗画面，左侧为步战仰攻图，右侧为水陆攻占图，画面之间显要位置竖立一架顶端悬戈的建鼓，底部鼓座之上斜插一枚丁宁，一人跪坐于地，双手各执一桴，左手击建鼓，右手击丁宁。……这些资料信息的重要意义，首先是证明了"钟鼓铿锵"的军乐队，在东周时代军事活动中的历史性存在。其次是由于图案空间所限，画面中的建鼓和丁宁应是"击鼓鸣金"之庞大乐队的缩写。（李荣有：《周汉时代军事主题音乐图像综考》，《艺术百家》2015年第6期，第181—188页。）

李荣有：多例出土铜壶、铜鉴等上刻绘的与战阵军乐图像相呼应的以大型金石乐悬为主体的乐舞图像，则为我们解读上古时代金石之乐的功能范围提供了新的思维途径。……成都百花潭中学出土铜壶乐舞图。壶身第二层画面栩栩如生地刻绘了钟鼓之乐与武舞的辉煌场面。画面左侧为宴乐图，堂上在宴饮，堂下为钟鼓乐舞。亭榭上6人敬酒如仪，姿态各异，榭栏左下有二圆鼎，二人作炊。堂下簨虡上左悬编钟一组4件，右悬编磬一组5件，4人立姿，双手执槌，张臂扭腰，分别边击钟磬边作舞。另4人跪坐，2人吹笙，2人吹排箫。簨虡右旁竖立建鼓，鼓下插丁宁，一人双手执桴敲击鼓和丁宁。右上方见有4名舞者，分两行排列，皆右手前伸，左手执矛而舞。……说明周代的礼乐重器不但用于宫廷雅乐，而且用于各种军事礼仪活动之中。即周代的"金石之乐"和"干戚之舞"不仅用于宫廷雅乐，也用于"五礼"之中的"军礼"仪式，这也顺应了"礼非乐不行"的基本准则，故这些和战争画面呈现于同一载体上的乐舞图像，应属于战争胜利后举行祝捷庆典仪式的军乐。（李荣有：《周汉时代军事主题音乐图像综考》，《艺术百家》2015年第6期，第181—188页。）

四、相关研究成果

1. 杜恒：《试论百花潭嵌错图像铜壶》，《文物》1976年第3期，第47—51页。
2. 唐复年：《战国宴乐射猎攻战纹壶》，《故宫博物院院刊》1983年第3期，第

84—86、90—102 页。

3. 贾建明:《战国嵌错赏功宴乐铜壶》,《历史教学》1993 年第 3 期,第 48—49 页。

4. 杨华:《宴乐桑猎画像与战国宫苑生活》,《历史教学问题》1994 年第 1 期,第 8—12、36 页。

5. 严福昌、肖宗弟主编:《中国音乐文物大系·四川卷》,大象出版社 1996 年版。

6. 华明玲、田彬华:《三星堆出土乐器研究》,《西南科技大学学报(哲学社会科学版)》2009 年第 2 期,第 6—12、44 页。

7. 袁俊杰:《两周射礼研究》,博士学位论文,河南大学,2010 年。

8. 王子初:《中国图像类音乐文物的种类与分布》,《中国音乐》2013 年第 1 期,第 16—22、82 页。

9. 秦立凯:《汉代西南体育地理研究》,博士学位论文,西南大学,2013 年。

10. 蒋孟:《巴族地区青铜艺术研究》,博士学位论文,武汉理工大学,2013 年。

11. 李荣有:《周汉时代军事主题音乐图像综考》,《艺术百家》2015 年第 6 期,第 181—188 页。

12. 胥必海:《巴国乐舞研究述评》,《中华文化论坛》2016 年第 11 期,第 109—113 页。

第三章　长沙马王堆一号汉墓、西汉侍其繇墓击筑图

第一节　发掘报告

湖南省博物馆、中国科学院考古研究所编：《长沙马王堆一号汉墓》

——文物出版社 1973 年版

长沙马王堆一号墓是 1972 年初，在湖南长沙市东郊五里牌外发掘的一座汉代墓葬。1952 年，中国科学院考古研究所长沙工作队对马王堆两土冢做调查，断定这里是一个汉墓群。1956 年，该墓葬被列为湖南省第一批重点文化保护单位。因后来某医院在该地施工，受到影响。湖南省博物馆迅速派人前往调查，决定配合该工程进行发掘，于 1972 年 1 月 16 日正式开始发掘，除墓道为后来进行部分发掘外，田野工作持续了三个多月，于 4 月 28 日结束。经专家断定，马王堆一号墓为西汉初长沙丞相轪侯利苍的夫人墓。

墓葬位置和发掘经过

……

墓葬形制

一、坟墓

此墓由封土、墓道、墓坑和墓室（墓坑下部）四部分构成，形制为长方形土坑竖穴。方向正北。从现存封土顶至墓室底部约 20 米（图三，略）。

……

墓道在墓坑北边正中。1972 年 9 月间，发掘紧靠墓坑的一段，长 8 米。根据这一段的发掘了解，墓道上口宽 5.4 米。距上口 2.2 米处设有二层台，两侧壁各向内收缩 90 厘米，形成 3.6 米的宽度。二层台向下两壁垂直稍内斜，至底部宽 2.1—2.3 米。墓道底部作阶梯式，无棱角，断面似波浪形。在靠墓坑 2 米处为斜坡，无台阶，平

铺树皮一层，上有脚窝一个。墓道坡度32°，其尽头距墓底3.5米，高于棺顶70厘米。墓道填土系坑土回填，并经过夯打。……

　　墓口在封土的下面，上距现存封土顶深4米。墓口南北长19.5米，东西宽17.8米，从墓口向下有四层台阶，每层四壁向内收缩。第一层台阶南北长16.8米，东西宽15.42米；第二层南北长14.64米，东西宽12.8米；第三层南北长12.54米，东西宽10.45米；第四层南北长12.34米，东西宽8.45米。每层台阶的高度为1—1.15米，台阶壁与台阶面所构成的角度为105°—108°。

　　……

二、葬具

　　葬具由椁室、四层套棺以及垫木组成。棺椁放置在墓室底部正中，方向正北，里外共六层（二层椁板，四层棺板），连垫木，共用木板七十块。

　　……

　　（一）椁室

　　……

　　（二）四层套棺

　　椁室中央的棺房里，放置了套合紧密的四层木棺：第一层黑漆素棺，第二层黑地彩绘棺，第三层朱地彩绘棺，第四层锦饰内棺。四层棺的形制完全相同，都作长方箱形，棺内均涂朱漆。

　　过去在长沙等地曾多次发现保存较好的战国—西汉时期的木棺，但从来没见过套合四层的棺，保存也没有这样完整。特别是两层彩绘漆棺，绘制之精是很少见的。至于锦饰内棺，更是第一次发现。

　　两层彩绘漆棺的绘制方法，与后世建筑彩画的做法十分相似，都是先用涂料将木材的表面刮抹平整，再用类似沥粉堆金的做法用油彩描绘花纹。纹样的构图，结构严谨，不留空白，讲求平衡和匀称，有时还运用对称的手法，并且画面不受边纹的局限，往往破框而出。图像的画法，多作铁线描，或平涂勾勒。在色彩方面，既表现了复杂的层次，又很讲求整体效果。如黑地彩绘棺以黑色为地，主体花纹使用黄、棕黄、褐、棕等明亮或接近暖色的调子，这样便显得既调和而又富有变化。

　　……

　　1. 黑漆素棺

　　……

　　2. 黑地彩绘棺

　　黑地彩绘棺长2.56米，宽1.18米，通高1.14米。盖板厚13厘米。四壁板高均为90厘米，其中左、右两侧板厚11厘米，头挡和足挡厚12厘米，宽96厘米。底板厚 11 厘米，宽 1.12 米，长度与盖板相同，棺内涂朱漆，右侧板内壁中上部的朱漆面上，有黑漆勾出的奔马和人，笔画草率，勉强成形。棺的外表，以黑漆为地，彩绘了复杂多变的云气纹，以及穿插其间、形态生动的许多神怪和禽兽。

黑地彩绘棺上的花纹，除盖板四侧边缘满饰带状卷云纹外，五面的四周都有宽 15 厘米以流云纹为中心的带状图案。盖板和左、右侧的云气纹均为六组，上下两列，每列三组；头挡和足挡上的云气纹则均为四组，上下两列，每列二组。在画面上出现最多的是一种面部似羊非羊，似虎非虎，顶竖长角，兽身有尾的怪物。这种怪物，往往衔蛇操蛇，也有袍服人立的，但四肢似猿，手足不分。过去在长沙、信阳等地的楚墓中，曾经发现有口吐长舌、头有鹿角、两手操蛇的木雕怪物，一般认为其为辟邪的镇墓兽，形象与此不无相似之处。……

画面的若干形象，将其与历史文献中的片段记载比附，是比较容易做到的；单把画面的全部内容联系起来做比较确切的解释，却相当困难。因此，我们对画面上的图像，除某些形状明显的动物外，概不妄加命名，而泛称其人立者为"怪神"，兽行者为"怪兽"，至于个别披发长须的人物则称为"仙人"。

现将黑地彩绘棺上的图像，按盖板、头挡、右侧面、足挡、左侧面的顺序，每个画面又先上后下，先左后右，依次编号描述如下：

盖板　主要内容为怪神操蛇衔蛇、仙人降豹等场面（图一七；图版二九，略）。
……

头挡　主要内容为歌舞、狩猎场面（图一八；图版三〇，略）。
……

（12）二怪一枭：怪神坐于云间，左方有一状如山羊的怪兽，画面仅见其前半身。怪神之上又立一枭鸟。

（13）神仙对舞：一怪神张臂摇身于前，两手各执一朱色的板状物，其后有一仙人挥动长袖，昂首箭步相随，载歌载舞。

（14）怪神弹奏：一怪神将瑟置于膝上弹奏，右方另一怪神双手举铃，且摇且跳，当为"铎舞"。

此二组是一整体，在黑地彩绘棺的全部图像中，形态最为生动。

（15）赤豹捕枭：右侧立一枭鸟，左侧云层中有一赤豹下视，做准备捕捉状。

（16）怪神射鸟：一奔走的怪神张弓欲发，其右有长尾鸾鸟，做呆立无措状。

（17）怪兽捕鸟：一怪兽扬首窥视上方的长尾鸾鸟，做行将猛扑状。

（18）仙人鞠躬。

（19）两兽逐鹤：左方伫立一鹤，右后方有一怪兽弯身静候，做欲捕状；右上方另一怪兽缓步而来，做搜寻状。

右侧面　主要内容为仙人行迹图、格斗图等（图二〇；图版二七，略）。

……

左侧面　主要内容为乐舞、格斗和狩猎的场面（图二一；图版二八，略）。
……

（43）怪神双舞：上方一怪神张臂而舞，两手各执一板状物，形象与（13）相似。下方另一怪神素衣朱带，摇铃伴奏。

（44）怪神对奏：一怪神坐于云间，手持板状物做击奏状。右下方另一怪神吹竽，与之遥相呼应。吹竽怪神前方，有一单线勾画的小雀。（图1-3-1）

图1-3-1　怪神对奏图（黑地彩绘棺左侧面纹饰 局部）①

（45）怪神骑马：……
（46）怪神格斗：……
（47）怪神独舞。
……

3. 朱地彩绘棺
……

4. 锦饰内棺
……

三、尸体

……

随葬器物

马王堆一号汉墓的随葬器物，集中放置于四个边箱之中，其中包括纺织品、漆

---

① 湖南省博物馆、中国科学院考古研究所编：《长沙马王堆一号汉墓》，文物出版社1973年版，第23页，原图二一。

器、木俑、乐器、竹笥和其他竹木器，以及陶器、竹简等，共计一千余件。另外，在锦饰内棺的盖板上发现一幅彩绘帛画、一件漆壁和三十三个桃枝小木俑，锦饰内棺和朱地彩绘棺的夹缝中发现三个着丝麻衣的小木俑和一些丝织品残片，棺内还有裹尸的衣物（图三六、图三七，略）。

……

一、彩绘帛画

……

二、纺织品和衣物

……

三、漆器

……

四、木俑

……

五、乐器

出土的乐器有瑟和竽各一具（334[①]），以及一套竽律（78）。三种乐器都保存得相当完好，其中竽和竽律为首次发现，因而在研究我国古代音乐史方面有较重要的科学价值。

出土时，瑟和竽一起放在西边箱第三层的南侧（图三七；图版二二，略）。竽装在竽衣里，斜放在瑟面上的近尾端处，外面又罩以瑟衣。竽律放在东边箱第二层的北侧（图三七，略），计十二管，分别插在竽律衣的十二个筒中。

……

（一）瑟

形制

这具瑟的瑟体用木制成。长 1.16 米，宽 39.5 厘米。瑟面略作拱形，中部高 10.8 厘米，两侧高 8.4 厘米。除首尾两端髹以黑漆外，通体光素。瑟体的下面，嵌有厚约 1 厘米的底板，用竹钉加以固定。底板的两端，有首岳和尾岳。由首岳向上探测，该处的面板厚约 2 厘米。

[①] 334 为原发掘报告中器物的出土编号，后同。

瑟面右侧，横亘有首岳一条，长 40.4 厘米，宽和高均为 1 厘米。首岳右边的面板上，有二十五个弦孔，孔距 1.5 厘米，分布不很均匀。瑟面的左侧，有外、中、内三条尾岳。内外尾岳均长 14 厘米，其左有弦孔九个；中尾岳长 11 厘米，其左有弦孔七个。尾岳的宽和高，与首岳相同。尾端又有四个系弦的木枘，枘头用银制成，饰以涡状花纹（图九四：1-5；图版二〇六，略）。

……

自宋陈旸以来，一般都认为瑟用双手并弹使"清正声相和"，即八度相和；而明朱载堉所言，则又有"隔三隔四的旁合"，即五度、四度相和的撮法。这次发现的汉瑟，依五声定弦，每组至少具有一个八度以上，则当具有双弹八度、五度和四度的可能。这种双弹法，应即《淮南子·修务篇》所说的"参弹"。

黑地彩绘棺头挡的鼓瑟图像，所表现的是另一种弹奏手法，即将瑟向左斜靠在膝上，而将另一端着地，右手弹膝上一端的弦，左手按瑟面中部的弦（图九六，略）。类似的鼓瑟图像在汉画像中往往刻画得更为清楚。……

（二）竽

竽一具（334-2），通长 78 厘米。用竹、木制成，包括竽斗、竽嘴和 22 根竽管，另在第六管上插有一"塞"。

……

这具竽的发现，还使得我们得以辨认出汉画像石中一些过去未能辨认的笙、竽图像。……

1. 竽律

竽律一套（78），共十二管。同竽管一样，也是用刮去表皮的竹管制成。各管均中空无底，制作较粗糙，壁厚约 1.2 毫米，下部有墨书的十二律吕名称。出土时，分别装在竽律衣的十二个筒形袋中。太簇管的上口微有破损，夹钟管的下部有裂痕，其余均保存完好（图版二〇四，略）。

……

根据这两点可以断定，这套竽律不是实用的乐器，而是为随葬制作的明器。

……

六、竹笥

……

七、其他竹木器（附：草席）

……

八、陶器（附：泥质冥钱）

……

九、金属品及其他

……

十、竹简

……

年代和死者

……

南波:《江苏连云港市海州西汉侍其繇墓》

——《考古》1975 年第 3 期

江苏连云港市海州西汉侍其繇墓发掘于 1973 年 12 月，该墓为男女合葬墓，具体年限应是西汉中晚期。男性墓主人叫侍其繇，侍其系复姓，女性墓主人乃其夫人。墓主侍其繇其人不见史传，从随葬的龟钮银印大体可以了解其身份，推测其可能为郡守一类的地方官。

一、墓葬形制

1. 墓圹

该墓系夫妻合葬墓，圹为长方形竖穴，方向 105°。南北长 4.9 米，宽度在北半部为 3.2 米、南半部为 3.37 米，两部分交界处有明显的错缝。墓底深度，北半部为 4 米，南半部为 4.2 米，交界处呈阶梯形（图一，Ⅰ、Ⅱ，略）。说明此墓圹南北两部分系两次挖成。……

2. 椁

圹内南北并列二木椁，均为东西向。由于墓圹底部南深北浅，所以北椁较高于南椁。两具棺椁的结构基本相同，均为单椁单棺。……

3. 棺

两椁内各置棺木一具，两棺形制全同，都为长方盒形。长宽均为 2.2 米 /0.68 米，南棺高 0.62 米，北棺高 0.65 米。……

在南棺的侧面有简单的朱绘图案，图案基本由 M 字纹组成。北棺的两侧和两端贴附有八幅卷云纹绣丝织品（两侧各三幅，两端各一幅），幅宽 0.46 米。……揭开棺盖，北棺内清水盈棺；南棺因棺木部分朽坏，所以棺内无水。两棺内各有一具骨骸，头向东，俱为仰身直肢葬，经鉴定，北棺为男性老年，南棺为女性老年。

4. 边厢

在北椁的北侧和南椁的南侧各有一座边厢，系用较小的木料拼砌而成。可能因木材质地较差，多已朽烂，盖板大多无存，残余少许也都塌陷在边厢里面。边厢都是长方形，北厢长 2.36 米、宽 0.5 米、高 0.75 米，南厢长 2.22 米、宽 0.65 米、高 0.6 米。内放部分随葬品（图一，Ⅰ略）。

二、随葬品

随葬品 102 件，绝大部分为漆器和木器，种类有漆奁（包括放在奁内的各种小漆盒）、漆食盒、漆耳杯、漆盘、漆碗、木剑、木书刀、木枕形器、鸠杖、木棍等。还有记载随葬衣服清单的木方（遣册）。其他随葬品还有铜鐎壶、铜镜、铜带钩、五铢钱、龟钮银印、玉眼盖和耳鼻塞、骨钗以及陶器等。

随葬品中，凡属容器和饮食用具如瓮、食盒、耳杯、碗、盘、鐎壶之类，均出自两边厢内。在北边厢的东端还发现竹笥残片和栗子、枣核等食物。其余如奁、铜镜、骨钗、五铢钱、木方等则出自棺内。见于男棺的随葬品还有木剑、木书刀、铜带钩及龟钮银印等。鸠杖系出自男棺盖上，木棍出自男棺底部的北侧。玉眼盖及耳鼻塞发现于女性头骨的眼眶和鼻孔内及耳部附近（图二，Ⅱ、Ⅴ，略）。

1. 漆器

38 件。其中食奁 2 件，耳杯 18 件，奁 2 件及内盛的小漆盒 2 套 10 件，盘 5 件，碗 1 件。……

这批漆器中制作比较精美的是北边厢出土的一件食奁（侍 15）和内部盛放的一套耳杯。这件漆食奁出土时已朽烂，可看出为圆筒形，有盖。内壁施红漆，底部及盖顶的中心均有黑色"中氏"印记。器盖和器身外壁以土黄色为地，用黑漆各勾绘出三个人像，并采用平涂法填以红、黄、绿各色彩漆，在人像之间杂以云气纹，上下边缘饰以斜线纹图案。所画人物为男子形象，头顶束发，系帕头，衣右衽长袖袍。其中一人做舞蹈姿态，一人奏乐，另一人似坐听者。惜该器已朽破，仅拼凑出部分画面（图版六，4、5，略；图 1-3-2）。

这件食奁内还盛放有七件漆耳杯（侍 16；1-7），还有另一件（侍 11）出自 12 号陶瓮内，应和这七件合为一套（图版六，1、3 上，略）。……

……

2. 木器

……

图 1-3-2　西汉侍其繇墓漆食奁彩绘击筑图[1]

3. 木方（遣册）2件。两棺内各出一件。
……
4. 铜器
……
5. 其他
……

第二节　评述与扩展

一、发掘报告相关音乐内容与评述

《长沙马王堆一号汉墓》由湖南省博物馆、中国科学院考古研究所编写，分上下两集，上集是墓葬情况介绍，下集是图版集合。其中，上集为四个章节加结语，第一至四章分别为：1.墓葬位置和发掘经过；2.墓葬形制；3.随葬器物；4.年代和死者。而结语则是对墓葬的年代与死者身份的分析、推断。

马王堆一号墓发掘时，考古学家对"筑"这一乐器并不了解，因此在该报告中，对"怪神击筑图"（原发掘报告中的"怪神对奏"图）没有过多叙述。但随着马王堆三号墓中，出土一件实体"筑"后，湖南省博物馆的研究人员，将一号墓与三号墓中的音乐器物、图像联系起来，对该乐器有了更清晰的阐述。

《江苏连云港市海州西汉侍其繇墓》由南波先生执笔，共三部分，第一、二节分别是对墓葬形制、随葬物品情况的叙述。第三节为结语，作者对该墓葬的墓主人身份、丧葬仪式以及工艺水准予以总结。该墓中未出土具体乐器，而有关音乐的信息，主要载于北边厢的一只食奁上，器物上描绘了古人击筑、跳舞、赏乐的场景。该图虽有所破损，但有关音乐表演的主体部分基本存在，报告中有与之相关的陈述。

评述："筑"是我国先秦时期就出现的击弦乐器，其曾受古代名士所钟爱，也在

---

[1] 南波:《江苏连云港市海州西汉侍其繇墓》,《考古》1975年第3期,第173页,原图四,1。

市井坊间流传。宋时，"筑"的光彩逐渐被湮没在历史的岁月中。此后，关于筑的记载十分稀少，对其的争论也一直存在。在考古成果尚未披露前，对筑的音响、弦数、形制等方面的研究，多依赖于古籍记载，但以往文字记录中有关该乐器的著录说法复杂，存在将其与"筝""瑟"等乐器名混淆、弦数的记录不一、演奏方法记载不同等问题。马王堆"筑"（既有乐器又有图像）的相关发现，首次展现了这一古老乐器的真实面貌，是极为重要且准确的新材料，它的出现使得学界对该乐器的研究，有了重大突破。

马王堆汉墓的发现与江苏西汉侍其繇墓出土的漆食奁彩绘击筑图，可让我们更全面、直观地认识该乐器。对于筑的形制、制作技艺、演奏方法等，是长久以来一直困扰学界的问题，马王堆、侍其繇墓的考古成果极好地回答了有关疑问。对于古代"筑"的真实形制、演奏方法，我们有了更为可信的参考与依据。将具体的图像画面，与器物的形制、发声特点，以及文献记载相结合，我们可以准确地推断出"筑"的演奏方法，进而复原这一乐器。

总的来说，两座墓葬的图像、实物资料，为我们鲜活地展现了汉代贵族音乐生活的场景，勾勒出古人音乐活动的面貌。同时，这一批出土的音乐类材料，也十分有助于我们全面了解汉初音乐文化的发展情况，对中国古代音乐史研究有着重要意义。

二、其他研究报告

1.高至喜、熊传薪主编：《中国音乐文物大系Ⅱ·湖南卷》，大象出版社2006年版。

马王堆3号墓中，出土了一件"筑"，结合这一乐器，或可对这一图像有更为清晰的认识。现将有关该乐器的研究，摘取部分予以陈示：

筑收缩，漆皮稍脱落。木质。用整木制成，首端近长方体，首部表面有蘑菇状弦枘。尾端细长似颈，剖面近菱形，尾部宽扁，上翘。在首部弦枘内侧及尾部宽扁处，各横嵌5个小竹钉，当是张5弦。通体外表髹黑漆。从此筑的大小及无音箱等来看，当是一件模型器。通长31.3米；其中首端长约15.8米、尾端长15.5米；通高3.8米，其中器身高2.9米、弦枘伸出体外高0.9米；首端宽约2.0米、尾端宽1.5—1.8厘米。①

2.湖南省博物馆、中国科学院考古研究所、文物编辑委员会：《长沙马王堆一号汉墓发掘简报》，文物出版社1972年版。

---

① 高至喜、熊传薪主编：《中国音乐文物大系Ⅱ·湖南卷》，大象出版社2006年版，第279页。

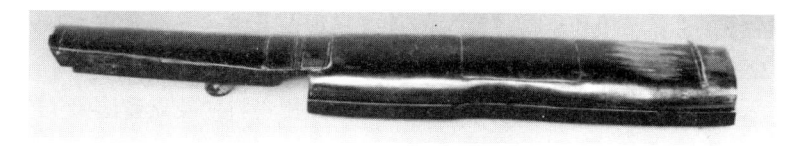

图 1-3-3　马王堆 3 号墓 "筑"①

三、出土器物的音乐学意义

1. 黄翔鹏： 马王堆一号汉墓棺头挡击筑图像（图四，略），以巫文化的色彩显示出了"楚汉旧声"在汉代王侯宫廷"房中乐"中的地位，以及击筑形象可以用作相和歌艺术之代表的重要程度。（黄翔鹏：《秦汉相和乐器"筑"的首次发现及其意义》，《考古》1994 年第 8 期，第 722—726 页。）

2. 傅举有： 秦汉以来文献，对筑的形状说法不一：如琴，如筝，如瑟，真是"横看成岭侧成峰，远近高低各不同"。半个世纪以来，考古发现了筑的图像、模型，尤其是有非常完整的实物，筑的面貌真真切切地出现在我们面前，令人欣喜！

根据目前的考古资料，我们知道筑有两种不同的形制，一种的筑头是平直的，如马王堆汉墓的，长沙市望城坡西汉王室墓的和河南省唐河县击筑画像砖上的筑；另一种筑头是往后弯的，如广西罗泊湾西汉墓的和江苏连云港西汉墓漆奁击筑图上的筑。（傅举有：《千年筑音仍绕梁——考古发现的古筑》，《中国文物报》2011 年 10 月 26 日第 005 版，第 3 页。）

3. 张金石： 有些图像为我们提供了乐器的基本形制、演奏方式以及演出环境等，如长沙马王堆 1 号墓彩绘漆棺上所绘的神人击筑图，以及侍其繇墓漆奁上的彩绘击筑图，对我们了解和确认筑这种乐器的形制和演奏手法具有十分重要的意义和价值。显然，音乐图像对于音乐史研究的意义已不言而喻。（张金石：《乐器上的图像和图像中的乐器》，《中国音乐学》2009 年第 3 期，第 101—103 页。）

四、相关研究成果

1. 傅举有、陈松长：《马王堆汉墓文物》，湖南出版社 1992 年版。
2. 何介钧：《马王堆汉墓》，文物出版社 2004 年版。
3. 项阳：《筑及相关乐器析辨》，《音乐探索》1992 年第 3 期，第 14—17 页。
4. 项阳、杨应鳣、宋少华：《五弦筑研究——西汉长沙王后墓出土乐器研究之一》，《中国音乐学》1994 年第 3 期，第 22—35 页。

---

① 高至喜、熊传薪主编：《中国音乐文物大系Ⅱ·湖南卷》，大象出版社 2006 年版，第 211 页，原图 1·12·2a。

5. 黄翔鹏：《秦汉相和乐器"筑"的首次发现及其意义》，《考古》1994年第8期，第722—726页。

6. 熊露霞：《对马王堆一号汉墓形象类音乐文物资料的几点看法》，《中国音乐学》2000年第2期，第129—133页。

7. 王子初：《2000多年前的音乐爱好者——马王堆3号汉墓出土乐器巡礼》，《上海文博论丛》2005年第2期，第20—23页。

8. 曹贞华：《马王堆三号汉墓出土音乐文物的文化属性——兼谈轪侯利氏家族与奉常、太常之关系》，《中国音乐学》2009年第3期，第83—88页。

9. 傅举有：《千年筑音仍绕梁——考古发现的古筑》，《中国文物报》2011年10月26日第005版。

10. 王卉：《试析马王堆汉墓出土音乐相关文物及图像》，载湖南省博物馆编《纪念马王堆发掘四十周年国际学术研讨会论文集》，岳麓书社2016年版，第544—553页。

第四章　河南南阳军帐营汉画像石墓、成都羊子山乐舞百戏画像石

第一节　发掘报告

南阳博物馆编：《河南南阳军帐营汉画像石墓》

——中州古籍出版社 2012 年版

　　1966 年 3 月，河南南阳军帐营村生产队在平整土地时发现一座画像砖墓。该墓年代约为东汉早期，位于今河南省南阳市军帐营村东北 17 公里。

　　墓门向北，方向为 5°，分前后两室，前室平面作横长方形，东西宽 3.80 米、进深 1.78 米、壁高 2.10 米。室的前壁用石条筑成两个并列的大小相同的墓门。墓门各高 1.36 米、宽 1.26 米。墓门全用小砖平砌封堵。前室后壁有两个通往后室的砖券门，门各宽 1.16、高 1.96 米。后室两门之间竖有中柱，与前门中柱相对应。在前后两中柱的顶部，横架一根长 2.4 米的石梁，石梁前端凿有与门楣石相吻合的卯口。与前室横梁相应的地面，铺着石条。根据四壁上部残留的小砖券筑情况看，前室应属于"四角攒尖"顶。底部用小砖顺行平铺。

　　后室　分两个并列的大小相同的砖券墓室，每室宽 1.16 米、进深 2.90 米。后室的墙壁采用平砖错缝的砌法，上部为并列券顶。后室的底部较前室稍高。后室两门各置有一块门槛石。

　　在墓内所用的十二块石条中，除三块铺底石没有刻画像外，其他九块均雕有一幅或二幅画像。雕刻的方法全是采用粗线条减地浮雕，使画像凸起。在部分画像上，还涂有红白颜色，使画像显得更为生动醒目。现将画像位置和内容介绍如下：

　　1. 墓门中柱石　两幅，正面刻伏羲、女娲图，上身着衣，下露蛇尾，相对而立，伏羲执矩，女娲执规。背面刻二门吏，皆着长衣，戴前低后高的冠。一吏执笏，一吏执节。

　　2. 墓门两侧柱的前后两面，分别雕刻着四个门吏。头戴冠，身着长衣。其中左侧柱正面一人执棨戟，右侧正面一人执彗。左右侧柱背面，中下部各有一人执棨戟，上部各刻一只展翅飞翔的朱雀，象征吉祥。

3. 门楣　正面左方刻仙人戏虎戏飞廉图，前有方相氏开路，后有一仙人执灵芝戏神虎，其后又一仙人执灵芝戏飞廉，最后有一牛与虎斗。空间并饰云气纹。正面右方刻鼓舞图，画面左边置一建鼓，虎座，上有羽葆，两侧有二鞞，两人执桴击鼓作舞。中间有方架，架上挂大钲，一人跽坐击之。右边部有三人伴奏，一人吹排箫，一人摇鼗，一人不明。图上刻有帷幔。（图1-4-1）

图 1-4-1　南阳军帐营撞钟击鼓画像石[①]

门楣背面　左刻乘龙"升仙"图，一仙人乘于龙背，前有一仙人执灵芝面向龙；前头有二虎一牛，空间云气缭绕。右刻乘飞廉"升仙"图，前有方相氏开路，后有一羽人乘飞廉，一仙人执灵芝戏龙，后有一虎和似牛怪兽。

4. 石梁　两幅，西侧刻伎乐图。图中右两人不知持何乐器，第三人吹竽，第四人鼓瑟，其后四人皆吹排箫。左边三女伎站立，可能是讴者。图上有帷幔。（图1-4-2）东侧刻乐舞百戏图，图中左起第一人作翘袖折腰舞，第二人在大型樽上作单手倒立杂技，第三人赤膊跳跃，第四人击鞞鼓，其后三人吹排箫，右边二人站立，可能是讴者。（图1-4-3）

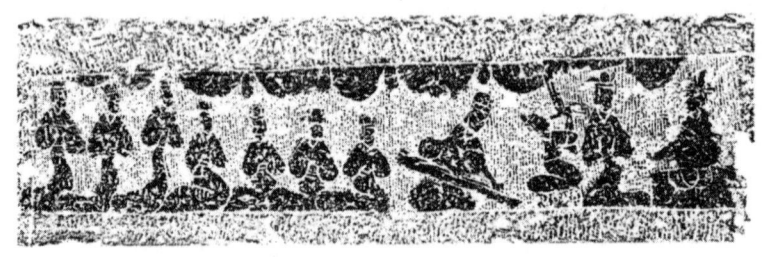

图 1-4-2　南阳军帐营抚瑟吹笙画像石[②]

[①] 南阳博物馆编：《河南南阳军帐营汉画像石墓》，载南阳汉画馆编《南阳汉代画像石墓发掘报告集》，中州古籍出版社2012年版，第143页，原图版五·2。

[②] 南阳博物馆编：《河南南阳军帐营汉画像石墓》，载南阳汉画馆编《南阳汉代画像石墓发掘报告集》，中州古籍出版社2012年版，第139页，原图二·6。

图 1-4-3　南阳军帐营乐舞百戏画像石[①]

5. 前室后中柱　正面刻二门吏，头戴锐顶冠，着长衣，二人对立，左执节，右执笏。后室门槛石正面，左刻二方连续菱格套环图案，右刻两兽相抵图。

这座墓过去曾受到严重盗掘，部分墓室结构损坏，墓内的随葬品只剩了一些残破的陶器和几枚钱币。陶器中计有红釉陶俑两件，一俑手中抱盒并提有扁壶，一俑手执锤；还有陶鸡、陶狗各两件，陶磨、红釉陶猪圈、陶熏炉、陶豆、陶奁各一件，五铢钱和货泉各一枚。

从上述墓葬形制和出土遗物看，这座墓的时代应属于东汉早期，这个时期正是南阳汉画像石的兴盛期，雕刻技法比较成熟，内容多属于反映道家"升仙"思想的图像和舞乐百戏的场面。这为研究汉代社会的历史，继承民族艺术传统提供了重要资料。

于豪亮：《记成都扬子山[②]一号墓》

——《文物》1955 年第 9 期

扬子山在成都北门外约四公里，是一个高约 10 米、直径约 160 米的大土堆。在这土堆北百余米，又有一小土堆，俗名小扬子山。1953 年 9 月，小扬子山修建砖瓦厂发现花砖墓，西南博物院和四川省文管会派员清理。

（一）

墓全部用石条和长方砖、楔形砖砌成；墓壁用石条和长方砖砌，石条是砂石，质地较硬，起券用楔形砖砌。墓全长 13.84 米，分三个室，前室较小，后室稍大，中室最大。

前室长 2.16 米，宽 2.06 米，高 2.64 米。室外有平铺的封门砖，封门砖撤去后，

[①] 南阳博物馆编：《河南南阳军帐营汉画像石墓》，载南阳汉画馆编《南阳汉代画像石墓发掘报告集》，中州古籍出版社 2012 年版，第 140 页，原图三。

[②] 一说为"羊子山"。

即露出自外向内关着的石门，门上有门额，下有门限。前室的两壁砌长方砖十三层，以上即用楔形砖起券。为了使券的高度合适，造券时也夹用长方砖。两壁自下面第五层至十一层间嵌着画像砖，每边四块，每块长49厘米，宽43厘米，排列的次序是：左右两壁的第一个画像砖合成一个"阙"；以后的次序，左壁是"车马""骑吹""收获"；右壁是"骑吹""车马""骑吏"。

前室和中室间有一道券门，券门三层，门的大小和前室一样。因为中室比前室高大些，所以券门的作用在封闭比前室高出的空隙部分。但这三层券还不能完全封闭这个空隙，所以在券上又平铺了一些砖。这里是墓的弱点部分，盗墓人便是从这里进入墓室的。

券门转入中室处和前室画像砖高度相同的地方，也各嵌画像砖一块，左壁的是"盐井"，右壁的画像砖因为适当盗洞下面，为盗墓人所破坏。

中室长7.08米，宽3米，高3.56米。墓壁下部用石条砌成。石条两层，上砌画像石，画像石上再放一层石条，石条上再砌四层长方砖，再上便是起券的楔形砖了。

画像石右壁的长6.04米，左壁的长5.12米，高0.47米。右壁是墓主人出行前呼后拥的行列，左壁前部是墓主出行的情况，后部则是杂技和宴客。

中室和后室间也有一道两层券的券门。

后室长3.48米，宽2.6米，高3.04米。没有画像砖，也没有石刻。后室两壁用长方砖砌15层，上面再用楔形砖起券。后门用平放封门砖封闭，封门砖外放石板。

……

后室内有破碎的头骨两个，人牙六枚，可能是夫妇合葬。

墓内有铁棺钉，淤土中有一片片的红漆痕，当是木棺遗迹。

（二）

这个墓的画像砖和画像石，题材和内容都很丰富。

两块"阙"的画像砖相同，都是一人执戟一人执盾立于阙前。墓前有石阙的现在存在的还不少，把"阙"的画像砖放在墓门口，大概就是代替石阙的意思。阙前执戟执盾的人大概是"门亭长"。汉代空心砖有亭长砖，河北望都汉墓壁画也画有门亭长，和这画像砖上的衣着、武器都相似。

骑吹画像砖上刻有六个骑马的人，正在奏着音乐。车马画像砖全用凸出的细线条构成，三匹马拉着一辆车，线条非常流利。骑吏画像砖上四个骑吏都是一只手拿幢，一只手执戟。四匹马的样式各不相同，极为生动活泼，在这些画像砖里算是最好的作品。收获画像砖下都是两人用镰刀割禾，这镰刀和现在用的镰刀不同，但和宝成路出土的汉代镰刀一样；另外三个人正在拾取割下的禾，一人送完了饭，手提食具，把禾担当回去；砖上部是两个人正在弋射飞鸟，身旁的绳子便是缴；池中有许多大鱼；这块画像砖是汉代农业和渔牧的写照。盐井画像砖左下角是盐井，井干上装置滑车，滑车上的绳子系着一上一下的两个桶，四个人正在提取盐卤，盐卤从竹枧流入盐锅，盐锅六口，一个人在灶旁煮盐。汉代的盐井比现在的盐井大些，从滑车的高度看来，也比现在的盐井为浅。背景是荒山，有人正在猎兽。

中室的画像石，右壁和左壁前部的石刻应该是描写墓主人出行高车驷马前呼后拥的情形，左壁的车马应该是衔接右壁之后的。右壁后部的石刻没有刻完，车马和骑吏只刻出一个轮廓，可见造墓时的仓促。

左壁中部、后部的石刻描述墓主的奢侈生活。屋子里挂着帷帐，墓主和他的宾客们坐在席上看表演杂技，席前放着案和鼎，他们一边吃喝，一边看，表演杂技时还击鼓为乐。杂技在汉代非常流行，《汉书·西域传》说刘彻："设酒池肉林，以飨四夷之客。作巴俞都卢、海中砀极，曼衍鱼龙、角觝之戏以观视之。"张衡《西京赋》："临迥望之广场，陈角觝之妙戏：乌获扛鼎，都卢缘橦，冲狭燕跃，胸突铦锋，跳丸剑之挥霍，走索上而相逢……吞刀吐火，雪雾杳冥。"说明了这块画像石都是写实作品。

帷帐隔开的两幅，席前和案上都放着食具，一人恭恭敬敬地端着案走来，席后放着博山炉。（图1-4-4）

《盐铁论·刺权篇》："贵人之家，云行于涂，毂击于道。攘公法，申私利，跨山泽，擅官市，非特巨海鱼盐也。执国家之柄，以行海内，非特田常之势，陪臣之权也。威重于六卿，富累于陶卫，舆服僭于王公，宫室溢于制度，并兼列宅，隔绝闾巷。阁道错连，足以游观；凿池曲道，足以骋骛。临渊钓鱼，放兔走犬，隆豺鼎力蹋鞠斗鸡。中山素女，抚流徵于堂上；鸣鼓巴俞，交作于堂下，妇女被罗纨，婢妾曳絺纻，子孙连车列骑，田猎出入。"这些画像砖和画像石，正是这段记载的生动的形象写影。

图1-4-4　成都羊子山庖厨宴饮和舞乐百戏石刻[①]

[①] 余德章：《从四川汉代画像看汉代酿酒》，载南阳汉代画像石学术讨论会办公室编《汉代画像石研究》，文物出版社1987年版，第232页，原图九。（编者按：原报告图片较模糊，此处引用相关文章中的图片作为补充）

王子初:《中国音乐考古学》

——人民音乐出版社 2020 年版

2. 成都羊子山乐舞百戏画像石

重庆市博物馆所藏羊子山乐舞百戏画像石，1954 年成都羊子山 1 号东汉墓出土。墓分前、中、后三室。画像石嵌于中室两壁下腰部。右壁长 604 厘米、左壁长 520 厘米、同宽 47 厘米。乐舞百戏嵌于左壁后半部。图上厅堂宽敞，内高悬帷幔。左侧是庖厨和过厅，堂左一高冠长服者跽坐于方席之上，举手指挥似为主人。身后侍婢执便面为其纳凉。左上四人席地而坐，右侧立一侍童。右边长席上五乐人，有吹笙、抚琴和歌者。（编者注：另有学者认为此五人为宾客。见廖奔《论汉画百戏》，载《汉代画像石研究》，文物出版社 1987 年版，第 120 页。）中部为舞蹈与百戏表演，上排左起第一伎，提腿伸手正跳弄三丸；第二伎左手怀抱一鼓，右手伸展，昂首跳跃，姿态矫健，为鼓舞伎；第三为反弓伎；第四伎倒立，似足蹬一物的蹬伎。下排从左起第一人似为领队，头绾双髻，面向主人跽坐，长服曳地；第二伎着广袖舞衣，腰间束带，长服曳地，翩翩起舞，舞姿雍容典雅；第三为倒立伎；第四为旋盘伎，伎者侧身跨步，右手前伸，左手曲举，掌中立一竿，上顶一盘正在旋转；第五为飞剑伎，伎者提腿反手掷三剑于空中；第六为盘鼓舞伎，地下倒覆五盘，其间置一鼓，舞者举长巾正向盘鼓上腾跃，俳优伎，赤膊作滑稽表演与其配合；另一伎着长服，正举桴击鼓，为舞者击节和伴唱。

第二节 评述与扩展

一、发掘报告相关音乐内容与评述

（一）《河南南阳军帐营汉画像石墓》

《河南南阳军帐营汉画像石墓》是对南阳军帐营东汉画像砖墓墓葬情况的简报，由南阳博物馆于 1982 年发表于《考古与文物》第 1 期，现辑录于南阳汉画馆主编的《南阳汉代画像石墓发掘报告集》中。简报中详细描述了墓葬的整体构造及墓内画像的内容，并配以插图，简洁明了，使读者对这座墓葬的整体情况有了较为清晰的认识。

（二）《记成都扬子山一号墓》

《记成都扬子山一号墓》为于豪亮所作，于 1955 年发表于《文物》第 9 期。全文共分为两个部分，第一部分阐述了墓葬的形制、概况、随葬品等；第二部分展示了丰富的画像砖内容，并引用了相关文献说明其写实性，体现了作者扎实的文学功底及细致的观察能力。

评述： 画像（砖石）是西汉末至东汉末贵族墓葬中最盛行的装饰，石刻内容质朴热烈，充满着动态情感美，反映了墓主的生活与追求，是研究汉代社会风俗的重要佐证。乐舞百戏石刻主要集中于河南南阳、山东南部及四川成都地区。这三个地区物产丰富，豪贵聚集，是汉代的商业、政治中心。[①] 乐舞百戏石刻的集中出现，体现了这三个地区宴乐活动的繁荣，以及汉画像在一定程度上反映社会风气的功能。

汉代乐舞百戏石刻数量众多，前期研究已十分丰硕。本章不再一一列举，仅从南阳群体、四川群体中分别选取两例具有代表性者，供读者参考。河南南阳军帐营墓的画像石虽不是南阳地区最精美清晰者，但其石刻内容十分丰富。三块画像石上分别刻绘了钟鼓乐、纯器乐以及乐舞百戏场景，体现了汉代宴乐的多样性。四川成都羊子山一号墓的画像石以规模宏大、内容丰富见长，不仅有完整的宴会场景、形式多样的百戏表演，连幕后的庖厨都清晰刻画，展现了一幅完整、生动的汉代贵族宴饮图。其内容、场面与河南密县打虎亭二号墓的宴乐壁画相近，可相互印证。

南阳军帐营墓和成都羊子山墓的乐舞百戏画像石能使我们从不同的角度了解汉代的宴乐形式，具有重要的代表性。

二、其他研究报告

1. 韩玉祥、李陈广主编：《南阳汉代画像石墓》，河南美术出版社1998年版。
2. 罗二虎：《川渝地区汉代画像砖墓研究》，《考古学报》2017年第3期，第373—398页。
3. 王家祐、李复华：《羊子山地区考古的几个问题》，《四川文物》2002年第4期，第9—16页。
4. 南阳汉代画像石学术讨论会办公室编：《汉代画像石研究》，文物出版社1987年版。
5. 王建中、闪修山：《南阳两汉画像石》，文物出版社1990年版。
6. 南阳文物研究所：《南阳汉代画像砖》，文物出版社1990年版。

三、出土器物的音乐学意义

李荣有： 从总体上来看，南阳早期汉墓砖（石）画中的音乐艺术形象，既体现出汉人对先秦音乐文化理念精神、艺术品格体系的包容吸收，又反映出汉代各种民

---

① 参见廖奔《论汉画百戏》，载南阳汉代画像石学术讨论会办公室编《汉代画像石研究》，文物出版社1987年版，第107—123页。

间音乐艺术形式蓬勃发展的历史面貌。如较大型的钟、鼓等先秦礼乐重器构成的综合乐队图，多见于西汉时期墓葬，其宏大豪迈、波澜壮阔的场面，充分反映出西汉开国、强盛雄踞的宏伟气概。东汉时期砖石中的音乐画像，则多见灵活多样的组合，着意突出雍容典雅的风格和绮丽华美、动人心弦的高难度百戏技艺表演。而从出土两汉墓葬砖（石）画的总量及其丰富的内容来看，则无不反映出当时南阳这个与汉代宫廷有着千丝万缕联系的大都市，在物质拥有和享受方面，与在音乐艺术的发展和享乐方面，所同样具有发达水平。（李荣有：《南阳汉墓砖（石）画中的音乐艺术形象》，《黄钟》2001年第4期，第29—34、41页。）

廖奔：成都羊子山东汉墓石刻宴饮百戏图，描绘了一幅贵族宴乐的完整场面，主人与宾客共十人，分席而坐，观看十二个伎人表演，另有立侍若干人。整个画面采用了鸟瞰透视，有合度的空间感，众多人物间架距离安排极为均衡得当，伎人演姿动感强烈，呼之欲出。（廖奔：《论汉画百戏》，载南阳汉代画像石学术讨论会办公室编《汉代画像石研究》，文物出版社1987年版，第107—123页。）

四、相关研究成果

1. 廖奔：《论汉画百戏》，载南阳汉代画像石学术讨论会办公室编《汉代画像石研究》，文物出版社1987年版，第107—123页。

2. 孙景琛、刘恩伯：《谈汉代乐舞画像石与画像砖》，载南阳汉代画像石学术讨论会办公室编《汉代画像石研究》，文物出版社1987年版，第124—140页。

3. 李幼馨：《南阳汉代画像石刻中的音乐艺术》，《南都学坛》1992年第4期，第14—19页。

4. 李荣有：《汉画与汉代音乐文化探微》，《文艺研究》2000年第5期，第94—101页。

5. 李荣有：《南阳汉墓砖（石）画中的音乐艺术形象》，《黄钟》2001年第4期，第29—34、41页。

6. 李荣有：《汉画像的音乐学研究》，京华出版社2001年版。

7. 冯振琦：《汉画乐舞的娱神功能》，《史学月刊》2006年第8期，第121—122页。

8. 刘太祥：《娱神与娱人：汉画舞乐百戏的双重愉悦功能》，载《中国汉画学会第十届年会论文集》，湖北人民出版社2006年版，第91—100页。

9. 王明丽：《有意味的组合——试析汉画中舞乐百戏图像的娱神功能》，载《大汉雄风——中国汉画学会第十一届年会论文集》，高等教育出版社2008年版，第410—414页。

10. 赵玉卿：《民俗文化视野中的汉画乐舞艺术解读——以〈南阳汉代画像石墓〉

为例》,《黄钟》2009 年第 4 期,第 138—147 页。

11. 李荣有、柯曙光:《汉画中的钟鼓乐悬综考》,载中国汉画学会、河南博物院编,张文军主编《中国汉画学会第十三届年会论文集》,中州古籍出版社 2011 年版,第 64—73 页。

12. 季伟:《从一组四川乐舞画像看汉代宴宾陈伎之风》,《交响》2012 年第 2 期,第 22—31 页。

13. 李荣有等:《礼复乐兴:两汉钟鼓之乐与礼乐文化图考》,中国社会科学出版社 2012 年版。

14. 季伟:《汉画中的俳优形象》,《交响》2014 年第 2 期,第 21—35 页。

15. 刘乐乐:《河南汉画中建鼓图的礼仪功能探析》,《文化遗产》2017 年第 3 期,第 107—117 页。

16. 杨青云:《四川汉代画像砖石乐舞图像研究》,硕士学位论文,四川省社会科学院,2017 年。

第五章 密县打虎亭汉墓、酒泉十六国墓、西安东郊唐苏思勖墓、白沙宋墓壁画

第一节 发掘报告

河南省文物研究所：《密县打虎亭汉墓》

——文物出版社1993年版

河南省密县打虎亭两座东汉墓，位于密县新县城西南约4公里的打虎亭村西。两墓坐北向南，东西并列。两墓规模较大，形制结构也较复杂，均为砖石混合结构的多室墓。西墓编为一号墓（M1），东墓编为二号墓（M2）。一号墓保留有大量雕刻精湛的石刻画像，二号墓残存有内容丰富的彩绘与墨绘壁画。两墓为研究我国东汉时期中上层统治阶级的埋葬习俗、社会生活状况、思想意识形态以及东汉石刻画像与绘画艺术等方面，提供了极其重要的实物资料。

一、墓葬概况

（一）地理环境

密县位于河南省的中部偏西地区，东接郑州市郊和新郑县，西邻登封县，北靠荥阳县与巩义市，南面与禹州市相毗连。密县是一个西靠豫西山区、东接豫东大平原的半山区与多丘陵的县。由西面延伸而来的伏牛山和嵩山余脉，分别屹立于密县的南、北边沿处，形成了密县境内南北高山对峙、中部丘陵起伏连绵的自然环境。发源于县西北马岭山脚下的绥水，横穿密县中部山岭向东南流去。绥水两侧又注入发源于密县南、北山中的洧水、溱水和其他许多小溪，汇合成双洎河，成为淮河的支流之一。因此，密县境内山峦起伏，河流纵横，有许多个大小河谷盆地。

打虎亭村及其附近一带，就是密县城西南的绥水上游面积较大的河谷盆地之一。打虎亭村位于这个盆地的中间偏南部。在村南200多米处有横贯东西、高60余米的丘陵高地（当地群众现叫"杨岭"，过去曾称"段山"），北面约300米处即是由西向东流的绥水。杨岭与绥水间为一片东西长约1.5公里、南北宽约0.5公里的土层深厚而肥沃的平坦台地。打虎亭村就在这片平坦台地的中部，打虎亭汉墓紧靠打虎亭村

的西侧（图略）。
（二）历史沿革和有关打虎亭汉墓的传说
……
（三）发现与发掘经过
……

二、打虎亭一号墓（M1）

……

三、打虎亭二号墓（M2）

（一）墓葬形制

二号墓位于一号墓之东，东西并列，墓冢相连，墓门东西相距 30 米。二号墓形制略小于一号墓。

二号墓的筑法和一号墓基本相同。先由地面向下挖出一个南面带有斜坡墓道的平面呈丁字形的土圹竖穴，然后在土圹内用石材和青砖券砌墓室。至于二号墓的土圹形制大小和墓室顶外的结构情况，由于没有发掘封土冢，所以情况不明。二号墓内共发现盗洞三处，一处在墓门处，一处在东耳室顶部，一处在后室内。现将二号墓的形制结构分别介绍于下。

1. 封土冢

位于墓室顶部之上。封土冢的西部还叠压着一号墓封土冢东部的一部分。二号墓的封土冢顶部较圆鼓，冢底呈圆形。冢底周长约 113 米，冢顶中部高 7.5 米。二号墓封土冢全用较纯净的红土与黄土混合夯筑而成，但在土冢的底部周围未见有石围墙建筑。封土冢的夯层厚度 0.40—0.50 米，每层夯面上分布着圆口平底夯杵窝印痕。由于历年的风雨剥蚀，现存冢顶略呈西高东低的斜圆形。

2. 墓道

二号墓方向为 172°。

墓道位于墓室南面，平面呈南北长方形，底部呈南高北低的斜坡状。墓道南端被近代壕沟切断。现存墓道上口南北残长 26.50 米，南端距地表深 1.20 米，北端距地表深 6.48 米。墓道口部宽于底部，口宽 5.66 米，底宽 2.44 米。从墓道北端底部高 3.42 米处起，向上的两侧壁，各挖筑有三层台阶。每层台阶高 0.68—1.02 米、台面宽 0.46 米左右。墓道两侧上壁的挖筑相当规整而垂直。墓道内的填土都经过分层夯打，夯层的厚度和夯杵窝形状与一号墓封土冢相同。

在墓道填土中，发现一些石刻画像残块和陶器残片等。

3. 墓室结构

墓室形制结构与布局和一号墓相同，只是稍小一些。二号墓由墓门、墓门内甬道、前室、中室、后室（主室）、南耳室、东耳室、北耳室以及各室的石门与甬道等部分所组成（图略）。关于券砌二号墓各部分所用的石材和砖材，从各室与甬道内面暴露的情况看，除后室（主室）、后室甬道、中室西段的券顶和中室西段墙壁是用楔形石材、方形或长方形石材进行券砌，以及各室的石门构件用石材构筑外，绝大部分墓室和甬道的券顶与周围墙壁都是用长方形大青砖和楔形大青砖加白灰券砌而成。砖材与石材的券砌情况，凡是内面用青砖券砌者，外面再加券与加砌两层砖，里外共有三层砖；凡内面用石砌者，则外面再券砌两层砖，形成内石外砖共三层。砖的大小与石材构件大小，基本都和一号墓所用的青砖与石材的形制大小相同。

墓室的外壁南北长 20.48 米、宽 18.6 米。墓室内部南北长 19.14 米、宽 16.56 米。中室顶外高 6.76 米，中室顶内高 5.86 米。墓顶与墙壁的厚度一般为 0.9—1.1 米，部分墙壁厚度有达 1.5 米左右的。墓室内与甬道内的底部，全用大青砖平铺。各室的石门构件都用石材雕砌而成。二号墓与一号墓不同之处是，凡用大青砖所券砌的墓室与甬道券顶和墙壁砖面上，都粉刷一层白灰墙皮，在打磨光滑的白灰墙皮表面部分都分别绘有墨色或彩色壁画，故往往称打虎亭二号墓为壁画墓。现将二号墓各部分的形制结构分别介绍于下。

……

（二）墓内石刻画像

……

（三）墓内壁画

……

宴乐图主题壁画　位于中室东段北壁上部。画面东西长 7.34 米、宽 0.70 米，壁画面积约 5.2 平方米，是一幅横贯东西的彩色壁画。在刷有粉白色的地上，绘出十分宏伟的宴饮、舞乐与杂技等场面。在画面上部绘出一长排垂幔，内外二层，颜色不同，间隔撩起，呈圆弧形下垂，内层带黑边的帐幔垂的是二条黑色绶带，外层红色帐幔垂的是二条红色绶带。在垂幔下面为主宾宴饮与舞乐场面（图略）。为了介绍整幅宴乐图的细节方便起见，将画面分为东西两部分依次介绍如下：

西部壁画，自西端起至宾客席为止。此部分壁画内容以幄幕中所坐主人主持宴客为中心。其主要内容是：在西部中间绘有一个面向东的长方形幄帐。幄帐顶部涂颜色鲜艳的金红色地，并加绘棕黑色云纹和鸟兽图案，顶部周围绘棕褐色加白色纵横直线的边框。幄帐四周棕红色。幄帐前面右角可以看到有撩起的红色帐幔。幄帐后面绘有四根黑色高杆，杆顶端和中间，各挂有向后飘扬的黑色长条旗。在旗杆的后面，因残破较甚，只能看出残存有人的足部和地上所放置的方形红色竹笥，以及里红外灰的盆类器皿，说明幄帐后面原来绘有一些侍人和用器。在幄帐前面绘有一个两端安有四竖一横拱状腿的棕黑色长方形几，几上放有两排共三十余个外黑内红的漆耳杯与漆盘，几前地上还放有两个灰白色盆。在幄帐前面靠前一点的地方，并列坐着两个身穿红色和褐色长衣的人，理应是主人身份，若其一为客人，当为上宾。由于残破太甚，二人的形态和头饰均不详。在幄帐和几旁两侧，分别各绘四个站着的侍人，几的右侧四个侍人，只能隐约看出红色或黑色长衣和红裤的下部与黑鞋，其他部分已残损。几的左侧四个站立侍人保存尚好，依次排列：右起第一人头戴黑色平顶帽，身穿红领口黑色长衣，下露红裤黑鞋，面向左，双手折于胸前，似与第二个侍人交谈；第二个侍人头梳发髻，上穿白领口红色长衣，腰束白褐色裙，下露红裤黑鞋，似为女侍，面向右，双手提物于胸前，与第一人交谈；第三人头戴后高前低的白色帽，身穿白领口黑色长衣，下露红裤与黑鞋，双手操于腰间，似持有物，面微向左，似与第四人谈话；第四人为头戴白色布帽，上身穿黄褐色短衣，腰束白色裙，外披黄褐色斗篷，下露红裤与黑鞋，面向右，双手端有器物，做向右行走状（图略）。在第四个侍人的后面，即画面的左下角处，还绘有铺于地上的一张黑色席，席上坐有两个身着长衣的人。其中左侧坐者，头梳两个发髻，身穿红上衣，棕色裙；右侧坐者，头绾发髻，身穿棕黑色长衣。二人相向而坐，席上放有外黑内红的漆盘与漆耳杯等物。二人好像也在做宴饮状。特别是在几前还绘有两个下跪和两个站立的人。左边下跪的人面对几后所坐的主人，上身穿黑领边红色短衣，腰束白色裙，双手端一白色盘或碗，内盛有物，做向主人供奉态；右边的跪者，上穿黑色衣，下束红色裙，双手捧物，也做向主人供奉态；中间站立的二人，均为上身穿黑色长衣，腰束白色裙，双手持物，面向主人，也做侍奉主人状。在跪者与立者的四人之背后，地上铺有一张方形席，席上放置白色的红顶与红衣的圆形盒、红色方盒和黑红色的豆漆盘与漆耳杯等用器。席的周围，有三个侍人，这三个侍人均上穿黑色短衣，腰束白色裙，下露红裤与黑鞋。其中两人站立，手中各端有物，做向前行走状。西部壁画内容，主要以主人摆宴为中心，绘出隆重的气氛和阔气的排场。围绕幄幕与主人周围的十几个侍人中，多数为女侍人，他们都在为主人的宴饮前后忙碌。

东部壁画从两排客席起至最东端为止。主要表现两排宾客正在宴饮并观看乐舞百戏表演，与主人同欢。其布局是：白西部的黑色铺席以东，在画面上下两侧，各铺有一条相互接连的棕黑色长席。席侧各坐一排嘉宾。两排宾客中，有的面向主人一侧，有的在观看舞乐百戏的表演。现将两排宾客和中央的舞乐百戏表演情况分别介绍如下。

上排所坐宾客的形态与衣着：由西向东，根据现在保存的情况及每位宾客所坐的间距分析，有25—26位宾客。发掘时，能够看出上排保存较好和能判别出残存的坐宾迹象的只有21位。人的面部多涂成黄红肉色，眉目与口鼻都用黑色绘得相当清

图 1-5-1　新密打虎亭 2 号墓宴乐壁画西段摹本 ①

晰。各位宾客的姿态和衣着，由左（西）至右（东）依次是：左起第一位宾客，头梳发髻，上身穿黑领红色衣，腰束白色裙，其右侧有一头戴白色平顶帽，身穿黑色长衣，腰束白带，下露红裤黑鞋的侍者，似为此排宾客的总侍者；第二位宾客，头梳发髻并插有许多黑色发笄，上身穿黑色衣，腰束白色与褐色加黑边裙；第三位宾客，头上插有许多黑色发笄，身穿红色衣，腰束红色裙；第四位宾客，头上插有黑色笄，身穿棕黑色衣，腰束褐色裙；第五位宾客，戴淡黑色尖顶帽并插有笄，身穿黑领红色长衣；第六位宾客，头上插有黑发笄，身穿黑领红色短衣，腰束白色裙，面向右，右手折于胸前，手中持物，似与右侧第七人做谈话状；第七位宾客，头梳圆顶形发髻，并插有黑色笄，身穿褐领棕黑色长衣，露出有褐色黑花裙；第八位宾

---

① 赵世纲主编：《中国音乐文物大系·河南卷》，大象出版社 1996 年版，第 142—143 页，原图 3·1·2a（局部）、图 3·1·2a（局部）。（编者按：原报告图片较模糊，本文引《中国音乐文物大系·河南卷》中的图片作为补充，下同）

客，头戴凹腰形帽并插有发笄，身穿黑领边红色长衣，腰束粉白色裙，右手向前微伸，左手端一件褐色杯，似做饮酒状；第九位宾客，头绾圆形发髻，插有黑色笄，身穿黑领红色长衣，腰束红色裙，右手微前伸，左手拿一圆形扇状物；第十位宾客，头绾后高前低的发髻（或头戴后高前低的棕黑色帽），身穿白领褐色加黑色条长衣，双手前伸，扭头向右；第十一位宾客，头梳圆形发髻，插有发笄，身穿黑领灰白色长衣，右手似握团扇，左手折于胸前，手拿一件袋状物；第十二位宾客，头绾三个圆鼓形发髻，并插有黑发笄，身穿黑领边金红色加黑边长衣，双手相操于腰前；第十三位宾客，头绾圆形发髻，插有黑发笄，身穿红领棕黑色白边长衣，右手前伸拿一把团扇；第十四位宾客，头梳双层圆发髻，并插有黑色发笄，身穿白色领加黑花的朱红色黑边长衣，手中似拿有物；第十五位宾客，头绾圆形发髻，插发笄，身穿灰色敛口的黑色带白点的短衣，腰束灰白色裙，面向右，右手向左伸，手中持有一件红色圆形物，左手放于膝上，此人右边应还有宾客，惜残损较甚，只能看出几个人的残迹。在这十五位宾客的座席前，成排地放置着众多的红漆盘与漆盒等用器，在红色漆盘中还放有许多漆耳杯等物。第十六位宾客与第十五位宾客之间的壁画已损毁，按距离计算应有二人。第十六位宾客的前部已损毁，只能看他头绾三个椭圆形中空发髻，身穿白领红色长衣，其后放有黑红色圆盘与耳杯；第十七位宾客，仅残存左侧的长衣一部分；其右的残损部分，估计还少两位宾客；第十八位宾客，头部残，身穿红领棕黑色长衣；第十九位宾客，头绾圆形发髻，身穿白领红色长衣；第二十位宾客，头戴黑色平顶帽，身穿白领灰色长衣，腰束白色裙；第二十一位宾客（东面的一位），头绾发髻，身穿白领红色长衣，腰束白色裙。

  下排宾客的情况是，由左（西）至右（东）共有十七位，其中有的保存形象较完整，有的残损较甚。大部分人面向左（西）方侧坐，尚能看出一部分面部，有些虽系向左方侧坐，但头又向前视，所以只能看到后部。下排宾客的姿态和穿着由左向右依次是：左起第一位宾客，头戴黑色平顶帽，身穿黑领边红色长衣，腰束褐色裙，面前席上放一件红色盒和一件红里黑表的杯状物；第二位宾客，上部残，仅能看出身穿灰黑色长衣，面前席上放二件红色耳杯；第三位宾客，头绾高髻，身穿黑色领红色长衣，身后有褐色黑花带条；第四位宾客，头戴白色布巾，身穿白色领黑色长衣，后有灰色飘带；第五位宾客，头部束妆不清，身穿黑领红色短衣，腰束粉白色裙，身后有灰色飘带；第六位宾客，头戴白色布巾，身穿红色领黑色长衣，腰束白色长裙，身后有红色飘带；第七位宾客，头戴黑色布帽，身穿黑色领的黄红色长衣，身后有棕黑色带；第八位宾客，头戴白色黑边帽，身穿红领棕黑色长衣，腰束褐色裙和红色腰带；第九位宾客，头戴灰褐色圆形帽，并插有发笄，身穿黑色领红色长衣，腰束褐色带并伸于身后；第十位宾客，头戴黑色圆形帽，并插有发笄，身穿灰白色领黑色长衣，腰束白色带；第十一位宾客，头戴后高前低的灰褐帽，双侧插有发笄，身穿灰白色领红色衣，腰束白色裙，因面向前，只能看出头的后部；第十二位宾客，头绾三个圆形发髻，插有发笄，上身内穿黑色短衣，下束白色裙，外披红色斗篷；第十三位宾客，仅能看出头部，下残；第十四位宾客，头有发髻，上穿黑色领红色加灰道长衣，外披灰色斗篷，右手前伸拿一件红色盘，左手微上举；第十五位宾客，头梳圆形凹腰发髻，插有发笄，身穿白领棕黑色长衣，腰束红色带；第十六位宾客，头绾圆形发髻，身穿白领黑色长衣，下露出红色长裙，面向右（后），右手抱有放在双膝上的一个小孩，做沉思状；第十七位宾客，则是坐在第十六位宾客面前灰白色木鱼上的一个五六岁幼儿，儿童头梳成一根线状向后弯曲，上身穿红色背心，下身穿白短裤，两腿下垂，足穿白口黑鞋，双手略向前伸，面对第十六位宾客比画什么，颇为有趣。在下排宾客的面前也分别绘有红色漆盘与漆盒，漆盘中还有几个红色漆耳杯等用器。幼儿所坐的那件灰色木鱼，鱼头向右，口微张，形象十分生动。下部的席座至此到头，说明下排宾客要比上排宾客少得多。

　　两排宾客席座的中央正在表演舞乐百戏。舞乐百戏表演的场面，从画面分析应从下排左起第一人的前方、上排左起第二人的前方部分开始，一直向右（东）延伸。现将舞乐百戏表演的场面分九个部分依次介绍于下。

　　第一部分（左起），似有两个人在进行魔术表演，其内容是：左侧一个魔术师头戴白色黑檐帽，身穿黑色长衣，腰束褐色带，下露红色裤与黑鞋。他弯身向前，左手掌上有一件红色椭圆形物，右手前伸展开，似将椭圆形物交于面前的坐者；面前的坐者头梳高发髻，上身穿黑色短衣，腰束白裙，双手正在摆弄面前一件红色大盘中放置的红面白壁的圆形盒状物，身后放有一个黑杆红圆饼状的东西，在二人的下部还放有一大一小的红棕色木盆。从二人的形态和面前所放物品看，二人好像在耍魔术，因图面比较模糊，已分辨不出在变什么魔术。

　　第二部分，有二人在表演踏鼓舞。其内容是：左侧的表演者，头戴黑色宽檐尖顶帽，面部化妆成白色猴面，上身穿黑色半露短衣，右手前伸，左臂上举，露出白色内衣，腰束白色短裙，下穿红色束口细裤，足蹬尖头黑鞋。左腿上弓，右足尖点地，面前地上绘有一件红色扁圆鼓，正做踏鼓腾空舞蹈状；右侧的表演者，头戴露出发髻的白色圆帽，身穿短衣和束口长裤，上身外套黑色背心，腰束红色带，足穿红鞋，双膝跪地，双手前伸也做表演状。两个表演者翩翩舞姿十分动人。在两个表演者之间的下部，还绘有一个红扁鼓，旁边有一圆盘，盘内放有几个红色耳杯。另在左侧表演者的一侧，还放有一件黄盘黑座的高柄豆。

　　第三部分，两人坐于席上为踏鼓舞击鼓伴奏。席横放。两人跽坐于席上，均面向左侧的踏鼓表演者。其中右边的一人，头绾发髻，身穿黑色领红色上衣，腰束白色裙，双手前伸做击鼓状；左边一人，头戴白色帽，上身穿红领黑色长衣，腰束红褐色裙，双手前伸也做击鼓状。两人的面前各放有一个白面黄壁的圆鼓，也放有红色圆盘，盘内放红色耳杯和三件黑色长条形物。此两人应是在为左侧踏鼓表演者击鼓伴奏（图略）。

第四部分，舞蹈。中间一人，头戴黑顶白色帽，上身穿白色长袖衣，外套黑色红边敞开背心，腰束白色长裙和红色腰带，长袖前拂，正翩翩起舞。右侧一人头戴白色尖顶帽，身穿黑色白花条与红条贴身短袍，腰束红色带，下穿红色束口裤，脚穿黑色长筒靴，右腿前伸，左腿后弓，双手拿一根黑色细长杆的吹火器在表演。吹火器的前端呈喇叭状，直伸向舞蹈者的面前。舞蹈者左侧一人，头梳发髻，身穿黑条与红条短袍，下穿红色长筒靴，双手抱乐器在进行伴奏。三人之间的地面上除绘有一件白面黑心的黄色圆鼓外，还绘有一个盘状物，盘内有红色火焰。另在吹火表演者的后面（右侧）还放置一件圆鼓和一件红面灰壁的圆形盒，红面上有一条白色沟槽，不知此圆形盒状物作何用途。此画面应是表现一人起舞，二人伴奏。

第五部分，顶棍表演。表演只有一人，头戴圆顶宽檐帽，上身穿黑色短衣，腰束白色裙，跪坐于红色圆形物上，右手上折于胸前，左手折举于胸前，左手心向上，手心中竖立有四根相接连的黑色棍状物，横棍顶竖棍，再加横棍与竖棍，形成险情而不掉落。表演者集中精力双目注视手中的棍子，给观众造成更为紧张的气氛。在表演者的周围，也放有圆鼓、红里黄壁的盆状物，特别是还有两捆用白色在中间捆绑的红色圆状物，不知有何用途。

第六部分，掷丸表演，由二人进行。表演者中间放一件内白外黑的长方形敞口木匣，木匣两侧有二人正在进行掷丸表演。左侧的表演者，头发向后扎起，上身穿棕黑色短衣，右臂外露，腰束黑色短裙，下着红色瘦细的束口裤与黑鞋，颈部所围红巾向后飘起。他的演姿是面向右上方微仰，双目注视右前方的弹丸，左腿向前弓立，右腿略弯，左臂前伸又内折，手掌向上做接弹丸状，右手向右下方斜伸而上举，做向对方传掷弹丸；右侧的表演者，头发也向后扎起，上身穿红色短衣，腰束褐白色黑边短裙，下着红色瘦细的束口裤与黑鞋。他的演姿是面向左，双臂斜向下而又折举向上，双手展开，手心向上，分别做接弹丸与传掷弹丸状。左腿斜向下蹬，右腿上弓。二人之间的空中有十个灰白色弹丸在上下轮转，表演得十分认真。在右侧表演者之后，有两个手拿圆竖形长笙的跪坐者，似在吹笙为掷丸者伴奏。其中靠上的一人，头戴白帽，身穿棕褐色长衣，双膝跪地，双手抱一件白色竖筒笙；靠下的一人，头绾三个兽耳形发髻，身穿黑色长衣，也做跪状，双手也抱有一件白色竖筒笙。两个表演者与吹奏者的周围，还放置有内红外黑的漆盆等物（图略）。

第七部分，残破较甚，只能看出有三个人在进行杂技表演。中间的一人，头戴黑色平顶帽，上身穿蓝色衣，腰束瘦白裙，并在腰部左侧挂一个黄色剑状物，双足并立在一块红布上，身微向前弯，双手拿一件淡红色平顶扇状物，遮于面前，似在表演；面前立一儿童，头戴兽耳帽，身穿蓝领褐色长衣，腰束黑红色带，双手前操，面对中间的遮面表演者；表演者的后面又有一人做跪坐状，头绾椭圆形发髻，上身穿红色衣，腰束褐白色裙，右手前伸，似与中间表演者做比画状。在这三个人之间和周围地上，还绘有红色漆盘、漆耳杯等物。

第八部分，也因部分残损，只能看出有二人是表演者。右上侧有一个头绾双圈发髻，上身穿白色圆领衣，下着红色裤，足穿黑鞋，似为儿童，做向前行走状。比较别致的是该儿童双手拿一个兽头鸟尾、下带长衣的假装，似为披在身上，做怪兽表演的。他的身后地下有一件套环，面前放一双耳鼎状物。左下侧的一个头绾椭圆形发髻，上身穿红色短衣，下着灰白色裤，双手拿一件空底圆筒状物。看样子二人好像正在准备披上假装做钻筒表演。

图 1-5-2　新密打虎亭 2 号墓宴乐壁画东段摹本[①]

---

① 赵世纲主编：《中国音乐文物大系·河南卷》，大象出版社 1996 年版，第 142—143 页，原图 3·1·2a（局部）、图 3·1·2a（局部）。

第九部分，为一排四人并坐的伴奏者，因部分残缺，只能看出他们均头戴黑色平帻，身穿长衣与腰束长裙。其中从右上侧向左依次是：第一人身穿红色上衣，腰束灰白色裙，口中似在吹笙；第二人身穿白领黑色上衣，腰束褐色红边裙，手拿一件好似红色带柄的圆形摇鼓；第三人身穿白领红色长衣加白花，腰束褐色裙，手部残损，所拿乐器不详；第四人因残损与模糊，只能看出身穿黑色长衣。在第三人与第四人之间的后部，又绘有两件黑色套环，还绘有一件红色盘，盘内放置着黑白二色堆状物。

自第九部分再向东，几乎全部残损，只能在残存部分小片白灰面上，尚可看出只有头部或只有下身的六个人。他们有坐有立，其中有身穿黑色或红色上衣的；有下穿红色束口裤的。究竟做何表演或演奏什么乐器，都无法了解。在最后的画面处，还绘有上下两件棕白色的方形和兽头形用器。在画面的东端边沿处，绘有贯通上下的红地与黑色双道的 S 形云纹图案边框。

总之，中室东段北壁上部的宴乐图，不仅场面大，内容丰富，色彩鲜艳，而且构图严谨，线条流畅，并又熟练地运用了平涂着色工艺，使画面色彩富丽，众多人物的姿态生动活泼，是二号墓中彩色壁画保存最好的一幅。这为研究东汉晚期现实生活中上层人物的豪华宴请细节提供了不可多得的形象资料。

甘肃省文物考古研究所：《酒泉十六国墓壁画》

——文物出版社 1989 年版

1977 年 8 月，在甘肃省酒泉县果园公社丁家闸大队发掘了一座壁画墓，定名为酒泉丁家闸五号墓，墓葬年代为十六国时期。

一、酒泉丁家闸五号墓的发掘

（一）墓葬的发掘

酒泉县西北 8 公里的戈壁滩上，分布着一个魏晋、十六国时期的大面积墓葬群。其南面为兰（兰州）新（新疆）公路和讨赖河（北大河），东至果园公社，北接嘉峪关市新城公社野麻湾，西北达断山山麓。这一墓葬群的南北长 20 公里，东西宽 3 公里。五号墓在墓葬群的南端，在丁家闸大队第二生产队（原名陶家庄）饲养圈西墙外（圈墙压于墓道上），南距兰新公路约 1 公里。

丁家闸五号墓向东偏南 2°，封土残高 1.96 米、东西残长约 19.5 米、南北残长约 17.4 米，有族葬茔圈。茔圈以砾石堆砌，现存高度约 0.3 米。南圈长 94 米。东圈残长 32.6 米。西圈残长 63.2 米。北圈已残毁，神道门向北（？）。茔圈间有墓葬两座，五号墓为较大的一座。其南距南圈边 23.2 米，西距西圈边 6 米。其南侧稍前 14 米，为另一未发掘的小墓。

丁家闸五号墓墓底距现在的地表 12 米，前为斜坡墓道，长 33 米、宽 1.42 米。墓门高 1.07 米、宽 0.90 米、深 0.98 米，起券五层，上有高 0.8 米的门楼，门楼上施草泥，彩绘已模糊不清。墓门两侧亦施草泥，绘黑色卷草，现仅右侧可见。封门砖砖长 0.38 米、宽 0.19 米、厚 0.05 米（墓砖同），平砌两重，每重现存六层半。铺地方砖伸出墓门 0.12 米。墓室有前、后两室，总长 8.64 米。前室长 3.22 米、宽 3.32 米、高 3.36 米。覆斗顶前部设方坑①，长 2.375 米、宽 3.32 米、深 0.345 米，前后各有五层台阶上下。后部为二层台，高 0.345 米、宽 0.845 米，连接着通后室的过道。四壁平面略呈外凸的弧形，砌法为干砖相叠，不用黏土。自墓顶至墓底，在砖壁上薄施筛过的草泥一层，再于表面施一层极薄极细的土黄色泥皮，上面满绘壁画。通后室的过道高 1.08 米、宽 0.98 米、深 1 米。后室稍偏南，长 3.32 米、宽 2.76 米、高 2.52 米。四壁平面亦略外凸，砌法为三平一竖，共砌十层。其上为横连式纵券顶。后壁施草泥，绘壁画。后室地面与前室二层台平。除后室南侧地面铺条砖一行外，前、后室地面均平铺穿壁变体云气纹方砖一层。铺地方砖长 0.39 米、宽 0.39 米、厚 0.05 米。

此墓早期被盗，发掘时墓内填满淤泥、砂石。前室顶部方砖被积水抬起约 1 厘米，淤泥中夹有漆皮、陶片等。后室顶部黏附木屑、丝织品残片，淤泥上有积水漂起的肢骨、木片等。经清理发现，随葬器物与人骨架位置已大部挪动。前室天井中间、东北角、北侧、东南角出陶盆、陶罐、陶壶、陶井、陶甑及陶器碎片等。二层台上的后室过道口出一陶壶。天井中间出铁镜，南侧出石砚、铜镰、残铜马俑蹄。二层台上下各见一漆方盒残迹。后室有骨架三具，中为男性，左、右为女性，头均向东。中间和南侧的骨架下有棺垫。中间骨架脚下砌有白灰脚垫。棺垫的下层为 3 厘米厚的草木灰，上层为 3 厘米厚的白灰，白灰表面划出菱形纹。棺垫下有木板痕迹。棺垫上除有木板痕迹外并有木棺板残片。北侧的骨架已被严重扰乱，无木棺和棺垫的痕迹。此现象或许说明三具骨架在身份上存在着差别。中间骨架头前出铁镜、铜削，大腿骨左侧出铜钱数十枚。南侧骨架头前出铜管、金叶片、陶片等。北侧骨架中间散置残铜饰数件。

（二）壁画
……

墓主人的燕居行乐图是墓室壁画中最为精彩的画面。这幅图画在西壁第三层。北侧绘一单间单檐顶轩，青瓦、正脊，有柱无墙。轩内为墓主人，头戴三梁进贤冠，蓄长发，身着朱砂间石黄色袍，跪坐于榻上。身后立一男侍和一女侍。女侍身着绀

---

① 此种方坑似为院落的象征，为甘肃河西地区所特有，在北朝和隋唐时期的墓葬中，设于墓道的天井，似为此种形制的发展。

色袿襦，内露白色中衣，手持方形曲柄华盖。柄上系青缯囊。男侍戴黑帻，蓄胡须，身着深皂色袍，内露白色中衣，足着黑鞮，手捧圆顶黑帽（？）。西壁中部（通后室过道门上），绘一方案。案上一樽，樽内置勺。案下有温器，温器内置一带提梁的高颈直口壶。案北侧立一男侍，戴黑帻，身着褐衣，两手抱拳。在男侍以北，轩外，墓主人前，有一男乐伎，头戴黑帻，帻上尖耳在头前，蓄小胡，左手摇鼗鼓，右手执鼓槌，做下蹲跨步状，似为乐伎之指挥者。案南侧有一童仆，头绾双髻，褐衣，腰束带。在童仆以南，立一女舞伎，头绾四髻，身着三色褶，五彩接袖，腰束带，两手各挥动一方扇，翩翩起舞。再往南为另一女舞伎，衣着同前，衣边飘起，下露红裤，回首踏歌舞蹈。其南上侧为乐伎，跽坐一列。其第一人为男乐伎，头戴黑帻，蓄髭须，双手抚筝。后面三人为女乐伎，均头绾三髻，下着三色裙。第二人奏琵琶。第三人吹竖笛。第四人双手拍腰鼓。乐队下方为百戏。地铺席，席上有两女乐伎，着红裤、三色褶、腰束带，赤足，双手着地倒立。

图1-5-3　酒泉丁家闸燕居行乐图·乐伎[①]

[①] 甘肃省文物考古研究所：《酒泉十六国墓壁画》，文物出版社1989年版，图版。（原图无编号，下同）

图 1-5-4　酒泉丁家闸燕居行乐图·女舞伎①

图 1-5-5　酒泉丁家闸燕居行乐图·百戏②

陕西考古所唐墓工作组：《西安东郊唐苏思勖墓清理简报》

——《考古》1960 年第 1 期

1952 年 2 月，为配合基建工程，陕西考古研究所在西安东郊经五路清理了一座唐墓，编号为 59M1。此墓位在纬十路南侧的一个坡地上，距唐兴庆宫遗址东南约

---

① 甘肃省文物考古研究所：《酒泉十六国墓壁画》，文物出版社 1989 年版，图版。
② 甘肃省文物考古研究所：《酒泉十六国墓壁画》，文物出版社 1989 年版，图版。

0.5 公里。

一、墓葬形制与结构

此墓分墓道、甬道、墓室三部分。墓道斜坡形，在墓室之南，正南北向，长 13.7 米，宽 1.36 米，深 6.8 米。墓道东西壁各有土龛 2 个，东壁小龛宽 0.94 米，高 0.96 米，深 1.38 米；西壁小龛宽 1 米，高度与深度已被破坏。甬道南连墓道，北接墓室，砖券顶，长 6.78 米，宽 1.26 米，高 1.88 米。甬道南口有人字形封门砖，上部被一座东西向的明墓打破，残高约 1 米。墓室平面近于正方形，边长为 4.1 米，用方砖砌成，地面平铺方砖，顶为穹窿状，顶至底高 5.8 米。棺床在墓室的西边，用砖砌成，高 0.42 米，宽 1.92 米，南北长度与墓室西壁等同。葬具腐朽无存。墓室内积有淤土，深 0.47 米。淤土内有人骨碎块、彩绘陶罐残片、墓志、石墓门等，皆凌乱散置，应系被盗后又经雨水浸入所致。在墓室和甬道周壁均保存有壁画，墓道北端亦有壁画痕迹。在墓室顶的砌砖上面发现字砖两块，一块文为"六百卅十□"，平置在东南方，一块文为"五百十□"，平置在西北方。

二、随葬品

……

三、墓门雕刻

……

四、壁画

在墓室和甬道的砖壁上涂有一层草泥土，其表面又搪抹石灰，然后绘上壁画。计有 24 幅，除靠近甬道口几幅人物面部被破坏外（可能是盗墓者所毁），其余都保存较完整。绘画皆以红线打底，后用黑线构图，再填施各种不同的颜色。现分述如下。

（一）墓室东壁为一幅舞乐图，中间为一舞蹈者，两边分为伎乐。中间舞蹈者是个深目高鼻满脸胡须的胡人，头包白巾，身着长袖衫，腰系黑带，穿黄靴，立于黄绿相间的毯上起舞，形象生动。右面置一黄毯，上为一组由 5 人组成的乐队，分前后两排，前排 3 人跪坐，分持竖笛、七弦琴、箜篌等乐器；后排立 2 人，1 人吹排箫，1 人以右手平伸向前，未执乐器。左面亦设黄毯，毯上乐队由 6 人组成，亦分前后两排，前排 3 人跪坐，分持琵琶、笙和钹；后排立 3 人，一横笛，一击拍板，另一人以左手平伸向前。乐队皆男性，均戴圆顶黑幞头，衣着圆领窄袖四襈衫，腰间系有黑带，颧骨涂有淡红色。

图 1-5-6　苏思勖墓东壁舞乐图[①]

河北省文物研究所、保定市文物管理处：《五代王处直墓》

——文物出版社 1998 年版

五代王处直墓位于河北省曲阳县西燕川村。曲阳县坐落于河北省中西部，太行山东麓，保定市西南。距曲阳县城 30 公里的西北部灵山镇西燕川村，是一个被群山环绕的村庄，定州至阜平公路在村北山脚下通过。

王处直墓位于群山环绕的小盆地内，坐北朝南，海拔 400 余米。墓室所处地形呈"椅圈"状：北倚高山；东西两侧围绕平缓的山梁；南部山坡平缓舒展，视野开阔。

一、墓葬形制

该墓坐北朝南，方向 159°，由封土、墓道、墓门、甬道、墓室几部分组成，由墓门至后室全长 12.5 米。

墓葬是先挖好墓圹，然后于圹内用青石砌筑而成。经局部解剖，知墓壁与墓圹间留有 0.02—0.3 米的空隙，空隙内填土夯实，后室壁与墓圹间填土中掺有煤面及小颗粒煤块，可能起防潮的作用。砌墓用的青石，与墓道内、封土中的填石质地不一样，不是四周山上的石料，应是在别处加工后搬运上山的。根据不同用途，青石分成两种形状：一为长方形，长 60 厘米、宽 40 厘米、厚 15—25 厘米，用于封门、墓壁、墓顶和墓门拱顶上；一为方形，边长约 40 厘米、厚 20 厘米，用于铺地。另外，铺地和垒砌棺床不但用方石，还用青砖。青砖是用澄浆细泥烧成的，质地纯正坚硬，呈青灰色，在一面印有沟纹。青砖有长方形和方形两种。长方形砖又有大小之分：大砖，

[①] 陕西考古所唐墓工作组：《西安东郊唐苏思勖墓清理简报》，《考古》1960 年第 1 期，原图版四。

长 47 厘米、宽 31 厘米、厚 6.5 厘米；小砖长 36.5 厘米、宽 18.5 厘米、厚 6.5 厘米。皆用于后室铺地和垒砌棺床。方形砖边长 38 厘米、厚 6.5 厘米，用于两耳室铺地。

墓室四壁直立，用一层长方形石错缝平砌，厚 0.35 米。石缝较大地方用铁楔填塞，然后灌以石灰。墓壁表面抹一层厚 1 厘米的石灰面，在灰面上绘壁画。墓顶用长方形石错缝对接，厚 0.25 米，为了使对接的青石更加牢固，根据缝隙的大小面嵌入大小不同的铁楔，缝隙间灌注石灰。前室顶部抹一层厚 1 厘米的青灰面，上绘天象图，后室顶部在厚 1 厘米的石灰面上再涂一层土红色颜料，未绘壁画。

……

（五）墓室

包括前室、东耳室、西耳室及后室。甬道与前室间、东西耳室与前室间及前后室间均有门道相通，门道都布有门槽。前后室间门道当时封墓时即已封堵。

……

4. 后室

后室位于前室后部，与前室有门道相通。门高 2.35 米、宽 2.2 米、门道进深 0.53—0.6 米。门道上部门楣用一块长 3.05 米的长条石搭设。门道中部偏南用长方形石封堵，错缝平砌 14 层，厚 0.35 米。封门石东北角被盗墓者破坏。在门道北端有门槽分布，门槽厚 0.1 米、进深 0.04 米。从门道进入后室有两层砖砌台阶，第一级台阶宽 0.25 米、高 0.15 米，第二级台阶宽 0.3 米、高 0.2 米。后室长方形，南北长 4.5 米、东西宽 3.8 米、顶高 3.4 米、壁高 2.2 米。拱形顶。在顶部西南角有早期盗洞一个，长方形，长 2.8 米、宽 0.4 米。在四壁中部有两处内收处；下部内收处位于第 2 层垂幔处。斜内收 0.03 米；上部内收处位于壁与拱顶交接处，直内收 0.05 米。在东、西、北三壁的壁顶交接处插入 8 个铁钉环，每壁 2 个，东北角和西北角各 1 个。东、西壁互相对应。南边环距南壁 1.25 米，北边环距北壁 1.55 米，两环间距 1.65 米。北壁两个铁钉环。东边环距东壁 1.55 米，西边环距西壁 1.05 米，两环间距 1.2 米。这些对应铁钉环应是给墓主垂挂幔帐之用。在东、西壁南部下方各分布 1 个长方形壁龛，壁龛南北长 1.36 米、高 0.82 米、进深 0.25 米。东壁龛距后室南壁 0.6 米，龛上端距拱顶 2.1 米。西壁龛距后室南壁 0.42 米，龛上端距拱顶 2.1 米。两龛的上部都用一长条石搭设。龛内镶嵌汉白玉人物浮雕，东壁龛内浮雕已被盗墓者凿下，壁龛下部被破坏。

后室布凹字形棺床。面积很大，差不多占满了整个后室。棺床正面高 0.3 米，用长方形砖砌成 4 层，其中第 2 层砖正面雕成连弧形。棺床正面前方两侧亦用长方形砖砌筑 3 层，但绝大部分已被盗墓分子为盗取，两块浮雕破坏掉。棺床中部用土填实夯打，床面用方形石和长方形砖错缝平铺。棺床中央有一腰坑，近方形，边长 1—1.1 米、深 0.3 米。长方形砖主要铺于腰坑周围。

棺床原放置棺椁，根据墓志记载，墓主及其3个妻妾并葬于内，但由于该墓至少两次被盗，扰乱严重，室内堆积约2米厚的淤土。棺椁已无存，只在棺床后部淤土中发现2具头骨、几块股骨和肋骨，零乱无规律。经鉴定，两个头骨一为男性，年龄约60岁，另一具因残留局部，性别不清。

后室顶部先抹一层白灰，在灰面上再涂一薄层土红色颜料，未绘壁画。四壁上绘有牡丹、花鸟、湖石树木等。

在淤土中有断续的朽木和木炭痕迹，分布散乱，无规律，显然是扰乱所致。淤土中出土少部分定窑的瓷碗、瓷钵、瓷瓶残片和一些铜器、金饰件、银饰件及大量的开元通宝、少量乾元重宝和2枚五铢。

二、墓内壁画与浮雕

（一）壁画

……

（二）浮雕

共发现8件，前室6件，后室2件。

……

2. 后室 2件。镶嵌于东、西壁南部下方，皆汉白玉质。

（1）东壁浮雕 奉侍图。长1.36米、高0.82米、厚0.17—0.23米。共雕刻出14人，表现侍女们手持各种日常生活用具前去服侍主人的场景。左下角1侏儒，高0.28米，男性，头梳双髻，身穿褐色圆领缺胯袍，下穿长裤，脚穿尖头线鞋，双手垫布，捧盘口细颈瓶。其余13个侍女分成3排。

……

（2）西壁浮雕 散乐图。长1.36米、高0.82米、厚0.17—0.23米。由15人组成，表现了乐队吹奏的热烈场面。右边第1人为女性，着男装，身高0.54米。头戴黑色朝天幞头，身穿褐色圆领缺胯长袍，脚穿线鞋，腰束带。双手交叉于胸前，横握一棒，棒上穿双环丝带，似为乐队指挥。右下角2人，男性，可能是侏儒，身高0.21米。头戴高冠，冠后帔巾下垂，帔巾系花结。身穿褐色圆领缺胯袍，足穿长靿靴。双手执物，弓身屈膝，似在进行表演，或是队前导引。12名演奏者皆为女子，分前后2排。

前排 5人。右起：

第1人 头梳抱面高髻、戴花、插白色梳。内为红色抹胸，白色长裙，着褐色窄袖短襦，上身套白色半臂衫，白色帔巾从胸部后搭于肩上，腰系绦带，在腰部右侧系成双环结，飘垂身下，脚穿红色高头履。箜篌竖放在方凳上，左手竖抱箜篌于怀中，右手用拇指和食指拨弦。这种奏法可能就是史籍中所载的"擘箜篌"。箜篌可见

18 弦。

第 2 人 头梳椎髻、戴花，内为红色抹胸，窄袖短襦，白色长裙，上套褐色半臂衫，白色帔巾从胸部后搭于肩上，腰系绦带，脚穿高头履。双手弹筝，筝置于一高一矮 2 个方凳上。

第 3 人 头梳环髻，额上戴花，内为红色抹胸，白色长裙，窄袖红襦，白色帔巾从胸部后搭于肩上，腰束红色绦带，系成花结下垂，脚穿红色高头履。右手持拨子弹奏四弦曲颈琵琶。

第 4 人 头梳抱面高髻、插花、插白色梳，内为红色抹胸，着红色窄袖短襦，红色长裙，腰束绦带，绦带右侧垂飘，脚穿红色高头履。手执拍板，身体略前倾，屏神闭目，以食指、中指拨动拍板。

第 5 人 头梳双髻、插花、插白色梳，内为红色抹胸，穿白色窄袖短襦、白色长裙，上套红色半臂衫，帔巾从胸部后搭于肩上，腰系绦带，上系双环结垂飘，脚穿平履。身体前倾，双手持槌，左手捶击鼓面，右手持槌扬起，正欲击下，座鼓斜架于矮木架之上，鼓身有一衔环。鼓手表情专注。

后排 7 人。右起：

第 1 人 头梳抱面高髻、戴花、插白色梳，内为红色抹胸，穿窄袖短襦，红色长裙，上套白色半臂衫，帔巾从胸部后搭于肩上，腰束绦带，脚穿高头履。双手捧笙吹奏。

第 2 人 头梳抱面高髻、插白色梳，内为红色抹胸，穿窄袖短襦、红色长裙，上套白色半臂衫，帔巾从胸部后搭于肩上。右手握小槌正敲打方响，头微倾于乐器一边。

第 3 人 头梳抱面高髻、插白色梳，内为红色抹胸，穿红色长裙、褐色窄袖短襦，帔巾一端搭于肩上，一端搭在左臂上。右手执槌敲击答腊鼓，头部向左倾斜。

第 4 人 头梳抱面高髻、戴花、插白色梳，内为红色抹胸，穿白色窄袖短襦、红色长裙，上套红色半臂衫，帔巾从胸部后搭于肩上，腰束绦带，上系花结垂飘于右侧腰部。双手执竽篥吹奏。

第 5 人 造型及乐器同第 4 人。

第 6 人 头梳抱面高髻、戴花、插白色梳，内为红色抹胸，穿白色窄袖短襦、白色长裙，上套红色半臂衫，帔巾从胸部后搭于肩上，腰束红色绦带。身体略向左前倾，双手握横笛吹奏。

第 7 人 造型及乐器同第 6 人。

这件以散乐为题材的浮雕作品，浮雕人物形象逼真，栩栩如生，尤其是敲座鼓者、弹筝者、吹横笛者，雕刻家们将其在演奏时的瞬间表情、动作，真实地精雕下来，生动传神，自然亲切，表现了很高的艺术水平。

图 1-5-7　王处直墓散乐浮雕[1]

宿白:《白沙宋墓》

——文物出版社 2002 年版

1951 年至 1952 年，为配合白沙水库的修建工作，河南省文物保管委员会、中国科学院考古研究所和中央文化部文物管理局对白沙水库区域内的墓葬进行了发掘。发现壁画的墓葬为白沙宋墓一号墓，其年代为北宋哲宗元符二年，即公元 1099 年。与一号墓同时发掘的还有二、三号墓，三者为家族墓葬，其中一号墓年代最早、形制最大。

墓葬概况

绵亘在河南省西部的秦岭山脉向东延长最远的一支是属于熊耳山的嵩山。淮河大支流之一的颍水即发源于嵩山南坡登封县境内的阳乾山。颍水从登封县东南流约三十公里，进入了白沙岭北的一片谷地。谷地西北两面是山岳连绵、群峰耸立的地带，东面和南面为自南向北的逍遥岭和自北而南矗立在黑龙潭北的悬崖所包围。这样，这片谷地就被囊括在群山当中。颍水在这里蜿蜒如带，先被阻于逍遥岭，折而东行，又被隔于黑龙潭北的悬崖，然后转向东南，流出谷口。白沙镇即扼谷口外面右侧。颍水自此再东南流，逐渐进入华北大平原的南部，流入平原最先经过的大站，即是禹县县城，县城西北距白沙镇三十公里，白沙地区现为其所属（图略）。

白沙镇北那片谷地的总面积有数十平方公里，其中包括了四十多个大小不同的

---

[1]　河北省文物研究所、保定市文物管理处编著：《五代王处直墓》，文物出版社 1998 年版，原彩版四八。

村庄和六千多亩耕地。白沙所发现的主要墓群——颍东墓区、颍北墓区，就在这谷地东端偏北的耕地中。这里所报告的三座宋墓在颍东墓区的中部偏北，三面环山，前临颍水，正是当时"地理家"所谓的上吉之地（图略）。

……

一、第一号墓

（一）墓的构造

方向　墓南北向，北偏东15°。

墓道　现存长5.75米，可分阶梯和墓门前的平坦部分两部。

（阶梯）现存十一级，共长3.8米，每级高为22—32厘米不等。阶梯宽度愈上愈窄，现存最上级宽96厘米，最下级宽1.34米。

（墓门前的平坦部分）在最下级阶梯之北，长1.93米。南端与阶梯最下级同宽，北端宽2.12米。

土洞　自墓道北端向北为土洞。土洞面积较墓门和墓室略高，也略宽，它与墓门、墓室之间除底部外各面都留有空罅，空罅的宽度为8—11厘米不等。甬道和过道顶上空隙较高，空隙处一般未特意填塞。

墓室　砌在土洞内，全部砖建，并模仿木建筑。所有砖块大小略同，长31厘米，宽14.5厘米，厚4.6厘米。墓室通长7.26米，可分墓门、甬道、前室、过道和后室五部。

（二）墓的装饰

壁画　墓内各室壁面都刷有薄薄的白土一层，上绘彩色壁画。按其前后位置可分甬道壁、前室壁、过道壁和后室壁四部。

……

东壁阑额下，用砖砌成卷起的竹帘，帘着土黄色，并缀以绛心赭色小花，帘两端各画银钩一个。卷帘下雕砖作悬幔，幔着绛色。幔下有女乐十一人。右侧五人分前后二排立。后排二人：右者戴硬脚花额幞头，着圆领窄袖紫袍，面北，双手各持小杖做击鼓状，鼓漆红色，下承黄色座；左者梳高髻，髻上戴白色团冠，冠上缘饰以绛、蓝内色，冠下前面插黄色簪饰，着窄袖浅绛衫，面北，双手击拍板。前排三人：右者戴硬脚花额幞头，着圆领窄袖浅绛衫、窄腿蓝裤，足蹬尖鞋，面北，双手击腰鼓；当中者冠饰同前，着圆领宽袖蓝色长衫，面南，侧身立吹横笛；左者冠饰也同前，着圆领宽袖绛色长衫，腰际系黄带，面东，吹笙箫。东壁右侧立五人，后排二人：左者高髻方额，髻上亦戴有白团冠，冠下插簪饰，着窄袖蓝衫和绛色云纹裙，面南吹箫；右者冠着略同，但着绛衫，也面南吹箫。前排三人：左者髻上戴莲花冠，冠下插簪饰，方额，着窄袖绛色长衫和绛色云纹裙，面南吹笙；当中者高髻

方额，髻上亦戴白团冠，着窄袖蓝色长衫和绛色云纹裙，面南吹十二管排箫，排箫

图1-5-8　白沙宋墓一号墓前室东壁壁画①

图1-5-9　白沙宋墓一号墓前室西壁壁画②

---

① 宿白：《白沙宋墓》，文物出版社2002年版，原图版四。
② 宿白：《白沙宋墓》，文物出版社2002年版，原图版五。

下端系有同心结饰；右者髻上戴花冠，着窄袖浅绛色长衫和白裙，裙下露尖鞋，面南，右手执拨，弹曲颈五弦琵琶。琵琶拨杆部分有彩色花纹。左右侧四排女乐之间，一女子戴硬脚花额幞头，着圆领窄袖紫袍，宽腿裤，足蹬尖鞋，面东，欠身扬袖作舞。

西壁阑额下砖砌卷帘与东壁同。卷帘下绘绛色悬幔，蓝色组绶。帐幔下可分砖砌和壁画两部分。砖砌部分浮出壁面5—10厘米，为西壁之中心，即男女对坐像和桌椅等物的侧面。男袖手坐右侧，戴蓝帽，着圆领蓝袍。女袖手坐左侧，梳高髻方额，髻前后插簪饰，着绛襦白裙。二人皆侧身面东观看东壁之乐舞。全墓壁画人物唯此男女二像砖砌浮出，颇为特殊，当为墓主人夫妇之像。二人皆坐椅上。二椅皆圆脚，着赭色。椅前下端又各设一赭色脚床子。

……

第二节　评述与扩展

一、发掘报告的音乐内容与评述

（一）《密县打虎亭汉墓》

《密县打虎亭汉墓》是河南省文物研究所于1993年编著的，对河南省密县打虎亭两座东汉墓的发掘报告。报告中对两座大型汉墓的石刻画像、壁画进行了翔实的描述，是研究汉代壁画墓不可多得的材料。

报告的序言部分对两座墓葬的地理、历史、发掘经过作了概述；主体分为两个部分，分别介绍一号墓与二号墓；结语部分对两座墓葬的形制结构、时代、墓主人作了进一步的探讨。宴乐图主题壁画位于二号墓中室东段，内容丰富，构图严谨，是二号墓彩色壁画中保存最好的一幅。报告对这幅壁画进行了长达五页的描述，反映出编写的细致与此画的重要性。

（二）《酒泉十六国墓壁画》

《酒泉十六国墓壁画》由甘肃省文物考古研究所主编，出版于1989年。该书收录了两篇相关文章和较多的彩色图版，是对酒泉丁家闸五号墓发掘成果的一次整理。

第一篇文章《酒泉丁家闸五号墓的发掘》由吴礽骧先生撰写，对墓葬整体形制、壁画、随葬器物等方面做了描述，内容清晰，图文并茂，并在结语部分对墓葬年代、墓主人、壁画的意义进行了阐述。

第二篇文章《酒泉丁家闸五号墓壁画艺术》由张朋川先生撰写，主要从绘画艺术的角度对该墓壁画进行了探讨。

该书的宝贵之处在于收录了丰富的彩色图版，将墓葬壁画的各个角落、各个细节清晰地展现在读者面前，使读者更好地了解魏晋南北朝时期的壁画及乐舞活动。

（三）《西安东郊唐苏思勖墓清理简报》

《西安东郊唐苏思勖墓清理简报》于 1960 年发表于《考古》第 1 期，是对苏思勖墓发掘清理情况的简报。该文对苏思勖墓的形制结构、随葬品、石刻壁画等进行了整理，并配以一定的图像资料，整体结构清晰，内容较为简略，对乐舞壁画作了简要描述。

（四）《五代王处直墓》

《五代王处直墓》是对河北曲阳王处直墓的发掘报告。由河北省文物研究所、保定市文物管理处编著，于 1998 年出版。该报告文字详细，图版精美，相关壁画的细节十分清晰，是研究五代乐舞壁画的宝贵资料。

（五）《白沙宋墓》

《白沙宋墓》由宿白先生著，1957 年出版。书中全面整理了河南禹县白沙镇三座宋墓的发掘资料，在建筑、绘画、服饰、器用、民情、风俗等方面做了详尽的描述。全书分为三个部分，每一部分分别从发掘经过、墓的构造、墓的装饰、人骨和随葬品等几个角度介绍一座墓葬，并在结尾部分对三座墓葬的年代、墓主人作了相应的探讨。图版资料丰富清晰，与文字资料相辅相成，是研究宋墓的难得之作。

评述：墓葬乐舞壁画通常篇幅较大、色彩丰富、刻绘细致，比起其他的图像形式，能够更好地反映古人的用乐形式，因此是音乐图像研究中非常重要的一部分。本文选取的五幅壁画更是墓葬乐舞壁画中之佼佼者，这些壁画图像清晰完整、保存完好、色彩鲜艳且报告翔实，年代跨越汉代至宋代，能够较好地反映各朝代的乐舞形式，是研究古代贵族用乐生活非常宝贵的材料。

二、其他研究报告

1. 赵世纲：《河南密县打虎亭发现大型汉代壁画墓和画象石墓》，《文物》1960 年第 4 期，第 51—52 页。

2. 安金槐、王与刚：《密县打虎亭汉代画象石墓和壁画墓》，《文物》1972 年第 10 期，第 49—62 页。

3. 吴礽骧：《酒泉丁家闸五号墓壁画内容考释》，《敦煌学辑刊》1983 年第 0 期，第 106—116 页。

4. 韦正：《试谈酒泉丁家闸 5 号壁画墓的时代》，《文物》2011 年第 4 期，第 41—48、74 页。

5. 李恩佳、李文龙：《河北曲阳五代壁画墓发掘简报》，《文物》1996 年第 9 期，第 4—13 页。

6. 杨泓：《河北五代王处直墓绘彩浮雕女乐图》，《收藏家》1998年第1期，第4—5页。

三、出土器物的音乐学意义

王子初：在中国的图像类文物中，墓葬壁画类音乐图像十分丰富。这与中国古来的重葬之风有着极为密切的关系。有理由把墓葬壁画单独从绘画作品中分离出来，作为音乐图像的一个独立的品种予以介绍。（王子初：《中国图像类音乐文物的种类与分布》，《中国音乐》2013年第1期，第16—22、82页。）

河南省文物研究所：（密县打虎亭2号墓）中室北壁上部的宴乐图，不仅场面大，内容丰富，色彩鲜艳，而且构图严谨，线条流畅，并又熟练地运用了平涂着色工艺，使画面色彩富丽，众多人物的姿态生动活泼，是二号墓中彩色壁画保存最好的一幅。这为研究东汉晚期现实生活中上层人物的豪华宴请细节提供了不可多得的形象资料。（河南省文物研究所：《密县打虎亭汉墓》，文物出版社1993年版，第302页。）

尹德生：（酒泉丁家闸"燕居行乐图"）集古代歌舞、乐队、百戏（杂技）为一体，以其特定的形式形象而生动地再现了河西在十六国时期的演艺活动，是较全面反映我国这一历史时期表演艺术的难得的直观资料，真实可靠，并具有一定的代表性。壁画所在的十六国时期，由于西晋永嘉"八王"之乱，出现了晋室分裂，南北朝对峙，以及北方"群雄争霸，称王称帝"的局面。其时北方，特别是甘肃境内以河西为主先后建立的政权就有"五凉""西秦"等十二个之多。至北魏统一北方之后，中国北方结束了长期混战的割据局面。社会背景如此，而壁画所反映的却是一派宁静祥和、歌舞升平的宴乐景象，足见人心向善，抑或时人希冀和平安宁的心愿。（尹德生：《酒泉丁家闸壁画"燕居行乐图"浅识——兼论河西十六国时期的表演艺术》，《敦煌研究》1995年第2期，第171—179页。）

许鼎杰、李万康：王处直墓出土了大量精美的壁画石雕，其中墓室西壁浮雕女乐图对于唐末五代宫廷音乐研究最有价值。五代作为承唐启宋的重要时代，音乐形式也有一定的改变，但大体沿袭唐制。结合王处直所处时代及生平可以判断，其接触的音乐形式还是以唐宫廷音乐为主。根据唐五代墓室乐舞图设置的一般规律，可以推断王处直墓室浮雕仕女图的创作应主要以唐宫廷音乐为蓝本。［许鼎杰、李万康：《五代王处直墓"散乐浮雕仕女图"乐器研究》，《信阳师范学院学报（哲学社会科学版）》2020年第2期，第103—109页。］

四、相关研究成果

1. 尹德生：《酒泉丁家闸壁画"燕居行乐图"浅识——兼论河西十六国时期的表

演艺术》,《敦煌研究》1995 年第 2 期,第 171—179 页。

2. 郭永利:《河西魏晋十六国壁画墓宴饮、出行图的类型及其演变》,《考古与文物》2008 年第 3 期,第 81—86、113 页。

3. 熊培庚:《唐苏思勖墓壁画舞乐图》,《文物》1960 年第 C1 期,第 75 页。

4. 缪泌芸、夏滟洲:《从舞筵图样看唐代流行粟特乐舞的基本形象》,《人民音乐》2021 年第 7 期,第 73—79 页。

5. 何琨:《千年散乐动心弦——介绍五代王处直墓的散乐浮雕》,《大舞台》2009 年第 5 期,第 94—95 页。

6. 田蕾:《五代王处直墓乐器图像研究》,硕士学位论文,山东大学,2019 年。

7. 许鼎杰、李万康:《五代王处直墓"散乐浮雕仕女图"乐器研究》,《信阳师范学院学报(哲学社会科学版)》2020 年第 2 期,第 103—109 页。

8. 徐苹芳:《白沙宋墓中的杂剧雕砖》,《考古》1960 年第 9 期,第 59—60 页。

第六章　成都天回山崖墓乐舞俑、鄂州七里界4号墓卧箜篌乐俑、西安西郊中堡村唐墓乐舞俑

第一节　文物介绍与发掘报告

刘志远：《成都天回山崖墓清理记》

——《考古学报》1958年第1期

1957年2月下旬，重庆铁路管理局工程处因工程关系，在巫家坡的半腰凿出崖墓数座。我四川省博物馆闻悉即派匡远滢、刘志远同志前往调查，并进行清理工作。天回山一带布满着许多崖墓。这些崖墓被当地乡民呼为"峦洞"或谓之"仙女洞"，最早见于公元10世纪前蜀人的记载里。[①]3月14日，开展正式清理工作。先清理了墓1、墓2两座墓，然后选择了墓3进行发掘。由于墓葬多被盗掘，因而在墓道填土里常含有陶片和小件残破器物。整个清理工作至4月16日结束，历时32天。其中，墓3出土"光和七年"的金错刀，推测年代下限不晚于蜀汉时期，为四川东汉晚期典型崖墓。

一、地理环境及清理经过

……

二、崖墓的结构

天回山的崖墓都是就原有的岩石钻凿而成。这种石料是四川盆地盛产的红砂岩，其中包含的泥质较多，加以长期的风化，岩质都变得很松软，其硬度仅高于当地一般的干土。

四川盆地许多地方都凝结着这种岩石，由于各地岩石的硬度（包含的泥质）不一，因而各地崖墓的装饰结构也有所不同，例如新津、彭山、乐山一带的岩石部分硬度较高，不易风蚀，因而这一带地方的一些崖墓的墓门、墓室结构上往往刻有许

---

① 杜光庭：《录异记》卷六《繁阳麻姑洞》。

多浮雕的人物画像。天回山岩石含的泥质较多,虽然在崖墓施工上比较容易,但在墓门和墓室结构上却少见有雕刻人物画像。

我们这次清理的三座崖墓,正好说明了三种不同的结构。为了叙述的方便,下面先从简单的结构开始介绍。

……

墓3是我们主动清理的一座崖墓。规模巨大,较之墓1的结构更为复杂。就形式来说,或可称为双翼式的崖墓。它的结构特征除有狭长形的墓道和过道(或前、后、中室)外,左、右两侧都有长形或方形的墓室(图三,略)。

……

门内有狭长形的过道,仍分前、后段。前段(室)的长为6.35米,宽1.75米,高1.86米。前、后段之间有一门框,高为1.68米,宽1.15米,厚0.8米。门上有楣,门下无门限,清理时未见封门砖。后段(室)的长为1.11米,宽2米,高1.86米(图版二,2米,略)。前、后段总长为19.05米(包括门框厚度),加上墓道的总长为29.85米。

过道(前、后段)的南侧直排着三个长形墓室,南一室的长为2.8米,宽1.67米,高1.72米。南二室前有一门框,高为1.63米,宽1.66米,厚0.48米。清理时未见封门砖,室长2.34米,高1.83米,后壁宽1.8米。左壁有一个三角形耳室,最深处宽1米。南三室的长为3.15米,宽1.57米,高1.68米(图版二,1米,略)。

过道后段的北侧有一方形的大侧室——北一室。大侧室的北面和东面又有两个方形的小侧室——北二、北三室(图版二,5米、6米,略)。北一室的门框高为1.78米,宽1.68米,厚1.45米。清理时未见封门砖,室长4.8米,宽4.2米,高2米。室的中央有一八角形擎天柱(图版二,3米,略),柱顶高0.39米,柱身高1.45米,柱础高0.15米,全柱通高1.99米,柱径0.8米。北二室门框高为1.68米,宽1.48米,厚0.68米,清理时未见封门砖,室的长2.72米,宽2.8米,高1.92米,室的中腰略向内缩。北三室的门框高为1.25米,宽0.9米,厚0.48米。室的长为2.7米,宽2.1米。室的两边各有一棺台(就原岩石凿成),与室底部全呈"凹"字形。室的顶部亦如倒写之"凹"字,全室如◨形。右边的棺台高20厘米,宽68厘米,顶上亦下垂25厘米,宽68厘米。左边之棺台与原岩凿成的石棺相连,台面即石棺底面,台身连同棺墙共高73厘米,宽68厘米。其上亦下垂25厘米,宽68厘米。室的中央顶上至室底垂直高度为1.92米。

墓的方向为西向偏南10°。墓的后壁底部至墓道末端亦逐渐低落。

……

三、葬具和葬式

葬具

（一）瓦棺……
（二）石棺……
（三）砖棺……
（四）木棺……
葬式
……

四、随葬品

三座崖墓都是被盗过的，被盗的器物主要是金属器、玉器等，也扰乱了殉葬器物的位置，踏碎了精美而生动的陶俑。就清理中所见的情况来说，全部殉葬器物以陶器最多，铁器也很普遍，铜器很少，铜兵器已绝迹了。陶器中最多的是各式陶俑。清理时还发现许多红色素面漆片、漆痕、丝织痕、布纹等。因腐朽及扰乱，大都不辨原有的器形。

陶器
（一）用具
罐……
钵……
釜……
盘……
灯台……
（二）模型
……
（三）俑

舞俑　墓3发现最多，位置多在过道的两旁及北一室的入口处。分男舞俑及女舞俑，女舞俑的姿态也各不相同。皆模制。

男舞俑：头上着帻，身着宽袖长袍，腰间束带，带钩横穿，右腰系一环柄小刀。手持长巾，左手平举，右手叉腰，脸型方正微带笑容，身高58厘米（图略）。

女舞俑：头梳双髻戴笄，身着长裙，腰间束带，手持长巾，右手向上高举，左手叉腰，面部略呈方形，广眉，薄唇，默然含笑。乳峰显露，身高约47厘米（图略）。

另1件，头上高髻戴笄，髻前簪花二支，右额有一较大的花饰。两耳下悬珠饰，身着长裙，腰间束带，右手向上平举，左手叉腰，朱唇小口，嘴角微凹。乳峰高隆，含情默笑。身高76厘米。头、身由两个模子做成。此俑表面原绘有颜色，出土时已渐褪掉，仅唇上朱色犹存（图略）。

又1件，这是正跪坐于地上表演的舞态。头上高髻戴笄，髻前有一花饰。长裙，腰间束带，左手持巾高举，右手放于膝上。含情默笑，乳峰显露。头、身由两个模子做成。身高 58 厘米（图略）。

上述四种舞俑仅作为典型介绍，墓 1、墓 3 各室都还发现许多残破舞俑片，但形制都没有超出这四种的范围。这四种舞俑的姿态虽各不相同，但很可能是一种舞蹈的各种不同的姿态，这种持巾起舞的习俗在许多汉代画像材料里都可以见到。舞者的衣饰也使我们想起一首汉代长安的民谣"城中好高髻，四方高一尺。城中好大眉，四方且半额。城中好广袖，四方全匹帛"[①]。可见这种高髻、大眉、广袖是汉代流行的时髦装束。

抚琴俑　头上着帻，身着长袍，席地而坐。琴斜置于漆几上，双手操琴挥弦，含笑露齿，情态幽逸。在墓 3 南一、二室前之过道及北室内共发现 3 件（残片不计）。南一室的 1 件最完整，身高 36 厘米，琴长 40 厘米。模制（图略）。

听琴俑　头上双髻戴笄，脑后结带，身着长袍，腰间束带，席地而坐。其右手掩于耳后，头略偏，做静听状。墓 3 过道及北一室共出土两件（残片不计），左一室出土者高 46 厘米。模制。此俑出土位置大多在抚琴俑附近（图略）。

厨丁俑……

持瓶女俑……

持镜女俑……

女坐俑……

击鼓俑　头上着巾，戴笄，额前有花饰。大腹丰凸，赤膊上有璎珞珠饰。其左臂环抱一鼓，右臂向前平伸，手中握一鼓槌欲击，下身着长裤，赤足，右足前伸，左足曲蜷于圆榻上。面部表情幽默风生，额前皱纹数道，张口露齿，是一个典型的丑角形象。高 56 厘米。发现于墓 3 南三室前的过道中。模制（图 1-6-1）。

图 1-6-1　击鼓俑[②]

---

① 《乐府诗集》中所载之汉代长安谣。
② 刘志远：《成都天回山崖墓清理记》，《考古学报》1958 年第 1 期，原图版八，3。

持铲俑……

武士俑……

镇墓俑头（或辟邪）……

俑头……

吹笛俑残片 发现于墓3北一室，是一个面部的残片，从口下所存痕迹看来，原是吹笛俑。

陶人……

舞乐俑片 墓3北一室的房屋残片中发现4件浮雕的舞类俑片，它们是被紧贴在房屋的门墙四周的。雕塑得很生动。其一为舞者，左手持长巾，举与额齐，折腰而舞，高9.5厘米（图略）。其二为抚琴者，高10厘米，为舞者伴奏（图略）。其三是吹排箫者，高10厘米，席地而坐，双手捧箫于口边吹奏（图略）。其四是吹竽者，高7厘米，侧面向右，捧竽而吹（图略）。

狗俑……

马俑……

鸡俑……

鸭俑……

长尾鸡……

铁器

……

铜器

……

其他

……

五、结语

……

王子初：《中国音乐文物大系·湖北卷》

——大象出版社1999年版

名　　称：鄂州七里界4号墓卧箜篌乐俑

时　　代：三国后期

藏　　地：鄂州市博物馆（青瓷0620）

考古资料：1980年1月27日，鄂城钢铁厂于鄂州市南4千米处的七里界扩建铁路时发现2座古墓,其中之一即七里界4号墓。鄂州即三国时之武昌,公元221年,吴孙权自公安迁都于此。其时手工业发达,青瓷烧造盛行一时。该墓的长方形券顶砖室结构及所出青瓷乐俑等器物,均具这一时期的特点。

造型工艺: 乐俑为稻壳黄釉青瓷,釉大部剥落,俑胎为捏塑。原物由卧箜篌俑和击鼓俑组成,用一长方形底座连为一体;出土后击鼓俑人失落,鼓尚存。卧箜篌俑人高19.5厘米,屈膝凝神而坐。乐器横置于俑人腿上,音箱略呈长方形,长12.8厘米、宽2.8厘米;上有通柱6条,柱上刻有弦痕,十分醒目。当为汉唐间盛行、今已失传的卧箜篌。俑人右手做弹拨状,向后微微扬起;左手按弦,其中指指腹顺向卧于柱脊之上,食指、无名指稍稍翘起;神态自若,目不斜视。该乐俑细致而生动地保存了这种失传古乐器的具体形制,以及其演奏姿势和手法;也保存了这种乐器较常与鼓合奏的乐器组合情形,弥足珍贵。(图1-6-2)

图 1-6-2　鄂州七里界 4 号墓卧箜篌乐俑[1]

陕西省文物管理委员会:《西安西郊中堡村唐墓清理简报》

——《考古》1960 年第 3 期

1959年6月下旬,在西安西郊中堡村发现一座唐墓,陕西省文管会即派屈鸿钧同志前往清理。这座唐墓是一土洞墓,墓道因施工紧迫,未发掘。墓中部分器物因受淤泥的冲动而失去原来位置。墓室的南部放置着一对马俑和一对骆驼俑,牵马和牵驼人俑各站立在前。

……

---

[1] 王子初主编:《中国音乐文物大系·湖北卷》,大象出版社1999年版,第173页,原图2·4·2。

一、俑类

女俑 10 件：……

牵马俑 2 件：……

牵骆驼俑 2 件：……

天王俑 2 件：……

镇墓兽 2 件：……

马俑 3 件：……

骆驼俑 4 件：一为昂首做立状，驼身作赭黄色，颈部上下、前腿上端、两峰的长毛和尾部涂以白色釉，背上垫有一椭图形的毯子，双峰露出，毯子为草绿色带白花，背上搭有虎头驮囊，并驮有野鸡、兔子、山羊等物。通高 47.3 厘米（图版九，2，略）。另外 1 件为骆驼载乐俑，和西安郊区鲜于庭诲墓出土的骆驼载乐俑有些相似（《西安郊区三个唐墓的发掘简报》，《考古通讯》1958 年第 1 期图版一，略）。驼身作白色，颈部上下、前腿上部长毛及尾部涂以赭黄色，背上垫一椭圆形的毯子，毯子边缘蓝色，背上架成平台，并铺有长毯，平台坐有乐俑 7 个，前两乐俑 1 手捧笙，1 手执箫做吹奏状。右侧两乐俑 1 手执琵琶，1 手抱竖琴皆做弹状。左侧两乐俑 1 手托笛，1 手执拍板。最后 1 手托排箫做吹状。7 乐俑中间立 1 女俑，右手前举，左臂后撤，做歌舞状（图 1-6-3）。驼高 48.5 厘米，乐俑高 11.5 厘米。

图 1-6-3 西安中堡村唐墓骆驼载乐舞俑[①]

[①] 方建军主编：《中国音乐文物大系·陕西卷》，大象出版社 1999 年版，第 162 页，原图 2·3·16。

其他2件骆驼，均做站状，背无鞍，身作赭黄色，通高17厘米（图三，9，略）。

牛1件：……

猪7件：……

羊5件：……

鸡2件：……

鸭1件：……

狗3件：……

二、生活用具

……

三、建筑模型

……

第二节　评述与扩展

一、发掘报告与文物介绍相关音乐内容及评述

我国古代的人殉现象，滥觞于史前时期，盛行于西周，用俑人代替活人殉葬，起始于春秋。在秦汉时期达到了历史高潮。至隋唐五代，其造型、工艺、数量等都不同于其他时代。[①] 乐舞俑，通常是表现奏乐、歌唱和舞蹈等音乐活动的俑人。本章选取东汉、三国及唐代三个时期极具代表性的乐舞俑予以介绍。

刘志远等发表于《考古学报》1958年第1期的《成都天回山崖墓清理记》，对成都天回山发现的三座汉代崖墓作了清理发掘，并进行了详细的记述。

全文分五个部分。

第一部分——地理环境及清理经过。对天回山3座崖墓的地理位置、发掘原因及发掘经过作了详细记述。

第二部分——崖墓的结构。对墓1、墓2、墓3的结构都进行了详述，主要篇幅在对墓3的介绍。这三座崖墓的结构基本可以代表天回山崖墓的一般结构形式。

第三部分——葬具和葬式。葬具包括瓦棺、石棺、砖棺和木棺。葬式则因为这

---

① 王子初：《中国音乐考古学》，福建教育出版社2003年版。

三座墓都被扰乱过，因此只能简单推测为仰卧直肢葬。

第四部分——随葬品。三座墓都有被盗的痕迹，随葬器物以陶器和铁器最普遍，铜器很少。陶器中最多的是各式陶俑。与音乐相关的俑类有舞俑、抚琴俑、听琴俑、击鼓俑、吹笛俑残片及舞乐俑残片。

第五部分——结语。从墓葬的结构、葬具、殉葬器物、钱币及墓3出土的"光和七年"金错刀等方面分析论证，这三座崖墓都是典型的四川东汉晚期的崖墓。

三国后期的鄂州七里界4号墓卧箜篌乐俑，1980年1月27日出土，暂无发掘报告，黄翔鹏、王子初先生于1999年出版的《中国音乐文物大系·湖北卷》对这一乐俑的名称、时代、藏地、考古资料、画面内容及图像进行了详细的阐述。

陕西省文物管理委员会发表在《考古》1960年第3期的《西安西郊中堡村唐墓清理简报》记述了该墓的发掘清理过程以及对出土文物作了详细记载。

全文分三个部分。

第一部分——俑类。出土俑类包括女俑、牵马俑、牵骆驼俑、天王俑、镇墓兽、马俑、骆驼俑等。骆驼俑共4件，其中1件为骆驼载乐舞俑，驼背上7乐俑中间立1女俑，右手前举，左臂后撤，做歌舞状。

第二部分——生活用具。包括三彩罐2件、陶罐5件。

第三部分——建筑模型。包括假山1件、八角亭1件、四角攒尖亭1件、房子8座。

评述：乐舞俑是我国音乐图像类文物中的重要组成部分。其始于春秋，在秦汉、隋唐经历了两个发展高峰。本章介绍了天回山崖墓所出舞俑、抚琴俑、听琴俑、击鼓俑，鄂州七里界4号墓卧箜篌乐俑，以及西安中堡村唐墓骆驼载乐舞俑。这三个墓葬出土的乐俑分别对应于乐俑发展的高峰时期，极具代表性。其中天回山击鼓俑以其惟妙惟肖、极具渲染力的神态，向我们展示出说唱艺术的魅力，同样也为我们研究东汉时期的社会艺术生活提供了充分的史料证明。三国后期的鄂州七里界4号墓出土的吴国卧箜篌乐俑，形制特殊，目前我国尚未发现实物出土的卧箜篌，仅在文献史籍中有所记载，因此，这一乐俑的出土，为卧箜篌俑的形制研究又增添了有力的证明。唐代是文化交流空前繁荣的时代，其制作工艺也最为鼎盛，这件骆驼载乐舞俑的出土，向我们完整地展现了唐代乐舞繁盛的风貌，其中不仅能够看到乐器与舞蹈的结合，还有乐器组合的呈现，这对后世的研究极具意义。

二、其他研究报告

1. 德：《成都天回山发现三座土坑墓》，《考古》1959年第8期，第450页。

2.《湖北鄂州七里界晋墓弹卧箜篌俑》,《音乐天地》2019 年第 9 期，第 2 页。①

三、出土器物的音乐学意义

刘芬：坐式说唱俑以 1957 年成都天回山出土者最佳。该俑坐在圆垫上，通高 77 厘米，红陶制。短胖身材，头裹巾帻，额前结花，上身袒裸，两肩高耸，乳肌下垂，大腹如鼓，两臂穿戴有珠翠饰品，下身着大角长裤，赤足。执桴的右手高举齐眉，左手挎抱扁鼓，收胸凸肚，右脚平抬，左脚蜷曲，做戏笑表演态。额皱数道，两眼眯缝，张口嬉笑，恣意调谑，手舞足蹈，神采飞扬，似表达说唱恰到精彩之时。（刘芬：《试论四川汉代说唱俑及其史料价值》,《音乐探索》2003 年第 3 期，第 84—86 页。）

孟建军、陈勇毅：20 世纪在成都天回山 3 号崖墓出土的天回山说唱俑、吹排箫俑和抚琴俑以及资阳出土的鼓瑟俑、抚琴俑，峨眉出土的双福鼓瑟石俑、十二桥形态逼真的吹笙俑等诸多精美的雕塑，它们都是雕塑与乐器结合的代表之作。也正是这些作品，成了我们今天了解那些久远年代间人们精神生活、音乐生活的一种可资揣摩的"活"物。（孟建军、陈勇毅：《凝固的音乐 永恒的旋律——漫谈"乐器雕塑"》,《乐器》2004 年第 3 期，第 1—7 页。）

许继起：1959 年西安西郊中堡村唐墓也出土了类似的"骆驼载乐俑"，驼背上也有以木为架做成的平台，台上施以毡，毡上坐 7 个乐俑，分别持笛、笙、箫、琵琶、箜篌和拍板等。"骆驼载乐俑"驼背上用木架毡床做成的平台，可以看作能活动的舞台，台上歌者、舞者与乐器演奏者的配合表演，显然是一种相对固定的音乐组织形式。与前者相比，十二案的毡床建置，则可以看作相对固定的舞台，二者相对固定的乐器、乐人，以及配合表演的舞者、歌者的组织形式，明显具备了舞台艺术的某些形式特征。从这一角度讲，鼓吹十二案与隋唐时期"骆驼载乐俑"的舞台化建置，以及乐器演奏者、歌者、舞者配合表演的艺术形式，对宋元舞台艺术的舞台建置、乐工、歌者、舞人的音乐组织形式提供了某些借鉴意义。（许继起：《鼓吹十二案考释》,《中国音乐学》2004 年第 4 期，第 76—83 页。）

王子初：乐舞俑是中国图像类文物中的另一个大类"立体图像"。俑人进入墓葬的本意，是先秦奴隶制社会曾广为流行的人殉的替代物。用人俑殉葬的风气，较早出现于先秦，盛行于汉和唐，所取得的艺术成就，也以此时为最高。宋元以来衰落，但仍有沿用。乐舞俑所反映的是单人或群体进行音乐表演的一个特定的场景。从乐舞俑的制作材料上来说，有木、石、铜等类，但最多的是陶俑。……成都天回山说唱乐舞俑 1957 年出土，年代为东汉光和七年（184 年）。其中的说唱俑最为著名。俑人

---

① 原文没有记录作者名字。

两肩高耸，大腹如鼓；左臂环抱小鼓，右手翘举做说唱状，是四川出土众多的俳优俑中之佼佼者。（王子初：《中国图像类音乐文物的种类与分布》，《中国音乐》2013年第1期，第16—22、82页。）

苏翔：1959年出土于陕西西安的唐三彩骆驼载乐舞俑，如图3（略），现藏于陕西历史博物馆。它是唯一一件被评为国宝级文物的唐三彩。此俑高58厘米，长41厘米，色彩非常明亮艳丽。这件唐三彩表现的是，一头骆驼背架着一个演出平台，平台上共有8名乐舞者，均着唐代服饰。其中7位男士演奏西域乐器，分别有笙、箫、笛、拍板、箜篌、琵琶、排箫；一位女舞者被他们围在舞台中央，仿佛在边歌边舞。其实骆驼在汉代时并不常见，随着唐代丝绸之路的开拓与繁荣，各民族之间的频繁交流，骆驼成为中原比较常见的动物。这说明西域文化渗透在唐代各个社会领域，唐朝的乐舞艺术与异域文化互相交流融合，碰撞产生了独具一格的唐朝乐舞盛世。（苏翔：《唐代乐舞艺术的发展探析》，《吉林艺术学院学报》2016年第4期，第15—19页。）

四、相关研究成果

1. 周伟州：《西安地区部分出土文物中所见的唐代乐舞形象》，《文物》1978年第4期，第74—80页。

2. 王有鹏：《四川汉代陶俑刍论》，《四川文物》1987年第3期，第4—10、81页。

3. 刘芬：《试论四川汉代说唱俑及其史料价值》，《音乐探索》2003年第3期，第84—86页。

4. 孟建军、陈勇毅：《凝固的音乐 永恒的旋律——漫谈"乐器雕塑"》，《乐器》2004年第3期，第1—7页。

5. 许继起：《鼓吹十二案考释》，《中国音乐学》2004年第4期，第76—83页。

6. 幸晓峰：《乐俑风姿》，《文史杂志》2007年第6期，第48—51页。

7. 李松兰：《穿越时空的古琴艺术："蜀派"历史与现状研究》，博士学位论文，上海音乐学院，2011年。

8. 王子初：《中国图像类音乐文物的种类与分布》，《中国音乐》2013年第1期，第16—22、82页。

9. 谭宁：《蜀琴文化初探》，硕士学位论文，重庆师范大学，2014年。

10. 苏翔：《两汉时期乐俑考》，硕士学位论文，陕西师范大学，2014年。

11. 李洪财：《抚琴俑及相关材料存在的问题初探》，《音乐探索》2016年第1期，第65—73页。

12. 苏翔：《唐代乐舞艺术的发展探析》，《吉林艺术学院学报》2016年第4期，第 15—19 页。

13. 王玉环：《西南汉墓劳作俑的考古学研究》，硕士学位论文，南京大学，2017 年。

14. 王昕晗：《中原地区出土隋唐时期乐舞俑研究》，硕士学位论文，西北大学，2017 年。

15. 刘雅静：《汉代生产劳作类陶制明器的叙事性研究》，硕士学位论文，南京艺术学院，2019 年。

16. 张钊：《西安地区出土唐代乐俑研究》，硕士学位论文，陕西师范大学，2019 年。

17. 顾晓莹：《关中地区音乐文物的主要特征及其成因透视》，《今古文创》2021 年第 8 期，第 92—93 页。

第七章　南京西善桥南朝墓、邓县彩色画像砖墓

第一节　发掘报告

南京博物院、南京市文物保管委员会：《南京西善桥南朝墓及其砖刻壁画》

——《文物》1960年第C1期

1960年4月江苏省文物工作队南京分队，在西善桥发掘太岗寺新石器时代遗址，在附近基建工程中，又发现六朝古墓一座，及时通知了工作队。该墓封门早年被破坏一部分，墓顶因取土凿开一洞，其他大部分尚保留完整。全部发掘工作从5月16日开始，到6月3日结束。

一、墓葬概述

此墓在宫山北麓下，南620米即为太岗寺遗址。这一带均为丘陵，宫山是其中的一座小土山，海拔27.2米，由黏性黄土构成。从已被破坏的墓坑剖面来看，该墓系依山坡自然倾斜挖成土坑，在生土坑壁内砌墓室，上面填土而成。虽然墓门和墓道经过破坏，但墓室完整，仍可看出它的全部建筑结构。

墓为长方形砖室券顶墓，方向70°，总长8.95米、宽3.1米、高3.3米；填土厚2.6米，其中夹有少量河光石和汉代绿釉硬陶片，似乎是用以加固的。墓顶外部粉了石灰一层，仅厚0.1—0.2厘米。封门高2.5米、宽4—4.4米、厚0.3米，用三平一直的砖砌成像照壁似的横墙封在墓门外，中部呈拱形，两边为两翼。封门外尚有宽1米砌成席纹的铺地砖。

墓道长1.49米、宽1.3米、高2.7米，全部为碎砖淤土填实，是破坏最大的地方，估计当时盗者系先凿开墓道顶部，再击开墓门而入。从残留的断壁来看，墓道两壁是用三平一直的砖砌成圆券顶。墓道底部仍为席纹铺地砖。

墓道之后即为墓门，全部用玄武岩石料制成，上部为一半圆形的门拱，直径1.4米，拱底浮雕平梁和大叉手。整个石门拱支在两条石倚柱上，其两旁的边缘砌入墓壁。倚柱高1.55米，每边宽0.15米，倚柱正对墓门一边的中部，各雕凸出的半圆形块，中有一洞，以纳门闩（门闩已不存）。柱下为门限，其向内的一半稍低下，以安

石墓门。墓门两扇已被击碎倒塌，在碎块上发现有残余的铜门练、铁门环和环孔。

墓室长 6.85 米、宽 3.1 米、高 3.45 米，四壁用三平一直砌法直到顶部，左右两壁连顶砌成一个券形，前后两壁砌到顶部与之接缝。四壁中部均向外凸出。在墓顶前部有铜栓插四个，从砖缝中插入墓内，可能用以加固墓顶。墓室左右壁中部为砖刻壁画，壁画前距底 1.1 米处，各有嵌砌的砖窗棂和桃形小壁龛；后壁仅有壁龛而无窗棂。墓室中后部有砖砌的棺床，长 3.6 米，宽与墓壁齐，高 0.18 米。床上用四块石板做成两个棺座，左长 3.2 米、宽 0.74 米；右长 2.92 米、宽 0.7 米。石板两头雕有突出的乳钉两排，每排十六个。估计这两个棺座是承棺木用的，左首的较长，疑是放男性的，右首的较短，疑是放女性的；因此这墓当为一座合葬墓。在棺座及棺床上散置了许多铁棺钉，已大部锈蚀。

在墓室后壁下及墓室前部正中，各有一正方形的阴井，每边长 0.17 米、深 0.25 米，底部有两个阴沟口，前后相连，直通墓外，显然是用来排水的。墓外的阴沟已破坏。

墓室前部（在棺床之前），有四个对称的方石柱，柱高 0.42 米、宽 0.18 米。棺床前全部放置遗物，但已扰乱，我们估计这种石柱也可能是用来放置灯烛一类东西的。

墓室底用长方砖砌成席纹，棺床上除四边平砌外，其余亦为席纹砌法。

全部墓砖可分为平砖、券砖两类。平砖一种为 34 厘米×14 厘米×5 厘米，一种为 34 厘米×14 厘米×3 厘米；券砖一种长 34 厘米、厚 5 厘米，两头宽 12 厘米及 15 厘米；另一种长、宽同前，厚 3 厘米。墓顶用三平一直的砌法砌成，直砖上向外的一侧模印"上""中""下"等字，最上一层均为"上"字，中层为"中"字，下层为"下"字。此外墓顶砖外侧还散印着"蒨""沙奸"等字，可能为工匠的名字。在前壁顶部、墓门上及墓顶里部砖上，散印着菱形纹、钱纹和卷草纹。全部壁画砖的两侧均刻有文字，如"向上行第卅一"，以标志壁画砖的顺序。

从墓室的结构看，这种单室砖砌券顶墓是六朝早、中期的形式，与西善桥附近发现的东晋太和四年（369 年）墓很相似（《考古通讯》1958 年第 4 期，第 49 页）；有阴沟的结构，也与南京中山门外苜蓿园东晋太元九年（384 年）墓很相似（《考古通讯》1958 年第 4 期，第 41 页）。上举两墓，均可为断定本墓的年代作参考。

又"叉手"或名人字栱，汉末壁画上常可见到，六朝石刻上亦有，它的使用从汉末到唐代（刘致平：《中国建筑类型及结构》，建筑工程出版社 1957 年版，第 83 页）。以往在北朝石刻如云冈等处可见这种人字栱，南方尚属初见，可能是新的资料。

二、出土器物

……

三、砖刻壁画

本墓出土文物中最有价值的,当为墓室两壁的两幅砖刻壁画,这在南京地区六朝墓中尚属初次发现。它们各长 2.4 米、高 0.8 米、距底 0.5 米,估计是先在整幅绢上画好,分段刻成木模,印在砖坯上,再在每块砖的侧面刻就行次号码,待砖烧就,依次拼对而成的。南壁壁画自外而内为嵇康、阮籍、山涛、王戎四人,北壁自外而内为向秀、刘灵、阮咸、荣启期四人。各人之间以树木分隔,成各自独立的画面。

嵇康左首绘银杏一株,与画上其他树木均作同根双枝形。嵇康头梳双髻,与王戎、刘灵三人均露髻无巾饰,双手弹琴,赤足坐于豹皮褥上。《晋书·嵇康传》记康:"常修养性服食之事,弹琴咏诗自足于怀……初康尝游于洛西,暮宿华阳亭,引琴而弹,夜分忽有客诣之,称是古人,与康共谈音律,辞致清辨。因索琴弹之而为广陵散,声调绝伦,遂以授康。"《晋书·向秀传》记:"嵇博综伎艺,于丝竹特妙。"嵇康文集中有康著"声无哀乐论"之说。画上嵇康怡然弹琴的形状,正表现出嵇康生平的特点。

其次为阮籍,与嵇康隔松树一株。籍头戴帻,身着长袍,一手支皮褥,一手置膝上,吹指做啸状,赤足。其旁置带把酒器一具,器下有盘,器内浮小鸭一只,可能为玩赏之物。带把酒器与 1953 年南京中华门外碧峰寺六朝墓中出土的带把陶瓢相同,按杜甫诗:"长生木瓢示真率,更调鞍马狂欢赏。"仇兆鳌注:"《西京杂记》载:上林苑有长生木,盖以木为瓢也。"(《杜少陵集详注》,卷二《乐游园歌》),故知这种酒器应为瓢尊。阮籍的画法与其他七人不同,侧身而坐,突出用口做长啸的姿态,极为生动。《晋书·阮籍传》记籍:"嗜酒能啸",《世说新语》记:"阮步兵啸闻数百步……嘐然长啸,韵响寥亮。"(卷下《栖逸》)世传"嵇琴阮啸",画上正是绘出他们这种神态。

图 1-7-1　南京西善桥竹林七贤画像砖左壁[①]

---

① 王子初主编:《中国音乐文物大系·江苏卷》,大象出版社 1996 年版,第 296 页,原图 2·3·16a。(原报告中没有画像砖图片,本文引用《中国音乐文物大系·江苏卷》上的图片作为补充,下同)

阮籍之旁为一株槐树，然后为山涛。涛头裹巾，赤足屈膝坐于皮褥上；一手挽袖，一手执耳杯，其前置一瓢尊。《晋书·舆服志》："巾以葛为之，形如帢而横著之，古尊卑共服也，士人宴居皆著帢矣。"山涛所戴不知是否此物。《晋书·山涛传》记："涛饮酒至八斗方醉，帝欲试之，乃以酒八斗饮涛，而密益其酒，涛极本量而止。"此画描绘出山涛的饮酒神态。

山涛之旁，垂柳一株，然后为王戎。戎头露髻，一手靠几，一手弄一如意，仰首、屈膝、赤足坐于皮褥上。其前置瓢尊一具，耳杯一只，瓢尊中亦浮一小鸭。《晋书·王戎传》记："戎每与籍为竹林之游""为人短小任率，不修威仪，善发谈端。"庾信乐府《对酒歌》有"山简竹篱倒，王戎如意舞"之句，这幅画面具体地体现"王戎如意舞"的诗境。戎后为银杏一株，作为南壁壁画的结束。

北壁壁画始为向秀，其旁亦先绘银杏一株。秀头戴帻垂带，一肩袒露，赤足盘膝坐皮褥上，闭目倚树，做沉思状。《晋书·向秀传》记秀："雅好老庄之学，庄周著内外数十篇……秀乃为之隐解，发明奇趣，振起玄风，读之者超然心悟，莫不自足一时也。"《世说新语》更记："初注庄子者数十家，莫能究其旨要，向秀于旧注外为解，义妙析奇，致大畅玄风。"（卷上《文学》）这幅画表现出向秀闭目沉思庄子真义的神态。

向秀之旁，垂柳一株，然后为刘灵。"灵"字晋书本传及以后均作"伶"，唯文选颜延年"五君咏"注"袁宏竹林名士传曰刘灵"，与此字同，可知"伶"系后来假借字。古代铜器如善夫克鼎"令终"之"令"作"霝"（《陶斋吉金录》卷一，页三十四），大概两字在早期是通用的。刘灵露髻，屈一膝，赤足坐于皮褥上，一手持耳杯，一手做蘸酒状，双目凝视杯中。关于刘灵好酒的记载，《晋书·刘伶传》所记甚多，文选亦记其著《酒德颂》："止则操卮执觚，动则契榼提壶……先生于是方捧罂承槽衔杯漱醪。"这幅画面充分刻画了刘灵嗜酒成性的神态。

图 1-7-2　南京西善桥竹林七贤画像砖右壁①

---

① 王子初主编：《中国音乐文物大系·江苏卷》，大象出版社 1996 年版，第 297 页，原图 2·3·16b。

刘灵之旁为银杏一株，然后为阮咸。咸头戴帻，垂飘带于脑后，挽袖持拨，弹一四弦乐器，赤足盘膝坐皮褥上。按《晋书·阮咸传》："咸妙解音律，善弹琵琶。"此画正描绘出阮咸的这种特点。画中咸所弹乐器名直项琵琶，又名阮咸，传为咸所创用，故名。这种乐器以前仅见于唐画，也有唐代实物存在，藏日本正仓院。这墓早于唐代数百年，关于乐器阮咸的形状及其弹奏之法，都明白可见，是极为珍贵的。

以上所画计七人，即以往所谓的"竹林七贤"。

阮咸之旁，为阔叶竹一株，直杆有节，然后为荣启期。荣披发、长须，腰系绳索，弹五弦琴，盘膝坐于皮褥上。按荣启期为春秋时人，《高士传》记孔子游于泰山，见荣启期鹿裘带索，鼓琴而歌，为古代所谓"高士"，故作画的人以之与"七贤"同列。同时从两幅壁画的布局看来，如仅绘七人，则不对称，故加荣启期成八人，唐代的酒中八仙，可能最初指的即是这八个人。

这两幅壁画，从外而内，依次为嵇康、阮籍、山涛、王戎、向秀、刘灵、阮咸、荣启期，除荣为先秦时人外，其余均为三国（220—280年）、两晋（西晋265—316年，东晋317—420年）人物。向秀、刘灵、阮咸三人，生卒年代难考，另四人排列的先后，与他们死的年代的早晚恰相吻合，为我们确定了"七贤"的排列次序。现列其生卒年表如下：

表 1-7-1　嵇康、阮籍等四人生卒年表[①]

姓名	生卒	岁数	公元
嵇康	魏黄初四年—魏景元三年	40	223—262年
阮籍	汉建安十五年—魏景元四年	54	210—263年
山涛	汉建安十年—西晋太康四年	79	205—283年
王戎	魏青龙二年—西晋永兴二年	72	234—305年

向秀、刘灵、阮咸三人，看来也不会相去太远，其卒年最迟当在东晋初。"七贤"的生卒年代，为我们提供了壁画和这座墓的上限年代，即最早不过东晋中期。再者，从壁画上的字体看来，是由八分书进到楷书，也正当东晋到刘宋的时期。

这座墓内的壁画人物，当是墓主人所崇拜的，由此亦可推测墓主人也是当时的士大夫阶层。《后汉书·赵岐传》："建安元年卒，先自为寿藏，图季札、子产、晏婴、叔向四像居宾位，又自画其像居主位，皆为赞颂。"赵岐将其生前崇拜的人物画在墓内，足见汉代已有此风，可以为证。

壁画人物的形象处理得很好，恰如其分地把八个人的独特性格，用他们最典型的表现刻画出来，神情生动。从壁画的技法上看，衣褶线条刚劲柔和兼而有之，人

---

① 罗宗真：《南京西善桥南朝墓及其砖刻壁画》，《文物》1960年第C1期，第42页。

物比例匀称，是相当成熟的画师的作品。以之与今天尚流传的晋代绘画相较，和顾恺之有很多相似之处：它与《女史箴图》同样地表现了那种"如春蚕吐丝"般的有韵律的线条和典雅的风格；壁画中的银杏、垂柳与《洛神赋图卷》中的手法几全相同，显示出我国山水画的早期作风。再以唐孙位高逸图做比较，无论结构、画风、人物、树木的布局，都仿佛一脉相传，孙位曾受顾恺之的影响，而此画与顾的作品相像，又与孙位作品有一定关系。顾恺之（343—405年）为东晋中期以后的人，与陶潜（372—430年）同期，陶诗有"荣叟老带索，欣然方弹琴"之句（《陶靖节诗集》卷三"咏贫士"七首之三），此画荣启期身上系带索，与陶诗正合。又据《历代名画记》（张彦远编，卷五）云：顾恺之曾画阮咸与"古贤"荣启期像，并论画曰："七贤唯嵇生一像佳，其余虽不妙，合以比前诸竹林之画，莫能及者。"据此，在顾恺之以前当已有"七贤"的画，但顾认为不佳。顾亲自画了阮咸和荣启期的像，也有可能画七贤的像。这两幅壁画与顾恺之的作品那么相似，如果也是顾恺之的画，倒是一个值得重视的问题。即使非顾画，它的作者也应与顾恺之同时期或相去不远，而画的风格又极其相似。因此我们可以假定本墓壁画当是晋—宋之间的作品。

四、结论

综合以上所述，无论就墓葬结构、遗物形制、壁画作风来看，都说明这座墓葬应该是南朝晋—宋时期的，其中的砖刻壁画，为我们提供了历史、艺术方面的宝贵资料。

……

河南省文化局文物工作队：《邓县彩色画象砖墓》

——文物出版社 1958 年版

邓县位于河南省西南部，学庄村在邓县城西北六十里湍河西岸的张村区内。1957 年 12 月正在兴修水利的高潮中，学庄农业生产队在村西南约 100 米的地方，发现一座着彩色的画像砖墓。当地政府得讯后，立即报告专署，后由河南省文化局工作队派人进行清理。

这座墓全部是用特制的浮雕画像砖筑成的。所有的画像砖都是对缝紧密，并用石灰镶砌，四壁如新。砖的质量很好，表面光滑坚硬，形制、大小各有不同，有长方形、方形、楔形及子母砖等十余种。推测此墓在营造前一定有周密的设计，各种砖型、图案和布置结构都是根据原设计预先制作和排列筑成的。全墓都是花纹砖和带彩绘的画像砖，想象当初落成时，一定富丽堂皇，光彩夺目。像这样的墓葬，在我国考古史上还是第一次发现。

墓顶距地表约1米。建筑结构分墓室、甬道两部分，南北长9.80米，东西宽3.09米，高约3.20米。墓壁是用花砖横竖相错砌成，左右两边各有十二个方柱，柱与柱中间的距离，仅容一横砖。墓室内左右两壁各有八个柱，每柱从地平面向上横砌三块砖，整砌两块砖，中间镶一块画像砖，是为一组。墓室每柱为五组；下边两组，组成一人像（图二〇、图二一，略），向上三组到券顶。甬道左右壁各有四个柱，每柱为三组：下边两组也组成一人像，向上一组到券顶。后壁砌法比较特别，有两柱，每柱三组，再向上砌有很多洞（图三，略）。甬道券顶的砌法，对缝紧密，横三竖一，用楔形砖并列砌成三道券，大小尺寸不同。另外，在破碎砖中还发现有子母砖，用在什么地方尚不明确。

封门砖是用砌墓室剩下的画像砖砌的。砌法是横一排、竖一排，在券门内外共砌两层，未用石灰。我们从封门砖中拣出不带彩绘、内容不同的画像砖十余种。

……

此墓建筑工程庞大，从东西墙壁剖面看，是二层砖，从后壁看，是四层砖砌成。因为砖的质量很好，到今天还非常坚固。当地农民说，揭开券顶时，曾费力很大。据一位建筑工人估计，建成此墓需用八九万块砖。这里表现了建筑、雕刻、绘画三方面的艺术成就。

这座墓，结构复杂，形制庞大；特别是墓内的浮雕画像砖和完整的券门壁画，都是极其重要的遗物。随葬品是由农民挖掘出来的，以陶俑最多，其中完整的二十件，其余，有的损毁，有的散失，已不能复原，剩有一些陶俑的足、手、头部和手持的盾、棒残片等。此外，还有一件骨簪和一些破碎陶片。我们清理出来的只有九枚五铢钱和一些铁质棺钉。今将壁画、画像砖、陶俑及零碎遗物分别叙述如下。

一、壁画

……

二、画像砖

这个墓的画像砖，不同砖型和纹样的很多，我们发掘的和收集来的共六十种。其中有券顶用的楔形砖、墓底用的花纹砖和墓壁用的各种着彩色的画像砖。根据墓室墙壁上彩色画像砖原有的位置数字来查对计算，好像还有遗失。

彩色画像砖的尺寸完全一样。砖长38厘米，宽19厘米，厚6厘米，有34种不同的内容，其中15种带彩绘的是从墓室两壁和后壁揭下来的。每一砖是一个完整的故事画，构图紧凑，线条流利。彩色是在画像砖上用七种颜色重点填涂，一般在人物上加点眼睛，在衣服上加画花纹。

砖的画像内容，丰富多彩：描写生活的有出行、运粮、牛车、贵妇出游等；故事性的有郭巨埋儿、老莱子、南山四皓、王子桥等。另外有飞仙、凤凰、朱雀、玄武……以及一些音乐舞蹈的画像。

图 1-7-3　邓县学庄南山四皓画像砖①

三、花纹砖
……

四、陶俑
……

五、其他
……

邓县这座彩色画像砖墓,虽然在农民挖掘时已受到严重损坏,但从获得的这些丰富多彩的文物来看,确实是重要的发现。我们初步推断的年代可能是南北朝。为了提供读者研究,我们以介绍图版为主,并对清理情况略加说明,没有作学术上的考据和推论。

---

① 赵世纲主编:《中国音乐文物大系·河南卷》,大象出版社1996年版,第198页,原图2·4·14。(原报告图片较模糊片,本文引用《中国音乐文物大系·河南卷》上的图片作为补充)

第二节 评述与扩展

一、发掘报告相关音乐内容与评述

（一）《南京西善桥南朝墓及其砖刻壁画》

《南京西善桥南朝墓及其砖刻壁画》是对南京西善桥墓的发掘简报，于1960年发表于《文物》上。该文分为四个部分：

第一部分，介绍墓葬概况。文章用翔实的手法，梳理了南京西善桥墓的地理位置、内部结构、用材及细节等，使读者对这座墓葬有了清楚的了解。

第二部分，介绍出土器物。从略。

第三部分，介绍砖刻壁画。本文最为宝贵之处，在于对砖刻壁画的整体形制、雕刻手法、画面内容做了翔实的描述，并通过与文献记载的对照、画中人物年代及壁画字体等进一步印证了此墓的年代，并推测壁画作者，为后续研究提供了启发。对画中人物的描写生动形象，与文献相印证，将每个人物的性格特点、衣着打扮、神态造型表现得淋漓尽致，使读者对"竹林七贤"与荣启期有了更为深刻的认识。

第四部分，全文总结。对墓葬进行综合评述，并得出年代上的结论：此墓为南朝晋—宋时期墓。

（二）《邓县彩色画象砖墓》

《邓县彩色画象砖墓》是对河南邓县（今邓州市）南朝画像砖墓的发掘报告。1958年由文物出版社出版。该报告对邓县画像砖墓的基本情况作了概述，并对墓葬出土器物、壁画、砖画等作了简要介绍。本文对砖画内容并无过多描述，而是以图版为主，清晰、完整地展示了画像砖的内容，是宝贵的图像资料。

评述： 琴是中国古代最重要的乐器之一，是中国传统思想与文人精神的集中体现。由于材质的易腐朽性等原因，现存的古琴实物主要以唐以来的传世品为主，而鲜有地下出土者，这使得琴的使用年代下限始终扑朔迷离。1960年，南京西善桥墓砖刻壁画的出土使学界为之震动，在这幅壁画上，嵇康和荣启期所使用的琴与现在的"全箱式"琴几乎无异，上面张着五根弦，并有清晰可见的十余个徽。这与嵇康在《琴赋》中对徽的描述"徽以钟山之玉"相印证，证明这时候的琴已有了徽位。也说明至少在南京西善桥墓建成的刘宋时期，琴的形制就已达到了非常成熟的地步。

比西善桥墓稍早发掘的邓县彩色画像砖墓的"商山四皓"画像砖也为这一发现提供了印证。"商山四皓"画像砖上的古琴虽无清晰可见的徽位，但其形制确为"全箱式"，上面张有琴弦，老者弹琴的形态也与今无异。这幅砖画与西善桥墓壁画一起，为"全箱式"琴在南朝时期的应用提供了确证。

南京西善桥墓和邓县画像砖墓发掘以来，又陆续出现了更多的图像资料。如1984年朱然墓的"百里奚会故妻图"漆盘、1997年南昌火车站雷陔墓的"惠太子延商山四皓图"漆盘等，这些器物上的古琴图像将有徽位、岳山的"全箱式"琴的应用提早到了三国时期。①

二、其他研究报告

1. 柳涵：《邓县画象砖墓的时代和研究》，《考古》1959年第5期，第255—261、263页。
2. 陈直：《对于南京西善桥南朝墓砖刻竹林七贤图的管见》，《文物》1961年第10期，第47—48页。
3. 南京博物院：《试谈"竹林七贤及荣启期"砖印壁画问题》，《文物》1980年第2期，第18—23页。
4. 丁邦均：《安徽马鞍山东吴朱然墓发掘简报》，《文物》1986年第3期，第1—15、97—104页。
5. 郑珉中：《对南京西善桥六朝墓画像的看法》，《故宫博物院院刊》1986年第3期，第49—54页。
6. 戴春阳：《敦煌佛爷庙湾西晋画像砖墓》，文物出版社1998年3月版。
7. 赵德林、李国利：《南昌火车站东晋墓葬群发掘简报》，《文物》2001年第2期，第12—41页。
8. 郑岩：《魏晋南北朝壁画墓研究》，博士学位论文，中国社会科学院研究生院，2001年。
9. 郑岩：《南昌东晋漆盘的启示——论南北朝墓葬艺术中高士图像的含义》，《考古》2002年第2期，第77—86页。
10. 王汉：《从壁画砖看南京西善桥宫山墓的年代》，《东南文化》2018年第2期，第81—91页。

三、出土器物的音乐学意义

王子初：画中的嵇康和荣启期所弹古琴上，已可清楚地看到"全箱式"琴的造型。《晋书·嵇康传》载，嵇康常"弹琴咏诗自足于怀"。后获罪司马氏，临刑东市，索琴慷慨弹奏《广陵散》一曲，从容就义而名垂青史。又著有《声无哀乐论》，为中国音乐美学史上的名篇。荣启期为春秋隐士，《高士传》载孔子游泰山，见荣鹿裘带

---

① 详见《中国音乐考古学成果导读（第二辑）》。

索，鼓琴而歌。该画提供了琴的艺术、历史方面的宝贵资料，历来为学术界所重视。（王子初：《马王堆七弦琴和早期琴史问题》，《上海文博论丛》2005年第4期，第40—45页。）

黎国韬：如果仔细考察，会发现（南京西善桥墓）两幅画像砖上存在着一些常识性错误，比如琴头、琴尾放置的方向颠倒了，琴人用左手弹弦、右手按弦，这与左手按弦、右手弹弦的正确方式也是相反的。但这两幅画像砖的史料价值仍然得到了琴学界的广泛认可，主要原因有三：其一，画像清晰展示了南朝古琴的两种形制，与后世各式古琴形制均有一定差别，为后人研究六朝古琴历史提供了重要史料。其二，两把古琴的琴面都张有五条弦，这表明五弦琴在当时琴界广泛流行，为我们研究五弦琴和七弦琴的发展演变历史提供了实物资料。其三，两把琴的琴面都有清晰的琴徽，其中一把更多至十余枚，与后世古琴普遍使用十三徽位的做法已十分接近；尽管更早的南昌东晋墓漆平盘上已发现琴徽图像，但该琴二弦七徽，显然是画工采用了抽象式的画法，而西善桥南朝墓砖画则采用了写实的画法，所以其重要性决不会因时间略晚而在东晋漆平盘之下。

……（邓县画像砖墓）"四皓"砖古琴图像的外部形制毕竟有别于其他两件文物（南京西善桥壁画、东晋墓漆平盘），从而在一定程度上反映了当时古琴样式的多样化。（黎国韬、周佩文：《"琴棋书画杂考"之四——六朝古琴图像与古琴实物考述》，《文化遗产》2019年第1期，第140—151页。）

林树中：（邓县画像砖墓"商山四皓"画像砖）所画为"四皓"在丛山傍水之处，踞坐奏乐。右一人卷袖双手操琴，次一人吹笙，再一人为吹排箫，左边一老者正跷腿坐在水边，右手支地，左手拿一树枝，右脚伸到水里，正在昂首长啸或长歌。山间画杉松、梧桐，有趣的是画一只猴子蹲坐在山峰上张望，天空还有一只凤凰在飞翔。……在表现主题思想上，古乐浪画的"四皓"只作人物排列；东晋的漆盘画，则表现壮阔的宴会场面，表现了浓烈的政治气氛；而画像砖上的"四皓"，则表现隐逸者处山林之中，鼓弦而歌，"濯足沧浪"的高逸思想。古乐浪和东晋漆盘画还是体现儒家思想入世极参与社会的方面；而砖画却体现时代的放逸飘飘然遗世而独立的老庄思想。这种思想倒是真正能体现整个时代精神的。（林树中：《六朝艺术》，南京出版社2004年版，第21页。）

四、相关研究成果

1. 郑珉中：《漫谈有关琴史的几个问题——与津门琴友商榷》，《故宫博物院院刊》1998年第2期，第56—61页。

2. 王宁章：《左手弹琴图像管见》，《东南文化》2001年第1期，第85—87页。

3. 王子初：《马王堆七弦琴和早期琴史问题》，《上海文博论丛》2005年第4期，第 40—45 页。

4. 林树中：《六朝艺术》，南京出版社 2004 年版。

5. 刘东升、袁荃猷：《中国音乐史图鉴》，人民音乐出版社 2008 年版。

6. 朱国伟：《汉代乐器形制演变考察之一：琴》，《乐器》2018 年第 6 期，第 34—37 页。

7. 黎国韬、周佩文：《"琴棋书画杂考"之四——六朝古琴图像与古琴实物考述》，《文化遗产》2019 年第 1 期，第 140—151 页。

第八章　太原北齐徐显秀墓、北齐东安王娄睿墓

第一节　发掘报告

山西省考古研究所、太原市文物考古研究所：《太原北齐徐显秀墓发掘简报》

——《文物》2003 年第 10 期

北齐徐显秀墓位于山西太原王家峰，坐落在王家峰村的梨园内，该墓墓主人身份是北齐武平二年（571 年）太尉、武安王徐显秀。2000 年 12 月初，村民发现有人在此盗掘，便立即报告文物部门。考古人员现场勘察后，遂上报各有关部门，引起政府高度重视。经国家文物局批准，由省、市文物考古研究所组成王家峰北朝壁画墓考古队实施发掘。徐显秀墓的发掘工作从 2000 年 12 月 15 日开始，到 2002 年 10 月 26 日结束。

一、地理位置

……

二、墓葬的形制和葬具

此墓由墓道、过洞、天井、甬道、墓室五部分组成。墓向 185°，通长 30 米。……

……

三、随葬器物

此墓先后五次被盗，扰乱严重，出土器物大多残碎，经初步整理，共计 550 余件，多数分布于墓室内。

……

墓室内随葬品较散乱。鸡首壶、尊、碗、罐、灯、扣盒、镇墓兽、镇墓武士俑等残片大多集中在墓室东南部。陶俑多数散置于墓室南部。墓志、志盖置于墓室西南角，墓志四角底座向上，志盖已碎裂，棺床上有部分陶俑及瓷器碎片。棺、椁残

块，铁钉，铁片散置于墓室东北角，并在其内清理出嵌宝石金戒指 1 枚。现分类介绍如下：

……

击鼓骑俑　8 件。标本 19，通高 30 厘米，马高 26 厘米、长 23 厘米。戴圆顶风帽，帽顶两侧折出两角，着白色窄袖襦，白裤，黑尖头靴。腰左侧挂一扁圆鼓，鼓径 4.8 厘米。鼓与左肘之间有孔，似有一物连接，物已朽。两手上屈，持物做击鼓状，手心有孔。乘枣红色马匹（图一四：2、七二，略）。

……

鼓吹骑俑　1 件（标本 359）。骑马俑头佚。残高 26 厘米，马高 25.5 厘米、体长 24 厘米。着白色窄袖短襦，白裤，黑尖头靴。双手上举置于面前做吹奏状，手心有孔（图一六：1、七五，略）。

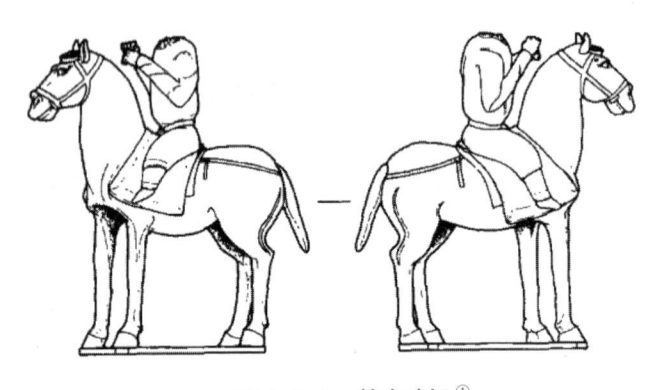

图 1-8-1　鼓吹骑俑[①]

……

四、壁画

徐显秀墓清理出彩绘壁画 326 平方米。整个壁画分三部分：墓道、过洞、天井内为仪仗队列；甬道口与两壁是执鞭、佩剑的仪卫；墓室内为墓主人宴饮、出行等内容。壁画中所绘人物与真人相仿，最高者 1.77 米、最矮者 1.42 米。按顺序摘要简介如下：

[①] 山西省考古研究所、太原市文物考古研究所：《太原北齐徐显秀墓发掘简报》，《文物》2003 年第 10 期，第 14 页，原图一六。

(一)墓道、过洞、天井部分

……

东西两壁壁画较对称,共画 86 人,驱神避邪的神兽 4 个,鞍马 6 匹。人物均为头戴紫色巾帻,系带于领下。内着圆领衣,外套右衽窄袖长衫,腰系带,带上缀有装饰。脚蹬紫色鞘靴。

墓道东壁画 26 人,按队列分为 3 组。在墓道口处有神兽 2 个,由于白灰层脱落,画面漫漶不清,只依稀可辨神兽的腿部,周围绘有宝相莲花。第 1 组人物 2 人:一人前行,一人扭头向后,似在招呼队伍后的人群;第 2 组人物 11 人:其中 3 人各执一黑色旗杆,上飘彩色三旒旗,旗帜脱落现象严重,画面不清;第 3 组人物 13 人:其中 3 人各执一黑色旗杆,上飘三旒旗,2 人肩抗鼓吹,2 人腰中佩带弓囊(图二一,即图 1-8-2)。

图 1-8-2　壁道东壁壁画①

墓道西壁与东壁所画内容相对,同样有人物 26 个,神兽 2 个。因墓道口处白灰层脱落严重,神兽残缺不全:第 1 组人物 2 人;第二组人物 9 人,因现代墓的打破,致使其中 3 人上半身已残缺,同样为 3 人各执一面三旒旗、2 人腰中佩剑;第二组人物 15 人,3 人各执一面三旒旗,2 人肩扛角吹,2 人腰中佩带弓囊(图二二,即图 1-8-3)。

---

① 山西省考古研究所、太原市文物考古研究所:《太原北齐徐显秀墓发掘简报》,《文物》2003 年第 10 期,第 17 页,原图二一。

图 1-8-3 墓道西壁壁画[①]

……

墓道西壁与东壁所画内容相对，同样有人物……

……

（二）甬道部分

……

（三）墓室部分

墓室壁画分墓顶壁画和墓壁壁画两部分：

（1）墓顶为天象图……

（2）墓壁壁画分北、西、东、南四壁壁画……

北壁正中帷帐高悬，帐下为矮床榻，后围多幅折扇式屏风，屏面有彩画，男女墓主人手捧漆杯端坐于床榻之上。正中摆一大盘食品，13 个高脚杯围绕周围。两旁侍女手捧盘杯，侍者手执羽扇、华盖。男女乐伎或弹四弦曲项琵琶、五弦、竖箜篌，或吹笙、横笛、拍钹，立于两侧。人物中女性发饰大同小异，均为高髻，两侧各竖起一角，并偏侧一方。男主人头戴折上巾……女主人头梳高髻，内着浅灰色圆领衫，外穿大红色交领长裙……男女主人身旁各有一侍女……东侧一男乐伎，头裹乳白色巾帻。身着红色右衽窄袖长袍，双手置于脸部左侧，眼睛微闭，神情专注，做吹笛状。[②] 西侧一女乐伎，头梳高髻，髻作"山"字形。身着橘红色窄袖长裙，身后拖有裙摆，脚蹬紫色翘角鞠靴。胸前抱一四弦曲项琵琶，左臂前伸，手托琴项。右臂前屈，手指做弹拨状。

[①] 山西省考古研究所、太原市文物考古研究所：《太原北齐徐显秀墓发掘简报》，《文物》2003 年第 10 期，第 17 页，原图二二。
[②] 李寿墓内立部伎乐都有吹横笛形象，动作亦如此。《唐李寿墓发掘简报》，《文物》1974 年第 9 期。

图 1-8-4　墓室北壁（正壁）壁画宴饮图[①]

西壁为男墓主人出行时备马的场景。……
东壁与西壁内容相对称，为女墓主人出行时备车的场景。……
南壁正中为墓门。墓门东侧壁画大面积脱落，残存 3 面三旒旗。……

五、结语

徐颖，字显秀，以字行，忠义郡人。《北齐书》《北史》《隋书》和《资治通鉴》均有零星记载。其祖徐安、其父徐珍，都曾任北魏边镇官员。他先投尔朱荣，后追随高欢，逐步升迁。东魏时任帐内正都督。入北齐后，除骠骑大将军，封金门郡开国公。武成帝大宁初，出任宜州刺史。因作战勇猛，屡建功勋，封武安王。后生高纬时，历任徐州刺史、大行台尚书右仆射，拜司空公，再迁太尉。武平二年（571年）正月死于晋阳城家中，享年 70 岁。

徐显秀墓是目前发现的同时期保存最完整的大型壁画墓。完整的墓室壁画的发现，为研究这一时期墓葬的营制以及对隋唐墓葬制度的影响、墓葬壁画艺术的发展提供了重要资料。

[①] 山西省考古研究所、太原市文物考古研究所：《太原北齐徐显秀墓发掘简报》，《文物》2003 年第 10 期，第 21 页，原图二九。

山西省考古研究所、太原市文物考古研究所：《北齐东安王娄睿墓》

——文物出版社 2006 年版

北齐东安王娄睿墓位于山西太原市南郊区王郭村西南 1 公里，汾河以西，吕梁山余脉悬瓮山东侧，天龙山石窟东侧，龙山石窟和晋祠之南的娄氏家族墓地上。该墓于 1979 年 4 月至 1981 年 1 月间进行发掘清理工作，历时近两年，由于墓主人政治地位高，因而该墓墓室规模宏大，壁画精美，墓内出土遗物丰富，是继寿阳库狄迴洛墓和磁县高润墓之后发现的最重要的北齐高级贵族墓。

第一章　概述

第一节　地理位置与历史沿革

……

第二节　发现与发掘经过

……

第二章　墓葬形制与葬具

第一节　墓葬形制

娄睿墓为甲字形砖砌单室墓，坐北朝南，由封土、墓道、甬道、天井和墓室五部分组成（图二；彩版一，1、2，略）。

一、封土

……

二、墓道

……

三、甬道

……

四、天井

……

五、墓室

……

第二节　葬具

墓内葬具已被毁坏，散乱叠压在一起，经分析应为二层套棺。棺可以复原，但棺木因短缺过多，尚难全部复原。目前根据部分材料作了复原图，情况如下：

一、外棺

……

二、内棺

……

第三章　墓葬壁画

娄睿墓的墓道、甬道和墓室等墓壁上全绘有壁画。除因年代久远，部分遭受自然与人为的破坏，画面漫漶，石灰层剥落、错叠及土壁高层坍方外，大部分仍保存完好。根据壁画的构图、布局与内容，残存壁画按内容大致可归纳为七十一幅画面，面积约 220 平方米（图七——一二；附表一，略）。

……

七十一幅画面的内容大致可归纳为两大部分，五个组合。第一部分，表现娄睿生前的戎马生涯和显赫的官宦生活。内容有：出行与回归图；仪卫图和宫廷生活图。它们位于墓道东西两壁、天井、甬道和墓室四壁的下部，以绚丽多彩的大型长卷形式描绘了墓主人娄睿生前的威仪和豪华生活。第二部分，反映墓主人死后升天、回归西方极乐世界虚幻境界的情景。它包括祥瑞图和升仙图。这些画幅位于甬道与天井上部，墓门，墓室内第一、二层，还有天空星象图。壁画内容和布局，受当时盛行的寺观壁画的影响，继承了汉魏以来的传统，组成了古代神话传说与儒道释三教合流的天人一体的壁画体系。……

第一节　娄睿生前戎马生涯与显赫官宦生活图

这部分壁画位于墓道东西两壁第一、二层，画位编号为画 1—画 28（图一三、略）。

一、出行图

在墓道东西两壁第一层，西壁为出行图，东壁为回归图，共 14 幅，包括画 1、2、3、4、5、6、7、8、9、10、11、12、13、14 等。出行图与回归图大致相仿，皆以大小幅相间排列。大幅多人在后，墓主人在前是为主骑；小幅二人在前，是为导骑。这种墓葬壁画内容以长卷式展示，是继甘肃嘉峪关丁家闸 5 号墓开创以来，又有不断发展创新的新格局。出行图与回归图布局与内容为一个完整的画面组合表现。……

……

二、回归图

……

三、鞍马游骑图

……

四、仪卫图

反映生前富丽堂皇的显宦生活图，共 25 幅。娄睿生前贪恋富贵豪华生活，"累迁光州刺史，在任贪纵……以外戚贵幸，纵情财色。为瀛州刺史，聚敛无厌"（《北齐书·卷十五·娄昭传》，中华书局 1999 年版，第 197 页）。这说明娄睿生前贪图钱财，生活腐化，所以死后将生前官府豪华生活也要带入另一个世界享受。显宦生活又可分为墓室外的军乐仪卫和墓室内的宫廷内苑生活。

（一）军乐仪卫图

此组画面共 23 幅，其中军乐仪卫图七幅（画 29、30、31、32、33、34、35），位于墓道第三层；持班剑仪卫图十幅（画 36、37、38、39、40、41、42、43、45、46）；门官仪卫图六幅（画 47、48、49、50、51、52），位于甬道前部第三层、天井第三层；另外二幅，位于天井第二层。魏晋南北朝时期，崇尚仪卫，州镇以上皆有赏赐。南北朝时期统治者使用的仪卫，必用鼓吹和羽葆，也经常以此恩赐部下。《三国志·吴书九·吕蒙传》："……乃增给步骑鼓吹……拜毕还营，兵马导从，前后鼓吹，光耀于路。"（中华书局 1999 年版，第 1273 页）《三国志·吴书十·周泰传》："使泰以兵马导从出坞，鸣鼓角作鼓吹。"（中华书局 1999 年版，第 1287 页）《宋史·鼓吹上》："鼓吹者，军乐也……以建威武，扬德风，厉士讽敌……短箫铙歌序战伐之事，黄门鼓吹以享宴所用。"（中华书局 1999 年版，第 3301 页）娄睿墓的赤色鼓吹，与其东安郡王礼制完全相合。

画29和画35　画29面积4.1米×1.2米÷2，约2.6平方米；画35面积5米×1.4米÷2，约3.6平方米，东西相对，两组内容均为鼓吹图（图四二；彩版四二、四三、四九、五〇，略）。

画29　位于墓道西壁第三层，面积约2.6平方米。四马四部曲鼓吹图。由南往北随着斜坡墓道向墓室发展，离地表越来越深。此画南端呈夹角状，开始时用花草树木作补白，非常简单。四匹诞马静立，马头均朝向墓门。第一匹赭色诞马，头面额有长鬃，颈部齐鬃，双耳直立向前。……第二匹赭红色诞马，面额上长鬃双分，颈部齐鬃，双耳直立向前。……第三匹黑白两色相间的诞马，面额上长鬃双分，双耳直立向前，颈部齐鬃。……第四匹赭红色诞马，位于鼓吹者后面，马面额情况不明。络头齐全，鞍鞯俱备。鞍下面铺有花边灰白色簸箕形障泥。鞍前有攀胸，马臀部有鞦。四部曲双双对吹长角。前二人正面像，广额丰颐椭圆形脸，浓眉大眼，高鼻梁，小嘴。戴黑色山字形风帽，身穿月白色圆领窄袖左衽长袍，灰白色细口长裤，黑色靴。束红色踝蹙带，挂有黑色鞶囊和长剑。后二人背面像，与前二人不同处，仅仅二人身穿深土黄色长袍，其余均同。四人吹长角姿态基本相同，右手在嘴唇边，紧紧地将长角的义嘴按在嘴唇旁，左手向左前方伸直，用力地高举长角号筒，吹角手脸部腮帮子鼓起，脸色通红，表示吹角手吸足了气，昂首鼓腹，全身用力，由于用力过猛，提起脚跟，脚尖点地，奋力劲吹，给人以抑扬顿挫的节奏感，衬托着宾客云集时宴飨欢乐的情景。背面画像更精湛地表现吹角手的姿态美。

"长角"，古籍记载隋唐时期称"大角"。《太平御览·乐部（五八四）·角条》引《宋乐志》曰："角长五尺，形如竹筒，本细末稍大，未详所起，今卤部及军中用之……此器俗名'拔罗回'，盖胡房警军之音，所以书传无之，海内乱离，至侯景围台城，方用之也。"《新唐书·礼乐志十二》载："金吾所掌有大角，即魏之'簸逻回'，工人谓之角手，以备鼓吹。""簸逻回"大概是鲜卑语。侯景是北魏怀朔镇鲜卑化的羯胡，南渡攻梁，统领兵士多是鲜卑人，运用鲜卑习俗，作战时使用鲜卑军乐，应在情理之中，且拓跋鲜卑有角乐曲《簸逻迴歌》。《隋书·音乐志中》载：北齐文宣帝时，"尚药典御祖珽自言，旧在洛京，晓知旧乐。上书曰：'魏氏来自云、朔，肇有诸华，乐操土风，未移其俗……天兴初，吏部郎邓彦海，奏上庙乐，创制宫悬，而钟管不备。乐章既阙，杂以《簸逻迴歌》。'"（《隋书·音乐志中》，中华书局1973年版，第313页）在《隋书·音乐志下》还记录有《簸逻迴歌》（大角）的内容。"大角，第一曲起捉马，第二曲被马，第三曲骑马，第四曲行，第五曲入阵，第六曲收军，第七曲下营。皆以三通为一曲。其辞并本之鲜卑。"（《隋书·音乐志下》，中华书局1973年版，第383页）《通典》也说《簸逻迴歌》"其曲亦多可汗之词"。可见《簸逻迴歌》原本是用鲜卑语唱出来的鲜卑民歌，共有七段歌曲，演奏时每一曲都重复三遍，叙述了骑兵训练、作战的全过程，且又多是征战之音，抑扬顿挫，激昂之情,深受鲜卑人之喜爱。军阵之乐,在娄睿墓中作为迎宾之乐也是理所当然了(图四二;彩版四二、四三,略)。

图 1-8-5 墓道西壁第三层壁画部曲鼓吹图(画 29,北侧)[①]

画 30 面积 1.4 米 ×1.6 米,约 2.3 平方米。七人宾礼图。位于墓道北端西壁第三层。前排正中一人似为中年主人公,广额丰颐椭圆形脸,浓眉大眼,高鼻梁,小嘴,上颌八字胡,下颌连鬓络腮胡。戴黑色山字形鲜卑帽,穿赭黄色圆领窄袖左衽缺胯长袍,腰间束黑色蹀躞带,佩挂有弓、弓囊、剑、矢箙和鞶囊。双手拱于胸前,似在认真专心地迎接客人。第二人,位于主人公之北,中年人,广额丰颐椭圆形脸,浓眉凤眼,高鼻梁,小嘴,下颌络腮胡。戴黑色山字形鲜卑帽,穿灰白色圆领左衽缺胯长袍,下半身壁画残,束月白色蹀躞带,佩挂有弓、弓囊、剑、矢箙和鞶囊,左手执马鞭,同右手一起相拱在胸前,似相随主人公起迎接宾客。鞭子应为武器。在北齐时期有执鞭(武器)朝拜的习俗记载:"中兴二年……(高)欢遣四百骑奉迎帝入毡帐……达夜严警。昧爽,文武执鞭以朝。"(《北史·卷五·魏本纪第五·孝武皇帝》,中华书局 2003 年版,第 170 页)又尒朱世隆等立长广王晔为主,南赴洛阳。东至郭外,世隆等遣瑗奏废之,瑗执鞭独入禁内,奏愿行尧舜事,晔遂禅米陵。(《北史·卷八十六·列传第七十四·循吏·窦瑗》,中华书局 2003 年版,第 2871 页)后排第一人,中年人,广额丰颐椭圆形脸,眉目清秀,高鼻梁,小嘴。戴黑色

[①] 山西省考古研究所、太原市文物考古研究所:《北齐东安王娄睿墓》,文物出版社 2006 年版,原彩版四三。

圆形长裙帽，穿灰白色左衽长袍，束红色蹀躞带，身佩弓、弓囊、矢箙和长剑。双手拱于胸前，扶持红缨长矛。此人侧脸看鼓吹者奋力演奏，似乎在欣赏鼓乐奏鸣欢快的旋律。……

……

图1-8-6　墓道西壁第三层壁画迎宾图（画30）[①]

画35　面积5米×1.43米÷2，约3.6平方米。东壁四马四部曲鼓吹图，情况基本与西壁画29相同。南起用三棵小树作山水补白。四匹诞马做嬉戏状，头均向墓门。第一匹赭红色诞马……第二匹灰白色诞马……第三匹赭色的诞马……第四匹黑白两色相间诞马，位于鼓吹者后面，马面额情况不明。……四部曲双双对吹长角，前二人正面像，广额丰颐椭圆形脸，浓眉大眼，高鼻梁，小嘴。戴黑色山字形风帽，身穿赭黄色圆领窄袖左衽长袍，灰白色细口长裤，黑色靴。束黑色蹀躞带，挂有黑色鞶囊和长剑。后二人背面像，与前二人不同处，仅仅二人身穿灰白色长袍，其余均同。四人两两对吹，左手在嘴唇边，紧紧地将长角的义嘴按在嘴唇旁，右手向右前方伸直，用力地高举长角号筒，吹角手脸部腮帮子鼓起，脸色通红，姿态基本相同，皆昂首鼓腹，用力过猛，点起脚跟，用脚尖着地，奋力劲吹，给人以抑扬顿挫的节奏感。但是，这几位吹角手，绘画技巧较西壁四人更为优美，形象更生动，充分体现了演奏者的欢快奋力，让观画者身临其境，分享欢乐的情景（图四八；彩版

[①] 山西省考古研究所、太原市文物考古研究所：《北齐东安王娄睿墓》，文物出版社2006年版，原彩版四四。

四九、五〇，略）。

图 1-8-7　墓道东壁第三层壁画部曲鼓吹图（画 35，北侧）[①]

（二）持班剑仪卫图
……
（三）门官仪卫图
……

五、宫廷生活图

墓室内，壁画因多年来遭受地下水的严重浸渍，水位深达 2.80—3.00 米，促使壁画大片脱落，有幸留存下来的壁画画面也严重失色，画面或变黑，或留有层层水位升降痕迹，遮盖了画面上的绘画内容，特别是墓室北壁画面受损最为严重，致使人们不易识辨。现在根据当年对墓室壁画的临摹墨线稿认读墓室的壁画内容。

宫廷生活图共六幅，分布在墓室四壁的第四层。这几幅大型壁画，显示出娄睿官至太师、并州刺史，兼录并省尚书事的显宦地位。

画 57　娄睿夫妇二人宴飨行乐图。是由墓室北壁和东、西两壁后部的第四层画面联合组成的一个大幅整体。画面东西残长 6.5 米，残存高 3 米，面积约 20 平方米。

[①] 山西省考古研究所、太原市文物考古研究所：《北齐东安王娄睿墓》，文物出版社 2006 年版，原彩版四九。

目前保存的这组绘画遭受了最严重的损伤。墓室北壁东部画面漫漶，大部分已脱落。刚打开墓室时，还能隐隐约约地看到北壁壁画内容，壁画正中，上面由中间向东西两侧延伸横贯长长幔帐。幔帐上部有流苏垂挂，并有四条红色的长绶带，将幔帐分成五间。幔帐开启，悬垂于两侧立柱；立柱前，华灯高挂；幔帐下正中有一大组玉帛、璜、璧、珠宝等组成的大垂髻。东西两侧垂挂有二组玉帛、璜、璧、珠宝组成的小垂髻，大小垂髻之间用绶带相联结。且又用各种璧翣，烘托出幔帐中间十分富贵热闹的气氛。……

幔帐下有男女二人（应是墓主人夫妇），仪容端庄肃穆，安逸地端坐在几案后面宴飨，桌面上有供养的食盒。……东西两侧画面绘有内侍供奉行列。……北壁西部有一组5—6人女子乐队，即女乐场景，有吹笙、吹箫、吹笛和弹奏琵琶等，正在聚精会神地演奏乐曲。画面东侧有男子舞蹈歌舞乐队，能见到有竖箜篌和曲颈琵琶。《隋书·音乐志下》："西凉者……据有凉州，变龟兹声为之，号为秦汉伎。魏太武既平河西得之，谓之西凉乐。至魏、周之际，逐谓之国伎。今曲颈琵琶、竖头箜篌之徒，并出自西域。非华夏旧器。"（中华书局1973年版，第378页）这表现了宫廷内莺歌燕舞，宴飨行乐的豪华生活。女乐，《国语·晋语七》曰："郑伯嘉来纳女、工、妾三十人，女乐 二八，歌钟二肆，及宝镈，辂车十五乘。"韦昭注：女美女也，工乐师。女乐今伎女也。八人为佾，备八音也。"《左传·襄公十一年》曰："郑人赂晋侯以师悝、师触、师蠲……女乐二八。"杨伯峻注："女乐谓能歌舞之美女。古乐舞八人为一列，谓之佾，二八即二佾。"二佾即共十六人（见《国语》，上海古籍出版社1998年版，第444页；杨伯峻《春秋左传注》襄公十一年，第992页）。娄睿墓由于墓室北壁画幅严重漫漶，不能看清所画的内容，不能辨清乐队和舞蹈队各有多少人数。恰好太原市文物考古研究所在太原东山畔王家峰发掘北齐徐显秀墓，墓室北壁画面十分清楚，墓主人宴飨图东西两侧共有男女乐伎八个，或弹四弦曲颈琵琶、五弦、竖箜篌，或吹笙、横笛，或拍钹等，共有八种乐器（见山西省考古研究所、太原市文物考古研究所《太原北齐徐显秀墓发掘简报》，《文物》2003年第10期，第4—40页，插图二九）。

通观娄睿夫妇二人宴飨行乐图全景，虽然漫漶较为严重，有些画面甚至脱落，已不能观其全貌，但从残存情况仍然可以看到外戚、并州刺史、北齐东安王娄睿豪华的内廷生活情况，场面恢宏，气氛热烈。像这种巨大宴飨画面，汉魏以来考古发现中还未见有可与其相匹配的。

……

第二节　升天祥瑞图

13幅。在甬道第二层、墓门上第一层、墓门、墓室第一和第二层的壁画内容均属"祥瑞"图,用以祈求驱恶避邪,祛除灾害。

一、祈神驱鬼图

共 10 幅（画 59、60、61、63、62、64、65-1、65-2、66、67）。

……

画 60 面积 1.4 米 × 1 米,约 1.4 平方米。方相氏,位于甬道东壁獬豸图的北侧,方相氏做怪兽状,头发上扬,瞪眼,虎视眈眈,张鼻,露牙,张开血盆大口,剽悍勇猛;龙爪、赤身裸体、体魄健壮,挥舞四肢,飞舞在彩云间,做边歌边舞驱赶鬼神状,旨在祈求墓主人入墓穴平安。南朝梁临川靖惠王萧宏墓石碑浮雕及洛阳北魏画像石棺有此图像。《周礼·夏官司马·方相氏》:"方相氏掌蒙熊皮,黄金四目,玄衣朱裳,执戈扬盾,帅百隶而时傩,以索室殴疫。大丧,先柩,及墓入圹,以戈击四隅,驱方良（魍魉）。"这种打鬼仪式,目前在湖北随县擂鼓墩战国早期曾侯乙墓内木棺的漆画中首次见到,往后经久不衰,延续时间很久。在汉、魏、南北朝的墓葬的绘画、雕刻中屡见不鲜。文献记载也很多。《后汉书·礼仪志》关于汉代宫廷大傩的记载:"大傩,谓之逐疫。其仪……方相氏黄金四目,蒙熊皮,玄衣朱裳,执戈扬盾。十二兽有衣毛角……以逐恶于禁中……作方相与十二兽舞。欢呼周遍,前后省三过,持炬火,送疫出端门。"又"蔡质《汉官仪》曰:阴太后崩,前有方相及凤凰车。"(《太平御览·礼仪部三一·方相》,第 2501 页)壁画上面方相氏的形象与古籍记载相若（图六一;彩版七二、七四,略）。

……

二、升仙图

……

第四章 随葬器物

第一节 概述

……

第二节 陶器

陶俑主要分布在墓室和墓道内,据统计墓室内有 304 件。墓室内的主要分布在墓室东西两壁的附近,占到陶俑总量的二分之一,保存情况较差,身首异处,颜色脱落也较为严重。位于东西两壁下的陶俑基本上位置未动。余下大部分陶俑位于墓室的南半部。墓道后段（北端）有 303 件。这部分陶俑保存较好,以步兵俑和文吏俑为主，有少量的女侍俑，基本上没有骑兵俑和生活用具。……

陶俑有 608 件，现分别介绍如下（附表二，略）：

（一）镇墓武士俑……

（二）仪仗俑 551 件。仪仗俑中可分为军卒俑、仪卫俑和鼓乐仪仗俑等三种。……

3.鼓乐仪仗俑 23 件（570—581、591、592、594—601、611）。由于全是骑马鼓乐演奏，所以又称为骑马乐俑。皆模制和手工捏制而成。部分残损，均已复原。各类乐俑和坐骑都是预先由模压制而成，然后将各个部件和手工捏成的手、乐器粘接在一起。按形状和乐器种类区分，可分五种：

（1）击建鼓乐俑 1 件。标本 597，通高 31.8 厘米，马高 22 厘米。头戴红色圆顶披缘帽，翻耳扇护颈长裙。白色广额丰颐长圆形脸，略胖。……在马颈部鞍前有一孔，上面插一面建鼓。鞍前插一铁心支承棍，似用于支承建鼓。鼓手双手虎口向上，似紧握鼓槌做击鼓状。建鼓胴体两头小、平，中部鼓起粗大，形似今日啤酒桶。横置，鼓中部插入一根竖杆，杆插入座骑颈部鞍前孔中，同汉画像石中常见建鼓图像，此建鼓仅仅是简化而已。《仪礼·大射》"建鼓在阼阶西"即指此种鼓。其形制：以大鼓横置中部穿径为方孔，木柱贯穿其中竖立之。柱顶施华盖，顶饰金鸾，柱下有四足，饰以卧狮。也称应鼓。《后汉书·何并传》颜注："建鼓一名植鼓。建，立也，谓植木而悬鼓焉。"鼓上饰以旒苏、羽葆等物。建鼓古代是军乐，作为召集和发号令的用鼓。敦煌简《蔡谟与弟书》说："军之耳目当用烽、鼓，烽可遥见，鼓可遥闻。"（见《御览》卷三三五引）《后汉书·何并传》："拔刀剥其建鼓。"注："建鼓一名植鼓。悬有此鼓者，所以召集号令，为开闭之时。"又《诗·小雅·采芑篇》："征人伐鼓。"毛传云："钲以静之，鼓以动之。"就是说两军作战，指挥者手执旗鼓丁宁（钟），战士们听到指挥者敲鼓则进，敲钟（丁宁）则止。可见军中之鼓，既是乐器又是信号工具（图八五，1；彩版一〇四，1-4，略）。

（2）击鼓俑 12 件（570—581）。头戴朱红披缘帽，翻耳扇长裙，身穿左衽圆领深灰色细袖内衣，外披缺左臂衣袖的短襦，下摆长不过膝盖。腰束黑色革带，下身穿深灰色细裤口裤。足穿镶白边乌靴。标本 578，通高 31.3 厘米，马高 25.9 厘米。广额丰颐长圆形脸，头戴翻耳扇长裙朱红色风帽，身穿左衽圆领深灰色细袖内衣，外披缺左臂衣袖的乳白色短襦，下摆长不过膝盖。腰束黑色革带，下身穿深灰色细裤口裤。足穿镶白边乌靴，右肩用斜带挂红黑二色的大小两鼓，双手上举，紧握拳，虎口向上握鼓槌（木质槌早已腐朽）（图八六；彩版一〇五，1-4，略）。……

图 1-8-8 陶击鼓俑（正、侧面）①

（3）吹奏俑 10 件。可分吹潮儿俑、吹竽篥俑、骑马吹俑、吹奏乐俑和乐俑五类：

甲、吹潮儿俑 1 件。标本 598，高 30 厘米。头戴红色长裙披缘风帽，白色广额丰颐长圆形脸，眉目清秀，低头吸气，双目圆鼓，部曲在行进中显得很费劲，嘴唇紧贴右手侧吹紧握的似细圆棍的潮儿。侧吹属于蒙古民族的乐器。人们似乎可以听到抑扬顿挫欢快的乐曲。身穿浅红左衽圆领短袖短襦，红色圆领细袖内衣，下身穿红色细裤口裤，腰束黑带，足蹬高鞨黑色靴，右手弯曲至脸部，虎口紧贴嘴唇，做握乐器状。左手垂放在腹部。……

图 1-8-9 陶吹潮儿俑②   图 1-8-10 陶吹竽篥俑③

---

① 山西省考古研究所、太原市文物考古研究所：《北齐东安王娄睿墓》，文物出版社 2006 年版，原彩版一〇五。
② 山西省考古研究所、太原市文物考古研究所：《北齐东安王娄睿墓》，文物出版社 2006 年版，原彩版一〇六。
③ 山西省考古研究所、太原市文物考古研究所：《北齐东安王娄睿墓》，文物出版社 2006 年版，原彩版一〇八。

乙、吹筚篥俑 1件。标本599，高29厘米。头戴红色长裙披缘帽。白色广额丰颐长圆形脸，眉清目秀，嘴唇紧贴曲举之左手虎口，低头，微弯腰，双目圆鼓，左手握拳紧握直竖的筚篥。筚篥直形短红圆棍状。人们似乎可以听到欢快乐曲。右手垂放腹部。身穿黄色圆领内衣，外罩大红色左衽圆领短袖短襦，下身穿红色窄口裤，腰束黑带，足蹬乌靴。骑黑色骏马，络头齐全，鞍鞯俱备，马背上铺有黑红色障泥，马尾后部有鞘，上面挂小红花朵。紧紧勒住鞍鞯（图八七，2；彩版一〇八，1-4，略）。

丙、骑马吹俑 2件（600—601）。标本601，通高32厘米，马高25厘米。头戴三棱形垂裙长帽，白色广额丰颐长圆形脸，浓眉大眼，高鼻，闭嘴。身穿白色圆领窄长袖内衣，外罩淡红色左衽圆领短袖短襦，腰间束黑色革带，足穿镶红边黑色高勒靴。右手似高高地托起长角，左手半握拳在嘴边，全身稍稍地向左后方倾斜，似专心致志地在高举长角，鼓腹劲吹。枣红坐骑，红络头，颈下系桃形红缨。络头齐全，鞍鞯俱备，前有红攀胸，后有红鞘，黑色鞍鞯（图八八；彩版一〇九，1-4，略）。

丁、吹奏乐俑 5件（591、592、594—596）。标本591，通高30.7厘米，马高24厘米。头戴朱红色卷耳扇长裙披缘风帽，白色广额丰颐长圆形脸。身穿杏黄左衽圆领短袖短襦，红色圆领细袖内衣，下身穿细裤口裤，腰束黑带，足穿镶红边高勒黑色靴。左手弯曲至脸前，做握乐器吹奏状。由于乐器腐蚀不存，无法估计是何种吹奏乐器。骑枣红色骏马，红络头，黑红鞍，络头齐全，鞍鞯俱备。马背上铺镶有粉红色白花镶红边圆白联珠纹的障泥。前红色攀胸，后红色鞘，把鞍鞯牢牢勒紧（图八九；彩版一一〇，1，略）。

戊、乐俑 1件。标本611，通高31厘米，马高25.5厘米。广额丰颐长圆形脸。眉清目秀，应为少女，戴土黄色卷沿翻耳扇长裙披缘风帽，身穿左衽朱红短襦，腰束黑带，足穿镶边白靴。双手残缺，似举着某种乐器，做吹奏的准备。跪在马背垂橐上面，其他俑类概不见这种形态，因此，把这件俑也归入乐俑。枣红坐骑，红络头，络头齐全，鞍鞯俱备，黑鞍，镶红边虎皮鞯，后有红鞘。马背驮有云纹垂橐，后挂红色水壶（图九〇；彩版一一〇，2，略）。

《新唐书·礼乐志十二》："周隋与北齐、陈接壤，故歌杂有四方之乐。至唐、东夷乐有高丽、百济。北狄有鲜卑、吐谷浑……北狄乐皆马上之声，自汉后以为鼓吹，亦军中乐，马上奏之，故隶鼓吹署。"（第479页）骑马鼓吹乐俑属于北方少数民族北狄鲜卑的民族音乐。

（4）羽葆俑（又称执物骑俑）10件（582—590、593）。皆残，已复原。这类俑皆做执物状，估计为仪仗队中的各类旗俑。根据形状，可分执物羽葆俑、右手扛旗羽葆俑和左手扛旗羽葆俑三类：

……

陶乐俑和羽葆俑包括吹长角、击鼓、肩扛旗幡、羽霎和羽葆等人物组成的仪仗队伍，和墓道中两组四人对吹长角的号手壁画一样，都是表示娄睿身份地位的仪仗。也同甘肃敦煌莫高窟西魏285窟中的骑马兵士出行队伍很相似。《宋史·志第九十三·乐十五鼓吹上》第3301页："鼓吹者，军乐也。昔黄帝涿鹿有功，命歧伯作凯歌，以建威武，扬德风，厉士讽敌……（汉）短箫饶歌序战伐之事，黄门鼓吹为享宴用……说者谓列于殿庭者为鼓吹，从行者为骑吹。魏晋而下，莫不沿尚，始有鼓吹之名。"魏晋南北朝隋唐时期诸王大臣有军功者都赐羽葆鼓吹以炫耀其政治地位。娄睿墓中出土羽葆鼓吹俑都是墓主娄睿出行队伍中骑马随行者，与宋史记载相一致。

……

第三节　釉陶器

……

第四节　玉器（含料器等）

……

第五节　石雕

……

第六节　金、银、铜、铁器

……

第七节　琥珀器、蚌器及其他

……

第八节　墓志

……

结语

第一节　并州概况

……

第二节　北齐的别都、霸府——并州晋阳是北方地区政治经济文化的中心

……

第三节　娄睿及其家史

……

第四节　北齐统治集团——家族婚姻统治团体

……

第五节　中亚风韵、胡族习俗和中国传统文化的合璧

……

第六节　绚丽灿烂的北齐釉陶器与青铜器

……

第七节　娄睿墓的时代特征

……

第八节　墓葬壁画的绘画特色，精湛艺术，及宫廷画家杨子华

……

第二节　评述与扩展

一、发掘报告相关音乐内容与评述

《太原北齐徐显秀墓发掘简报》由山西省考古研究所、太原市文物考古研究所撰写，发表于《文物》2003年第10期。简报共五个章节：第一章节是该墓地理位置与周边自然环境的概述。第二章从墓道、过洞、天井、甬道、墓室五个区域对墓葬内部的情况进行说明。第三章是随葬器物的简述，将出土器物分为陶俑、瓷器、饰品、其他、墓志五个类别，其中陶俑共出土320余件，是出土器物中最多的一类，在陶俑中还发现了一例乐俑——鼓吹骑俑。第四章是对壁画图像的介绍，共三个部分，一是墓道、过洞与天井的壁画，为仪仗队列的壁画；二是甬道壁画，展现了执鞭、

佩剑的仪卫形象；三是墓室内部的壁画，为墓主人宴饮、出行等内容。第五章是对墓主人身份的介绍，以及对墓葬壁画艺术的特征等内容的总结。

《北齐东安王娄睿墓》由山西省考古研究所、太原市文物考古研究所编著，文物出版社2006年出版。该报告的框架为四章主体内容+结语，现对各章节的内容作简要叙述。

第一章——墓葬的地理位置、历史沿革及其发现与发掘经过的说明。

第二章——墓葬形制与葬具，报告中对墓葬的封土、墓道、甬道、天井、墓室五部分有具体介绍。而在葬具上，虽然出土时葬具已被毁坏，但根据部分材料分析，该墓应为二层套棺，报告中已绘制葬具复原图，并分层说明。

第三章——墓葬壁画，娄睿墓的墓道、甬道、墓室等墓壁上全绘有图像，共71幅画，约220平方米。报告中根据壁画的内容将其分为两部分，五个组合。第一部分表现娄睿生前的戎马生涯和显赫的官宦生活，内容涉及出行与回归图、仪卫图与宫廷生活图。第二部分反映墓主人死后升天、回归西方极乐世界虚幻境界的情景，分为祥瑞图、升仙图、天空星象图。报告中对这些图像均有较详细的描述，且另附两大幅北齐东安王娄睿墓墓道东、西两壁壁画通景图，以供读者参考。

第四章——随葬器物，该墓共出土848件器物，报告中按陶器，釉陶器，玉器，石雕，金、银、铜、铁器，琥珀器，蚌器及其他，墓志这七类予以详细叙述。其中，音乐相关的器物皆是陶俑，且集中于"鼓乐仪仗俑"与"羽葆俑"两类中。

报告的最后部分为结语，内容丰富，分八小节：第一、二小节是对其时墓葬所处区域的地理、经济、交通、军事等方面的介绍；第三、四小节是有关娄睿及其家族，以及当时北齐政权内部联姻制度的内容；第五小节是胡汉文化交流的情况概论；第六、七、八小节则是对墓葬中瓷器的工艺、墓葬的形制特色，以及壁画的艺术特色、创作者身份等内容的说明。

评述：北齐是我国北朝后期出现的一个国家，其权力核心是鲜卑的贵族统治阶层，地域范围为今黄河下游流域的河北、河南、山东、山西以及苏北、皖北地区。北齐一共存世二十八年，其文化延续了北魏因素，而北魏是中国历史上胡汉合流的繁荣时期，其艺术文化鲜明体现了多民族文化交流、融合的特点。

娄睿墓与徐显秀墓都是北齐高级军事长官的墓葬，墓主人的尊贵身份，从墓葬中盛大的出行仪仗规模、出土器物，都可窥之一二。两墓中有关音乐的出土情况，较为相似，其考古发现为学界了解北齐宫廷贵族音乐生活提供了珍贵的图像资料。首先，壁画中的乐器图像，如筚篥、琵琶等，可成为研究当时这些乐器形制、种类、演奏方式的重要参考，也为梳理这些乐器形制演化、历史演进序列提供了依据。其次，壁画中的仪仗图、宴乐图等，直观地映照出仪式音乐中的乐器组成、演出场景、人员数量，是研究北齐高等官吏音乐生活最直接的材料。最后，图像中的乐器、乐舞画面，尤其是乐器组合上中原、西域乐器并存的情景，既是当时中原、西域音乐交流的见证，也为我们探究这一时期中外音乐文化交融的状况、发展阶段提供了极好的事实支撑。

北齐统治者在掌政期间奢靡暴虐，淫逸腐败，因而史学界对该王朝的评价普遍较低。加之北齐存续时间短，且是由鲜卑族掌握的非大一统政权，这些都导致了北齐音乐在中国音乐史的研究中长期处在被忽视的位置。但随着北齐墓葬的相继发现，墓中精美的音乐壁画与器物，都改变了音乐史学家对其的印象。这些考古发现，不仅填补了音乐史研究中的空白，更提醒了学者"边缘视角"在音乐史学研究中的重要性。

二、其他研究报告

1. 太原市文物考古研究所编：《北齐徐显秀墓》，文物出版社 2005 年版。
2. 常一民：《北齐徐显秀墓发掘记》，《文物世界》2006 年第 4 期，第 11—20 页。
3. 项阳、陶正刚主编：《中国音乐文物大系·山西卷》，文物出版社 2000 年版，第 215、237 页。

三、出土器物的音乐学意义

忻瑞：随着时代的发展，中原传统乐器与外来音乐更加紧密地融合到了一起，北齐东安王娄睿墓壁画就是这一时期西域和中原混合因素的典型例证之一。该墓墓室北壁西部有一组女乐，分别为吹笙、吹箫、吹笛和弹奏琵琶；东侧有男子舞蹈歌舞乐队，可见有竖箜篌和曲项琵琶。传自西凉的竖箜篌、曲项琵琶和天竺的五弦，以及中原传统的笙、箫、笛共同出现在宴乐的场合中，显示出了鲜明的混合特征。除以上两个墓例外，北齐徐显秀墓、北周郭生墓以及固原出土的绿釉扁壶浮雕等一系列考古资料，都证明了北朝时期外来乐器与中原传统乐器的进一步融合。（忻瑞：《从音乐实物遗存看十六国北朝时期中外音乐的融合》，《淮阴师范学院学报（哲学社会科学版）》2012 年第 5 期，第 654—659 页。）

忻瑞：作者在《北朝隋唐间的乐器实物遗存与中外音乐交流史》一文中，将考古出土的十六国北朝时期音乐实物资料，经梳理后制成"十六国北朝出土遗物所见乐器组合"表，下表则截取于此。（忻瑞：《北朝隋唐间的乐器实物遗存与中外音乐交流史》，硕士学位论文，南京大学，2013 年。）

表 1-8-1　墓葬壁画中的乐器[①]

墓葬	乐器组合			
	打击类	吹奏类	拨弦类	地域文化因素
娄睿墓		筝+笛+箫	竖箜篌+曲项琵琶+五弦琵琶	中原+印度+中亚
徐显秀墓	铜钹+响板	筝+笛	竖箜篌+曲项琵琶+五弦琵琶	中原+印度+中亚

四、相关研究成果

1. 董玥:《北朝乐器的考古学观察》,硕士学位论文,内蒙古大学,2019 年。

2. 忻瑞:《北朝隋唐间的乐器实物遗存与中外音乐交流史》,硕士学位论文,南京大学,2013 年。

3. 忻瑞:《从音乐实物遗存看十六国北朝时期中外音乐的融合》,《淮阴师范学院学报(哲学社会科学版)》2012 年第 5 期,第 654—659 页。

[①] 忻瑞:《北朝隋唐间的乐器实物遗存与中外音乐交流史》,硕士学位论文,南京大学,2013 年,第 8 页,原表一。

第九章　莫高窟 220 窟

第一节　研究报告

敦煌文物研究所编：《中国石窟：敦煌莫高窟 三》

——文物出版社、东京株式会社平凡社 1987 年版

《药师经变图》位于敦煌石窟第 220 窟，该窟建于初唐时期，是敦煌石窟中初唐时期的代表性石窟之一。1944 年，敦煌艺术研究所剥去该窟四壁上层壁画，让初唐时期的壁画重新显露。该窟南北两壁为通壁大画：南为"无量寿经变"，北为"药师经变"；东壁门上画说法图一铺，男女供养人各一身，贞观十六年（642）题记一方；门两侧画维摩诘经变。1975 年，敦煌文物研究所对此窟重层甬道进行了整体搬迁，底层壁画完好如初，计有：五代后唐同光三年（925）画新样文殊变一铺，翟奉达等供养人画像七身，题记一方（以上北壁）；中唐画小龛一，晚唐画一佛、一比丘、七供养人，五代翟奉达书"检家谐"题记一方（以上南壁）。上述题记，为研究莫高窟历史之珍贵资料。

一、图版

……

二、唐代前期莫高窟艺术（段文杰）

唐代敦煌地区的历史，可以划分为三个时期：一、唐朝中央政府直接控制时期（武德初至建中二年，公元 618—781 年）；二、叶蕃占领时期（建中二年至大中二年，公元 781—848 年）；三、张议潮统治时期（大中二年至唐末，公元 848—907 年）。如果从敦煌艺术的角度来划分，上述第一时期可称为前期，第二、三时期可称为后期。

……

（一）

唐代前期是敦煌莫高窟造窟最多的时代，现存洞窟 127 个。这些洞窟，同中原

地区的寺院一样，体现了大乘佛教思想，展示了佛教和佛教艺术全盛时期的面貌。

唐代前期洞窟有不少保存着纪年题记，其中一部分是建窟或造像的纪年，例如：

贞观十六年（公元642年）第220窟

上元二年（公元675年）第386窟

垂拱二年（公元686年）第335窟

延载二年（公元695年）第96窟

万岁三年（公元697年）第123窟

圣历元年（公元698年）第332窟

开元九年（公元721年）第130窟

开元十四年（公元726年）第41窟

天宝七年（公元748年）第180窟

天宝八年（公元749年）第185窟

大历十一年（公元776年）第148窟

据推断，第148窟建于大历六年（公元771年）前后，大历十一年则是窟内刻碑的时间。此外，还有一些洞窟的年代可以推断出来，例如：

贞观二十二年（公元648年）第431窟

载初前后（公元689年前后）第323窟

神龙年间（公元705—706年）第217窟

有了这些可靠的年代，进而探索石窟形制、内容和艺术风格的递嬗演变的规律，就有了很大的便利。

唐代洞窟一般都有前后室。前室平面多为横长方形，室外多有木构建筑。……

石窟后室（主室）平面呈方形，覆斗藻井窟顶，室内有宽敞的活动空间，供善男信女巡礼、瞻仰、参拜和斋会，即所谓"殿堂式"，或称"覆斗顶式"（图1，略）。这是唐代前期最普遍的窟形。只有第332、39（图2，略）等个别窟保留着前代的中心柱和人字披顶形式。殿堂式窟大都是单龛窟，仅很少数的窟开有三龛，如第46（图3a，略）、225（图3b，略）、386等窟。单龛窟中，承袭隋代双层龛口遗制的，只剩下与隋代窟接邻的第57、322等几个窟。单龛窟都是在西壁（正壁）开龛造像。个别窟（如第205窟）在窟室中心设佛坛（佛床），坛上塑像，从洞窟形制看，已具有晚期的因素。

……

（二）

……

（三）

莫高窟唐代前期的壁画，从内容到形式都有了划时代的变化和发展。从内容上分，大体可归为五大类，分述如下。

1. 佛像画

……

2. 经变画

初唐的经变画，是在隋代雏形的基础上发展起来的，至贞观中期趋于成熟，形成一部经一壁画的巨型结构。唐代前期现存经变主要有八种：

……

东方药师经变所依据的是《药师琉璃光七佛本愿功德经》和《药师琉璃光如来本愿功德经》两种经文。第220窟北壁的东方药师经变，即以强调供养七佛的前一种经文为依据，画面主体为七身药师佛，周围描绘东方药师净土。画的下部，中间有灯楼，两侧立灯树，树层层作圆轮形（图11，略）；左右有规模宏大的乐舞场面，两厢列置乐队，乐器中有来自中原的筝、方响等，有西域的羌笛、羯鼓、腰鼓、铜钹等，还有外国传入的琵琶、箜篌等；两对舞伎，各在小圆毯子上旋转腾踏，巾帛飞扬，大约就是唐代流行的胡旋舞或胡腾舞。画的上部，"天花遍覆，天乐常鸣"[①]。以后一种经文为依据的东方药师经变，出现于天宝以后，画面与其他净土变相似，也是对极乐世界极尽渲染，唯经变主体结构的两侧，以对联形式的立轴画，表现《药师经》中的十二大愿和九横死。

……

3. 佛教史迹画和戒律画

……

4. 供养人画像

……

5. 装饰图案

……

（四）

唐代的文化艺术，不论是诗歌、散文还是音乐、舞蹈、绘画、书法，都取得了极其伟大的成就。敦煌莫高窟的唐代艺术，是这个整体的一个组成部分。

如前面所说，由于政府的扶植，佛教得到发展，上自首都长安，下至穷乡僻壤，无不寺院林立。造型艺术的主要形式，塑像和壁画，也多出现在寺院。许许多多的无名匠师是那些宗教艺术品的创作者。与此同时，以吴道子为代表的画家和以杨惠之为代表的雕塑家也以寺院作为他们发挥才能的重要场所。……

自隋代统一中国以后，中原文化对敦煌石窟的影响与日俱增。唐代建国后，僧

---

① （唐）义净译：《药师琉璃光七佛本愿功德经》卷上（《大正藏》）卷14，第410页。

侣、商贾和使者的往还更加频繁，中原寺院的壁画样稿不断传到敦煌。藏经洞（第17窟）曾出大批经变画的粉本，如弥勒下光经变、劳度叉斗圣变等，虽然逸笔草草，但人物状貌和故事情节已毕具，画工即以此作为创作的依据或参考。另外，这时期敦煌经变画中，有水上的亭台楼阁，有热带植物芭蕉、棕榈，还有各式各样的船只以及南方衣冠的船工形象，这些都足以证明南北统一以后，中原文化所产生的巨大影响。

此外，随着中外友好往来和文化交流的扩大，吸收外国优秀文化成果也成为唐代文化艺术发展的一个不容忽视的因素。……

……敦煌艺术，既是整个唐代文艺的组成部分，却又具有自己鲜明的个性，取得了独特的成就。以下就五个方面试作论述。

1. 造型

……

2. 构图

这里主要谈的是经变画。唐代前期巨型经变的构图形式，是艺术家惨淡经营、出新意于法度之中而创造出来的；维摩诘经变从小到大，由简至繁；观无量寿经变从单独的未生怨、十六观、九品往生，逐步形成完整统一的巨型结构；法华经变从一品到多品，甚至遍布一窟，形式慢慢地固定下来。构图形式大体有下列几种：

（1）图中央画佛及圣众，四周穿插各种故事情节，形如众星捧月，浑然一体。阿弥陀经变和弥勒下生经变多采用这种构图形式（图1-9-1）。

图1-9-1　唐代经变画构图形式之一[①]

（2）分作左、中、右三栏；中间为表现佛国世界的大幅画面，两条竖行故事画分列两边，主次分明而又有统一的装饰效果（图1-9-2）。观无量寿经变就常是这样的形式，两侧故事画分别为未生怨和十六观。又如东方药师变，两侧为十二大愿和

[①] 敦煌文物研究所编：《中国石窟：敦煌莫高窟 三》，文物出版社、东京株式会社平凡社1987年版，第173页，原图17。

九横死；观音经变，两侧为八难和三十三现身。

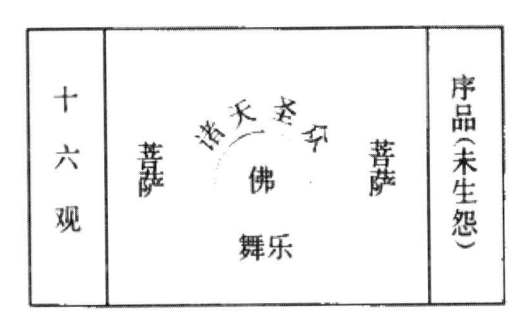

```
┌─────────────────────────────────────┐
│      │   诸天圣众    │              │
│ 十   │菩         菩 │ 序            │
│ 六   │萨   佛    萨 │ 品            │
│ 观   │     舞乐     │（未生怨）      │
│      │              │              │
└─────────────────────────────────────┘
```

图 1-9-2　唐代经变画构图形式之一[①]

（3）上部居中画佛国世界；左右和下部穿插各品故事，以"凹"字形环绕着画面的主体。例如法华经变和观无量寿经变。法华经变上部以序品为主体，左右画化城喻品和法师品，其余情节画在下部。观无量寿经变主体为西方净土，两侧为未生怨、十六观，下部画九品往生（图 1-9-3）。

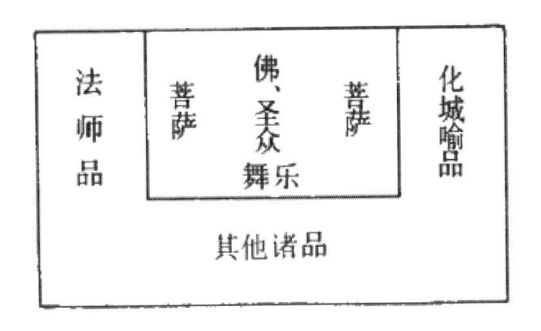

```
┌─────────────────────────────────────┐
│      │菩  佛、  菩  │              │
│ 法   │萨  圣众  萨  │ 化            │
│ 师   │    舞乐      │ 城            │
│ 品   │              │ 喻            │
│      │              │ 品            │
│      ├──────────────┤              │
│      │   其他诸品    │              │
└─────────────────────────────────────┘
```

图 1-9-3　唐代经变画构图形式之一[②]

（4）这是十一种的变体，主体画面而外，凹字形的左、右、下三面都画成方格，每格填绘一个情节，与现代的连环画形式十分接近（图 1-9-4）。这种形式为观无量寿经变所独有，内容布局如同上述，实例见于盛唐第 171 窟内。

---

① 敦煌文物研究所编：《中国石窟：敦煌莫高窟 三》，文物出版社、东京株式会社平凡社 1987 年版，第 173 页，原图 18。
② 敦煌文物研究所编：《中国石窟：敦煌莫高窟 三》，文物出版社、东京株式会社平凡社 1987 年版，第 173 页，原图 19。

图 1-9-4　唐代经变画构图形式之一[①]

（5）维摩诘经变和劳度叉斗圣变的特殊构图形式，画面的左部和右部各成主体，表现对立双方（文殊师利和维摩诘，舍利弗和劳度叉）的斗争（图略）；围绕着两个主体人物，交织着各种神变形象。这种构图自有其生动活泼、引人入胜之处。

（6）唐初的涅槃变画面，呈长方形横幅，情节自左至右，又自右至左，自由布局，突破了早期涅槃变的结构形式，显得生动活泼。

以上所有的构图形式，都以突出的地位表现佛国世界，但在基本相同的结构形式中，意境的表现各不相同。初唐净土变，多于宝池中起平台，菩萨群像及乐舞场面均在平台上展开，下部碧波荡漾，上部一片晴空，意境开朗而豪放。自盛唐开始，极乐世界里布满了豪华严整的宫殿楼阁，圣众、舞乐俱在楼台亭榭之中，充满了宫廷生活气氛。净土的宫廷化，体现着神灵生活的世俗化。

……
3.敦煌壁画中的法华经变初探（施萍婷　贺世哲）
……
4.略论敦煌彩塑及其制作（孙纪元）
……
5.敦煌莫高窟彩塑的发展（邓健吾）
……
6.日本的净土变相与敦煌（中村兴二）
……
7.图版说明（万庚育　孙儒僩　李其琼　欧阳琳　霍熙亮　关友惠　马世长）
图版目录
初唐（公元 618—712 年）

[①] 敦煌文物研究所编：《中国石窟：敦煌莫高窟 三》，文物出版社、东京株式会社平凡社 1987 年版，第 173 页，原图 20。

……

21. 第 220 窟 西壁龛内北侧 迦叶（部分）

此窟是莫高窟最重要的初唐洞窟之一。1943 年，将表层宋绘千佛剥离后，发现了保存完好的初唐壁画，并在东壁和北壁发现两处贞观十六年（公元 642 年）的墨书题记，为壁画提供了确凿的断代依据。壁画绘制精湛，具有明显的中原地区艺术风格的影响。窟室覆斗藻井顶，西壁开一龛，北壁画东方药师变，东壁画维摩诘经变，南壁画西方净土变。西壁龛内唐塑一佛二弟子二菩萨，均经后代重新妆修。图为龛内北侧的迦叶塑像。迦叶原曾信奉婆罗门教，后来皈依佛教，为释迦十大弟子之一，因此，无论绘、塑都作"胡僧"模样。这是此窟仅存的一身完好塑像，手法写实，甚少夸饰，虽经后人重新妆色，并略有修补，但仍未失原作精神。

22. 第 220 窟 西壁龛顶 南侧 说法图（部分）

23. 第 220 窟 西壁龛顶 北侧 说法图（部分）

此窟龛顶壁画已经残缺，现存部分因多年在宋画覆盖之下，至今保持着明亮的色调，朱色的线描清晰可见。所画菩萨群像和优美生动的供养菩萨，显示出初唐龛顶装饰华丽、细腻而宁静的艺术风格，不同于隋代活跃而热烈的气氛。

24. 第 220 窟 南壁 阿弥陀经变

第 220 窟南壁为通壁巨幅阿弥陀经变。据文献记载，唐代西方净土变的绘制十分盛行。西方净土，据说是无病无灾无烦恼，而且"无有刀兵、无有奴婢、无有欺屈、无有饥馑、无有王官……不是纳谷纳麦、纳酒纳布，唯是朝献香花、暮陈梵赞，更无别役"的极乐世界，还有"二十八天闻妙法，天男天女散天花。龙吟凤舞彩云中，琴瑟鼓吹和雅韵。帝释前行持宝盖，梵王从后捧金炉，各领无边眷属俱，总到圆成极乐会。三光四王八部众，日月星辰所住宫，云擎楼阁下长空，掣拽罗衣来入会"（见敦煌变文《佛说阿弥陀经讲经文》）等诸般盛大歌舞场面。壁画依据《阿弥陀经》所述"七宝池、八功德水，四边界道以金银琉璃颇梨合成，池中莲花大如车轮，昼夜六时出和谐音"画成。这一经变壁画初步形成于隋代，至初唐，在西方三圣，宝池莲花的隋代简单格局基础上，发展为通壁的巨构，成为洞窟壁画的重要内容之一。

25. 第 220 窟 南壁 阿弥陀经变（部分）

菩萨一组，动态各异，表现陆续到会的场面，动而不乱，静而不僵。

26. 第 220 窟 南壁 阿弥陀经变（部分）

这是经变的中心部位，画主尊阿弥陀佛和二胁侍菩萨，俱在碧波荡漾的池水中，背后经幢凌云，梵宫高耸，色彩鲜丽。两身菩萨着透体罗衣、锦绣披巾，凝神伫立，神态庄重。

27. 第 220 窟 北壁 药师经变

根据《药师琉璃光七佛本愿功德经》绘成。画面以东方药师净土七佛和八接引菩萨为主体，两旁十二药叉大将为护卫。上空飞天翱翔，前临曲池流泉。在"灯山火木"照耀下，画面下部乐声回荡，舞姿婆娑；中间的灯楼座下，题有墨书发愿文"贞观十六年岁次壬寅奉为大云／寺律师道弘法师□奉□／……"。这是敦煌初唐壁画中最早的纪年。画面下部中间，画著名的胡旋舞。它出之西北地区的康国。《新唐书·礼乐志》称："胡旋舞，舞者立毯（毬）上，旋转如风。"唐代大诗人白居易曾有诗咏："胡旋女，手应弦，心应鼓，弦歌一声双袖举，回写飘飖转篷舞。左旋右转不知疲，千匝万周无已时。人间物类无可比，奔车轮缓旋风迟。"北壁东方药师变下部的乐舞场面，用中间的灯楼为界，分为左右两组，各有一对舞者，东侧素裹白裙，西侧穿锦衣石榴裙，均在小圆毯上急速旋舞，应该是典型的胡旋舞。两边除乐队外，还画有二菩萨正在燃点树形七层药师灯轮。灯火辉煌，更增添了歌舞欢乐的气氛，烘托了东方药师净土。这是敦煌壁画中最美妙的乐舞图之一。

28. 第 220 窟 北壁药师经变西侧 乐队
29. 第 220 窟 北壁药师经变东侧 乐队

经变下部东西两侧的乐队分别都坐在两块方毯上，像是两个小组。乐人肤色有所不同。东侧乐队（图版 29，略）计十三人，演奏筝、箫、竖笛、方响、笙箫、阮咸、横笛（二）、腰鼓、都昙鼓、拍板、毛员鼓，并有一人耍盘唱。西侧乐队（图版 28，略）计十五人，演奏竖笛、海螺（二）、笙箫、拍板（二）、钹、竽、箜篌、答腊鼓、鼗鼓、羯鼓、毛员鼓、横笛，亦有一名歌手耍盘唱。

30. 第 220 窟 东壁
32. 第 220 窟 东壁门上 说法图

东壁画说法图一铺，男女供养人各一身；门南初唐画维摩诘经变中维摩诘，门北画文殊；此外尚有宋画供养人、千佛等。图版 32 为东壁门上佛三尊说法图之中部，倚坐佛两边有二菩萨胁侍。居中佛座下发愿文为："弟子昭武校尉柏堡镇将……／工……玄迈敬造释迦……／……铺□岩功毕谨申诵……／大师释迦如来弥勒化及……／□含识众□台尊客……／……福家□三空……／□□有情共登净……／…四月十日……／贞观十有六年敬造奉。"

31. 第 220 窟 东壁南侧 维摩诘经变（部分）
33. 第 220 窟 东壁北侧 维摩诘经变中 文殊
34. 第 220 窟 东壁南侧 维摩诘经变中 维摩诘

……

略

第二节 评述与扩展

一、研究报告相关音乐内容与评述

《中国石窟：敦煌莫高窟 三》是1987年由文物出版社与日本东京株式会社平凡社联合出版的著作。此书是《中国石窟：敦煌莫高窟》丛书的分册（该丛书共5卷，被公认为敦煌石窟研究方面的权威性图书），主要收录了初唐至盛唐时期，共38个洞窟的相关研究文论。

该书共七个部分，第一部分是图版，第二至第六部分是对石窟中的壁画艺术、法华经变、彩塑技艺等内容的研究文章，而第七部分是图版说明，主要针对第一部分收录的图画予以解释，同时此部分还附录有第332、45石窟的实测图以及敦煌莫高窟大事年表，以供查阅。

有关第220窟的内容主要在第一、二、七部分，第一部分中展示了第220窟的壁画图像，第二部分则涉及第220窟的形制结构、壁画布局、彩塑、经变图等内容。第七部分是对壁画内容的详细叙述，有关壁画中乐舞的内容也多集中在此。

评述：对比莫高窟中隋代修建的石窟，第220窟是初唐艺术风格发生变化的重要标志。以第220窟为始，及其后营建的初唐石窟，标志着一种与中原文化密切相关的艺术风格已经成熟。《药师经变图》是第220窟音乐图像集中展现的壁画之一，该壁画给我们提供了丰富的历史信息，涉及乐器考证、乐队编制、舞乐等多个方面。

首先，就乐器考证而言，《药师经变图》中绘制了吹、弹、打三类乐器，共26件，其中拍板、铜钹、筝、排箫等乐器已基本确定，而对吹管类乐器的判定尚存不同说法。此外，图中右侧上部的一件形制特殊的弹拨乐器引起了较多关注，该乐器目前在莫高窟壁画中仅有两件（另一件绘于第217窟），其音箱形似花瓣，学界将其视为阮类乐器，称之"花边阮"。虽然至今尚未发现有关此乐器的史料记载，但《药师经变图》中的画面，让学者们意识到历史上或许真实存在过这一乐器，同时也为我们研究该乐器以及阮类乐器的形制发展与演变，提供了重要的历史材料。

其次，从乐队编制来说，《药师经变图》中的乐队图像与唐代宫廷音乐中"清乐伎""西凉伎"的史料记载颇为相似，这为我们研究唐代宫廷音乐的乐队组合形式、乐队与乐舞的组合情况提供了极好的参考。同时，结合史料的互证，可以让我们对唐代宫廷音乐与佛教音乐文化的发展状况有更为深入、全面的考释。

最后，从乐舞文化来看，多数学者认为《药师经变图》中的舞蹈，展现的是唐代"胡旋舞"的内容，该壁画中舞蹈画面保存完好、清晰，舞伎的身姿洒脱浑健、栩栩如生，被公认为是研究唐代乐舞文化的宝贵图像。

总的来说，《药师经变图》作为初唐石窟中乐舞壁画的代表，是唐初艺术文化的缩影，真实再现了当时乐器的式样与演奏方式，也呈现了初唐礼佛乐队与乐舞表演的内容、场景，是研究当时乐器、乐队、乐舞文化极为重要的图像材料。同时，经变画的内容又在一定程度上折射出初唐宫廷音乐的仪制，更成为研究中原与印度佛乐文化、中原与胡乐文化交流融合的珍贵史料。

二、其他研究著述

目前，对于第220窟壁画中所呈现的音乐舞蹈场面，已有不少研究结果，文中摘录部分较具代表性的研究结果，以供参考。

牛龙菲：《敦煌壁画乐史资料总录与研究》，敦煌文艺出版社1996年版，第582—588页。

三、宗教乐舞

1. 燃灯礼佛

莫高窟初唐第220窟北壁《东方药师经变相》中的宴乐图像中有"燃灯菩萨"燃点灯树的形象。金宝祥先生说：

> 东汉以至南北朝，正月庭燎以祠太一的风气，逐渐消失，而燃灯礼佛的习俗，却逐渐兴起，降至隋唐，元夜燃灯的风气，益复兴盛，但其性质，已不是礼佛求福，而是歌舞升平了。[①]

过去论者，对于"庭燎"与"燃灯"的关系，大多是持此说。他们的论说中隐含着这样一个见解，即"庭燎"是中国固有的传统；而"燃灯"则是印度东渐的新俗。对此，我有如下的不同意见。

中国上古之"庭燎"，早有"燃灯"的内涵。《国语·周语》载：

> 火师监燎。

又说：

> 馈九牢，设庭燎。

韦昭《解》说：

> 设大烛于庭，谓之庭燎。

《周礼·秋官·司烜》载：

> 凡邦中大事，共坟烛庭燎。

所谓"庭燎"，又名"薪燎"。《礼记·月令》说：

[①] 金宝祥：《和印度佛教寓言有关的两件唐代风俗》，载《唐史论文集》，甘肃人民出版社1982年版，第44页。

乃命四监，收秩薪柴，以共郊庙，及百祀之薪燎。

"庭燎""薪燎"，又名"禋燎"。《周礼·春官·大司命》说：

以禋祀，祀昊天上帝。以实柴，祀日月星辰。以禋燎，祀司中、司命、风师、雨师。

这所谓的"庭燎""薪燎""禋燎"，都是由远古烧山开荒之农业劳动演化而来之燔柴而祭的祀典。最初的"庭燎"，确是积薪燔柴而祭。如长沙马王堆三号汉墓帛画燔柴献牲图像所反映的那样。[①] 这种燔柴献牲的祀典，早在春秋、战国，便有所谓的"执烛"[②]。到了后来，所谓"庭燎"，便由"坟烛庭燎"而演变为单纯的"执烛"祭典。朱熹正是作如是观，才将"庭燎"训为"大烛"[③]的。《礼记·郊特牲》载：

庭燎之百，由齐桓公始也。

此所谓"庭燎之百"，当是上百支"大烛"的祀典，而与古之"积薪"的庭燎不同。

在中国古代之"大烛"的基础上，战国时期，中国已出现了结构精美的"镫"（"灯"）。1978年于河北省中山县战国时期中山国墓葬第一号墓主室东库，便发现了一盏"三虎六身夔龙纹圆座鸟兽挚枝十五连盏灯"。同时也发现了一盏"银首人俑铜灯"。此灯之银首人俑右手持一高杆灯。这正是所谓的"执烛"者的形象。……

……

近年来，各地发现了一系列的汉代高杆连枝灯。例如：

山东诸城太平葛阜口村出土之汉代铜人手擎双枝灯；[④]

……

这些高杆连枝灯，都是承战国中山国墓葬出土之十五连盏灯而来，并非由印度传入。

此高杆连枝灯，后来，演变成为所谓的"火树灯轮"。其实，《山海经》早已有言：

招摇之山有木，其花四照。

所谓"其花四照"，正是据"火树"而言。此所谓"火树灯轮"，正是对战国时期即已在中原广泛使用之"十五连盏灯"一类的高杆连枝灯的形容。如支昙谛《灯赞》：

千灯同辉，百枝并耀。

……

---

① 参见《文物》1974年第11期，图版二。
② "执烛"一语，出自《周礼·天官·冢宰》。
③ 参见朱熹《诗集传》。
④ 参见《文物》1959年第11期。

这说明，在中国古代，早有燔柴献牲，秉烛宴乐，长夜醉饮，降神招魂的巫乐风俗。所以燃灯礼佛的风俗，自不待外域传入。反倒毋宁说无论是时间、仪式、音乐、灯型，都是释徒借用了中国传统的古典，而注入了佛教的内容。

金宝祥先生说：

（元夜燃灯）它的形成实渊源于古代佛教寓言中的所谓"大神变月"的燃灯礼佛，印度的"大神变月"，相当于中国的正月十五夜，是佛教的重要节日之一。①

《法苑珠林》卷三九引《奘师传》载：

（摩诃菩提寺）每年至佛大神变月……即印度十二月三十日，于唐国当正月十五，于此之时，放光雨花，大起深信……

《法苑珠林》卷三八引《西域传》说：

彼土十二月三十日，当此方正月十五日也，世称大神变月；若至其夕，必放光瑞，天雨奇花，充满寺院。彼土常法，至于此时，道俗千万，竞申供养。

这些记载中，并未说明"彼土"于其时"大放"什么样的"光瑞"。《事物纪原》卷八引《僧史略》云：

汉《法本传》曰：西域十二月三十日，是此方正月望，谓之"大神变"。汉明帝令烧灯，表佛法大明也。

《历代三宝记》卷四载：

至孝灵帝光和三年……于洛阳佛塔寺中，饭诸沙门，悬僧烧香，散华燃灯。

至此之后，才有"燃灯"礼佛的章程。"烧灯礼佛"，实际上是中国沙门的创造。佛本生故事中的"剜身燃灯"，以及敦煌遗书斯三〇五〇卷所谓"莲花城中燃灯城中，有燃灯佛出世"的传说，都是沙门释徒的妄说附会。

……

综上所述，我们可以知道，元夜燃灯之俗，至迟起于东汉明帝之时。即在唐代，睿宗也不是始作俑者。本窟北壁贞观十六年初唐壁画说明，初唐时，便已有元夜燃灯的情事。据我观察：本窟北壁壁画之燃灯夜宴歌舞似可用元稹《胡旋女》诗解说：

胡旋之义世莫知，
胡旋之容我能传：
蓬断霜根羊角疾，
竿戴朱盘火轮炫，
骊珠迸珥逐飞星，
虹晕轻巾掣流电。

---

① 金宝祥：《和印度佛教寓言有关的两件唐代风俗》，载《唐史论文集》，甘肃人民出版社1982年版，第44页。

《太平御览》卷五百六十七引《乐府杂录》说：

（胡旋）于一小圆毯子上舞，纵横腾踏，两足终不离于毯子。

今观本窟北壁壁画之四舞女，均于火树灯轮下一小圆毯子上持长巾起舞，此特点与元稹诗中"竿戴朱盘火轮炫""虹晕轻巾掣流电"之诗句正相对应；再看其乐队组织，也与后世所说胡旋舞的伴奏：笛鼓二、正鼓一、和鼓一[①]、铜钹二等相符。这些都说明初唐时元夜燃灯已用宴乐"胡旋"之舞。

元夜燃灯的风俗，由礼佛转化为娱人之后，便获得了强大的生命力。在唐代，由于王室的提倡，元夜燃灯已有相当的规模。《明皇实录》载：

上在东都遇正月望夜，移仗上阳宫，大陈灯彩。……时有方都匠毛顺巧思，结彩为灯楼三千间，高一百五十尺，悬珠玉金银，微风一至，锵然成韵，其灯为龙凤虎豹之状。

《开元天宝遗事》载：

杨国忠子弟，每至上元夜，各有千炬火烛，围于左右。

韩国夫人，置百枝灯树，高八十尺，竖之高山上，元夜点之，百里皆见，光明夺月色也。

元夜燃灯的风俗，五代犹存。《旧五代史·杨师厚传》载：

向时河朔之俗，上元比屋夜游，及师厚作镇，乃课魏［博］人户立灯竿，千釭万炬，洞照一城，纵士女嬉游。

宋代，元夜燃灯又有了新的发展。《东京梦华录》卷六"元宵"条载：

正月十五日元宵，大内前缚山棚立木，正对宣德楼……以采结文殊、普贤跨狮子、白象，各于手指出水五道，以手摇动。用辘轳绞水，上灯山高尖处，用木柜贮之，逐时放下，如瀑布状。又草把缚成戏龙之状，用青幕遮笼草上，密置灯烛数万盏，望之蜿蜒，如双龙飞走。自灯山至宣德门楼……用棘刺围绕，谓之棘盆，内设两长竿，高数十丈，以缯彩结束，纸糊百戏人物，悬于竿上，风动宛若飞仙。……乐人时引，万姓山呼。

这种风俗，今仍其旧。且由于遗存民间，更为炽盛。《长安县志》载：

正月十五日谓之灯节，前十日，城内四关、南院门以及乡镇俱售各样花灯，争奇斗巧，以南院门为最盛。

……

在甘肃，元夜燃灯的风俗，也遗存至今。除了元宵节的一般花灯活动外，永昌县石碑沟的"滚灯舞"，别具特色，"滚灯舞"要求舞者头顶灯碗在地上翻滚而不倾翻扑灭灯火，具有很高的难度。在"滚灯舞"的表演场地上，也要树立"灯架"。这

[①] "正鼓""和鼓"，即由唐之腰鼓、毛员鼓演化而来。

所谓的"灯架",即是由古代的"火树灯轮"蜕化而来。

"火树灯轮",今日在日本秋田称作"杆灯"。"每年八月五日至七日,是秋田传统的杆灯节。……秋田的杆灯节已有一百多年历史了,是预祝水稻丰收的节日。……(节日活动中)随着一声指挥哨响,一百六十多副杆灯徐徐举起。一根六七米长的竹杆,挑着四十六个灯笼,足有上百斤的重量。这杆灯就在撑杆人的头上、腰上、肩上撑着。……杆灯在撑举的时候,可以加长,越举越高。有人已经加了三节竹杆,有十多米高了(按:撑杆人还在地上做各种翻转动作),杆灯在摇晃中仍然保持平稳不倒,使人瞠目惊奇。"① 此所谓"执烛"的绝技。中日文明交流,于此也可见一斑。秋田之"杆灯",其确切的来源虽不可细究,但无疑是受中国文明的影响而生。

2.郑汝中、董玉祥主编:《中国音乐文物大系·甘肃卷》,大象出版社 1998 年版,第 115—118 页。

图 1-9-5 《药师经变》局部(东侧乐队)②　　图 1-9-6 《药师经变》乐舞图花边阮 ③

东侧乐工 13 身(图 2·2·2c,即图 1-9-5)演奏乐器有腰鼓、都昙鼓、毛员鼓、拍板、横笛、尺八、锣、花边阮、竿篥、方响、笙、排箫、筝等。花边阮(图 2·2·2d,即图 1-9-6)为敦煌壁画中心具特色的乐器,其音箱为六瓣花边形,短颈、曲项、方菱形头。面板上胶有缚手、梅花形半圆捍拨,五弦、五柱、五弦轴。

---

① 见 1982 年 8 月 29 日《甘肃日报》所载宋静存《秋田抒怀》文。
② 郑汝中、董玉祥主编:《中国音乐文物大系·甘肃卷》,大象出版社 1998 年版,第 116 页,原图 2·2·2c。
③ 郑汝中、董玉祥主编:《中国音乐文物大系·甘肃卷》,大象出版社 1998 年版,第 118 页,原图 2·2·2d。

乐器形体较大，绘制精美。乐伎怀抱乐器于胸前，左手拧动弦轴，右手掐弹，侧耳倾听，似在调音，神情刻画得惟妙惟肖。花边阮又称"五弦曲项琵琶"，近年来，在敦煌乐器研究中，因其特殊的形制而称其为"花边阮"。

位于窟内南壁《阿弥陀经变》下方的乐舞图（图2·2·2e，略）规模比北壁稍小，但布局严谨，场面也十分热烈。画面正中二舞伎伴随着乐声扬臂提腿而舞。巾带回旋飘举，舞姿奔放柔曼，有"左铤右铤生旋风""跳身转毂宝带鸣"之意。

两侧乐队各7人，分别坐于方毯之上专注演奏，左侧的乐器有筝、琵琶、方响、竖笛、筚篥、排箫。其中一乐伎似在歌唱。右侧乐器有羯鼓、腰鼓、横笛、埙、答腊鼓、竖笛、排箫。众多的乐器中，左侧的筝和琵琶较为突出。筝体小巧，通体装饰精美花纹，筝面弧拱，有弦有柱，但头、尾倒置，岳山在左侧。演奏老手置于筝尾，不符合演奏规律。可能是画工不熟习乐器演奏方法所致。琵琶直颈，四项四弦，演奏者持拨弹奏，右侧乐队中的埙（图2·2·2f，略）形体较大，桃形，有音孔数个，敦煌壁画中仅此一例。

3. 郑汝中主编：《敦煌石窟艺术全集·音乐画卷16》，同济大学出版社2016年版，第88—90页。

62　药师经变多民族大型乐队

此窟药师经变是敦煌壁画乐队人数最多、乐器品种最全、绘制最精致最写实的一铺。中间灯楼两边各有一对舞伎在小圆毯上急速旋转，两侧各有一组乐队坐于方毯上，乐伎肤色不同，姿态各异图中为西侧的乐队，共十五人，演奏的乐器有拍板（二）、竖笛、筚篥、铙、筚篥、笙、海螺、锣、答腊鼓、鸡娄鼓、腰鼓、横笛、羯鼓。

63　药师经变多民族大型乐队

此图为东侧乐队，共十三人演奏的乐器有腰鼓（二）、横笛（二）、拍板、锣、花边阮、方响、筚篥、筝、排箫、竖笛、都昙鼓。

4. 王克芬主编：《敦煌石窟艺术全集·舞蹈画卷17》，同济大学出版社2016年版，第80—85页。

敦煌经变画舞图除舞蹈形象栩栩如生外，画面的设计也独具匠心。除独舞和第220窟四舞伎一横排起舞外，还有许多不同的双人舞场面。……

52　双人巾舞（图1-9 7）

二舞伎做"吸腿"姿立于小圆毯上，双手一上一下对称挥巾作舞，二舞伎舞姿完全相同，只是左右各异，这是双人舞常用的编排手法。

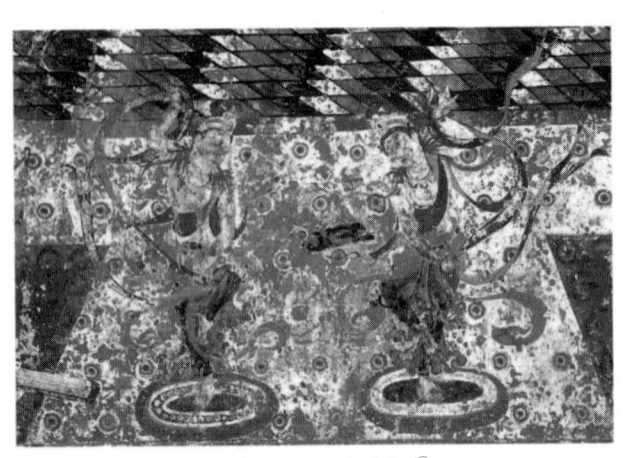

图 1-9-7　双人巾舞①

53 帛带飞扬的四人舞巾

这是目前所见敦煌经变画中舞伎人数最多的一幅。他们在璀璨的灯轮灯树下，站在小圆毯——舞筵上，肩披绕臂长巾翩然起舞，舞姿矫捷奔放。左面一对身着类似武装美服的舞伎，背向而立，一腿后勾；一手用力向上托伸，一手侧垂做"提襟"姿，舞姿刚劲矫捷，分明是一幅"健舞"图。"提襟"至今仍是中国古典戏曲中武将、武旦等角色常用的舞蹈动作。"提襟"亮相给人英武豪雄之感。右面一对舞伎，正从相反方向，对称旋转。在两对舞伎的中间是一个大型灯楼，层层而上，灯火通明。根据佛经，供养药师佛必须燃灯。从隋代开始，凡画"药师经变"均绘灯轮。《朝野佥载》中也有，唐代节目表演"踏歌"，在广场上点燃大灯轮，欢舞三日三夜的记载。

54 左面舞伎的刚健舞姿和舞服

头戴尖顶宝冠，着"锦半臂"，穿"石榴裙"。服装的样式与花纹，使人有美化的盔甲武装的感觉。这舞伎虽不是舞剑，但使人想起唐代著名舞伎公孙大娘舞《剑器》时所穿的美化的军装。杜甫《观公孙大娘弟子舞剑器行》诗序说：公孙氏舞《剑器》"玉貌锦衣"。司空图《剑器》诗有"楼下公孙昔擅场，空教女子爱军装"句。可见公孙氏设计的美丽军装，成了当时女子喜穿的"时装"。

---

① 王克芬主编：《敦煌石窟艺术全集·舞蹈画卷17》，同济大学出版社2016年版，第81页。

图 1-9-8　左面舞伎的刚健舞姿和舞服①

55　右面舞伎的旋转舞姿

发带飞扬,急转如风,正如白居易《胡旋女》诗所写:"左旋右转不知疲,千匝万周无已时,人间物类无可比,奔车轮缓旋风迟。"此图颇似唐代风行的西域舞蹈《胡旋舞》。

5. 高金荣:《敦煌石窟舞乐艺术》,甘肃人民出版社 2000 年版,第 45—48 页。

三、出土器物的音乐学意义

施萍婷:代表窟之一。建于初唐,殿堂式窟,宋或西夏时,此窟壁画全被覆盖,绘以满壁千佛。1944 年,敦煌艺术研究所剥去四壁之上层壁画,初唐艺术杰作赫然重晖,主室西壁一龛,内塑一佛二弟子二菩萨(清重修),龛沿下初唐画供养人虽已模糊,然"翟家窟"三字尚可辨认,说明唐时石窟已具有"家庙"性质。龛外两侧画文殊、普贤变各一铺。南北两壁为通壁人画:南为无量寿经变,北为药师经变。东壁门上画说法图一铺,男女供养人各一身,贞观十六年(642)题记一方;门两侧画维摩诘经变。1975 年,敦煌文物研究所对此窟重层甬道进行了整体搬迁,底层壁画完好如初,计有:五代后唐同光三年(925)画新样文殊变一铺,翟奉达等供养人画像七身,题记一方(以上北壁);中唐画小龛一,晚唐画一佛、一比丘、七供养人,五代翟奉达书"检家谐"题记一方(以上南壁),上述题记,为研究莫高窟历史

---

① 王克芬主编:《敦煌石窟艺术全集·舞蹈画卷 17》,同济大学出版社 2016 年版,第 84 页。

之珍贵资料。此窟壁画，每幅皆为上乘之作，其中之维摩诘像乃人物画之精品；前来问疾于维摩之帝王、大臣、可与阎立本"帝王图"媲美；药师变中之两幅"对舞"（不少学者目之为"胡旋舞"）及其乐队，不仅为研究音乐舞蹈史提供了珍贵资料，而且也是贞观盛世绘画艺术之代表作。（季羡林：《敦煌学大辞典》，上海辞书出版社1998年版，第50—51页。）

朱晓峰：第220窟的音乐图像主要集中在北壁和南壁的经变画中，综观莫高窟初唐时期洞窟壁画音乐图像，第220窟音乐图像出现的位置可能相对其他洞窟较为单一，但仅就经变画而言，其乐队规模和乐器丰富程度却是冠绝初唐的。（朱晓峰：《唐代莫高窟壁画音乐图像研究》，博士学位论文，兰州大学，2016年，第114页。）

沙武田：敦煌莫高窟第220窟药师七佛变中的大型乐舞场景，虽然表现的是佛国净土世界情景，但是剔除其中佛教虚幻和艺术化的成分，紧密联系艺术的社会生活源头，可以发现其中三处大型豪华的灯饰，正是有唐一代长安城上元夜燃灯的再现，也可以认为是包括皇帝会群臣的大型晚宴，官僚士大夫家中举办的各式夜宴，唐长安、洛阳两京地区各类大型夜间乐舞场景的描绘，有重要的历史研究价值。（沙武田：《一幅珍贵的唐长安夜间乐舞图——以莫高窟第220窟药师经变乐舞图中灯为中心的解读》，《敦煌研究》2015年第5期，第34—44页。）

陈卉：220窟的《东方药师经变画》是莫高窟最具代表性的壁画之一，一方面反映了唐人的开放胸襟，另一方面也反映了唐代的繁华景象。其中的乐舞场面，正是唐代宫廷宴享生活的真实写照，也是我们了解当时乐舞特点及流变的重要资料。通过以上研究，笔者认为第220窟《东方药师经变画》呈现的乐队和乐器组合，反映的是经过长期吸收融合而在唐初形成的一种宫廷乐——燕乐；这种有着浓厚西域音乐文化色彩的乐队和乐器组合，可能常用于胡旋舞等宫廷宴享表演中，而这种燕乐形式对五代、宋、元各朝均产生了重要影响。（陈卉：《敦煌220窟〈东方药师经变画〉乐舞图像研究》，《西北大学学报（哲学社会科学版）》2016年第4期，第156—160页。）

四、相关研究成果

专著

1. 牛龙菲：《敦煌壁画乐史资料总录与研究》，敦煌文艺出版社1996年版。
2. 敦煌研究院：《敦煌石窟内容总录》，文物出版社1996年版。
3. 季羡林：《敦煌学大辞典》，上海辞书出版社1998年版。
4. 郑汝中：《敦煌壁画乐舞研究》，甘肃教育出版社2002年版。
5. 王克芬、柴剑虹：《箫管霓裳——敦煌乐舞》，甘肃教育出版社2007年版。

论文

1. 罗华庆：《敦煌壁画中的〈东方药师净土变〉》，《敦煌研究》1989 年第 2 期，第 5—18 页。

2. 庄壮：《敦煌壁画乐队排列剖析》，《音乐研究》1998 年第 3 期，第 33—46 页。

3. 庄壮：《敦煌壁画上的打击乐器》，《交响》2002 年第 4 期，第 15—22 页。

4. 庄壮：《敦煌壁画上的吹奏乐器》，《交响》2003 年第 4 期，第 15—23 页。

5. 庄壮：《敦煌壁画上的弹拨乐器》，《交响》2004 年第 4 期，第 12—21 页。

6. 庄壮：《敦煌壁画乐器组合艺术》，《交响》2008 年第 1 期，第 7—17 页。

7. 巩恩馥：《莫高窟第 220 窟"胡旋舞"质疑》，《敦煌研究》2006 年第 2 期，16—17 页。

8. 施萍婷：《关于敦煌壁画中的无量寿经变》，《敦煌研究》2007 年第 2 期，第 1—5 页。

9. 施萍婷：《敦煌经变画》，《敦煌研究》2011 年第 5 期，第 1—13 页。

10. 海滨：《文学与考古双重视野中的唐代西域乐舞"胡旋舞"》，《新疆师范大学学报（哲学社会科学版）》2011 年第 4 期，第 97—103 页。

11. 狄其安：《解析莫高窟 220 窟北壁唐代乐舞图中的音乐符号》，《音乐时空》2013 年第 7 期，第 64—65、79 页。

12. 李宝杰：《敦煌壁画经变图礼佛乐队与唐代坐部伎乐的比较研究》，《交响》2014 年第 1 期，第 5—17 页。

13. 程天健：《敦煌壁画乐器、乐队、乐伎的历史形态构成分析》，《交响》2014 年第 1 期，《交响》2014 年第 1 期，第 18—23 页。

14. 朱晓峰：《唐代莫高窟壁画音乐图像研究》，博士学位论文，兰州大学，2016 年。

15. 沙武田：《一幅珍贵的唐长安夜间乐舞图——以莫高窟第 220 窟药师经变乐舞图中灯为中心的解读》，《敦煌研究》2015 年第 5 期，34—44 页。

16. 陈卉：《敦煌 220 窟〈东方药师经变画〉乐舞图像研究》，《西北大学学报（哲学社会科学版）》2016 年第 4 期，第 156—160 页。

17. 冯少波、王毓红：《胡旋舞特征新论》，载杜文玉主编《唐史论丛》第 24 辑，陕西师范大学出版社 2017 年版，第 216—238 页。

18. 刘硕：《隋唐时期的胡乐人研究》，博士学位论文，上海音乐学院，2019 年。

19. 郑雨菲：《敦煌壁画中的腰鼓图像研究》，硕士学位论文，西安音乐学院，2020 年。

20. 赵维平：《丝绸之路上的胡旋舞、胡腾舞》，《音乐文化研究》2021 年第 1 期，第 36—44 页。

第十章　莫高窟 156 窟

第一节　研究报告

敦煌文物研究所编：《中国石窟：敦煌莫高窟 四》

——文物出版社、东京株式会社平凡社 1987 年版

唐代后期的莫高窟艺术

段文杰

如本书前卷所述，河西地区于建中二年（781）开始为吐蕃所统治，是划分唐代河西历史的明显界限。这以后的一段历史共一百二十六年。其间吐蕃统治六十七年（习称中唐），张议潮家族统治五十九年（习称晚唐）。藏、汉两个不同民族政权的统治，形成了莫高窟艺术的不同历史特点。本文即按照这两个时期分别对莫高窟艺术加以论述。

一、吐蕃时期——中唐

……

二、张议潮家族时期——晚唐

沙州被吐蕃统治以后，吐蕃的劳动人民与汉族及其他少数民族人民之间，阡陌相连，命运与共，出现了"义同一家"[①]的和睦景象。但是吐蕃奴隶主的残暴统治，却给各族人民带来了深重的灾难。沙州的百姓曾多次举行过反抗斗争。龙舌张氏，世为大族，乃乘机于大中二年（848）登高一呼，率众起事，占领敦煌、晋昌，自领州事，并修缮甲兵，既耕且战。唐朝中央政府于大中五年（851）遣使至河西，设立归义军，以张议潮为节度使。[②]咸通二年（861）张议潮终于克复凉州，打通了通向

---

① 《资治通鉴》卷二百一十三，开元十八年。
② 《旧唐书》卷十八《宣宗纪》、《新唐书》卷二百一十六《吐蕃传》下，敦煌石窟遗书 P.3633。

长安的道路。

张议潮统治河西，维护国家统一，沟通中西交通，发展农业生产。咸通七年（866）张议潮赴长安入朝，其侄张淮深继守河西，政绩也很突出。前后四十年间，已接近恢复了唐代前期的繁荣局面。[1] 然而好景不长，不久即出现了这一家族内部的权力争夺。大顺元年（890），议潮女婿索勋杀张淮深一家，乾宁元年（894）议潮十四女引军灭了索勋，立议潮孙张承奉为节度使。天祐二年（905），唐朝将亡，张承奉建"西汉金山国"，自称"白衣天子"。五代后梁乾化元年（911），这一割据政权又投降回鹘，与回鹘结为父子之国。不久，贞明五、六年（919—920），张承奉卒，政权乃转移到曹氏家族手中。

……

张议潮时期的壁画主要有下列几类：经变画、密宗图像、瑞像图、装饰图案、供养人画像和故事画，仍以经变画为主。

1. 经变画

……

唐代少见的经变——降魔变，在咸通六年（865）的第156窟前室顶部出现了。构图虽与早期相似，但人物的容貌衣冠都已变化。魔王成为中原冠服的老将军，魔女都似汉族嫔妃。三魔女歌舞齐施，企图动摇释迦的情志。释迦施展神通，美女顷刻变成了三个枯瘦老丑的妇人。魔王震怒，指挥部下向释迦进攻，但释迦周围有莲花卫护，兵刃不入。最后魔王冠坠靴脱，狼狈不堪。壁画形象与《破魔变文》[2]的这番描写完全吻合。

……

2. 故事画

……

3. 密宗图像

……

唐代后期的唐密尊像，造型富于舞蹈性，特别是菩萨，宝冠巍峨，璎珞严身，舞姿优美，手式灵巧，罗裙透体，天衣飘扬，体态略带妖冶。这种新的造型特点，显然包含有来自印度的影响，这与"开元三大士"[3]来长安传播密教，特别是不空三藏游化河西是分不开的。

4. 瑞像图

……

---

[1] 《唐宗子陇西李氏再修功德记》。
[2] 敦煌石窟遗书 P.2187、S.3491（《敦煌变文集》卷四，人民文学出版社1957年版）。
[3] 唐开元年间印度僧人善无畏、金刚智、不空先后来到长安传播密教，人称"开元三大士"。

5. 供养人画像

......

位于第 156 窟南北两壁下部并延展到东壁下部的张议潮夫妇出行图是唐代供养人画像中最杰出的两幅作品。每幅画中人物一百有余，场面宏伟，结构严谨。南壁榜题全文是"河西节度使检校司空兼 / 御史大夫张议潮统军□ / 除吐蕃收复河西一道〔出〕行图"。画面西起画骑士击大鼓，吹画角，两厢有全身盔甲的持戟将士，其中有的是少数民族。随后是"营伎"，乐队十人，演奏琵琶、箜篌、箫、笛、腰鼓、大鼓等，应属唐代的立部伎。舞伎八人，分列两行，分着汉装和吐蕃装，挥袖起舞，统一和谐。其后是二骑士持旌节（图 9，略），表明节度使的身份。桥头上则有两排持刀卫士，戴缬花帽，穿衩衣、白袴、乌靴，腋下持陌刀，榜题"银刀官"，大概是唐代的行军仪仗队。画面中部的张议潮，戴幞头，着赭袍，乘白马，正在扬鞭过桥。把主人公置于过桥这一特殊的环境中，适合于显示其身份地位，从而突出了主题。①张议潮身后有一群侍从奴婢，榜题所示还有"子弟军"和"麾牙"。最后为狩猎队和载运生活用品的驼、马。

在北壁与此相对称的是张议潮夫人出行，榜题称"宋国河内郡夫人宋氏出行图"。西起，画的前头为唐代散乐载竿（图 10，略），乐队四人，一人吹横笛，一人拍板，一人背大鼓，一人擂击。另一健壮伎人，头顶长杆，四小儿于杆上作戏，演出种种惊险动作。接着是音乐舞蹈，乐队七人，各持竖笛、琵琶、腰鼓等；舞伎四人围成方阵，挥袖起舞。其后一白马挽车，榜题为"司空夫人宋氏行李车马"。下方有二骑士纵马奔驰，往来传讯（图 11，略）。行李车后有三乘方亭式肩舆，榜题为"小娘子担舆"，大约为宋氏之女所乘。其后又有白马挽车，榜题为"坐车"，或为宋氏的备用车。中部画夫人宋氏头饰花钗，穿大袖裙衫，骑白马。身后一群骑从，捧奁，执扇，抱琴，持镜，均为侍从奴婢。最后是纵犬追猎的骑士，有驮酒瓮的骆驼，有备好鞍鞯的诞马。这幅画充分反映了贵妇人出行时的豪华奢靡。

张议潮夫妇出行图是反映现实生活的历史人物画，具有完整的构图，其形式继承了汉代以来墓室壁画及画像石的传统，它的内容与佛教无直接关联，因而是赞颂英雄人物的现实主义壁画杰作。

三、结语

......

唐代晚期的莫高窟艺术虽不像前期那样辉煌灿烂，但由于它同现实生活的关联愈趋密切，给我们提出了许多新的课题，甚至更值得我们去做深入的研究。

---

① 此手法应对前人有所借鉴，见《图画见闻志》卷五所记吴道子、韦无忝、陈闳合作之《金桥图》。

第二节　评述与扩展

一、研究报告相关音乐内容与评述

《中国石窟：敦煌莫高窟 四》1987年由文物出版社与日本东京株式会社平凡社联合出版。此书是《中国石窟：敦煌莫高窟》丛书的分册，主要收录了盛唐至晚唐时期，共40个洞窟的相关研究文论。

该书共六个部分，第一部分是图版，第二至第五部分是关于唐代后期的莫高窟艺术、壁画中的佛寺、报恩经变和佛教史迹故事画等内容的研究文章，第六部分是图版说明，主要针对第一部分收录的图画予以解释，同时此部分还附录有第384、158、361、194石窟的实测图，以及敦煌莫高窟大事年表，以供查阅。

有关第156窟的内容主要在第一、二、六部分，第一部分中展示了第156窟的壁画图像，第二部分则涉及第156窟的形制结构、壁画布局、彩塑、经变图等内容。第六部分是对壁画内容的详细叙述，有关壁画中乐舞的内容也多集中在此。

评述： 敦煌莫高窟位于甘肃省敦煌市东南25千米的鸣沙山东麓的断崖上。其壁画长度近30千米，堪称世界之最，被联合国教科文组织列为世界级的人类宝贵文化财富。敦煌莫高窟的音乐艺术也是历来音乐研究的重点，不仅在国内，在国际上也有着很高的关注度。莫高窟第156窟色彩艳丽，构图完整，是莫高窟众多壁画中的佼佼者。在第156窟以前，敦煌展示出瑰丽的宗教世界，但第156窟的壁画尤其是"宋国夫人出行图"首次在敦煌壁画中出现世俗音乐生活，也让莫高窟沾染上一丝烟火气。"张议潮出行图"对于研究唐代节度使的仪仗制度有着重要的参考意义。两幅出行图展示了一种莫高窟从未出现过的画法，将市井音乐带入神圣宗教世界的莫高窟，具有里程碑式的意义。

二、其他研究著述

1. 牛龙菲：《敦煌壁画乐史资料总录与研究》，敦煌文艺出版社1966年版，第582—588页。

2. 郑汝中、董玉祥主编：《中国音乐文物大系·甘肃卷》，大象出版社1998年版，第115—118页。

3. 郑汝中主编：《敦煌石窟艺术全集·音乐画卷16》，同济大学出版社2016年版，第30、81—84、88—90页。

4. 王克芬主编：《敦煌石窟艺术全集·舞蹈画卷17》，同济大学出版社2016年版，第 80—85 页。

5. 高金荣著：《敦煌石窟舞乐艺术》，甘肃人民出版社 2000 年版，第 45—48 页。

三、出土器物的音乐学意义

祁晓庆："宋国夫人出行图"起始部分的勾栏百戏——顶杆表演的场景是莫高窟晚唐五代壁画中的常见类型，在莫高窟第 85 窟窟顶东坡以青布帷幔围成勾栏，栏内三名橦末伎正在表演顶杆；莫高窟第 61 窟南壁也绘有青布条幔围成的勾栏内正在表演乐器百戏。从时代上来看，第 156 窟早于第 85 窟和第 61 窟，因此此勾栏百戏的表演画面或许是首次在此洞窟中出现。

从图像使用的范围来看，出行图供养像仅在归义军时期的洞窟中绘制，归义军之前和之后的洞窟中均未发现这种类型的图像。除莫高窟第 156 窟外，在第 94 窟、100 窟、榆林窟第 12 窟等窟中都有类似出行图。这些洞窟也都可视为其家族的礼佛堂，具有纪念碑意义。（祁晓庆：《"张议潮夫妇出行图"的图像学考察》，《艺术设计研究》2019 年第 3 期，第 23—31 页。）

王娇艳：位于《张议潮出行图》画面起始部分的横吹队，是源于西域古乐的一种军乐队，它的出现多与军事将领出场有关，并且在以骑兵为主力的部队中才会有，这一点在紧接其后的执稍仪仗中也有呼应。稍为新型兵器，对于人披铠甲、马不披具装的轻骑兵的描绘都在张议潮带领军队驱逐吐蕃、收复河西的武将身份中得到印证。这是以图像证史的有力证据，也是对武将身份的侧面摹写。之后是二骑导引官，接下来是着红色系大袍的五队文骑和伎乐舞队，其中出现了少数民族的人物形象，皮肤黝黑，鼻梁高挺，头上的幞头已褪色。八人着吐蕃装，跳吐蕃舞。吐蕃舞是欢庆光复舞蹈，这与张议潮时期收复河西的历史背景，少数民族以部落兵形式参与其中，构成归义军的吐蕃汉兵制度的史料有所呼应。光复的吐蕃舞蹈风俗与《敦煌》诗歌中表现情景相呼应，是对文本史料的摹写印证。（王娇艳：《宏大叙事的空间构建——〈张议潮出行图〉图式研究》，《美术教育研究》2020 年第 9 期，第 10—11 页。）

王子初：《张议潮统军出行图》以宏大的规模，用一位封建贵族出行时的豪华场景，展示了唐代社会生活中的一幅历史图卷。全长 8.3 米，宽 1.3 米，由一百余人组成，浩浩荡荡，蔚为壮观。画面上，骑吹军乐的八骑士威武雄壮，乘坐高头大马，分列左右，一侧 4 人。其中两人击鼓，两人吹长角。后有骑马持牌者 2 人相对立于道中，似在指挥随后紧跟的营伎乐舞仪仗。画面正中，舞伎 8 人排成两行，一行汉装，戴幞头；一行吐蕃装，裹红巾。皆穿长袍，载歌载舞，缓缓行进。其后紧随 10 人组成的乐队，站立演奏，使以军乐和歌舞为前导的仪仗队显得十分气派。乐工着绣帽、长袍、乌靴，其中两只大鼓由两人背负前行，两人在后持杖击奏。乐队中演奏的乐器有琵琶、竖笛、筚篥、拍板、腰鼓、杖鼓、笙、箜篌等。张议潮出行图是继汉代骑吹、鼓吹、卤薄制度之后，唐代军营音乐的现实写照，可与文献相对照，有极珍贵的史料价值。

绘于北壁下方的《宋国河内郡夫人宋氏出行图》与南壁下方的《张议潮统军出行图》相对应。宋氏为张议潮夫人，被敕封为宋国河内郡夫人。画面以其宋国夫人及女眷为中心，绘制其出行的盛况。画面上，在宽广碧绿的田野中，以百戏、歌舞为前导，随后有四舞伎，高髻、彩花衫、笏头履，围成方阵，挥长袖婆娑起舞，舞姿自由而舒展。乐工7人，分持竖笛、琵琶、横笛、笙、腰鼓、杖鼓、拍板站立为舞伎伴奏，情景极为欢悦。在舞伎前方的百戏中，一力士着半袖对襟衫，腰束带，下着白裤、毡靴，头顶长杆，两臂张开。杆上四少年，上身袒，穿着鼻裤，攀缘翻腾，做各种惊险表演。下有卤薄4人组成的鼓吹乐队，一吹笙，一击拍板，一背节鼓，一人持双槌击奏。此图重点表现百戏场面，从一侧反映了当时杂技及音乐伴奏相结合的形式和流行情况。（王子初：《中国音乐考古学》，人民音乐出版社2021年版。）

四、相关研究成果

1. 李波：《莫高窟晚唐第156窟艺人服饰研究》，《敦煌研究》2011年第5期，第48—51、132页。

2. 卢秀文：《敦煌民俗乐舞服饰图像研究——〈宋国夫人出行图〉女子乐舞服饰》，《敦煌学辑刊》2014年第1期，第85—97页。

3. 李国、沙武田：《莫高窟第156窟营建史再探》，《敦煌研究》2017年第5期，第49—56页。

4. 沙武田：《佛教供养与政治宣传——敦煌莫高窟第156窟供养人画像研究》，《中原文物》2020年第5期，第116—126页。

5. 梁红、沙武田：《归义军首任节度使张议潮功德窟莫高窟第156窟的里程碑意义》，《丝绸之路研究集刊》2021年第1期，第299—322、475—476页。

第十一章　斫琴图

第一节　文物介绍

袁荃猷：《中国音乐文物大系·北京卷》

——大象出版社 1996 年版

名　称：斫琴图
时　代：东晋
藏　地：故宫博物院
考古资料：传顾恺之作，宋人摹本。绢本，设色。纵 29.4 厘米、横 130 厘米。引首有"斫琴图"字，是描绘制琴过程的图卷。所绘人物与器物均有东晋风格。画上钤有"宜和中祕""柯氏敬仲""孙承泽印""乾隆御览之宝""石渠宝笈"等藏印，说明此图自经北宋内府以来，流传有绪。

画面内容：图中人物或挖刨琴板，或上弦听音，或制作部件，或制造琴弦。其中琴面与琴底两板清楚分明，琴底开有龙池、凤沼，说明当时琴的构造形制，已是由挖薄中空的两块相同长短的木板上下合成。（图 1-11-1、图 1-11-2）

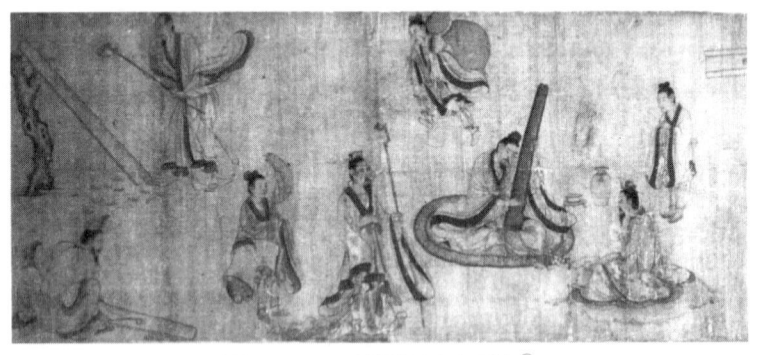

图 1-11-1　斫琴图（左部）[1]

---

[1] 袁荃猷主编：《中国音乐文物大系·北京卷》，大象出版社 1996 年版，第 231 页，原图 2·6·2a。

图 1-11-2　斫琴图（右部）[①]

第二节　评述与扩展

一、文物介绍与评述

此《斫琴图》相传为东晋顾恺之所作，现故宫博物院藏为宋人摹本。1996年出版的《中国音乐文物大系·北京卷》，对这件文物的名称、时代、藏地、考古资料、画面内容及图像进行了详细的阐述与记载。

评述：故宫所藏《斫琴图》描绘的是我国古代文人制琴的场面，包括挖刨琴板、上弦听音、制作部件、制造琴弦等斫琴步骤一一呈现，向我们展示出古代斫琴工艺的高超技术，不仅为当今古琴结构及制作技艺的研究提供了宝贵的参考材料，也为我国古琴绘画相关研究的发展做出了重大贡献。

二、其他相关报告

中国艺术研究院音乐研究所：《中国音乐史参考图片》第10辑，古琴专辑，图18，人民音乐出版社1987年版。

三、文物的音乐学意义

陈立朴：古琴的制作工艺有着极为悠久的历史，许多古人对古琴的制作工艺都颇有研究，甚至将古琴的制作方法以艺术的形式留存下来。如东晋画家顾恺之的《斫琴图》，这幅画展现了古琴的表面、槽腹、底部，以及为古琴上漆、制作琴弦等

[①] 袁荃猷主编：《中国音乐文物大系·北京卷》，大象出版社1996年版，第231页，原图2·6·2b。

一系列制作流程，为当代的古琴研究提供了宝贵的文献资料。（陈立朴：《非物质文化遗产古琴制作与传承》，《文化产业》2018年第13期，第9—10页。）

邹宝明：晋顾恺之的《斫琴图》（宋人摹本）展示了琴底、琴面、槽腹及施漆法，是我们研究古代造琴技术极为珍贵的第一手资料。此后，传统造琴技术又吸取了南北朝、隋的技艺成就，到了唐代达到了完美的程度。（邹宝明：《世界级非遗保护项目古琴制作工艺的创新意义》，《通化师范学院学报》2015年第5期，第42—45页。）

余其彦：顾恺之的《斫琴图》不仅记录了当时制琴的工艺流程，而且还与《竹林七贤画像砖》一样，为古琴形制最后定型年代的断代提供了依据。定型后的古琴，不仅是一件实用的乐器，而且还是一件工艺美术作品，为古往今来的爱好者们所鉴赏、收藏。[余其彦：《中国美术考古史上的古琴艺术》，《湖北师范学院学报（哲学社会科学版）》2012年第3期，第22—27、96页。]

贺志凌：东晋著名画家顾恺之的《斫琴图》真实、具体地再现了斫制工艺的流程和步骤，画中14人，或刨板，或制弦，或测音，或试琴，还有制好的底板放置一边，旁有督者、侍者若干，可见古代斫琴决不等同于其他器物制作，而斫制之人颇具文人气质，也为古琴斫制抹上了浓重的文化色彩。从《斫琴图》可知古琴的斫制大致分为选材制板、挖槽腹、制弦、测音、合琴等步骤。[贺志凌：《辽宁省博物馆藏九霄环佩琴的乐器工艺学初探》，《南京艺术学院学报（音乐与表演版）》2013年第2期，第57—67、201—202页。]

王添羽等：东晋顾恺之有《斫琴图》一画，画中皆为古代的文人制琴时的图景，刨琴板、听音、制弦，将制琴时的神态描绘得栩栩如生，同时也反映了当时古琴在文人学士中所占据的重要地位。（王添羽、刘彦、王倩：《非物质文化遗产数字化研究——古琴斫琴、减字谱的交互体验设计实践》，《艺术科技》2016年第9期，第3—4页。）

李洁、刘之育：晋代顾恺之《斫琴图》描绘的是文人制琴的场景，画中十几人专注于斫琴的各道工序，场面之大令人震撼。《斫琴图》不仅为后人研究古琴制作的工艺流程提供了宝贵资料，也记录了六朝文人谱曲、弹奏、斫琴自成一体的风尚。（李洁、刘之育：《镇江六朝时期琴文化源流谈略》，《镇江高专学报》2011年第4期，第1—4页。）

四、相关研究成果

1. 陈颖：《琴中之"艺"——从古琴文化看音乐与各艺术学科间的联系》，《浙江艺术职业学院学报》2009年第1期，第120—124页。

2. 李洁、刘之育：《镇江六朝时期琴文化源流谈略》，《镇江高专学报》2011年第4期，第1—4页。

3. 余其彦：《中国美术考古史上的古琴艺术》，《湖北师范学院学报（哲学社会科学版）》2012年第3期，第22—27、96页。

4. 贺志凌：《辽宁省博物馆藏九霄环佩琴的乐器工艺学初探》，《南京艺术学院学报（音乐与表演版）》2013年第2期，第57—67、201—202页。

5. 邹宝明：《世界级非遗保护项目古琴制作工艺的创新意义》，《通化师范学院学报》2015年第5期，第42—45页。

6. 王添羽、刘彦、王倩：《非物质文化遗产数字化研究——古琴斫琴、减字谱的交互体验设计实践》，《艺术科技》2016年第9期，第3—4页。

7. 杨天星：《宋画中的古琴》，《音乐探索》2017年第1期，第101—109页。

8. 闵俊嵘：《玉律潜符一古琴，哲人心见圣人心——文人参与的斫琴技艺》，载《北京画院·大匠之门18》，广西美术出版社2017年版，第213—222页。

9. 牛朝：《琴中画与画中琴》，载《北京画院·大匠之门18》，广西美术出版社2017年版，第173—178页、第153—154、249页。

10. 闵俊嵘：《漆缘逐梦》，《中国艺术》2017年第11期，第75—79页。

11. 陈秉义：《从音乐图像学看契丹—辽时期的音乐文化交流》，《南京艺术学院学报（音乐与表演版）》2017年第4期，第1—16、207、106页。

12. 陈立朴：《非物质文化遗产古琴制作与传承》，《文化产业》2018年第13期，第9—10页。

13. 黎国韬、周佩文：《"琴棋书画杂考"之四——六朝古琴图像与古琴实物考述》，《文化遗产》2019年第1期，第140—151、4—5页。

14. 肖雅萍：《魏晋南北朝人物画研究》，硕士学位论文，江西科技师范大学，2019年。

15. 肖伟：《〈宣和画谱〉绘画著录及递藏研究》，博士学位论文，南京艺术学院，2019年。

16. 吕埴：《魏晋南北朝时期的古琴》，《收藏》2020年第9期，第130—139页。

17. 权霖泓：《魏晋南北朝时期古琴形制研究》，《民族音乐》2020年第4期，第4—7页。

拓 展[①]

1. 舞蹈彩陶盆[②]

青海大通县上孙家寨出土的舞蹈纹彩陶盆：详见青海省文物管理处考古队：《青

[①] 除前文中的十一个领域（十一章）的图像资料外，还有器皿饰绘、戏曲图像、传世名画、戏台等领域也保存了不少音乐图像资料，本拓展部分仅略举几例加以引导，为读者提供一些查询通道。

[②] 在本系列书籍的第二本中收录。

海大通县上孙家寨出土的舞蹈纹彩陶盆》,《文物》1978 年第 3 期。

2. 戏台[①]

金代——高平市西李门二仙庙戏台、高平王报村二郎庙戏台、阳城县下交村成汤庙戏台：详见冯俊杰《中国现存时代最早的神庙戏台》,《戏曲研究》2002 年第 1 期。

元代——牛王庙戏台：详见王福才《山西古代戏台》,《文史知识》1996 年第 4 期。

明代——会源堂古戏台：详见姚光钰《浅析祁门古戏台——会源堂建筑布局》,《古建园林技术》2005 年第 4 期。

广西昭平县黄雌宝珠观明代戏台：详见车文明《中国古戏台遗存现状》,《中国文化遗产》2013 年第 5 期。

清代——佛山万福台：详见佛山市博物馆编《佛山祖庙》,文物出版社 2005 年版。

颐和园德和楼大戏楼：详见吴明福《颐和园大戏楼》,《工会信息》2005 年第 5 期。

3. 戏曲图像

杂剧（打花鼓）图：详见《杂剧打花鼓图》,《东方艺术》2014 年第 S2 期。

眼药酸：详见廖奔、赵建靳《眼药酸》,《戏曲艺术》2017 年第 1 期。

广胜寺——大型散乐中都秀（壁画）：详见曲润海《大行散乐忠都秀》,《戏友》2018 年第 1 期。

4. 传世名画

《韩熙载夜宴图》：详见梁济海《韩熙载夜宴图的现实意义》,《文物》1958 年第 6 期。

《清明上河图》：详见《中国历代绘画·故宫博物院藏画集》Ⅱ,人民美术出版社 1981 年版。

《听琴图》：详见《中国历代绘画·故宫博物院藏画集》Ⅱ,人民美术出版社 1981 年版。

---

① 我国分布着数量众多的戏台,尤其以明清时期为甚,因此不在此一一列举。

第二篇
成果的催生与思维的启迪

第一章 《先秦两汉时期云南的民族舞蹈》

第一节 原文

郭净、金重:《先秦两汉时期云南的民族舞蹈》

——《云南民族舞蹈论集》,云南人民出版社1990年版

前言

舞蹈艺术理论及舞蹈艺术发展史的研究,是提高我国舞蹈艺术的重要环节。云南是多民族的省份,号称歌舞的海洋,舞蹈艺术的蕴藏是很丰富的。中华人民共和国成立以来,不少同志对云南民族民间舞蹈做过收集、整理、加工、理论研究等工作,取得不少成绩。但比较起来,收集、整理、创作的成绩要突出一些,而理论研究则相对地落后了。随着文物考古、民族史学和民族学等方面研究工作的深入,云南民族舞蹈的理论研究应该进入一个新的时期。本文拟就先秦两汉时期云南的民族舞蹈作一初步的探讨。

有关这一时期云南民族舞蹈的文字记载,古人几乎没有给我们留下什么东西。值得庆幸的是从事考古工作的同志,以他们辛勤出色的劳动,发掘整理了一批地下文物,主要是晋宁石寨山的滇王及亲属墓葬,江川李家山古墓以及云南古铜鼓的研究,为我们揭开了中国青铜文化史上光辉的一页——滇池地区青铜文化的真实面貌。我们收集整理了这些青铜器上表现舞蹈的图像十九幅,作了一些初步的研究,在本文中向读者作一个介绍,提出的问题和意见或有不当,希望能引起同志们的关怀和讨论。

先秦两汉时期云南的民族舞蹈,主要指的是这一时期滇人的舞蹈。当时云南境内的民族史书上统称为"西南夷"。其中民族和部落的关系极其复杂,史学界至今持有几种不同的意见。一般认为,"西南夷"中的各族大体分属于羌、濮、越三个大族群。

羌人原是活动于古代甘、青高原,川西和云南北部的游牧民族。战国秦汉时代,大批羌人南下进入云南,其中一支分布在以滇池为中心的地区,安居农耕,称

为"滇人";另一支分布于以洱海为中心的地区,以游牧迁徙的昆明族为主。这二者就是以后白族和彝族先民的主要成分。但也有同志认为滇人应该是属于百越族群的濮人一支。

濮人族群分布于印支半岛和云南南部,他们是现在孟—高棉语族中各族的祖先。[1]

百越族群以东南沿海为中心,其分布一直延伸到云南东南部和南部。他们是今天壮、侗语族中各族的祖先。

我们叙述的主要对象是以滇池为中心的滇文化,它的分布伸展至滇中、滇东北和东南的广大区域,是一个"同姓相扶"的庞大部落联盟。其中以滇国最大,所以我们将这个集团统称为"滇人"。在本文涉及的这个时代,滇人已进入了奴隶社会,他们主要从事农业、渔猎,畜牧在他们的经济生活中也占有重要地位。他们是"西南夷"中最先进的部分,创造了从春秋延绵至两汉的灿烂的青铜文化。滇人的艺术在那时即有了高度的水平和鲜明的民族特色,又像一个熔炉,融合了周围各种文化的精华,它完全有资格作为先秦两汉云南民族舞蹈艺术的典型代表。[2]

一、滇人的舞蹈分类

中国古代汉族的庙堂舞蹈分为文舞、武舞两大类,统称为"万舞"。我们借用"文舞""武舞"这两个概念来作为这些舞蹈图像的分类标准,但是排除这两个概念用于古代汉族舞蹈时所包含的"庙堂"舞蹈的含义。因为这一时期滇人的社会发展还较内地汉族地区落后,根据现有资料还难于肯定滇人有严格意义的庙堂舞蹈。下面,我们对舞蹈图像逐一分类介绍。

(一)文舞

1. 徒手舞

它的主要特点是双手不执任何道具,手部动作幅度大而突出。这种徒手的舞蹈形式见于铜贮贝器上的十四个女舞者(图一A,即图2-1-1)。并且,它还作为一种基本的舞蹈动作出现在大多数舞蹈图像中。它适于表达庄严、稳重的情绪,因此在祀舞中用得最多。这类舞蹈的服装根据不同场所而变换。我们认为,这既是一种单独的舞蹈形式,又是滇人舞蹈动作的基型。

---

[1] 春秋战国时期,楚国西南的许多部落称为百濮的情况比较复杂。一般认为濮人有两部分,一部分是百越族群中的一支,另一部分是指孟—高棉语族各族的祖先部落,称为濮族群。说滇人属于濮人,指的是百越族群中的濮人。可参看《云南各族古代史略》,云南人民出版社1977年版。

[2] 本文参考的主要资料是:《云南晋宁石寨山古墓群发掘报告》,文物出版社1959年版。《云南江川李家山古墓群发掘报告》,《考古学报》1975年第2期。《云南各族古代史略》,云南人民出版社1977年版。冯汉骥《云南晋宁出土铜鼓研究》,《文物》1974年第1期、李伟卿《滇池地区铜鼓纹饰所反映的社会内容》,《云南文物简报》1975年第6期、引用的其他文章见该条注释。

图 2-1-1　外圈 A 女子徒手舞　内圈 B 铜鼓腰鼓舞[①]

2. 羽舞

它是滇人最主要的一种祭祀舞。其特点是参加人数很多，且全是男子。舞者一律头戴羽冠，腰饰以羽制"双幅"（或称"衣着尾"），上身赤裸，有时手执长柄羽毛（图二，即图 2-1-2）。

图 2-1-2　羽舞[②]

3. 拉手集体舞

见于一块圆形铜饰牌上，十八个人手拉手围成一个圆形，衣服留有衣着尾。这是所有图像中最典型的民间自娱性舞蹈（见插页，略）。

4. 芦笙舞

一共有两个图像：一个是四人乐舞铜饰物（图三，略），其中一女子吹笙，其他三个女子摆手起舞。她们都像男子一样腰扎带、身佩剑、肩披罽（音计，毛织的毡

---

① 郭净、金重：《先秦两汉时期云南的民族舞蹈》，载云南省民族艺术研究所编《云南民族舞蹈论集》，云南人民出版社 1990 年版，原图一。
② 郭净、金重：《先秦两汉时期云南的民族舞蹈》，载云南省民族艺术研究所编《云南民族舞蹈论集》，云南人民出版社 1990 年版，原图二。

子，以做帔披于肩背。编者注）。另一图见于铜鼓鼓身细线刻画的两个女舞人，一个吹笙，一人徒手而舞。她们的头上都装饰着兽角（很可能是牛角），身后缀一兽皮。

5. 鼓舞

鼓是滇人舞蹈时必不可少的伴奏乐器。而鼓舞则是直接把鼓作为舞蹈的道具。有一个贮贝器面纹上有两人边唱边击铜鼓，还有一个人打着腰鼓，三个人均手舞足蹈。另有一个人做蹲舞状。这显然是一种活泼热烈的舞蹈。（图一B，即图2-1-1）

6. 铃舞

这是一个乐舞铜饰雕像（图四，即图2-1-3），四人排列成行。他们头戴奇特的尖顶高帽，上缀带柄小团花，帽后垂二带，佩剑披肩。右手摇铃，左手弯曲于胸前。滇人用铃很普遍，也有各式小铃出土，但还不能确定哪一种是铃舞的道具。

图 2-1-3　四人铃舞①

7. 盘（钹）舞

石寨山出土一块铜饰牌是两个身穿长裤，腰挂长剑的人手执盘形物舞蹈的形象。由于这两个人的装束独特，与云南古代各族都不相同，又出现于来贡纳的人群之中，学者们对其来源和手拿的道具多有猜测。有人怀疑他们来自云南西部境外，并且执的不是盘而是钹，应称为钹舞（详见下文）。

8. 歌表演

第一个图像是石寨山出土的八人演唱铜饰物（见插页，略）。"演员"分作两种，均为坐姿。上排四人头戴楔形帽，帽后垂着长带，头发分两股垂于耳边。其中三人双手上举，而左边一人的姿态颇似今天抒情歌唱的动作。下排是个小乐队，一人吹直管芦笙，一人吹直管小葫芦笙，一人拍打腰鼓，一人吹曲管葫芦笙；第二个图像是刻在一把剑后端的人形纹（图五，即图2-1-4），其形状与上图四个歌手完全一样；第三个图像刻在一把铜戈器身后端和"内"上（图六，即图2-1-5），动作形象也和上面二图相同，只是演变成抽象化的人形纹饰了。这类图像上的人都是坐着表

---

① 郭净、金重：《先秦两汉时期云南的民族舞蹈》，载云南省民族艺术研究所编《云南民族舞蹈论集》，云南人民出版社1990年版，原图四。

演，乐队人数与唱歌的人相当，说明是以歌唱为主，辅之以表演，所以把它定为歌表演。它在不同铜器物上反复出现，并演化为一类花纹，可见是经常演出的。

图 2-1-4[①] 剑后端人形纹　　图 2-1-5[②] 铜戈器身后端抽象人形纹

9.游戏舞

一个出土的铜鼓上刻着这样的图画：中间立一木杆，杆顶引出四绳，绳端各系一圆环，四羽人各持一环做打秋千状。游戏和舞蹈对落后的民族还没有什么大的区别。这四个羽人抱环旋跃的动作非常整齐，既是游戏，又是舞蹈（图七，即图 2-1-6）。

图 2-1-6　游戏舞[③]

---

① 郭净、金重：《先秦两汉时期云南的民族舞蹈》，载云南省民族艺术研究所编《云南民族舞蹈论集》，云南人民出版社 1990 年版，原图五。
② 郭净、金重：《先秦两汉时期云南的民族舞蹈》，载云南省民族艺术研究所编《云南民族舞蹈论集》，云南人民出版社 1990 年版，原图六。
③ 郭净、金重：《先秦两汉时期云南的民族舞蹈》，载云南省民族艺术研究所编《云南民族舞蹈论集》，云南人民出版社 1990 年版，原图七。

（二）武舞

武舞，顾名思义就是同战争有关的舞蹈。我们发现的滇人武舞有三种：

1. 干戚舞

在汉族文献中，干戚舞是用于祭典的宗教性舞蹈。"干"即盾牌，"戚"即兵器。滇人的铜鼓中出现了这种图像。一个铜鼓上有六组羽冠舞人，他们皆左手持盾，右手挥舞着各种兵器，做冲刺状。这同汉族古代文献中所描述的很相似（图八，即图2-1-7）。另一个铜鼓上刻画的舞人则是戴着鸟形羽冠，双手秉持饰以羽毛的盾牌，坐在地上。我们认为，这组干戚舞是祭祀用的舞蹈（图九，即图2-1-8）。

图 2-1-7　干戚舞[①]　　　图 2-1-8　鸟冠干舞[②]

2. 猎首舞

晋宁石寨山铜锣（见插页，略）有七个舞者手里提着一团东西，有同志推测可能是人头。并依据历史记载和民族学资料证明古代以及近代云南一些少数民族中有猎取人头祭神和跳猎首舞的习惯。从滇人青铜器上的图像来看，他们也有在战争中猎取人头和砍人头祭祀的风俗，所以有产生猎首舞的可能，但还需要进一步发掘资料。

上面我们根据实物资料把滇人的舞蹈图像概括为二类十一种，获得了一个总的印象。在这个基础上，我们再对其中的规律作点初步探讨，提出一些值得深入研究的问题。

[①] 郭净、金重：《先秦两汉时期云南的民族舞蹈》，载云南省民族艺术研究所编《云南民族舞蹈论集》，云南人民出版社1990年版，原图八。

[②] 郭净、金重：《先秦两汉时期云南的民族舞蹈》，载云南省民族艺术研究所编《云南民族舞蹈论集》，云南人民出版社1990年版，原图九。

二、滇人舞蹈的艺术形式

滇人舞蹈的艺术形式我们准备从组织形式、动作规律、同音乐的关系以及四个方面来讨论。

（一）组织形式

滇人的舞蹈艺术已经有多种组织形式。大体上可以分为三类：

一类是排成圆形队列的集体舞。其中，有在宗教性祭祀中的集体羽舞，有群众自娱性的拉手集体舞。羽舞图像中有一幅其二十三人中有一个穿袍带剑的领舞者，实际舞蹈队员是二十二人。有领舞者的存在，可能二十二人是个规定的数目。而拉手集体舞既然没有领舞者，其十八人则可能是象征的数目。圆形队列是一种比较原始的舞蹈组织形式，当原始人在举行祭祀或庆祝生产的丰收时，大家都手拉手，或是挥着生产工具欢乐地跳跃，他们围绕着氏族图腾或者猎获物，自然而然就排成了一个圆圈。滇人进行集体活动的地方是以一根竖立的铜柱为中心的大广场，要围绕铜柱跳舞，圆形就是最自然、最合适的队形了。这样我们也就能够理解，青铜器上的大型集体舞之所以被刻画为圆形，是因为它们的组织形式本来就是圆的。

另一类是分组的集体舞。在图像中多为二人或四人一组（一人的较少）。看来滇人对分组的概念很熟悉，舞蹈图像的分组有可能出于美术上的需要。但是同一个美学原则既然在绘画艺术中运用了，也就可能在舞蹈艺术中运用。因而这样的分组就不仅具有美术上的意义，而且具有舞蹈上的意义。

第三类是小型舞的组织形式，包括歌表演的八人队形，笙舞、铃舞的四人队形以及盘（铍）舞的双人造型。特别是双人舞的出现还显示了滇人舞蹈发展所达到的水平。一般来说，从集体舞到人数较少的单人、双人舞，是舞蹈的一个发展。因为第一，人数越少的舞蹈就越不能依靠气氛的烘托，而需要更高的技巧，滇人的舞蹈图像就反映出了这个特点：人数越多的舞蹈动作就越简单，声势就越大，而人数越少的舞蹈动作就越复杂，气氛就越活泼。第二，人数越少的舞蹈，越脱离自娱性而带表演性，滇人的小型舞蹈（如笙舞、铃舞、歌表演等）多有专门化的倾向就是证明。当然，水平最高的盘（铍）舞很可能是由外地传入的，但是它能够被滇人用美术形式准确地再现出来，说明他们熟悉、喜爱这种舞蹈，有可能把它吸收进来。

另外，所有这些舞蹈图像的人数都是双数，多到22人，少到2人。这不是偶然的巧合，而是与舞蹈发展的规律相符合。从美学上讲，双数具有平衡、对称的含义；从舞蹈上讲，双数比较易于安排和掌握。如果说由集体舞演化到小型舞是滇人舞蹈组织的发展，那么舞人只有双数则是这种发展还不充分的表现。

我们还注意到在各种场面男女的舞蹈都是分开的，没有发现男女共舞的现象。估计这同当时男女在社会经济中的分工有密切关系。在滇人大量青铜器的图像中，凡从事狩猎、打仗的一律是男子，从事纺织、农耕的多是女子。江川李家山的墓葬也反映了这种情况：一类墓葬的随葬品以成套的纺织工具为主，没有兵器；另一类墓葬的随葬品是各种兵器，而没有纺织工具。这是按性别进行的社会分工在死后随葬品上的反映，而男女分舞大概就是这种分工在舞蹈艺术上的反映。

（二）滇人舞蹈的动作规律

现在的图像提供给我们的，只是从一连串舞蹈动作中截取出来的静止的画面，而没有直接表现舞蹈的连续的动态。但通过一番分析综合的功夫，我们仍可以提炼出一些滇人舞蹈动作的规律。

强调手甚至手指的表现力，是滇人舞蹈的一大特色。在我们列举的十九个图像中，有十三个图像是以两手的动作为主。出现次数最多最有代表性的是上面分类中谈到的"徒手舞"。舞者双臂曲展，头部侧视，行进间始终保持身体的平衡姿态庄严、稳重，所以它多出现在祭祀用的羽舞之中。特别值得注意的是这个动作非常强调大拇指与其他四指的分离。有的铜鼓甚至把手指的这个动作夸张到怪异的地步。我们估计这个动作最初可能出自对鸟类的模仿，逐渐演化并带上了宗教色彩，因此成了滇人舞蹈动作，特别是祭祀舞蹈动作的基本形式。"徒手舞"动作在各种舞蹈中又演化出其他形式，试以图一 A（图 2-1-1）为例，四个跳"徒手舞"的女子手部有四种不同的姿态，我们猜测她们表现的是一个连续性的舞蹈动作。另外还有两个女子动作一样而方向相反，可见这两个舞姿是同一舞蹈动作因方向不同而引起的变化，是一组行进式的三步舞动作，主要的变化都在手上。

而在四人芦笙舞中（图三，略），则出现了简单的跳脚动作。吹笙者的姿态平常，最多只是随着节奏而微微摇动身体，另外三个女子的动作都各不相同，大概有点类似现在少数民族舞蹈中"三步舞"或"四步舞"的动作。

然而最令人感兴趣的是双人盘（钹）舞和鼓舞。图一 B（图 2-1-1）的双人舞可说是滇人舞蹈图像中造型最优美的一图了。两个男子的舞姿对称而又完全一致，统一中又有变化，在舞蹈构图上已有相当高的水平。鼓舞中舞人下蹲的动作也别具风格，它一反大多数图像中稳重平板的姿态，双脚交叉，手势也有很大变化。他与三个欢歌击鼓的舞人相衬托，更显得欢快活泼。

归纳起来，我们认为滇人的舞蹈动作已经有一定的规律，并出现了像双人舞和鼓舞那样有较高技巧的跳跃动作等。他们的舞蹈既有徒手的，也有使用道具的。道具除了用兵器、羽、乐器外，双人舞中的舞者不管手持的是盘还是钹，都反映了舞蹈技巧的发展。因为，舞蹈最初使用的道具多从生产工具和武器变化而来，把伴奏的乐器和脱离生产活中具有实用价值的器皿作为舞蹈时的道具，意味着滇人审美意识的形成和发展。是以更曲折、更精练，而不是以直观的形态去反映生活了，这就意味着舞蹈的艺术水平又有了新的提高。

（三）滇人舞蹈与音乐的关系

鼓、笙、铃、编钟是今天发现的滇人用的四种乐器。

滇人使用的鼓有两种：铜鼓和腰鼓。铜鼓是滇人的重器，也是他们用于舞蹈中的主要乐器。据统计，云南发掘出来的先秦两汉时期的铜鼓有四十多面。滇国地区就占了十七面，这说明当时滇池地区是使用铜鼓的一个中心。① 铜鼓在舞蹈中有两种用途。一是用作舞蹈的伴奏乐器。在一件青铜器的祭祀图像中，排列了二十面铜鼓，有人做舞蹈状。从图像上看不出是否二十面鼓都为舞蹈伴奏。但可以看见有三人共敲一鼓。说明鼓与敲鼓的人数不一定要吻合。坦桑尼亚的盲人鼓手毛里斯就能同时用十二面鼓演奏。二是直接作为舞蹈的道具。铜鼓打击法有两种，一种是在地上立两根木桩，用一根杆子穿着鼓耳悬挂着以锤敲击。另一种是平放在地上敲打。《隋书·音乐志》记载周人悬鼓而击，谓之"悬鼓"，这同滇人的前一种打法有近似之处。②

腰鼓没有出土的实物。从图来看，是用左手挟鼓于腰间，以右手或双手拍击。也是既作伴奏乐器又作舞蹈的道具。

铜笙在滇人舞蹈中也是常见的乐器。目前发现的笙有三种形制。第一种是曲管葫芦笙，其形如葫芦，上有四或七孔，可以插上竹管，一个带吹口的弯头与葫芦相接。这种笙从滇西到滇东都有出土，可见在当时就已经广泛使用。第二种是直管葫芦笙，一个开着大口的球体与一根管子相连，管子上方有一吹孔。从图像上看是双手横握着吹奏。这种笙的分布同曲管葫芦笙。第三种是小直管笙，仅见于图像中。

铃在舞蹈中的使用，上面已谈过。实际出土的铃有各种形状，还不能断定哪些是舞蹈用的铃。

编钟，晋宁石寨山出土了一套六件，上饰以龙纹。祥云大波那出土一件，形状类似晋宁石寨山的，只是纹饰为云雷纹。楚雄万家坝出土一套六件，形状纹饰都比上述两地的古拙。图像上未发现编钟的使用情况，还有待于深入研究。

从舞蹈与乐器的关系来看，滇人的舞蹈伴奏是以打击乐的鼓为主的。铃，也是节拍性的乐器。葫芦笙可以吹奏旋律，但我们再没有发现其他为舞蹈伴奏的管弦乐器。在乐器的发展史上，鼓之类的打击乐的产生早于管乐与弦乐。节奏在许多民族早期的艺术中具有极大的意义，他们对节奏的感觉大大强于对旋律的感觉。图像中群舞场面的整齐对称似乎也显示了节奏统一队列的作用，如果综合各类图像的情调和气氛，又不难看出滇人舞蹈的节奏变化。羽舞整齐的队形，一致的动态，可以想象这是一种庄严肃穆的、缓慢的节奏；鼓舞中舞人兴奋的神情，别具一格的舞姿，

---

① 参见冯汉骥《云南晋宁出土铜鼓研究》，《文物》1974年第1期。
② 广南铜鼓发现于云南广南地区。它虽然离滇池地区较远，但时代和类型都接近滇池地区的铜鼓，因此也用它作为研究资料。下面的开化铜鼓亦如此。

显然是热烈欢快的节奏；而四人笙舞中三个女舞者的动作幅度不大，姿态轻松，吹笙的女子似乎还在微微摆动，这应该是愉快悠扬的节奏。而双人盘舞的舞姿豪放，显然是矫健灵巧的节奏。所以，滇人舞蹈的节奏又是颇有变化的，能够表现多种情绪。

除乐器的使用外，我们还可以看到歌与舞的关系。图一B中的四个男子都在边舞边唱。歌舞的结合，是舞蹈发展史上的自然现象，至今云南的少数民族还保留这种形式。八人歌表演是表演者坐着唱歌，手作姿态，与乐队分离，看来是以歌唱为主。而双人盘（铍）舞动作剧烈，不太可能边唱边舞。那么滇人舞与歌的关系大体上就有歌舞结合、以歌为主、舞者不歌三种类型了。

（四）滇人舞蹈的服饰

第一，除了女子徒手舞（图一A，即图2-1-1）、四人鼓舞（图一B，即图2-1-1）拉手集体舞等少数舞蹈外，大部分舞蹈的服装都是独特的，不是滇人日常的穿着。看来，有些服饰同特定的祭祀活动有联系。如羽舞和干戚舞中的羽人装束，可能同杀人祭铜柱的祭奠有关系；八人歌表演中的"演员"戴的楔形帽，又出现在杀牛祭祀的四个搏牛者的头上（图十，略）。但在"图一"的祭祀中，舞人都又穿着平常的衣服，我们猜测不同的祭祀舞蹈服装，反映了几种不同的祭祀舞蹈（见下文）。另外有的舞蹈服饰还难以判定其包含的意义，如铃舞中的高帽子，四人笙舞的女扮男装。至于盘（铍）舞，也许是其他民族自己的表演，也可能是滇人穿着其他民族的服装表演，一时还无更多的资料说明。

第二，滇人的舞蹈服饰很多都模仿鸟兽。羽冠、羽制双幅是模仿鸟类；衣着尾，插牛角是模仿兽类。可能是原始狩猎生活残留的痕迹，另一方面也是现实生活在他们的意识中打下的烙印。并且同迷信、祈求等复杂的观念相联系（在后面准备进一步论述）。

第三，跳芦笙舞的四个女子（图三，略），手腕上套着好几个相重叠的环形大铜手镯，可以想见在她们跳舞时这些铜饰物必定会铿锵有声，加强舞蹈的节奏感。同时也说明滇人已有了装饰观念。

三、滇人舞蹈艺术的内容

与其他姊妹艺术一样，舞蹈既是人类特定生活的产儿，又在某种程度上成为反映特定生活的镜子。我们试从几个不同的角度来观察滇人舞蹈与当时生活环境的关系，揭示出包含在其中的深刻内容。

（一）滇人的舞蹈反映了他们与自然的特定关系，反映了他们社会生产力的水平

当我们接触滇人的青铜艺术品时，一个强烈的印象是动物在其中所占的显著地位。这里最多的是牛，此外还有虎、鹿、豹、熊、狼、兔、猴、野猪、水獭、狸猫、

穿山甲、果子狸、蛙、蛇等，禽类有翔鹭、孔雀、锦鸡、水凫、鸳鸯，也有水生的鱼、虾、蟹等。而植物却很少见到。美术中的这种现象在舞蹈中也表现出来。滇人最重要的祭祀舞蹈——羽舞，从服饰及动作上看，是出自对某种鸟类的形状、动态的模仿。有人笼统地称之为"鸟人"，有人说模仿的是翔鹭。我们认为还有一种可能：它是以孔雀为模特儿而又综合了多种鸟类而创造的艺术形象。在历史上，孔雀在云南的分布区域要比今天宽广得多。[①]《后汉书》说：滇池之滨"河土平旷，多出鹦鹉、孔雀"。这段记载已为滇人文物所证明。滇人对孔雀的感情近乎崇拜。比如他们把蛇视若神灵，可是有时却以蛇作为孔雀的饲料。在青铜艺术品中，滇人已经把孔雀的自然美上升成了艺术美，为孔雀塑造了许多优美的雕像，其中对孔雀开屏的描绘尤为出色。我们试以其中的一个形象同羽舞形象作个对比（图十一，略）：舞者头插羽翎，象征孔雀秀丽的羽冠；双羽后幅向两旁撒开，模拟孔雀开屏的恣态；双臂舒展，仿佛孔雀轻轻扑打的双翅。可不可以说这是滇人以两种迥异的艺术手法塑造的同一类型的艺术形象呢？有一幅山东沂南发现的汉代"百戏画像石"[②]，上面热闹的百戏场面中竟然有一个戴面具的孔雀舞。中原地区不出产孔雀，这个舞蹈就不会产生在当地，只能从南方传去。它同滇人的羽舞是否存在某种联系，还需要发掘新的材料才能进一步考察。至于羽舞同今天傣族孔雀舞的关系，就更不能贸然作出结论了。

除了模拟鸟类的羽舞而外，还有头上戴兽角、披肩缀兽尾的模拟兽类的舞蹈。拟兽舞最早起源于原始的狩猎部落中。但是滇人的拟兽舞不只是原始舞蹈的继承，更重要的还是现实生活的反映。他们之所以要从鸟类、兽类而不从别的什么东西中吸取艺术的养料，因为他们不是个单纯的农业民族，渔猎在他们的经济生活中占有重要地位。这种生产力水平不仅反映在他们的劳动工具和生活器皿上，也反映在他们的舞蹈艺术中。他们的生产实践不但为他们提供了物质生活的材料，也培养了他们特殊的美的观念——以模仿某种禽兽为美，暗示自己具有那些禽兽的美丽和力量，也包含对自然神的崇拜，甚至占有财富的欲望。（滇人墓中出土过银铜牛角，插兽角的舞蹈可能就是插的铜牛角。牛被滇人当作财富的象征，插牛角的舞蹈大概反映的就是这种观念。）

我们还可以从滇人伴奏乐器的演化来看舞蹈同经济生活的关系。楚雄万家坝文化遗址曾发掘出五个铜鼓，上面都留有烟熏的痕迹。并且，它们的形状和同时出土的煮食用的铜釜非常相似，其中一个铜釜还是用铜鼓改制成的。[③] 这说明，乐器的产

---

① 孔雀在古代南方的分布情况见《中国自然地理、动物地理》，科学出版社1979年版。
② 参见王克芬《中国古代舞蹈史话》，人民音乐出版社1980年版，图版22。
③ 参见云南省博物馆文物工作队、四川大学历史系考古专业七四级学员《云南省楚雄县万家坝古墓群发掘简报》，《文物》1978年第10期。

生和演化受制于人们的生产技术和经济生活水平。最初人们的青铜业只能照顾到炊具等生活必需品的制造，直到青铜生产的规模扩大了，技术提高了，人们才能把做饭用的铜釜改造成铜鼓这样的打击乐器来满足自己的精神需要，为舞蹈伴奏。有时迫于生活，又不得不把铜鼓重新还原成炊具。滇人墓葬也出土过和直管芦笙一模一样的铜勺。说明这种笙是从勺演变来的。铃也是既用作乐器，也用作马具。可见，舞蹈的发展同乐器和道具的发展有密切关系，而乐器和道具的发展都是直接由生产力水平决定的。

　　滇人征服自然的能力比当时的汉族落后，他们舞蹈艺术中往往还可以看出现实生活的痕迹，比如铜饰牌上凶猛的豹子和舞蹈者的衣着尾之间，铜器盖上牛群的角和女舞者头上装饰的角之间，滇人遗址中堆成山的吃过的螺壳和铜鼓上的竞渡花纹之间，都有着明显的因果关系。普列汉诺夫说过："审美趣味的状况总可以成为生产力状况的准确标志。"[①] 滇人舞蹈艺术证明事实的确如此。

　　（二）滇人舞蹈与宗教的关系

　　滇人的许多舞蹈都和祭祀有关。可是从图像上来看，这些用于祭祀的舞蹈的气氛却很不相同。

　　滇人墓葬出土的青铜器中，有两件铸有祭祀舞蹈的情况：一幢"干栏"[②]式的两层楼房，楼上楼下都有铜鼓排列。其中一件的楼上有一女人居中，似为祭祀的主持者。她的两旁排列着七八个铜鼓。楼下有人在煮食物，还有人吹奏芦笙，有人做歌舞状。并出现了男女交合的形象。从这样的场面看来，这幢房屋是"社坛"的一角，这是祭祀的场面，但它同时又是男女交合的场合。有的同志对这种场面作了解释："这便是《周礼·媒民》中所说的'中春之月，令会男女，于是时也，奔者不禁'，又说'凡男女之阴讼，听之于胜国之社'，可见令会男女，正是在中春之月，地点就在祭神的社坛。总之，节日的游戏和男女的社交，都在宗教的外壳下，以'传音嬉戏兆丰年'为借口，当作风俗而长期保留下去。在一定程度上，也可以视为群婚的'残余记忆'。"[③] 在这种祭祀场合中的舞蹈，其气氛显然是轻松愉快的。像图一中那样欢快的鼓舞很可能就在这种时候表演。这种舞蹈，与其说是娱神，不如说是娱人，是自娱性质。云南少数民族解放前的一些活动，如"祭密枝林"（撒尼人）、"火把节"（彝族）等，其实都是宗教祭奠，男女社交，歌舞娱乐联在一起的民族节日活动，同滇人的社坛祭祀活动很相像。

　　但是，作为祭祀舞蹈的羽舞，显然不是在社坛活动中出现的。现在，我们在社

---

① 参见普列汉诺夫《论艺术》，生活·读书·新知三联书店 1973 年版。
② "干栏"是古代云南民族中一种房屋形式。有些像现在傣族的竹楼。楼下养牲畜，楼上居住或举行各种活动。
③ 参见李伟卿《滇池地区铜鼓纹饰所反映的社会内容》，《云南文物简报》1975 年第 6 期。

坛活动中见到的不是羽舞，而是另一种轻松得多、随便得多的歌舞。而在青铜器中那种阴森恐怖的杀人（或牛）祭祀的场面里又没有发现舞蹈。所以还不知道羽舞是在什么样的祭祀中出现。只能从其服饰、动作上推测它是与社坛祭祀舞蹈气氛不同的另一类祭祀舞蹈，一种气氛严肃的舞蹈、娱神性质突出的舞蹈。

铸在圆形铜扣饰上的拉手集体舞，没有显示出舞蹈与宗教的关系。可是就这一类民族舞蹈的一般情况推测，都与祭祀有关，但越来越与宗教拉长距离，带上更浓厚的娱乐、谈情说爱的性质。而且值得注意的是，这类舞蹈长期保留下来，而羽舞之类的祭祀舞蹈在云南民族舞蹈中却早已消灭。这是值得注意的一种现象。是不是本来同样与宗教有关的几类舞蹈中间逐渐有了分化？羽舞有点像汉族古代祭天地鬼神时跳的庙堂舞，而社坛舞蹈、拉手集体舞都具有浓厚的民间舞蹈气息，宗教不过是个外壳，真正的内容是娱乐与男女交往，因而更为当时的群众所喜爱，也为后世的群众所喜爱，以致长期保留发展下来，而羽舞却僵死于神的面前。

还需要指出的是，我们在舞蹈中虽然没有直接看出当时社会的阶级关系，如奴隶与奴隶主的关系，可有意思的是在青铜器上的杀人祭祀场面中，生动地表现了奴隶主的趾高气扬与被杀奴隶的绝望。这里虽然没有出现舞蹈，但舞蹈不可能不与当时这样重大的生活场景发生关联，不过是今天我们还没有掌握足够的资料罢了。还有一点值得提起的是当时祭祀的主持者是女人，社坛祭祀也是如此，那么，滇人祭祀舞蹈的主持者也就是这种女性，可能是母系社会痕迹的残留。

（三）滇人舞蹈的其他内容

滇人舞蹈除了反映上述几方面以外，还有其他几点：四人铃舞服装奇特，可能与祭祀有关，也可能与其他民族的舞蹈有关，双人盘（钹）舞是更舞蹈化的舞蹈。它反映的内容不一定和宗教祭祀有什么直接联系，而是更带技巧性的表演，更曲折地反映生活。

游戏舞图像是反映古滇人生活的一个生动例子。场中竖立的杆子叫"鬼竿"，今天昆明话叫"磨担秋"，实际就是秋千的一种形式。哈尼、彝、拉祜、壮、普米、傈僳等族，都在过"二月年"时打这种秋千。这是一种宗教性的节日文娱活动，以作为新年乐岁的形式，又是男女社交的场所。这是游戏，也是舞蹈。[①] 在原始社会中，游戏和舞蹈是一回事，因为两者如普列汉诺夫说的，是维持单个人和整个社会生活所必需的"活动"，都产生于他们之先，并且决定着他们的内容。他们都是想再度体验一下那种"活动"的快乐的冲动。[②] 我们还说不清滇人的秋千游戏（或秋千舞）是体验哪一种"活动"的快乐，因为它们尽管还保留着游戏和舞蹈结合的特点，但已经过了若干变化，添进了若干新的社会内容了。

---

① 参见李伟卿《滇池地区铜鼓纹饰所反映的社会内容》，《云南文物简报》1975年第6期。
② 参见普列汉诺夫《论艺术》，生活·读书·新知三联书店1973年版。

（四）滇人舞蹈艺术与其他民族舞蹈艺术的关系

根据现在掌握的情况，滇人的舞蹈艺术与其他民族的舞蹈艺术之间是有相互交流的。下面分别加以阐述。

1. 同中原地区的交流

云南石器时代的文化面貌就有了某些和中原文化相似的特点，在西汉王朝于云南设立郡县以前，云南各族主要与楚和巴蜀交往。滇文化带有一些楚文化的特征，有的同志认为滇人是与楚人相联系的濮人中的一支。据《史记·西南夷列传》记载，滇国就是在战国末年由楚将庄蹻建立的。滇人与巴蜀的历史关系很悠久。春秋战国时，以成都平原为中心的蜀国就展开了与滇池地区的商业交往，在此基础上，秦王朝修筑了通滇的"五尺道"。汉武帝于公元前109年在云南设立了郡县，滇国成为汉王朝的藩属。这些经济和政治的往来为舞蹈艺术的交流提供了有利的条件。

目前，有关滇人同中原舞蹈交流的直接证据还不足，我们只能对几个问题进行推测：

滇人的舞蹈有羽舞、干戚舞和徒手舞。冯汉骥先生对此作过考证，指出中原也有这三类舞蹈。[①]《周礼·春官·乐师》记载："乐师掌国学之政，以教国子小舞。凡舞有帗舞、有羽舞、有皇舞、有旄舞、有干舞、有人舞。"郑司农注云："帗舞者全羽，羽舞者析羽，皇舞者以羽覆头上，衣饰裴翠之羽。旄舞者牦牛之尾，干舞者兵舞，人舞者手舞……人舞无所执，以手袖为威仪。"其中帗舞、羽舞、皇舞，实际都是羽舞，与滇人舞蹈时以羽为服饰有相似之处。在动作上，从战国"兽衔环狩猎画像纹壶"[②]上的鸟舞形象看来，与滇人的羽舞动作相像。干戚舞未见过中原地区的图像，但滇人所用的兵器很多却同中原的兵器有渊源关系。人舞是手中"无所执"，这一点同滇人的徒手舞一样。但目前还无法对二者之间的联系加以说明。

增加这种猜测的实物资料就是我们上面提到的孔雀舞。在东汉的百戏画像石上出现孔雀舞，肯定是与南方交流的结果。上面我们已经说明了滇人的羽舞有可能是一种原始的孔雀舞的初型。它有可能由巴蜀传入中原，也可能借助铜鼓流传到东南地区，然后传到北方。这个猜测现在还缺乏一系列中间环节，但是一个值得注意的问题。

2. 云南各族间的交流

上面已经说过，汉代云南各族被统称为"西南夷"，一般认为他们分属于三大族群。其中氐羌族群的一支南下，形成了以滇池为中心的滇人文化区域和以洱海为中心的"昆明人"（还有其他族）文化区域（也有人认为滇人是百越族群中的濮人）。滇人青铜器上有很多图像说明他们与其他各族的交往是很频繁的，"特别同留辫子"

---

① 参见冯汉骥《云南晋宁出土铜鼓研究》，《文物》1974年第1期。
② 参见《文物》1978年第3期。

的"昆明人"有密切的联系。近几年青海大通县孙家寨出土了一个舞纹彩陶盆①，上面画着的拉手集体舞同滇池地区的拉手集体舞很相似（图十二，略），更令人感兴趣的是两个图像上的舞人都有衣着尾，如果滇人是属于氐羌系统，这两种形式和服饰都相同的舞蹈就有渊源关系。青海的彩盆是在新石器时代遗址中出土的，它的年代比滇池文化的年代早，青海又是古代氐羌人活动的中心，这种舞蹈的发源地就应该在青海，后来才随着南下入滇的氐羌人而传到云南。但是还有另一种解释，即拉手舞是由滇西的"昆明人"带入云南，然后传到滇池地区的。从民族关系上看，昆明人也是氐羌族群中的一支，这在学者中分歧不大，从图像上看，青海舞人头上都留着辫子，滇人却没有这个风俗，当时云南有此风俗的就是"昆明人"。"昆明人"与滇人经常往来，而且是滇人掠夺奴隶的主要对象，他们二者的文化都有许多相似之处，所以拉手舞通过"昆明人"传入滇池地区是很有可能的。

3. 与南亚、东南亚的交流

云南很早就同南亚、东南亚地区有经济往来，有人把云南古代的这条通道称为"南方的丝绸之路"。西汉时张骞出使西域，发现印度有巴蜀商人贩运去的云南的土产品，证明云南同印度的经济来往还远在汉代以前。

从东汉以后，东南亚的音乐舞蹈通过云南进入中原的记载开始陆续出现。本文讨论的这一时期虽未见这方面的文字资料，但考古材料却有若干值得怀疑的现象。现举盘舞为例。

有的同志认为，双人"盘"舞的舞人穿长裤，佩长剑，在另一组图像中他们还蓄长须，这都不像是西南民族固有的风俗。他们手执的道具，在发掘报告中称为"盘"，因而被命名为"盘舞"，以为同中原的盘舞有联系。但见于汉代画像石的盘舞姿态与此不同，盘的数目也不同，而且汉族的盘子不是手捧而是置于地上，年代又比滇人的盘舞为晚，因此二者不见得有什么关系。有人认为这不是盘而是钹。钹在东方首先见于印度，继而见于中亚，然后才传到中国。《通典》卷一四四"乐"说："铜钹，亦谓之铜盘，出西戎及南蛮。"汉族的历史文献直到东晋才出现"铜钹"的记录，所以，如果这二人舞的是钹，它就可能是由南亚、东南亚传入云南的。② 这些意见现无定论，特在此提出存疑。

另外，滇人同巴蜀、楚、百越的文化都有联系，但尚待收集资料，方能展开研究。这里谈到的只是滇人同其他民族的舞蹈艺术之间交流的几滴水，但从它也可以看出各民族的艺术是彼此吸收、互相促进的。滇王国在汉代的云南各族中为经济文化兴盛的顶峰，它完全有可能成为一个把周围各族艺术精华熔铸于自身的大熔炉，

---

① 参见王克芬编著《中国古代舞蹈史话》，人民音乐出版社1980年版，图版七。
② 参见汪宁生《晋宁石寨山青铜器图像所见古代民族考》，《考古学报》1979年第4期；[日]林谦三《东亚乐器考》，音乐出版社1962年版。

又向四周扩散自己的影响。

（五）对艺术交流问题，我们还想提出几点看法

1. 各民族的艺术之所以会发生交流，从艺术本身来说，是因为它们各具特色，所以才会互相吸引。如果大家都是一个面孔，就没有交流的可能和必要了。我们把各民族的舞蹈艺术互相比较，不但要研究它们的相似之处，更要注意其原有的特殊风格，不能笼统地断定它们都是"大同小异"。例如，滇人的徒手舞和汉族古代的人舞，虽都是双手"无所执"，但汉族是"以手袖为威仪"，与其长袖的服装相适合，"长袖善舞"是它的风格。而滇人的衣服是适应边疆生活的短袖，而"以手为威仪"强调手指动作就成了他们的风格。直到今天，云南省有的民族舞蹈还很重视手的表现力，可能就是"以手为威仪"的传统影响吧。

2. 各民族之间的艺术交流，一般应是对流，不能只强调单向流动。比如说，不能只强调先进的汉族文化艺术对其他各族的影响而不注意其他各族文化艺术对汉族文化艺术的促进。实际上，汉族历代的优秀舞蹈很多都吸收了各民族舞蹈的精华。中国最早创立礼乐制度的周朝，就把少数民族的乐舞编成"四裔乐"，用于宴享之中，成为正式的庙堂歌舞。汉高祖刘邦也曾把巴蜀地区濮人的歌舞收入宫廷乐舞之中，称为"巴渝舞"。滇人也应该既是舞蹈艺术的吸收者，又是传播者。

结束语

上面，我们就先秦两汉时期云南民族舞蹈作了个粗略的介绍。总的来看，滇人的舞蹈与一个特定的时代相联系，它残留着不少原始的形态，又反映了奴隶社会舞蹈发展的某些特征，对我们研究原始社会和奴隶社会的舞蹈艺术都会有所帮助。它由特定的民族所创造，显示着浓郁的民族特色和地方特色，也有助于我们对云南民族舞蹈发展的具体规律和全国民族舞蹈发展的普遍规律的探讨。并且，它还很可能是一个古老的矿藏，汇集着现代许多少数民族舞蹈的源头，如芦笙舞、拉手舞、游戏舞等都可以在现代云南民族中找到，这恐怕不是偶然的。最近，云南文山地区还发掘出了彝族的铜鼓舞，更是一个令人重视的现象。早在两千多年前，滇人就有这样高的青铜文化、这么多的舞蹈形式，很难设想它对后代不会留下深远的影响。

云南民族舞蹈史还是一块新开辟的园地，我们这篇文章还只能以提问题为主。要作出切实的、有价值的结论，还需要从事这项工作的同志共同努力。

第二节　评述与拓展

一、基本内容及意义

《先秦两汉时期云南的民族舞蹈》一文收录在1990年云南人民出版社出版的《云南民族舞蹈论集》中。该文以90年代前考古发现的青铜器上的乐舞图像为主要考察对象，从舞蹈的分类、艺术形式、艺术内容三个方面研究古滇人乐舞艺术。在分类方面，该文从文舞、武舞两个类别，对青铜器上的图像予以梳理、分类；在艺术形式方面，从组织形式、动作规律、舞蹈与音乐的关系、服饰四个方面探讨滇人乐舞的形式特征；在艺术内容方面，从舞蹈与生产力水平、舞蹈与宗教、舞蹈与其他民族舞蹈艺术的关系等五个角度，解读滇人乐舞的文化内涵。

评述：《先秦两汉时期云南的民族舞蹈》是国内最早关注到滇文化青铜器上乐舞图像的研究文论。该文聚焦于先秦时期滇人的乐舞图像，对考古发现的资料，予以细致梳理、介绍。此外，该文对乐舞图像形式特征的总结及其文化内涵的阐述也较为深入，将古滇人乐舞场景放到其时、其境中，进行多方面的探讨。值得一提的是，此文参考汉代庙堂舞蹈"文舞""武舞"的概念（去掉"庙堂"舞蹈的含义），以此作为滇人乐舞图像分类的标准，在当时具有开创性意义，其后许多相关领域的研究文章，都对该分类方法有所借鉴。

二、其他作者与之类似的论著

1. 张瑛华：《滇人青铜器巫舞图像析论》，《民族艺术研究》1989年第2期，第27—31页。

2. 吴开婉：《从云南青铜乐舞看"滇人"的审美意识》，《民族艺术研究》1989年第6期，第53—57页。

3. 马曜：《云南民族舞蹈的传统及其发展》，载云南省民族艺术研究所编《云南民族舞蹈论集》，云南人民出版社1990年版。

4. 聂乾光：《云南崖画舞蹈初识》，载云南省民族艺术研究所编《云南民族舞蹈论集》，云南人民出版社1990年版。

5. 杨德鋆：《南方羽舞》，载云南省民族艺术研究所编《云南民族舞蹈论集》，云南人民出版社1990年版。

6. 吴宝兰：《西盟佤族猎头文化与猎头舞蹈》，载云南省民族艺术研究所编《云南民族舞蹈论集》，云南人民出版社1990年版。

7. 杨德鋆、和发源：《纳西族古代舞蹈与东巴跳神经书》，载云南省民族艺术研究所编《云南民族舞蹈论集》，云南人民出版社1990年版。

8. 张瑛华：《石寨山型铜鼓图像反映的歌舞种类考释》，《民族艺术研究》1990年第2期，第20—32页。

9. 邓胤：《从云南沧源崖画舞蹈图谈中国民族舞蹈之"圆"》，《民族艺术研究》1990年第3期，第47—48页。

10. 孙官生：《论云南原始宗教舞蹈之辐射》，《民族艺术研究》1991年第3期，第10—16页。

11. 石裕祖：《云南民族舞蹈史》，云南大学出版社2006年版。

12. 彭小希：《古滇国青铜器舞蹈图像研究综述》，《民族音乐》2010年第4期，第33—36页。

13. 彭小希：《古滇国青铜舞蹈图像整理与形态分析》，《民族艺术研究》2011年第1期，第64—74页。

14. 王玲：《云南音乐舞蹈图像视觉化的民族音乐形态和结构特征》，《民族艺术研究》2016年第2期，第191—201页。

15. 陈亮：《古滇国舞蹈与乐器研究》，《民族音乐》2020年第1期，第18—21页。

第二章 《解析敦煌舞谱结构的钥匙——"十六字诀"说和"乾舞谱"说》

第一节 原文

王小盾：《解析敦煌舞谱结构的钥匙——"十六字诀"说和"乾舞谱"说》

——《中国音乐学》1991年第1期

一、导言

关于敦煌舞谱的性质及其谱字解读的问题，在最近几年，已成为国际性的学术课题。这种情况并不是偶然的。因为载在伯3501、斯5643、斯5613、斯785等敦煌写本中的这些舞谱，拥有多方面的学术价值。对于音乐史研究者来说，它是记录了多种曲调和节拍的一件庶民艺术的珍品。在宫廷艺术、教坊艺术已引起相当程度的注意的今天，敦煌舞谱研究显然具有填补空白的意义。对于舞蹈工作者来说，它是现存最早的舞谱。尽管我们距离对它的终极认识还很遥远，但再现唐代舞蹈无疑是个诱人的目标。此外，敦煌舞谱反映了中国艺术符号系统的逐渐完善，反映了多民族文化融合所导致的俗乐兴盛，还反映了中国艺术同游戏相结合的特征。对于文化史各分支学科的研究者来说，它也是值得重视的一批资料。

不过，就敦煌舞谱研究的目前进展来说，情况却不容乐观。由于研究者们多按艺术舞的面貌揣测敦煌舞谱，多注意舞谱的表面秩序而忽视其深层含义，同时由于这批舞谱资料非常特殊，它不同于迄今为止的音乐史、舞蹈史著作所讨论过的所有文献，故关于舞谱的性质、关于舞谱符号的解读，种种问题仍是悬案。这使我们不得不去寻找一个更宽阔的视野，并在这视野中重新讨论这样一些基本的问题：1. 敦煌舞谱有什么样的艺术特点？它属于哪一种舞蹈？2. 敦煌舞谱的伎艺性质如何？它配合哪一种文化活动？3. 敦煌舞谱是在怎样的背景下产生的？从逻辑角度和历史角度看，它如何形成了现有的那种面貌？既然事物的内部结构总是反映着它的外部结构，那么，我们完全可能循着文化研究的路线，使舞谱解读的工作获得成功。

1986年，我曾对唐代曲子和唐代酒令的关系作过一段时间的研究，其成果以

《唐代酒令与词》的名称，发表在《文史》第 30 辑上。当时，我也仔细琢磨过几份敦煌舞谱，按上述思路，形成了一个新的认识。但由于关于这一认识的证明过程太复杂，单篇论文不能容纳，遂将其束之高阁，未作发表。最近几年，不断读到一些关于敦煌舞谱研究的文章，时有搔不着痒处的感觉，我于是萌生了贡献一得之愚的念头。为了让读者既能获取关于敦煌舞谱的整体认识，又能首先掌握解析敦煌舞谱结构的方法，今拟以此文，介绍一下我的敦煌舞谱观，然后对关于舞谱结构的"十六字诀"说和"乾舞谱"说，作出比较具体的论证。

我对于敦煌舞谱的基本看法，可以表述如下：

第一，敦煌舞谱是用于下次据令的舞谱。这种以依次持令为特征的酒令，产生于中唐而流行于晚唐五代，并在晚唐增加"一曲子打三曲子"的邀舞行令方式。

第二，下次据令舞是一种对称性的双人舞。目前所见的敦煌舞谱，即是对舞双方中一方的舞谱，可以称之为"乾舞谱"。已经佚失的"坤舞谱"拥有与之相同的结构，但谱字顺序恰好相反。

第三，敦煌令舞包括三重令格：拍段令格、打送令格、字拍令格。它们分别对应于存在于打令词中的曲拍令格、叶韵令格、修辞令格。这一点证明了下次据令同著辞令的联系。舞谱提示词中的"慢二急三""打《五段子》送""巡轮各添两拍"云云，分别是上述三重令格的表现。

第四，敦煌令舞的动作骨干是一个十六字序列，即"令舞掖据，舞摇掖据，舞掖奇据，舞掖据头"。它是一条最基本的游戏规则，被舞蹈者熟记于心，故可称为"十六字诀"。十六字诀分为四句，每诀句四字，标示一个舞蹈动作的段落。舞谱提示词中"令掖三拍""令至据三拍"云云，是以诀句为单位计算的。而"破曲子""单铺"云云，指的则是诀句同舞句（舞谱一行所标示的一个音乐段落）的关系，或每诀句四谱字的排列方式。

第五，唐代酒令舞的发展经过了四个阶段：送酒舞阶段、著辞舞阶段、抛打舞阶段、下次据令舞阶段。从纵向看，敦煌令舞是这一发展序列的结晶。但从横向看，它是三种伎艺因素相结合的产物：其一是盛于中唐的抛打歌舞，其二是盛于中晚唐的改令，其三是使用于酒筵的各种博戏。

第六，舞谱诸谱字来源不同，不可从单一个平面去解释。它们分别联系于不同的酒筵伎艺。其中最早产生的是"令"和"头"二字，它们原来代表抛打舞中的送毬、闪毬两种动作；其次产生的是"摇""奇"二字，它们来自瞻相令，代表摇头、稽首等动作；再次产生的是"舞""掖"两个语汇，它们来自酒筵小舞；最后加上"送"这种过渡性的动作，用于联结十六字序列各舞姿。

第七，唐代酒令有三种基本形式：律令、骰盘、抛打。律令对下次据令舞的影响，表现为著辞令格和改令手段在下次据令舞中的应用。骰盘对下次据令舞的影响，则表现为令舞规则同博戏规则的一致。例如舞谱诸谱字，既可看作舞蹈语汇，也可看作博戏语汇。唐代围棋、樗蒲等游戏中的"约""段""打""授"等术语，即曾在下次据令舞中移用。这些术语可资考镜舞谱诸谱字的源流。

第八，下次据令舞是在中晚唐之间逐渐成型的。这一过程不仅在敦煌舞谱的结构中得到了体现，而且在"令""巡""轮"等特定术语的用法中得到了体现。例如"令"在舞谱中有过四种用法：1.作为一个谱字，代表一种具体舞姿；2.代表"令"和"头"两种对称舞姿；3.代表"令""摇""奇""头"四种骨干舞姿；4.代表十六字序列各字，即"令""舞""授""据""摇""奇""头"等七种舞姿。这四种用法分别反映了舞谱建构过程中的一个阶段。在舞谱提示词中，最常见的是"令"的第三种用法，它实际上代表了下次据令舞成型时期的"令"的概念。"巡""轮"二字的含义同这一"令"的概念有某种共同性，它们都是在四诀句中逐句取一字组成的：

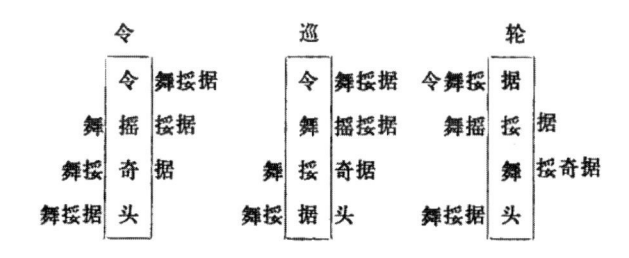

令	巡	轮
令 舞授据	令 舞授据	令舞授 据
舞摇 授据	舞 摇授据	舞摇 授 据
舞授 奇据	舞 授奇据	舞 授奇据
舞授据 头	舞 授据头	舞授据 头

这说明："巡""轮"等语汇是在下次据令舞成型以后产生的，它们是字拍令格形成时期的产物。

第九，下次据令舞的成型过程，可以说是令格完善的过程，亦即不断在原有规则的基础上建立新的变化规则的过程。每一段舞谱提示词的叙述次序，都反映了这一过程的展开。值得注意的是：在舞谱的三重令格中，打送令格占有特别重要的地位。此乃因为下次据令舞的令格的实质，便是根据打击乐器节奏的规划性变化，进行舞姿的规则性变化。就打送而言，这种变化有两种方式：其一，常拍曲按常规拍式打送拍，改送曲则在常规拍式中增加送拍。例如《浣溪沙》用这种方式。其二，常拍曲打本调节拍，改送曲打其他曲调的节拍。例如《遐方远》《南歌子》《凤归云》三曲用这种方式。从后一种方式中，可以归纳出几种改送曲的定式：

《五段子》：○○ ○送送 ○ ○送送 ○送
　　　　　　送○ ○送送 ○ ○○○ 送送
《浮图子》：○○ ○送 ○ ○送送 ○○
　　　　　　○送 送送○ ○ ○送送 送送
《浣溪沙》：○○○送 ○○送 ○送 ○○送

《五段子》和《浮图子》曾用于《遐方远》的改送，它们改变了《遐方远》常拍曲的送拍结构，但未改变它的拍段结构；《浣溪沙》曾用于《凤归云》《南歌子》等曲调常拍曲的改送，它不仅改变了此二曲的送拍结构，并且由此改变了此二曲的拍段结构。这说明："一曲子打三曲子"的含义，即是用三种不同的打送拍的规则来演奏同一支舞曲，使之成为旋律相同但节奏不同的三支舞曲。

第十，在敦煌舞谱中，总共出现了十支曲调，其中六曲有本事可以考订。它们基本上出自盛唐教坊，一般都有清乐渊源，往往不见于唐人的记载，而骤兴于晚唐五代，且于此时用于酒筵歌唱。这些曲调实际上代表了唐五代音乐文化的一个新的发展阶段，即音乐南方化和饮妓艺术兴起的阶段。历经数百年的音乐文化交融，便是在这时获得一个总结的。这一点，可以看作敦煌舞谱所由产生的文化背景。

我打算用五至六篇文章的篇幅，对上述观点作出具体论证，并对敦煌舞谱中的残、缺、讹、省，进行全面的校补。为不破坏读者对于舞谱结构的视觉印象，从本篇开始，凡拟补之字均用黑体字表示。

二、"十六字诀"说

通过分析敦煌舞谱的各份谱例，我们可以发现，其中有一个稳定的动作序列。此即由下述十六字代表的动作序列：

令舞按据

舞摇按据

舞按奇据

舞按据头

我们打算把它称作"十六字诀"。因为全部谱例都是按照这十六字序列安排的，无一例外；各份谱例纵有篇幅长短，拍段参差，但此序列不变；然而在全部舞谱文字中，并无一语明确指明这一序列的存在。——种种迹象表明：这十六字是一个被舞蹈者熟记于心的基本游戏规则，即俗所谓"诀"。"十六字诀"共分四句，每句四字。为了论述的方便，我们把它称作"诀句"。

若对各份谱例再作具体分析，我们又可以看到：不仅舞谱中存在十六字序列这样一个基本规则，而且各谱对这一序列的变通运用，也遵循一定规则。其间可分五种类型：

1. 常式。每舞句分别对应于十六字诀的一句，即舞谱分句同字诀分句一致。例如伯 3501 本《南歌子》（一）谱：

```
令令  令送舞  送送  按送按  按据
舞摇  摇送摇  送送  按送按  按据
舞按  按送按  送送  奇送奇  奇据
舞按  按送按  送送  据送头  头头
```

从加了着重记号的各字的分布可以看到：十六字诀的段落，同舞谱显示的音乐段落是一致的。

2. 延长式。舞谱中每两句对应于十六字诀的一句，亦即将每诀句分排入两个舞句。例如伯3501本《浣溪沙》（二）谱：

```
令送令送  令令令  舞送  □□□
按送按送  按按按  据送  据据据
舞送舞送  摇摇摇  摇送  摇摇摇
按送按送  按按按  据送  据据据
舞送舞送  按按按  按送  按按按
奇送奇送  奇奇奇  据送  据据据
舞送舞送  按按按  按送  按按按
据送据送  头头头  头送  头头头
```

3. 相间重复式。舞句与诀句的对应情况同常式，但若干谱字作相间重复，即"舞摇按摇据"一类重复。例如斯5943本《蓦山溪》（二）谱：

```
令令  令送舞  送  按送据  据据
舞舞  舞摇按  摇  按摇按  据送
舞舞  舞按按  按  按按奇  送据
舞按  据据据  据  头据头  头送
```

4. "破曲子"式。打破十六字诀的分句，将诀字的两句分排为舞谱的三句。例如伯3501本《遐方远》（一）谱：

```
令令  舞舞舞  送   按按按  送送
送送  据据据  舞   送送送  摇摇
按按  送送送  送   送送送  据据
舞舞  送送送  送   送送送  按按
奇奇  送送送  据   舞舞舞  送送
送送  按按按  送   据据据  头头
```

5. "单铺双补"式。即在舞谱每句的第一拍段，单拍铺开十六字诀中的相应一句，然后在其他拍段中两次重复这一句。例如伯 3501 本《双燕子》谱：

```
令舞按据  据按舞令令送舞  送按  送据送
舞摇按据  据按摇舞舞送摇  送按  送据送
舞按奇据  据奇按舞舞送按  送奇  送据送
舞按据头  头据按舞舞送按  送据  送头送
```

根据《双燕子》谱的提示词，谱中十六字诀的展开方式又称"三段单铺，中段倒四位"。所谓"三段单铺"，指在每舞句中，将相应的诀句以单拍形式铺排三遍，所谓"中段倒四位"，指在谱例每句的中段一铺中，将相应诀句的次序作了颠倒（如谱例中箭头所示）。因此，《双燕子》谱尚不是"单铺双补"的典型谱例。典型的"单铺双补"应当就是斯 5613 本所载的"上酒曲子《南歌子》"，可惜这一谱只存提示词，虽留下"单铺双补"一名，它的谱字却全部佚失了。

通过以上五例，我们显然已可获得这样一个认识，即"十六字诀"确实是个客观存在；敦煌舞谱谱字的变化，其实可以看作是以十六字序列为基础所进行的变化。既然大部分谱例采用了常式结构和延长式结构，那么，"相间重复""破曲子""单铺双补"等便是几种围绕十六字序列的常式进行变化的类型。按照我们将在另文中论证的令格理论，这些变化均可判为不同的令格的产物。例如《双燕子》谱所说的"三段单铺，中段倒四位"，《蓦山溪》（二）谱所说的"急拍中心一拍当一拍"，便是关于字拍令格的规定。——所谓"急拍中心一拍当一拍"的含义是：两个急三拍段的中心一字，须和中央一拍的谱字相同（即舞姿相同），这三个相同的动作总共计为一拍。《蓦山溪》（二）谱中的相间重复，其产生原因便莫不在此。所以，倘若我们把字拍令格分为两类——添拍令格和减拍令格，那么，《蓦山溪》谱中的相间重复，便是减拍令格的产物。这使我们可以得出这样一个结论：十六字序列是令舞令格得以施行的基础。

在这里，我们还拟对"破曲子"三字作个说明。此三字在舞谱中虽仅一见，即见于伯 3501 本《凤归云》（三）谱的提示词，但我们却有两方面的充足理由，证明此词的含义。一个理由是：《凤归云》谱同《遐方远》（一）谱一样，具有打破十六字诀的分句常规的结构特征：

```
送令   令送令   送舞   舞舞㧽送㧽
送㧽   据送据   送据   舞舞舞送
送摇   摇送㧽   送㧽   㧽据据送据
```

……

这种结构特征，在舞谱提示词中，只有用"破曲子"三字才好解释。另一个理由是：在唐五代人的用法中，"破曲子"即指打破常拍之曲。例如《新唐书》三五《五行志》云："天宝后……乐曲亦多以边地为名，有《伊州》《甘州》《凉州》等。至其曲遍繁声，皆谓之'入破'。……'破者'，盖破碎云。"王建《宫词》云："忽觉管弦偷破拍，急翻罗袖不教知。"（"偷破拍"一作"先破拍"）又唐人大曲以急舞部分谓之"入破"，用簇拍之曲。此种急曲摘出来单独行用，称"曲破""促拍""簇拍"。凡此皆可见"破"是相对于常拍而言的。所以我们可以说：正是在打破常拍——将十六字诀的原有分句破开——这一含义上，《凤归云》（三）谱用了"破曲子"一名。而"破曲子""单铺""单铺双补"等术语，都不过是对于十六字序列的安排方式的说明。

叙述至此，十六字诀在研究敦煌舞谱结构方面的作用（例如鉴别谱例类型，考订舞谱结构术语的含义、确定谱字变化的规律等），事实上已经显示了出来。除此之外，我们还可以在以下三种意义上，把它称作解析敦煌舞谱的钥匙。

第一，十六字诀是理解舞谱提示词的主要线索。

在舞谱提示词中，"令三拍""令㧽三拍"等关于谱字拍数的说明，占有非常重要的地位。过去人都把这种说明看成是关于谱中每句各谱字的拍数的说明，亦即以谱句为单位来计算拍数，这种看法其实是似是而非的。例如在伯 3501 本《遐方远》（五）谱的提示词中，有"令至据三拍"一语，若按过去的理解，认为在每谱句中"令""舞""㧽""据"等字名占二拍，那么，这便同实际谱例对应不起来：

```
令令   令送舞   舞   舞送送   㧽㧽
㧽送   送送据   据   据送送   送送
```

在第一谱句中，"㧽"占两拍，而不是"三拍"，在第二谱句中，"㧽"占一拍，也不是"三拍"。可见唐五代时的敦煌令舞,并不是以谱句(或称"舞句")为单位计算各谱字的拍数的。当时划分计拍单位的标准是什么呢？是十六字诀亦即以十六字诀的诀句作为计拍数的单位。例如在《遐方远》(五)谱中,两个谱句才是一个计拍数的单位。在这个单位里,"令""舞""授""据"四字正好各占三拍。类似的情况也见于其他谱例。"令至据"一语之所以会用成十六字诀的代名,仍然因为十六字诀及其分句是舞谱计拍的标准。

事实上,敦煌舞谱提示词的功用,除掉记录曲名、说明拍段外,便是解释十六字序列的变化方式。因此,只有以十六字诀为线索,才能对舞谱提示词的内涵作出正确理解。譬如斯 5643 本《不知名谱》(二)的提示词:

同前拍。令至据单。慢拍段送。急三当别将舞接据送一拍,从令舞接据。

这里的关键,就是要把"令至据"看作十六字诀每诀句中各个谱字的代名,把"令舞授据"看作十六字序列的代名,并把"别将……"读成"在十六字之外……"。只有这样才能再现这段提示词的完整含义,即把它译为:

此谱拍段和前一谱相同。十六字诀各字在每一诀句中只占一拍。两个慢二拍段都有送拍。为什么说"令至据单"呢？因为在十六字之外别将"舞""授""据""送"等急三段当作一拍,不计算在上述拍数内。此"舞""授""据""送"等急三段都顺序随从于十六字序列之后。即"令"(按"令"的含义是指"令""摇""奇""头"四谱字)一拍后为"舞"三拍、"舞"一拍后为"授"三拍、"授"一拍后为"据"三拍、"据"一拍后为"送"三拍。

兹将《不知名谱》(二)谱的谱例列在下面,请读者对上述解释的合理性进行核实:

```
令送  舞舞舞  舞送  授授授
授送  据据据  据送  送送送
舞送  授授授  据送  舞舞舞
授送  据据据  据送  送送送
舞送  授授授  授送  据据据
奇送  舞舞舞  据送  送送送
舞送  授授授  授送  据据据
据送  送送送  头送  舞舞舞
```

第二,十六字诀是校补舞谱残篇的主要依据。这是因为:十六字诀是形成舞谱的逻辑顺序的骨干。故残缺了的舞谱,它的结构亦须依据十六字诀来重建。这一点可由《凤归云》(三)谱见例。此谱载于伯 3501 号写卷的卷末,谱字原存三句。过去人或以为它只残缺一句，因为敦煌舞谱的大部分谱例属四句体或八句体。但这种仅凭经验所作的猜测并不可靠，根据十六字诀，此谱的残缺其实有三句。其原有六句应补足如下（拟补之字循例用黑体）：

```
送令    令送令    送舞    舞舞据送据
 。                 。
送据    据送据    送据    舞舞舞送摇
 。                 。
送摇    摇送据    送据    据据据送据
 。                 。
送舞    舞送舞    送据    据据奇送奇
 。                 。
送奇    据送据    送据    舞舞舞送据
 。                 。
送据    据送据    送据    据头头送头
```

此谱属"破曲子"类型，故和伯3501本《遐方远》（一）谱一样，以六句为体。上述校补，同此谱提示词所云"令至据各三拍，打段前一拍送，破曲子"是完全吻合的。这一点证明我们的校补是合理的，同时也证明：十六字诀的确是恢复舞谱原貌的重要工具。

第三，十六字诀是判别舞谱性质的重要旁证。

数十种谱例均按十六字序列安排，这一点同舞谱的性质有关：它证明敦煌舞谱记录的是一种游戏舞。我们可以判断：十六字诀代表的是一种基本的游戏规则。它有固定的顺序，由七个基本动作组成，显然是一种简单易学的规则。简明的规则加上运用时的变通，这正是一般游戏的惯例。舞谱中之所以不把这十六字诀予以特别标明，乃因为当时的游戏者已对它耳熟能详。故这十六字应被称为"诀"。这种省略还可以使我们知道：敦煌舞谱是一种用于提示的舞谱，而不是用于交流的舞谱。在斯5613卷上抄写《南歌子》的德深，便在他的抄写方式中暗示了上述要义：他只记下变化规则，而不逐字记录舞蹈动作，表明他是把这些抄下的文字当作提示词看待的。就此而言，过去被我们称作"序词"的那些文字，其合理的名称应是"提示词"。德深的方式也表明他对令舞比较娴熟。从他所记的"单铺双补""近令前揖引单铺""舞据竦双补""三拍折一拍"等文字看，他正在学习一种规则比较复杂的舞蹈。相形之下，斯5643卷舞谱的抄写者便像个令舞新手，这一卷舞谱的各谱例均无省略［另几卷则有省略，例如伯3501卷中《遐方远》（五）谱和《凤归云》（一）谱的谱字有省略］，而且，其中《不知名谱》（四）还在十六字诀各句句首注上"一""二""三""四"等标记。——这使我们知道：掌握十六字诀，是学习敦煌令舞的最初一环。

总之，十六字诀不仅是分析舞谱结构的依据，而且是判断舞谱性质的依据。通过十六字诀，我们可以肯定敦煌舞谱是一种游戏舞谱，它的功能主要在于提示游戏的变化规则。从舞诀各卷在提示方式方面的细微差别看，它由不同的人抄写，抄写者对令舞的熟悉程度是很有差别的。

三、"乾舞谱"说

读过敦煌舞谱的人或许都会注意到：这些舞谱谱例，在结构上有一种奇特的对称倾向。这种对称倾向的内涵是什么呢？也许可以作出多种解释。我们认为，目前最有把握作出的解释是：现存舞谱只是游戏者一方所用的舞谱，应当有另一种相对应的舞讲与它并存。根据现存舞谱的抄写情况，我们可以把它称作"乾舞谱"，而另一种"坤舞谱"则业已佚失。——这就是所谓"乾舞谱"说。

我们至少可以找到三方面理由，来证成这个乾舞谱说。

第一方面的理由是：在伯 3501 本《遐方远》（一）谱中，有"本色相逢，揖"的文句。此句话的意思应当是："同一组舞蹈者相逢时，对揖。"关于"揖"字的考释，已详饶宗颐先生的《敦煌曲》。此"揖"字亦被人识为"指"，或"楫"，或"㮁"，其依据分别是宋代的《词源》、北朝的碑别字和敦煌字书。[①] 我认为后几种解释有求之过甚之嫌。因为敦煌舞谱所用语词，都来自日常用语（详另文），它决不会使用"指""楫""㮁"这样一些生僻字。相反，"揖"在唐代却是一个常用字，其例不胜枚举。揖让之礼且多见于乐舞和古代游戏。《礼记·乐记》有云："揖让而治天下者，礼乐之谓也。"又汉代边韶《塞赋》（"塞"为古代的一种博戏）说："趋偶方折，礼之容也；迭往迭来，刚柔通也。"可见舞谱中出现表示揖让的"揖"字，是完全合乎逻辑的。至于"色"用为"类"，"本色"用为"本类"，则见于有关唐人事迹的多种文献。前者如《新唐书·选举志》所记文宗语："敦厚浮薄，色色有之。"后者如《旧唐书·陈夷行传》所记窦洎直语："伶人自有本色官，不合授之清秩。"伎艺术语中尤多此类用法，例如所谓"参军色""教坊色长""散乐一色"。这大约起于表演者的服饰分类。盛唐《教坊记》云："开元十一年初制《圣寿乐》，令诸女衣五方色衣，以歌舞之。"又云："《圣寿乐》舞，衣襟皆各绣一大窠，皆随其衣本色。"这种用法亦可证诸北宋人的《东京梦华录》，其卷九云："诸杂剧色皆浑裹，各服本色紫绯绿宽衫义襕镀金带。"又卷五云："其士农工商，诸行百户，衣装各有本色，不敢越外。……街市行人，便认得是何色目。"由此可知："本色"一语原是对同类人物的服饰标志的指称，后来引申为对同类人物自身的指称。因此，无论敦煌令舞有无化妆制度，我们却可以肯定：它至少作了舞蹈者的分组。我们并且可以根据"本色相逢，揖"一语判断：分组的实质是进行对舞，对舞双方互称"本色"。

[①] 分别见罗庸、叶玉华《唐人打令考》，载《北大四十周年纪念论文集》，1938 年版；任二北《敦煌曲初探》，上海文艺联合出版社 1954 年版；王克芬、柴剑虹《敦煌舞谱的再探索》，敦煌吐鲁番学术讨论会论文，北京，1988 年 8 月。

第二方面的理由是：通过对舞谱谱字的分析，我们发现，大部分舞谱都包含了一个回环对称的结构。或者说，把舞谱颠倒过来，从原本的最末一字往前读，可以得到一个新舞谱，其结构正好同原舞谱一致。这种回环对称的结构，应当是为适应对舞的对称性原则而设计的。从以下一个"敦煌舞谱若干谱例谱字拍数表"中，可以看到上述对称性原则的具体表现：

表 2-2-1　敦煌舞谱若干谱例谱字拍数表

曲名	句次	送	揌	舞	据	摇	令	头	奇	舞	据	揌	送	句次
《遐方远》（一）	一	3	3	3			2	2			3	3	3	六
	二	5		1	3	2			2	3	1		5	五
	三	7	2		2					2		2	7	四
《遐方远》（四）	一	5		3			3	3			3		5	八
	二	5			3					3			5	七
	三	5		3		3			3		3		5	六
	四	5			3					3			5	五
《南歌子》（一）	一	4	3	1	1		3	3		1	1	3	4	四
	二	4	3	1	1	3			3	1	1	3	4	三
《浣溪沙》（一）	一	2	1	3	3		3	3		3	3	1	2	四
	二	2	1	3	3	3			3	3	3	1	2	三
《浣溪沙》（三）	一	6		3			3	3			3		6	八
	二	6	3		3					3		3	6	七
	三	6		3		3			3		3		6	六
	四	6	3		3					3		3	6	五
《凤归云》（一）	一	4	3	1	1		3	3		1	1	3	4	四
	二	4	3	1	1	3			3	1	1	3	4	三

为了反映敦煌舞谱的对称结构的回环性，此表将各谱的谱字及拍数分为前后两半，分载在表中的左右两部；左部顺序，右部逆序。表中的阿拉伯数字代表以谱句为单位计算的各谱字的拍数。其中表明：在各谱的顺序句次与逆序句次之间，若干谱字的对称是固定的，显然接受了某种规则的支配。这种对称的谱字组有：

$$\begin{Bmatrix}令\\头\end{Bmatrix} \begin{Bmatrix}舞\\据\end{Bmatrix} \begin{Bmatrix}摇\\摇\end{Bmatrix} \begin{Bmatrix}摇\\奇\end{Bmatrix} \begin{Bmatrix}送\\据\end{Bmatrix}$$

它意味着：当乾舞者做出"令""舞""摇"等动作时，坤舞者乃以"头""据""奇"等动作与其相应。反之亦然。

上表所反映的回环对称情况，是有普遍意义的。因为若将残谱补足，或按"急三当一"的规则为某些谱例改计拍数，那么，全部谱例都可以纳入此表。关于上列对称谱字组的产生原因，亦即历史内涵，我们将在另文中作专门探讨。以上仅以伯3501本《遐方远》（二）谱为例，为乾、坤二谱的回环对称作一示意：

乾舞:	送送	令令令	舞	挼挼挼	据舞
坤舞:	送送	请请请	据	挼挼挼	舞据
乾舞:	送送	摇摇摇	挼	据据据	舞挼
坤舞:	送送	拽拽拽	挼	舞舞舞	据挼
乾舞:	送送	奇奇奇	据	舞舞舞	挼据
坤舞:	送送	约约约	舞	据据据	挼舞
乾舞:	送送	头头头	揖	与与与	送送
坤舞:	送送	与与与	揖	头头头	送送
乾舞:	舞挼	据据据	舞	约约约	送送
坤舞:	据挼	舞舞舞	据	奇奇奇	送送
乾舞:	挼据	舞舞舞	挼	拽拽拽	送送
坤舞:	舞据	据据据	挼	摇摇摇	送送
乾舞:	据舞	挼挼挼	据	请请请	送送
坤舞:	舞据	挼挼挼	舞	令令令	送送

将来我们还要论证：此谱中的"请""拽""约""与"，分别是"头""奇""摇""令"的变化动作，而斯5613本所载《南歌子》谱中的"竦"，则是"据"的变化动作。另外，根据《朱子语类》卷九二所载唐人打令口号中的"三方一圆"一语，我们猜测：此谱七句乃分别对应一方、二方、三方、一圆、四方、五方、六方等舞蹈行进路线。亦即在行三方时，对舞者遥遥相对；行一圆时，对舞者相互旋绕，并在此中产生"本色相逢，揖"的动作。但这些都是后话。我们现在想要说明的是：敦煌舞谱结构中所显示的回环对称，具有鲜明的规则性；只有乾坤二谱并立之说，才能对这规则性作出合乎逻辑的解释。

关于乾舞谱说的第三方面理由是：酒筵上的游戏舞，历来就有一唱一和的传统，或曰对抗的传统。这在古代有所谓"属舞"，亦即模仿酒筵上的以杯相属，在酒筵游戏中，一人舞罢由另一人续舞。周一良《魏晋南北朝史札记》中有"以舞相属"条，叙述了汉魏时代的属舞及其有关资料。明抄本《太平广记》卷三〇九所载唐代李玫的《纂异记》中，记有太湖神和江神轮番起舞作歌之事；此虽托于神经，却是唐代属舞风俗的写照。在这种属舞中，唐代并发展出了对舞性质的"邀舞"。《续唐书》卷一三《音乐志》记载：南唐后主之后周氏曾于夜宴之间，"举杯请后主起舞"，并应命作《醉邀舞破》《恨来迟破》，以畅其事。从此二种曲名看，邀舞即对舞。关于这种邀舞，《游仙窟》记述较详。《游仙窟》说：有一张生，曾夜游美人窟，和十娘、五嫂诗酒宴乐相娱。奏乐之时，"十娘曰：'少府稀来，岂不尽乐？五嫂大能作舞，且劝作一曲'"。于是五嫂逶迤而起，婀娜徐行，劝舞一曲。舞毕，五嫂、十娘又俱起舞，共劝张生。张生"遂起作舞"。从这一故事可以窥见唐代邀舞的大概。——邀舞的程序是：先以舞相属，后作对舞。《游仙窟》传为调露初进士张鷟所撰，开元之中传入日本。① 其中的游仙故事情节在唐代小说、诗歌中甚多见，实以狎妓生活为原型。例如中晚唐诗所谓"波上神仙妓，岸旁桃李蹊""东营房户皆仙家，仙家十队酒为斛""洞中仙子多情意，留住刘郎不放归"②，便是唐人俗以"仙"为妓女代称的旁证。因知在初盛唐时，民间妓筵上已经有了男女对舞，即先由女伎劝舞一曲，然后男宾起而对舞。"这与今日新疆民间流行的'邀舞'很相似。在'麦西来甫'等集宴中，奏乐歌舞，一人舞至另一人面前施礼邀舞，被邀者应立即起身与之对舞一阵，邀舞人才能返座；接着那被邀者又舞至另一人面前施礼邀请，如此循环延续，直至尽欢而散。"③ 唐代的邀舞的特殊性在于：女伎所作的劝舞具有令格意义，男宾之舞应是对劝舞的模仿；而女伎的伴舞又须同男舞对称，这样一来，女伎的先后二舞便自成对称。这种情况，也发生在先受人劝、后又劝人的男宾身上。这一点，正好可以解释敦煌舞谱的回环对称结构的来源。

四、结语

为了对敦煌舞谱各谱例的谱字变化规则作出分析，为了确定舞谱术语的含义，校补舞谱残篇，并进而认识舞谱的性质，本文提出了"十六字诀"说。为了对舞谱所呈现的回环对称结构作出解释，本文依据舞谱中出现的"本色相逢"一类语句，依据关于酒筵属舞、邀舞的历史记载，提出了"乾舞谱"说。经过论证，这两种学说在分析舞谱结构方面的作用已经得到了充分显示，可以毫不夸张地说：它们是解析舞谱结构的钥匙。

---

① 参见汪辟疆校录《唐人小说》，上海古籍出版社1978年版，第35页。
② 诗见刘禹锡《三月三日……奉陪裴令公泛洛禊饮》、李郢《茶山贡焙歌》、孙棨《北里志·王苏苏》。
③ 王克芬、柴剑虹：《敦煌舞谱的再探索》，敦煌吐鲁番学术讨论会论文，北京，1988年8月。

但从另一方面看，对于这两种学说的论述，目前才刚刚开始。只有当我们联系唐五代的酒筵文化，而对敦煌令舞作了深入研究的时候，十六字诀说和乾舞谱说的生命力，才能得到充分发挥。因此，利用这两种学说来逐步揭开敦煌舞谱之奥秘的过程，也就是对这两种学说进行补充论证的过程。例如：一旦我们证明了在"令"与"头"、"舞"与"据"、"摇"与"奇"等令舞术语中所包含的对抗意义，那么，乾舞谱说也就获得了更有力的支持。又如：一旦我们揭明了敦煌舞同下次据令以及种种酒筵游戏和酒令舞蹈的关系，那么，十六字诀作为敦煌令舞的令格基础的功能，以及它的历史成因，也就会清晰地展现在人们面前。从上述意义上说，本文只是提出了一个关于舞谱解构的着手方法的问题。不过，一旦这一方法得到肯定，进一步的论证就会是易于进行的了。

第二节　评述与拓展

一、基本内容及意义

《解析敦煌舞谱结构的钥匙——"十六字诀"说和"乾舞谱"说》一文为王小盾先生所作，于1991年发表于《中国音乐学》第1期。全文大致可分为三个部分：

第一部分，导言。介绍敦煌舞谱的基本情况，其所记载的下次据令舞的性质、形式和发展等。

第二部分，"十六字诀"说。介绍敦煌舞谱"十六字诀"的应用及其意义。

第三部分，"乾舞谱"说。通过对敦煌舞谱谱字、结构的论证、文献中"属舞"的记载，作者认为，现存敦煌曲谱显示出回环对称的倾向，提出存在"坤"舞谱的可能。

评述：敦煌舞谱发现百余年来，一直受到国内外各学界的重视。但由于谱卷残缺、符号标记不清，使得舞谱的解读尤为艰难。王小盾先生认为，此前的研究多注意舞谱的表面秩序而忽视其深层含义。他凭借扎实的唐代曲子与酒令研究功底，洞察敦煌舞谱与唐代酒令文化的密切联系，从文化内涵的角度出发，研究舞谱的深层含义，使读者获取敦煌舞谱的整体认识，并掌握解析敦煌舞谱结构的方法。作者通过深度分析提出的"十六字诀"说和"乾舞谱"说为补全和解析敦煌舞谱向前迈进了一大步，为后来者研究敦煌舞谱和唐代酒令提供了新的依据和方法。

二、作者与之相关的其他论著

1. 王小盾：《唐代酒令与词》，载傅璇琮、罗联添主编《唐代文学研究论著集成

（第四卷）》，三秦出版社 2004 年版，第 476—485 页。（载《文史》第 30 辑，中华书局 1988 年版）

2. 王昆吾：《唐代酒令艺术》，东方出版中心 1995 年版。

3. 王小盾、高宇星：《敦煌舞谱：一个文化表象的生成与消亡》，《音乐艺术》2018 年第 2 期，第 6—18 页。

三、其他作者与之类似的论著

1. 罗庸、叶玉华：《唐人打令考》，北京大学出版社 1940 年版。

2. 李正宇：《敦煌遗书中发现题年〈南歌子〉舞谱》，《敦煌研究》1986 年第 4 期，第 75—77、114 页。

3. 席臻贯：《唐乐舞"绝书"片前文句读字义析疑——敦煌舞谱交叉研考之一》，《中国音乐学》1987 年第 3 期，第 21—39 页。

4. 水原渭江、席臻贯：《中国学术界在敦煌舞谱解读研究方面的最近动向》，《敦煌学辑刊》1990 年第 2 期，第 127—134 页。

5. 董锡玖：《敦煌舞谱研究现状综述》，载中国艺术研究院舞蹈研究所编《舞蹈艺术》第 2 辑，文化艺术出版社 1992 年版，第 213—217 页。

6. 何昌林：《唐代酒令歌舞曲的奇拍型机制及其历史价值（上）（从〈敦煌舞谱〉看数代音乐的节拍体制）》，《交响》1992 年第 4 期，第 4—9 页。

7. 何昌林：《唐代酒令歌舞曲的奇拍型机制及其历史价值（下）（从〈敦煌舞谱〉看数代音乐的节拍体制）》，《交响》1993 年第 1 期，第 14—19 页。

8. 王克芬、柴剑虹：《敦煌舞谱的再探索》，载中国敦煌吐鲁番学会编纂《敦煌吐鲁番研究论文集》，汉语大辞典出版社 1990 年版，第 220 页。

第三章 《周代钟镈正鼓对称顾龙纹断代》

第一节　原文

李纯一:《周代钟镈正鼓对称顾龙纹断代》

——《中国音乐学》1998 年第 3 期

　　据目前已公布的资料看来，约自西周后期（西周中期后段）开始，关中地区甬钟正鼓上出现一种新的纹饰，即由两个扭项俯首两折体龙纹组成的一种轴对称纹饰。这种纹饰有许多不同的命名，并且出入很大，如龙纹、夔龙纹、蟠龙纹、卷龙纹、顾龙纹、象首纹、蟠螭纹、鸾纹、凤纹、鸟纹等，不一而足。然而拿它的头部去和商周青铜器上的鸟纹或凤纹、鸾纹相比较，可知它决非鸟类纹饰。说它的某些型式的头部有些像象首，而称之为象首纹，似无不可，但因不足以概括整体，终觉欠妥。而古代文献中所说的龙、夔和螭颇相类似，不但简略含混，有时又很不一致，因而很难考实。其实，这种正鼓纹所表现的当是古人想象或幻想中的一种灵物或神奇动物，在现实世界中并无一种自然动物可以确指，管它叫作龙或夔或螭，那就见仁见智，似乎无可无不可。本文拟暂称之为对称顾龙纹，简称为顾龙纹。

　　这种顾龙纹的流行年代约自西周后期到战国时期。本文拟就迄今已公布的完整而清晰的正鼓纹拓本和线图，对它的发展演变试做一次初步探索和断代研究。

一

　　据今所见，周代钟镈正鼓对称顾龙纹变化多端，有各式各样，对其类型如何划分当然允许见仁见智，各自使用不同的标准和方法，以便于并利于探讨。本文暂拟按其附饰的象牙样獠牙和象鼻样长鼻的有无分为有牙和无牙两类，以及有牙鼻、有牙无鼻、无牙鼻和无牙有鼻等四型。这四型再按其喙鼻搭配方式或角的有无及形状分为若干式、亚式和小式。下面就逐型逐式举例加以论列。

　　Ⅰ型（有牙有鼻型）的顾龙纹大多为直尾并有双足，头上有一角，喙有长吻并有搭配的象鼻，口内有一象牙般的獠牙。象鼻有粗有细，据目前所知，二者的出现并无先后之分，而其和龙喙的搭配方式，则因年代和地域的不同而有所发展变化。

据此可以暂分为如下五式：

Ⅰ1式——喙接粗鼻式

Ⅰ2式——喙侧细鼻式

Ⅰ3式——喙侧粗鼻式

Ⅰ4式——喙鼻一体式

Ⅰ5式——尾上细鼻式

这五式又可按其角的有无或形状再分为若干亚式。有些亚式还可以根据情况再进一步分为若干小式。

Ⅰ1式，据目前所见，可以根据其角上纹饰或形状之不同暂分为四个亚式，即Ⅰ11式——鳞纹角式、Ⅰ12式——蛇角式、Ⅰ13式——龙角式和Ⅰ14式——花角式。

Ⅰ11式是目前所见最早的二式之一，它出现在西周中期后段的懿世，1976年陕西扶风庄白一号西周窖藏出土的三式痰钟甲（FZH1：8）即其实例（图一，1，略）①。其技法是用稍粗的阴线勾勒出龙的轮廓，形成类似减地平雕的粗阳线龙纹，在粗阳线内用细阴线勾画出龙目、角和体上那象征性的单片鳞纹，以及给体、角、鼻各部当中施一道顺向单条纹。整个纹饰显得质朴而典雅。

晚于上式的Ⅰ12式可举西周晚期的斁狄钟（图一，2，略）②和春秋早期的秦公钟（图一，3，略）③两例。这两例的纹饰几乎丝毫无异，都有目纹近于尾端的蛇角，粗阳线象鼻外侧附加类似双足的细阴线纹，背上施目纹。

晚于上式的Ⅰ13式目前可举春秋中晚期的齐鎛氏钟（图一，4，略）④和春秋晚期的楚王领钟（图二，1，略）⑤两例。这两例造型和上举Ⅰ12式两例基本无异，只是蛇角上增足作龙形，下体在腿裆处断开，足形纹略微向下并外移，通体施以较繁缛的细阴线二层花纹。凡此均足以表明它们都当是Ⅰ12式的发展式。而这两例二层花纹的不同，以及侧鼓上涡纹的有无，不仅显示出时代的不同，也显示出齐楚两地区风格的差异。

Ⅰ14式的例子迄不多见，尽管都是歧尾龙，但其体形、角形及象鼻安排却各不相同，因而暂不细分，视为同式。今举西周晚期厉世的虢钟（图二，2，略）⑥和宣世的南宫乎钟（图二，3，略）⑦为例。

---

① 陕西省考古研究所等：《陕西出土商周青铜器2》，文物出版社1980年版，第59页。

② 中国社会科学院考古研究所：《殷周金文集成1》，中华书局1984年版，第49页。

③ 中国社会科学院考古研究所：《殷周金文集成1》，中华书局1984年版，第265页。

④ 中国社会科学院考古研究所：《殷周金文集成1》，中华书局1984年版，第53页。

⑤ 中国社会科学院考古研究所：《殷周金文集成1》，中华书局1984年版，第53页。

⑥ 容庚：《商周彝器通考》，哈佛燕京学社1941年版。

⑦ 罗西章：《扶风出土商周青铜器》，《考古与文物》1980年第4期。

Ⅰ2式目前可依其角之不同暂分为三个亚式，即Ⅰ21式——鳞纹角式、Ⅰ22式——目纹角式和Ⅰ23式——蛇角式。

Ⅰ21式的最早实例是西周中期后段懿世的三式瘐钟丁（FZH1∶33，图三，1，略）①。其鼓纹与前举三式瘐钟甲的Ⅰ11式几乎无异，差别仅在于鼻之粗细及其与喙搭配方式之不同。三式瘐钟共出土六件，其中仅有此钟为Ⅰ21式，其余五钟均为Ⅰ11式，这是否在透露这样一个消息，即起初Ⅰ21式和Ⅰ11式并无严格界限，可以在一套编钟里通用，或者Ⅰ21式是Ⅰ11式简化而来？目前因手头资料不足，还不敢贸然遽断。鉴于后来Ⅰ21式颇为流行，成为一种独立的重要正鼓纹，所以还是应该给它单立一式。

西周晚期的可举媘钟（图三，2，略）②和士父钟（图三，3，略）③两例，它们除龙体上没有那一片鳞纹外，其余部分毫无差异。晚期后段的例子可举宣世的井人妄钟（图四，1，略）④和幽世的柞钟（图四，2，略）⑤。前者和瘐钟丁一模一样，而后者和士父钟雷同。据上举五例看来，这Ⅰ21式在整个西周后期流行当中，一直无大变化。

Ⅰ22式的实例不多，目前暂分为两个小式。Ⅰ22a式的细鼻大多保持原位，例如西周晚期的中义钟甲（图四，3，略）⑥。中义钟八件一编，前四件全同于甲钟，而戊、己、辛三件因喙与目纹角相接，细鼻移至喙端外侧上方（图四，4，略）⑦，庚钟却依附在角根部外侧（图五，1，略）⑧。如果说前四件是标准式，那么后四件就应属于变式。这套编钟正鼓纹为什么会有这样一些小的变化？好像并非完全由于钟的大小不同，前举宣世的柞钟也是八件一组，和本钟共出于同一窖藏，但其正鼓纹全然一律，即其明证。这两例似在表明，周钟正鼓纹原来带有一些随意性，以致并不十分整齐划一，大约到西周晚期后段才开始完全规范化。根据这个初步认识，我们暂把这一组中义钟正鼓纹视为同式。

图Ⅰ22b式和中义钟戊正鼓纹相比较，只有两小点差异，即在外移的细鼻下增添一道末端下垂的横行细阴线，以及在龙体上保留着那片传统的鳞纹。现知比较完整的例子有宣世的克钟（图五，2，略）⑨。克钟传世存五件，其最大的两件右侧鼓没

---

① 陕西省考古研究所等：《陕西出土商周青铜器1》，文物出版社1980年版，第62页。
② 郭沫若：《两周金文辞大系图录考释》录69，科学出版社1958年版。
③ 高至喜：《西周士父钟的再发现》，《文物》1991年第5期。
④ 北京图书馆金石组：《北京图书馆藏青铜器铭文拓片选编》15，文物出版社1985年版。
⑤ 陕西省博物馆等：《扶风齐家村青铜器群》图二六，文物出版社1963年版。
⑥ 陕西省博物馆等：《扶风齐家村青铜器群》图三二，文物出版社1963年版。
⑦ 陕西省博物馆等：《扶风齐家村青铜器群》图三六，文物出版社1963年版。
⑧ 陕西省博物馆等：《扶风齐家村青铜器群》图三八，文物出版社1963年版。
⑨ 上海博物馆青铜器研究组：《商周青铜器纹饰》图366，文物出版社1984年版。

有第二基音标志，可见确是首钟和次钟，其正鼓纹和最小的一件完全相同，理应给它另立一个小式。近年陕西扶风出土的一件师𩵦钟（残），其正鼓纹几乎和克钟丝毫不差（图五，3，略）①，其年代当必相同或相近。

Ⅰ23式蛇角和Ⅰ22式目纹角的差别很小，仅在于前者的目纹移近角端而已。我们推测，它当是由后者演变而来。据今所见，可暂依其喙鼻配搭方式的不同分为两个小式，即喙侧细鼻式——Ⅰ23a式和喙端细鼻式——Ⅰ23b式。西周晚期的逨钟（图五，4，略）②和汈其钟（图六，1，略）③即其适例。钟喙鼻配搭方式一仍旧贯，但体上无鳞纹，而背上有目纹。汈其钟体上亦无鳞纹，而喙甚短，细鼻接在喙端上角，又在其下方用细阴线勾画出一个类似上卷长吻的矩尺形框，汈其钟今存六件，其最大者和最小者的正鼓纹毫无二致，可见它自成一式。

Ⅰ3式目前仅见西周晚期前段虢叔旅钟一例，见于著录者有七件，然其大者与小者角形略异，如第四钟（图六，2，略）④与第六钟（图六，3，略）⑤，前者角有歧尾，而后者无。按常理推断，前者角式为标准式，后者当是前者的简省式或变式。

Ⅰ4式目前可暂依其角的有无或形状的不同分为三个亚式。

Ⅰ41式为目纹角式。今知最早的一例是上海博物馆藏西周晚期的龙纹钟（图六，4，略）⑥，其造型和技法仍守成规，唯龙体作饰有目纹的歧尾单体。晚于此例的材料目前还未见到。

Ⅰ42式为花角式。此式例子也不多见，今举西周末期虢季钟（图七，1，略）⑦和春秋晚期龙纹钟（图七，2，略）⑧二例。它们都是粗阳线单体，无足。一望即知，在造型上仍守旧范，只是大为简化而已。由于前者仅在龙体上缀一道细阴线，显得古朴些，而后者通体施以细阴线双钩，并在鼻上增饰一个目纹，看上去就明丽些。这二者相距年代较远，风格有别，其间恐有缺环。

Ⅰ43式为无角式。目前仅见"永宝用"钟一例（图七，3，略）⑨。顾龙尾两歧，鼻上卷遮盖在头上方。该钟各部纹饰、铭文字体及形制和春秋早期内公钟完全相同，并且同为清宫旧藏，共同著录在《西清古鉴》卷三十六内，可见它们当属同组，而其正鼓纹确是自成一式。

---

① 高西省：《扶风巨良海家出土大型爬龙等青铜器》，《文物》1994年第2期。
② 刘怀君：《眉县出土一批西周窖藏青铜乐器》，《文博》1987年第2期。
③ 中国社会科学院考古研究所：《殷周金文集成1》，中华书局1984年版，第192页。
④ 陈佩芬：《上海博物馆新收集的西周青铜器》，《文物》1981年第9期。
⑤ 北京图书馆金石组：《北京图书馆藏青铜器铭文拓片选编》15，文物出版社1985年版，第11页。
⑥ 上海博物馆青铜器研究组：《商周青铜器纹饰》图341，文物出版社1984年版。
⑦ 河南省文物研究所：《三门峡上村岭虢国墓地M2001发掘简报》，《华夏考古》1992年3期。
⑧ 上海博物馆青铜器研究组：《商周青铜器纹饰》图414，文物出版社1984年版。
⑨ 中国社会科学院考古研究所：《殷周金文集成1》，中华书局1984年版，第4页。

Ⅰ5式目前也仅见一例，即春秋早期的鲁原钟（图七，4，略）①。它那立在龙尾上的细阴线象鼻纹当是从喙端移来，长角上那一道竖条纹或许是由鳞纹或目纹简化而成，而龙体上那片象征性鳞纹却仍保留不变。

Ⅱ型正鼓纹目前所见例子不多，可暂依其角之有无分为有角式——Ⅱ1式和无角式——Ⅱ2式。

Ⅱ1式现知最早是上海博物馆收藏的另一件西周晚期龙纹钟（图八，1。略）②。晚于此例的目前已公布的也仅见山东海阳嘴子前村春秋晚期M1出土的编镈一例（图八，2，略）③。这两例同一造型，但前者体形粗壮，而后者瘦削；前者线条圆劲，而后者方峭；特别不同的是后者在两个顾龙纹中间增饰了一个重环纹。这不仅显示出不同的地区风格，也表明了不同的时代特征。正因如此，其间可能存在缺环。

Ⅱ2式目前也仅见春秋晚期邾公华钟（图八，3，略）④和春秋末期邾公钲钟（图八，4，略）⑤两例。它们的造型和技法不同于Ⅱ1式。顾龙纹的头部和牙明显加大，并有明显的大下巴而无角，躯干简化为单体。整体用细或粗阳线勾勒，填以密集的细阳线连续三角云纹。这样一来自然使得顾龙纹面目全新，别具一格。前者顾龙抬头面向外，大体还保留着原来模式，而后者却向下向内转180°，则当是前者的变形。

Ⅲ型无牙鼻，躯干多为单体，而在造型上无大改变，在技法上也是一仍旧贯，因知它当是从Ⅰ型演化而来。目前可暂依其角的长短，分为长角和短角二式，即Ⅲ1式和Ⅲ2式。

Ⅲ1式还可进一步分为常式（标准式，Ⅲ11）和变式（Ⅲ12）这样两个小式。

目前所知最早的Ⅲ11式实例是西周晚期的兮仲钟（图九，1，略）⑥。它的特征是额前长弯角与脑后短弯角相接，并在额角前饰一个类似顾龙双足的阴线纹，姑称之为双足纹。罗振玉旧藏昆兆王钟⑦正鼓纹（图九，2，略）⑧与此例相同，但其左右两半连在一起，颇不多见。该钟形制纹饰与此例完全相同，其年代当相同或相近，不会晚于春秋早期。宣世的叔旅鱼父钟正鼓纹（图九，3，略）⑨与上例基本相同，只是上下吻反向翻卷，目作椭圆形。而西周末期到春秋初期的山西曲沃北赵晋墓M93钟正鼓顾龙纹（图九，4，略）⑩，其龙喙一如兮仲钟，并且也缀有双足纹，但也保留较

---

① 中国社会科学院考古研究所：《殷周金文集成1》，中华书局1984年版，第18页。
② 上海博物馆青铜器研究组：《商周青铜器纹饰》图340，文物出版社1984年版。
③ 滕鸿儒、王洪明：《山东海阳嘴子前村春秋墓出土铜器》，《文物》1985年第3期。
④ 中国社会科学院考古研究所：《殷周金文集成1》，中华书局1984年版，第46页。
⑤ 刘体智：《小校经阁金文拓本》1·30，1935年。
⑥ 北京图书馆金石组：《北京图书馆藏青铜器铭文拓片选编》15，文物出版社1985年版，第12页。
⑦ 罗振玉：《梦鄣草堂吉金图》续1，1917年。
⑧ 中国社会科学院考古研究所：《殷周金文集成1》，中华书局1984年版，第46页。
⑨ 天津市文化局文物组：《天津市新收集的商周青铜器》，《文物》1964年第9期。
⑩ 北京大学考古系等：《天马——曲村遗址北赵晋侯墓地第五次发掘》，《文物》1995年第7期。

多的祖型成分，如仅有额上长角、双体、双足等即是。这不仅反映出周系文化的大同，也反映出地区文化的小异。春秋晚期晋国子犯钟比起 M93 钟就大为简化，不但喙部仅是象征性，而且体下双足和角上双足纹也全都略去（图九，5，略）①。

Ⅲ 12 式的有关资料虽然目前公布的很有限，但其变化不一，所以暂且归为同式。下面试举三例。

首例是江苏东海庙墩 M1 出土的春秋前期钟（图一〇，1，略）②，其龙首向下再向内翻转 270°，做仰视状，而长角移至外侧。第二例是山东海阳嘴子前村春秋晚期前段 M4 钟（图一〇，2，略）③，其龙首向下转 90°，做俯视状，而长角仍保持原位。第三例是嘴子前村春秋晚期 M1 钟（图一〇，3，略）④，其龙首向下向内翻转 180°，做俯首内视状，而长角仍在外侧。这三例都是出自毗邻的沿海地区，它们自然具有较多的共性，而比中原地区则较多独特性。

现知Ⅲ 2 式的最早例子是西周晚期的单伯吴生钟（图一一，1，略）⑤。其构图较为质朴，用内填一道顺向细阴线的粗阳线勾画而成，单体，歧尾下垂，一歧内卷，一足，长喙上卷，脑后有短角。由于纹饰较小，在两侧及上方增饰八个对称的窃曲纹作为辅纹。

晚于上例的现知有约为春秋中期的传洛阳出土的鸾纹钟（图一一，2，略）⑥一例。其顾龙形象略有改变，即额前多生一角，直尾，双足。其技法是在粗阳线内填以适宜的细阴线云纹，并在顾龙胸前和尾上增饰"T"形纹和"Γ"形纹，使得整个纹饰具有一些秀雅之气。

以上二例造型基本相同，但是还存一些明显的差异，年代相去也稍远，其间可能有缺环。

近年河南洛阳西工区战国中期或稍后的 M131 出土一组编钟，其正鼓纹和鸾纹钟几乎无别（图一一，3，略）⑦，只是在正中下方增饰一个粗阳线圆圈纹。据此看来，Ⅲ 2 式沿用年代较长。

上举第一例单伯吴生钟之单乃西周、春秋东都（在今河南洛阳市东郊）王畿内采邑，第二、第三两例均出土于洛阳，它们属于同一地区，无怪乎都使用Ⅲ 2 式正鼓纹。

Ⅳ型正鼓纹，据目前所知，始见于春秋中期中原地区，因已公布的有关资料不

---

① 张光远：《春秋晋国子犯和钟的排次》，《中国文物报》1995 年 8 月 6 日。
② 南京博物院等：《江苏东海庙墩遗址墓葬》，《考古》1986 年第 12 期。
③ 烟台市文管会等：《山东海阳嘴子前村春秋墓的发掘》，《考古》1996 年第 6 期。
④ 海阳县博物馆等：《山东海阳嘴子前村春秋墓出土铜器》，《文物》1985 年第 3 期。
⑤ 中国社会科学院考古研究所：《殷周金文集成 1》，中华书局 1984 年版，第 82 页。
⑥ 于省吾：《双剑誃吉金图录 1》，1934 年版，第 2 页。
⑦ 蔡运章等：《洛阳西工区 131 号战国墓》，《文物》1994 年第 7 期。

是很多，暂按其喙鼻搭配方式分为二式，即Ⅳ 1 式——喙接粗鼻式和Ⅳ 2 式——喙鼻一体式。

Ⅳ 1 式的最早一例是河南辉县琉璃阁春秋中期卫墓 M 甲出土的编镈（图一二，1，略）①。其造型和出现年代相当的Ⅰ 13 式基本无异，只是没有獠牙而已，看来其间必有紧密关系。整个纹饰用密集的并行细阳线勾画而成。这是钟镈正鼓对称顾龙纹所采用的一种新技法。

春秋晚期前段的例子可举琉璃阁卫墓 M80 铃钟（图一二，2，略）②和淅川下寺楚墓 M2 王孙诰钟（图一二，3，略）③。它们的造型比起上例来仅有极其细微的改变，不过后者下吻向后翻卷却较招眼。前者用带有双钩细阴线的粗阳线勾画而成，而后者虽然也像上例那样使用密集并行细阳线，但每画都用突阳线勾勒，并在每画起笔处施用突起的螺旋纹，使得整个纹饰好像浅浮雕式，具有明显楚器特色。春秋晚期还可举琉璃阁卫墓 M60 编镈为例（图一二，4，略）④。其造型与琉 M 甲编镈全同，但其技法仅用简单质朴的粗阳线。

战国前期的有琉璃阁卫墓 M75 编甬钟一例（图一二，5，略）⑤。其造型和技法都和琉 M 甲编镈基本一样，但龙角头写实化，并将两顾龙之间的空隙扩大，增加了牙、堞等形纹饰，似可视为本式的发展式。还应指出，它那件最小的尾钟却像琉 M80 铃钟那样，使用带双钩细阴线的粗阳线，并且省略了上面的龙角和中间的牙、堞等形纹饰（图一三，1，略）⑥，这当是由鼓部面积过小（正鼓中高不到 3 厘米）所致。

Ⅳ 2 式资料目前所见也很有限。目前可暂分两个亚式，即正立式——Ⅳ 21 式和倒立式——Ⅳ 22 式。Ⅳ 21 式的最早实例是河南新郑李家楼春秋中、晚期之际郑伯墓出土的编钟（图一三，2，略）⑦。其顾龙脑后有一上卷角，与喙一体的长角平伸，歧尾，一巨足，鼻和尾上面一歧均较长而上卷，头鼻上方空白补饰一个窃曲纹。整体用平雕粗阳线勾画，并在其内用顺向细阴线双钩而成。体上和足上还分别点缀着一个细阴线圆圈纹和两个横"S"纹。

稍晚的例子有河南新县文物保管所旧藏的一件战国前期镈（图一三，3，略）⑧。其顾龙项上有短角，歧尾下垂，一足，与喙一体的象鼻上卷，一歧短，向前伸，另一歧特长，从头上绕过和背后顾龙象鼻长歧连接在一起。从造型上看来，和上例极

---

① 郭宝钧：《商周铜器群综合研究》图版七七，文物出版社 1981 年版，第 2 页。
② 郭宝钧：《商周铜器群综合研究》图版六四，文物出版社 1981 年版，第 1 页。
③ 河南省文物研究所等：《淅川下寺春秋楚墓》，文物出版社 1991 年版，第 156 页。
④ 郭宝钧：《商周铜器群综合研究》图版七六，文物出版社 1981 年版，第 3 页。
⑤ 郭宝钧：《商周铜器群综合研究》图版九六，文物出版社 1981 年版，第 3 页。
⑥ 郭宝钧：《商周铜器群综合研究》图版九八，文物出版社 1981 年版，第 4 页。
⑦ 孙海波：《新郑彝器 1》，1937 年版，第 8 页。
⑧ 赵炳焕、寇玉海：《新郑收藏的青铜乐器》，《中原文物》1994 年第 1 期。

为相似。其技法也和上例一样，只是多施了一道顺向细阴线。可以认为，本镈也当是郑器。

Ⅳ 22式眼下只能举出陕西凤翔县博物馆收藏的该县大辛村出土的长颈钮钟一例（图一三，4，略）[1]。其时代约属春秋中晚期。其显著特点是顾龙倒立，单尾，象鼻下折，其内侧一歧引伸呈足状。顾龙项上也有一短角。技法和上二例相同，只是内缀一条顺向细阴线。

二

根据上面的初步探索，认识到西周甬钟正鼓对称顾龙纹始见于西周中期后段懿世的关中地区。有了这个初步认识，让我们再来探索它的来源。

据我们的一隅之见，这种顾龙纹形象在西周中期或较早的南方青铜器上很少见到，而在北方则较多见。为了便于探索，下面试举六例殷周青铜礼器上的这种纹饰（表 2-3-1）：

表 2-3-1　六例殷周青铜礼器顾龙纹表[2]

例号	器名和纹饰部位	时期	出土地点	图	出处
1	司母辛四足觥足纹	殷墟二期	殷墟妇好墓	一四，1	[3]
2	戈箙卣腹部辅纹	同上或稍晚		一四，2	[4]
3	利簋座部辅纹	殷末周初	陕西临潼	一四，3	[5]
4	盠方彝腹部辅纹	西周中期后段	陕西郿县	一四，4	[6]
5	仲柟父盨腹纹	同上	陕西永寿县	一四，5	[7]
6	追簋座纹	同上		一四，6	[8]

例1和例2表明，青铜礼器上下吻反向和顺向张开的两种顾龙纹，早在殷墟文化二期就已经出现。其后西周的例3和例4，除了体、角形状略有变化外，其造型和前两例无异，因知西周青铜礼器顾龙纹当和殷代青铜礼器有着传承关系。例5和例6

---

[1] 赵丛苍：《介绍一组青铜钟、铃》，《文博》1988年第3期。
[2] 李纯一：《周代钟镈正鼓对称顾龙纹断代》，《中国音乐学》1998年第3期，第57页，原表一。
[3] 中国社会科学院考古研究所：《殷虚青铜器》376图三二，4，文物出版社1985年版。
[4] 上海博物馆青铜器研究组：《商周青铜器纹饰》图31，文物出版社1984年版。
[5] 临潼县文化馆：《陕西临潼发现武王征商簋》，《文物》1977年第8期。
[6] 李长庆、田野：《祖国历史文物又一次重要发现》，《文物参考资料》1957年第4期。
[7] 沈之瑜：《仲柟父盨跋》，《文物》1965年第1期。
[8] 文物出版社：《中国古青铜器选》图44，文物出版社1976年版。

表明，到了西周中期后段顾龙纹开始作为一种主纹，并且有了明显的发展，如象鼻般长鼻、象牙般獠牙等增饰的出现即是。

现在让我们再拿西周甬钟正鼓Ⅰ、Ⅱ两型有牙类顾龙纹的初始造型来比较，一望即知它们是和例5、例6十分相似。揆其原因，恐怕是由于它们就近取法于同属青铜器这一大类中的礼器。为了适应甬钟鼓部上窄下宽这种特定独立画幅的需要，自然会有所改变和增损，比如躯体的双重化、长鼻的曲折外展、足的简化并改变形状等即是。

Ⅲ 2式和例2、例3十分接近，二者之间当有继承和发展的关系。Ⅲ 11式介于Ⅲ 2式和Ⅲ 1式之间，可能是这两式相互碰撞的结果。Ⅳ型和Ⅰ 13式的差别仅在于獠牙的有无，可以认为它是Ⅰ 13式受Ⅲ型的感应而产生的一种新的型式。

至于像叔旅鱼父钟和王孙诰钟等上下吻反向张开的龙喙，以及默钟、南宫乎钟和郑伯墓钟等的歧尾，都可以从例1、例3、例4那里找到它们的祖型。总之，周代钟镈正鼓上有牙和无牙两类顾龙纹的原型，都是本自殷周青铜礼器。

根据上面的初步探索，我们还产生这样一种认识，即出现于西周中期后段关中地区甬钟正鼓上的对称顾龙纹，到西周晚期获得很大的发展，滋生出许多新的型式，成为当时中原地区占主要地位的一种正鼓纹饰，使得最先出现的云纹失去原有的优势而日益衰微。[①] 进入春秋时期，特别是到了后期，尽管新的正鼓纹饰层出不穷，但顾龙纹仍然不失为一种重要的正鼓纹饰，而且它的施用不再局限于甬钟，也扩及钮钟和铃钟。直到战国时期，它才逐渐消退。这就是说，它大约兴起于公元前九世纪，消退于公元前三四世纪，共六七百年，其流行时间可谓久矣。

随着时间的推移和流行区域的扩展，这种正鼓顾龙纹必然会有所演变和发展。本文初步探索到的概况是，由起源地关中地区逐渐向东扩展到山西、河南、山东等省，旁及毗邻的江苏北端沿海一带，而离起源地区及起源年代越远，由于不同地区和不同时期的文化互化，在型式上的变化就越大，并且有的在风格上还别具特色。

下面且据本文初步探索列出一个型式断代表（表2-3-2），作为本文的结束，并略供进一步探索的参考。

[①] 李纯一：《周代甬钟正鼓云纹断代》，《音乐研究》1996年第3期。

表 2-3-2　周代钟镈正鼓顾龙纹型式断代表[①]

西周		春秋			战国	
中期	晚期	早期	中期	晚期	早期	中期

```
Ⅰ 11——
         Ⅰ 12————————
                              Ⅰ 13————
         Ⅰ 14————
Ⅰ 21——————
         Ⅰ 22a——
         Ⅰ 22b——
         Ⅰ 3
         Ⅰ 41——
            Ⅰ 42————————.................
            Ⅰ 43——
               Ⅰ 5
            Ⅱ 1——————.................
                              Ⅱ 2————
            Ⅲ 11————
               Ⅲ 12————————
            Ⅲ 2——.................————————————————
                  Ⅳ 1————
                     Ⅳ 21————————————
                     Ⅳ 22
```

附注：虚线表示未见当时实例或有缺环。

追 记

近见《中国音乐文物大系·北京卷》（大象出版社 1996 年版）51 所刊载春秋中晚期琉璃阁 M 甲另一组编镈图版，其鼓纹与郱公针钟Ⅱ 2 式鼓纹略同，因而应在文中增加该例，并将断代表中的该式年代相应提前。

又《陕西卷》108 所刊载经过除锈处理的大辛钟图版和拓本，知其鼓纹属于有牙类。据此，依照我们目前的型式划分，应将Ⅳ 2 式的两个亚式取消，而将大辛钟鼓纹暂且归入Ⅰ 43 式（它应是一个变式，但因目前所见实例很少，不宜细分）。至于断代表中有关部分自应做相应的修正。即 1. 将Ⅰ 43 式延长到春秋中晚期；2. 将Ⅳ 21 式改为Ⅳ 2 式；3. 将Ⅳ 22 式取消。

1998 年 1 月 7 日

[①] 李纯一：《周代钟镈正鼓对称顾龙纹断代》，《中国音乐学》1998 年第 3 期，第 58 页，原表二。

第二节 评述与拓展

一、基本内容及意义

李纯一先生《周代钟镈正鼓对称顾龙纹断代》一文，从类型学的角度对从西周到战国时期的编钟正鼓上的龙纹进行分析，并以此来研究其发展演变。

全文共分三部分：

（一）提出当时学界对于纹饰命名的现状，从而引出下文。

（二）对纹饰进行分类。这一部分将出土和传世等能看清楚纹饰的编钟加以分类，共分出四种大的类型，每种大类型下还有更细致的分类。

（三）对纹饰进行分析。通过第二部分的梳理，探讨各类顾龙纹的来源、之间的联系和发展演变的情况。

评述：从传统的音乐考古学中的图像文物角度出发，乐器上的纹饰不属于其中，更偏向于一级的考古学科和美术考古。但考古学科的两大基石为类型学和地层学，它们都与器物的断代息息相关，而文物最基本的界定就是其类属和时间。因此，乐器上的纹饰对于乐器的断代有着十分重要的意义，更不要说有些纹饰直接指向乐器的演奏方式，如部分西周编钟右鼓部分的鸟纹即编钟的侧鼓敲击点。李纯一先生从周代甬钟的正鼓顾龙纹的型式入手，将其分为四大类，并梳理了这些顾龙纹从西周中期到战国中期的演变。提出了西周甬钟正鼓对称的顾龙纹始见于西周中期后段懿世的关中地区，且一些龙纹可以追溯到殷商时期。目前在学界中关于乐器上纹饰的研究比较少，但不得不说这是一个很重要的研究角度，李纯一先生的文章为后辈们留下了珍贵的范例。

二、作者与之相关的论著

1. 李纯一：《中国古代音乐史稿》（第一分册·增订版），人民音乐出版社 1984 年版。
2. 李纯一：《中国上古出土乐器综论》，文物出版社 1996 年版。
3. 李纯一：《周代甬钟正鼓云纹断代》，《音乐研究》1996 年第 3 期，第 55—65 页。
4. 李纯一：《困知选录》（李纯一音乐学术论文集），上海音乐学院出版社 2004 年版。
5. 李纯一：《先秦音乐史》（修订版），人民音乐出版社 2005 年版。

三、其他作者与之相关的论著

1. 邵晓洁：《楚钟纹饰及其礼乐象征》，《中国音乐学》2008 年第 3 期，第 58—67、80 页。

2. 曲文静：《功能·隐喻·观念：青铜纹饰在音乐考古学研究中的功用——以郑国祭祀遗址编钟为例》，《交响》2020 年第 2 期，第 27—35 页。

3. 罗剑鸿：《浅析西汉海昏侯墓出土编钟的纹饰特点》，《文物鉴定与鉴赏》2020 年第 7B 期，第 16—17 页。

4. 曲文静：《传统与革新——从郑国祭祀遗址编钟纹饰看两周礼乐变革之轨迹》，《南京艺术学院学报（音乐与表演版）》2020 年第 4 期，第 44—51、8 页。

第四章 《汉画像的音乐学研究》

第一节 绪论及目录

李荣有:《汉画像的音乐学研究》

——京华出版社 2001 年版

一、绪论

出土汉墓画像石（砖）、壁画等载体中的乐舞百戏艺术形象，作为汉代音乐艺术的一种物化形态和历史文化遗存，直接或间接地反映了汉代社会音乐文化生活情貌，历史地再现了汉代音乐艺术的部分内容，足以与典籍史料及其他资料相互印证，对大量散佚流失的汉代音乐文化辉煌业绩及基本发展特征，音乐艺术本体表现的形式与内容等，进行有效的发掘回收，故被现代中国音乐学界视为珍贵的音乐文物。

由于音乐艺术是伴随着人类原始文明和文化同时起步，又与人们的社会生产、生活等各方面有着极为密切的联系，是最通俗易懂，最易与人们的感情产生共鸣，最受人们倾心喜爱的艺术形式之一，经过历代文人雅士和民间艺人的琢磨切磋，升华提炼，从而成为中华民族传统文化艺术体系中最为普及、影响最为深广的分支体系。古代的人们，也以其卓越的思维和创造精神，千方百计地保存、传播这一艺术形式。镌刻在汉墓画石像砖等载体之上绚丽多姿的乐舞艺术形象，正是汉代人用另外一种艺术方式保存、遗留给炎黄子孙的珍贵音乐艺术宝典。经初步收集梳理可知，汉墓画像中的乐舞艺术形象，在出土汉代各类音乐文物中数量最大，内容最为丰富，且具有一定的稳定性和连续性，不同时期都有其不同的风格特征和形式结构体系，故成为中国古代音乐艺术宝库中璀璨亮丽的奇葩，成为进行汉代音乐文化研究的主要参考资料。

各地汉画像中所反映的艺术形象是丰富多彩的，涉及汉代社会生活中的方方面面，包含政治、经济、军事、文化艺术、宗教信仰等领域的内容。就目前所见，约有农业生产、畜牧、渔猎、制盐、酿酒、粮食加工、冶铁、纺织、建筑、商业、美术、书法、音乐、舞蹈、杂技、曲艺、戏剧（雏形）、武术、体育、游戏、天文、教育、医学、历史故事、神话传说、古贤圣人、奇禽异兽、民风民俗、礼仪、教育、对外交往、战争、室内陈设和装饰、各种用具和兵器、庖厨、服饰等方面内容，可谓一部博大精深的汉代历史文化图史。

分类研究可知，在汉画像艺术总类中，反映汉代社会现实文化生活的内容最多，占汉画像内容总量的80%以上，其中描写社会音乐文化生活的乐舞百戏的内容占较大比例。这充分反映出音乐文化在汉代社会，特别是民间的文化生活中占据了重要的地位。这与当时我国历史文化发展的进程，以及人类文化艺术发展进化的规律是相符合的。因为在当时，作为文学语言艺术的诗、赋等艺术形式，虽然已成为上流社会阶层及文人墨客们享乐的工具，但对于普通百姓却依然高深难懂，不可能达到广泛的普及和提高。只有音乐艺术具有天然的可接受性和激发人们美感的基本功能，才有可能成为汉代普通民众娱悦和享乐的主要手段。

汉画像中的音乐艺术形象，以其恢宏阔大的气势场面、丰富多彩的形式内容、绮丽玄妙的技艺技巧、深沉雄大的文化意韵和迷离浪漫的艺术风格等特征，集中概括地再现了典籍史料中较少涉及的两汉社会音乐文化面貌和业绩，填补了中国古代音乐文化史的一些空白和不足。同时，从一个侧面充分展现出两汉雄踞、继往开来的历史文化背景，开拓进取、锐意创新的时代精神，以至于备受音乐学界和其他相关学科的热切关注。

在汉画像的音乐艺术形象中，既可以看到远古祭祀乐舞（巫舞）的痕迹，又可看到集先秦雅乐与汉时各种音乐风格（含雅声、楚声、秦声、新声等）为一体的综合艺术风格特征。如河南南阳草店西汉墓出土乐舞百戏画像石、山东沂南北寨村东汉墓出土乐舞百戏画像石、江苏徐州铜山汉王东汉墓出土乐舞百戏画像石、四川成都羊子山出土东汉墓乐舞百戏画像石等，都生动地展示出集继承性、包容性和创造性为一体的两汉时代精神和文化特征。同时还可看到许多新生成的独立艺术形式，如鼓吹乐、鼓舞乐、相和歌乐、丝竹乐、杂舞、百戏等，则反映了汉代各种不同音乐艺术形式的繁荣发展。另从服饰、道具、人物形态、艺术表现、组合方式等方面，均可反映出在汉代统一的文化背景中，全国共同性音乐文化思维模式和艺术表现的共同性特征已经基本形成，而各地域间传统的文化特色也深深地镌刻在历史的模板上。

从各地所见汉代音乐文物资料来看，汉墓中出土乐器实物总量较少，大量出土的是绘有乐舞百戏艺术的画像石（砖），少量墓室壁画和器皿上的乐舞画像，另有一些立体雕塑的乐舞俑等图像，以上内容占出土音乐文物总量的95%以上。特别是出土先秦时期礼乐重器较多的中原地区，一反常态，少见成批的乐器出土。经与史料文献进行综合考证与比较研究可知，秦汉以来，随着社会历史文化的转型和音乐观念的改变，清新优美的民间音乐逐步取代了先秦钟磬乐的统治地位和繁荣局面，礼乐重器由成编的主奏乐器转而成为零星的节奏性乐器；汉人的墓葬观也产生了极大变化，随葬音乐文物由先秦时期的以乐器实物为主，转而以各类画像与图像为主。其主要类型有：①墓室饰画：含石（砖）刻画、壁画等。②器物饰画：含棺椁刻画、陶器刻画、铜器刻画、帛画、镜画等。③立体雕塑：含陶俑、石雕俑、泥塑俑等。从出土汉画像资料来看，汉画像石（砖）刻画的覆盖区域最大，数量最多，内容和表现形式也最丰富多彩，是汉代音乐文物的主要组成部分，亦成为汉代音乐文化研究的主要对象。

汉画像音乐文物的形成与发展，不是一蹴而就的，要经历一个孕育、演变与发展的过程。对于汉画像音乐文物的合理利用，也要经过一个发现、发掘、梳理和研讨的过程。因此，在当今的学术研究中，考古学与音乐学两大研究体系之间，就极其自然地逐步相互渗透、相互作用，甚至混为一体，共同对一些历史的疑难问题做出必要的阐释。本书旨在前人研究的基础上，通过对各地出土汉画像音乐文物资料进行音乐学的考证研究，对其所反映的汉代音乐艺术的类别、表现形式、形式特征，汉代社会音乐文化繁荣发展的特点、特征、原因、历史地位及对后世之影响等方面，作初步的系统的剖析，重新审视其历史作用和现实意义，并以此探讨中国传统音乐文化发生发展的历史渊源和内在规律，继承与弘扬古代优秀音乐文化遗产，为中国现代音乐文化的发展提供有益的借鉴。

二、目录

前记
序一
序二
绪论
第一章　汉画像音乐文物的发现与研究
……
第二章　汉画像音乐文物的类型与分布
……
第三章　汉画像音乐文物繁盛的背景
……
第四章　汉画像艺术的类别及学术价值
……
第五章　汉画像歌舞艺术的表现形式
……
第六章　汉画像器乐艺术的表现形式

......

第七章　汉画像散乐百戏的表现形式

......

第八章　汉画像音乐艺术的形式特征

......

第九章　汉代音乐文化的发展特点

......

第十章　汉代音乐文化发展的体系特征

......

第十一章　汉代音乐文化繁荣发展的原因

......

第十二章　汉代音乐文化的历史地位

......

后记

附一：插图目录

附二：参考文献

第二节　评述与拓展

一、基本内容及意义

《汉画像的音乐学研究》是全国艺术科学"九五"规划项目"汉画与汉代音乐文化研究"的研究成果之一。全书共十二章，下面拟分为三个部分进行介绍。

第一部分：第一章至第三章，汉画像音乐艺术研究综述、画像类型及产生的背景。

第一章，汉画像音乐文物的发现与研究。按时间顺序梳理前人研究成果，分为早期发现阶段、科学开发阶段和学科孕育阶段。

第二章，汉画像音乐文物的类型与分布。按制作方法将汉画像音乐文物分为刻画类和绘画类，按地域分为苏鲁豫皖区、南阳区、四川区及其他区域，对各种形式、各区域的汉画像特征进行分类探讨。

第三章，汉画像音乐文物繁盛的背景。对汉画像音乐文物产生的历史、社会背景进行探讨。

第二部分：第四章至第八章，汉画像音乐艺术的内容与形式特征。

第四章，汉画像艺术的类别及学术价值。对目前已有汉画像音乐图像资料进行整理归纳，按画像内容分为歌唱、舞蹈、器乐、散乐百戏等四类。结合古代文献记载，探讨各类音乐画像的内容与特点，并对其中所体现的音乐史学价值、音乐社会学价值、音乐民族学价值进行评述。

第五章，汉画像歌舞艺术的表现形式。将汉画像上歌唱的形象分为纯人声歌唱和配以管弦的歌唱；舞蹈的形象分为自娱性舞蹈和娱人性舞蹈。

第六章，汉画像器乐艺术的表现形式。将汉画像上器乐演奏形象分为伴奏和独奏、合奏等。

第七章，汉画像散乐百戏的表现形式。将汉画像上散乐百戏形象分为混合表现形式和单项表现形式。

第八章，汉画像音乐艺术的形式特征。从乐人、服装与化妆、布景与道具等角度探讨汉画像音乐艺术的演艺形式特征；从殿堂、庭院、广场、楼台等场景探讨汉画像音乐艺术的表演场所特征等。

第三部分：第九章至第十二章，汉代音乐文化的特点。

第九章，汉代音乐文化的发展特点。恢宏浪漫的音乐风格，多姿多彩的器乐艺术和综合多元的音乐艺术形式，传统音乐文化雅俗交融并存的发展格局和"包容性"特质。

第十章，汉代音乐文化发展的体系特征。作者认为，雅俗并存是汉代音乐文化发展的动力和基本特征。

第十一章，汉代音乐文化繁荣发展的原因。将汉代音乐文化繁荣的原因总结为五点：社会历史发展、统治者开放的观念、坚实的经济基础、音乐本体发展规律以及文化艺术共同性发展规律的作用。

第十二章，汉代音乐文化的历史地位。确立了中国传统音乐文化的基本特征、影响孕育了相关文化艺术形式等。

评述：本书是对汉画像音乐艺术的概论性专著，也是相关方面的第一部专著。作者不仅分类整理了汉画像音乐艺术的全部资料，还对与之相关的社会背景、历史背景、汉代音乐文化等进行了多层次、多角度的探讨。本书角度全面、内容丰富，使读者能够对汉画像中的音乐艺术产生全面、系统的认识。

二、作者与之相关的论著

1. 李荣有：《汉画与汉代音乐文化探微》，《文艺研究》2000年第5期，第94—101页。

2. 李荣有：《汉画中的纯器乐演奏图及其历史文化价值》，《中国音乐》2000年第4期，第52—55页。

3. 李荣有：《音乐图像学的历史现状与未来发展刍议》，《中央音乐学院学报》2006年第1期，第94—100、135页。

4. 李荣有：《中国音乐图像学导论》，《南京艺术学院学报（音乐与表演版）》2017年第4期，第17—22、7、103页。

5. 李荣有：《礼复乐兴：两汉钟鼓之乐与礼乐文化图考》，中国社会科学出版社2012年版。

6. 李荣有：《中国音乐图像学概论》，人民音乐出版社2019年版。

三、其他作者与之相关的论著

1. 廖奔：《论汉画百戏》，载南阳汉代画像石学术研讨会办公室编《汉代画像石研究》，文物出版社1987年版，第107—123页。

2. 孙景琛、刘恩伯：《谈汉代乐舞画像石与画像砖》，载南阳汉代画像石学术研讨会办公室编《汉代画像石研究》，文物出版社1987年版，第124—140页。

3. 李幼馨：《南阳汉代画像石刻中的音乐艺术》，《南都学坛》1992年第4期，第14—19页。

4. 冯建志：《汉画像音乐文物的民俗特征》，《中国音乐》2004年第3期，第125—127页。

5. 陈欣：《论南阳汉画像的乐舞形态及音乐文化特征》，《黄钟》2008年第3期，第47—53页。

6. 杨青云：《四川汉代画像砖石乐舞图像研究》，硕士学位论文，四川省社会科学院，2017年。

7. 王歌扬：《略论鲁迅所藏南阳汉画像拓片中的音乐图像》，《中国音乐学》2021年第4期，第37—44、64页。

第五章 《台北故宫博物院绘画中的音乐图像研究》

第一节 原文

吕钰秀：《台北故宫博物院绘画中的音乐图像研究》

——《音乐探索》2002年第2期

一、音乐图像学研究的普遍概念

音乐图像学的研究对象是具音乐主题的视觉艺术品。潘诺夫斯基（E.Panofsky）认为其研究"与艺术作品的题材内容或含义有关，而与形式无关"[①]。塞巴斯（Seebass）并从潘诺夫斯基对于艺术图像的解释过程中[②]，节录出艺术学者研究图像的三个步骤[③]。步骤一为描述图像中具象的事物，并探讨每件事物的事实部分。步骤二为尝试去描写事物在图像内的故事及场景中之来源，并进一步讨论事物在此场景及故事下超自然的寓意或象征意义。在此应考虑到文化传统对画家在事物的描绘上所产生的影响，此步骤为图像描写式的分析（Iconography）。而图像研究的第三步骤则探讨图像整体的意义，因图像本身具备文化的特征及典型，其受艺术家个人的风格、赞助者的期望或群众的意愿等所影响，此步骤为图像的观察及诠释层次（Iconology）。但塞巴斯的三步骤，在大部分音乐图像研究者的应用上，仍停留在第一及第二步骤，因此当今在音乐学中对于图像的研究，普遍应用的术语乃为Iconography。

许多音乐活动情形，现今可能已经不存在，或者有了许多的改变。而音乐图像的研究，对于了解过去的音乐活动，提供了很多的讯息。布朗（H.M.Brown）对于音

---

① Brown and Howard Mayer,*Iconography of music*,*The New Grove Dictionary of Music and Musicians*,9,NewYork:Oxford University Press,1980,p.11.

② Brown and Howard Mayer,*Iconography of music*,*The New Grove Dictionary of Music and Musicians*,9,NewYork:Oxford University Press,1980,p.11；余秀兰：《"音乐图像学"概念之厘清及其在敦煌学上的运用》，载《艺术论衡》，台南成功大学艺术研究所1995年版，第68—78页。

③ Genevieve Seebass, *Iconography and Ethnomusicology*, New York and London：W. W. Norton, 1992,pp.238–244.

乐图像所提供的讯息内容，做了以下四点的归纳[①]：

1. 乐器史方面

图像对于乐器的研究有很大的帮助，有关乐器的外型结构、持乐器的姿势变化及乐器的演进发展等，都可借图像获得信息。

2. 表演史方面

音乐图像显示了音乐活动的演出场合、乐团组织及听众形态等，在其中不但可研究音乐的声响状况，更可了解音乐在社会中的功能。

3. 作曲家方面

作曲家的图像，显示了作曲家的生涯与其创作环境。借着这些图像能了解作曲家的生活和工作环境；其和师友或家人间的相处；作曲家最爱或最常去的地方等。从这些图像中不但能更了解音乐家本人，而且能更深入了解其所创作的音乐，使作曲家这位历史人物更人性化。

4. 文化史方面

从音乐图像所提供的内容描写，可探讨文化习俗，探讨音乐要素在绘画场景中的隐喻及象征，也可探讨此图像在文化下的哲学意义。

二、台北故宫博物院名画研究

1. 内容界定

不同于文学或视觉艺术，音乐价值的存在，在于它是一种声响现象。声音稍纵即逝，不留痕迹，故而对于古代音乐声响的研究，除了借助当今仍存在，且具有历史传统的音乐表演来追溯其根源外，也可依靠文献及图像中对于音乐活动的描述与展示来推断。本论文以台北故宫博物院名画中所显示的音乐声响概念为主要研究对象，探讨这些图像中的声响在文化下所隐含的意义。

2. 研究范畴及步骤

东汉蔡伦虽已改良造纸术，使纸张不再昂贵，但其实际大量应用于绘画上，应是较晚之事。台北故宫博物院资料室中，名画资料档案的建立开始于唐朝，结束于清末。这也正是本研究所界定的时间范畴。

而本论文研究的第一步，乃针对台北故宫博物院资料室所提供的名画照相图片，做地毯式搜寻，确定音乐图像的数目。第二步为整理归纳这些图像所表达的音乐内容，并加以分类。第三步为借助文献记载或当今仍在实践的音乐传统，探讨图像中的内容呈现的声响情形及其在文化下的特征与意义。

经翻阅资料室中 6000 多幅名画的照相图片后，可发现约有 7%，也就是约有

---

① Brown and Howard Mayer,*Iconography of music*,*The New Grove Dictionary of Music and Musicians*,9,NewYork:Oxford University Press,1980,p.11.

450 幅图像具音乐内容。

3. 研究的困难性

在图像的创作中，艺术家优先考虑的事情可能不是音乐，而是画面结构的美感，艺术家的表现，也可能受艺术传统中固定相传的风格及笔法的约束，而减弱其写实性。另外，艺术家是否有关于音乐方面的正确知识、其创作是否有特定目的（例如欧洲许多宗教图像中，为了让天使的排列能左右对称，则其中一边的天使持乐器的姿势和另一边正常持乐器姿势会完全相反[①]）等，都可能影响到此绘画所提供音乐讯息的可靠性。例如在画家想象出来的神话或历史画中，就有可能出现当代的乐器，这些都是音乐图像分析者在诠释图像内容时，必须加以判断、仔细检验的部分。

台北故宫博物院名画中音乐图像的出现，以在表达文人意识的作品中占多数。由于文人画的风格特质，加上艺术家创作时的考虑，在地毯式搜寻的工作中，主要遇到以下几个问题：

（1）音乐内容问题

台北故宫博物院图像中的音乐活动，除了乐器图像为具体的音乐展现形式外，其他许多音乐活动，并无法从图像中立即确定。例如文献中记载，拉纤活动时常伴以劳动号子，但遇到图像中有拉纤活动时，却无法确定其是否同时伴以歌唱（如明钱谷、张复合画《水程图》）；又或常见标题中（如清钱维城《云壑钟声》或清胡桂《秋山琴话》）或图中题诗部分（如清张宗苍画《寒山晓钟》题诗部分有"……寒山钟声清晓传……"）有音乐声响的文字出现，但绘画作品却不见音乐图像。这一类只能臆测，或只具文字揭示而具实质音乐内容的图像部分，在此不纳入本论文讨论范围。

（2）形似问题

苏轼有言："论画以形似，见与儿童邻"，在此思维影响之下，台北故宫博物院的收藏中包含了许多轻形式而重意境内涵的绘画作品。而描绘音乐活动的图像，或许受音乐声响本身抽象性格的影响，又以出现在重意境的绘画中居多。因而对于真实音乐活动的研究，这些画作所能提供的资讯是十分有限的。

（3）画面大小问题

以画面构图而言，许多画家在其绘画内容中，只把音乐演奏的部分视为全景的点缀，因此音乐活动情形只占整幅画面中非常小的一个部分。台北故宫博物院名画中最常见的音乐图像乃出现在以山水为主、人物为点缀的画面中，如要做乐器具体结构的细部研究，则困难颇多。

[①] Emanue Winternitzl,*Musical Instruments and their Symbolism in Western Art*，New York：Yale University Press,1979,p.32.

（4）临摹问题

临摹是中国绘画中常见的一种手法。而从台北故宫博物院图像标题中可直接分辨出具临摹手法的"摹"（如宋郭忠恕摹顾恺之《兰亭宴集图》）、"临"（如宋郭忠恕王维临《辋山图》）、"仿"（如清张宗苍仿董北苑《笔意》）及"傲"（如清王时敏傲王蒙《山水》）这四个字眼。此四字眼分别代表了临摹画与被临摹画之间的相似程度。"摹"为将薄纸覆盖于画上拓之，为直接模仿，讲求一模一样，重其形式[①]。"临"则有两种，或如抄画般所谓的对临，或如背画所谓的背临。前者将原画放在一旁参照着画，后者则将原画记忆下来后凭印象来画，重形式及神韵。"仿"和"傲"则较重视笔下画法，只模仿原画用笔风格，画面构图可能与原画大不相同。与"摹""临"相比，"仿""傲"和原画的差距最大。除此之外，尚有在标题中不具临摹之名，却有临摹之嫌的图像。如元任仁发《横琴高士图》与明文徵明临赵孟頫《空岩琴思》二幅画，在构图上十分相近。在此赵孟頫（1254—1322）和任仁发（1255—1327）两位艺术家所生长的时间几乎相重叠，画作的构思孰先孰后固难评断，但二者在此却各自有其标题，企图显示自我创意。且临摹多为师古人之作，同辈间的模仿，可能性并不大，因此二者有可能都是临摹另一位前辈大师之作，但从标题中却未见任何提示。

国画大师孙家勤先生认为，在"摹""临""仿""傲"之间，画家本人所处的时代画风还是多少会流露其中。除此尚有如上所述，在标题中并未提示其为临摹之作的情形存在。因此对于乐器形制的判断、实际演奏的研究及音乐于艺术家所生时代下文化意义的探讨，都需格外谨慎。

三、名画中的声响内容与文化意义

前文布朗所提及的四个研究对象中，由于中国音乐史并不如西方音乐史般重视创作者，故而在台北故宫博物院名画图像中几乎没有提供任何作曲家方面的信息。此外，形式及画面大小等问题，也使得乐器实物及实际表演的研究上有许多盲点。但大量音乐图像中所表现的意境，为研究其背后所隐含的文化意义，则提供了许多线索。在此依照音乐图像在绘画中所出现的形式内容，将其归纳为文人意识图像、宗教活动图像及非文人的世俗生活题材图像三种类型探讨。

1. 文人意识图像

文人参与绘画，北宋已成风气，在中国绘画史上其风格有别于院体画及民间画。文人画取材于大自然，不刻意求精，讲求笔墨气韵及个性，以简单朴素为审美观[②]。

---

① 参见沈柔坚编《临摹》，载《中国美术辞典》，台北雄狮美术1989、1997年版，第76页。
② 参见高木森《中国绘画思想史》，台北东大图书公司1992年版，第295—351页。

明清时，文人画更成为画坛主流①。台北故宫博物院的音乐图像大部分出现于文人画中。而文人意识图像中的音乐情景，又以独奏的形式较多。下面以独奏乐器在图像中出现的情形，分别加以叙述。

(1) 古琴图像

古琴图像在整个音乐图像数目上，占有很大的比例，为总数的46%。但在许多图像中，此乐器都为山水景色或田园庭院的点缀。依绘画中人物布局，可分为文人（及书童）单独出现（如唐卢鸿《草堂十志图》之一）或以琴会友的形式（如明尤求松阴《博古图》)，并交织着不同的构图，如由书童携琴跟随于文人之后（如清邹一桂画《山水》)，文人正在弹奏乐器或文人将乐器暂放在一旁享受自然风光（如元倪瓒、王蒙合作《山水》）或与友人聊天（如明文徵明《茂松清泉》)。

这些图像让人感受到，古琴和文人间密不可分的关系。从音乐表现上以独奏为主的构图来看，可见文人与世隔绝，以琴而隐，寄居僧舍的心态。而画面中乐器被演出的场所，常伴有古松、激涧、峭岩及深谷。梁铭越认为，古琴乐器本身的音量是如此微弱，图中的文人如何能在这倾泻的瀑布、沙沙的松针及淙淙的流水声中听到自己所弹出的音乐？心灵的感受在此时已超越双耳的聆听②，显示弹奏此乐器的主要目的并非音乐表现，而是在自我冥想中修身养性。这些图像不但表现出了儒家的独善其身、道家的退隐避世，也含有佛教的超越尘世、梵我合一的思想。这种在元、明、清占大多数的构图内容，显示在政治的不平等下，文人对待社会的方式多为消极的逃避，而古琴正是这种消极思想下用来宣泄感情的工具之一。

此外，构图中如有听众，也是寥寥可数，这种如伯牙子期以琴会友的形式，将此音乐与三两知心好友分享的情形，显示古琴音乐并非为大众，而只为少数有相同志向及怀抱的人所特有。中国音乐经常将此乐器的地位与其他乐器划分开来，以古琴为君子、为乐之统③，代表着士大夫不与世俗同流合污的想法。

除了以上所述古琴的象征意义外，一些古琴图像还提供了音乐表现上的具体证据，例如此乐器并非男人专利，女人也可弹奏（如五代南唐周文矩《仙姬文会图》)；除了独奏外，此乐器还经常与阮形成二重奏（如明仇英《松阴琴阮》)；或在极少的图像中琴也与其他文人乐器组成小型室内乐演出形式（如明谢时臣《鹿鸣家宴图》)。

(2) 其他乐器图像

除了古琴以外，文人隐士自娱娱友的独奏乐器从图像中尚可见到阮、笛、磬、

---

① 参见周积寅《南唐画院有哪些著名的人物画家》，载上海古籍出版社编《古代艺术三百题》，上海古籍出版社1989年版，第371页。
② Liang Mingyue, *Music of the Billion: An Introduction to Chinese Musical Culture*, New York; Wilhelmshaven; Locarno; Amsterdam: Heinrichshofen, 1985, p.209.
③ 参见蔡仲德《中国音乐美学史》，台北蓝灯文化1993年版，第837页。

琵琶等。这些乐器之所以能为文人隐士所喜爱，或因其具有暗喻文人隐士身份气质的象征意义，或因其具有文人所喜好的声音特质，在此也显示了中国人的音乐审美观。

以阮为例，此乐器在汉朝已出现在中国音乐史的记载中。虽然它早期有另外的名称——琵琶，但当时的琵琶为演奏动作名称（刘熙《释名·释乐器》中曰："推手前曰枇，引手却曰把，象其鼓时，因以为名。"[1]），而实际所指的则是阮这种乐器。此乐器在文人意识图像中的出现（如宋马远《月夜拨阮》及明周臣《清泉听阮图》），不但取其有久远的历史，竹林七贤之一的阮咸弹奏此乐器，也让阮在诸乐器中有着较高的社会地位。文人怀古的心情及是古非今的情结，使此乐器成为除了琴以外文人所钟爱的独奏乐器。

除了历史久远及有道之士曾演奏过的乐器外，声音清脆的乐器也受文人青睐。声音清脆代表思想及行为的纯净，这也是文人修养的境界。而磬这种乐器出现在这些文人意识图像中，也许正因为此（如宋李公麟《竹阴磬韵》）。《澄怀录》曾提及："江南李建勋尝蓄一玉磬，尺余，以沉香节按柄叩之，声极清越。客有谈及秽俗之语者，则急起击玉磬数声，曰聊代清耳。"（《渊鉴类函》第一辑[2]）此外，中国从公元前1世纪就有的八音乐器分类法中，由于磬（属石类）在祭祀中的重要地位，让此类乐器能在八音类乐器的次序排列中一直居于较高[3]（见表2-5-1）。文人意识图像中出现此种乐器，也许和此也有关。

对于中国人而言，旋律乐器的地位一向高于节奏乐器[4]。具有音高旋律的乐器，一方面因其音乐表现的可能性，另一方面也因为音高的计算及音高理论中所隐含的神秘主义色彩，在和其他乐器相较时，则往往被认为有较高地位。笛类乐器，不但具有旋律的功能，而且笛律的计算上所包藏的玄学色彩，使此种乐器在文人意识图像中有一定的出现率（如清金廷标《仙舟笛韵》）。而牧童吹笛图的出现，则隐含有文人循隐逸的思想（如明周臣《水亭清兴图》）。

琵琶，本为胡人乐器，除了经常出现在宗教绘画中，代表此乐器传入中国的途径外，也因其不论名称（汉朝已出现）或传入（主要为魏晋南北朝时期）的历史都甚久远，而后也出现在文人意识图像中。但限于此乐器演奏技艺的繁复，文献记载

---

[1] 参见韩淑德、张之年《中国琵琶史稿》，四川人民出版社1985年版。
[2] 参见中央音乐学院中国音乐研究所编《中国古代音乐史料辑要》，新华书店1962年版，第1189页。
[3] Margaret J.Kartomi, *On Concepts and Classifications of Musical Instruments*, Chicago: University of Chicago, 1990. pp.37-54.
[4] Margaret J.Kartomi, *On Concepts and Classifications of Musical Instruments*, Chicago: University of Chicago, 1990. p.51.

还是以艺人弹奏此乐器为主[1]，而隐士乃以欣赏者的角度出现（如明唐寅《陶谷赠词图》）。除此之外，受白居易《琵琶行》文学作品的影响，常可见到山水中孤舟上有人弹琵琶的文人意识图像（如明唐寅《琵琶行图》）。

2. 宗教活动图像

绘有宗教活动的图像，不但记载了宗教仪式情形，也是善男信女的精神寄托。但这些宗教活动图像中常见到的乐团形制是否为画家当代所有，抑或出于想象和模仿，或画家是否套用其他图像中已有的乐团模式于其图中，这些问题都是在研究音乐声响世界在文化的意义下需仔细考证之处。

台北故宫博物院名画图像所表现的多为佛教音乐形式。佛教传入中国后，发展成呗赞、唱导及佛曲三部分[2]。前两部分以歌唱为主，而佛曲部分主要是器乐演奏。佛曲的特点是以乐伎演奏乐器，并经常与民间音乐相融合[3]。台北故宫博物院绘画中所见宗教音乐图像部分，常有持不同乐器的乐伎组成乐团的展现形式，具佛曲特点。在此以清丁观鹏《极乐世界图》为例，探讨此图中所表现的声响世界。

在丁观鹏的《极乐世界图》右侧边缘可见一乐团。乐团中除了有吹奏管乐者外，有一乐伎手持琵琶，另一乐伎演奏方响。琵琶在佛教音乐图像的出现，反映了此乐器与佛教的渊源。而魏晋南北朝至隋唐的许多佛教图像中之乐团组成，也经常发现此乐器，可见此乐器在这段时间内于乐团中的角色[4]。但随着此乐器在中国的发展，从韩淑德及张之年对于琵琶乐器的研究可发现，明清时期琵琶已朝向独奏形式发展[5]。文中虽也有提到小型合奏应用到琵琶的情形，但这些合奏形式并无出现于宗教活动中的记载。另一种乐器方响，在魏晋至隋唐佛教音乐中虽也常出现[6]，但明清时，此乐器的使用也只局限于宫廷雅乐[7]。此外，从北京智化寺及山西五台山寺庙内，现今仍有音乐活动的乐团中〔兴建于明正统十一年（1446）的北京智化寺及建筑可追溯至东汉明帝的山西五台山佛教寺庙，其佛教音乐乐团均由管乐及敲击乐所组成，并无使用琵琶，而敲击乐中也未见使用方响的记载[8]〕并不见琵琶及方响这两种乐器，

---

[1] 参见韩淑德、张之年《中国琵琶史稿》，四川人民出版社1985年版。
[2] 参见袁静芳《交流与共识——94年初访台有感》，《人民音乐》1994年第8期，第45页。
[3] 参见邱林《从龙门石窟看古代音乐文化》，《中国音乐》1997年第2期，第28页；孔繁洲《五台山的佛教音乐》，《中国音乐》1995年第4期，第67页。
[4] 参见中国艺术研究院音乐研究所编《中国音乐史图鉴》，人民音乐出版社1988年版，第59—103页。
[5] 参见韩淑德、张之年《中国琵琶史稿》，四川人民出版社1985年版，第161—170页。
[6] 参见中国艺术研究院音乐研究所编《中国音乐史图鉴》，人民音乐出版社1988年版，第59—103页。
[7] 中国艺术研究院音乐研究所编：《中国乐器图鉴》，山东教育出版社1992年版，第89页。
[8] 参见孔繁洲《五台山的佛教音乐》，《中国音乐》1995年第4期，第67—68页；袁静芳《交流与共识——94年初访台有感》，《人民音乐》1994年第8期，第45—46页。

而从丁观鹏图中的琵琶持琴姿势，也仍维持唐朝的横抱而非清朝的直抱来看，丁观鹏所绘《极乐世界图》中的乐团形式，在清代应已不再为佛教寺庙所使用了。但丁观鹏所绘的乐团，却可显示清朝佛教崇拜者对于隋唐佛教全盛时期活动的向往，而隋唐的乐团声响，最少是庞大的佛曲乐团组织形制，也正是清朝佛教信徒心中的天上妙音。

3. 世俗生活题材图像

非文人生活内容，而能真正提供当时音乐活动讯息的图像，在台北故宫博物院的收藏中并不多。这类音乐图像于实际描写宴会及生活情景作品中，笔触细腻且具象。图像所提供的信息有乐队的合奏情形（如唐周昉画《人物》及宋徽宗《十八学士图》）、乐器为舞蹈伴奏情形（如明唐寅画《韩熙载夜宴图》）及乐器的形制（如清汪承霈绘《御制诗意白福繁生图》）等。

从乐队的合奏中，可发现中国人对弦乐器及管乐器的偏爱。此二类乐器不但具有音高，而且能演奏旋律，宋徽宗《十八学士图》就是三件拨弦乐器加三件吹管乐器的弦管合奏形式。唐周昉画《人物》中除了弦管外，虽另有拍板的出现，但拍板在整个乐团声响出现率上所扮演的角色，并非非常积极。虽然于明唐寅画《韩熙载夜宴图》中出现的乐器为非弦管乐器类的鼓及拍板，但图中可见到此二乐器的出现是为了舞蹈的节奏。此图像显然表现出此二种乐器对于舞蹈动作的节奏性功能指示。

生活中孩童嬉戏图，或热闹的场合中有孩童嬉戏的部分，也能见到乐器的出现。伴随着嬉戏出现的乐器有小锣、小钹、小喇叭、小鼓等（如清金廷标《岁朝图》及清姚文瀚《岁朝欢庆图》）。这些乐器，在中国音乐中不需高度演奏技巧，且不具固定音高，却有一定音量。从这类乐器制造的嘈杂声响可体会中国人对热闹气氛的看法，人人可以尽情放松地发出平日不合于体的嘈杂之声，而图像中的这些乐器正符合此要求。

四、结语

绘画作品除了具有写实意义，可以图像的方式记录生活事物外，在中国艺术史上也是士大夫表达情感的工具之一。从前社会中动笔绘画的人有士大夫、画工及画匠等类。画工及画匠多以描绘实物为任务，少有机会抒发个人情感，绘画的内容较写实，是研究古代音乐活动的重要图像资料。但这些图像却长期在绘画史中属较低层地位，而台北故宫博物院音乐图像中，写实作品所占比例也不多。而士大夫的绘画讲求意境，不求形似，但其绘画却占有较高地位，在音乐图像的表现上也占很大比例。这些人在中国社会阶层中常常是独立的一群，山水中的古琴图像，正是士大夫在社会形态下的缩影。而古琴的图像在整个故宫音乐图像中，能有这么大比重的原因，在于其乐器代表着封建重压下隐逸之士审美理想及其心灵的折射。大部分的内容均以山水为主，代表着在世界观上不拘泥于功名利禄，向往于自然，向往于人格美及精神美。政治上与封建之士不合作而洁身自好，艺术上以大自然为美及灵感的源泉，向往炉火纯青式的平淡纯朴。这些在人口上只占社会极少数的艺术家所绘的图像，其表达的实际声响虽有限，但却能让人体会到，在滔滔的文化长河中，中国人心中理想的声音世界及向往的音乐内涵。

表 2-5-1 八音在不同朝代及文献中的排列顺序[①]

朝代	作者/文献	1	2	3	4	5	6	7	8
舜	—	金	石	丝	竹	匏	土	革	木
周	周礼	金	石	土	革	丝	木	匏	竹
周	左丘明/左传	金	石	土	革	丝	木	匏	竹
唐	—	金	石	木	土	革	竹	匏	丝
宋	王应麟/玉海	金	石	丝	竹	匏	土	革	木
明	朱载堉/律吕精义	金	石	丝	竹	土	匏	革	木
明	朱载堉/乐律全书	竹	土	匏	丝	金	石	革	木
清	Amiot/Memoire sur la musique des chinois tant ansiens que modernes	革	石	金	土	丝	木	竹	匏

中文参考书目

蔡仲德：《中国音乐美学史》，台北蓝灯文化 1993 年版。

陈裕刚：《琵琶在民间乐种的使用情况及其品柱位置的比较》，第三届中国民族音乐学会议论文集，贵阳、沈阳，1988 年，第 60—92 页。

高木森：《中国绘画思想史》，台北东大图书公司 1992 年版。

台北故宫博物院编辑委员会编：《故宫画书图录 1—15》，台北故宫博物院 1989—1995 年。

韩国鐄：《音乐图像学的范围与意义》，载《韩国鐄音乐文集（二）》，台北乐韵 1995 年版，第 75—85 页。

韩淑德、张之年：《中国琵琶史稿》，四川人民出版社 1985 年版。

孔繁洲：《五台山的佛教音乐》，《中国音乐》1995 年第 4 期，第 67—68 页。

[①] 吕钰秀：《台北故宫博物院绘画中的音乐图像研究》，《音乐探索》2002 年第 2 期，第 13 页，原表一。

吕钰秀：《音乐学实践》，台中 1993 年版。

邱林：《从龙门石窟看古代音乐文化》，《中国音乐》1997 年第 2 期，第 27—28 页。

周积寅：《南唐画院有哪些著名的人物画家》，载上海古籍出版社编《古代艺术三百题》，上海古籍出版社 1989 年版，第 371—374 页。

沈柔坚编：《临摹》，载《中国美术辞典》，台北雄狮美术 1989、1997 年版，第 76 页。

田岛翠：《音乐图像学》，《人民音乐》1990 年第 1 期，第 51—53 页。

杨荫浏：《中国古代音乐史稿》，人民音乐出版社 1981 年版。

余秀兰：《"音乐图像学"概念之厘清及其在敦煌学上的运用》，载《艺术论衡》，台南成功大学艺术研究所 1995 年版，第 68—78 页。

袁静芳：《交流与共识——94 年初访台有感》，《人民音乐》1994 年第 8 期，第 45—46 页。

中国艺术研究院音乐研究所编：《中国音乐史图鉴》，人民音乐出版社 1988 年版。

中国艺术研究院音乐研究所编：《中国乐器图鉴》，山东教育出版社 1992 年版。

中央音乐学院中国音乐研究所编：《中国古代音乐史料辑要》，新华书店 1962 年版。

外文参考书目

Mayer Howard Brown, *Iconography of music*, The New Grove Dictionary of Music and Musicians, 9, NewYork:Oxford University Press, 1980, pp. 11–18.

Margaret J. Kartomi, *On Concepts and Classifications of Musical Instruments*, Chicago:University of Chicago, 1990.

Liang Mingyue, *Music of the Billion: An Introduction to Chinese Musical Culture*, New York; Wilhelmshaven; Locarno; Amsterdam: Heinrichshofen, 1985.

Lu Yu-Hsiu, *Die Interpretationsstile auf der Pipa*, Diplomarbeit: Universitaet Wien, 1992.

Genevieve Seebass, *Iconography and Ethnomusicology*, New York and London: W. W. Norton, 1992, pp. 238–244.

Emanuel Winternitz, *Musical Instruments and their Symbolism in Western Art*. New York: Yale University Press, 1979、1967.

第二节　评述与拓展

一、基本内容及意义

吕钰秀《台北故宫博物院绘画中的音乐图像研究》一文，首先对于国外学者们在音乐图像研究对象上的观点进行了梳理和论述，再从台北故宫博物院名画的内容、研究范围步骤及研究的困难都分别作出了界定与分析。最后则是按照绘画的形式内容分文人意识图像、宗教活动图像及非文人的世俗生活题材图像再一一进行论述。

全文共四个部分：

一、音乐图像学研究的普遍概念。这一部分，作者首先对于潘诺夫斯基、塞巴斯两位学者在音乐图像学研究对象上的观点进行了简要阐释。而后，主要对布朗提出的乐器史、表演史、作曲家、文化史四个研究方面进行了归纳阐述。

二、台北故宫博物院名画研究。这一部分分三个方面进行论述。1.内容界定，文章以台北故宫博物院名画中所显示的音乐声响概念为主要对象，探讨图像中声响在文化下隐含的意义。2.研究范畴及步骤，文章研究所界定的时间范围，即台北故宫博物院名画资料档案的建立时间，始于唐朝，终于清末；研究步骤则分三步对其进行梳理探讨。3.研究的困难性，主要包括音乐内容问题、形似问题、画面大小问题、临摹问题四个方面。

三、名画中的声响内容与文化意义。这一部分，是依照音乐图像在绘画中所出现的形式内容，分为文人意识图像、宗教活动图像及非文人的世俗生活题材图像三种类型进行探讨。其中，文人意识图像的音乐情景以独奏为主，按照其数目，又分为古琴图像与其他乐器图像进行论述。

四、结语。这一部分作者指出，绘画作品既有写实意义，又是士大夫们表达情感的工具之一。古琴图像在台北故宫博物院音乐图像中占比大的原因之一，是它是士大夫在封建制度下的审美理想和心灵的折射。由此得出本文的主要观点，即台北故宫博物院古琴图像中的音乐声响可以反映出中国古代士大夫阶层所向往的音乐内涵。

评述：《台北故宫博物院绘画中的音乐图像研究》是吕钰秀教授任职台湾东吴大学期间，对于台北故宫博物院中的音乐图像内容尽可能地进行了全面梳理后所作的文章。该文从音乐图像学研究对象的概念，到名画内容范畴的界定及研究困难性，再进一步到其声响内容与文化意义，层层递进、架构鲜明地论述了其对于台北故宫博物院名画的音乐图像的研究步骤，并以文字的形式介绍了部分名画的内容，为大陆学者了解台北故宫博物院中的音乐图像提供了参考。

二、作者与之相关的论著

吕钰秀：《图像中的音乐史料研究视角与方法》，《中央音乐学院学报》2014 年第 3 期。

三、其他作者与之类似的论著

1. 华美惠：《故宫绘画中的儿童乐器研究》，硕士学位论文，东吴大学，2004 年。
2. 刘素杏：《故宫释道画的音乐表现》，硕士学位论文，东吴大学，2004 年。
3. 庄雅斐：《谢遂〈职贡图〉画卷中的苗族音乐文化探讨》，硕士学位论文，东吴大学，2006 年。
4. 王玉玫：《乐器被视为文化象征——以谢遂〈职贡图〉中的乐器为例》，硕士学位论文，东吴大学，2009 年。
5. 李书宜：《故宫仕女图中合奏之研究》，硕士学位论文，东吴大学，2010 年。

第六章 《宋、元、明琵琶图像考——琵琶乐器汉化过程的图像分析》

第一节　原文

郑祖襄：《宋、元、明琵琶图像考——琵琶乐器汉化过程的图像分析》

——《中国音乐学》2008 年第 4 期

中国音乐考古学的图像发掘整理，近二十多年来为音乐史研究提供了许多珍贵的史料。

唐代以后，直至明代，琵琶形制的演变向来缺少记载，使之对它的认识出现空白。而这一时期，正是琵琶这件外来乐器汉化的历史过程，也是琵琶音乐独立化、器乐化的发展过程。本文据若干考古发现的琵琶图像，试对琵琶这一历史演变作粗略的考察。

一、五代十国时期

唐代的琵琶，有四弦、五弦之分，又有曲项、直项之别。演奏时主要用拨，也有用手弹的。《通典·乐》(卷 144)：

> 旧弹琵琶，皆用木拨弹之，大唐贞观中始有手弹之法，今所谓。琵琶者是也。《风俗通》所谓以手琵琶之，知乃非用拨之义，岂上代固有。之者？(手弹法，近代已废，自裴洛儿始为之。)[1]

唐代琵琶演奏时，琴身为横抱，琴头略微朝下。

如陕西三原县唐初李寿（577—630）墓墓室北壁乐舞图像中的直项琵琶演奏[2]，唐代《宫乐图》中的琵琶演奏[3]。

五代十国时期的琵琶演奏图像，目前所见以曲项琵琶为多。其中有一个比较明

---

[1] （唐）杜佑著，王文锦、王永兴等校点：《通典·乐》（第四册），中华书局 1988 年版，第 3679 页。
[2] 参见中国艺术研究院音乐研究所编《中国音乐史图鉴》，人民音乐出版社 1988 年版，第 83 页，图一，略。
[3] 参见中国艺术研究院音乐研究所编《中国音乐史图鉴》，人民音乐出版社 1988 年版，第 90 页。

显的特点是，演奏者抱琴时，琴头较以前略微抬高些。常见的还是用拨演奏，琴颈上仍然有"相"无"品"。如南唐顾闳中《韩熙载夜宴图》中的琵琶演奏[①]，又四川成都前蜀王建（847—918）墓石棺床乐舞石刻中的琵琶演奏。[②]

二、宋金时期

入宋以后，琵琶形制上一个明显的变化是出现了"品"。北宋陈旸所撰《乐书》，其中属于"八音·俗部"（卷145）的直项琵琶和曲项琵琶图像，均是有"品"的[③]。

仔细观察，图像上的曲项琵琶有九个品，最下面的五个品是在外侧的两根弦上。直项琵琶有七个品，最下面的一个品在外侧的三根弦上。但是，陈旸《乐书》中属于"八音·胡部"（卷129）的大琵琶和小琵琶图像，仍然只有"相"而无"品"[④]。

陈旸对此没有相关论述，但"俗、胡"两类琵琶图像的比较已经说明：胡琵琶原本没有品，汉化以后的俗琵琶使用了品。有品的琵琶图像在宋代还能见到，如河南禹州白沙北宋墓散乐壁画中的琵琶[⑤]、山西平定县姜家沟1号宋墓乐舞壁画中的琵琶[⑥]。

这两幅图像还显示出另外一个特点：演奏时琴头较以前抬得更高，似乎已经是斜抱。至此，琵琶形制与演奏方式的汉化有两个特点已经清楚：一是琴颈及琴面板上加品；二是演奏时琴身由横抱转向斜抱。这两个特点，明显吸取了阮咸的形制及演奏特点。阮咸是一种多品、斜抱演奏的乐器，晋朝傅玄《琵琶赋》"序"中说它是"盘圆柄直""柱十有二"[⑦]。南唐周文矩《宫中图卷》中琴阮合奏中的阮是圆形、多品、斜抱（接近直抱）演奏的[⑧]，可为之验证。

琵琶形制的演变，适应了音域扩大、技法施展的需求，并向着独奏方向发展。宋孟元老《东京梦华录》（卷9）记载宫廷教坊大乐中有琵琶五十面[⑨]，已可见琵琶乐器使用的普遍性。《宋史·乐志》（卷142）载宋太宗（赵匡义，939—997）亲制乐

[①] 参见中国艺术研究院音乐研究所编《中国音乐史图鉴》，人民音乐出版社1988年版，第88页，图三，略。
[②] 参见中国艺术研究院音乐研究所编《中国音乐史图鉴》，人民音乐出版社1988年版，第95页，图四，略。
[③] 参见（宋）陈旸《四库全书》（文渊阁本），上海古籍出版社1987年版，图五。
[④] 参见（宋）陈旸《四库全书》（文渊阁本），上海古籍出版社1987年版，图六。
[⑤] 参见赵世纲主编《中国音乐文物大系·河南卷》，大象出版社1996年版，第147页，图七，略。
[⑥] 参见项阳、陶正刚主编《中国音乐文物大系·山西卷》，大象出版社2000年版，第244页，图八。
[⑦] （唐）杜佑：《通典·乐》（第四册），王文锦、王永兴等校点，中华书局1988年版，第3679页。
[⑧] 参见中国艺术研究院音乐研究所编《中国音乐史图鉴》，人民音乐出版社1988年版，第90页，图九，略。
[⑨] 参见邓之诚《东京梦华录注》，中华书局2004年版，第220页。

曲中有"琵琶独弹曲破十五"①，宋周密《武林旧事》（卷一）记载"圣节"庆典中有"玉轴琵琶独弹正黄钟宫《福寿永康》""琵琶独弹高双调《会群仙》""琵琶独弹大吕调《寿齐天》"等节目②。这些记载说明琵琶的独奏形式也很流行。琵琶形制的演变与琵琶的音域、音色、技法的发展互为里表、互相促进，琵琶形制演变越趋完善，琵琶音乐便越趋完美。

山西五台山大华岩寺特赐广济大师之塔金代图像中琵琶演奏也是斜抱的③：

此外，宋人词中吟咏的琵琶也是斜抱、使拨，曾觌《定风波》曰："凤翼双双，金泥细细。四弦斜抱拢纤指。"④无名氏《南乡子》云："曲项胡琴鱼尾拨，离人。入塞弦声水上闻。"⑤

从前后相关的史料分析可知，宋金时期琵琶的汉化情况还属于第一阶段。琵琶的形制和演奏姿势都发生了演变，琵琶的独奏方式也越来越普遍。但琵琶演奏技法的发展，还不足以使其音乐具有相对的独立性。

三、元

元代出现了传世最早的琵琶套曲《海青拿天鹅》，杨允孚（1268—1323）《滦京杂咏》曰中："为爱琵琶调有情，月高未放酒杯停，新腔翻得凉州曲，弹出天鹅避海青。"⑥并注："《海青拿天鹅》，新声也。"明代李开先《词谑》"词乐"记载明代张雄演奏这个作品时说：

张雄更出人一头地。有客请听琵琶者；先期上一副新弦，手自拨弄成熟，临时一弹，令人尽惊。如《拿鹅》，虽五楹大厅中，满厅皆鹅声也。⑦

元代这个作品的问世，显示出琵琶右手演奏技巧的发展，已达到相当高的绘声绘色的艺术水平，琵琶武曲的基本形式已经形成。山西曲沃县的元代琵琶乐俑，一手拧弦轴，一手握拨演奏。琵琶的琴颈部至面板是四相五品⑧。这个乐俑大致反映出当时演奏琵琶的情景。

近代浦东派琵琶传人沈浩初认为：

今谱中《武林逸韵》《陈隋》等文套，具有悲欢情景，其节目大半袭用曲牌，犹

---

① （元）脱脱等：《宋史》（第十册），中华书局1985年版，第3352页。
② 参见（宋）周密《武林旧事》，中国商务出版社2002年版，第19—20页。
③ 参见项阳、陶正刚《中国音乐文物大系·山西卷》，大象出版社2000年版，第205页，图十。
④ 金千秋：《全宋词中的乐舞资料》，人民音乐出版社1990年版，第217页。
⑤ 金千秋：《全宋词中的乐舞资料》，人民音乐出版社1990年版，第222页。
⑥ 转引自杨荫浏《中国古代音乐史稿》（下册），人民音乐出版社1981年版，第734页。
⑦ 参见（明）李开先《词谑》，《中国古典戏曲论著集成》（三），中国戏剧出版社1982年版，第354页。
⑧ 参见项阳、陶正刚主编《中国音乐文物大系·山西卷》，大象出版社2000年版，第220页，图十一，略。

填曲之联属诸宫调，同于套数；而《十面》《卸甲》等武套之表演故事，综其绘影绘声，有起有结，其节目无异章回，同于杂剧。惟均有声无词，而能表情状物，恰似有词无白，谱成单折之清曲，此大套命名之由来耳。①

从音乐上分析，《海青拿天鹅》说明琵琶音乐的发展汲取了民间音乐曲牌连缀的套曲特点，又表明这个套曲作品已从曲牌联缀的套曲，过渡到具有明确标题的琵琶独奏曲。其间，琵琶演奏技法已达到一定的完美程度，显示出琵琶音乐的器乐化特征。可以说，这一时期是琵琶汉化发展的第二阶段。

四、明

明代是琵琶音乐发展的成熟期，名家辈出，出现了为数不少的"文、武"套曲，其中最著名的演奏家是李近楼和汤应曾。明沈榜《宛署杂记》曰：

李近楼号"琵琶绝"。李讳良节，武骧右卫副千户，中年而瞽，因以琵琶自娱。能于弦中作将军下教场，鼓、乐、炮、喊之声，一时并作；与人言，以弦对，字句分明，俨如人语，或二三人并语；或为琴，为筝，为笛，皆绝似……万历十六年故，莫有传者。②

李近楼演奏的所谓"将军下教场"，当是后来传世的琵琶曲《将军令》。明代王猷定《四照堂集》"汤琵琶传"，则记载了汤应曾的生平及其出神入化的琵琶演奏。其中所述汤应曾演奏的《楚汉》，据今人考证就是后来传世的《十面埋伏》③。

明代琵琶的形制与演奏姿势继续朝着多品、斜抱方向发展，根本性的变化是手弹完全取代了拨弹。手弹的运用使右手技法更加多样化和细腻化，这与李近楼、汤应曾演奏艺术的产生是分不开的。

明代王圻《三才图会》中的琵琶图，品位十分清楚④。

山西太原市明代关帝庙中伎乐彩塑的琵琶演奏图像，品位也相当多，清楚表明是手弹的⑤，陕西扶风出土的明代奏乐铜俑，其中演奏的琵琶，约略观之有十一品之多，也是手弹⑥。

---

① 参见沈浩初编著、林石城整理《养正轩琵琶谱》（曲情赘语），人民音乐出版社1983年版。
② 转引自杨荫浏《中国古代音乐史稿》（下册），人民音乐出版社1981年版，第999页。
③ 参见赵后起《〈十面埋伏〉作者辨析》，《艺苑》1982年第4期，第45—48页。
④ 参见中央音乐学院中国音乐研究所编《中国古代音乐史料辑要》（第一辑），中华书局1962年版，第845页，图十二，略。
⑤ 参见项阳、陶正刚主编：《中国音乐文物大系·山西卷》，大象出版社2000年版，第226页，图2·3·11a。
⑥ 方建军主编：《中国音乐文物大系·陕西卷》，大象出版社1999年版，第170—171页，图四，略。

图 2-6-1[1]

清钱泳《履园丛话·艺能》（十二）说：

近时能者甚多，工者绝少。吾乡有杨文学廷果精于此技，然所弹皆古曲，非新腔小调之谓也。其曲有《郁轮袍》《秋江雁语》《梁州慢》《月儿高》诸名色。杨殁后，无有传其学者。[2]

引文中提到的四首作品，称为古曲，当是明代已有。其中《月儿高》是文曲的代表，传世有多个流派的谱本。与武曲不同的是，文曲注重左手的抑按，其历史可上溯到《乐府杂录》所说的"裴兴奴擅长拢撚"，注重艺术的韵味。文曲之所以形成这样特点，原因是唐、宋、元以来琵琶乐器长期为诗、词、曲伴奏，从中汲取到词曲文学中高雅、含蓄的艺术情调和韵味。当词曲音乐渐渐演变成独奏的琵琶曲时，文学艺术中的情调和韵味也就成为琵琶文曲的基本特征。琵琶文曲的出现和成熟，是华夏诗词艺术在琵琶音乐中浸润的结果。从音乐上讲，可以说此时琵琶这件外来乐器已完全汉化，是琵琶汉化发展的第三阶段。

根据以上这些图像，大致可以得到这样的认识：宋代以后，琵琶乐器的发展在形制上出现了品位，并开始斜抱演奏，但演奏还是用拨。金、元时期琵琶品位的增加和右手技法的进步，产生了琵琶曲《海青拿天鹅》。明代琵琶品位继续增多，并用手弹替代拨弹，琵琶乐器的汉化过程基本完成，琵琶的文曲和武曲也成为固定形式。

---

[1] 郑祖襄：《宋、元、明琵琶图像考——琵琶乐器汉化过程的图像分析》，《中国音乐学》2008 年第 4 期，第 48 页，图十三。

[2] （清）钱泳：《履园丛话（上）》，中华书局 1997 年版，第 313 页。

明代琵琶乐器的定型和琵琶音乐的成熟，为以后繁衍出诸多流派提供了新的基础。

参考文献

中央音乐学院中国音乐研究所编：《中国古代音乐史料辑要》(第一辑)，中华书局 1962 年版。

杨荫浏：《中国古代音乐史稿》(下册)，人民音乐出版社 1981 年版。

(明)李开先：《词谑》，《中国古典戏曲论著集成》(三)，中国戏剧出版社 1982 年版。

赵后起：《〈十面埋伏〉作者辨析》，《艺苑》1982 年第 4 期。

沈浩初编著、林石城整理：《养正轩琵琶谱》，人民音乐出版社 1983 年版。

(宋)周密：《武林旧事》，中国商务出版社 2002 年版。

(元)脱脱等：《宋史》(第十册)，中华书局 1985 年版。

(宋)陈旸：《乐书》载《四库全书》(文渊阁本)，上海古籍出版社 1987 年版。

(唐)杜佑：《通典·乐》(第四册)，王文锦、王永兴等校点，中华书局 1988 年版。

中国艺术研究院音乐研究所：《中国音乐史图鉴》，人民音乐出版社 1988 年版。

金千秋：《全宋词中的乐舞资料》，人民音乐出版社 1990 年版。

方建军主编：《中国音乐文物大系·陕西卷》，大象出版社 1999 年版。

黄崇文主编：《中国音乐文物大系·天津卷》，大象出版社 1999 年版。

赵世纲主编：《中国音乐文物大系·河南卷》，大象出版社 1996 年版。

项阳、陶正刚主编：《中国音乐文物大系·山西卷》，大象出版社 2000 年版。

(清)钱泳：《履园丛话(上)》，中华书局 1997 年版。

邓之诚：《东京梦华录注》，中华书局 2004 年版。

第二节　评述与拓展

一、基本内容及意义

在《宋、元、明琵琶图像考——琵琶乐器汉化过程的图像分析》中，郑祖襄先生以考古发现的宋、元、明时期的琵琶图像材料为基础，结合相关的文献史料，探讨琵琶形制、演奏形态的发展演变。全文以琵琶图像的年代为依据，共分为四个部分：

第一部分，五代十国时期。这一部分首先用《通典·乐》中关于唐代琵琶形制、演奏方式的论述结合出土的唐代琵琶图像，引出五代十国时期琵琶的类型、演奏方式和形制特色。

第二部分，宋金时期。这一部分主要也是采用文献与图像结合的方式，通过分析琵琶形制图、演奏图等，推断出宋金时期琵琶的汉化情况处于第一阶段。其形制、演奏姿势及演奏形式都产生了变化，但就演奏技法来看，还有一定的不足。

第三部分，元。这一时期已经出现了我国传世最早的琵琶套曲《海青拿天鹅》，并且许多的文献史料中都有相关的记载，通过这个作品与元代的琵琶乐俑结合进行分析，可知元代琵琶演奏技法已达到一定的完美程度，此时进入了琵琶汉化发展的第二阶段。

第四部分，明。这一部分的文献史料主要围绕两位琵琶演奏家李近楼和汤应曾，以及根据琵琶图像分析出此时琵琶的演奏法，已经由手弹完全取代了拨弹。这一时期，是琵琶汉化发展的第三阶段。

评述：《宋、元、明琵琶图像考——琵琶乐器汉化过程的图像分析》一文立足于宋、元、明时期考古发现的琵琶图像及相关的文献史料，由此延伸出对琵琶汉化过程的图像分析，全文依据年代顺序，分段进行探讨，并得出琵琶的汉化过程历经了宋金、元、明三个阶段的结论。郑祖襄对于琵琶的研究有许多成果，但本文是他第一次采用考古出土的琵琶图像与史料结合的方法进行研究。在该文之前围绕琵琶的研究多以文献考证为主，图像文物研究相对较少。在其后，随着考古出土图像资料的丰富，越来越多的学者开始关注这一领域，并产生了许多新的成果。可以说，该文为琵琶的研究开辟了一条新的路径，改变过往单一围绕文献的研究方法，采用文献与考古结合的二重证据法，使得琵琶研究更上一层楼，也为我国古代音乐图像文物的研究增添了新的理论成果。

二、作者与之相关的论著

1. 郑祖襄：《宋·元·明琵琶曲史料拾零》，《中央音乐学院学报》1994年第2期，第83—85页。

2. 郑祖襄：《汉代琵琶起源的史料及其分析考证》，《中国音乐学》1993年第4期，第43—48页。

三、其他作者与之相关的论著

1. 庄壮：《敦煌壁画上的弹拨乐器》，《交响》2004年第4期，第12—21页。

2. 郑聪：《唐代琵琶艺术探研——以洛阳唐代文物中的琵琶图像为例》，《四川文物》2012年第3期，第48—54页。

3. 滕斐：《宋辽时期琵琶音乐历史追踪》，硕士学位论文，沈阳音乐学院，

2014 年。

4. 高晋:《琵琶在中国的形制演变及民族化道路》,硕士学位论文,青岛大学,2016 年。

5. 王征:《丝绸之路上的龟兹与敦煌音乐图像研究》,《人民音乐》2017 年第 9 期,第 47—52 页。

6. 陈大公、张爱莉:《敦煌壁画音乐图像中的乐器形制创造和音蕴表现——以琵琶图像为例》,《艺术设计研究》2018 年第 3 期,第 100—104 页。

7. 王畅:《北朝琵琶图像研究》,硕士学位论文,华东师范大学,2019 年。

8. 胡娅冰:《明代"北派"琵琶艺术研究》,硕士学位论文,湖南师范大学,2019 年。

9. 周杨:《隋唐琵琶源流考——以石窟寺所见琵琶图像为中心》,《敦煌研究》2020 年第 4 期,第 64—73 页。

10. 王驰:《唐代琵琶演变及东亚传播的研究》,硕士学位论文,吉林大学,2020 年。

第七章 《礼复乐兴：两汉钟鼓之乐与礼乐文化图考》

第一节 前言及目录

李荣有等：《礼复乐兴：两汉钟鼓之乐与礼乐文化图考》

——中国社会科学出版社 2012 年版

一、前言

关于两汉封建王朝对于西周"礼乐制"及其宫廷"雅乐"的传承情况，在自汉以来的史料文献中，见有不同的甚至相互矛盾的记述。以至于学界以往的认知观念，一般较多附会汉代手握重权的保守派理论家们的否定性观点，即如《汉书·礼乐志》说："今汉郊庙诗歌，未有祖宗之事，八音调均，又不协于钟律，而内有掖庭材人，外有上林乐府，皆以郑声施于朝廷。"[①] 持此种观点的重要依据，自然因于春秋战国以来"礼崩乐坏"局面的出现，及至秦始皇帝彻底地改朝换代和焚书坑儒等历史背景，从而认为，两汉时代以及后世各个朝代，西周的"礼乐制"和以"金石之乐""钟鼓之乐"为表征的宫廷"雅乐"，已经远离尘世并彻底消亡，取而代之的是以"郑卫之音"为代表的人民大众的"伎乐"。

然而，重读史籍不难发现，从两汉立国之初即复修西周礼乐制度与礼仪乐仪秩序，到汉儒完全承袭大小戴《礼记》的思想，推行"罢黜百家，独尊儒术"的国策，使"礼制"与"乐制"的思想体系成为国家所独尊的一种社会意识形态，及至形成汉代崇礼复古、礼乐复兴大好局面等事实，以及如何处理"雅乐"与"郑卫之音"之间的关系等，在《史记》《汉书》中也有相关文字记载，如太史公自序中所言："乐者所以移风易俗也。自《雅》《颂》声兴，则已好郑、卫之音。郑卫之音所从来久矣。人情之所感，远俗则怀。"[②]

---

① 许嘉璐主编：《汉书·礼乐志》（《二十四史全译》本），汉语大词典出版社 2004 年版，第 463 页。
② 许嘉璐主编：《史记·太史公自序》（《二十四史全译》本），汉语大词典出版社 2004 年版，第 1560 页。

这里已经非常客观和十分清晰地说明了，"雅乐不相袭"是自古以来不可违逆的自然态，"远俗则怀"也隐喻着汉代宫廷所创制的"新雅乐"得不到明确的公认，并非以"郑卫之音"为代表的"新乐"本体存在的问题，而是一股强大的保守派政治势力的作用使然。所以，作为以记事说事为宗旨的《史记》等书中别无选择，只有把多种不同的说法和真情实况尽行予以著录，是非曲直则留待后人评说。正是由于自汉以来的史籍中本身就存在着许多语焉不详或自相矛盾的说法，致使该问题一直充满着扑朔迷离的神秘色彩，经历了两千多年学人们绞尽脑汁的辨析，以及无数次激烈的争论后，仍然无法释怀和作出最终定论。

　　近代以来，随着西学东渐，学科分类日益清晰，中国古代音乐史也渐渐地被认同为一个相对独立的专门学科，音乐史学界的研究者们不畏艰辛，前赴后继，通过所掌握的不同资料信息和理念方法进行研究，许多方面取得了重要的突破和长足进展。如朱谦三先生《中国音乐文学史》（1935），是对有史以来的音乐文献进行全面梳理研究的结晶；杨荫浏先生集多种研究资料和方法为一体，从《中国音乐史纲》（1952）到《中国古代音乐史稿》（1983），历经三十余年时间完成了其具有里程碑意义的鸿篇巨著；李纯一先生以出土先秦时期的金石礼乐重器为研究对象，完成了《中国上古出土乐器综论》（1996）、《先秦音乐史》（2005），在先秦音乐断代史研究方面有重要贡献；及至李宏锋博士《礼崩乐盛——以春秋战国为中心的礼乐关系研究》（2009）一书，则以一个全新的和极富挑战性的命题，彻底颠覆了自东周时代就已盖棺论定的"礼崩乐坏"的理论概念，从而为重新认定自春秋战国以来复杂多变的礼乐关系及其后世礼乐文化传承发展史的研究提供了新思路和新方法。

　　夏、商两朝的腹地（中原地区一带），孕育形成了华丽多姿、感人至深和具有高文化形态的"郑卫之音"，两周时代以来，虽然由于政治性原因使之受到国家制度的重压和禁绝，却依然以其独有的风姿声色，受到上自诸侯和公卿大夫，下至各国的普通民众们的倾心喜爱，甚至形成了被统治者称为"礼崩乐坏"的不堪局面。

　　秦汉王朝设立乐府机构，形成了太乐令承署理西周宫廷遗留的"雅乐"，乐府令承署理"新乐"（郑卫之音）的二元发展格局。等于从国家制度的层面，形成和确立了先秦"雅乐"与以"郑卫之音"为代表的民间俗乐的再度交融互惠。以李延年为首的音乐家和以司马相如为首的文学家群体密切协作，"采诗夜诵"，创制既符合先奉"礼乐"规范，又反映两汉时代精神和艺术文化审美观的"新雅乐"，从而赢得了"每为新声变曲，闻者莫不感动"的美誉。

　　应该说，上述举措已经顺理成章和顺其自然地完成了"功成制礼作乐"的国之大事。但是，由于一些掌握重权的汉代大儒"雅乐观"的僵固，一直站在维护周王朝旧有统治制度的立场上，延伸着对以"郑卫之音"为首的民间俗乐的诋毁、藐视情结，认为其是造成"礼崩乐坏"局面的罪魁祸首，从而对自汉以来在继承和创新理念下创制的"新雅乐"不予认可,致使那些指责汉廷"不置雅乐予以相变"和"皆以郑声施于朝廷"等不实之词,渐渐渗透在后世各个朝代的史料文献中,及至掩盖了历史的本来面目。

20世纪末叶以来,随着我国学术理念与方法的日益改观,许多学者根据新发现的资料信息,从新的学术视角和层面,重新探讨研究古代历史文化发展的脉络,并不断涌现出一大批带有颠覆性意义的新成果。如夏静《礼乐文化与中国文论早期形态研究》(2007)一书中,提出汉代是"礼乐复兴时代"的主张,秦序先生指出:"'礼崩'既不是西周以来的宫廷礼仪构架的全面崩溃,也不是礼仪制度荡然无存,从而社会全然'无礼'约束的时代;'乐坏'既不是宫廷贵戚愿意放弃音乐享受,也不意味不同礼乐等级的金石之乐消失了,更不是宫廷贵族与民同乐了。……当时社会的'礼崩',确是礼乐等级构架的大破坏大坍塌,但其变化方向,正如孔子所斥责,只是较低等级的统治者极力向上攀比、僭越,人人力求登临奢华显赫之礼仪绝顶。'礼崩'的结果,是显示统治者权势威风和奢华享受的一座座更加富丽堂皇的礼乐大厦,反而雨后春笋般拔地而起、横空绝世。故春秋战国时期的'礼崩乐坏',其实是'礼崩而乐不坏'。"①

从学术研究的途径、理念和方法等方面,由于图像学的研究逐渐引起世界各国学界的重视,并于21世纪初形成了图像文化回归的国际浪潮,甚至国际学界公称21世纪为"读图的时代"。在中国这个有着数千年绵延不断的图像文化传统,以及上千年类图像学(金石学)研究学术文化传统的国度里,由于受到这股国际浪潮的冲击,使得图像学研究在各个不同的学科再掀热潮。特别是随着高等院校学科建设工作的有序进展,包括恢复和重建"金石学"学术传统的呼声也此起彼伏,许多学科的学者都自觉地运用这一中华民族古有的学术方法,分别从不同的学科与学术视角和层面,对古代遗存的各种图像资料进行全面的探讨研究,高质量的学术成果层出不穷。

汉画作为汉代丧葬文化的遗存物,是汉代人留给炎黄子孙的无穷精神财富,无论是从它的覆盖面积、形式形态还是内容内涵、文化意蕴等方面都堪称世界一流,无与伦比,被中外学界誉为人间奇迹。特别是汉画中的内容涉及政治、经济、军事、科技、生产、生活、思想、文化、艺术等方面,有效地填补了史料文献中的不足,故被誉为一部十分珍贵的汉代绣像百科全书,从而也成为长期以来中外多个学科的学者们共同关注和探讨研究的主要对象。

组建于20世纪90年代的我校音乐图像学研究学术团队,二十余年来主要集中于汉画乐舞百戏探讨研究这一领域,在众多学界前辈和同人的支持、指导和鼓励下,我们在经历"十年寒窗苦"的磨砺过程中,由小及大地逐步完成了多个相关学术研

---

① 参见秦序为李宏锋《礼崩乐盛——以春秋战国为中心的礼乐关系研究》一书所写序言,文化艺术出版社2009年版,第2页。

究课题，发表了大量学术研究的新成果，并在这个过程中收集梳理了相关资料信息，积累了有效的学术研究经验，总体上为该领域纵深研究铺垫了良好的基础，培育造就了一个老中青结合的学术研究团队。但是，虽然说学界公认汉画像属于外来文化渗入之前的一种朴素的写实性艺术，而作为通过艺术的手法再现生活原型的作品，其中必然地带有艺术创作与创造过程中夸饰与想象的成分，故对于原始图像资料提供的许多信息，学界一直采取十分谨慎的态度，不敢贸然对所反映的相关历史问题作出十分肯定的结论。

20世纪后期以来，我国科学的考古工作日渐出现重大的突破，一批批汉墓出土金石之器再现于世，为汉代宫廷雅乐及其社会礼乐文化发展史的研究提供了新材料、新视角、新思路和新方法。尤其是稍后发掘的广州象岗山南越王墓、山东章丘市洛庄汉墓，规模巨大的汉代制造金石乐器编悬重现于世，以活生生的实物证据揭示了先秦礼乐重器及其礼制乐制依然存活于汉代，长期以来荒谬的汉代无雅器和无雅乐等谜团得以解开，等于再次改写了两汉礼乐文化发展的历史。从所见金石乐悬的音乐属性来看，作为一方诸侯所享用的编钟仍然有着良好的双音功能，钟磬可奏出完整的七声音阶等，均说明无论是以金石乐器为首的礼乐重器，还是以"金石之乐""钟鼓之乐"为表象的"礼乐"秩序，在汉代均得到了持续传承和创新发展。同时，通过上述实物链条的有效佐证，再次从另一个侧面印证了汉画像艺术的写实性特征。

至此，我们可以认为，两汉期间礼制与乐制非但没有崩溃或停滞，而且成为继"礼崩乐坏"之后第一个"礼复乐兴"的重要发展时期，以至于实际上存在着"礼没崩，乐没坏"，礼乐文化高度普及和繁荣发展的历史事实。

在本课题探讨研究的过程中，各位同人齐心协力，奋力攻关，面对千里迢迢的实地考察，大家分工把关，不辞劳苦，从博物馆站到考古发掘工地，到处都留下了课题组成员们的足迹；为了穷尽资料文献，几乎跑遍了全国各大图书馆，浏览了所有的知网页面；等等。但许多方面仍感力不从心和难以驾驭，许多难题依然不能够得到破解。我们谨希望在汉画乐舞百戏艺术图像学研究的领域，尽快通过两汉钟鼓之乐与礼乐文化考释、两汉琴瑟之乐考释、两汉鼓吹乐考释、两汉舞乐百戏考释等系列课题的完成，以形成从局部到整体、由微观到宏观的全面通考，尽可能为两汉乐舞百戏发展史的研究作出我们力所能及的努力。本书的第一编由柯曙光起草，3万余字；第二编由张峰起草，6万余字；第三编由郭学智起草，5万余字；李荣有通览全文并作一些修改调整。

本课题研究得到了杭州师范大学领导、校科研处领导和音乐学院领导的大力支持，得到了各地的汉画馆、博物馆、文物考古研究所等同道的无私帮助，还有图书馆各位老师和许多良师益友的诸多指导帮助，年逾古稀德高望重的洛地先生，曾提出许多宝贵的修改意见,郑祖襄先生不辞劳苦为拙著作序,杭州师范大学"艺术教育"浙江省高校人文社科重点研究基地给予出版经费,等等。在此一并表示由衷的感谢!而由于学养水平有限,文稿中难免挂一漏万、存在一些缺陷与瑕疵,谨望各位学者和广大读者不吝赐教,以利于我们及时地修正错误,弥补不足,把今后的事情做得更好。

李荣有
2012 年 6 月于杭州玉皇山下书斋

二、目录

绪论
 第一节 选题目的与意义
  一、选题目的
  二、研究意义
 第二节 汉画像研究相关问题
  一、汉画像析意
  二、汉画像的分布区域及题材内容
  三、汉画像的艺术特征与文化内涵
 第三节 图像学研究的古今关系
  一、中国文化传统
  二、外来文化因素
 第四节 本专题学术基础与前景
  一、前人研究成果
  二、学术发展前景

第一编 金石之乐

第一章 金石乐器零星遗存
 第一节 散见汉代金石乐器
  一、故宫博物院存汉代甬钟
  二、故宫博物院存汉代扁钟
  三、南阳市博物馆存汉代扁钟
  四、重庆市博物馆存汉代钮钟
  五、长沙马王堆西汉墓出土木编磬
  六、所见各地金石乐器辑录
 第二节 出土金石乐器的属性
  一、实用器

二、明器

第三节　出土小型金石乐悬

一、淄博齐国故城遗址出土乐悬

二、徐州北洞山楚王墓出土乐悬

三、四川会理县出土汉墓乐悬

四、上海青浦出土汉墓乐悬

第二章　汉墓出土乐悬图像

第一节　汉画乐悬的等级类别

一、大型汉画墓葬金石乐悬

二、中小型汉画墓葬金石乐悬

第二节　汉画乐悬的编制结构

一、单枚编制

二、多枚编制

第三节　汉画乐悬的悬置与演奏

一、悬置方式

二、悬置位置

三、演奏方式

第三章　汉墓出土乐悬实物

第一节　乐悬实物的等级类别

一、南越王墓出土金石乐悬

二、洛庄王墓出土金石乐悬

第二节　乐悬实物的形制特征

一、钟类乐器的形制特征

二、磬类乐器的形制特征

第三节　乐悬实物的饰纹与铭文

一、饰纹

二、铭文

第四节　乐悬实物的编制结构

一、金石乐器比例结构

二、金石乐悬排列结构

第五节　乐悬实物的音乐性能

一、音响性能

二、实用性能

第二编 建鼓之乐

第一章　建鼓溯源
　第一节　鼓之源
　　一、传说中的神灵之鼓
　　二、考古发现的鼓
　第二节　建鼓的产生与流变
　　一、文献中的建鼓
　　二、考古发现的建鼓实物
第二章　汉画像中的建鼓
　第一节　建鼓的形制
　　一、跗的形制
　　二、羽葆和华盖的形制
　　三、鼓桴的形制
　　四、其他
　第二节　建鼓的功能与作用
　　一、建鼓的乐用功能作用
　　二、建鼓的舞蹈功能与作用
　　三、建鼓的宗教功能与作用
第三章　汉画像中建鼓的艺术形态
　第一节　演奏方式
　　一、击鼓方式
　　二、击鼓部位
　第二节　演奏姿态
　　一、站立式
　　二、跽坐式
　　三、跽跪式（半跪式）
　　四、骑坐式
　第三节　肢体动作
　　一、弓步式
　　二、跨步式
　　三、提踢式
　　四、腾跃式
　　五、蹴鞠式
　第四节　独具特色的建鼓舞

一、不同组合的建鼓舞
　　二、不同特色的建鼓舞
第四章　汉画像中建鼓的乐用场合
　第一节　各类仪式乐队中的建鼓
　　一、典礼仪式中的建鼓
　　二、拜谒仪式中的建鼓
　　三、出行仪仗中的建鼓
　第二节　钟鼓乐队中的建鼓
　第三节　鼓吹乐队中的建鼓
　　一、立部鼓吹中的建鼓
　　二、坐部鼓吹中的建鼓
　　三、骑吹中的建鼓
　　四、短箫铙歌中的建鼓
　　五、箫鼓乐队中的建鼓
　第四节　乐舞百戏中的建鼓
　　一、综合性乐舞百戏中的建鼓
　　二、为舞蹈伴奏的建鼓
　　三、为杂戏表演伴奏的建鼓
　　四、作为重奏和独奏乐器的建鼓
第五章　汉代建鼓所反映的汉代音乐文化特点
　第一节　汉画像中建鼓所反映的音乐文化发展特点
　　一、吐故纳新、兼收并蓄的发展态势
　　二、以"俗"为尚、雅俗交融的时代特色
　　三、继往开来、承前启后的历史地位
　第二节　汉代建鼓乐舞繁荣发展的社会文化因素
　　一、汉代国家政治体制改革的重要因素
　　二、汉代社会经济基础的重要支撑作用
　　三、汉代艺术文化繁荣发展的必然结果
第六章　建鼓在汉以后的传承与发展
　第一节　历代建鼓的传承情况
　　一、唐宋时期的建鼓
　　二、明清时期的建鼓
　　三、建鼓的现代复制与再现
　　四、建鼓的流布区域及其他

第二节　汉画建鼓乐舞的现代意义
　　一、艺术实践意义
　　二、学术研究意义

第三编　鼗鼓之乐

第一章　鼗鼓历史考览
　第一节　鼗鼓与鼓
　第二节　文献中记载的鼗鼓
　　一、用于战争
　　二、用于祭祀
　　三、作为礼乐器
　第三节　考古发现的鼗鼓
　　一、先秦鼗鼓实物
　　二、汉画中的鼗鼓
第二章　鼗鼓的形制与类别
　第一节　鼗鼓的形制
　　一、鼓身
　　二、手柄
　　三、形饰
　第二节　鼗鼓的类别
　　一、大小之别
　　二、功能类别
　第三节　汉画像中的鼗鼓总录
第三章　汉画像中鼗鼓的艺术表现形式
　第一节　演奏方式
　　一、只手播鼗
　　二、双手播鼗
　　三、播鼗兼吹排箫
　　四、播鼗兼击鼓
　　五、播鼗兼跳丸
　第二节　演奏姿势
　　一、站立式
　　二、跽坐式
第四章　汉画像中鼗鼓的功能与类别
　第一节　鼗鼓的功能

一、军事功能
　　二、乐用功能
　第二节　各类仪式中的鼗鼓
　　一、祭典仪式中的鼗鼓
　　二、逐疫仪式中的鼗鼓
　　三、出行仪式中的鼗鼓
　第三节　各类乐队中的鼗鼓
　　一、鼓吹乐队中的鼗鼓
　　二、丝竹乐队中的鼗鼓
　　三、钟鼓乐队中的鼗鼓
　第四节　乐舞百戏中的鼗鼓
　　一、为舞蹈伴奏的鼗鼓
　　二、为百戏伴奏的鼗鼓
　　三、作为舞具使用的鼗鼓
第五章　汉代鼗鼓在后世的影响作用
　第一节　鼗鼓在后世雅乐活动中的作用
　　一、在隋唐时期雅乐中的作用
　　二、在近古时期雅乐中的作用
　第二节　鼗鼓在后世民间音乐中的作用
　　一、在传统民间音乐发展中的作用
　　二、在音乐商品经济开发中的作用
　　三、在全新音乐品种生成中的作用
　　四、在促进儿童智力开发中的作用
　小结

第四编　礼乐文化

第一章　出土先秦乐悬及其礼乐文化属性
　第一节　青铜器时代——礼乐文化的基础
　第二节　金石重器　礼乐文化的表征
　　一、用器制度
　　二、摆器制度
　　三、用音制度
　第三节　夏商周三代——礼乐文化的结晶
第二章　汉墓出土钟鼓乐悬及其礼乐文化属性
　第一节　历代文献中的相关记述

一、朝会礼仪场合的钟鼓乐悬
　　二、宗庙祭祀礼仪场合的钟鼓乐悬
　　三、郊祀礼仪场合的钟鼓乐悬
　第二节　汉墓乐悬实物的礼乐文化属性
　　一、礼仪文化属性
　　二、音乐文化属性
　第三节　汉画钟鼓乐悬的礼乐文化属性
　　一、礼仪文化属性
　　二、音乐文化属性
第三章　汉代礼复乐兴及其繁荣发展述略
　第一节　汉化礼复乐兴及其成因
　第二节　礼节民心汉初制礼作乐
　　一、承前朝制式复礼
　　二、法先王之礼兴乐
　　三、出土汉墓乐悬的佐证
　第三节　乐和民生汉兴创制新乐
　　一、乃立乐府雅俗各得其所
　　二、乐府新声全新雅乐问世
　第四节　礼异乐同雅俗交融并存
　　一、以俗入雅翻新枝
　　二、以雅入俗谱新篇
　第五节　乐由中出二元发展格局
　　一、宫廷礼乐文化体系
　　二、社会礼乐文化体系
　小结
　　一、宏观层面
　　二、微观层面
附录1　插图索引
附录2　表格索引
参考文献

第二节 评述与拓展

一、基本内容及意义

《礼复乐兴：两汉钟鼓之乐与礼乐文化图考》是李荣有教授及其团队共同编著而成，是继《汉画像的音乐学研究》后，在音乐图像学领域的又一力作。

全书主要分为四编：

第一编，金石之乐。由柯曙光起草，共3万余字。分为三个章节。

第一章：金石乐器零星遗存。分三节，对散见的汉代金石乐器进行罗列，并按照实用器和明器的不同进行属性区分，最后对于几个小型出土金石乐悬的汉墓进行介绍。

第二章：汉墓出土乐悬图像。这一部分主要从汉墓出土画像中乐悬的等级、编制结构及乐悬的悬置与演奏三个角度进行写作。

第三章：汉墓出土乐悬实物。这一章以汉代南越王墓、洛庄王墓两个大墓为主，对其乐悬等级类别、形制特征、饰纹与铭文、编制结构、音乐性能五个方面进行论述。

第二编，建鼓之乐。由张峰起草，共6万余字。分为六个章节。

第一章：建鼓溯源。对鼓的历史传说、考古发现进行梳理，并对文献中的建鼓以及考古发现中的建鼓实物进行介绍。

第二章：汉画像中的建鼓。分两节，分别对建鼓的几种形制——跗、羽葆和华盖、鼓桴、其他，以及建鼓的乐用、舞蹈、宗教三种功能作用进行论述。

第三章：汉画像中建鼓的艺术形态。分别对汉画像中建鼓的演奏方式、演奏姿态、肢体动作展开论述，并且对其不同组合、不同特色也作出了相关论述。

第四章：汉画像中建鼓的乐用场合。按照各类仪式乐队、钟鼓乐队、鼓吹乐队、乐舞百戏中的建鼓四个方面对其进行阐释。

第五章：汉代建鼓所反映的汉代音乐文化特点。包括吐故纳新、兼收并蓄的发展态势，以"俗"为尚、雅俗交融的时代特色，继往开来、承前启后的历史地位三个特点，以及影响汉代建鼓乐舞繁荣发展的政治、经济、文化的三个社会文化因素。

第六章：建鼓在汉以后的传承与发展。这一部分主要梳理了汉以后建鼓传承的情况并论述了其现代意义。

第三编，鼗鼓之乐。由郭学智起草，共5万余字。分为五个章节。

第一章：鼗鼓历史考览。按照鼗鼓与鼓、文献、考古发现的鼗鼓三方面展开论述。

第二章：鼗鼓的形制与类别。按照鼗鼓的形制、类别以及汉画像中的鼗鼓总录依次梳理论述。

第三章：汉画像中鼗鼓的艺术表现形式。包括鼗鼓的五种演奏方式，站立式和跽坐式两种演奏姿势。

第四章：汉画像中鼗鼓的功能与类别。这一部分主要介绍了鼗鼓的军事和乐用功能，并且对汉画像中出现在各种仪式、乐队、乐舞百戏中的鼗鼓进行了分类。

第五章：汉代鼗鼓在后世的影响作用。这一部分从鼗鼓对于后世雅乐、民间音乐两个方面的作用展开探讨。

第四编，礼乐文化。分为三个章节。

第一章：出土先秦乐悬及其礼乐文化属性。这一部分梳理了礼乐文化从青铜器时代到夏商周时期的整个脉络。

第二章：汉墓出土钟鼓乐悬及其礼乐文化属性。这一部分首先按照文献、实物、图像三个层面进行梳理，再进一步论述其礼仪文化、音乐文化。

第三章：汉代礼复乐兴及其繁荣发展述略。这一部分主要是依据前期研究的成果，进一步探寻其繁荣发展的原因。

评述：《礼复乐兴：两汉钟鼓之乐与礼乐文化图考》是关于两汉钟鼓之乐与礼乐文化研究的一部综合论著。在以往对于汉代礼乐的研究中，由于文献及考古实物等方面的局限性，真实的乐悬使用情况难以全面展现。因汉画像等音乐图像的特殊性，其所体现的汉代乐悬的应用场合、规模、组合等内容，正好可以补足文献和实物记载的缺失。李荣有先生及其团队所著此书从金石之乐、建鼓之乐、鼗鼓之乐等角度，对汉代钟鼓乐悬及礼乐文化进行了一次大规模的、较为完整的深入研究，并且由浅入深、由小到大、全面而系统地向学界展示出汉代乐悬的真实面貌，无论是对于中国音乐考古学的发展，还是中国古代音乐史的进一步研究，都是一部有帮助的、十分优秀的理论专著。

二、作者与之相关的论著

1. 李荣有：《汉画与汉代音乐文化探微》，《文艺研究》2000年第5期，第94—101页。

2. 李荣有：《汉画中的纯器乐演奏图及其历史文化价值》，《中国音乐》2000年第4期，第52—55页。

3. 李荣有：《礼复乐兴：两汉钟鼓之乐与礼乐文化图考》，京华出版社2001年版。

4. 李荣有：《音乐图像学的历史现状与未来发展刍议》，《中央音乐学院学报》

2006年第1期，第94—100、135页。

5. 李荣有：《中国音乐图像学导论》，《南京艺术学院学报（音乐与表演版）》2017年第4期，第17—22、7、103页。

6. 李荣有：《中国音乐图像学概论》，人民音乐出版社2019年版。

三、其他作者与之相关的论著

1. 许一伶：《汉代建鼓舞研究》，《东南文化》2004年第3期，第73—77页。

2. 柯曙光：《汉墓乐悬及其礼乐文化研究》，硕士学位论文，杭州师范大学，2011年。

3. 顾兴立：《汉画像石中的建鼓研究》，硕士学位论文，中国艺术研究院，2012年。

4. 顾雅男：《汉代乐舞百戏画像石研究》，硕士学位论文，山西师范大学，2013年。

5. 梁爽：《徐州汉画像石乐舞图像的图像学研究》，硕士学位论文，中国矿业大学，2015年。

6. 刘乐乐：《河南汉画中建鼓图的礼仪功能探析》，《文化遗产》2017年第3期，第107—117页。

7. 马雪莱：《河南汉画像石中乐舞艺术的图像学研究》，硕士学位论文，四川音乐学院，2018年。

第八章 《丝绸之路考察中发现的问题——古代竖笛出现年代新论》

第一节　原文

王金旋:《丝绸之路考察中发现的问题——古代竖笛出现年代新论》

——《中央音乐学院学报》2014 年第 1 期

引言

竖笛,顾名思义,是指竖吹的笛,与横笛相对而言。从乐器形制上来看,有单管和编管之分,如洞箫、排箫等;从其物理发声性质来看,则又可分为簧管气鸣乐器和边棱类气鸣乐器,如管子、箫等。而本文将要探讨的对象是:边棱类单管气鸣乐器的竖笛[①]（即依靠吹奏者双唇的作用,向管内壁注入气流,并借助空气振动,使管体产生声音的一种气鸣乐器）。

我国竖笛的历史非常久远,如从河南舞阳贾湖骨笛的出土时间来计算的话,距今也已有八九千年的历史。汉代、魏晋时期的长笛、羌笛,隋唐时期的长笛、中管、尺八、短笛,宋元时期的箫管、尺八,以及明清时期的竖箫等,均为竖笛在不同历史时期的传承、发展与变衍,在古代音乐文化中有着重要的地位和作用。至今仍能在丝绸之路的东端河南洛阳至西端敦煌的石窟、壁画中看到众多这类乐器的影子。作为丝绸之路终点的日本奈良正仓院,如今还完好保存有中国的竖笛"尺八"共八支,它们分别是东大寺北仓的刻雕尺八、桦缠尺八、玉尺八、雕石尺八、竹尺八各一管,以及南仓的牙尺八一支、竹尺八二支,这些尺八是于我国隋唐时期传入日本的乐器,在日本奈良、平安朝的宫廷音乐雅乐中担负着重要的角色。在我国以往的

---

① 接下来的行文中均以竖笛来指代本文要讨论的对象:边棱类单管气鸣乐器。

研究中，以竖笛为专门的研究对象来进行探讨的非常少[①]，更多的则是将其作为笛类乐器整体中的一部分来进行关注[②]，关注的焦点主要还是集中于乐器的历史渊源问题。但无论是从历史学、考古学、词义学、甲骨学、社会学等不同视域或角度对竖笛的渊源进行探讨时，都由于原始文献记载的模糊性、不确定性而众说纷纭，莫衷一是，迄今为止未有一个肯定的定论。笔者攻读博士学位期间，以尺八这一乐器为研究课题，在研究过程中，发现不同吹口的乐器（中国古代尺八的吹口为外削斜切，而现今的洞箫为内挖 U 形或 V 形），导致演奏者的演奏形态或姿势、角度必然不同，这一发现引起了笔者的强烈兴趣和关注。又有幸于 2013 年暑假之时在导师赵维平先生的带领下，对丝绸之路上的音乐石窟文化进行了一系列的考察[③]，因此本文在前期已有研究成果的基础上，并结合对丝绸之路上的佛教音乐石窟、壁画中出现的竖笛作整体上的调研和考察，试图另辟蹊径，从图像学的角度，来对我国古代的竖笛历史出处问题作新一轮的探索，以求教于诸方专家学者。

一

如上已经提到，在我国古代音乐历史舞台曾扮演过重要角色的尺八一器，其吹口为外削斜切式的，今天流传的洞箫吹口则是内挖 U 形或 V 形。中国古代尺八吹口的形态，可以在今天仍保存于日本奈良正仓院中的尺八中见到，这种源自中国并延续至今的日本传统乐器尺八的吹口，迄今仍然具有外削斜切式的样式。今天在中国民间流行的洞箫吹口则有两种形态，一种是大众化的、上端有竹节封顶并在沿端内挖 U 形；另一种是仅见于福建南音中的洞箫，此器则内挖为 V 字形，但不管是 V 字

[①] 1987 年在河南省贾湖县出土了新石器时代的骨笛 20 余支，引起剧烈轰动，一时学者们纷纷展开对其各方面的研究，有对该乐器定名的研究（刘正国：《笛乎、筹乎、龠乎——为贾湖遗址出土的骨质斜吹乐管考名》，《音乐研究》1996 年第 3 期），演奏形态的研究（荣政：《舞阳骨笛吹奏方法初探》，《黄钟》2000 年增刊），对其进行声学特性的研究（徐飞等：《贾湖骨笛音乐声学特性的新探索》，《音乐研究》2004 年第 3 期），从文化人类学视角出发，对出土新石器时代贾湖骨笛及中山寨骨笛进行研究（吴桂华：《贾湖与中山寨出土史前骨笛新探》，硕士学位论文，天津音乐学院，2007 年）等。以竖笛为专门对象的研究中占据了主要的份额。其次是对羌笛的研究，主要争论集中在其历史出处和乐器形制上。

[②] 此类研究是最多的，是研究者们将竖笛纳入笛类乐器整体研究范围之内进行讨论的，如王子初《笛源发微》，《中国音乐》1988 年第 2 期；曾遂今《中国笛文化》，《乐器》1995 年第 4、5 期；朱清泉《中国古代箫属乐器的历史研究》，硕士学位论文，河南大学，2001 年；何满子《中国古代笛史札记》，《南京师范大学文学院学报》2002 年第 3 期；耿涛《中国竹笛艺术的历史与发展概述》，《乐器》2003 年第 7、8 期；王晓俊《中国竹笛吹奏艺术的历史与美学研究》，博士学位论文，南京艺术学院，2011 年。

[③] 此次考察的路径是从上海出发，目的地为甘肃敦煌，一路考察到的石窟和古遗迹有：河南省博物院、河南巩义石窟寺、河南洛阳龙门石窟、山西太原博物馆、山西大同云冈石窟、甘肃博物馆、甘肃武威天梯山石窟、甘肃酒泉魏晋墓、甘肃安西榆林窟、甘肃张掖博物馆、张掖马蹄寺石窟、甘肃敦煌莫高窟、甘肃天水麦积山石窟等。

形也好或 U 字形也好，其共同的制作模式，即内挖式。那么演奏者在演奏吹口不同的竖笛时，持笛的方式、嘴唇与笛管的角度、笛体与身体的角度等都会产生一系列差异。下面以日本尺八与南音洞箫为例，来观察它们之间所形成的差异特点。

内挖型吹口的乐器，在吹奏时口形需呈圆形（图 1，略），吹奏时双唇中线应对准乐器的外缘，口风集中，形成气柱，气柱角度往斜内沟吹，因吹口内挖的形制，乐管的吹口部分与吹奏者的嘴唇保持一定的倾斜度，演奏时左右手臂展起，呈凤凰展翅之势，管体朝前与上身形成六七十度角（图 2，略）；而外削斜切式的乐器需要较宽的口风，唇形呈扁弧形（图 3，略），吹奏时双唇中线对准外切吹口锐利边线，乐管与身体约呈 30 度角，双臂自然下垂，因其吹口外削斜切的缘故，乐管吹口部分完全倚靠在吹奏者的嘴唇下方（图 4、图 5，略）。图 4 是日本现代尺八的吹奏形态，图 5 为日本兴建于 1052 年的宇治平等凤凰院中的"云中供养手持尺八菩萨像"，从此 2 例古今不同时代的尺八演奏形态可以得知：外削斜切式竖笛有一个共通的吹奏姿势。

在了解了不同吹口竖笛的演奏形态之差异后，那么图像又能提供多少信息呢？笔者将所有有关竖笛的图像资料进行整理和归纳[①]，包括壁画、石雕、出土陶乐俑等，从其演奏形态入手来分析此乐器所能反馈的相关信息。随着 20 世纪以来不断发展的音乐考古学，中国各地出土了不少陶乐俑、雕像、壁画、画像石等。其中承载有竖笛的图像最早可追溯至汉代；由于明代之后的竖笛已定型为现今的内挖型洞箫[②]，因此在本研究中，对明清以后所出现的竖笛图像不作考察，只考察从最初的汉代到宋元时期的图像资料。根据所收集到的资料进行统计，共有竖笛图像 102 幅。笔者按其所属年代进行归纳和分类：属于汉代的竖笛图像共有 40 幅，见于汉代的画像石 22 幅，陶乐俑 18 件，其中明确为东汉的有 33 幅，另外 3 幅为"汉"，因而无从知晓到底是西汉、王莽政权还是东汉，主要出土于山东、江苏、安徽、河南、四川等地。

---

① 本研究收集到的图像资料有：1. 王子初等编：《中国音乐文物大系》（1—13 册），大象出版社 1996、2006 年版，图 7（河南卷，第 68 页）、8（四川卷，第 89 页）、9（四川卷，第 149 页）、10（山西卷，第 181 页）、11（四川卷，第 153 页）、13（甘肃卷，第 253 页）、14（甘肃卷，第 236 页）、18（山西卷，第 69 页）、21（河南卷，第 87 页）、22（湖南卷，第 122 页）、23（陕西天津卷，第 152 页）、27（四川卷，第 67 页）、28（山西卷，第 134 页）；2. 龙门文物保管所、北京大学考古系编：《中国石窟：龙门石窟》，文物出版社 1991 年版；3. 天水麦积山石窟艺术研究所编：《中国石窟：天水麦积山》，文物出版社 1998 年版；4. 云冈石窟文物保管所：《中国石窟：云冈石窟》，文物出版社 1998 年版，图 15（第 105 页）；5. 敦煌研究院、甘肃省博物馆编：《武威天梯山石窟》，文物出版社 1998 年版；6. 蒋英炬主编：《中国汉画像石全集》（1—8 册），山东美术出版社 2000 年版；7. 郑汝中主编：《敦煌石窟艺术全集 16——音乐画卷》，商务印书馆 2002 年版，图 16（第 62 页）、17（第 60 页）、19（第 113 页）、20（第 21 页）、24（第 88 页）、25（第 74 页）、26（第 156 页）；8. 云冈石窟研究院编：《云冈石窟》，文物出版社 2008 年版。

② 明唐顺之《稗编》："箫，八音属竹，截紫竹为之，长一尺九寸五分，前五孔后一孔，通六孔，各径二分，口开半窍，口直而吹之。"见王水照编《历代文话》第二册，复旦大学出版社 2008 年版。

三国时期共 2 幅，两晋十六国时期共 4 幅，南北朝时期共 12 幅，隋唐五代有 34 幅，宋元时期有 10 幅。

二

那么这些竖笛的形态如何？处于某一特定历史时期的竖笛形态又如何？从图像中又会呈示出怎样的竖笛总体发展态势？下面根据已有的竖笛表演形态理论，试图对这些竖笛进行图像学上的剖析，来解明上述问题。让我们先将目光投向汉代的竖笛。笔者对分属汉代的竖笛图像做了细致整理，通过分析，发现这一时期的乐器形态呈现出以下几种情形。

其一，如上海博物馆所藏的吹笛陶乐俑（图6，笔者曾亲赴该馆考察过实物，略）、河南舞阳吹笛俑（图7，略）、巫溪桂花园吹笛俑、巫山西坪吹笛俑以及遂宁吹笛俑（图8，略）。此五件竖笛从图像上显示其器形结构完全一致，乐俑均跪坐，笛体细长，长度至乐俑膝部，笛管紧贴乐俑，最值得引起注意的显性特征在于吹口，吹口部位有一明显的切面，显然它们的吹口是采用外削斜切的制作方式。这些竖笛形象地提供了吹口外削斜切式竖笛在当时的标准吹奏姿势。除此以外，还有大量考古出土汉画像石中的竖笛及陶乐俑，虽然从图像上无法辨识它们的具体吹口样式，但通过上面 5 例所示的竖笛演奏姿态以及笛管与身体所处角度的演奏理论，依然可以从中来判定它们的吹部特征。在出土的陶乐俑（共 18 件）中有 9 件竖笛与上述 5 例雷同（如图9，略）；而汉画像石中的竖笛则有 18 件的形态是呈如下统一方式的：乐师跪坐于地，双手握笛，笛身长大及地，图像侧面或正面显示乐管与身体呈 30 度左右或更小的角度（如图10，略），如是判定此 27 例竖笛的吹口器形应当也全部为外削斜切式的，加上前面 5 例，共达 32 例，占总数（40）的 80%。

其二，在出土陶乐俑和汉画像石中，共发现有 6 例竖笛在持笛方式上有所差异（如图11，略）：这些竖笛均将笛管斜置于身体之前。根据这种现象，笔者认为此类斜置于身前的竖笛，其吹口部分应当是未经任何处理的，这一点可以从贾湖骨笛上得到验证，20 世纪 80 年代，在河南舞阳贾湖出土了 20 多支骨笛，这些骨笛笛身上开有 7 孔，吹口处是自然吹口，未经任何人为处理，当时笛箫演奏家纷纷对其进行试奏，发现此类型竖笛，只有斜吹才能发出声音（刘正国《笛乎、箎乎、龠乎——为贾湖遗址出土的骨质斜吹乐管考名》，《音乐研究》1996 年第 3 期；萧兴华《中国音乐文化文明九千年——试论河南舞阳贾湖骨笛的发掘及其意义》，《音乐研究》2000 年第 1 期，等等）。还有至今仍在塔吉克族流行的鹰骨笛，其吹口也是自然吹口，同样采用斜吹的方式，这种最原始的制作方式在汉代还有些许存留。

其三，如上所描述，见于这一时期的竖笛大都非常长大，但也有例外的情况，如汉画像石"乐舞建鼓疱厨画像"中的竖笛较短小，与排箫、篪、笙等一起合奏。

笔者认为此短笛也不排除为其他竖笛之一的可能性，因为见之于史料记载、起源于汉前的竖笛另有羌笛、籥、篴、管等。由于史料对这些乐器的形制未做过多的描述和记录，至今音乐学界尚未厘清这些乐器的具体样式和关系。另，汉画像石中所描绘的"车马出行图"和"迎宾像"等，其中的竖笛亦较短小，图像显示吹笛者均一手持笛、一手执缰在前面开道，那么这类的竖笛吹口既不可能是外削斜切，也不可能是原始管口的单管按孔竖笛，为什么？原因很简单，如果是这样的话，一手执缰、一手持笛还要边走边按孔吹奏，是极其不易的，倒很有可能是管口插有簧管，类似笙篥或笳的乐器，吹奏者只要将簧管含在嘴里即可吹奏出声了，笙篥与笳在汉时多用于军中，而它们在此时也早已由西域传入中原了。此类短小的竖笛仅见于汉画像石中，且仅四例。

通过分析，判定汉代的竖笛样式是这样的：竖笛非常长大（因而在文献中也经常称其为长笛），吹口外削斜切（发展到唐代称此吹口乐器为尺八）或自然吹口。根据统计，在属于汉代的竖笛图像共40例中，外削斜切式的达到了32例，占到了总数的80%。换句话说，吹口外削斜切式的竖笛在此时的边棱类单管竖吹乐器中是主流的，占主导性地位，而早前原始吹口的乐器在此时还有存留，但已开始渐渐退出历史舞台。

表2-8-1　中国汉代时期竖笛图像形态一览表[①]

序号	文物	时代	图像形态
1	沂南汉墓中室东壁横额画像	东汉	乐师跽坐于地，双手握笛，笛身长大及地，图像侧面显示乐管与身体呈30度角左右
2	出行献俘乐舞画像	东汉	乐师两身跽坐于地，双手持笛，笛身长大及地，图像正面显示乐管与身体的角度较小
3	人物建鼓异兽画像	东汉	同上
4	乐舞杂技人物画像	东汉	同上
5	乐舞建鼓庖厨画像	东汉	乐师跽坐吹笛，笛管短小至胸部，图像侧面显示乐管与身体的角度呈30度左右，与排箫、篪、笙合奏
6	东王公庖厨车骑出行画像	东汉	乐师跽坐于地，双手握笛，右手下左手上，笛身长大及膝，图像正面显示乐管斜置于身前
7	车骑出行拜谒乐舞百戏画像	东汉	步卒右手持竖笛做吹奏状，左手持缰开道，笛管短小

[①] 王金旋：《丝绸之路考察中发现的问题——古代竖笛出现年代新论》，《中央音乐学院学报》2014年第1期，第106页，原表1。

续表

序号	文物	时代	图像形态
8	迎宾画像	东汉	车前一人左手持戟,右手持竖笛做吹奏状,笛管短小
9	乐舞六博画像	东汉	乐师两身跪坐于地,双手持笛,左手上右手下,笛身长大及地,图像正面显示乐管与身体的角度较小
10	建鼓舞画像	东汉	乐师跪坐于地,双手握笛,左手上右手下,笛身长大及地,图像侧面显示乐管与身体呈30度角左右
11	乐舞百戏画像	东汉	同上
12	内江岩边山崖墓乐舞杂伎	东汉	同上
13	内江吹笛画像石	东汉	乐师两身跪坐于地,双手持笛,笛身长大及地,图像正面显示乐管与身体的角度较小
14	中江崖墓吹笛	东汉	笛师呈坐姿,双手握笛,右手上左手下,笛身长大,图像正面显示乐管与身体的角度较小
15	重庆沙坪霸石棺车马出行像	东汉	吹竖笛开道,笛管较粗短,从侧面显示笛管与身体呈30度角左右
16	壁山五号石棺	东汉	乐师跪坐于地,双手握笛,笛身长大及地,图像正面显示乐管与身体的角度较小
17	乐山麻浩岩墓吹笛画像石	东汉	乐师两身跪坐于地,双手持笛,笛身长大及膝,图像正面显示乐管与身体的角度较小
18	盘鼓舞画像石	汉	乐师跪坐于地,双手握笛,笛身长大及地,图像侧面显示乐管与身体呈30度角左右
19	嘉祥武氏祠奏乐图画像石一	东汉	跪坐于地,双手握笛,笛身长大及地,乐管斜置于身前
20	嘉祥武氏祠奏乐图画像石二	东汉	乐师跪坐于地,双手握笛,笛身长大及地,图像侧面显示乐管与身体呈30度角左右
21	和林格尔汉墓建鼓百戏图	东汉	二人手持笛管吹奏,笛管细长,笛尾及地,图像侧面显示乐管与身体呈30度角左右
22	登封启母阙吹笛播鼗画像石	东汉	一人双手握笛吹奏,笛身长大,图像侧面显示乐管与身体的角度呈30度左右
23	夏县司马村乐俑	汉	吹笛乐俑2人,右手上左手下,笛身长大及地,图像正面显示乐管与身体的角度较小

续表

序号	文物	时代	图像形态
24	舞阳吹笛俑	东汉	乐俑跪坐于地，双手握笛，右手在上，左手在下，笛身长大，笛尾及膝，吹口处有一明显斜切面
25	吹笛陶乐俑	东汉	乐俑跪坐，双手握笛，左手下右手上，笛管长大及膝，图像正面显示乐管与身体的角度较小，呈平行状，吹口处有明显斜切面
26	江油三合吹笛俑	东汉	一人跪坐双手握笛，左手上右手下，笛身长大及膝，图像正面显示笛管与身体角度较小
27	重庆鹅岭吹笛俑	东汉	一人跪坐双手握笛，左手上右手下，笛身长大及膝，乐管斜置于身前
28	重庆吹笛俑	东汉	乐俑跪坐于地，双手握笛，右手在上，左手在下，笛身长大，笛尾及膝，图像正面显示笛管与身体的角度较小
29	重庆南岸吹笛俑	东汉	乐俑跪坐于地，双手握笛，右手在上，左手在下，笛管较短，图像正面显示笛管与身体的角度较小
30	涪陵北拱吹笛俑	东汉	同28
31	巫溪桂花园吹笛俑	东汉	乐俑跪坐，双手握笛，右手在上，左手在下，管口有一明显斜切面
32	巫山西坪吹笛俑	汉	乐俑跪坐，双手握笛，右手在上，左手在下，吹口处有一明显斜面
33	遂宁吹笛俑	东汉	乐俑跪坐，双手握笛，右手在上，左手在下，吹口处有一明显斜切面
34	宜宾吹笛俑	东汉	一人跪坐双手握笛，左手上右手下，笛身长大及膝，图像正面显示笛管与身体角度较小
35	江北董家溪吹笛俑	东汉	一人跪坐双手握笛，右手上左手下，笛身长大及膝，图像正面显示笛管与身体角度较小
36	重庆磁器口吹笛俑	东汉	同上
37	奉节吹笛俑之二	东汉	同上
38	奉节吹笛俑之一	东汉	一人跪坐双手握笛，左手上右手下，笛身长大及膝，笛管斜置于身前
39	巫山巫福奏乐俑	东汉	同上
40	重庆相国寺吹笛俑	东汉	同上

汉代之后的竖笛又产生了哪些变化呢？三国时期的竖笛共计 2 件：一件是出土于四川三国涂井蜀汉崖墓的吹竖笛陶乐俑（图 12，略），现藏于中国国家博物馆，笔者亦曾亲自赴馆对其进行考察，乐俑跽坐，左手上右手下握持乐管，笛管粗长，长度及至乐人膝部，吹口处有一明显斜切面；另一件属于三国吴地的青釉谷仓，其中有一吹竖笛乐人，笛管较长，吹口处不清，但从乐人持笛的方式来看，正面显示该笛管与乐人身体贴得较近，因此可以判断其是属于吹口外削斜切式的竖吹乐器，而绝不可能是内挖式的吹奏乐器。因为吹口呈内挖式的乐器如前所述，其乐管势必要与身体形成一个较大的角度，只有这样，乐管才能吹奏出声。

在甘肃酒泉和嘉峪关两地，出土了 4 件属于两晋十六国时期的墓室壁画像，从图像上观察，乐人均跽坐，手持竖笛做吹奏状。嘉峪关魏晋 3 号墓、酒泉丁家闸燕居行乐图中之竖笛（图 13，略）的形态完全一致：笛体非常细长，乐人右手上左手下持管吹奏，乐管与乐人的身体呈 30 度角。嘉峪关魏晋 6 号墓的竖笛演奏形态与前同，而在器形上稍有特殊（图 14，略）。此笛笛身有九节，这种情况有两种可能，其一是此时期的竖笛可能已经采用了取自然九节竹管来制作（今日南音洞箫的取材样式即以自然九节为其标准）的方式，另一种可能是为了防止笛管破裂，因而以丝线之物缠绕笛身。嘉峪关魏晋 1 号墓中的竖笛同样非常长大，乐师双手持笛于胸前，这样的吹奏姿势与汉时长笛一致。通过比较分析，魏晋十六国时期的 4 件竖笛，它们应属于同种同类乐器，在吹口部分均采用外削斜切式的制作方式。

鲜卑族拓跋氏于 386 年在平城（今山西大同）建立北方统一政权，史称北魏。由于统治者笃信佛教，大兴佛教石窟，属于这一时期巩义石窟、云冈石窟及部分敦煌石窟中，亦有不少竖笛画像。属南北朝北魏时期的竖笛共计 12 例，下面将分别对这些竖笛进行考察、分析和界定。北魏巩义石窟寺第四窟、北魏云冈石窟第六窟（图 15，略）和北魏淳化方里乡奏乐图、吐鲁番阿斯塔那乐舞纸画像（5 世纪）之竖笛形态基本一致，乐伎双手持笛吹奏，竖笛长大及膝，笛管紧靠于身前。北魏莫高窟 254 窟乐伎双腿盘坐，左手上右手下持笛，昂首挺胸做吹奏状，笛管非常长大，管体与乐伎身体呈 30 度角。北周莫高窟 297 窟、西魏莫高窟 288 窟（图 16，略）中乐伎所持吹奏的竖笛，在长度上保持了长大的特点，但值得注意的是其笛管却非常纤细；北魏麦积山 154 窟飞天乐伎吹奏的竖笛除了笛管纤细外，在长度上也略有缩减；北魏莫高窟 431 窟中的竖笛则既短又细（图 17，略）。但这 4 件竖笛拥有一个共同的特征，即笛管与乐伎身体的角度均呈 30 度左右。因此，可以断定以上 9 件北朝时期竖笛的吹口制作方式是外削斜切式的。而至于敦煌壁画中的竖笛为何出现如此纤细的器形特征，实则属于画工写意性的绘画方法，北魏晚期盛行"秀骨清风"的佛像造型，即以"瘦形"而骨气洞达、风度翩翩为特征，这种艺术风格的追求自然对画工的绘画方法也带来一定影响，这种写意性的绘画方式在敦煌壁画中大量存在。

虽然是写意性的绘画方式，但也是对现实生活一定真实的反映，因而并不会影响对竖笛的整体判断。

同属这一时期的还有3件竖笛，其形态则又另有不同的特点，仔细观察它们的形态：北魏大同司马金龙墓的壁画上有一乐人手持竖笛吹奏（图18，略），笛身长大，笛管与身体所呈的角度大于30度，呈六七十度；北魏敦煌西千佛洞第5窟中的竖笛像（图19，略）略微有些走样，但依稀尚可辨别其大致器形，飞天乐伎手持竖笛吹奏，长度不清，笛管较细，笛体与身体的角度较大；西魏敦煌莫高窟285窟（图20，略），笛管细短，笛管与乐伎身体同样所呈的角度较大。以上三例不同情况，可能是由以下几种原因造成：1.可能是画师在作画的时候随兴所作，有些画师本身并不熟悉音乐，也可能并未见过该器，所以在作画的时候会出现与现实情况不符的情形；2.有可能是笁篥，笁篥管端插有芦哨，吹奏时需要将芦哨含在嘴里，那么这样的吹奏方式也必然会导致管体与身体形成一个较大的角度，而不可能出现30度角或更小的角度；3.可能是新的吹口内挖式竖笛在此时的先现。图像时间范围均在北魏时期或之后。根据以上三种可能出现的情况，就算将第三种因素考虑在内的话，从总体上来考量，外削斜切式占到了总数（三国两晋南北朝竖笛共18例）的83%，即外削斜切式吹口的竖笛在此时期仍为主流。由于北魏统一之前的中国，经历了两晋十六国，即历史上的五胡乱华时期，在这样的时代之下，政治虽然动乱，但文化上亦有可能出现各民族大融合之势，新的乐器品种在此时开始先现亦不无可能。

表2-8-2　中国三国两晋南北朝时期竖笛图像形态一览表[①]

序号	文物	时代	图像形态
1	涂井蜀汉崖墓吹笛俑	三国蜀	乐俑跪坐，手持竖笛，左手上右手下，笛管粗长，笛尾及膝，吹口处有一明显斜切面
2	青釉谷仓	三国吴	乐人手持竖笛，左手上右手下，笛管长大及膝部位，正面显示笛管与身体角度较小
3	酒泉丁家闸燕居行乐图	后凉至北凉	乐伎手持竖笛，笛管长大及膝，左手下右手上，侧面显示笛与身体呈30度左右的角
4	嘉峪关魏晋6号墓	西晋	一乐师持笛吹奏，笛管长大及膝，笛身有九节（或以丝线缠绕），笛管与身体呈30度左右的角
5	嘉峪关魏晋3号墓	西晋	一乐师持笛吹奏，笛管长大及膝
6	嘉峪关魏晋1号墓	西晋	笛管粗长，笛尾及膝，左手上右手上，笛管置于胸前

[①] 王金旋：《丝绸之路考察中发现的问题——古代竖笛出现年代新论》，《中央音乐学院学报》2014年第1期，第110页，原表2。

续表

序号	文物	时代	图像形态
7	大同司马金龙墓伎乐人	北魏	伎乐人手持竖笛,竖笛长大,笛管与身体呈60度左右的角
8	淳化方里乡奏乐图石雕	北魏	乐人手持竖笛,竖笛长大,左手上右手下,正面显示笛管与身体紧贴
9	巩义石窟寺4窟	北魏	同上
10	西千佛洞第5窟	北魏	吹竖笛飞天,笛管与身体呈60度左右的角,笛管似乎较长
11	麦积山154窟飞天伎乐	北魏	飞天伎乐手持竖笛吹奏,笛管较细短,笛管与身体呈30度左右的角
12	莫高窟431窟	北魏	天宫伎乐人手持竖笛,竖笛细短,左手上右手下,笛管与身体约呈30度角
13	莫高窟254窟	北魏	伎乐昂头手持竖笛吹奏,笛管长大,笛管与身体呈30度左右的角
14	云冈石窟第6窟	北魏	天宫伎人一人手持竖笛,笛管长大,笛管与身体贴得较近
15	莫高窟285窟	西魏	乐伎手持竖笛作按指吹奏,竖笛细短,乐管与身体呈60度左右的角
16	莫高窟288窟	西魏	天宫伎乐人手持竖笛吹奏,笛管细长及膝,笛管与身体呈30度角
17	莫高窟297窟	北周	飞天伎乐手持竖笛吹奏,笛管细长,笛管与身体呈30度角
18	现藏于印度德里中亚博物馆的5世纪吐鲁番阿斯塔那乐舞纸画像	5世纪	1人吹奏竖笛,笛管细长及地,右手上左手下,笛管与身体贴得较近

中唐以来是中国古代音乐的发展高峰期,宫廷音乐形成了雅、俗、胡三足鼎立的态势,音乐艺术在这一国际化的环境中得到了快速的发展,并辐射至东邻各国,竖笛在这一时期又是怎样的呢?属隋代的竖笛有3件,隋河南安阳张盛墓出土2件陶乐俑,两者器形相同,乐人盘坐双手持笛吹奏,笛管较粗短,管体与乐伎身体呈30度角,而其中一件吹口部分显示有一斜切面(图21,略)。山西太原隋代虞弘墓中,一异域风格的乐人正全神贯注地吹奏着竖笛,该竖笛较长大,笛管与乐人身体亦呈30度角,从而判定隋代三例竖笛均为外削式吹口的器形特点。唐五代时期的竖

笛共有31例。出土的竖笛陶乐俑4件，乐俑们所持吹奏竖笛的器形及演奏姿态大致相同，笛管紧靠于身前，它们的差异仅体现在该器的长度上。俾失十囊墓乐俑所持的竖笛要比另两件长（参见图22、23，略），李爽墓、李寿墓、苏思勖墓等墓室壁画中的竖笛形态则完全相同，竖笛长度中等，笛管与乐人身体角度呈30度。而周文矩合乐图中的竖笛则相对来说较长，长度与俾失十囊墓竖笛相等，演奏姿势亦与之相同。敦煌壁画中的竖笛图像共20例，莫高窟18、23、72、159、172、220窟南壁、220窟北壁右侧、322、359、445窟，榆林窟25、38，以及张大千临摹的敦煌壁画"观无量寿经变"等14例竖笛在演奏形态上基本一致，乐伎乐人手持竖笛吹奏，笛管与乐人身体呈30度角左右，但乐器的长度表现不一，如莫高窟18、25、72、159、172、220窟南壁、359等窟中的竖笛较长，莫高窟322、445窟，榆林窟38窟中的竖笛中等长度，莫高窟23窟中的竖笛则较短。与这些竖笛演奏姿态相同的，还有奏笛吹箫模砖之竖笛和荆门吹笛铜像。莫高窟45窟中的竖笛由于被前排乐人遮挡，乐器长度及与乐人的角度比例无从辨识。

从以上这些竖笛的考察可知，它们的演奏姿势统一，乐器与乐人身体角度均在30度左右，但在长度上有所变化，因而判定这些竖笛均为吹口外削式，加上隋代的三件总共28例，占总数（34）的82%。

另，莫高窟220窟北壁左竖笛（图24，略）、莫高窟331窟一竖笛（图25，略）以及《宋国河内郡夫人宋氏出行图》，从画像上来看，笛管与身体呈现了一个较大的角度，但对其进一步深入考察得知，如今看到的220窟和《宋国河内郡夫人宋氏出行图》均为后人临摹本，220窟的原貌已无法找到，但《宋国河内郡夫人宋氏出行图》留有原本，对校原本，发现原本上的竖笛虽然非常模糊，但仔细察看还是可以发现一丝端倪，原本上的竖笛并非笛管与身体呈60度角，而是类似吹口外削斜切式的30度角，因此我们不得不对220窟的真实性表示怀疑。莫高窟331窟飞天乐伎双手持笛吹奏，竖笛形态富有写意性，笛管较细短，笛管与乐伎身体形成较大的角度。莫高窟61窟（图26，略）则是一幅世俗性较强的音乐场面，其中的竖笛较粗长，笛体与乐人身体形成六七十度角，与今天洞箫的演奏姿势雷同。从演奏姿势来看，除了《宋国河内郡夫人宋氏出行图》中的竖笛外，莫高窟220窟北壁左竖笛、莫高窟331及61窟的这几件竖笛不可能是外削斜切式的吹口，有可能是笙篥亦有可能是内挖式吹口的乐器。

纵观隋唐五代时期的竖笛发展趋势，占主导地位的仍是吹口为外削斜切的制作样式，亦可能有内挖式吹口的竖笛存在。同时，外削斜切式竖笛出现了新的发展趋势，即图像中开始大量出现了中等长度或较短的笛管。这种样式的竖笛正与古代文献史料中所记载的长笛、中管和短笛相印证，反过来，这些图像信息也为文字史料提供了图像学上的补充资料。

表 2-8-3　中国隋唐五代时期竖笛图像形态一览表[①]

序号	文物	时代	图像形态
1	山西太原虞弘墓	隋	一胡人手持竖笛吹奏，笛管与身体呈30度角左右
2	河南安阳张盛墓乐俑一	隋	女乐俑盘坐手持竖笛，右手上左手下，笛管较短，管体与身体呈30度角
3	河南安阳张盛墓乐俑二	隋	女乐俑盘坐手持竖笛，左手上右手下，笛管较短，吹口有一明显斜切面，管体与身体呈30度角
4	莫高窟220窟南壁	初唐	一吹竖笛乐人，手持竖笛，上身平直，笛身较长，笛管与身体约呈30度角
5	莫高窟322窟之一	初唐	一飞天乐人，手持竖笛，竖笛中等长度，笛管与身体约呈30度角
6	莫高窟322窟之二	初唐	同上
7	莫高窟331窟之一	初唐	飞天乐伎手持竖笛，右手上左手下，笛管细短，笛管与身体呈六七十度角
8	莫高窟331窟之二	初唐	同上
9	莫高窟332窟	初唐	同上
10	湖南岳阳桃花山乐舞俑	初唐	吹竖笛乐俑屈膝盘坐，右手上左手下握竖笛吹奏，笛管长度至腰部位置，笛管紧贴于胸前大致呈30度角
11	李爽墓吹笛壁画	初唐	男侍头戴幞头，双手持笛吹奏，左手上右手下，笛管细长，管体与身体呈30度角
12	李寿墓石椁线刻奏乐图	初唐	女乐伎手持竖笛吹奏，右手上左手下，竖笛中等长度，管身较细，管体与身体呈30度角
13	偃师柳凯墓骑马乐俑	初唐	骑马乐俑吹竖笛，右手上左手下，笛管短小且粗，管体紧贴于身体
14	莫高窟359窟	中唐	乐人手持竖笛吹奏，上身平直，左手上右手下，笛管细长，管身与身体呈30度左右的角
15	莫高窟159窟	中唐	同上
16	俾失十囊墓奏乐陶俑	中唐	胡乐俑席地而坐，上身平直，手持竖笛吹奏，竖笛长大，笛管较粗，笛管与身体呈30左右的角

[①] 王金旋：《丝绸之路考察中发现的问题——古代竖笛出现年代新论》，《中央音乐学院学报》2014年第1期，第112页，原表3。

续表

序号	文物	时代	图像形态
17	苏思勖墓乐舞壁画	中唐	乐师跪坐于地手持竖笛吹奏，竖笛细短，左手上右手下持笛，笛管与身体呈30度左右的角
18	榆林窟第25窟	中唐	菩萨手持竖笛吹奏，左手上右手下，笛管与身体呈40度左右的角
19	莫高窟23窟	盛唐	乐人跪坐，手持竖笛，竖笛较短，笛管与身体呈30度左右的角
20	莫高窟45窟	盛唐	伎乐人双手持笛，右手上左手下，因其位于其他乐人之后，无法看清笛管与身体的角度
21	莫高窟172窟	盛唐	乐人手持竖笛吹奏，上身平直，笛管细长，管身与身体呈30度左右的角
22	莫高窟445窟	盛唐	乐人手持竖笛吹奏，右手上左手下，笛管中等长度，管体与身体呈30度角
23	观无量寿经变图	盛唐	此为张大千临摩敦煌壁画，乐伎手持竖笛吹奏，左手上右手下，笛管较细，长度不清，但管体与身体呈30度角
24	湖南长沙咸嘉湖小学乐俑	唐	吹竖笛乐俑屈膝盘坐，右手上左手下手握竖笛吹奏，笛管长度至腰部位置，笛管紧贴于胸前大致呈30度角
25	莫高窟220窟北壁右	唐	一吹竖笛乐人，手持竖笛，上身平直，由于被前面的乐人遮挡，笛身长度不知，笛管与身体约呈30度角
26	莫高窟220窟北壁左	唐	一吹竖笛乐人，上身平直，笛管与身体的角度较大
27	奏笛吹箫模砖	唐	乐人手持竖笛吹奏，右手上左手下，笛管较粗，长度中等，笛管与身体约呈30度角
28	莫高窟18窟	晚唐	伎乐人正身而坐，双手持竖笛吹奏，左手上右手下，笛管较长，笛管与身体呈30度左右的角
29	宋国河内郡夫人宋氏出行图	晚唐	乐人手持竖笛吹奏，左手上右手下，上身挺直，笛管与身体呈六七十度角
30	荆门吹笛铜像	唐宋	铜像手持竖笛吹奏，左手上右手下，笛管中等长度，管体与身体呈30度角
31	榆林窟第38窟	五代	乐伎手持竖笛吹奏，左手上右手下，笛管中等长度，管体与身体呈30度左右的角
32	莫高窟第61窟	五代	一身乐伎手持竖笛吹奏，竖笛长大，笛管与身体呈70度角

续表

序号	文物	时代	图像形态
33	莫高窟第72窟	五代	乐人手持竖笛吹奏,上身平直,笛管较长,管身与身体呈30度左右的角
34	周文矩合乐图	南唐	女乐手持竖笛吹奏,笛管较长,笛管与身体呈30度角

属于宋元时期的竖笛图像共10例,其中亦包括属于西域和北方少数民族政权统治境内的,如西夏、金、辽、高昌古城等。综观这10幅竖笛像,显然竖笛在这一时期出现了一个极其显著的变化——内挖式吹口的竖笛占据了主导地位。高昌古城奏乐图(10世纪),宋·九歌图卷,辽·敖汉羊山1号墓、3号墓,西夏·榆林窟第3、第10窟,西夏·文殊山石窟万佛洞及元·伎乐天图(图27,略)等竖笛共计8例,它们的形态基本一致:乐人或乐伎手持竖笛吹奏,笛管较长,笛体与乐人的身体均呈60度左右角,因而判定此8例竖笛均应为内挖式,占总数的80%,而外削斜切式吹口的竖笛仅为2例,分别是平定姜家沟1号宋墓乐舞壁画(图28,略)和金·高平西李门二仙庙线刻奏乐图中的竖笛,仅占20%。也就是说,之前先现的内挖式吹口的竖笛,到宋元时期已成为主流,而外削斜切式的竖笛仍然存在,这同样可以得到文献史料的印证。

北宋沈括《梦溪笔谈》曰:"后汉马融所赋长笛,空洞无底,剡①其上孔五孔,一孔出其背,正似今之尺八。"②

而在《乐学轨范》卷六中记载了宋朝传至朝鲜的竖笛之样式:"宋朝赐来篷前五孔,后一孔,尾两旁各一孔,按造篷之制,以黄竹为之,上端前面刳③而作窍,以下唇憑而吹之,声从窍出……"④

直到明清以后,外削斜切式吹口的竖笛彻底隐退于音乐舞台。

---

① "剡":"削,削尖。锐利",《汉语大词典》1988年版,第712页。
② (宋)沈括:《梦溪笔谈》,上海书店出版社2003年版。
③ "刳":"挖,挖空",《汉语大词典》1988年版,第657页。因此可以判断此笛的样式是上端吹口呈内挖式的。
④ [韩]《乐学轨范·乐章·歌词·教坊歌谣合本》,亚细亚文化社1975年版。

表 2-8-4　中国宋元时期竖笛图像形态一览表①

序号	文物	时代	图像形态
1	高昌古城奏乐图	10世纪	乐伎手持竖笛吹奏，右手上左手下，笛管较长，笛管与身体呈五六十度的角
2	平定姜家沟1号宋墓乐舞壁画	宋	女乐手持竖笛吹奏，右手上左手下，竖笛长度中等，笛管与身体呈30度角
3	中国国家博物馆藏九歌图卷	宋	乐师跪坐吹奏竖笛，左手上右手下，笛管与身体呈60度左右的角
4	敖汉羊山1号墓奏乐图	辽	契丹乐师手持竖笛吹奏，左手上右手下，笛管较长，笛管与身体呈60度左右的角
5	敖汉羊山3号墓鼓乐图	辽	着宋装乐人手持竖笛吹奏，左手上右手下，笛管中等长度，笛管与身体呈六七十度的角
6	榆林窟第3窟	西夏	飞天乐伎手持竖笛吹奏，左手上右手下，笛管较长，笛管与身体呈60度左右的角
7	榆林窟第10窟	西夏	同上
8	文殊山石窟万佛洞	西夏	同上
9	高平西李门二仙庙线刻奏乐图	金	吹竖笛乐人二人，竖管长度中等，笛与身体呈30度左右的角
10	四川博物馆藏伎乐天图	元	飞天乐伎手持竖笛吹奏，左手上右手下，笛管较长，笛管与身体呈60度左右的角

根据以上的分析，我们可以就古代竖笛吹口变迁规律作表如下（表2-8-5）：

表 2-8-5　我国古代竖笛吹口变迁规律表②

时期	吹口斜削数量	吹口内挖数量	图像总数	总数比(%)
汉代	32	无	40	斜削80%（另有6例自然吹口，2例经考证为非边棱类竖笛，占总数20%）
三国	2	无	2	斜削100%

---

① 王金旋：《丝绸之路考察中发现的问题——古代竖笛出现年代新论》，《中央音乐学院学报》2014年第1期，第114页，原表4。
② 王金旋：《丝绸之路考察中发现的问题——古代竖笛出现年代新论》，《中央音乐学院学报》2014年第1期，第114页，原表5。

续表

时期	吹口斜削数量	吹口内挖数量	图像总数	总数比(%)
两晋	4	无	4	斜削100%
南北朝	9	3	12	斜削75%；内挖25%
隋唐五代	28	5	34	斜削82%；内挖15%（另有1例无法辨识，占3%）
宋辽金元	2	8	10	斜削20%；内挖80%

结语

　　要弄清中国古代竖笛的渊源和发展，音乐史学家大多依据史书经传的记载和考古文物的出土，但历代史书经传对竖笛或笛的记载太过模糊，且有互相抄袭的可能，以致到了后世已无从辨明其真相，给今天的研究带来了一定的难度和困惑。但根据不同吹口的乐器其演奏姿势必然产生差异这一线索，又提供了一个新的研究视角，从演奏姿势、持笛姿态来判断乐器吹口的特点是一种非常重要的依据，因而完全可以通过图像学的研究方法对其展开新一轮的探索和讨论，本文写作目的即在于此。本文对迄今为止所发现的全部考古文物中的竖笛图像进行了整体性的考量，虽然一些壁画上的竖笛存在写意性的绘画方式（多见于敦煌壁画），画面也有走样（如敦煌西千佛洞第5窟竖笛飞天）甚至歪曲（如《宋国河内郡夫人宋氏出行图》临摹本）的情形，但通过深入细致的察考，还是可以对古代竖笛做出客观性的整体判断。通过分类、比较和剖析，笔者所得的结论为：

　　1. 竖笛最原始的制作方式为以禽鸟的肢骨为管材，管上开孔，吹口采用最自然的形式，不做削、挖等处理，有贾湖骨笛、现存的塔吉克族的鹰骨笛等为证。

　　2. 迟至汉代（或汉前，因缺乏考古出土的文物而无法判断）已出现吹口外削斜切式的竖笛制作方式，并发展成为主流性的竖吹乐器，汉代大量的画像石可为证，因这时期的竖笛都非常长大，因而文献上称其为长笛。同时存留有原始吹口的竖笛。

　　3. 内挖式吹口的竖笛最早应在南北朝时期出现，唐末开始呈现渐渐扩展的趋势，但属于非主流。三国两晋南北朝隋唐时期占主流地位的仍是外削斜切式的竖笛，因三国两晋南北朝时期的竖笛同样非常长大，因而文献中仍以"长笛"呼之，隋唐时期笛管的长度开始发生变化，涌现了中等长度或更短的竖笛，应就是在文献中称为"中管""短笛"的器物，这种变化趋势产生的原因应是中外音乐不断大融合、大量胡乐的进入以及乐调理论的不断丰富。

　　4. 宋元时期是内挖式吹口和外削斜切式吹口的竖笛并存期，但以前者为主导，后者渐渐退出，至明末最终消亡。究其原因，可能与宋元时期的音乐文化转型有关，这一阶段的宫廷音乐文化开始衰落，代之以平民文化的崛起，隋唐时期的大型合奏乐已不再令贵族阶级痴迷，戏曲、曲艺以及小型器乐合奏形式开始成为这一时期的音乐文化主流，人们趋向于精致、细腻的审美情趣，内挖式吹口的乐器更符合于这种音响特质。

笔者还可以把上述结论进一步简化总结为图2-8-1：

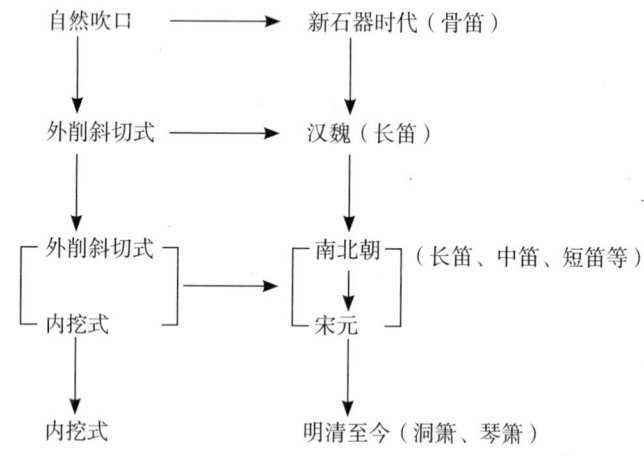

```
自然吹口 ──────→ 新石器时代（骨笛）
   │                    │
   ↓                    ↓
外削斜切式 ─────→ 汉魏（长笛）
   │                    │
   ↓                    ↓
┌ 外削斜切式 ┐    ┌ 南北朝 ┐ （长笛、中笛、短笛等）
└ 内挖式   ┘ →  └ 宋元   ┘
   │                    │
   ↓                    ↓
内挖式              明清至今（洞箫、琴箫）
```

图 2-8-1　边棱类单管竖吹乐器发展序列图示 [①]

至于外削斜切或内挖的制作方式从何而来，是中国固有的还是外来的等问题，则又是另外一个课题了，在此暂且不作展开，将另行撰文讨论。

第二节　评述与拓展

一、基本内容及意义

王金旋的《丝绸之路考察中发现的问题——古代竖笛出现年代新论》共分三部分：第一部分综述了竖笛界定和历史上遗存的问题及目前所能见到的相关图像信息；第二部分对汉、三国两晋南北朝、隋唐五代、宋元等时期的竖笛图像进行系统地分析，从吹口形态、乐师演奏姿势、乐器大小、乐师吹奏角度等不同的方面进行研究。第三部分是全文的总结。

[①] 王金旋：《丝绸之路考察中发现的问题——古代竖笛出现年代新论》，《中央音乐学院学报》2014年第1期，第115页，原图6。

评述：关于笛或竖笛的称谓在古代有许多种，且有时与其他乐器混用，因此历来从文献上的研究都不尽如人意。除去骨质的笛子，我国竖笛一般采用竹制和少量的木制，这些材质的器物极不易保存，因此出土的实物极其罕见。与之形成鲜明对比的是大量记录笛子演奏的画卷、洞窟壁画等图像文物，这为研究古代竖笛提供了新的契机。文章基本上收集了迄今为止所发现的全部考古文物中的竖笛图像，并从演奏姿势、持笛姿态来判断乐器吹口的特点，追寻竖笛的发展脉络。作者通过收集整理各个时期的竖笛图像资料，试图通过一种新的图像学方法来探讨我国竖笛的发展进程。这也为中国古代音乐史的其他领域提供了一个新的研究思路。

二、作者与之相关的论著

1. 王金旋：《尺八的历史考察与中日尺八辨析》，硕士学位论文，上海音乐学院，2008年。

2. 王金旋：《改良竹笛初探》，《宁波大学学报（人文科学版）》2012年第4期，第121—126页。

3. 王金旋：《尺八：中日文化语境中的历史与变迁》，博士学位论文，上海音乐学院，2014年。

4. 王金旋：《日本现代尺八起源新论——基于对〈虚铎传记国字解〉的思考》，《音乐研究》2016年第6期，第52—59页。

5. 王金旋：《接受·改造·传承——再议日本现代尺八之渊源》，《中央音乐学院学报》2020年第3期，第107—117页。

三、其他作者与之相关的论著

1. 王其书：《羌笛源流考辨——西南丝绸之路音乐文化考察研究之一》，《音乐探索》2003年第4期，第11—17页。

2. 周菁葆：《丝绸之路上的横笛及其东渐》，《音乐文化研究》2019年第1期，第22—33、3页。

第九章 《艺术中的音乐》

第一节 序及目录

扎德拉维克·布拉泽科斯主编（原英文期刊）、洛秦主编（中文版）《艺术中的音乐》

——上海音乐学院出版社 2014 年版

一、序

中文版序言

Zdravko Blažeković

（*Music in Art* 主编）

荆 藤 译

李 玫 校译

  这本译文集的论文皆选自《艺术中的音乐》(*Music in Art*)。该刊由纽约城市大学研究生院的音乐图像学研究中心（RCMI）出版，旨在研究音乐图像学以及音乐和视觉艺术之间的相互关系。

  音乐图像学研究中心成立于1972年，由杰出的美国音乐学家巴里·布鲁克（Barry S. Brook，1918—1997）创建，旨在收集和研究与音乐历史相关的图像资料。在该中心成立之初，音乐图像学学科还处于萌芽时期，其研究方法也刚开始形成。布鲁克意识到进行充分研究的前提需要研究者掌握大量的图像资料，因此他花了大量心血对收藏在美国博物馆的相关视觉文物和收藏品进行整理与分类。布鲁克的这些努力大大拓展了研究中心阅览室的文献能力，该中心目前拥有一批用于研究音乐历史、乐器学与视觉资源相关的书籍和期刊，并拥有约12000件西方艺术作品的复制品。这些复制品表现了不同的音乐场景、乐器以及音乐家。依托如此丰富的参考资源，现在研究中心已经能够为来自纽约城市大学研究生院准备攻读博士的研究生提供研究支持，并且满足海外访问学者特定研究项目的研究需要。学术会议是交流与创造的沃土，研究中心从一开始就积极致力于组织各种会议。到目前为止，研究中心已经成功主办了 12 场会议，其中的一些会议曾与国际图像音乐检索库（RIdIM）、管风琴历史协会（The Organ Historical Society）、国际传统音乐学会（ICTM）音乐考古学分会以及大都会艺术博物馆等相关组织共同主办。

1975 年，中心创刊出版了《国际图像音乐检索库/纽约城市大学音乐图像学研究中心时事通讯》(*RIdIM/RCMI Newsletter*)，此刊意在发布研究项目和研究活动的信息。随着该学科的发展，新增研究成果对其传播途径又有了新的要求，因此《时事通讯》于 1998 年改版为年度期刊《艺术中的音乐》(*Music in Art*)。在过去的 15 年间，该期刊紧随学科发展的步伐，发表了大量基于不同研究方法、与该学科相关的丰富议题的文章。在这些文章中，视觉材料是用于拓展我们对音乐认知的一种新资源。

在不同文化中，与音乐史和音乐环境相关的各种图像资料不计其数，类别从图片到具象艺术或抽象艺术，从音乐理论文本上的插图到乐曲手稿或文学稿本中手稿的装饰性插图，从源于口头流传故事的插图到音乐表演和乐器的描述，从乐器上的装饰到音乐剧场上的场景，此外还包括建筑的样式及其装饰、音乐表演的场地、对举办音乐盛会和销售乐器的广告，或者对精心打造的专辑和乐谱的设计等。这本译文集所翻译的文章展示了西方音乐学关于视觉资料研究方向的多样性，并在不同地区分别选择了案例（亚洲尤其是中国、南美洲和北美洲、欧洲）。基于视觉来源的研究中一个最大的主题是乐器学以及乐器的发展，这本文集举了四个研究案例，每个案例来自不同的大洲，主要是关于乐器的发展和被接受的研究。约瑟夫·S. 卡明斯基（Joseph S. Kaminsky）使用图像学资料证明了西非前殖民地时期象牙喇叭的存在。象牙喇叭在 15 世纪葡萄牙人到达非洲西海岸时被大量生产。然而，在西非早期阿坎人（Akan）殖民地发现的一个横向的象牙喇叭肖像表明，热带雨林北部乐器的分布超出了葡萄牙人影响的范围，该喇叭的吹口放在一个壶柄上。荷兰人对 1602 年在几内亚海岸制造的象牙喇叭的插图说明这些象牙喇叭的制造如此之精细，不可能是由 15 世纪的象牙喇叭发展过来的。关于这些乐器在西非的来源，卡明斯基将它们与中世纪欧洲吹象牙喇叭的天使插图联系起来，该插图多次出现在《圣约翰启示的评论》(*Commentary on the Apocalypse of St. John*) 一书中，该书由 8 世纪的西班牙僧侣比图阿斯·德·列巴纳（Beatus de Liébana）撰写。书中这些插图也许暗示了在中世纪早期象牙喇叭的使用已经很流行，甚至比图阿斯早期的手稿中还暗示了，在迦太基这个国家，整套象牙喇叭的使用或许在 4 世纪就已经开始了。

犹太人音乐历史中的管风琴总带有负面的属性，这主要是其宗教归属造成的。约阿希姆·布劳恩（Joachim Braun）调查了犹太人音乐思维和音乐实践中对乐器接受的改变过程。他通过查阅考古学上的证据，证明管风琴与 3—4 世纪的撒玛利亚人有关。文艺复兴时期中关于犹太人的管风琴记录表明这些管风琴似乎是约书亚（Joshua ibn Ga'on，13—14 世纪）的手稿中所绘的庙宇乐器 magrephah。稍晚的希伯来语手稿中有关于管风琴用于犹太教堂的记载，也为该乐器后来成为犹太音乐的一部分做好准备。

马克·豪威尔（Mark Howell）根据考古记载，探寻了古代中美洲（现在的墨西哥和中美洲）土著缝鼓的起源，这些缝鼓在该地区使用，并一直流传到现代。该乐器看起来像是中美洲文物中的一件，这些文物与低地文化和高地文化有关，尽管缝鼓的发展可能始于低地地区，稍后则逐渐向高地传播。

玛利亚格拉吉雅·卡洛内（Mariagrazia Carlone）则展示了即便是那些非常著名的西方乐器也有可能很难分类，因为那些琉特琴、双颈琉特琴和短双颈琉特琴的区别在于不同的定弦调律。为了区别各种琉特琴的类型以及定义它们的名字，我们很有必要知道这些乐器是如何调律的。因此仅依靠图像资料上所呈现的某一种琉特琴的信息往往难以准确区分具体的不同类型的琉特琴。此外，在主要的和辅助的音乐学资料中关于琉特琴各个类型的正确名字的称呼也有分歧和混淆，如"双颈琉特琴""短双颈琉特琴""长双颈琉特琴"等。这篇文章为从 16 世纪到 18 世纪晚期，琉特琴从盛期到消亡期间，欧洲主要类型的琉特琴图像分类提出了建议，该建议要求图像分类只根据各种琉特琴的外部特征而不包括调律来分类。

与乐器图像志调查研究相关的还有乐器本身、乐器形式、制作材料、装饰以及那些为我们进一步了解乐器提供重要信息的特征。例如某件乐器，某些社会阶层人士曾经在某一次或者某种场合下弹奏过，或者只是将其作为社会地位的象征等。有三篇文章讲述了这些研究方法。赫伯特·荷伊德（Herbert Heyde）展示了纽约大都会艺术博物馆和辛辛那提艺术博物馆收藏品里两件龙形乐器。纽约博物馆最早的收藏者玛丽·伊利莎白·亚当斯·布朗（Mary Elisabeth Adams Brown，1842—1918）将该乐器称为 19 世纪的低音管，而辛辛那提艺术博物馆却将该形状的乐器定义为 18 世纪意大利的乐器。两个博物馆的龙形乐器都是由两个分离的半边组成，在尾部形成了一个通风管路。很明显它们是根据相同的声学原理制作的，这一点无论是在西方还是东方的其他乐器中都几乎看不到。这表明这些乐器并不为专业音乐家所使用，但也需要根据不同的标准对其进行判断。根据这些乐器的外形条件、风格和使用环境等迹象推测，这些乐器可能是巴洛克乐器用于戏剧或者宫廷节日的哈迪斯场景的舞台表演，或者用于戏剧表演中的伴奏。

第二个例子来自中国，展示了最早的乐器"琴"的制造者在设计乐器调弦钮时的工艺技巧和想象力。经典的"琴"的形制经过了许多世纪的发展，现在能够找到的最早的琴是在湖北省随州曾侯乙墓，与著名的 65 枚编钟（公元前 433 年随葬）一同出土的。与经典形制不同的是，古代的琴上的调弦之间隔得很紧凑，演奏者需要使用调音柄来调音。在琴的一头，由铜或者银制作的调音柄有一个小凹槽，刚好用于放置琴栓；而琴的另一头则是一琴柄，上面装饰豪华，有各种动物和人物。博·拉韦格伦（Bo Lawergren）对19件收藏在博物馆的古琴钥匙作了记录。

第三个例子是关于中国古代滇国的青铜乐器。它们从战国中期（公元前475—前221）到东汉初期（公元25—220）在云南中部地区盛行。古滇国具有独特的青铜器文化，其中以保存下来的铜鼓、从鼓形移植而成的铜壳类响器、编钟、匏壳类葫芦笙乐器等为代表。王玲的研究表明铜鼓的纹饰在初期以太阳和菱形图案为主而渐渐趋向多样，演变出飞翔的白鹭、太阳、牛、舞蹈者和鹿等。一些保存完好的铜壳类响器上生动的音乐场面展现了铜鼓的演奏场景。在这个地区发现的一件铜制匏类乐器（葫芦笙）则被认为是中国最早的吹奏乐器。音乐家演奏吹奏乐器的方式表明，虽然这一乐器已经产生了两千多年，但从被发明那时起到现在，其造型设计和演奏方式一直没有改变。滇国的许多青铜器上都刻有音乐和舞蹈的图案，这些图案或与传统仪式有关，至今一些云南的少数民族仍然还延续着这些传统仪式。

图像志研究的另一个方向是了解某一地区或者某一种表演实践中音乐活动的动态。我们研究了18世纪在伊斯坦布尔的土耳其宫廷和19世纪中国和美国的几个案例。杜里特·克勒比（Dorit Klebe）研究了年龄在10岁到18岁之间、穿着奇异、从16世纪起就在奥斯曼土耳其宫廷做专业乐师的那些男孩。他们身穿妇女的衣服，表演舞蹈，并且演奏打击乐器，或者一边唱一边弹奏其他乐器，有时表演中还要加入一些特别的肢体动作。科林·许恩斯（Colin Huehns）则向我们展示了19世纪中国的胡琴。因为胡琴在刘天华于20世纪二三十年代推行改革之前，演奏人群通常都是社会的底层群众，如乞讨者、剧场人员、妓女、乡下人等。当时的中国政府的官方文献中几乎没有关于这些活动的图像资料的记载，而当时学者虽然是能够收集记录这些资料的最重要的人群，却也未能对胡琴早期的发展充分关注。然而，中国在十八九世纪用于出口的水彩画却填补了空白，由于是为西方人所画，这批水彩画往往不受当时社会文化内涵的影响，所以其内容包括刻画细致的胡琴演奏者，有可能是"娱乐业"的妇女。这些画展示了许多乐器构造和演奏技巧的信息同时还有关于服饰、社会地位其至整体场面的图像。事实上，这些图像可能是现存最完整最精准的相关资料。

几乎也在这个时期，美国长岛的本地肖像画家威廉·西德尼·芒特（William Sidney Mount，1807—1868）也创作了与音乐活动相关的图像作品。克里斯托弗·J.史密斯（Christopher J. Smith）的研究表明，如同中国为欧洲市场所作的水彩画反映了胡琴演奏的社会阶级性一样，芒特的油画也展示了在美国大西洋沿岸的市中心街上，阶级、种族、经济、人口和多种音乐流派的融合，以及英国凯尔特族裔和非洲裔美国人之间的互动等，在作品中，芒特为我们提供了相当精确、可靠有价值的相关的音乐学数据。他自己就是一位小提琴演奏者、音乐制作人、舞者和乐器收藏者，他于19世纪二三十年代在纽约度过了自己的事业形成期。他的绘画显示出极高的音乐洞察力。

就研究古典时期的音乐生活来说，图像志资料可能比其他任何媒介都要重要。目前已知有记谱的音乐作品并不多，已知的关于音乐的文字资料并不明确，因为涉及音乐的文献大多出现在哲学文本和戏剧文本中，考古发掘中也鲜见乐器的发现。因此，图像志资料尤其是希腊红陶花瓶和黑陶花瓶有助于我们了解音乐制作，是研究乐器及乐器象征意义的重要资料。埃伦·冯·科尔（Ellen van Keer）在其论文中，对有限的文本和大量图像中有关古希腊神话中关于玛尔叙阿斯和阿波罗的资料进行分析。通过将音乐学和神话学的观点结合研究的方法，她论证了在音乐历史和宗教历史研究中，文本资料和图像资料之间相对独立又互补的关系，以及关于音乐神话视觉再现研究中的学科互助性。对玛尔叙阿斯神话的图像综合研究有助于我们走出研究思维的陈规，了解希腊神话和音乐中的大量信息及多样性。希腊人认为，与玛尔叙阿斯相关的阿芙洛斯管不只是命运多舛、不合礼仪、低人一等的乐器，而且还是与所谓的高人一等的基萨拉琴相对立的乐器，玛尔叙阿斯与阿波罗也是完全对立的。但是事实上不仅阿芙洛斯管和基萨拉琴是互补的，图像志和文献学，音乐学和神话学，甚至玛尔叙阿斯和阿波罗都是互补的。

有一组文章说明不同类型的视觉资料和媒介能够为音乐生活提供证据。比如即便有一些岩画已经程式化而大部分细节都已消失，但仍然能够为了解早期文化中的音乐提供重要信息。在中国西南部的云南省临沧市沧源佤族自治县于20世纪60年代到80年代发现了10处崖画，刻于3500年前到2500年前。这些崖画刻画了打猎、觅食、劳作、战争、包含砍头献祭的仪式、狩猎舞、羽衣舞、盾牌舞等，这些场景具有重要的象征意义。崖画上的舞者都是成组或者成排，手牵手或者围成圈。沧源崖画创于部落时代，当地还没有形成一定的族群。后来，原始部落开始慢慢分裂，发展成若干族群，所有这些族群都保持了他们先人的文化。王玲根据现在居住在这一地区的佤族和傣族的习俗，认为崖画上舞蹈音乐的场景与这一地区佤人、傣人习俗相一致。

按照我们对西方中世纪知识分子所做学术努力的了解，手稿上的标记插图有极其重要的意义。那些解释说明文本的图片，装饰性的姓名首字母的大写，页面内及后来添加的标注，并不是原著者或者编辑装饰者的标记，而是出自那些非原著者、读者或者使用者之手。罗西娜·巴克兰（Rosina Buckland）研究了一本从中世纪英国流传下来关于音乐参考文献的最重要手稿——《勒特雷尔圣诗集》，该书现收藏于大英图书馆，藏书编号42130。该手稿有大量的装饰性标注，这些标注作于1325年至1340年，是为林肯郡的一位爵士所作。这本手稿的许多页面上都有旁注和首字母装饰性图案，还有一些人形怪兽正忙于制作音乐。作为诗歌和赞美诗的雏形，这部圣诗集是由个人奉献或者在弥撒中用于大声背诵或者吟唱的。这种口头文学的品质就反映在《勒特雷尔圣诗集》正式的文本或者插图中，而且还使用了与音乐相关的图像。《勒特雷尔圣诗集》因此被认为是对实际表演的真实记载。在14世纪，根据这本书里所记载的乐器使用，可见神学对音乐的态度是有区别的。因此，该书中的音乐意象不应该只是简单地被看作是音乐实践的反映，而且还应该是具有某些象征的可能性。《勒特雷尔圣诗集》中关于音乐意象的图像，传递出深思熟虑的观点，那些完全对立的形式意味着音乐可以是理性或礼拜式和堕落与邪恶并置的。

近几年，肖像研究在研究作曲家和音乐家的社会地位以及接受史方面变得重要起来。在众多著名钢琴家中，有大量为弗朗兹·李斯特所作的肖像画，给人印象深刻。如果我们把这些肖像画与尼古拉·帕格尼尼和西吉斯蒙德·塔尔贝格的肖像相比（学院派肖像和漫画肖像），我们会发现弗朗兹·李斯特的肖像画与那些肖像很不一样，与此同时还可以发现弗雷德里克·肖邦的肖像最能表现他的个人气质。弗洛伦斯·热特罗（Florence Gétreau）通过使用同时期的文献比较这些图像资料，解析了在19世纪巴黎"音乐会壮景"中，演奏家和观众之间关系的特定变化。

另外一个在近几年受到欢迎的研究主题是研究乐器制作人或者音乐创作人为了推广他们的项目所做的宣传广告。从1830年到1930年，铜管乐器的画像见证了此期间的重大文化变迁，这些乐器图像反映了乐器本身的文化意境和表演风格。特雷弗·赫伯特（Trevor Herbert）研究了欧洲铜管乐器制造商和出版商所使用的广告和图片，以及20世纪20年代美国康萨尔玛公司的广告活动。他的研究焦点是军队图像和军队认可在19世纪和20世纪铜管乐器市场销售以及铜管乐队形象塑造两方面的重要性，以及军乐在20世纪20年代被淘汰的方式。纸币图像是一种特别的广告形式，它们起到构建国家形象的作用。玛丽安·玛丽安－芭拉萨（Marin Marian-Bǎlasa）解析了国家作为掌管货币的机构，在20世纪停止了仅以权利象征符号来进行自我宣传的方式，取而代之的是通过推广公民价值和文化象征。随着以图像宣传强调国家文化，国家开始推广自由和慷慨的理念。在这种环境下，音乐使服从统治者的观念变得有魅力而易于接受，这正是最高权力者所期望的。作者以欧元作为例子，用来观察民族主义和世界大同主义、本地象征和联邦政策之间的政治斗争。钱币上有无音乐图像正好讲述了一个关键性但又模棱两可的话题。

有三篇文章分析研究了建筑物及其装饰。杰伊·卡普拉夫（Jay Kappraff）和欧内斯特·G.麦克莱恩（Ernest G. Mcclain）分析了帕台农神庙的比例，发现外殿长、宽和高之间的比例和内殿长、宽比例构成了一个五声音阶。该分析为研究其他希腊神庙和更好地了解毕达哥拉斯对希腊典范的影响提供了有力证明。罗萨里奥·阿尔瓦雷斯·马蒂内斯（Rosario Álvarez Martínez）研究了西班牙罗马式艺术中的早期音乐场景。它们被保存在西班牙哈卡大教堂墙面、圣地亚哥·德·孔波斯特拉（Santiago de Compostela）大教堂入口处的拱门门楣上、莱昂（León）圣·伊西多尔（St. Isidoro）教堂墙面和圣多明戈德西罗斯（Santo Domingo den Silos）修道院的回廊浮雕。这些场景呈现了大卫王和启示录里长老相处的场景，这些场景有些有音乐家伴随在场。国王在图中总是手握拜占庭帝国时的里拉，他的侍者则手拿具有象征性的三角形或正方形索尔特里琴。那些生活在被乐器学知识充斥着的世界里的雕塑家，在创作音乐意象的时候，并不像我们以为的那么受这些理论的影响。更多的时候，他们对于乐器的了解是基于注释文本、寓言文本和其他文学作品中的描写。即便在某些情况下，雕塑家有时候会在作品中介绍他所看到的或者听到的乐器知识，但是他们也只是仅凭记忆来呈现作品，因而很容易漏掉一些细节。将目光从中世纪教堂墙面移到中世纪晚期德国城市民居的墙面，我们看到，随着中世纪晚期城市文化的发展，贵族、交易商、商人和工匠开始修建与各自社会地位相当的房屋。富有的城市人通过装修豪华的房间和精美的建筑墙面来显示他们的财富和社会地位。瓦尔特·萨尔蒙（Walter Salmen）研究了吕贝克、苏黎世、迪森霍芬和维也纳那些装饰有彩绘横幅、壁缘、盾徽和叙事画的宴会厅及舞厅，还有兰斯、格丹斯克、爱尔福特和贝希特斯加登等城市一些墙面上有绘画和雕刻壁缘的房子，这些墙面上的图案涉及乐器舞蹈及音乐制作。

用同样的方法，泰瑞·米勒（Terry Miller）在研究泰国佛寺壁画的文章中证实了绘画者是怎么描绘他们所了解的佛陀生活和许多本生故事的。画匠在绘制这些故事时，更倾向于描画日常生活场景，因为他们了解这种场景。这些场景包括娱乐、仪式和精彩表演。这些壁画多彩地描画了许多乐器、器乐合奏、剧场演出、仪式和舞蹈等。尽管有时候不够准确，但这些生动的图像资料为我们了解泰国音乐的历史打开了一个窗口。米勒从这些壁画中总结出来一个重要结论：由于这些壁画是在干石膏上描画，因此很容易恶化，需要定期地重新绘画，就很难保证修复的画面内容真实反映了原景。因此研究者必须谨慎对待视觉材料创作时间的信息。

目前有一种研究方向并不是严格意义上的图像学研究，而是与视觉艺术和造型艺术相关联，研究分析音乐和艺术作品之间的对比及其相互影响。对音乐作品这样的分析是受到视觉艺术的启发，劳伦斯·L.迪阿冈-杰克昆（Laurence L. Diagon-Jacquin）采用了欧文·潘诺夫斯基（Erwin Panofsky，1892—1968）创造的艺术品分析法进行相关研究。

这个方法有三个阶段，潘诺夫斯基称之为"意义的层次"。第一层次为所有能直接察觉到视觉各个方面（形式、体积和颜色）的特性。艺术品的这些特点也能在音乐作品中找到对应的动机和主题。第二个层次与画面图像、故事和寓言相关。这些与音乐作品中一系列有意义的主题分布相对应。第三个层次即作品的内容。而作品内容可以通过音乐形式来表达。这种分析方法通过分析弗朗兹·李斯特的音乐作品、拉斐尔和威廉·冯·考尔巴赫（Wilhelm von Kaulbach）的绘画作品之后得到论证。杜伊卡·斯莫耶（Dujka Smoje）这篇论文中分析了乐曲写作的灵感来源于绘画，在她的文章中分析了瑞士画家雅各布·韦德（Jakob Weder，1906—1990）的灵感来源于音乐的绘画作品，指出艺术作品的创作灵感可以来源于另一种艺术品。

韦德主要是基于十八九世纪的作品（格鲁克、亨德尔、舒伯特、舒曼和勃拉姆斯），特别是从巴赫作品中获益，构思创作了他的 51 幅《色彩交响乐》抽象画。韦德的目标是以算数关系形成对颜色的客观评价。他为调色创造了一个类同于音乐上"调音"的方法，这就形成了艺术与音乐的内部联系，这种内部联系形成于他作品的材料基础。他在颜色领域的研究为创造过程提供了理性基础，这个理性基础服务于主题思想、主观的心理阐释以及音乐样式的表达。

南希·诺文伯尔（Nancy November）在她的文章中论证了 19 世纪早期的弦乐四重奏曲里蕴含的视觉意识形态能够为了解这一时期关键性问题提供帮助。这些思想意识讲述了同龄人之间需要通过音乐寻找一种真挚的交流模式和表达方式，并引起了音乐内在氛围的不稳定状态。在 19 世纪早期产生了两种关于弦乐四重奏的重要视觉意识，即认为弦乐四重奏是一种用可见的隐喻来表现音乐思维的系统。依当时法国理论家和演奏家关于剧院隐喻的说法而言，他们认为，一个人对于音乐作品的体验重要又不可或缺的部分来自他们对于弦乐四重奏的视觉效果和表述行为的本质理解。相比之下，德国艺术家和作曲家们更倾向于用弦乐四重奏中假定未被展示出的美学特性和其音色的"干净纯粹"来定义他们所谓"真正的"弦乐四重奏。他们截然不同的观点为弦乐四重奏的隐喻所掩盖，这个隐喻即弦乐四重奏恰是有声的秘密篇章。随着时间的推移，在 19 世纪这种关于"真正"的弦乐四重奏的德国意识开始屈服于一般而言的关于室内乐的狭义观点，这种狭义观点是基于音乐的表演形式和聆听形式而形成的。关于这个可争辩的概念至今仍然存在，19 世纪早期法国人关于弦乐四重奏的观点有助于开阔我们今天对该音乐形式的观察视野。

最后，用这两篇文章为该书结尾是再合适不过的了。其中一篇文章研究了西方视野下的土耳其，另一篇文章研究了中国和日本乐器。在 18 世纪早期，装饰艺术中使用来自东方的主题是非常流行的，在这些主题中有很多亚洲乐器的图像。通常情况下，艺术家对这些乐器的形状和演奏性能只有模糊的概念，但是他们却认为这些乐器本身具有很大的象征意义。达里亚·科特（Daria Koter）呈现了 18 世纪东方风格和具有中国艺术风格的例子。由约翰·约瑟夫·卡尔·亨里奇（Johann Josef Karl Henrici，1737—1823）所作的《东方宫廷音乐会》（1786）和《琉特琴音乐会》（大约作于 1986 年）两幅画描绘了 18 世纪后期欧洲贵族试图模仿土耳其宫廷的音乐生活场景。同样，在斯洛文尼亚的多尔纳瓦宫邸墙布上大概作于 1750 年的画上也体现有中国艺术风格。其所表现的场景效仿了17世纪意大利喜剧艺术那些奇异怪诞的雕刻以及虚构的中国生活场景。这些有代表性的乐器看起来是欧洲风格的，但其奇异的外形却明显让人感觉到其象征意义远远高于严格的音乐意义。解释画中具有东方风格的这种研究风尚一直持续到19世纪，其中亨利·约翰逊（Henry Johnson）分析了丹特·加布里埃尔·罗赛蒂（Dante Gabriel Rossetti，1828—1882）的两幅描绘日本十三弦筝的画作。画像中所示乐器是那时期日本文化中最具代表性的乐器体现，对该主题的研究不仅能清楚阐明该乐器在英国艺术品中的存在，还可以了解该乐器在日本音乐历史上的地位。这样的艺术作品是重要的图像学证据，它们能够通过艺术家和他所使用的材料传递出社会和文化相关联的信息，也只有通过对这些艺术作品中的乐器特色进行批判性的审视，才能真正了解这幅画作为研究日本乐器历史文献的真正意义。

在庆祝音乐图像学研究中心成立40周年之际，能够出版这本中文译文集，这对研究中心和中心的期刊《艺术中的音乐》（*Music in Art*）来说都是无上的荣誉。在此特别感谢在译文集编辑出版过程中给予极大帮助的各位同事，没有他们，该合集不可能顺利出版。上海音乐学院出版社社长洛秦先生对该书的出版和翻译工作给予了多方面的帮助指导。来自北京的中国艺术研究院音乐研究所的李玫女士在合集出版过程中投入了极大的精力，她倡导将此书运用于对图像资源的解释研究法的教学中，并借此推进中国音乐图像学学科实践。她和来自北京中国音乐学院的刘勇先生在该书的编辑和翻译校对上投入了大量心血。在此，我衷心感谢以上诸位给予的帮助。能够有这样的同事和朋友，对我来说是无比荣幸的。

编者序
视觉艺术中的可视性声音文化维度及其意义
——音乐图像学的独特性与不可替代性

——洛 秦

一、前言

中文版《艺术中的音乐》文集即将付梓出版，它的问世是一个学科发展、学术追求、学人合作与机缘的结果。

中文版《艺术中的音乐》文集选辑于英文期刊 *Music in Art–International Journal for Music Iconography*。*Music in Art* 是目前国际上最重要的音乐图像学期刊，它由美国纽约城市大学（New York University）音乐图像研究中心（Research Center for Music Iconography，RCMI）主办，为纽约城市大学研究中心的一个项目。

对于中文版《艺术中的音乐》文集的出版，我作为中文版的主编和出版人，首先要感谢美国城市大学教授、国际传统音乐学会（ICTM）音乐图像学分会负责人、国际音乐图像学期刊 *Music in Art* 的主编 Zdravko Blažeković 先生，没有他的支持、推动和提供无偿的翻译版权，我们不可能有今天的中文版《艺术中的音乐》。

早在 2007 年经李玫教授的引荐，我与 Zdravko Blažeković 先生在上海曾经数次商谈关于中文版《艺术中的音乐》的出版[①]，以及通过多次电子邮件讨论相关事宜。虽然我已经从大量的文章中筛选了入选篇目，确定了文集的出版规模和学术及翻译主旨，而且 Zdravko Blažeković 先生也积极提供了无偿翻译版权，但是，由于寻觅和组织合适的翻译团队及经费等问题的困难，该项目几年来一直没有得到实质性的开展。

这一项目的真正实施要特别感谢李玫教授。不仅由于她向我引荐了该选题和 Zdravko Blažeković 教授，而且更由于她积极支持中文版《艺术中的音乐》的翻译工作。2010 年末当中国音乐学院确定要在 2012 年秋举办"音乐图像与东西文化交流国际会议"（Musical Icons and East-West Cultural Exchange——ICTM 音乐图像学分会第 11 次大会）时，李玫教授立即告诉了我这一令人激动的学术信息，希望我能将中文版《艺术中的音乐》项目重新开启。在她的支持下，我与她合作分别物色了翻译人员，组织了一支非常优秀的翻译团队。同时，我们分别担任译稿的审校，这是一项需要高度责任感和具备良好翻译素养的工作。非常感谢李玫教授的敬业精神和严谨的学术风格，没有她的支持与合作，中文版《艺术中的音乐》这项繁重的翻译工作不可能完成。

另一位需要感谢的是刘勇教授。不仅因为他具体操办本次会议，而且因为他在中文版《艺术中的音乐》的翻译中同样起到了重要作用。他参与物色译者，以及对文集中数篇文章进行了认真仔细的校译工作。在递交给我的校译文稿中，留下了李玫和刘勇教授的大量心血和智慧。当然，更应该感谢参与这本文集翻译的所有成员。从他（她）们的翻译中，我也学到了很多。这是我们团队共同的成果。没有这些同人支持和参与，中文版《艺术中的音乐》可能将永远是一个无法实现的愿望。

二、选目与安排

自 1998 年 *Music in Art* 定期出版以来，经过十余年的积累，它产出了大量的音乐图像学成果。在二十余期百余篇的论文中，如何选择适合于中国音乐学术语境的内容，能够在有限的资源和篇幅中，有效地促进音乐图像学在中国的建设与发展，

[①] 需要说明，2003 年由长江文艺出版社曾出版发行过中文的《艺术中的音乐》，可能由于翻译人员对于音乐专业，特别是对于音乐图像学领域的知识及学术能力所限，翻译质量存在着很大的问题，该文集出版后并未引起学界应有的反馈和重视。因此 Zdravko Blažeković 教授才决定重新寻找翻译者和出版社，希望出版一本翻译质量更好、学术水平更高、选辑内容更适合于中国音乐学术界的文集。

这是一件具有很大挑战性的工作。

选目工作是 2008 年进行的。经过阅读和思考，我决定从 2002 年至当时刚出版的 2007 年 *Music in Art* 所刊载的文章中进行选择，不仅因为这六年间的文章内容丰富、多样，而且因为这些成果逐渐展示了音乐图像学作为一个专门的研究领域已经趋于成熟，其独特的学术范畴、研究方法，以及文化维度及其寓意开始呈现。同时，也由于其中有不少涉及中国音乐及其文化的研究成果。正如 *Music in Art* 的主编 Zdravko Blažeković 先生在本文集的中文版《序》中所介绍的那样：

在不同文化中，与音乐史和音乐环境相关的各种图像资料不计其数，类别从图片到具象艺术或抽象艺术，从音乐理论文本上的插图到乐曲手稿或文学稿本中手稿的装饰性插图，从源于口头流传故事的插图到音乐表演和乐器的描述，从乐器上的装饰到音乐剧场上的场景，此外还包括建筑的样式及其装饰、音乐表演的场地、对举办音乐盛会和销售乐器的广告，或者对精心打造的专辑和乐谱的设计等。

鉴于一本文集的篇幅和不同内容之间的平衡，我最后确定了 26 篇文章，并根据我在阅读中形成的思路，将这些文章分为了三个部分，这些文章按照以下的分类，以及发表的时间顺序进行了编目。

上编：图像中的乐器叙事。这部分是文集主要内容，共有 9 篇文章，都是围绕乐器为内容所展开及以图像学资料为依据的研究。其中所涉及的内容包括：依据雕塑图像进行乐器复制研究中所必须考虑的造像技术、制作方式以及象征意义，乐器画像中暗示的社会阶层、娱乐与性文化的特征，乐器起源及传播所反映的文化信仰与交流，乐器在犹太宗教信仰与仪式中被接受和认同的过程，广告中呈现的乐器消费与社会生活的关系，乐器遗物及其图像所保留的古老民俗乐舞信息，已消亡乐器的图像志分类方法，绘画中的乐器作为文化交流的见证，乐器部件及其装饰所体现的宇宙哲学意义，乐器图像中保留的殖民文化遗迹，以及对于所谓乐器的专业性与道具性分析。

中编：视觉艺术中的音乐表述。上编文章中有几篇关联绘画与广告等视觉艺术内容，但它们的主题是乐器。中编包含的是多种视觉艺术形态中所涉及的音乐内容，共有 10 篇成果，探讨的论题有：民居建筑图像中的音乐主题，音乐内容的饰件所呈现的东方风格的表现方式与象征意义，绘画作品对音乐创作设计结构的高度模仿，神殿建筑的各个部分数据与希腊"音乐"和谐数学比例的关系，从材料、象征、内涵三个层面来探讨视觉艺术和音乐作品之间的关系，寺庙壁画中的音乐图像所表现的相关历史文化语境，崖石刻画上的舞蹈具象资料所反映的史前人类宗教和艺术活动，以及结合草图肖像、曲谱手稿、自传资料和图像志的方法，分析绘画作品中的音乐场景及其文化语境。

下编：音乐形象中的文化寓意。虽然本文集的范畴为音乐图像研究，但事实上涉及了音乐的方方面面，特别是下编中的成果论及了圣诗文本和书页图案与音乐表演的象征关系，货币装帧上的音乐图像所暗示的国家合法性和文化表征，通过书信和手绘明信片及乐器收藏爱好等探讨生活情趣对于作曲家的影响，以音乐学的方法研究大量器皿装饰品图像中所蕴藏的神话寓意，戏剧作品与陈列室作品所反映的弦乐四重奏的视觉意识形态，以肖像画为材料探讨不同音乐家之间的各异艺术风格，通过图像资料的诠释印证女性化男职业音乐家职能的历史存在。

三、问题与思考

本文集的翻译是一项艰难的工作。首先遇到的是26篇文章所涉及的各个不同学术和文化领域的专业知识，例如绘画、宗教、数学以及西方作曲和中国古代音乐的内容。为此，根据翻译者的学术领域和专长，安排了相应的文章。从译文中，读者可以细心地读到翻译者们所花费的心血，特别是大量的译者注体现了翻译者的专业知识和精神。其次，为考虑各类专业名词、特定术语、人名地名、格式体例尽可能规范与统一，编者为此付出了不少精力。由于众多不同内容和不同译者，翻译文字风格难以规整一致，存在不少不尽如人意之处。最后，关于中国内容的文章中，个别之处西方作者流露出对文化差异的偏见，审校者在译文措辞上略作了调整。

在此遇到的最大"问题"，事实上也是需要进行探索的学术研究的论题，即《艺术中的音乐》所反映的"音乐图像学"所涉及的最基本的范围与概念问题。

《艺术中的音乐》有两个关键词：艺术、音乐。也就是说，当阅读该文集时我们必须面对与思考它的这些成果所反映的"艺术"和"音乐"是什么。

文集中的"艺术"的类型与范畴基本是美术范畴，其类型有绘画、设计、雕塑、建筑。研究者们关心和思考的是这些类型资料中反映的音乐事像。那么他们所讨论的"音乐"的性质与内容又是什么呢？与音乐直接相关的是11篇乐器研究，占了文集约43%篇幅的研究，探讨了以下的这些内容，即乐器起源及传播、文化信仰与交流、消费与社会生活、乐器图像志分类、复制技术与装饰、娱乐与性文化、社会阶层与殖民文化遗迹，以及哲学意义与文化象征。其他15篇文章研究涉及了这些问题：民居建筑图像中的音乐主题、地域风格的表现方式与象征意义、音乐和谐与数学比例的关系、音乐图像及其历史文化语境、崖石刻画与史前人类宗教艺术活动、草图肖像所反映的音乐家性格、圣诗文本和书页图案与音乐表演、货币装帧与音乐政治、收藏爱好与作曲家生活情趣、器皿装饰与音乐神话寓意，以及弦乐四重奏的视觉意识形态。

从上述可见，《艺术中的音乐》所探讨的问题并没有真正意义上的音乐内容。它既没有研究音乐表演（演奏或演唱），也没有分析具体作品的音乐风格。《艺术中的音乐》被称为最为权威的音乐图像学研究成果却不涉及"音乐"，那么，没有"音乐"内容的音乐图像学研究的范畴、价值及意义何在？

四、可视性声音文化维度及其意义——音乐图像学的独特性与不可替代性

音乐图像学为一个新兴的研究领域。有不少学者对其投入了很大的关注。例如，韩国鐄教授曾对音乐图像学的性质和价值做过以下的表述："音乐图像学研究的最大贡献在于补助文字之不足。虽然其研究范围不限于某一时代，但一般仍以古代为主，原因是在照相及电影没有发明以前，古代的乐器和演奏形态文字描述不足之处，图像可以相辅相成。最耐人寻味的音乐图像学研究是音乐象征性之表达，其中尤以乐器的象征性资料最丰。"[①] 韩国鐄教授的表述指明了音乐图像学的两个主要特征，其一为"补足文字之不足"，其二为乐器的象征性研究。

塞巴斯（Tilman Seebass）对音乐图像学的性质和特征有过三个层面的论述，即（1）对音乐图像材料进行描述和解释，（2）将相关的音乐图像安置于社会文化语境中进行图像志方式的叙事，（3）对音乐图像材料所存在的特定文化中的寓意、象征进行解释。[②]

关于图像学所涉及的艺术与音乐的关系，塞巴斯还说，图像学的一个重要目标就是对画面所表现的音乐现象与实际的音乐演奏之间的关系展开分析。画家优先关注的问题往往和音乐家以及音乐人类学家大不相同。对画家而言，从美学方面考量画面的构图模式和艺术传统也许比具体描绘对象或场景的精确性更加重要。[③]

音乐图像学是图像研究与音乐研究的交叉结合，鉴于其图像资料的"非音乐"特性，它无疑并非主要关注音乐声音、音乐表演及音乐风格的探讨，而是人们通过图像资料去探讨那些传统研究领域（例如乐谱、文字记载乐器实物、音响音像材料以及音乐表演研究等）无法涉及的内容，来发现、理解和解读特定的音乐现象。对于视觉艺术中的文化维度及其意义研究具有音乐学中不可或缺和不可替代的特性及价值。

我们从以下的研究中可以充分地了解和认识上述音乐图像学的特性和价值。布劳恩解释，基督教群落的禁令是由神学的、实践的因素来决定的，许可权的获得则来自审美方面的考虑；在犹太世界中，当这种变化由音乐以外的因素而引起时，无论禁止还是接受都由神学因素来决定。然而，由于犹太视觉艺术的变化甚至是误读，管风琴改变了其在犹太音乐思想和音乐现实中的职能、含义和象征意义。在这里见

---

① 韩国鐄：《音乐图像学的范围和意义》，《中国音乐学》1988年第4期。
② Tilman Seebass, "Iconography", in *Ethnomusicology: An Introduction*, New York: W.W.Norton, 1992, pp.238–239.
③ Tilman Seebass, "Iconography", in *Ethnomusicology: An Introduction*, New York: W.W.Norton, 1992, pp.238–239.

证了一个独特的音乐文化现象：神学中的文本和视觉资料导致了音乐生活中的变化。①

除了铜管乐在交响作品、管弦乐队或配器法研究中的价值外，其乐器本身很少是音乐学所关注的重要内容，更不用说关于它曾经一度的销售与市场。有意思的是，赫伯特对于1830年至1930年间铜管乐器的商业图像的研究，向我们展示了商业广告中的音乐文化信息。作者通过杂志和报纸中卡通图画告诉读者，它们并不仅仅是搞笑的漫画，而是一种讽刺。这些铜管乐器销售的广告卡通画聚焦于一个被普遍认同的美学问题，甚至是一种危机，从中透析出维多利亚在19世纪早期及之后的百年间，由于铜管乐器市场起伏的巨大变化，音乐家与听众之间没法对于"铜管乐器的标准音乐语言风格"达到普遍共识。②

如果说广告漫画隐藏了英国历史上尚未被音乐学家所发现的百年"混乱"的铜管音乐现象，那么青铜器上的音乐舞蹈图像写实了没有文字记载或典籍记述的古滇社会生活和文化的形象，以及新石器时代氏族先民刻画在崖石画像保存了大量史前舞蹈及其宗教和艺术活动的具象资料。③复制或重建早期音乐的兴趣刺激了古老乐器的制作生产。然而，怎样了解那些早已经远离我们而去的音乐实物或活动？如何重现或复制这些缺乏文字记载或描述的音乐事像？卡洛内在其《图像志中的琉特、双颈琉特和短双颈琉特》中指出，在重新构建的过程中遇到的最大困难是：几乎不存在有关这些乐器的直接资料；相对于较近历史时期的乐器而言，由于实物和相关论著的保存，复原工作较为容易。虽然考古学可以为某些乐器提供一定的信息，但还远不能说能够提供有关所有古老乐器各方面的完整知识。因此，图像学资料仍然具有基础性的地位。但是，值得注意的是，这些活动极大地加深了音乐学家、乐器学家和图像学家之间的分歧，因为他们的研究方法完全对立，似乎没有任何共同点。音乐学家相信出现在早期艺术中的乐器形象可以被视作现实的对应物，而图像学家却认为这些造像只是轻微地（或者完全没有）受到当时的实况的影响，并非实际生活的真实精确写照。因此，音乐学家及乐器制作师必须精确地了解这些造像的细节与本质。后者不应该从造像中寻找对自己有利的证据，而应当批判性地分析这些造像的历史语境。同样的问题出现在建筑中的音乐图像中。因为传教士偏好对图像进行知识性解读，只关注其中的意识形态内容：这使得艺术成为一种编码，而绝非再造真头的空间或基于现实的具象形式的意图。因此乐人乐器雕像完全可能发生变形或为适应建筑框架、石料的材质或作者的意图而失真。实际上雕刻的乐器更多是基

---

① 参见本文集约阿希姆·布劳恩《管风琴的图像志：在犹太思想和音乐生活中的变化》。
② 参见本文集特雷弗·赫伯特《铜管乐器的销售：1830—1930年间铜管乐器的商业图像及其文化信息》。
③ 参见本文集王玲《云南古滇文化青铜乐器及其音乐图像研究》《沧源崖画舞蹈图像研究》。

于神学文本或其他文献中的描述，或者雕塑家所具的乐器知识，而且也仍然只是在作坊中凭记忆进行作业的产品。

　　刘天华的改革及其贡献，使得二胡这件在古代"名不见经传"的乐器在近现代音乐历史上得到了迅速的发展，并取得了重要的地位。然而，鉴于音乐史学家大多在传统史料中寻找相关的音乐内容，因此对刘天华之前的二胡的情况所知甚少，更不用说其在近古时期所生存的社会环境及其价值。18世纪晚期至19世纪末，广东向国外出口大量的水彩画册，英国图书馆、博物馆有百余幅的藏品，这些画卷中保留着当时鲜为音乐学界所知的二胡的社会文化信息。许恩斯（Colin Huehns）通过对中国出口水彩画中对胡琴描绘的研究，阐述了他的发现，即这些画册与生俱来地拥有与"人"的接触，它们描绘着普通人的生命，它们采用着更直接的、更个性化的视角，这是许多其他物品所不具备的。或许这正是它们吸引最初购买者的地方。那些绘有美貌丽装女性演奏乐器的水彩画极为鲜明地显示出音乐与娱乐、胡琴与性之间的联系，一定程度反映了"底层阶级"的日常生活。虽然胡琴音乐本身已然消逝，但这些图像帮助我们通过碎片化的印象来追寻胡琴音乐产生的历史语境。①

　　在不具备录音、照片及录像的年代，绘画、雕像等视觉作品保留下来了一些不曾被文字记录的音乐生活。萨尔蒙（Walter Salmen）在其《14到16世纪城镇民居中的乐像》一文中论述到，13世纪上半叶，在楼宇墙面的中楣雕刻带上可见音乐家形象，他们好似在歌唱，有高音和低音、强音和弱音。一所位于中世纪小镇主干道上的房屋，其原始功能或许是主教造币厂、公共宴会厅和歌舞厅，也或许是一个富有的兰斯公民的居住地，它的墙面上留下了史诗歌手、尚松歌手、舞蹈音乐家和在宫廷节日里表演的音乐家的形象，这些乐像传达了一个当时法国北部游吟诗人曾炫耀一时的音乐活动的寓言及其场景。

　　音乐与数学的关系是古代文明中具有高度认同的主题。人类早在中国先秦"三分损益"、古希腊毕达哥拉斯"五度相生"就开始发现和探究声音的物理现象与数字比率的规律。除了古人留下的文字记述、乐器实物中保存的信息，学者还发现了神殿建筑及雕塑比例关系中所蕴藏的音乐性。例如，帕台农神殿成功地给雅典人提供了一种他们永远占领着阿提卡的感觉，通过神话与符号，图像学和神殿的各项比例为这种说法提供了证据。音阶以其所拥有的音乐性和规范性激发了建筑学家们对几何代数的忠诚。有理由认为，菲迪亚斯对神殿的雕像采用了如此高标准的度量机制，这在围绕内殿的带状雕刻装饰上表现得尤为明显，作为神殿最后被完成的部分，带状雕刻装饰也许是从雅典娜所主张的"公民宽容精神"那里得到灵感。虽然五声音阶为神殿提供了主要的尺寸数据，但雅典娜的七音主义则融会贯通于整座建筑。正

---

① 参见本文集科林·许恩斯《佳人弄弦：中国出口水彩画中对胡琴的描绘》。

因如此，帕台农神殿被看作是雅典娜女神在建筑和雕塑方面的遗嘱，体现了希腊人在当时所具有的数学、音乐及哲学上的精湛造诣。[1]

建筑本身及其壁画提供了视觉艺术中保存着大量声音文化信息的另一个例子来自泰国。米勒（Terry Miller）指出，许多泰国寺庙壁画中都保留了相当数量具有当地民间风格的音乐事像。根据泰国人风俗，举行葬礼通常都有娱乐活动陪伴，所在地搭起各式各样的戏台子，包括演出大型皮影戏、踩高戏、木偶戏、假面具戏剧、中国皮影戏、中国戏曲，还有带杂技风格的提线木偶戏；还有走钢丝表演、踩高跷以及其他运动项目的表演。当今，这些表演肯定仍存在着，但是有些，比如中国皮影戏恐怕早被人遗忘了。至少在阿瑜陀耶王朝时期，就已经出现了中国人的身影，当时的法国旅游者见证了中国人在宫廷里表演中国戏曲和木偶戏的情景。[2]然而，这些音乐活动的场景音乐我们却很少能在中文或泰文文字资料中获得。也由此可见，如果没有这些寺庙壁画的视觉形象存在，早年移民在泰国经商华人所从事的音乐生活就不可能被今人了解。

史密斯的《油画中的音乐人类学：威廉·西德尼·芒特，"泛大西洋第一街头文化"和美国地域音乐的创造》非常典型地阐述了视觉艺术中的声音文化维度及其意义。他论述到，美国南北战争前的游吟表演的起源是一种融合了阶级、种族、经济学、人口统计和不同的音乐、舞蹈流派等因素的艺术形式。然而，大多数此类研究只是利用了印刷资料（和少数图像资料）以提出对文化和社会学的基本强调，而没有与音乐资料或者各种资料之间的互证。最终导致游吟表演艺术风格的形成，是那些实际的音乐素材和表演过程的综合。但是，这些具体而可靠的音乐学资料基本上被忽视了。作者以游吟表演艺术的同时代的见证者画家芒特为案例进行研究并指出，画家创作的大量草图和图画不仅形成了南北战争之前音乐实践的生动描绘，而且还有更积极而深远的意义：在一个文献资料比较匮乏的时代，它们十分精确地描述了盎格鲁—凯尔特和黑人两种舞蹈风格和音乐技巧之间的交流互动，这些画作对于研究美国南北战争前的地方性音乐和游吟表演的起源，具有极高的史料价值。

如何评价一位音乐家在其民族和国家中的地位，也许更为直接的方式并不是对其音乐作品分析、音乐表演的统计，以及媒体对其的宣传和报道，而是货币。一张纸币上的音乐家肖像成为国家合法性和文化表征。这样的象征功能是任何音乐媒介所不能承载的，音乐学任何领域的研究和表述也更是不能将音乐家的贡献及其价值推向如此的高度。然而，音乐图像学却办到了，它发现并抓住了音乐学传统研究领域所不关注的材料——如货币上的音乐信息，为读者展示了一个独特而不可替代的

---

[1] 参见本文集杰伊·卡普拉夫、欧内斯特·G.麦克莱恩《帕台农神殿的比例体系：关于这座音乐灵感式建筑的分析》。
[2] 参见本文集泰瑞·米勒《泰国寺庙壁画中有待确认的音乐遗迹》。

学术视角和方式。

玛丽安·玛丽安－芭拉萨的《货币上的音乐：国家合法性和文化表征》关注了 20 世纪晚期印于纸币上的装饰文化，聚焦于欧洲国家货币中所展现的音乐内容。文章对这些国家的货币调查，并不强调货币装饰的权利符号意义，而是关注其文化符号和公民价值观的表征问题。作者认为，国家是货币的绝对拥有者，国家通过货币机构提升自己，并根据自身的性质、利益、需求和条件进行叙事。货币上图像的教育功能并不重要，重要或有效的是它的政治信息处于至高无上的地位。货币从来都不只是金融票据。货币上的音乐形象、音乐物品、音乐印记、音乐符号被传播并被施以权威；货币的循环和使用导致了权威性的扩散。正如据传的耶稣看见硬币上的帝王肖像时说"将属于恺撒的东西还给他"，通过印迹宣称所有权。

笔者在此也提供一个本人田野考察的例子。在美国西海岸的西雅图有一个众所周知的"公众集市中心"，那里是著名的美国传统小商品市场，已经有一百多年的历史。同时，它也是街头音乐家表演的重镇。图录中的那幅画记录的就是这个"公众集市中心"广场上街头音乐家表演的情形，画前的这块地方是街头音乐家们每日演奏的地点。画上标明："农民集市"（Farmers Market）。此画作于 1968 年，它是几十年前这里的写照。"农民集市"的标题是美国文化中坦荡、朴实精神的体现。

我们从这幅画中看到了什么？看到的不只是随意的一幅壁画、一张广告，它是一个历史与文化的见证。费孝通先生说过一句话："美国并不是一个河里流着牛奶，树上结满葡萄的天堂。假定现在已近于天堂，那是从地狱里升上去的。"美国人的高度文明一大半产生于他们可爱的坦诚。他们从不否认自己没有多少历史，从不抱怨自己的过去多么艰辛，从不掩饰自己曾有过的错误，当然也就从不会羞愧自己出身于农民。就连这里绘画上的标题都明确告诉大家，如今西雅图最繁华的地段，半个世纪前是农民的"天下"。透过那"农民集市"画中不那么"专业"的笔触，给予旅游者、行人及我们读者的感觉是，那种坦诚的背后蕴含着一个"胜利者"的骄傲。承认过去的不那么辉煌的历史没什么，自豪的是理直气壮的今天。谁说街头音乐不入流，它也是新大陆的文化之一。想想如今被列为大学"古典音乐"课程的爵士音调，之前也不过是殖民主义带来的奴隶们所创造的产品。所以，在笔者眼里，"农民集市"壁画就像是这里街头音乐活动的"宣言"：这里是我们的起源，这里是我们的土壤，这里是我们的生活，这里有我们的精神，这里更是我们的文化。

至此，我们已经充分感受到了视觉艺术中所包含的声音文化的维度及其意义，也从而体现了音乐图像学的特殊性和不可替代的价值：

萨迪亚（Stanley Sadie）认为音乐图像研究是指对音乐的视觉化表现形式（音乐

图像）及其意蕴的诠释。[①]那么音乐的视觉化表现形式的意蕴是什么呢？笔者认为，其"意蕴"既不是前文所引韩国镱教授所述的"补足文字之不足"或"乐器的象征性研究"，也不仅仅是如塞巴斯论述的三个层面——（1）对音乐图像材料进行描述和解释，（2）将相关的音乐图像安置于社会文化语境中进行图像志方式的叙事，（3）对音乐图像材料所存在的特定文化中的寓意、象征进行解释。

从以上大量例证可见，这些视觉化表现形式中的音乐内容是文字通常不涉及的。换言之，这些音乐图像的研究并不是去印证或补充文字资料对同一论题的阐述之不足而进行的。而且，许多音乐图像所保存和体现的情形和寓意也不是文字可以替代的。音乐图像学的独特性在于其提供了音乐学研究中一种"可视性声音文化维度及其意义"。

音乐的声音文化不仅体现在录音、唱片、记谱、演奏、歌唱、作曲、乐器或相关文字记载等传统学术研究对象的形式中，而且它也表现在记录、描绘音乐场景的视觉表现形式里。视觉形式的音乐内容提供了更为宽广的想象空间，在这个空间里，我们的视觉感官与听觉感官同时发挥着作用。视觉艺术所提供的音乐事像的直观和具象形态——人物肖像、乐器画像、表演场所描绘，特别是对于音乐活动的生动活态行为方式的记录，远比音乐文字、音符符号、乐谱分析或甚至音乐声音，更具有可依靠、参照、合理及逻辑的去认识理解或解释那些已经消逝的音乐文化的现场。而且，通过这些图像也反映了绘制者及其所处社会传统对于所描绘的音乐对象的文化态度和立场。它提供了一个更为广泛、丰富的音乐历史文化的聆想场域。

虽然音乐图像的真实性、可靠性是需要谨慎对待的问题，如米勒在其《泰国寺庙壁画中有待确认的音乐遗迹》一文中所提及的"让人却步的问题"——寺庙壁画绘制年代、音乐内容修改、复制与重绘的问题，以及音乐内容所存的想象性描绘等。然而，当以图像的音乐内容可被证实为前提，研究者也具备了音乐图像学者基本素质——较强的历史学功底、基本的视觉艺术的能力、宽泛的人文知识、敏锐的问题意识，以及客观的批判精神，那么音乐图像学所提供的"可视性声音文化维度及其意义"成为其音乐学研究中的独特性与不可替代性将是无疑的了。

二、目录

中译版序言　　　　　　　　　　　　　　　　　　　　　　　Zdravko Blažeković
编者序　　　　　　　　　　　　　　　　　　　　　　　　　　洛　秦
上编　图像中的乐器叙事
1. 中美洲缝鼓的起源和传播　　　　　　　　　　　　　　　　马克·豪威尔

[①] Stanley Sadie ed., *The New Grove Dictionary of Music and Musicians*, Second Edition, London: Macmillan Publishers Limited, 2002, Volume 12, p.54.

2. 管风琴的图像志：在犹太思想和音乐生活中的变化

约阿希姆·布劳恩

3. 铜管乐器的销售：1830—1930 年间铜管乐器的
商业图像及其文化信息　　　　　　　　　　　特雷弗·赫伯特

4. 云南古滇文化青铜乐器及其音乐图像研究　　　　王　玲

5. 图像志中的琉特、双颈琉特和短双颈琉特

玛利亚格拉吉雅·卡洛内

6. 丹特·加布里尔·罗塞蒂与日本："蓝色树荫"和
"海之咒"中的乐器　　　　　　　　　　　　　亨利·约翰逊

7. 古代中国古琴的装饰及其图像学研究
（公元前 500 年—公元 500 年）　　　　　　　博·拉韦格伦

8. 前殖民地时期西非国家与中世纪西班牙象牙号的
音乐图像学研究：古代文化语境中的语言学和
史料学视角的考察　　　　　　　　　　　约瑟夫·S.卡明斯基

9. 两件欧洲龙形管乐器之研究　　　　　　　赫伯特·荷伊德

中编　视觉艺术中的音乐表述

10. 罗曼式雕塑的音乐图像学研究：雕刻家作业中的雕像
——哈卡大教堂、圣地亚哥·德·孔波斯特拉大教堂与莱昂的
圣·伊西多尔墓　　　　　　　罗萨里奥·阿尔瓦雷斯·马蒂内斯

11. 佳人弄弦：中国出口水彩画中对胡琴的描绘　科林·许恩斯

12. 14 到 16 世纪城镇民居中的乐像　　　　　瓦尔特·萨尔蒙

13. 带有音乐意义的土耳其风格和中国风格的艺术饰件：
见于斯洛文尼亚的实例　　　　　　　　　　　　达里亚·科特

14. 巴赫音乐中的色彩：画家雅各布·韦德的《色彩交响乐》

杜伊卡·斯莫耶

15. 帕台农神殿的比例体系：关于这座音乐灵感式建筑的分析

杰伊·卡普拉夫，欧内斯特·G.麦克莱恩

16. 潘诺夫斯基理论观照下的视觉艺术与音乐之比较研究：
以李斯特为例　　　　　　　　劳伦斯·L.迪阿冈－杰克昆

17. 泰国寺庙壁画中有待确认的音乐遗迹　　　　泰瑞·米勒

18. 沧源崖画舞蹈图像研究　　　　　　　　　　　　　王　玲

19. 油画中的音乐人类学：威廉·西德尼·芒特，"泛大西洋第一
街头文化"和美国地域音乐的创造　　　克里斯托弗·J.史密斯

下编 音乐形象中的文化寓意

20. 诗篇中的声音：《勒特雷尔圣诗集》中的人声与器乐的
象征意义　　　　　　　　　　　　　　　　罗西娜·巴克兰

21. 货币上的音乐：国家合法性和文化表征
　　　　　　　　　　　　　　　　　玛丽安·玛丽安–芭拉萨

22. 令人着迷的早期音乐：保罗·欣德米特和
伊曼纽尔·温特尼茨　　　　　　　　海因茨–于尔根·温克勒

23. 古希腊艺术中的玛尔叙阿斯之谜：音乐与神话的解密
　　　　　　　　　　　　　　　　　　　　　埃伦·冯·科尔

24. 戏剧作品与陈列室作品：19 世纪弦乐四重奏的
视觉意识形态　　　　　　　　　　　　　　南希·诺文伯尔

25. 巴黎的浪漫派钢琴家：音乐意象与音乐文学
　　　　　　　　　　　　　　　　　　　弗洛伦斯·热特罗

26. 18 与 19 世纪奥斯曼—土耳其宫廷诗歌与音乐资料中
的女性化男职业音乐家　　　　　　　　　　杜里特·克勒比

第二节　评述与拓展

一、基本内容及意义

《艺术中的音乐》由上海音乐学院出版社于 2014 年出版，该书经原英文期刊主编 Zdravko Blažeković 的授权后，在洛秦教授（主编），李玫教授、刘勇教授（副主编）的主持下，集结了一批优秀译者，合力完成的一本中文译文集。该书从 2002 年至 2007 年出版的英文期刊 Music in Art-International Journal for Music Iconography 中精选 26 篇文章进行翻译，并根据所选文章的内容与时间顺序进行划分，将之分为 3 个编目。

上编——图像中的乐器叙事，共 9 篇文章，都是有关乐器的研究，涉及乐器起源、乐器形制、乐器图像志的分类、乐器的文化语境等多个方面；中编——视觉艺术中的音乐表述，共 10 篇文章，这些论文着重于研究视觉艺术形态中的音乐图像，对如建筑、绘画、雕塑等不同载体上的音乐图像进行音乐主题、音乐场景、音乐的文化语境等方面的考察；下编——音乐形象中的文化寓意，共 7 篇文章，多集中于对音乐图像材料中体现的文化寓意或文化象征进行解释。

评述：《艺术中的音乐》（英文版）建刊于 1972 年，是目前世界上最权威的一本世界音乐图像学杂志，收录了全世界众多相关研究文论。而我国当前正处在音乐图像学学科建设的关键时期，吸收、学习、借鉴国外优秀研究成果，对于该学科在我国的发展有着重要意义。由洛秦老师主编的中文版《艺术中的音乐》正是践行了这样的理念，该书从选文、翻译以及校阅都经过严格筛选、审核，力求能在有限的篇幅中关涉不同的区域，做到选题丰富、译文严谨。此外，从音乐史学研究的角度看，音乐图像研究是目前中国音乐史学尤其是音乐考古学的重要研究手段和组成部分，该书收录的这些不同国家的音乐图像研究文章，都各有特点，尤其是这些文章中体现出的广阔的研究范畴、多样的研究视角以及综合性的研究方法，都对我们如何去解译文物类音乐图像的内容，考察音乐活动场景，进而予以文化象征的阐释有着极大的启发意义。

二、其他作者与之相关的论著

1. 甘玮：《音乐学研究的新视野——〈艺术中的音乐〉论文集简评》，《黄钟》2005 年第 3 期，第 142—144 页。

第十章 《唐代墓葬中的胡人伎乐形象与唐代的乐籍制度》*

第一节 原文

杨瑾：《唐代墓葬中的胡人伎乐形象与唐代的乐籍制度》

——《文博》2016 年第 1 期

2014 年 3 月，西安市长安区大兆街办郭新庄村村南唐韩休墓（开元二十八年，740 年）墓室东壁发现宽 392 厘米、高 227 厘米的巨幅乐舞图壁画（图一，略），画面分为三组，北侧为汉族女部乐伎 6 人，南侧为胡汉组合的男部乐伎 6 人，中部一男一女汉人舞者。此种多元组合的乐舞表演场景在唐代墓葬中首次发现，但类似乐舞表演场景在其他唐墓中亦有发现，区别在于材质、人数、组合方式、演出种类等方面。笔者在梳理唐墓考古资料基础上，在唐代音乐机构和制度发展的背景下对胡人伎乐形象进行分类分析与总结。

一、考古资料中的胡人伎乐形象

按照质地划分，唐代墓葬中的胡人伎乐主要见于陶俑类、玉器、金银器、壁画、石刻等文物。

1. 俑类。西安西郊俾失十囊墓（开元二十六年，738 年，开元初臣服于唐的西突厥军事将领）出土的 6 人彩绘说唱俑群中，有 3 名胡人，1 人拍羯鼓，4 人分别弹琵琶、敲答腊鼓、吹排箫和横笛，1 人表演，笔者认为应该也是歌乐演出场景[①]（图二，略）。西安南郊唐兵部常选孙承嗣墓（开元二十四年，736 年）出土的 4 人伎乐陶俑演出场景中有 3 个胡人，同墓还有骑在骆驼背上击鼓的胡人乐手，6 件百戏俑中有一

---

* 伎乐有不同的称谓：乐人、音声人、乐工、乐户等。音声人狭义上指演唱歌曲、制作音乐的艺人，广义上包括乐者。与乐人有区别：前者籍贯在州县，可与百姓通婚，后者在太常，不能同百姓通婚。此外，音声人受田但不承担赋税。

① 李域铮：《西安西郊唐俾失十囊墓清理简报》，《文博》1985 年第 6 期。

胡人形象①（图三，略）。1966年西安西郊制药唐墓出土的3乐俑中1人为胡人乐师。美国底特律美术馆藏唐代6个胡人奏乐俑全为胡人形象。鲜于庭海墓（开元十一年，723年）出土骆驼上载5名伎乐，分别弹琵琶、吹排箫、击拍板等，中间舞蹈者为胡人男性（图四，略），同墓还出胡人戏弄俑。此外，西安南郊师大新区唐墓亦出土4人坐姿乐俑，其中3人为胡人，甘肃天水隋唐墓石伎乐俑6人皆为胡人形象。而西安东郊中堡村出土载乐骆驼俑背上所驮伎乐和舞者皆为汉人形象，有学者认为是汉化了的胡人伎乐或胡汉通婚后的伎乐后代。

2. 金银器。何家村唐代窖藏出土鎏金伎乐纹八棱银杯刻8位胡人乐师形象，分别吹排箫、击小铙、吹箫、弹琵琶、抱壶、持杯及两名舞蹈者（图五，略）。伎乐纹八棱金杯外壁刻8位胡人乐师形象，分别为弹筝篌、弹琵琶、吹排箫、饮酒、献宝等②（图六，略）。此外，黑石号沉船出土两件伎乐纹鎏金银杯皆刻胡人演奏场景。

3. 壁画。唐苏思勖墓（天宝四年，745年）东壁乐舞图壁画中舞蹈者为胡人形象，左右两侧呈站立状似为歌者，从面貌上看也应该为胡人（图七，略）。唐李宪墓（开元二十九年，741年）墓室东壁壁画乐舞图中有一胡人乐师。唐韩休墓（开元二十七年，739年）墓室东壁绘宽396厘米，高233厘米的乐舞图壁画，表现的是由男女舞者、男女乐队、说唱或指挥四部分16人组成的演出场景。而陕棉十厂唐墓、富平朱道村唐墓类似的乐舞表演场景中似乎皆为汉人形象，说明进入乐舞演出组织的乐伎是凭借技艺而入选，与族属似无关系③。

4. 石刻。唐武惠妃墓（开元二十五年，737年）石椁立柱刻乐舞图9幅，舞伎2人，乐伎7人，反弹琵琶、吹横笛、敲鼓等④（图八，略）。此外，唐杨会墓石椁（开元二十四年，736年）、唐武令璋墓（天宝十三年，754年）石椁等线刻图像中亦有二位胡人胡腾舞者。而宁夏盐池唐墓石墓门仅刻胡人舞蹈者，而伴奏的乐伎似乎被延伸到画面之外。

5. 玉器。西安南郊何家村窖藏出土的胡人伎乐纹玉带銙（图九，略）中胡人长眉大眼，钩形大鼻，肩部与身部披着长飘带，穿短衣，足蹬尖靴，或跪或坐，神态逼真，演奏横笛、排箫（各2件）、笙篥、羯鼓、毛员鼓、答腊鼓、杖击鸡娄鼓（和鼓）播鞀牢等7种乐器。还有2胡人说唱、2胡人持物说唱（可能是酒杯），1胡人持长杯，以及1个表演的狮纹（可能是人扮演的），构成一整套的表演场景。此外，西安博物院藏、上海博物馆、故宫博物院、大英博物馆、英国巴斯博物馆等藏唐代

---

① 陕西省考古研究所、西安市文物保护考古所：《唐孙承嗣夫妇墓发掘简报》，《考古与文物》2005年第2期。
② 申秦雁：《陕西历史博物馆珍藏——金银器》，陕西人民美术出版社2003年版，第28页。
③ 陕西历史博物馆：《唐代壁画珍品》，三秦出版社2011年版。
④ 程旭：《唐武惠妃石椁纹饰初探》，《考古与文物》2012年第6期。

玉带銙上皆有数量不等的胡人伎乐图像，但与其他器类上的图像有一定的关联性[1]。数量不等的乐手、献宝者、持壶或杯者、饮酒者、舞蹈者等组合似乎颇为流行，人数视演出场地、主人身份地位或财富等因素而定。

6. 陶瓷类。河北邢窑隋唐扁壶腹部饰2伎乐和1舞人组合乐队。1986年固原原州区粮食局工地出土唐绿釉扁壶，边框内下部是3个胡人在舞蹈，左右和上方两侧共有4人跪坐在铺垫上奏乐。陕西合阳县甘井乡出土三彩舞人扁壶，壶面2胡人翩翩起舞[2]。撒马尔罕南部喀什卡河谷出土的粟特纳骨瓮外壁饰3舞蹈人物和1弹箜篌伎乐。此外，甘肃省山丹县出土有鎏金铜胡人舞蹈俑。

上述各类器物或图像表现的胡人乐伎是如何进入表演团队的？他们由何种机构或组织管理？他们生存状态如何？日本著名音乐学家岸边成雄先生认为应该把唐代这种音乐现象"置于特定历史阶段的政治、经济、社会背景中去考察，通过社会经济基础的变化、国内外文化交流融合的状况、历史上所发生的重大事件等社会因素与音乐制度、结构及本身性质变化的关系，来阐明唐代音乐的演变及其规律"[3]。透过乐舞图的整体结构和场景瞬间的时空描绘，不难发现当时社会环境和经济背景下的一个身份和地位特殊的阶层或群体及其所依附的乐籍制度。

二、唐代的乐籍制度

上述考古资料中的胡汉伎乐演出场景反映出唐代基于"礼乐治国"理念下的新型伎乐管理体制，即"拓展新的宫廷音乐机构，加强地方州县音乐、军营音乐的建设，在乐籍管理、人才培训与考核方面也有一套完整的制度保证措施，形成了一个自下而上的以培养训练专业乐工为主的庞大管理系统"[4]。

乐籍制度正式确立于北魏时期。据《魏书·刑罚志》记载："有司奏立严制：诸强盗杀人者，首从皆斩，妻子同籍，配为乐户；其不杀人者，及赃不满五匹，魁首斩，从者死，妻子亦为乐户。"[5]即为满足统治者礼乐与声色需要，将全国范围内刑事犯罪人员的眷属、阵获俘虏、因政治获罪的官员及其妻女集聚起来，以另册户籍的形式归之，使之从事与"乐"相关的职业的专业"贱民"（罪民）乐人制度。这种乐人管理制度至隋唐时期度发展成熟，伎乐成为建立在统治者个人喜好基础上的特殊阶层或职业。项阳认为："经历了隋唐时代的发展，中国的乐籍制度逐渐走向成熟，即成为统辖宫廷、王府、地方官府、军旅、寺庙中乐人的一种专门的户籍制度。在

---

[1] 刘云辉：《中国出土玉器全集——陕西卷》，科学出版社2005年版，第78页。
[2] 冯乃恩：《胡风扁壶的时代风格》，《北方文物》2013年第5期。
[3] ［日］岸边成雄：《唐代音乐史的研究》，梁在平、黄志炯译，台湾中华书局1973年版。
[4] 李西林：《盛唐乐官编制、乐人数量问题探析》，《交响》2010年第4期。
[5] （北齐）魏收：《魏书》，中华书局1984年版。

籍者的身份定位是'专业、贱民、乐人'，由这一群体承载着中国'礼乐文化'中'乐'的部分，无论是宫廷太常中的太乐署、鼓吹署、教坊中所用的祭祀、庆典、仪式、道路、仪仗、卤簿、筵宴等场合，均是由这一群体执事应差。"①

唐代乐籍制度下的音乐管理机构包括宫廷机构、地方机构、军队机构和民间群体。

1.宫廷机构。包括太常寺、教坊和梨园等。

太常寺。下设有大乐署和鼓吹署，大乐署主要负责对于音乐艺人的训练和考绩，在乐种方面主要负责宫廷雅乐和比较正式的宫廷燕乐，鼓吹署主要负责仪仗中间的鼓吹音乐。至唐后期会昌年间，太常寺乐工身份主要由平民子弟、被赦免的前代乐工、太常音声人、番上的乐户、长上乐户（官奴婢）等构成，伎乐们的地位有所提高。

教坊。设于开元二年（714），是领导艺人的机构，负责管理雅乐以外的俗乐，例如歌唱、舞蹈、百戏的教习、排练、演出等事务。包括宫廷内教习宫女文化知识技能的五处内教坊、西京长安和东京洛阳的四处外教坊，由宫廷指派教坊使管理，方便民间和外来散乐百戏的留存。既在宫廷演出，也到宫外，甚至外地演出。② 教坊设乐官，管理着以教坊乐工为主体的乐户、民间乐工、挂名教坊的民间乐工和胡人乐工。乐户分官户或官奴婢两种，介于官户和平民之间，身份高于官户的杂户地位较高。家庭型乐户世代供奉于宫廷，身份不容改变，例如曹保保家族、米和家族等。这一阶层与平民有着不可逾越的界限。《唐会要》卷三十四《论乐》载，唐高祖武德四年（621）九月二十九日诏："太常乐人本因罪谴没入官者，艺比伶官，前代以来，转相承袭。或有衣冠继绪，公卿子孙，一沾此色，累世不改。婚姻绝于士庶，名籍异于编氓（添至备忘录编入户籍的平民），大耻深疵，良可矜愍。其大乐鼓吹诸旧乐人，年月已久，时代迁移，宜得蠲除，一同民例。但音律之伎，积学所成，传授之人，不可顿阙，仍令依旧本司上下。若已经仕官，先入班流，勿更追补，各从品秩。自武德元年配充乐户者，不在此例（乐工之杂士流，自兹始也。太常卿窦诞，又奏用音声博士，皆为大乐鼓吹官僚……自是声伎入流品者，盖以百数）。"③ 因而形成了一个自我生态的社会组织系统：一个由伎乐（乐户）、恩主、社会环境界定并支撑的边缘群体，他们身份低贱，却充满着创造精神，创造了唐代乐舞繁荣的景象。

此外，教坊还从民间选拔一些技艺高超的平民乐人，或以民间乐工挂名或寄名的方式充实教坊，比如苏鄂《杜阳杂编》记载，唐敬宗时期的幽州杂技胡人石火胡

---

① 项阳：《乐籍制度的畸变期考述》，《天津音乐学院学报》2001 年第 4 期。
② 散乐，"非部伍之乐，俳优歌舞杂奏"（《通典》），类似现在的魔术、杂技等表演，其中一些带有戏曲表演的雏形。最初起源于西域外族，特别是来自天竺。
③ （宋）王溥：《唐会要》卷三十二，中华书局 1982 年版。

及其五个养女被召到长安给天子表演。①

　　从唐初的太常寺、太乐署和教坊到玄宗时期的五教坊和三梨园，其中应该有胡人的身影，或以管理者身份或以技艺高超的歌舞与器乐演出者。

　　例如太宗时的曹妙达、安马驹、安进贵等，僖宗时善滑稽俳谐的石野猪，安息胡人骆元光，玄宗朝数量较多。太常寺胡人乐工身份也应该有多种，有的因卓越才干被擢升为高级官员，例如高祖时安叱奴官至散骑侍郎，太宗时王长通和白明达，玄宗时的安金藏等。

　　2. 地方的"县内音乐"和"衙前乐"等。专门负责乐舞的官员和专职演出人员等健全的组织与制度，虽然与中央没有隶属关系，但每年必须派乐人到宫廷、教坊及各级官府轮值。此外，还有向宫廷征选乐户，向各王府选派乐籍艺人，组织乐户们为衙门执事应差。

　　3. 军营音乐。包括宫廷禁军音乐和地方藩镇音乐，后者因地方政权兴起，朝廷以赏赐伎乐作为笼络手段，在唐后期达到发展高峰。

　　4. 民间音乐。中晚唐时期，城市经济发展，市民阶层壮大，与文人音乐结合，集娱乐性、游戏性、大众性、流行性于一体。

　　从乐籍管理体制上看，分宫廷乐籍伎乐、地方教坊乐籍伎乐、军营乐籍伎乐、挂靠宫廷的民间伎乐、寺庙乐籍伎乐以及民间乐工等。岸边成雄认为，《唐律疏议》载，太常音声人在州县设有户籍，乐户在州县并无户籍，即名义上设籍于太常寺，实际住在州县，分担了都城无法解决所有乐户居住问题。②

三、唐代乐籍制度下的胡人伎乐形象

　　从组织机构上看，按照岸边成雄的分类法，唐代音乐包括太常寺、教坊、梨园、妓馆、十部伎、二部伎和太常四部乐。③从宴饮活动主体身份、场合与性质看，按照曾美月的归纳方法，唐代宴乐活动分为礼仪性宴乐活动、教化性宴乐活动、娱乐性宴乐活动等。④无论按照何种划分标准，胡人伎乐都应该出现其中，但史料中记载的胡人胡裔伎乐寥寥无几。

　　从来源上看，胡人伎乐进入教坊的途径比较复杂，大致有以下几种：一是朝廷在历次战争俘获的乐工中选择技优者进入教坊。二是为了迎合唐朝社会追求新奇与奢华的需要，西域诸国或藩将纷纷贡献具有特异才能的乐舞人，其中多为胡人乐工，经选择进入教坊。三是胡人以其音乐才能到长安谋生，经选择进入教坊或寄名教坊。

---

① 玄宗礼乐治国："礼乐报苍穹""礼乐沿古今""复寻味善乐"等。
② ［日］岸边成雄：《唐代音乐史的研究》，梁在平、黄志炯译，台湾中华书局1973年版。
③ ［日］岸边成雄：《唐代音乐史的研究》，梁在平、黄志炯译，台湾中华书局1973年版。
④ 曾美月：《唐代宴乐活动类型考》，《中国音乐》2009年第4期。

进入教坊途径不同造成胡人伎乐身份和地位不同：平民（挂名教坊，需要时以其名义演出）、官户或官奴婢。

从管理机构上看，《旧唐书·音乐志》载，太常乐立部伎、坐部伎，依点鼓舞，间以胡夷之伎。这就明确指出了不管是立部伎还是坐部伎，其间都安排有胡人或其他民族乐伎"依点鼓舞"。玄宗时，太常乐户有不少胡人凭技艺任职，皆番工，总号"音声人"。开元之前供职于太常的胡人伎乐不乏其人，例如王长通、安马驹、曹妙达、安叱奴、安金藏等，他们因卓越的音乐或舞蹈才能而受到皇帝的重视，比如高祖时安叱奴因善胡舞而获封散骑侍郎，中宗、武则天时期太常乐工安金藏因忠耿而获封右骁卫将军兼代国公等（表 2-10-1）。

表 2-10-1　教坊中的胡人乐工[①]

序号	姓名	技艺	供奉时间	来源	备注
1	裴神符	善左手弹琵琶，妙解乐曲	太宗、高宗二朝	疏勒人	太常乐工
2	白明达	琵琶演奏家和度曲名家	太宗、高宗二朝	龟兹人	太常乐工
3	王长通	善龟兹乐及创制新声	太宗	龟兹人	太常乐工
4	安叱奴	善舞	高祖	胡人	五品散骑侍郎
5	西域乐师	善弹琵琶	太宗朝	西域胡人；右骁卫将军、代国公	唐张鷟《朝野佥载》
6	裴承恩	筋斗	玄宗朝	西域人	唐崔令钦《教坊记》
7	裴大娘（裴承恩之妹）	善歌	玄宗朝	西域人	唐崔令钦《教坊记》
8	范汉、范大娘子	竿木	开元年间	胡人	同上
9	颜大娘	歌舞和化妆	玄宗朝	胡人	同上
10	何满子	著名歌手	中唐	胡人	同上
11	何戡	著名歌手	中唐	胡人	同上

---

① 杨瑾：《唐代墓葬中的胡人伎乐形象与唐代的乐籍制度》，《文博》2016年第1期，第50页，原表一。

续表

序号	姓名	技艺	供奉时间	来源	备注
12	袜子、何懿	歌舞戏弄"合生"（模仿或扮演当时的王公贵戚）	中宗朝	宫廷胡伎	《全唐文》《新唐书》等
13	悖拏儿	善歌舞	玄宗时	宫中乐人	张祜《悖拏儿舞》诗
14	米都知	善歌，通文章	中唐时	教坊乐人	唐梁补胭诗《赠米都知》、宋钱易《南部新书·癸》等
15	阿布思（胡人）妻	演参军戏	肃宗朝	宫妓	唐赵磷《因话录》卷1"宫部"、宋王谠《戬唐语林》卷4
16	安金藏	太常乐工	中宗、武则天朝—玄宗朝	安国后裔	《新唐书》《旧唐书》等
17	康昆仑	著名琵琶手	德宗	康国后裔	《新唐书》卷二十二、《乐府杂录》
18	米嘉荣、米和	歌唱家和琵琶手	分别为宪宗和懿宗时期宫廷艺人		《乐府杂录》、刘禹锡《与歌者米嘉荣》
19	曹保保、曹善才、曹刚	琵琶世家	德宗、穆宗时期宫廷艺人		《乐府杂录》

除了教坊胡人乐工外，唐代王公贵族和达官显宦也在府宅蓄养乐舞班子，其中也有许多胡人乐工和其他外来民族的艺人，形成胡（异族）、俗（民间）、雅（朝廷）三乐并立争胜的时代特征。此外，还有在广场、寺庙、街巷等公共空间中表演的民间胡人伎乐班子或个人。西安中堡村和鲜于庭诲墓出土的载乐骆驼俑应该是这种场景的模拟，具有流动性强、表演形式自由等特点。

四、唐代乐籍制度的胡人伎乐生存状态

由于史料贫乏，我们无法还原胡人伎乐作为特殊的外来群体在唐代社会的生活状态，但从零散的记载和考古资料中依然能够梳理出大致情况。

1.胡人伎乐的生存状态。从数量上看，胡人伎乐总体人数在唐代娱乐行业中所占比例较小。李昌集认为，文献记载的唐代宫廷150余名乐人中，仅有24名胡人、胡裔者。①从户籍管理上看，胡人伎乐的职业具有"转相承袭""世代罔替"的世袭性，这一点在《唐会要》中的《论乐》有明确记载，乐籍身份无法改变。因此带来技艺的家族性或族群性。为了生存他们不轻易将家传技艺传给外人，具有一定的隐秘性和模糊性。张振涛认为："乐户们为了能使庇护者长久地维持他的家族经济利益，长久地享有庇护者的经济供给，常常是严格地控制着某项技艺的传播，使其不散于外族从而丢失自己的饭碗。"②因此，乐籍艺人因受乐籍制度保护，基本上有生活保障，而民间散乐艺人非为屈从某种制度而存在，生活状态并不稳定。

另一方面也说明出现在唐墓中的胡人伎乐形象较为客观地反映了当时胡人凭借高超技艺进入表演团队的历史事实，因为胡人伎乐会遇到汉人伎乐的竞争，据张鷟《朝野佥载》卷五、《资治通鉴》卷二〇三记载，太宗时期汉人琵琶手罗黑黑与胡人琵琶高手斗艺，罗黑黑曾当场记胡人琵琶曲而奏之，使胡人大为惊服。唐段安节《乐府杂录·琵琶》也记载德宗贞元时"长安第一手"康昆仑与乔装为妙龄女子的法师段善本在东市与西市彩楼斗艺的故事。唐崔令钦在《教坊记》中描绘了善歌舞、工化妆的教坊伎乐既有汉人庞三娘，也有胡人颜大娘。玄宗时期，重新设立了唐初设置中宗时期废止的立部伎和坐部伎制度，并以之取代十部伎，将十部伎的不同国别的音乐连同其乐队班子，打乱统一分配到坐、立二部，这就有了淡化各种不同乐舞国别、族别而增进各种乐部融会整合的效果。

由于技艺、来源、族属、所依附政权或国家情况以及汉化程度不同，胡人伎乐的生存状态差别较大。有新入唐境的胡人伎乐，也有所谓的土生胡及其后裔。来源不同可能造成社会地位和生活状态不同。有的因技艺升官加爵，获得皇帝赏赐，有的恃宠与官员争胜，有的则终生为奴等多种复杂的生存状态。胡人伎乐中获得官品者始于太宗时，人数达百余名，例如：从北齐宫廷进入隋唐宫廷的胡人音乐家王长通、白明达因擅龟兹乐及创制新声而被授予通州刺史；擅长舞蹈的胡人安叱奴由隋入唐后，高祖授予五品散骑侍郎，礼部尚书、太子詹事李纲《谏以舞人安叱奴为散骑常侍疏》极力反对，但无法改变高祖的决定；中宗及武则天—玄宗朝太常乐人，安国后裔安金藏，累任右武卫中郎将、右骁卫将军，封代国公等；胡人安禄山也因善跳胡腾舞和胡旋舞，被封为三镇节度使，握有重兵。当然，也有像米都知这类洁身自好、淡于名利者。

2. 胡人伎乐的经济来源。身份为官户和官奴婢的教坊乐工，按规定享受朝廷发放的衣粮和钱物。而平民身份的教坊乐工在供奉教坊期间，亦得到相应的衣粮和钱

---

① 李昌集：《唐代宫廷乐人考略——唐代宫廷华乐、胡乐状况一个角度的考察》，《中国韵文学刊》2004年第3期。
② 张振涛：《论恩主——关于中古伎乐发展阶段乐户与庇护者依附关系的初步探讨》，《中国音乐学》1994年第3期。

物作为报酬。因此,他们生活在经济平稳时期能够得到基本保障。此外,还有皇帝的赏赐、到新任职的官员处"求乞"、以本钱生利、在教坊以外演出等。

3. 胡人伎乐的社会地位。这一阶层构成较为复杂,所处社会地位也各不相同。一方面因身份是社会地位低下的贱民或奴婢,被排斥、歧视,甚至杖杀、流放、处死者不乏其人。另一方面,因直接服务于宫廷,而有机会接触皇帝,其中技艺高超者因皇帝宠幸而获得较高社会地位,例如《唐会要》记载的筝簧琵琶人白明达、术蹜等百余名胡人伎乐因卓越的音乐才华而得以进入官员系列,说明乐工,特别是来自夷狄的乐工,若能以一技之长得到帝王宠爱,就可以获得官位。但作为一个阶层或群体,大部分则处于社会边缘,身份是低贱的,等级或阶层界域严格,无法逾越。即便是凭借技艺获得较高社会地位,也并不能从制度上改变伶工之世代"转相承袭"的性质。例如,玄宗时期,上万名乐伎按照技能高下被分为许多等级,"音声人得五品以上勋,依令应除簿者,非因征讨得勋,不在除簿之列"。说明除了特殊时期的特殊事件外,伶工不能与其他阶层相互混杂,即便是公卿子孙,一沾此色,也要累世不改,无法再回到原来的阶层(贵族或平民)。他们要遭遇"婚姻绝于士庶,名籍异于编甿"的悲惨待遇,特例发生在武德四年,唐高祖同情这些乐人"大耻深疵,良可矜愍","思从恩惠",不再追究一部分已经仕宦为官乐人的身份,但武德元年以后配充乐户者,不在此例。即使那些因音声受宠而获得高层品秩者,虽然炙手可热,但却如同李白笔下的斗鸡小儿,并不能真正进入士大夫阶层,更不能真正进入世家贵族阶层。可以说,从初唐至玄宗时期宫廷通过控制人身依附关系而垄断着音声歌伎阶层。

可见,胡人伎乐是一个具有自我生态组织系统和价值观念的群体,在唐朝等级社会中总体上处于底层。虽然有王长通、白明达、安叱奴等地位显赫者,但宫廷并未一味地偏好胡乐,胡人在整体上被掌握话语权的主流社会所歧视与排斥,据《旧唐书》卷七十四载马周对与王长通等胡人乐工"比肩而立、同坐而食"感到羞耻。胡人因外貌怪异而被嘲讽,比如长相像山川般高,像海洋般深,胡人的体味被讽刺为狐臭,乃至今天汉语中还有"胡言乱语""胡闹"等贬义词汇。士大夫们不断请求对宫中胡乐、胡伎加以限制,包括元稹、王建在内的文人都在情感上排斥胡乐,例如中宗时武平谮责宫中胡乐、胡伎是"哀思淫溺",应该"一皆罢遣"。玄宗时,吕元泰、韩朝宗、张说等先后奏请禁止泼寒胡戏。同时,唐人对胡人伎乐并非一味地崇好热衷。胡籍乐人唐代乐器中虽多用胡器,但以胡器演奏华乐的情况是正常而普遍的,因此唐代胡乐在地位、声势上均没有胜出华乐。造成这种状况的原因还有被人们忽略的玄宗早期乐风与晚期爱好之间的转变,前期主要特征是体现道教文化和西凉乐影响的轻歌曼舞,胡化特征不明显,天宝年间,出现了由慢旋律到快节奏胡旋舞(胡部新声)的根本性变化。

有学者指出，唐代墓葬中出现胡人形象是因为胡人"比较稀罕，只有高贵富足的门第才会拥有，具有深刻内涵和代表意义，画面亦愈新颖生动"[①]。其实不然，笔者认为至少到开元年间，正如韩休墓壁画乐舞图所示，唐代乐籍制度下胡汉伎乐演出场景不仅仅是高级官员生活场景组成部分，也是高等级墓葬所体现的唐代"入礼于仪"丧葬制度的规制化诠释，更多的是作为对生前身份地位的认可、肯定、固化与礼遇的标准程序中必不可少的一部分。同时也反映了初唐到盛唐宫廷垄断下的乐舞制度和机构的变化，以及胡人伎乐生存状况的一个缩影。

第二节 评述与拓展

一、基本内容及意义

《唐代墓葬中的胡人伎乐形象与唐代的乐籍制度》，以唐代墓葬中发现的具有明显胡人面貌的伎乐形象为切入点，探讨唐代的乐籍制度及其制度影响下胡人伎乐的生存状态。文章共由四个部分组成：

第一部分：考古资料中的胡人伎乐形象。这一部分依照考古材料的质地，对陶俑类、玉器、金银器、壁画、石刻等文物上所见的唐墓胡人伎乐形象作简要的介绍。并依据图像中的形象，提出胡人伎乐如何进入表演团队、由何种机构组织管理、生存状态如何的疑问，以此引出下文进一步的探讨。

第二部分：唐代的乐籍制度。这一部分先对乐籍制度的形成和确立时间作简要论述，再进一步对其下属的音乐管理机构——宫廷机构、地方机构、军队机构、民间群体进行介绍。由此得出：从乐籍管理体制上看，分宫廷乐籍伎乐、地方教坊乐籍伎乐、军营乐籍伎乐、挂靠宫廷的民间伎乐、寺庙乐籍伎乐及民间乐工的结论。

第三部分：唐代乐籍制度下的胡人伎乐形象。这一部分分别从组织机构，宴饮活动主体身份、场合、性质、来源，管理机构四个方面罗列了学界对唐代音乐既有的观点和文献中有关胡人伎乐的记载，并用表格的形式对教坊中的胡人乐工的姓名、技艺、供奉时间、来源等作了梳理呈现。

第四部分：唐代乐籍制度的胡人伎乐生存状态。这一部分依据文献和考古材料对胡人伎乐的生存状态、经济来源以及社会地位进行梳理分析，得出胡人伎乐是一个具有自我生态组织系统和价值观念的群体，在唐朝等级社会中总体处于底

[①] 葛承雍：《壁画塑俑共现的唐代家乐中胡人》，《美术研究》2004年第1期。

层的结论。并且认为考古所见的胡人伎乐形象既是对唐代"入礼于仪"丧葬制度的规制化诠释,也是反映初唐到盛唐宫廷垄断下乐籍制度的变化和胡人伎乐生存状况的缩影。

评述:《唐代墓葬中的胡人伎乐形象与唐代的乐籍制度》一文是杨瑾教授主持的国家(陕西省)社科基金项目"唐代墓葬胡人形象研究"的成果之一,该项目现已经结项,并以著作的形式于 2020 年由人民出版社出版。该文立足于唐代胡人墓葬的伎乐形象,进行梳理分类研究,作者以其扎实的文献学和历史学功底,对文献和考古材料进行充分解读,文章紧扣胡人伎乐形象,逐层递进、以小见大地由伎乐图像引出对唐代乐籍制度下胡人伎乐生存状态的研究分析,从音乐形象的视角反映出胡人这一群体在唐代的社会生活状况。这篇文章中运用了多学科的研究方法,是音乐考古学工作者们在自身领域研究中值得借鉴的优秀范例。

二、作者与之相关的论著

1. 杨瑾:《考古资料所见的唐代胡人女性》,《文博》2010 年第 3 期,第 26—31 页。

2. 杨瑾:《唐墓壁画中的胡人形象》,《文博》2011 年第 3 期,第 35—44 页。

3. 杨瑾:《唐武惠妃墓石椁纹饰中的外来元素初探》,《四川文物》2013 年第 3 期,第 60—72 页。

4. 杨瑾:《试论西安地区唐代墓葬石刻中的胡人形象》,《乾陵文化研究》2012 年刊,第 394—403 页。

5. 杨瑾:《唐代玉带銙上的胡人伎乐形象》,《丝绸之路研究集刊》2017 年刊,第 108—121、349 页。

6. 杨瑾:《汉唐文物与中外文化交流上》,陕西人民出版社 2018 年版。

7. 杨瑾:《汉唐文物与中外文化交流下》,陕西人民出版社 2018 年版。

8. 杨瑾:《唐代墓葬胡人形象研究》,人民出版社 2019 年版。

9. 杨瑾:《甘肃唐代墓葬出土胡人形象:基于丝绸之路的再考察》,《黑河学院学报》2020 年第 1 期,第 1—7 页。

三、其他作者与之相关的论著

1. 项阳:《乐籍制度的畸变期考述》,《天津音乐学院学报》2001 年第 4 期,第 35—43、47 页。

2. 李昌集:《唐代宫廷乐人考略——唐代宫廷华乐、胡乐状况一个角度的考察》,《中国韵文学刊》2004 年第 3 期,第 1—17 页。

3. 郭凤:《北朝隋唐时期胡俑的考古学研究——以黄河中游为中心》,硕士学位论文，山西大学，2014年。

4. 项阳：《中国乐籍制度研究》，《中国音乐学》2016年第3期，第138—140页。

5. 沙武田：《唐粟特后裔郑延昌墓志线刻胡人乐舞图像研究》，载《丝绸之路研究集刊》，商务印书馆2019年版，第33—66、385页。

第十一章 《从音乐图像学看契丹—辽时期的音乐文化交流》

第一节 原文

陈秉义：《从音乐图像学看契丹—辽时期的音乐文化交流》

——《南京艺术学院学报（音乐与表演版）》2017年第4期

引言

契丹属我国古代北方东胡族系（鲜卑的一支）草原少数民族政权，与中原的五代、北宋政权约同时建立。曾雄霸东北亚二百余年，在中国历史上演绎了第二次"南北朝"。"契丹"后被女真灭（1125年），耶律大石在中国西北和中亚地区建立"西辽"近一百年，前后共历时三百余年。"大辽王朝开启了中国第二次南北朝局面，为多元一体中华民族的形成做出了重要贡献，一度是中国对外交往的代表之一。"[1] 历史上曾有"无闻中国有北宋，只知契丹即中国"[2] 的说法。

契丹—辽[3] 是10世纪至13世纪初分别在东北亚和中亚存在时间长达三百多年的少数民族政权，契丹民族作为骨干民族，所以也是中国历史上由游牧民族组成的模仿汉族国家体制最早的政权。它包容了长城南北的地域、人民，使以往的长城失去了边墙的作用，祖国南北得以沟通，契丹为促进祖国统一起到了重要作用。

契丹—辽建立后，采取"以国制治契丹，以汉制待汉人"，并全面效仿学习和吸收中原的政治、经济、文化，仿汉制实行科举。制订成文法典，创造了自己的契丹"大字"和"小字"，并注意与周边各族、各国的交往，其经济文化等方面都融入了大量其他民族文化因素，尤其是在与汉文化的交流与融合方面最为深入。契丹通过与中原及西域各国的密切交往，创造了具有特色的区域文化。

从2007年至今，笔者在对契丹—辽音乐史进行学习和研究过程中，对存留于中

---

① 刘广堂、塔拉编：《契丹风华——内蒙古辽代文物珍品》，文物出版社2012年版。
② 刘广堂、塔拉编：《契丹风华——内蒙古辽代文物珍品》，文物出版社2012年版。
③ 由于契丹立国后的国号曾数十次在契丹、辽中间转换，因此，笔者采用契丹—辽的称呼。

国北方的契丹—辽的文化遗址、博物馆、文管会和民间收藏中的音乐史料进行了为期十年的考察，有幸见到了数量众多的契丹—辽时期的墓葬壁画、辽塔束腰部分的伎乐砖雕（石雕）、民间收藏的音乐文物和图像等。这些对契丹—辽音乐史的研究都具有十分重要的价值和意义。笔者借此用考察中见到的图像，试图论述契丹—辽与中原、周边各民族及各国的音乐文化交流，并以此向学界作粗略汇报，请不吝指教。

一、与中原的音乐文化交流

从历史文献和考察所见到图像资料来看，契丹—辽与中原及周边各国、各民族在音乐文化方面的交流和融合十分广泛。

早在公元2世纪，契丹人就和中原有了交流和往来。《魏书·契丹传》中曾记载了契丹莫弗纥何辰到中原朝献，见到中原"国家之美"，"心皆忻慕"，对中原的"先进的文明采取了一种积极的接受态度"[①]。公元907年，耶律阿保机建立辽国后，一方面积极借鉴和吸收中原的封建文化，一方面注意继承和保留草原文化，同时也向周边的国家学习和借鉴。特别是宋辽签下"澶渊之盟"[②]（1005年）之后，在与北宋及周边各国、各民族的频繁交往中采取开放型的"两面官"政治和经济制度，创造了独具特色的辽文化，并在与中原和各少数民族的文化交流中创造了自己的文化。从现存的历史文献中我们也可以看出，契丹音乐融入了当时多个不同民族音乐的因素，其乐舞中不仅有契丹乐、汉乐、外族乐舞的因素，当时的少数民族如渤海、高丽、回鹘、突厥、党项、女真等乐舞也融入契丹的乐舞之中。我们通过契丹—辽的宫廷和祭祀等音乐以及对乐器的使用等历史遗存的不同图像，可以看出，契丹—辽时期的音乐文化交流。

契丹—辽建立政权后，就开始以中原音乐文化为楷模，从主观和客观上向中原学习，陈旸《乐书》载："契丹所用声曲，皆窃取中国之伎。"《辽史·乐志》记载："晋天福三年，遣刘昫以伶官来归，辽有散乐盖由此矣"；又云："今之散乐俳优歌舞杂进，往往汉乐府之遗声也"。从目前所见的契丹壁画等历史文物中我们可以看到，不仅是音乐，甚至连服饰均模仿宋代的服装。《辽史·乐志》中载："晋高祖使冯道、刘昫册应天太后、太宗皇帝，其声器、工官与法驾，同归于辽。"这里所记叙的辽散乐队就是由五代后晋传入的。因此辽朝散乐队的乐器和演出服饰均因袭后晋的遗制。包括伶官们所着幞头、圆领袍衫、络缝靴等，这也是契丹使用汉族宫廷乐队最早的记载。在此后的契丹—辽宫廷音乐和达官贵人墓葬壁画中，这种服饰我们能经常看到。

---

① 李晓峰等：《契丹艺术史》，内蒙古人民出版社2008年版，第3页。
② 澶渊之盟是北宋与辽经过多次战争后所缔结的一次盟约。该盟约为宋朝和辽朝创造了良好的外交环境，使得两国之间长时间无战事。但是双方都安于现状，造成了女真人的崛起。

那么，契丹人有无自己的音乐？我们从《旧五代史》《新五代史》卷七十二《四夷附录第一》中的记载可以看出，契丹—辽在开国时（即耶律阿保机时代）就有"乐官千人""诸部家乐千人"的记载，这些乐官和家乐所表演的应该是契丹音乐，而不是中原王朝的音乐。《辽史·乐志》记载的契丹—辽宫廷音乐中的"国乐"应该就是契丹的本民族音乐，但具体情况还需做进一步考察和研究。

《辽史》中曾记载，（辽）宫中曾用教坊"四部乐"招待过北宋的使臣。演出的节目有用筚篥伴奏的"小唱"（即宋词）、"琵琶独弹""筝独弹""杂剧""笙独奏法曲"等。并用筚篥、箫、笛、笙、琵琶、五弦、箜篌、筝、方响、杖鼓、第二鼓、第三鼓、腰鼓、大鼓、拍板等乐器来伴奏歌舞大曲。其"曲调与中朝（宋朝）一同"。但也有不同，就是"每乐前，必以十数人高歌以齐管籥，声出众乐之表"，在处理上稍有差异。《契丹国志》中还记载了契丹皇帝生日时，宋朝皇帝赠送的礼物中就有桃皮筚篥。

契丹的音乐在两宋时也曾流行于中原各地。这一时期，契丹、渤海、女真等的民间音乐也流传到中原，得到中原人民的普遍欢迎。北宋宣和年间出现的《四国朝》《异国朝》《六国朝》《蛮牌序》《蓬蓬花》等乐曲，均是利用契丹、女真等少数民族音乐的素材创作的。《中兴会要》中记载了到南宋时，临安"街市无图之辈"……"唱《鹧鸪》，手拨葫芦琴"。官吏、士大夫中爱好"胡声"，特别是"诸军"——各级军官爱好"蕃乐"也蔚然成风。据宋人洪迈《夷坚乙志》卷十五记载，江西大将程师回，特别爱好女真的"鼓笛"之乐，曾"命其徒，击鼓吹笛奏蕃乐"。程师回为投降宋的金将，对女真等北方少数民族的音乐文化有其特殊的感情，但他敢在南宋的公开场合进行演出，也说明"蕃乐"在当时是流行的音乐。朝廷曾严令禁止这种"声音乱雅"以及军队中"所习音乐，杂以胡声"的现象，但是没能奏效。

笔者在考察中见到了契丹—辽文物收藏家王加勋收藏的一幅《契丹宴请宋朝使臣图》①（见图 6，即图 2-11-1）。这幅图为纸质挂画，画面上共有 20 个人物：一契丹官员与一宋朝使臣端坐于毡毯上，两位侍者正在倒茶，有九人正在进行乐舞表演，舞者是一髡发契丹人、一中原汉人和一女性舞者，伴奏者演奏的是大鼓、细腰鼓、横笛、琵琶、笙和唢呐，伴奏者除演奏唢呐是契丹人外，其余均身着汉服，特别是髡发契丹舞者的动作奔放，是典型的草原舞蹈，反映了"澶渊之盟"后南北和好，相互交流的盛景，也验证了《辽史》中的记载。王安石、欧阳修、苏轼等文学家也都曾作为宋朝的使臣，出使过契丹。王安石还留有"涿州沙上饮盘亘，看舞春风小契丹"，应是对该图最好的解释。

---

① 因是民间收藏，此画无名，为叙述方便，笔者命之为《契丹宴请宋朝使臣图》。

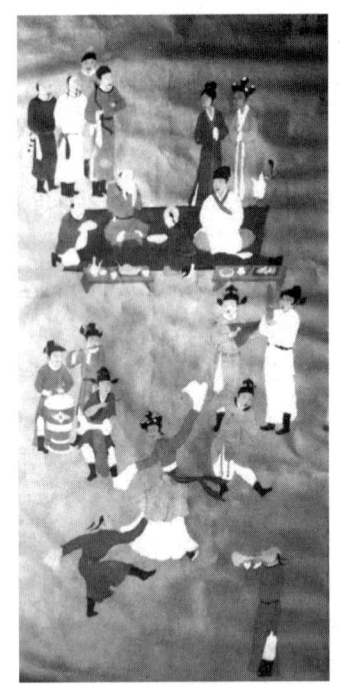

图 2-11-1 《契丹宴请宋朝使臣图》①

从目前出土的历史文物和辽塔等遗存来看，辽似乎没有形成和建立一种单一的"辽文化"，换句话说"辽文化实际上是包括了辽代各族文化的一种复合文化，但在那种复合文化中，汉文化毕竟是主体"②。"澶渊之盟"结束了南北的战争状态，辽宋之间互派使臣。政治、经济、文化等方面的往来十分频繁，也促使契丹—辽的音乐文化得到发展。在音乐上，契丹以中原音乐文化为楷模，进行全面模仿。《契丹宴请宋朝使臣图》中伴奏乐队和舞蹈均可证明这一点。

在出土的墓葬壁画中，散乐图是数量最多的一种类型。历史文献记载了契丹—辽散乐队是由五代后晋传入的。我们从河北宣化辽墓散乐壁画（见图7、8，略）和众多辽代墓葬壁画均可以看出，辽散乐队的乐器和演出服饰均因袭后晋的遗制。

内蒙古赤峰敖汉旗南塔乡北三家1号墓天井西侧南壁图中的吹尺八与打鼓伎乐人③与四家子镇羊山1号墓《契丹人奏乐图》中的吹尺八乐人（见图9、10、11，略），从乐人的身着装扮来看，他们应是汉族乐工。《辽史》中记载了汾、蓟、幽等

---

① 陈秉义：《从音乐图像学看契丹—辽时期的音乐文化交流》，《南京艺术学院学报（音乐与表演版）》2017年第4期，第3页，原图6。
② 李清泉：《宣化辽墓墓葬艺术与辽代社会》，文物出版社2008年版，第337页。
③ 邵国田：《敖汉文物精华》，内蒙古文化出版社2004年版。

地的汉族乐工曾活跃在契丹人的宫廷和市井中。内蒙古扎旗文管会所藏的"小乐舞"壁画（见图12，略）不仅向我们展示了契丹宫廷乐舞《海青捕天鹅》的情况，还向我们揭示了汉族乐工在其宫廷中的作用。

2009年，笔者在内蒙古扎旗文管会见到了几幅与契丹宫廷春季捺钵有关的壁画。其中的契丹—辽小乐舞壁画具有很高的音乐史学价值。这幅壁画上有四人身穿幞头、圆领袍衫、络缝靴组成的小乐队，正在为一舞者伴奏。舞者双腿呈八字形，迈着小碎步，模仿着海青的动作。蒙古族著名学者扎木苏认为，内蒙古大兴安岭以南地区的蒙古族舞蹈中的小碎步就是模仿海青的动作。

《辽史·乐志·国乐》记载：

> 辽有国乐，犹先王之风；其诸国乐，犹诸侯之风。……七月十三日，皇帝出行宫三十里卓帐。十四日设宴，应从诸军随各部落动乐。十五日中元，大宴，用汉乐。春飞放杏埚，皇帝射获头鹅，荐庙燕饮，乐工数十人执小乐器侑酒。[①]

与这幅小乐舞图同时出土的还有一幅海青图（见图13，略），由此可见，这幅壁画描写的应是契丹的宫廷乐舞《海青捕天鹅》。扎旗地处契丹—辽皇帝到嫩江平原进行春季捺钵的途中，这幅壁画出现这里，应是捺钵前的预演，对我们理解《辽史·营卫志》中春捺钵中"头鹅宴"中乐工奏乐和元代乃贤《塞上曲》中"踏歌尽醉营盘晚，鞭鼓声中按海青"的描述有所帮助。

此外，辽宁北宁辽代双塔（又名崇兴寺双塔）上的"契丹士兵吹笙驯海青"砖雕（见图14、15，略）也能向我们证明契丹宫廷春季捺钵中海青的相关文化，对我们理解后世出现并流行至今的琵琶曲《海青拿天鹅》具有非常重要的参考价值。

契丹音乐在两宋时曾也流行中原各地。这一时期，契丹、渤海、女真等的民间音乐也流传到中原，得到中原人民的普遍欢迎。北宋宣和年间出现的《四国朝》《异国朝》《六国朝》《蛮牌序》《蓬蓬花》等乐曲，均是利用契丹、女真等少数民族音乐的素材创作的。

二、中原乐器的传入

从《辽史·乐志》记载的契丹—辽史所使用的乐器和笔者考察中所见到的音乐图像来看，契丹—辽所使用的乐器绝大多数是中原汉族所使用的乐器。在契丹—辽和北宋的南北交往和互赠礼物中，乐器也成为了重要的礼物。《契丹国志》卷二十一记载：

> 契丹皇帝生日，南宋遣金酒茶器三十七件……红牙笙、笛、箪篥、拍板……[②]

[①]（元）脱脱等：《辽史》，中华书局2016年版。
[②]（宋）叶隆礼撰：《契丹国志》，贾敬颜、林荣贵点校，上海古籍出版社1985年版，第117页。

虽然笔者在考察中没有见到上述所云的红牙笙、笛、笙篥、拍板等乐器实物，但在考察中，均能见到这些乐器的身影。这里选取在考察中见到的两组乐俑、唢呐、琴、筝砖雕（石雕）和细腰鼓实物等乐器作简单介绍。

笔者见到民间收藏的两组乐俑，均为唐代风格。（见图16、17，略）这是由七个钧瓷乐俑组成的乐队：排箫、横笛、笛溜（或鸣箫）①、琵琶、细腰鼓、唢呐和舞蹈的一组乐俑；而另一组乐俑则由笙篥、琵琶、手鼓、排箫、唢呐、钹等组成。

这里值得指出的是钧瓷乐俑中的唢呐。从乐俑所持唢呐来看，唐、契丹—辽（包括北宋）时，唢呐已经开始流行。2009年，笔者在赤峰考察时见到辽代的玉腰带，其中有关于唢呐的玉片，演奏者是契丹人的形象。（见图18，略）笔者曾怀疑辽代是否确有唢呐，但在后来见到众多契丹—辽唢呐的图像和实物后，这种疑虑被打消，并得出一个结论：契丹—辽时期，唢呐在中国北方草原上是一件十分流行的乐器。

在中国音乐史上，关于唢呐出现和使用的记载一般都认为是在明代。杨荫浏《中国古代音乐史稿》记载：

> 到了明代，开始有关于唢呐的记载。最早有王磐（约1521在世）的咏喇叭《朝天子》词，借"喇叭锁哪"讽1510年时阉寺弄权作恶的事。稍后，明戚继光（1528—1587）把唢呐用于军乐，而在他《纪效新书》的《武备志》中说"凡掌号笛，即是吹唢呐"。②

明代王圻在《三才图会》中说：

> 唢呐，其制如喇叭，七孔，首尾以铜为之，管则用木。不知起于何代，当军中之乐也。今民间多用之。③

这恐怕是国内较为权威的说法，音乐史学界也基本引用这一说法。

《辞海》"唢呐"条：金元时期传入中国，后经改造，有喇叭、大吹、海笛、小青等类别。④ 那么唢呐在中国音乐史上到底始于何时？

刘东升所著《中国音乐史图鉴》中有新疆拜城克孜尔石窟寺第三十八窟（约两晋时期）壁画中的唢呐图像。（见图19，略）刘东升先生所论也很客观：

> 文献所述唢呐的形制与克孜尔石窟的图像基本相同，今新疆地区流行的木唢呐和它更为相近。如果克孜尔石窟后来没有更新过，此图像说明唢呐早在公元三四世纪已流行于新疆地区。⑤

因为契丹—辽实行了严格的"书禁"政策，以至于后世学者均认为唢呐传入中

---

① 笛溜和鸣箫是契丹人对埙和陶笛类乐器的称呼。
② 杨荫浏：《中国古代音乐史稿》，人民音乐出版社1981年版，第987页。
③ （明）王圻、王思义：《三才图会·器用三卷》，上海古籍出版社1988年版，第1134页。
④ 辞海编辑委员会：《辞海（缩印本）》，上海辞书出版社1999年版，第899页。
⑤ 刘东升：《中国音乐史图鉴》，人民音乐出版社1998年版，第56—57页。

国的时间在金元时期。有学者认为明朝王圻《三才图会》中的唢呐是较早的有关记载。笔者在考察的民间收藏中看到了几幅与唢呐有关的图像资料，这些资料都是契丹—辽时期的挂（麻）画、绢画、纸画等，其形制也大小不一。在这些画上吹唢呐的几乎全是契丹人，上述《契丹宴请宋朝使臣图》中，除演奏唢呐者是契丹人外，其余全是中原汉族人的服饰装扮。特别是收藏家王加勋、张苏和著名考古学家宋兆麟先生收藏的契丹—辽乐器演奏法（见图20，略）说明在契丹（辽）时代，唢呐已经被广泛应用。

这里值得一提的是仿唐钧瓷乐俑中吹唢呐的乐俑（见图21，略），如果这种乐俑是唐代的遗物或契丹—辽仿唐制品，均可说明唐代时唢呐就已流行，也佐证了民间收藏的一部分契丹—辽唢呐图像和唢呐实物的真实性，为我们研究唢呐的历史提供了一个可供参考的证据。

笔者在考察辽宁朝阳八棱观辽塔时发现在须弥座束腰壶门中有一吹唢呐的乐舞伎乐飞天砖雕（见图23，即图2-11-2），其形象与新疆拜城克孜尔石窟的唢呐形象十分相像。

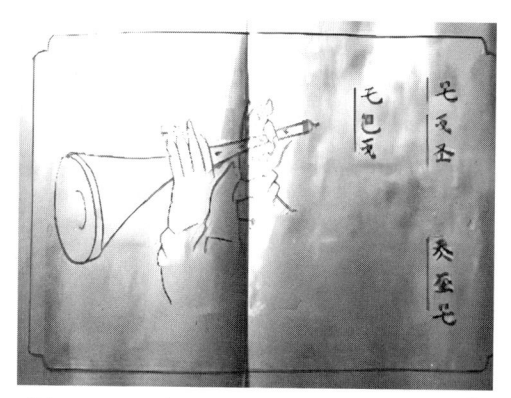

图 2-11-2　契丹唢呐书书影（张苏收藏）[①]

特别值得提出的是，笔者在王加勋先生处看到了几幅契丹（辽）时期的绢画和用柏木制成的书盒[②]（见图24、25，即图2-11-3、图2-11-4）。书盒的正、前、后三面均有姿态各异的演奏各种乐器的画，共12幅。笔者认为应属木版画，其中有几幅画上有髡发的契丹人在吹唢呐，其中有两幅绢画是两个人吹大唢呐，这几幅绢画所

---

① 陈秉义：《从音乐图像学看契丹—辽时期的音乐文化交流》，《南京艺术学院学报（音乐与表演版）》2017年第4期，第6页，原图23。
② 书盒中每一盒装有二种用契丹小字记写的可能是与乐器演奏有关的书籍，每个书箱均装有80本书，书都很薄，每本10页左右，均用皮条锁线，书中均有画和类似演奏指法的图像。

描绘的均是契丹贵族宴饮时的场景，弥足珍贵。

图 2-11-3　民间收藏用柏木制成的书盒上的契丹人唢呐、琵琶和笙合奏图[①]

图 2-11-4　民间收藏用柏木制成的书盒上的契丹人鼓吹乐图[②]

王加勋收藏的这四盒用柏木制成的书盒上的图，由于千年前所用的均是天然的矿物质颜料，加上在地下封闭千年从未面世，因此书箱上的画面仍很鲜亮。其中一个书箱上，四位髡发契丹人在合奏唢呐、箫、钹和鼓，这不就是一个辽代的鼓吹乐队在茫茫草原上演着契丹民族悠久的历史吗？早在南北朝时期，北魏就很好地继承和发展了自汉代以来的鼓吹乐，"真人代歌"是其显著的标志。但是到契丹—辽时期

[①] 陈秉义：《从音乐图像学看契丹—辽时期的音乐文化交流》，《南京艺术学院学报（音乐与表演版）》2017 年第 4 期，第 7 页，原图 24。
[②] 陈秉义：《从音乐图像学看契丹—辽时期的音乐文化交流》，《南京艺术学院学报（音乐与表演版）》2017 年第 4 期，第 7 页，原图 25。

鼓吹乐究竟是怎样？一直是个谜，今天我们从契丹—辽的书箱绘画上看到了草原上的鼓吹乐队，这对我们了解契丹—辽时的鼓吹乐具有十分重要的价值。

还有一书箱上画一髡发契丹人吹唢呐，一人吹笙，一妇人弹琵琶，可以看出草原民族在乐器的使用上是不拘泥于形式的。

另外两幅书箱上的唢呐图像（见图26、27，略）中有一幅三个髡发的契丹人在吹奏唢呐，形态逼真，和王加勋先生收藏的《契丹人制造唢呐流程图》上的三个吹唢呐像有异曲同工之妙。还有一个书箱上画有一髡发契丹人在喝茶，一人在演奏唢呐，一人在拍堂合奏，说明唢呐在契丹人的生活中是一件非常重要的乐器。

此外，我们从王加勋先生收藏有契丹—辽时期的纸质、绢质、麻布挂画上看出唢呐在宫廷音乐中也占有重要的位置。

王加勋收藏有8幅《契丹贵族宴乐图》，均为绢画。在其中的两幅画上，我们见到的是一对唢呐，从画上我们看到了唢呐在宫廷音乐的地位。（见图28、29，略）王加勋收藏的麻布画上一对契丹男女在舞蹈，另有唢呐、鼓和笙篥在伴奏，舞蹈的人数、动作、伴奏的唢呐与《契丹宴请宋朝使臣图》基本一致（见图30—32，略），说明契丹—辽的此类绘画有一定的规范，也展示了一千年前，生活在草原上的契丹人能歌善舞、粗犷豪放的民族性格和生活。

王加勋还收藏了几幅契丹宴乐长幅画卷，从中我们可以看出唢呐在契丹—辽的宴乐中也是一件主奏乐器。其中的一幅《契丹贵族宴乐图卷》（见图33，略）中，唢呐高高扬起，笙、长笛、笙篥、鼓和弹拨乐器为四位男女舞者伴奏，从舞者酣畅的舞姿可以看出其表演应是"胡旋舞"，伴奏的主奏乐器是唢呐。

王加勋收藏的另一幅《契丹歌舞图卷》中也有唢呐伴奏的场面（见图34，略）。这幅长卷上为舞蹈伴奏的有唢呐、鼓、铙琴和西域少数民族突厥的一种弹拨乐器，从中我们也能看到契丹与西域突厥在交往中音乐文化交流的情况。该图中的髡发契丹人弹奏的乐器有四根弦，西域人弹奏的乐器比契丹人弹奏的乐器要小，也是四根弦。我们从另一幅《契丹萨满图》上可以看出唢呐在契丹人进行萨满祭祀时的重要作用（见图35，略）。这是一幅契丹人祭祀敖包活动的长卷，图中有两个大唢呐和一架鼓为祭祀的舞者伴奏。我们仿佛听到了大唢呐那低沉的声音在辽阔的草原上飘荡。后世的宗教活动中，这种大唢呐成为一种专用的乐器。

这里值得一提的是王加勋收藏有一幅契丹人制造唢呐的工艺流程图（见图36，即图2-11-5）和一组4支契丹—辽时期的唢呐实物藏品（见图37、38，略）。收藏家张苏的收藏中也有2支契丹—辽唢呐实物（见图39，略）。

图 2-11-5　民间收藏契丹纸质本《唢呐制造工艺流程图》[①]

《唢呐制造工艺流程图》是一幅长卷，画面上有 22 个髡发的契丹人，把契丹人制作唢呐的全部工艺用图画的形式展现在我们面前。唢呐实物藏品与现代普遍使用的唢呐大同小异。从这幅长卷上我们可以看到契丹人的唢呐，由哨、气牌、侵子、杆和碗组成，所选用的材料，制作所使用的专用模具，加工过程中的手法和工艺等。此外，长卷中还绘有制作唢呐铜碗——喇叭口的过程图、制作完成后的验收以及直接吹奏部分，描绘得比较细致。

王加勋和张苏收藏的唢呐实物形制与今天的唢呐相差无几，有五个按音孔，唢呐刻有契丹小字；张苏收藏的唢呐实物是 8 个按音孔，即前 7 后 1，唢呐木杆上也同样刻有契丹小字。这又给我们留下了疑问：同时期的唢呐为什么有两种按音孔？

这里我们不得不提出一个问题，契丹—辽时期有这么多的唢呐图像，《辽史·乐志》为什么没有有关唢呐的记载？如果是民间乐器没有记载有情可原，我们从多幅图像可以得出唢呐在契丹—辽宫廷音乐中占有十分重要的地位，而史书没有记载，给我们留下了一个值得求索和研究的空间。

无论是《唢呐制造工艺流程图》还是上列唢呐实物图，都和上述契丹人柏木书箱上的三位契丹人演奏的唢呐十分相像。可以说契丹—辽时期契丹人使用的唢呐是成熟完善的，更可以说早在一千多年前，唢呐就在中华大地特别是在东北亚地区流传。以上的唢呐图像，只是笔者所见到的一部分。在各位收藏家的收藏中，此类文物还有许多，诸如乐器演奏规范图、唢呐演奏指法图等，希望这些文物能够尽早面世或出版。

《辽史·乐志》中，虽然关于琴和筝的记载不详，但向我们提供了契丹—辽时，琴和筝在契丹宫廷音乐中均有使用。我们从耶律楚材《西游录》诗集中的许多诗句，都可以看到契丹在音乐文化上向中原所进行的学习和交流。如《赠蒲察元帅》中的"忙唤贤姬寻器皿，便使辽客奏筝、篥"；《怀古一百韵寄张敏之》中的"伞柄学钻笛，宫门自斫琴"……[②] 川筝、篥、笛、琴等在此时均是中原最为流行的乐器，在契

[①] 陈秉义：《从音乐图像学看契丹—辽时期的音乐文化交流》，《南京艺术学院学报（音乐与表演版）》2017 年第 4 期，第 8 页，原图 36。

[②] （清）永瑢、纪昀等：《文渊阁四库全书全文电子检索版》，《集部》，《总集类》，《元诗选》，上海人民出版社 1987—1989 年版。

丹人的诗中出现得那么自如，说明契丹人已采用，从一个侧面折射出契丹与中原的交流。不仅如此，契丹人还进行了各种中原乐器的仿制。笔者在考察中见到了《斫琴图》《唢呐制造流程图》《琵琶制造流程图》等。如王加勋收藏的契丹《斫琴图》（见图40，即2-11-6）就有多种纸质画和木刻画，甚至是印刷用的木质印版。

图 2-11-6　民间收藏契丹纸质本《斫琴图》（王加勋收藏）[1]

我们从《斫琴图》中可以看出，契丹在琴的制作上几乎是全面照搬汉族的斫琴工艺和流程。虽然《辽史·乐志》中只有"雅乐"中记载了琴，但在考察中，见到的琴的图像还是很多的，许多辽塔束腰壶门中均有弹琴伎乐砖雕和石雕。下面仅举二例（见图43、44，略）：

《辽史·乐志》中多处记载了契丹宫廷招待使臣时用了"筝独弹""琵琶独弹"的形式，可惜其具体弹奏的音乐到目前为止还没有见到记载。契丹筝随着大辽国的覆亡只存见于辽塔和部分文物的图像之中。在考察中所见的契丹人弹筝的资料，对我们今后更加细致地了解和研究契丹筝、蒙古筝提供了一部分很好的材料。

这里需对《四亭抚琴镜》（见图46，略）作一个说明：在目前出土的契丹—辽铜镜中，有一亭、二亭、四亭、六亭抚琴镜，但是铜镜画面上不是"琴"，而是"筝"。铜镜上所谓的"亭"也不是亭而是契丹马车上的毡帐。据说在第一面此类铜镜出土时，由于鉴定者不懂音乐，命名为抚琴镜后，就此定名为"抚琴镜"了。不管是抚琴镜还是"抚筝镜"，从铜镜上我们可以看出契丹人对汉族乐器的接受和喜爱。

关于筝，《钦定续文献通考》的如下记载为我们提供了一点蒙古筝的线索："……元制筝如瑟，两头微垂，有十三弦。"[2] 这种"元制筝"与契丹筝很相像。内蒙古巴林左旗辽上京博物馆藏辽乐器纹铜镜的契丹筝、内蒙古敖汉旗博物馆藏辽乐器纹铜镜上的筝、朝阳凤凰山大宝塔束腰壶门伎乐砖雕、辽宁海城析木金塔沈阳壶门伎乐砖雕、阜新蒙古族自治县塔营子塔束腰壶门伎乐砖雕、北镇崇兴寺双塔东塔束腰壶门伎乐砖雕、朝阳北塔沈阳壶门伎乐砖雕等弹筝均是两头微垂，因是砖雕，加

---

[1] 陈秉义：《从音乐图像学看契丹—辽时期的音乐文化交流》，《南京艺术学院学报（音乐与表演版）》2017年第4期，第9页，原图40。

[2] （清）嵇璜等奉敕纂：《钦定续文献通考》，《史部》，《政书类》，《通制之属》，《文渊阁四库全书全文电子检索版》，上海人民出版社1997年版。

上年代已久和多次维修、重建，这些砖雕上筝的具体弦已无法辨认，但众多的图像已使我们提出一个问题：元（蒙古）筝与契丹筝是什么关系，是否有一定的传承关系？限于资料匮乏，这里暂且存疑。

20世纪的一些考古新发现，为我们了解中国筝的历史提供了很多新的证据。如1979年在江西贵溪出土2张13弦乐器。据专家考证，它们是春秋战国时期的乐器（公元前500年左右），其形制、构造应是筝属；这和晋傅玄（217—278）在其《筝赋》中对筝的十二弦描述已有距离。我们从唐代留下的筝的实物已知唐代的筝12弦、13弦共存，12弦筝用于清商乐中，而13弦筝被用于宫廷的燕乐之中或各种场合之中，我们从现存唐诗中就可以看出，如"大舶高帆一百尺，新声促柱十三弦。扬州市里商人女，来占江西明月天"[1]；"汝不闻，秦筝声最苦，五色缠弦十三柱，怨调慢声汝欲语，一曲未终日移午"[2]。可见，唐代的筝13弦为多。从契丹所使用的众多乐器来源看，唐筝传入契丹并被宫廷使用应属正常。本文在开始曾介绍契丹与中原的接触与交流，包括武力的征伐也能促成各民族之间的音乐文化的交流。西湖老人《都城纪胜》中记有南宋朝廷与民间的小乐器中有"单拨十四"，也就是宋、元之际出现的14弦筝。

契丹—辽时期流行王公贵族在迎宾宴请时使用鼓与管乐器为主的鼓吹乐。《辽史·乐志》记载的鼓就有二十余种。在其中所使用的众多鼓中，细腰鼓是一种常见的打击乐器。笔者在考察中见到了数量众多的细腰鼓砖雕图像和细腰鼓实物。砖雕主要是辽塔束腰壶门上的伎乐砖雕；图像主要是墓葬壁画；实物主要是民间收藏。

众所周知，细腰鼓类乐器曾在唐代非常流行。《辽史·乐志》中记载的与细腰鼓有关的是毛员鼓，在"大乐"中使用。

关于细腰鼓，笔者曾在《乐府新声》2012年第1期上发表过初步的认识。但笔者近年在王加勋的收藏中见到了红山文化时期的细腰鼓（见图49，略），共五个。这不得不使我们重新考虑：细腰鼓的来源究竟是印度还是甘肃？早在四千年前，红山人就已经创造了类似细腰鼓类的乐器，而后来的契丹人就生活在红山文化地区（契丹人所称的"松漠之间"），这种乐器流传至契丹—辽时代也不是不可能的。

我们还可以换一个角度来思考：如果细腰鼓是从天竺传到中国北方草原，其本身就是一种音乐文化的交流。从目前所见众多的细腰鼓实物来看，契丹采用的是唐代的遗物，说明契丹—辽时期细腰鼓的流行程度，也说明了唐代时，细腰鼓是一件非常流行的乐器和契丹与中原的音乐文化方面的交流。很可惜，我们的史书上记载很少。

从制作材料来看，目前所见的所有细腰鼓实物，均来自汉族地区的窑口，问题

---

[1] （唐）刘禹锡：《夜闻商人船中筝》，《全唐诗中的乐舞资料》，人民音乐出版社1958年版。
[2] （唐）岑参：《秦筝歌送外甥萧正归京》，《全唐诗中的乐舞资料》，人民音乐出版社1958年版。

也就来了，是契丹人定制还是从中原传入？

笔者在民间收藏中见到的细腰鼓均是中原北方的鲁山窑、定窑、汝窑、钧窑、耀州窑、磁州窑等窑口生产的，种类繁多，制作精美。特别是笔者在民间看到了一组鲁山窑的细腰鼓，共十个，由小到大，应是按音高排列的，这在历史文献是没有记载的，在敦煌和其他的壁画中我们也是没有见到的。可以说是我们研究契丹—辽和唐代细腰鼓最为直接的对象，更是研究和了解契丹与中原音乐文化交流的第一手材料。

笔者见到的第一面契丹细腰鼓是在2013年内蒙古赤峰收藏家郝凤亮来沈阳举办的红山文化文物展上。在郝先生的展品中，笔者见到了一面细腰鼓（见图50，略），不仅造型独特，材质也很有辽瓷的特点。从鼓的尺寸来看，长34.5cm，鼓面的直径18cm，应该是唐代流行的毛员鼓。为此笔者查阅了《辽史·乐志》，毛员鼓在辽代时仍很盛行，在大乐中使用。

2017年春，笔者在收藏家王加勋处见到了数量众多的细腰鼓类乐器，有70余面，均为瓷质。这些细腰鼓的鼓长在22cm至33cm之间，鼓面的直径在10cm至13cm之间，比郝凤亮收藏的毛员鼓要小一些。这些细腰鼓在形制、材质、窑口等方面各异。限于条件，笔者没能把这些鼓蒙上鼓皮进行音响实验。但从这些鼓的尺寸来看，均为毛员鼓。这些毛员鼓，均出土于内蒙古东部，也就是当年契丹人所称的"松漠之间"。所谓"松漠之间"就是今内蒙古的东部、辽宁的西部和河北的北部一部分地区。在内蒙古东部，类似细腰鼓类的乐器均散见于民间，由于牧民不知此类乐器为何物，均称之为"烟囱"，甚至有的牧民还真把其作为烟囱使用。笔者在考察中见到的此类乐器有近二百个，这些细腰鼓除形制、尺寸不一外，还有鼓腔是通的和不通的、鼓面有瓷质和蒙皮的多种，这些还需我们对其进行考证和鉴别。从民间收藏的细腰鼓类乐器可以看出，我国历史久远，音乐文化博大精深，更能看出中原和北方契丹等少数民族在音乐文化方面的交流和融合。限于篇幅，仅举几例如下：

图57（即图2-11-7）是由大小不一的十个鲁山窑鼓组成，笔者还见到了一套有十个大小不一的定窑鼓组成的一套。最大的长约33cm，最小的长约22cm，最大的鼓口直径约为13cm，最小的鼓口直径约为8cm。这两组鼓是不是《旧唐书》和《辽史》中记载的"连鼓"？到目前为止，我们只见到《旧唐书》和《辽史》中有连鼓的记载，还没有见到对连鼓的描绘和解释。这两组鼓是我国唐代著名的鲁山窑和宋代著名的定窑烧制出来的，定窑的鼓腔内均刻有"官"字和"易定"字，在契丹生活的主要地区出土，应该是契丹—辽宫廷或王府所使用的乐器，其本身承载了许多中国古代音乐史上的疑问，如是否为连鼓，鼓的源头、流传的路线、使用的场合、音阶的排列、演奏的技法……这两组鼓将为我们提供可供参考和研究的实物，应是中国古代音乐史中一个新的乐器研究对象。

图 2-11-7　民间收藏的鲁山窑细腰鼓家族（王加勋收藏）[1]

此外，在王加勋的收藏中，有多个"齐鼓"值得我们注意。（见图58—62，略）这些齐鼓由鲁山窑、汝窑、磁州窑等不同窑烧制，尺寸均在 30cm 左右。《通典》卷一百四十四记载："齐鼓，如漆桶，大头，设齐于鼓面如麝脐，故曰齐鼓。"[2]《中国音乐词典》"齐鼓"条目："古代打击乐器。隋唐时期用于西凉、高丽诸部乐。……云冈石窟北魏石雕中可见其形状。"[3] 杨荫浏《中国古代音乐史稿》中认为"……齐鼓……在公元第四世纪时，都已开始流行"[4]。但是，到目前为止，尚未见到齐鼓的实物流传于世。这是我们在过去从未见过的一种细腰鼓。记载中，齐鼓是唐代宫廷音乐中所使用的乐器，从《辽史·乐志》的记载中可以看出，到辽代时还在宫廷音乐中使用。

契丹音乐也融入了当时不同民族音乐的因素，从目前所见辽国的乐舞有契丹乐、汉乐、外族乐三类和有关历史资料中，我们就可以看出，当时的渤海、高丽、回鹘、突厥、党项、女真等乐舞均融入契丹的乐舞之中，丰富了辽代乐舞。

限于篇幅，笔者在考察中还见到许多与中原音乐文化交流的乐器，诸如琵琶、箜篌等只能另述。

中华民族是一个由"多民族混血而成的民族"。隋唐以后，并没有因为五代、辽、宋、西夏、金等分裂状态使中华民族四分五裂，原因很简单，文化同源和不可割舍的经济文化交流。契丹—辽（东辽）历时二百余载，与五代共始，与北宋同终，所创造的音乐文化在与汉族音乐文化和周边各国的交融中得到了丰富与发展，从中也可以看出，中华民族的音乐文化是各族人民共同创造的。

三、与周边各国的交流

契丹—辽在公元 10—12 世纪是亚洲军事力量强大的政权，东与新罗，西与回鹘、突厥交往甚密。记载中，契丹—辽与新罗、高昌、龟兹、于阗、大食、小食、

---

[1] 陈秉义：《从音乐图像学看契丹—辽时期的音乐文化交流》，《南京艺术学院学报（音乐与表演版）》2017 年第 4 期，第 12 页，原图 57。
[2] （唐）杜佑：《通典·卷一百四十四》，王文锦、王永兴、刘俊文、徐庭云、谢方点校，中华书局 2016 年版。
[3] 中国艺术研究院音乐研究所：《中国音乐词典》，人民音乐出版社 1984 年版，第 300 页。
[4] 杨荫浏：《中国古代音乐史稿》，人民音乐出版社 1981 年版，第 987 页。

甘州、沙洲、凉州等均是属国关系或有密切的交流。《辽史·属国表》记载了太祖神册三年三月，"渤海、高丽、回鹘、阻卜、党项各遣使来贡"；天赞二年，"波斯来贡"；天赞四年十月，"日本国来贡"；天赞四年十一月，"新罗国来贡"；天显元年二月，"回鹘、新罗、吐蕃、党项、沙陀从征有功赏之"；"貊、铁骊、靺鞨来贡。该渤海国为东丹国，忽汗城为天福城"。[1] 据《契丹国志》记载，契丹的属国每隔三年就要到辽上京进行朝贡，契丹皇帝也赏赐这些属国许多草原特产和礼物。由于国势强盛，辽上京、中京、西京一带，甚至今天辽宁的朝阳一带，西域的胡人很多。发动"安史之乱"的安禄山就曾生活在今辽宁朝阳一代。辽宁朝阳北塔上的21面舞蹈伎乐砖雕（见图48，略），向我们展示了契丹—辽时"胡旋舞"的表演情况；我们在民间收藏中也见到了一些契丹人与"胡人"在音乐文化方面的交往。下面仅举几例：

王加勋收藏《契丹与胡人乐舞图》（见图69，略）中，一位王爷坐在那里观看契丹人和"胡人"一同载歌载舞，从舞者的动作来看，应是胡旋舞。所使用的乐器中有铃鼓、唢呐和一件弓弦乐器（此琴的形制并不像奚琴），伴奏乐器也是一个多民族融合的乐队。

东亚朝鲜半岛的新罗国曾是契丹—辽的属国，曾"奉其正朝"（当时的朝鲜使用的是"辽历"）。北方的叶塞尼河和贝加尔湖地区的嘎斯是其属国，斡朗改也是其属部。北宋自"澶渊之盟"后也成为其纳贡国。《辽史》记载，契丹皇帝很喜欢女真人的歌舞。早在唐代，渤海国音乐舞蹈就极为发达。辽太祖建大契丹国初，在平定渤海后，曾"俘掠有伎艺者多归帐下，谓之属珊，以所生之地置州"[2]。唐代时，粟末靺鞨和高句丽在音乐舞蹈方面就与中原有了交流融合和交流，太祖耶律阿保机特别喜欢粟末靺鞨和高句丽的音乐和舞蹈，这种风气一直延续到契丹—辽的最后一位皇帝——天祚皇帝时。《辽史》记载："天祚天庆二年，驾幸混同江，头鱼酒筵，半酣，上命诸酋长次第歌舞为乐。女直阿骨打端立直视，辞以不能。上谓萧奉先曰：'阿骨打意气雄豪，顾视不常，可托以边事诛之。不然，恐贻后患。'奉先奏：'阿骨打无大过，杀之伤向化之意。蕞尔小国，又何能为。'"[3]

在历史上，契丹—辽与高丽的交往甚密。朝鲜曾作为契丹的属国，在相互通婚、朝贺、互赠礼物等交流中，促进了音乐文化的交流与融合。在考察中，笔者在我国著名考古学家宋兆麟先生的收藏中见到了一幅《高丽才艺图》[4]（见图70，略），这幅图中的四个人物均是高丽人，一名高丽乐人正在弹琴，一名正在绘画，二人身边各站立一名朝鲜侍者。这里包含了两个因素：古琴是汉族乐器，演奏的是朝鲜人。而

---

[1] （元）脱脱等：《辽史》，中华书局2016年版。
[2] （元）脱脱等：《辽史》，中华书局2016年版。
[3] （元）脱脱等：《辽史》，中华书局2016年版。
[4] 因无名，故笔者拟命名为《高丽才艺图》。

此图又是在契丹—辽地出土，说明高丽音乐也在契丹—辽史流传，可见其音乐文化的交流与融合程度。

上述各种特殊关系，从主客观上都为契丹—辽与中原及周边各国建立了密切的往来关系。当年辽上京辽南京及辽西地区，都曾有各国使节、商人云集。我们在考察中看到的许多文物都与这一时期经济文化交往有关。

现藏内蒙古敖汉旗博物馆藏的"胡人乐舞纹玉带"（见图71—80，略）上的乐舞人都是"胡人"，他们没有髡发，并且均是络腮胡子，这可能就是契丹人所指的"胡人"，他们应是来自西域的阿拉伯人，这和辽太祖九代孙耶律楚材所写《西游录》诗集中的"碧髯官伎拨胡琴"①的诗句相吻合，从中可以窥见契丹人与西域各国在音乐文化方面的接触与交流。

敖汉博物馆收藏的胡人乐舞玉腰带上全是"胡人"，但是所演奏的乐器多数是中原汉的乐器，在我们面前展现的是一个民族融合的合奏场面，有舞蹈、毛员鼓、琵琶、拍板、筚篥、笙、鸡娄鼓、长笛等。

在古代中原地区，契丹人被称为"胡人"，那么，在契丹人的眼中，"胡人"又是什么人？从拓片（见图72—80，略）上看，玉腰带上的人物应为突厥或阿拉伯人。内蒙古敖汉萨力巴乡水泉1号墓中出土的东西南北不同特征的文物和胡人玉腰带上的各种胡人乐舞图中可以看出契丹族与不同种族和地域之间文化的交流与融合，这正是契丹人在四处征战和交流中，不断吸收有利于本民族发展的各种外来音乐文化因素的生动写照。

此外，笔者在王加勋的收藏中见到一幅契丹—辽《出嫁图卷》（见图81，略），图中所描绘的是一位契丹贵族之女出嫁的场面。最前面是旌旗队伍和鼓吹乐开道，唢呐是主奏乐器；接下来是4名髡发的契丹人边走边舞着欢快的舞步；新娘乘坐的轿车用骆驼驾辕，车上的私帐既有草原风格，又有中原特点。从驾辕的骆驼来看，估计是嫁往西域的；车后是新娘的嫁妆队伍。全图约有10米长，其中的鼓吹乐队和现今的鼓吹乐队非常相似，不仅对我们研究确定契丹—辽与中原及周边各国的音乐文化交流具有非常重要的价值，同时对研究契丹—辽时的鼓吹乐也具有十分重要的学术价值。

《辽史·乐志·诸国乐》记载：

> 太宗会同三年，晋宣徽使杨端、王眺等及诸国使朝见，皇帝御便殿赐宴。端、眺起进酒，作歌舞，上为举觞极欢。会同三年端午日，百僚及诸国使称贺，如式燕饮，命回鹘、炖煌二使作本国舞。②

---

① （清）永瑢、纪昀等：《文渊阁四库全书全文电子检索版》，《集部》，《总集类》，《元诗选》，上海人民出版社。
② （元）脱脱等：《辽史》，中华书局2016年版。

上述记载向我们介绍了辽太宗会同三年（940年），契丹皇帝曾先后接见后晋、回鹘、炖煌等国使臣，"命回鹘、炖煌二使作本国舞"①，其本身就是一种交流。笔者在王加勋的收藏中看到了一幅《契丹招待突厥使臣宴乐图》（见图82，略），这是一幅契丹与西域各国进行交流最具代表性的宴乐图卷。图中契丹的王爷正在与一位突厥使臣喝酒，三位舞者中有两位髡发的契丹人和人一位突厥人，四位伴奏中有一位突厥人在弹奏一种类似铣琴②的乐器，一个吹笛，一个吹唢呐，一个用左手拍打鼓，场面欢快、和谐。很可惜的是图卷上有契丹小字，我们现已无法翻译。此图给我们留下了还可进行细致研究的空间。

结语

人类历史上，由于古代没有照相机、录影机等设备，人们只能把自己的生活或活动场面用绘画的方式记录下来，我们今天能够看到的那些历史遗留下来的记录我们先人活动的绘画是我们了解那个时代最直接的影像资料，这些资料如果传承有序或记录准确，就再现了那个时代的某些场景。我们按照这样的场景就能勾画那个时代人们的生活，从中了解那个时代的思想、观念、生活等。从这些民间收藏中我们可以看到契丹人也是按照人类发展的这一规律进行的。

就目前所见的资料来看，辽代似乎没有形成和建立一种单一的"辽文化"，但就辽塔而言，辽代把印度和中国原有的塔结构进行创造性的结合和改造，在当时的中国北方，密檐实心辽塔遍布，形成了独有的风格。塔上须弥座束腰壶门的乐舞伎乐砖雕更是争奇斗艳，千年前辉煌民族音乐文化和交流融合的图像被定格在塔上，成为我们后人瞻仰考察和研究的对象。每当我们站在辽塔下面仰望那些掌中的佛像和千姿百态的乐舞伎乐砖雕、石雕时，这些凝固千年的音乐仿佛在我们的耳边响起。在这一点上，我们和千年前的契丹人有什么区别？用今天的一句时髦的话来形容，我们不也是在穿越时空，聆听一千年前的契丹人为我们演唱和演奏吗？

契丹—辽是中国历史上继北魏后少数民族与中原汉族在音乐文化上进行广泛交流的典范，在与周边各国各民族的交流中，发展了中华民族的音乐文化。由于契丹—辽实行了严格的书禁政策，加之后世一些对契丹—辽的负面宣传，使得我们对这一时期的历史和音乐文化知之甚少。近年来，陆续有墓葬壁画和文物出土，特别是民间收藏中有许多珍贵的历史文物对我们了解和研究契丹—辽音乐文化和音乐具有十分重要的参考价值。但是，民间收藏存在着来源复杂、鱼龙混杂、考证困难等特点，因此，如何使用、鉴别是摆在我们面前一个不容忽视的问题。很可惜，这些文物收藏分散，加上不被专家承认，因此流失的可能性极大。如果像近年媒体报道

---

① 陈世明等编：《二十四史唐宋元明时期西域史料汇编》，新疆大学出版社2010年版，第356页。
② 因为是画而不是实物，因此此琴不好判定。

国内许多文物流失海外的那样，这将是契丹—辽历史研究的一个悲剧。从笔者已见到的这些文物的内容来看，音乐史料价值极大，因此陆续撰写了几篇相关的论文，并在近几年国内相关学术研讨会上宣读并发表。笔者认为我们应该善待这些文物，应该很好地研究、挖掘和利用。虽然笔者已进行了十年的考察，也收集到一部分珍贵的图像资料，但是对契丹—辽音乐史料和音乐文化的考察才刚刚开始，已经收集到的许多图像资料还没有来得及进行认真的分析、研究和解读。契丹—辽是继唐以后，中国历史上又一次民族大融合，其在音乐文化方面的交流和融合值得我们去认真地进行考察和研究。限于篇幅，笔者只选取了其中一部分进行论述。其实，民族的交往与融合充斥于当时生产、生活、军事、外交等各种场合中，有许多还需进行深入的挖掘和研究。近日，内蒙古在赤峰开始建立契丹博物馆，这是契丹—辽研究者的一个特大喜讯，希望这个博物馆能够保存更多的契丹—辽时期的文物。也希望在不远的将来，能有一本较为丰富、完整的契丹—辽音乐史面世，让更多的人了解中国古代这一神秘的民族和朝代。

第二节　评述与拓展

一、基本内容及意义

《从音乐图像学看契丹—辽时期的音乐文化交流》一文主要是对10—13世纪活跃在东北亚的草原民族政权——契丹（文中称之为"契丹—辽"）音乐文化的研究。文章共3个部分：第一部分是对契丹与中原地区文化交流情况的历史脉络梳理；第二部分是结合历史文献与图像资料，对当时出现在契丹的中原乐器（包括疑似的乐器）的形制、演奏场面、制作工艺等方面的分析；第三部分则考察了当时契丹与周边各国交流情况。

评述：《从音乐图像学看契丹—辽时期的音乐文化交流》是一篇典型的从音乐图像的角度研究契丹音乐的文章，该文体现出几个鲜明的特征：

第一，丰富的图像资料。陈秉义老师从2007年至2017年间，一直致力于"契丹—辽"音乐史的研究，对契丹音乐史料，特别是图像资料进行了大量的收集，细致、深入的史料工作在本文中有明显体现。尤其是文中大量收录的民间私藏的画卷、器物等资料，是研究契丹音乐文化的宝贵材料。

第二，个别乐器研究的新问题。得益于陈秉义老师收集的大量资料，文中所披露的新发现的一些图像资料让我们对个别乐器的研究提出了新的问题。例如文中对唢呐出现两种按孔的讨论，对细腰鼓来源的疑问，以及历史上"齐鼓"是否真实存在等问题的探讨，都对当前相关领域的研究有所帮助。

第三，对音乐文化交流史的补充。该文结合文献与图像史料对"契丹—辽"时期，契丹音乐与中原以及周边各民族、各国家的音乐文化交流情况，有较为全面的观察。文中部分内容是对契丹音乐发展状况的新补充，也对辽代音乐史、音乐文化研究有一定的参考作用。

第四，对史料发掘方式的启发。在地理位置上，契丹是我国南北交流、中外交流的重要区域，这在很大程度上也决定了契丹音乐文化多元融合、并存的现象，具有极高的研究价值。但"由于历史上契丹—辽实行了严格的书禁政策，加之后世一些对契丹—辽的负面宣传，使得我们对这一时期的历史和音乐文化知之甚少"[1]。此外，在研究中又面临契丹文字解译困难、考古发掘成果相对较少的局限，这些都使得契丹音乐的研究并未形成热潮。但《从音乐图像学看契丹—辽时期的音乐文化交流》一文，提醒了研究者们，对于契丹音乐研究中的史料问题，可以将搜索范围扩大到博物馆文物、史籍文献以外的区域，民间也还有很多未曾暴露的音乐史料值得我们发掘。

总的来说，该文无论从微观上史料的收集、整理，对部分乐器、音乐文化交流等内容的论述，还是宏观上论文呈现的研究方法、音乐史观等，都是研究契丹音乐史、中西音乐交流以及音乐图像研究等领域极好的示范性文章。

二、作者与之相关的论著

1. 陈秉义、杨育新：《"涿州沙上饮盘亘，看舞春风小契丹"——评巴景侃〈辽代乐舞〉》，《文化学刊》2006年第2期，第31—36页。

2. 陈秉义、杨娜妮：《海青、契丹、琵琶与琵琶曲〈海青拿天鹅〉——有关契丹音乐文化学习考察研究笔札》，《乐府新声》2008年第2期，第88—90页。

3. 陈秉义、杨娜妮：《海青、契丹、琵琶与琵琶曲〈海青拿天鹅〉（续）——有关契丹音乐文化学习考察研究笔札》，《乐府新声》2008年第3期，第79—86页。

4. 陈秉义、杨娜妮：《关于契丹细腰鼓的考查与初步认识》，《乐府新声》2011年第1期，第69—79页。

5. 陈秉义、杨娜妮：《契丹（辽）音乐文化考查研究报告》，《乐府新声》2011年第3期，第116—123页。

6. 陈秉义、杨娜妮：《契丹（辽）音乐文化考查研究报告》，《乐府新声》2011年第4期，153—156页。

7. 陈秉义：《有关契丹—辽音乐图形学的两个话题》，载《中国音乐图像学学会

---

[1] 陈秉义：《从音乐图像学看契丹—辽时期的音乐文化交流》，《南京艺术学院学报（音乐与表演版）》2017年第4期，第16页。

第二届年会暨学术研讨会》，2015 年，第 265—271 页。

8. 陈秉义：《契丹—辽音乐文化考察琐记——对铜镜、埙、大螺和毛员鼓的音乐史料考察》(上、下)，《乐府新声》2017 年第 3 期，第 5—16、22—32 页。

9. 陈秉义：《民间收藏的契丹—辽埙》，《乐器》2018 年第 9 期，第 20—23 页。

10. 陈秉义：《对辽宁朝阳德辅博物馆藏史前石埙考察的一点认识——兼谈火烧沟和红山埙》，《乐府新声》2019 年第 4 期，第 19—29 页。

三、其他作者与之类似的论著

1. 原媛：《南北朝时期契丹音乐的历史寻踪》，《乐府新声》2011 年第 3 期，第 128—130 页。

2. 洪博涵：《兼收并蓄　博采众长——试论契丹音乐中的西域色彩》，《乐府新声》2011 年第 4 期，第 157—159 页。

3. 胡小满、邢洁：《宣化辽墓乐器与乐种图像的音乐学释读》，《中国音乐学》2011 年第 4 期，第 78—83 页。

4. 陈璐：《有关契丹—辽琵琶的音乐图像学研究》，中国音乐图像学学会第二届年会暨学术研讨会论文，徐州，2015 年 11 月，第 272—280 页。

5. 张杨：《宣化契丹—辽散乐壁画音乐图像学的初步分析》，载《中国音乐图像学学会第二届年会暨学术研讨会》，2015 年，第 281—291 页。

第十二章 《朝鲜境内高句丽墓音乐壁画的内容、分类及特征》

第一节 原文

王希丹：《朝鲜境内高句丽墓音乐壁画的内容、分类及特征》

——《黄钟》2020 年第 2 期

经高句丽考古学者研究指出，朝鲜境内迄今为止共发现高句丽壁画墓 83 座，其中经过正式调查或发掘、报告或图片已发表的约 63 座。[①]结合笔者整理资料可知，截至 2020 年 4 月，公开发表的朝鲜境内高句丽壁画墓资料中，包含音乐壁画的高句丽墓共计 15 座[②]，主要分布于平壤市、南浦市、黄海南道和平安南道四个区域，具体如下：（一）黄海南道区域。共计 2 座。包括位于安岳郡的安岳 3 号墓、安岳 1 号墓。（二）南浦市区域。共计 9 座，包括：位于江西区的台城里 1 号墓、德兴里壁画墓、玉桃里壁画墓、药水里壁画墓、水山里壁画墓、江西大墓；位于卧牛岛区的龛神塚；位于大安区的大安里 1 号墓；位于龙冈郡的双楹塚。（三）平壤市区域。共计 2 座。包括位于中区域的平壤驿前二室墓和位于大城区的高山洞 10 号墓。（四）平安南道区域。共计 2 座。包括位于顺川市的东岩里壁画墓和位于大同郡的八清里壁画墓。本文将围绕这些朝鲜境内高句丽墓所见音乐壁画的内容、分类和特征进行探讨。

[①] 赵俊杰、梁建军：《朝鲜境内高句丽壁画墓的分布、形制与壁画主题》，《边疆考古研究》2013 年第 1 期，第 227 页。

[②] 详细信息参见本文附表《朝鲜半岛高句丽壁画墓中的音乐图像总表》。查阅资料主要包括：[朝]全畴农：《关于高句丽古坟壁画上乐器的研究》，奚传绩译，《音乐研究》1959 年第 3 期，第 85—104 页；第 4 期，第 87—91 页。赵俊杰：《4—7 世纪大同江、载宁江流域封土石室墓研究》，博士学位论文，吉林大学，2009 年。赵俊杰、梁建军：《朝鲜境内高句丽壁画墓的分布、形制与壁画主题》，《边疆考古研究》2013 年第 0 期，第 227—254 页。[韩]李惠求：《朝鲜安岳第三号坟壁画中的奏乐图》（上、下），宫宏宇译，《黄钟》2004 年第 4 期，第 111—114 页；2005 年第 1 期，第 136—141 页。[韩]徐海淮：《〈乐学轨范〉唐部乐器图说之研究》，华中师范大学出版社 2015 年版。[韩]金圣惠：《三国时代音乐史研究》，首尔：民俗馆 2009 年版。以及相关报告等。其中尚有肝城里莲花塚、龙冈大墓、天王地神塚、伏狮里壁画墓、安岳 2 号墓、真坡里 1 号墓、松竹里 1 号墓，根据前述文献记载有飞天或行列图，可能存在音乐壁画，尚待继续查阅。

一、音乐壁画的内容[1]

朝鲜境内所见带有音乐壁画的高句丽墓中,以安岳3号墓时间为最早,以江西大墓时间为最晚。现以时间顺序,将各墓音乐壁画内容分述如下:

1. 安岳3号墓

安岳3号墓为带有前、中(左右各有一侧室)、后室及回廊的多室墓。墓室满绘壁画,以人物风俗为主。所见音乐壁画包括跽坐奏乐图、乐舞图和多幅行列图。[2] 其中跽坐奏乐图(图略)见于前室右壁西南角,乐舞图(图略)见于后室左壁,行列图见于回廊东壁、后壁及甬道前壁。行列图可具体分为三幅:其一,大行列图(图略),见于回廊左壁;其二,行列图(图略),见于回廊左壁拐角处至后壁前部;其三,吹角图(图略),见于甬道前壁左侧。

安岳3号墓是目前所知朝鲜境内高句丽壁画墓中音乐壁画最为丰富的一座,包括舞蹈、器乐演奏等多种内容。在跽坐奏乐图(图略)中,可见四位跽坐乐人,左方第一位乐人击奏建鼓,第二位吹奏排箫,第三位、第四位留存图像模糊,演奏乐器已不可知。乐舞图(图略)中,三人跽坐奏乐、一人舞蹈。三位乐人从左至右分别演奏琴筝类乐器、圆形音箱琵琶(阮咸)、竖笛类乐器(时称"笛")。在大行列图(图略)中,主要为位于前部的建鼓、钟等乐器和位于后部马上奏乐使用的排箫、鼓、铎等乐器。在行列图(图略)和吹角图(图略)中主要可见角的使用。

2. 台城里1号墓

该墓为带前室(有左右侧室)、后室的二室墓。壁画损伤严重,主题为人物风俗图,后室后壁绘一人,跽坐演奏琴筝类乐器(图略)。

3. 德兴里壁画墓

该墓为带前室、后室的二室墓。墓道与墓室满绘壁画,以人物风俗为主题。音乐壁画见于前室前壁左侧的行列图和后室后壁的侍从演奏图。

在行列图(图略)中,上部可见骑马吹奏角、击奏鼗鼓的形象,下部为演奏建鼓。在侍从奏乐图(图略)中,墓主人身后左侧第一位为女性圆形音箱琵琶(阮咸)演奏者,右侧第二位为男性横笛类乐器(时称"笛")演奏者。

4. 玉桃里壁画墓

该墓为前后两室墓,壁画主题为人物风俗、四神(东方青龙、西方白虎、南方

---

[1] [朝]全畤农:《关于高句丽古坟壁画上乐器的研究》,奚传绩译,《音乐研究》1959年第3期,第85—104页;第4期,第87—91页。赵俊杰:《4—7世纪大同江、载宁江流域封土石室墓研究》,博士学位论文,吉林大学,2009年。王策:《朝鲜玉桃里高句丽墓葬研究》,硕士学位论文,吉林大学,2013年。

[2] [朝]全畤农:《关于高句丽古坟壁画上乐器的研究》,奚传绩译,《音乐研究》1959年第3期,第98—102页。

朱雀、北方玄武)。后室左壁绘有歌舞图（图略）。

在玉桃里壁画墓后室左壁第二界栏中，可以清晰地辨认九位舞者（图略），为首第一位舞者面向右侧，与自第二位舞者起的其他舞者相向而舞。位于第二界栏左侧的七位站立者为歌者或观者，暂不可知。

5. 平壤驿前二室墓

该墓为前室带左右两龛的二室墓，前室右壁绘面向右龛的鼓乐手（图略）。

从残留的鼓乐手图像中，从左至右，可见一男子演奏吹角、一男子击建鼓，可能为步行演奏。

6. 龛神塚

该墓为前、后二室墓，墓室壁画以人物风俗为主。前室前壁有鼓吹行列图（图略），惜具体位置不详。

在龛神塚鼓吹行列图（图略）中可见于马上击鼓、吹角者。

7. 东岩里壁画墓

该墓为带前、后室的二室壁画墓，壁画几乎剥落殆尽，壁画以人物风俗为主。前室碎块中可见舞蹈场景，惜目前尚未得见。

8. 药水里壁画墓

该墓为带前室（左右各一龛）、后室的二室墓。前室与后室满绘壁画，主题为人物风俗、四神。音乐壁画为行列图，位于前室前壁左右两侧。

在药水里壁画墓鼓吹行列图1（图略）中可见马上吹角者。鼓吹行列图2（图略）中可见行走击建鼓、马上播鼗、吹角者。

9. 八清里壁画墓

该墓为带前、后室的二室壁画墓，天井部分壁画已经剥落，其他各处也损伤严重。壁画以人物风俗、四神为主。音乐壁画主要见于前室左壁的鼓吹行列、百戏图（图略）之中。

由图中可见行走击建鼓者、吹角者，以及一位位于图像中央位置的站立演奏圆形音箱琵琶（阮咸）者。

10. 高山洞10号墓

该墓为前室带左右侧室的二室墓。损毁严重，壁画以人物风俗为主。后室前壁纹饰带下方绘两男一女舞蹈。

由舞蹈图（图略）中可见三位舞者并立而舞，两边为男性舞者，中间一位为女舞者。

11. 水山里壁画墓

该墓为铲形单室墓。壁画内容主要以人物风俗为主。音乐壁画主要见于前室左壁下部的行列图。

水山里行列图（图略）中主要可见行进中演奏鼓类乐器者、吹角者。

12. 安岳 1 号墓

该墓为铲形单室墓。室内满绘壁画，主题为人物风俗。前室南壁行列图中可见残留的乐器图像，形似建鼓（图略）。

13. 大安里 1 号墓

该墓为前、后二室墓。墓室壁面满绘壁画，以人物风俗、四神为主。音乐壁画见于前室后壁的行列图（图略），其中可见马上吹角者。

14. 双楹塚

该墓为前、后二室墓。墓室满绘壁画，以人物风俗、四神为主题。音乐壁画见于墓道两侧的行列图，惜未见图。①

15. 江西大墓

该墓为铲形单室墓。壁画精美，以四神为主题。天井绘有伎乐仙人，其中南侧天井（前壁上方）见弹阮咸仙人、弹琴等类乐器仙人（图略），北侧天井（后壁上方）见吹横笛类乐器（时称"笛"）仙人、吹角仙人（图略）。②

二、音乐壁画的分类

通过本文第一部分的分析可知，朝鲜境内高句丽墓音乐壁画内容丰富，可以分为多种类型，总体可以分为世俗音乐图像和非世俗音乐图像两大类，世俗音乐图像包括乐舞图、行列图和乐器演奏图（残）；非世俗音乐图像主要为伎乐仙人图。现分述如下：

1. 行列图。主要见于安岳 3 号墓、德兴里壁画墓、龛神塚、药水里壁画墓、八清里壁画墓、水山里壁画墓、安岳 1 号墓、大安里 1 号墓、双楹塚之中。涉及壁画墓共计 9 座，数量占据朝鲜半岛高句丽壁画墓中包含音乐图像者一半以上。其中行列图又可分为步行行列、马上行列两种类型。步行行列主要见于安岳 3 号墓、德兴里壁画墓、药水里壁画墓、八清里壁画墓、水山里壁画墓，涉及乐器主要为建鼓、鼓、钟、角。马上行列主要见于安岳 3 号墓、德兴里壁画墓、龛神塚、药水里壁画墓、八清里壁画墓、大安里壁画墓，涉及乐器主要为排箫、鼓、鼗鼓、铎、角等。

---

① ［朝］全畤农：《关于高句丽古坟壁画上乐器的研究》，奚传绩译，《音乐研究》1959 年第 3 期，第 89 页。"此外，双楹塚羡道东西两壁的行列图的场面似乎也很热闹华丽。东壁上画的是两辆牛车……在这些男女的立像中夹杂着鼓手。西壁上画的和东壁上一样，也有牛车……在这些男女之间也夹杂着鼓手和举鉾跳舞的人。"原文标注的参考文献为［日］关野贞：《平壤西部的高句丽古坟》朝鲜的建筑和艺术、双楹塚（该文注释③）。

② ［朝］全畤农：《关于高句丽古坟壁画上乐器的研究》，奚传绩译，《音乐研究》1959 年第 3 期，第 85—104 页；第 4 期，第 87—91 页。［日］平山郁夫、早乙女雅博：《高句丽壁画古坟》，东京共同通信社 2005 年版。

2. 乐舞图。主要见于安岳 3 号墓、玉桃里壁画墓、高山洞 10 号墓和东岩里壁画墓之中。共涉及 4 座壁画墓。其中东岩里壁画墓尚不得见，现将剩余三者进行比较。由安岳 3 号墓乐舞图（图略）和玉桃里壁画墓群舞图（图略）、高山洞 10 号墓舞蹈图（图略）对比可知，前者由伴奏者与舞蹈者共同组成，且伴奏者服饰为汉魏风格；后两者的衣着则具有较为鲜明的高句丽风格，且与集安所见的舞踊墓群舞（图略）服饰、舞姿有相通之处。值得一提的是，《通沟》中曾指出，舞踊墓群舞图上方有一弹阮咸伴奏者，结合朝鲜半岛八清里壁画墓中所见的世俗奏乐弹阮咸者可知，高句丽舞蹈可能会使用阮咸作为伴奏乐器。但目前在吉林集安地区和朝鲜半岛发现的高句丽舞蹈图中，跽坐奏乐伴奏仅见安岳 3 号墓乐舞图一例，且其服饰、舞姿也与其余所见高句丽舞蹈图差异较大。[①]

3. 乐器演奏图（残）。这一分类是一个不得已而为之的分类。当前留存的图像中，有许多是残缺不全的，因此无法确切获知其原有乐器演奏图像的类型，可能原属于舞蹈图、行列图等，但目前只能以当下所呈现的残留图像进行分类，不好臆测。因此本类别中包含乐器演奏图以及乐器演奏图残片。主要见于安岳 3 号墓、台城里 1 号墓、德兴里壁画墓、平壤驿前二室墓、八清里壁画墓、安岳 1 号墓。共涉及 6 座墓葬。所见乐器主要包括建鼓、排箫、阮咸、横笛、角等。

4. 伎乐仙人图。在朝鲜半岛高句丽壁画墓中，伎乐仙人图目前仅见于江西大墓。仙人演奏乐器包括横笛、角、阮咸和琴筝类乐器。在集安高句丽壁画墓中，伎乐仙人图见于舞踊墓、三室墓、长川 1 号墓、五盔坟 4 号墓和五盔坟 5 号墓之中。所见乐器除横笛、角、阮咸、琴筝类乐器外，还有卧箜篌、排箫、细腰鼓、竖笛类乐器等。[②] 通过两者比较可知，朝鲜半岛目前所见伎乐仙人图数量较少，涉及乐器种类亦较集安为少。

三、音乐壁画的特征

由当今研究可知，高句丽壁画墓主要见于中国东北部地区与朝鲜半岛北部地区，其中涉及音乐壁画的高句丽墓主要见于中国吉林集安地区与朝鲜半岛地区，中国集安涉及壁画墓 7 座，朝鲜半岛涉及壁画墓 15 座。除了通过分析可以获知朝鲜半岛高句丽壁画墓音乐壁画自身的特征之外，从对比的角度来看，也可以更为明晰地给予朝鲜半岛地区高句丽墓音乐壁画的特点定位。通过分析，我们得出结论如下：

其一，朝鲜半岛高句丽壁画墓中，以产生于公元 5 世纪至 6 世纪初的音乐壁画数量为最多，同时以南浦市区域高句丽墓所见的音乐壁画数量最多。从产生年代来看，这些带有音乐壁画的高句丽墓产生于公元 4 世纪至 7 世纪之间，其中以安岳 3

---

① 王希丹：《集安高句丽墓壁画的音乐考古学研究》，人民音乐出版社 2019 年版，第 119 页。
② 王希丹：《集安高句丽墓壁画的音乐考古学研究》，人民音乐出版社 2019 年版，第 191 页。

号墓为最早，江西大墓为最晚。通过分析可知，位于黄海南道的安岳郡、南浦市区域于公元 4 世纪中叶开始出现音乐壁画；其后的公元 5 世纪至公元 6 世纪初是目前所见高句丽墓音乐壁画数量最多的时期，主要见于南浦市区域、平壤市区域和平安南道区域；至公元 6 世纪上半叶至公元 6 世纪末，在黄海南道和南浦市区域仍有音乐壁画产生；至公元 7 世纪初至 7 世纪上半叶，仅在南浦市区域发现 1 座具有音乐壁画的高句丽墓。由此可知，朝鲜半岛所见高句丽墓音乐壁画中，以南浦市区域所见数量为最，且贯穿公元 4—7 世纪。学者赵俊杰曾经指出，4—7 世纪大同江、载宁江流域墓葬绝大多数分布于二区，其中壁画墓数量也占绝对优势。该地区是原乐浪郡领地，平壤更是乐浪郡以及高句丽后期都城所在，人口密集，墓葬数量最多，是历来调查与发掘的重点，因此这里所反映的墓葬数量与其在整个西北朝鲜的地位是相符的[①]。从涉及音乐壁画的高句丽墓情况来看，与此说相符。音乐文化的发展从来都与经济、制度的发展、发达密切相关，从音乐壁画反映出的情况可知，南浦市区域所反映的音乐文化内容确实更为丰富。

其二，朝鲜半岛高句丽壁画墓中音乐壁画的内容经历了自身的变迁，既体现了由世俗图像到非世俗图像的转化，也体现了音乐文化元素的转变。朝鲜半岛高句丽墓中的音乐壁画题材可以分为行列图、乐舞图、乐器演奏图和伎乐仙人图四大类，这些类型的出现、发展除了与地域相关之外，同时又与时代有着密不可分的关系。具体分析如下：

1. 行列图数量为最，且几乎贯穿朝鲜半岛高句丽壁画墓的全部产生时期。

2. 在乐舞图中，见于公元 4 世纪中叶的安岳 3 号墓乐舞图与其他见于公元 5 世纪中叶至 6 世纪初的三座壁画墓所见乐舞图有着较为明显的差异，可以看到文化元素的变迁。

3. 乐器演奏图（残）的类别比较庞杂，其中较为完整的是安岳 3 号墓跽坐奏乐图和德兴里壁画墓奏乐图。德兴里壁画墓是朝鲜半岛所见唯一一幅墓主人身后出现乐器演奏者的图像，类似图像在集安并没有出现；其余的乐器演奏图中，台城里 1 号墓所见的抚琴人物图近似于跽坐奏乐图或伎乐仙人图（参考舞踊墓弹卧箜篌仙人图）；平壤驿前二室墓、安岳 1 号墓所见奏乐图更接近于行列图的残片。通过如上分析可知，在目前所见的乐器演奏图中，朝鲜半岛颇具特色的图像为安岳 3 号墓、德兴里壁画墓和八清里壁画墓所见乐器演奏图。安岳 3 号墓跽坐奏乐图、德兴里壁画墓奏乐图所见服饰相近，其演奏形式在集安高句丽壁画墓中亦不得见；八清里壁画墓百戏图中有一位阮咸演奏者，作为世俗音乐场合中站立的单独乐器演奏者，此壁画在集安亦未得见，但可能与舞踊墓舞蹈图的伴奏者描绘情形相似。

[①] 赵俊杰：《4—7 世纪大同江、载宁江流域封土石室墓研究》，博士学位论文，吉林大学，2009 年，第 55 页。

4. 伎乐仙人图的最终出现。集安所见高句丽墓音乐壁画之中，伎乐仙人图几乎贯穿了所有壁画墓的产生年代，并呈现出了自身从无序到有序、文化元素变迁的发展过程。朝鲜半岛所见高句丽墓音乐壁画中，伎乐仙人图目前仅见于产生年代最晚的江西大墓之中，其服饰、图像位置等因素与五盔坟4号墓、五盔坟5号墓有相近之处，但所见乐器并不丰富，由于目前资料有限，乐器的讨论仅限于大的类别，无法对细节进行讨论（比如所见琴筝类乐器是否为卧箜篌等）。

结合以往的研究我们可知，朝鲜半岛高句丽墓音乐壁画的数量、内容都远胜于集安高句丽墓音乐壁画的情形。作为一个动态变化的地方政权，高句丽的音乐历史研究必然立足于中国集安地区、朝鲜半岛地区公元4—7世纪音乐历史的解读。在过去的研究中，集安高句丽墓音乐壁画的研究获得更多的关注，对朝鲜半岛公元4—7世纪壁画墓中音乐图像资料的全面清理、研究工作还可进一步展开。本文对朝鲜半岛该时期的音乐壁画进行了粗略的梳理，以期未来进行进一步的细化研究。历史上的高句丽，其疆域不断扩大，并经历了都城的变迁，在此过程中，其文化的中心不可避免地产生迁移。从音乐历史的角度来看，高句丽的相关音乐文献史料多为"他者"的视角[1]，而音乐壁画则更为直接地提供了它自身的历史信息。诚然，音乐壁画所反映的音乐活动又受制于许多其他因素，比如壁画主题、内容布局、丧葬习俗、描绘准确度等，特别是朝鲜半岛北部地区在公元5世纪的政权变革问题、自治领问题等，都会影响到音乐壁画所反映的音乐历史内涵，这些也都是需要进一步考虑的内容。

我们认为，集安高句丽墓音乐壁画是中国音乐史视域下高句丽音乐研究最为直接、典型的材料。在以往的研究中，通过对集安高句丽墓音乐壁画的对比，我们可知，公元4—7世纪是高句丽经济文化最为鼎盛以至走向衰落的时期，这一时期的音乐风貌最能够体现高句丽的文化特色，具体体现在歌舞风俗、歌唱记载、乐舞鼓吹乐、乐器、其他民俗活动中的音乐、音乐图像遗存及音乐交流等方面。然而正是在这一时期，高句丽经历了政治、文化中心的转移，产生于公元4—7世纪之间的朝鲜半岛北部地区壁画墓中的音乐壁画，恰恰从音乐历史视角反映了这一情况。曾有学者提出朝鲜半岛北部的壁画墓存在"高句丽化"的问题，通过本文的分析可以看到这一线条更为具体地存在，以音乐壁画的衍变来说，安岳3号墓、德兴里壁画墓所

---

[1] 由于高句丽自身并没有留下相关的文献史料，因此目前所见的高句丽相关音乐史料主要来自中国历史文献和朝鲜半岛、日本后世的文献记载。中国正史中所见高句丽音乐史料自《三国志》始，包括《后汉书》《梁书》《南史》《北史》《新唐书》《旧唐书》等。朝鲜半岛后世文献主要包括《三国史记》《高丽史》等。日本文献记载主要包括《日本书纪》《日本后纪》等。这些相关记载都不是出自高句丽自身的记写，因此可称为"他者"的视角。基于此点，以及后世传抄整理、陈述立场等多重原因，对这些史料中所反映的高句丽音乐内容需要进行甄别和辨析，以期获得较为可靠的历史信息。

呈现的汉魏音乐文化特征与集安所见有着较大不同，其后虽然音乐壁画中的服饰、乐器甚至舞蹈元素逐渐地发生变化，然而"行列图"作为主要音乐壁画类型的情况在朝鲜半岛得以延续，直至最后以非世俗图像内容的四神主题壁画完全代替了世俗图像的内容。值得一提的是，如此"重要"的行列图在集安高句丽墓音乐壁画中目前并未得见，可见这一音乐壁画的类型可能与乐浪郡由来已久的汉魏"亚文化"有着一定的联系。[1] 反观时代更早一些的辽阳汉魏壁画墓情况，其音乐壁画以宴饮乐舞图为主，又与朝鲜半岛所见情形有较大不同，然而从服饰、所见乐器来看，却有着相通之处。

第二节　评述与拓展

一、基本内容及意义

高句丽墓中的音乐壁画形式多样，特点鲜明，是研究公元4—7世纪高句丽音乐文化的重要遗存。本文以朝鲜境内的高句丽墓音乐壁画为主要研究对象，详细描述了其内容、种类及文化背景等方面的特征，是学术上新的开拓，也为后续研究奠定了扎实的基础。

第一部分，音乐壁画的内容。按时间顺序依次介绍朝鲜境内含音乐壁画的15座高句丽墓及其壁画特征、位置、内容等。

第二部分，音乐壁画的分类。根据壁画内容对朝鲜境内的高句丽墓音乐壁画进行分类。主要可分为四类：行列图、乐舞图、乐器演奏图（残）、伎乐仙人图。其中行列图和乐舞图最多。这些壁画内容不仅涉及多种乐器，而且汇合了汉魏风格与高句丽风格，具有多元文化融合的特点。

第三部分，音乐壁画的特征。音乐壁画墓集中的地区是当时经济繁荣、人口密集的区域，反映出音乐文化的发展与经济、制度的关系；朝鲜境内音乐壁画的内容体现了由世俗图像到非世俗图像的转化，以及音乐文化元素的转变。

评述： 青年音乐考古学者王希丹的博士学位论文《集安高句丽墓壁画的音乐考古学研究》在高句丽音乐史的研究上作出了突出贡献，并获得了2016年第九届全国

---

[1] 考古学者王培新曾经指出，从考古发现来看，公元4世纪之前的朝鲜半岛北部地区已经呈现出了汉魏晋文化系统的特点。从总体上看，乐浪文化属于汉魏晋文化系统，同时具有着自身的特征。参见王培新《乐浪文化——以墓葬为中心的考古学研究》，科学出版社2007年版，第1页。因此为了对乐浪地区的文化特征加以区分，本文中将乐浪文化称为相对于汉魏晋文化系统这一"主文化"的"亚文化"。

高校学生中国音乐史论文评选"上海音院出版社奖"博士组一等奖。本文是作者在博士学位论文的基础上的进一步探索，作者将目光投向高句丽音乐文化的另一个中心——朝鲜半岛北部地区，对朝鲜境内高句丽壁画墓中的音乐壁画进行了全面梳理，为将来的深入研究打下阶段性的基础。

作者在文章结尾处指出，作为一个动态变化的地方政权，高句丽的音乐历史研究必然立足于中国集安地区、朝鲜半岛地区公元4—7世纪音乐历史的解读。[①] 朝鲜半岛地区的高句丽墓音乐壁画，不仅数量、内容丰富，而且能够很好地反映古代高句丽音乐文化的形态，以及政治、文化的发展等，具有重要的研究价值。目前，朝鲜境内高句丽音乐壁画的研究仍缺乏关注，本文的梳理和探讨为相关方面的研究添砖加瓦，并为后续的深入研究提供了扎实的基础，具有推动性的作用。

二、作者与之相关的论著

1. 王希丹：《集安高句丽墓壁画的音乐考古学研究》，人民音乐出版社2019年版。

2. 王希丹：《集安高句丽音乐文化研究》，《乐府新声》2014年第1期，第197—201页。

3. 王希丹：《论集安高句丽墓壁画中的细腰鼓》，《音乐研究》2016年第2期，第44—56、129页。

4. 王希丹：《中国古代音乐史视域下高句丽音乐研究的得与失》，《天津音乐学院学报》2018年第1期，第35—45页。

三、其他作者与之相关的论著

1. ［朝］全畴农：《关于高句丽古坟壁画上乐器的研究》，奚传绩译，《音乐研究》1959年第3期，第85—104页；第4期，第87—91页。

2. 方起东：《集安高句丽墓壁画中的舞乐》，《文物》1980年第7期，第33—38、104—105页。

拓 展

1. 冯汉骥：《论盘舞》，《文物》1957年第8期。

2. 荆三林：《河南巩县石窟寺北魏伎乐浮雕初步调查研究》，《音乐研究》1958年

---

① 王希丹：《朝鲜境内高句丽墓音乐壁画的内容、分类及特征》，《黄钟》2020年第2期，第66页。

第 5 期。

3. 全晌农：《关于高句丽古坟壁画上乐器的研究》，《音乐研究》1959 年第 3 期。

4. 全晌农、奚传绩：《关于高句丽古坟壁画上乐器的研究（续）》，《音乐研究》1959 年第 4 期。

5. 金维诺：《舞蹈纹陶盆与原始舞乐》，《文物》1978 年第 3 期。

6. 方起东：《集安高句丽墓壁画中的舞乐》，《文物》1980 年第 7 期。

7. 肖兴华：《云冈石窟中的乐器雕刻》，《中国音乐》1981 年第 2 期。

8. 秦方瑜：《王建墓石刻伎乐与霓裳羽衣舞》，《音乐探索》，1984 年第 3 期。

9. 袁荃猷：《谈竖箜篌》，《音乐研究》1984 年第 4 期。

10. 周菁葆：《新疆石窟壁画中的乐器》，《中国音乐》1985 年第 2 期。

11. 赵昆雨：《云冈北魏伎乐雕刻探微》，《中国音乐》1988 年第 3 期。

12. 张瑛华：《滇人青铜器巫舞图像论》，《民族艺术研究》1989 年第 2 期。

13. 张瑛华：《石寨山型铜鼓图像反映的歌舞种类考释》，《民族艺术研究》1990 年第 2 期。

14. 戴春阳：《舞蹈图案彩陶盆辨析》，《考古与文物》1994 年第 4 期。

15. 潘国强：《洛阳龙门石窟中乐器及乐队组合》，《中国音乐》1995 年第 3 期。

16. 霍旭初：《克孜尔石窟壁画乐舞形象考略》，《文艺研究》1995 年第 5 期。

17. 孙机：《唐李寿石椁线刻〈侍女图〉、〈乐舞图〉散记（上）》，《文物》1996 年第 5 期。

18. 孙机：《唐李寿石椁线刻〈侍女图〉、〈乐舞图〉散记（下）》，《文物》1996 年第 6 期。

19. 王嵘：《龟兹舍利盒乐舞图文化解读》，《民族艺术》1997 年第 1 期。

20. 李荣有：《汉画中的纯器乐演奏图及其历史文化价值》，《中国音乐》2000 年第 4 期。

21. 李荣有：《汉画与汉代音乐文化探微》，《文艺研究》2000 年第 5 期。

22. 陈海涛：《胡旋舞、胡腾舞与柘枝舞——对安伽墓与虞弘墓中舞蹈归属的浅析》，《考古与文物》2003 年第 3 期。

23. 李爱真、刘振：《徐州汉画像石中乐舞研究》，《黄钟》2005 年第 1 期。

24. 陈欣：《论南阳汉画像的乐舞形态及音乐文化特征》，《黄钟》2008 年第 3 期。

25. 王玲：《汉画像石中的汉代音乐社会生活转型发展》，《农业考古》2008 年第 6 期。

26. 谢瑾：《明代箜篌的形制及其运用》，《中央音乐学院学报》2009 年第 3 期。

27. 康保成、孙秉君：《陕西韩城宋墓壁画考释》，《文艺研究》2009 年第 11 期。

28. 彭小希：《古滇国青铜舞蹈图像整理与形态分析》，《民族艺术研究》2011 年第 1 期。

29. 王克芬：《中国佛教艺术中的舞蹈形象的考察与研究》，《艺术百家》2011 年第 3 期。

30. 邢文：《太古之声：汉晋古琴、时空转换与〈乐〉经的再认识》，《民族艺术》2012 年第 2 期。

31. 吴志武：《明代吕柟编撰的〈诗乐图谱〉研究》，《中国音乐学》2012 年第 3 期。

32. 林雅琇：《石窟艺术中的伎乐人研究——以中国三大石窟为例》，《天津音乐学院学报》2014 年第 1 期。

33. 王潞伟、吕文丽：《山西沁源县善朴村东岳庙戏台壁画考述》，《中华戏曲》2014 年第 2 期。

34. 曹晓卿：《古青州北朝佛教造像中的飞天伎乐用乐研究》，《中国音乐》2015 年第 1 期。

35. 赵玲：《祭祀性、军事性、娱乐性——汉画像中巴人乐舞性质探微》，《中国音乐》2015 年第 3 期。

36. 安忠义：《梵乐之螺贝——以南北朝至隋唐佛教石窟图像为例》，《中国音乐学》2015 年第 4 期。

37. 李美燕：《汉传佛经中的"琉璃琴"初探——兼以云冈石窟第六窟"耶输陀罗入梦图"为例》，《艺术百家》2015 年第 6 期。

38. 周伟洲：《唐韩休墓"乐舞图"探析》，《考古与文物》2015 年第 6 期。

39. 王玲：《云南音乐舞蹈图像视觉化的民族音乐形态和结构特征》，《民族艺术研究》2016 年第 2 期。

40. 贺志凌：《箜篌图像探赜》，《天津音乐学院学报》2016 年第 2 期。

41. 王希丹：《论集安高句丽墓壁画中的细腰鼓》，《音乐研究》2016 年第 2 期。

42. 吴巧云：《北魏华乐复何在云冈千年日日鸣——凝固在云冈石窟乐器图像中的北魏音乐考》，《黄钟》2017 年第 4 期。

43. 王玲：《〈南诏图传〉中音乐图像的象征性及参考价值》，《人民音乐》2017 年第 6 期。

44. 董雪迎：《十六国北朝墓葬出土鼓吹俑的类型与分期》，《中国国家博物馆馆刊》2017 年第 12 期。

45. 张帆：《别具一格的水上戏场——船台》，《戏曲研究》2018 年第 1 期。

46. 胡啸：《祆教"中国化"在地呈现——南响堂山石窟乐舞图像考释》，《中国音乐》2018 年第 2 期。

47. 吴巧云、姬红兵：《魏鼓声声 胡风烈烈——云冈石窟乐器图像中的鼓》，

《中国音乐》2019 年第 1 期。

48. 王军：《汉画像石中的匈汉民族音乐文化关系呈现——陕西神木大保当墓主人乐舞百戏壁画研究》，《南京艺术学院学报（音乐与表演版）》2019 年第 1 期。

49. 王朝辉：《天津博物馆藏帆船纹铜鼓考》，《四川文物》2019 年第 2 期。

50. 孙保瑞：《杨寨村农耕祭祀岩画》，《农业考古》2019 年第 4 期。

51. 闫佳楠：《赵廷隐墓出土乐舞伎俑音乐文化研究》，《文博》2019 年第 5 期。

52. 吴洁：《新出粟特音乐考古材料探析》，《音乐研究》2019 年第 6 期。

53. 吴巧云：《从云冈第 11 窟乐伎图像看北魏平城时期佛教音声伎乐供养》，《中国音乐》2020 年第 1 期。

54. 王希丹：《朝鲜境内高句丽墓音乐壁画的内容、分类及特征》，《黄钟》2020 年第 2 期。

55. 叶洁纯：《粤韵留影——18 至 19 世纪广州外销画中岭南音乐图像的整理和研究》，《人民音乐》2020 年第 6 期。

56. 蔡敏：《草原丝路视域下辽代燕乐发展的历史传承——以辽上京博物馆藏青砂岩石刻浮雕散乐图为例》，《北方文物》2021 年第 1 期。

57. 任宏：《河西石窟寺壁画中的两类中土乐器形象及其内涵分析》，《中国音乐》2021 年第 4 期。

58. 缪泌芸、夏滟洲：《从舞筵图样看唐代流行粟特乐舞的基本形象》，《人民音乐》2021 年第 7 期。

第十三章 《敦煌曲谱研究》

第一节 原文

叶栋：《敦煌曲谱研究》

——《音乐艺术》1982 年第 1 期

我国西北大地上的一个艺术宝库敦煌莫高窟，以藏有公元四世纪至十世纪的古代艺术文物而闻名于世。在这成千上万的卷子中，发现有一套乐谱，为五代后唐明宗长兴四年（公元 933 年）的抄写本[①]。它不仅为存见最早的工尺体系的谱子——宋人称为"宴乐半字谱"[②]，而且篇幅长大完整，内容丰富，其艺术价值和历史价值都很高。数十年来，我国学者对这幅千年前的珍贵卷子进行了研究，已故的日本林谦三氏也曾在三十年代开始探索并于五六十年代发表了论文[③④]，为继起研究者提供了经验和资料，唯都未能全识其音乐符号，未能将其谱字译出。这样，也就未能把这一唐代古乐付诸音响的再现、付诸演奏的实践和进一步的探索研究。

本文拟简要阐述如何在前人成就的基础上探索该卷《敦煌曲谱》，并根据初译出的这套由二十五首分曲组成的唐"大曲"音乐，探索其调式调性特点、结构规律和与唐代曲辞形式的关系。

一、乐器定弦、谱字译音和调式调性

林谦三氏认定该卷子中书写二十个谱字的笔迹有三，正好分为三群，于人颇有启发。这三群作为琵琶的三种不同的定弦和调式调性关系，各自成组成章。

根据一些流传至今的琵琶定音和从我国唐代传到日本的四弦四相琵琶（现藏日本奈良正仓院）及其在日本雅乐中标记的二十个弦音的近休、古休谱字，并以通常

[①] 任二北：《敦煌曲初探》，上海文艺联合出版社 1954 年版，第 224 页。
[②] 杨荫浏：《中国古代音乐史稿》，人民音乐出版社 1981 年版，第 258 页。
[③] ［日］林谦三：《敦煌琵琶谱的解读研究》，上海音乐出版社 1957 年版。
[④] ［日］东洋音乐学会编：《东洋音乐选书（十）》，《雅乐——古乐谱的解读》，《敦煌琵琶谱的解读》，东京音乐之友社 1969 年版。

所作的音名 F 为十二律中的第一律黄钟，以此类推，音名 ♭B 为仲吕、音名 D 为南吕，等等。在《敦煌曲谱》中由二十个谱字组成三群（相当于三乐章），用四弦四相琵琶演奏的定弦和调式调性关系，大致如下：

第一群（第 1—10 曲）以 d f g c¹ 定弦。根据前十首分曲中的旋法、结音（谱字"八"）、谱字的多少与有无（六个谱字"ユフ丩ヒマム"不用）和至今应用习惯中的一种定弦（A c d g 羽、宫、商、徵或相当于角、徵、羽、商）①，第一群四条弦的定音为相当于 ♭B 调的角、徵、羽、商，成群的十首分曲的调式调性从其结音来说，相当于〔♭B〕调仲吕宫的角调式。第一群定弦关系和谱字译音为：

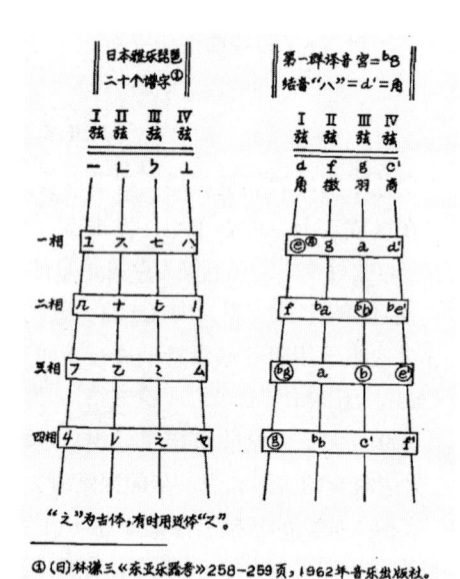

图 2-13-1　第一群定弦关系和谱字译音②

第二群（第 11—20 曲）以 d f a d¹ 定弦。根据中间十首分曲中的旋法、结音（谱字"｜"或低八度"└"）、谱字的多少与有无（五个谱字"フ十レマム"不用）和唐代传到日本的琵琶诸调中的枫香调定音（相当于 A c e a ③④，当时唐乐琵琶移调奏

---

① 林石城：《琵琶演奏法》，音乐出版社 1959 年版，第 24 页。
② 叶栋：《敦煌曲谱研究》，《音乐研究》1982 年第 2 期，第 68 页。（编者按：《敦煌曲谱研究》最初发表于《音乐艺术》1982 年第 1 期，随后转载于《音乐研究》1982 年第 2 期。由于后者图片较清晰，本文图片皆引自后者。）
③ 〔日〕林谦三：《东亚乐器考》，音乐出版社 1962 年版，第 269—273 页。
④ 〔日〕林谦三：《敦煌琵琶谱的解读研究》，上海音乐出版社 1957 年版，第 38—39 页。

法中即有枫香调名①），以及至今应用习惯中一些主要的并与之较为接近的定弦（A d e a 羽、商、角、羽，或徵、宫、商、徵，或商、徵、羽、商和福建的南琵定弦 d g a d）②。第二群四条弦的定音为相当于 F 调的羽、宫、角、羽，成群的十首分曲的调式调性从其结音来说，相当于 F 调黄钟宫的宫调式。第二群定弦关系和谱字译音为：

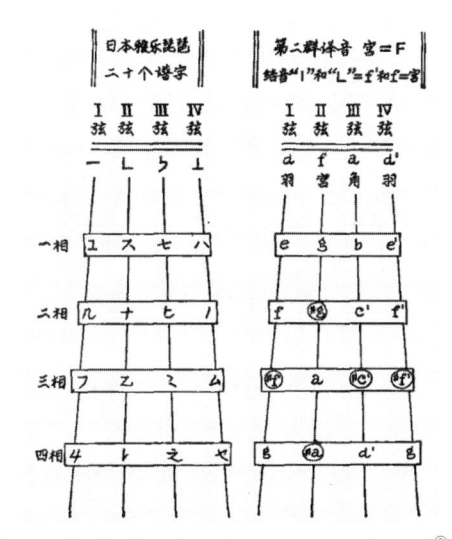

图 2-13-2　第二群定弦关系和谱字译音③

第三群（第 21—25 曲）以 d ♯f a d¹ 定弦。根据后五首分曲中的旋法、结音（谱字"⊥"）、谱字的多少与有无（六个谱字"几屮乙ヒノて"不用）和唐代传到日本的琵琶诸调中的玉神调定音（相当于 A♯c e a）④，以及至今应用习惯中的一种定弦（A♯c e a 宫、角、徵、宫）⑤，第三群四条弦的定音相当于 D 调的宫、角、徵、宫，成群的五首分曲的调式调性从其结音来说，相当于 D 调南吕宫的宫调式。第三群定弦关系和谱字译音为：

---

① 唐段安节《乐府杂录》："昆仑登彩楼，弹一曲新翻羽调录要。……西市楼上出一女郎抱乐器，先云：'我亦弹此曲，并移在枫香调中。'及下拨。声如雷，其妙入神。昆仑即惊骇，乃拜请为师。女郎逐更衣出见，乃僧也。"
② 林石城：《琵琶演奏法》，音乐出版社 1959 年版，第 18—21 页。
③ 叶栋：《敦煌曲谱研究》，《音乐研究》1982 年第 2 期，第 69 页。
④ ［日］林谦三：《东亚乐器考》，音乐出版社 1962 年版，第 269—273 页。
⑤ 林石城：《琵琶演奏法》，音乐出版社 1959 年版，第 25 页。

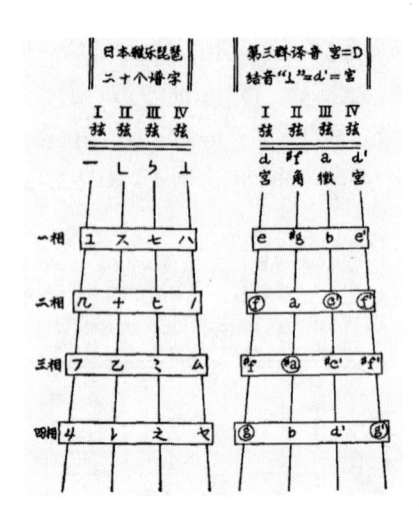

图 2-13-3　第三群定弦关系和谱字译音[1]

如上所述，三群的定音顺次为递升的关系，各群分曲的宫调顺次为转宫转调的关系，而这种向属方向变换、幅度不大的"转轴拨弦"（白居易《琵琶行》诗），在整个套曲中，尤其是在一章与一章之间是可行的，也颇符合乐曲情绪的发展规律：

图 2-13-4[2]

关于三群定弦与谱字译音，林谦三氏作的研究，于人也有启发。这里的第二、三群定弦关系和译音方面与之基本相同，但林氏的定弦不太符合一般的女声音域和

---

[1] 叶栋：《敦煌曲谱研究》，《音乐研究》1982年第2期，第69页。
[2] 叶栋：《敦煌曲谱研究》，《音乐研究》1982年第2期，第70页。

大曲中具有又歌又舞的特点，故另参照福建南曲琵琶的弦音而定。第一群定弦及其谱字"マ"则与之不同。第一群在这里不作林氏Ｂｄｇａ定弦关系的变徵调、变宫调[①]或后经变更的又一种定弦关系[②]，而是ｄｆｇｃ¹定弦的角调；谱字"マ"不属第三弦三相的音（"マ"），而为第二弦三相的音（"乙"）。

二、谱字符号和文字标记

该卷子中除二十个谱字外，尚有一些在谱字旁侧的符号和文字标记。

（一）"□""、"——书于谱字右侧，相当于流传至今作为节拍的标记。"□"相当于现今小节的首拍，"、"相当于现今小节中的眼，如福建南曲谱式中的"寮拍"与之相似，其红圈"o"为拍——板的位置，红点"·"即为寮——眼的位置。故曲谱中计有相当于由一板一眼（□、）的两拍子、一板二眼（□、、）的三拍子、一板三眼（□、、、）的四拍子和无板有眼的散板（、、、、……）等组成的一系列分曲。林谦三氏认为："符号'□'，这在日本雅乐上，毫无疑问是表示太鼓——也叫作乐太鼓的打击位置，和'百'或'··'号是一致的。"[③]并把不带其他符号的每个谱字都作为一个相同时值的音，仿佛一字一声从头到尾。[④]这种见解的译谱恐欠妥当，不够确切，使音乐流于呆板，且在强弱位置、节奏节拍规律上不符合我国音乐的实际和传统特点，也不符合与之有密切关系的歌辞形式。如第13曲《又慢曲子西江月》，任二北先生曾认为："西江月辞等三首，均作双叠，每叠句法'六六七六'，二十五字，与谱相配情形，大致分明。益可证明其并非一字一声也。"[⑤]任先生还认为："唐之俗歌绝非一句一拍，诸谱亦经明示；尤显著者，厥为西江月。因谱内例以'、'为眼，以'□'为拍。西江月辞，每片四句、四韵而已，而谱内每片……'□'有八。"[⑥]任先生的见解是立足于我国传统实际的。第13曲《又慢曲子西江月》谱中"重"字前段标明"□"者有八，相当于八小节，作为每两小节为一句歌辞与之相配的话，正好为四句歌辞；第一、第二、第四句都是六字句，故正好都配以一板二眼（从前后段比较看，曲谱中的符号"、"不无抄漏之处）；而第三句多一字为七字句，就正好配以多一眼的一板三眼；"重"字后段也是如此规律。可见，《又慢曲子西江月》一曲的双叠句法与拍眼相同，很可证明"□""、"的用法和乐曲结构与唐代歌辞的密切关系。《又慢曲子西江月》双叠的结构关系如下：

---

① ［日］林谦三：《敦煌琵琶谱的解读研究》，上海音乐出版社1957年版，第43—44页。
② ［日］东洋音乐学会编：《东洋音乐选书（十）》，《雅乐——古乐谱的解读》"敦煌琵琶谱的解读"，东京音乐之友社1969年版，第202—234页。
③ ［日］林谦三：《敦煌琵琶谱的解读研究》，上海音乐出版社1957年版，第51—52页。
④ ［日］林谦三：《敦煌琵琶谱的解读研究》，上海音乐出版社1957年版，第51—52页。
⑤ 任二北：《敦煌曲初探》，上海文艺联合出版社1954年版，第456、459页。
⑥ 任二北：《敦煌曲初探》，上海文艺联合出版社1954年版，第456、459页。

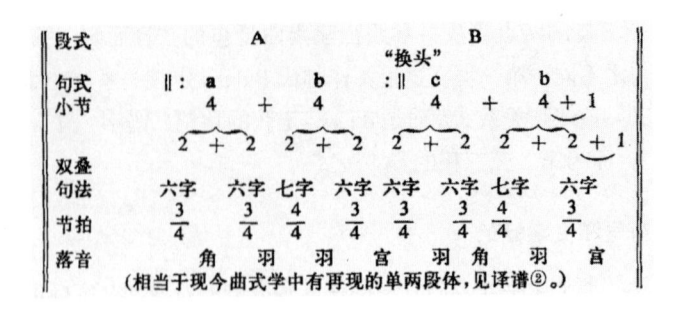

段式	A			B"换头"			
句式	‖: a		b	:‖ c		b	
小节	4	4	4	4	4+1		
	2+2	2+2	2+2	2+2	2+1		
双叠句法	六字	六字	七字	六字	六字	七字	六字
节拍	3/4	3/4	3/4	3/4	3/4	3/4	3/4
落音	角	羽	羽	宫	羽	角	羽 宫

（相当于现今曲式学中有再现的单两段体，见译谱②。）

谱字右下侧加小字谱字——相当于前短后长、前紧后宽的倚音用法。

（二）重——反复。

重头——反复前段。

尾——后段。

重头至住字煞——反复前段到"住"字止紧接结束的琶音。

第二遍——这段反复。

第二遍至王字末——这段反复到"王"字终了紧接下一分曲。

却从头至王字末——从头开始反复到"王"字终了紧接下一分曲。

重头至王字——反复前段到"王"字紧接〔换头〕一段。

重尾至今字住——反复〔换头〕一段到"今"字止紧接最后一段。

同今字下作至合字——从"今"字开始反复到"合"字紧接结束的琶音。

这类用法，至今在一些民族民间乐曲的传统谱式中，多有相同、相似之处。

（三）另外一些符号，林谦三氏的见解是可取的：①

火——书于谱字右侧，即急速之意，表示时值音紧缩。

丅——书于谱字右侧下方，为"停"字缩写，表示时值音延长或休止。

丿或／——书于谱字右侧下撇或上撇的斜线，多见于散板或分曲结束，表示音之拨奏。

三、曲谱试译

限于篇幅，本文选择部分以具有代表性的四首分曲的试译谱为例，并标上原谱谱字与弦位、相位，以资对照：

第 1 曲《品弄》，第一群定弦，"八"字结音，相当于"起"部（见谱例 2-13-1）。

第 13 曲《又慢曲子西江月》，第二群定弦，"丨"字结音，相当于"承"部（见谱例 2-13-2）。

---

① ［日］林谦三：《敦煌琵琶谱的解读研究》，上海音乐出版社 1957 年版，第 52 页。

第 20 曲《长沙女引》，第二群定弦，"∟"字结音，相当于"转"部（见谱例 2-13-4）。

第 25 曲《水鼓子》，第三群定弦，"⊥"字结音，相当于"合"部（见谱例 2-13-3）。

译谱中有（???）为原谱被蠹不明；有〔〕为补入的谱字或拍眼，主要系根据前后相同或相似的谱字比较推定；Ⅰ、Ⅱ、Ⅲ、Ⅳ为四弦四相琵琶的弦位，下侧的 0、1、2、3、4 为空弦和相位；}为由低往高的上拨琶音。

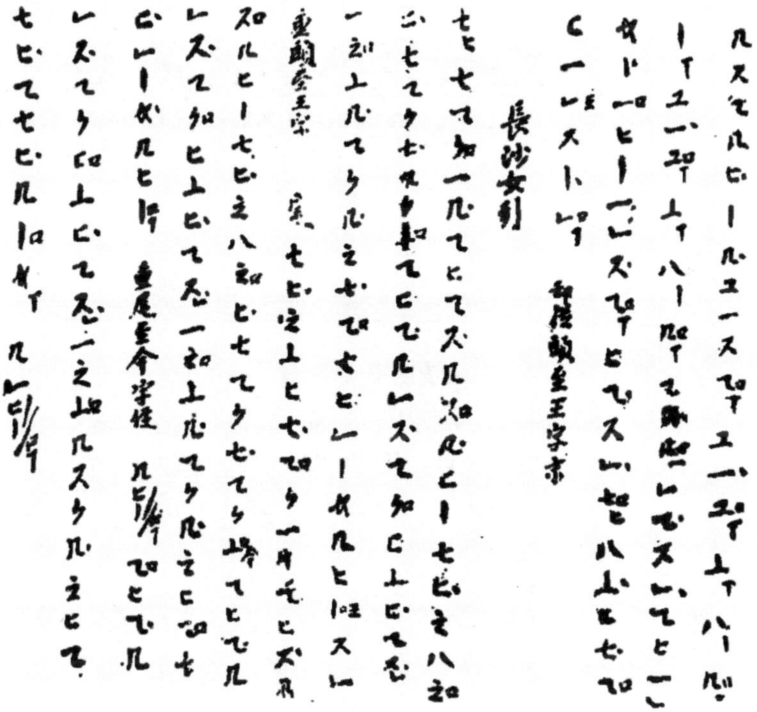

图 2-13-5 《长沙女引》原谱[①]

---

① 叶栋：《敦煌曲谱研究》，《音乐研究》1982 年第 2 期，第 71 页。

谱例 2-13-1[①]：

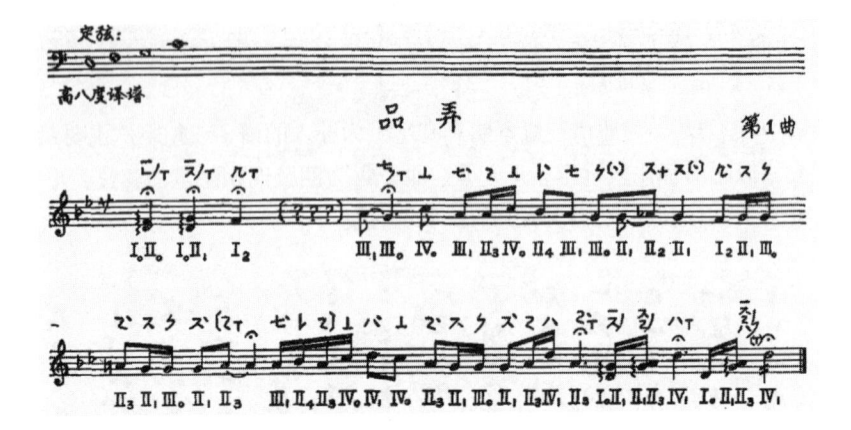

谱例 2-13-2：

[①] 叶栋：《敦煌曲谱研究》，《音乐研究》1982 年第 2 期，第 72—75 页，原译谱 1-4。

谱例 2-13-3:

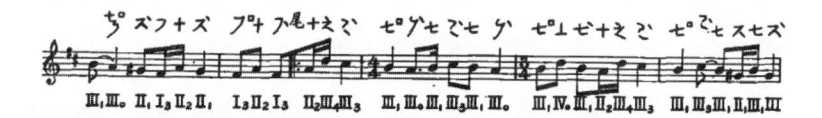

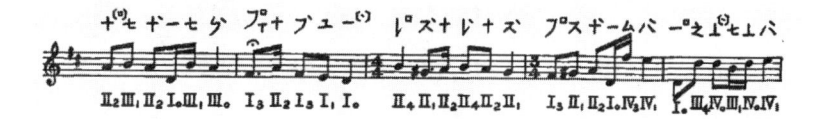

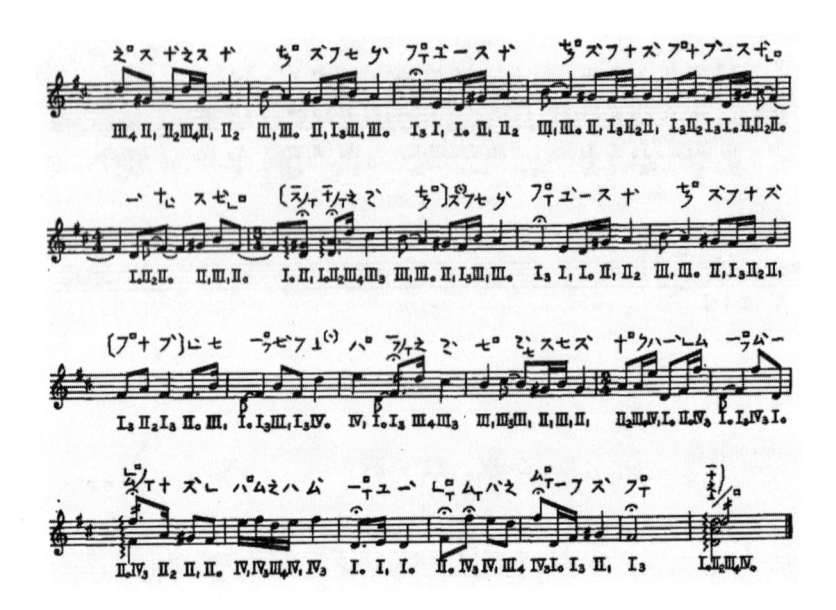

316 | 真实与方法（四）——音乐考古学图像资料研究成果导读

谱例 2-13-4：

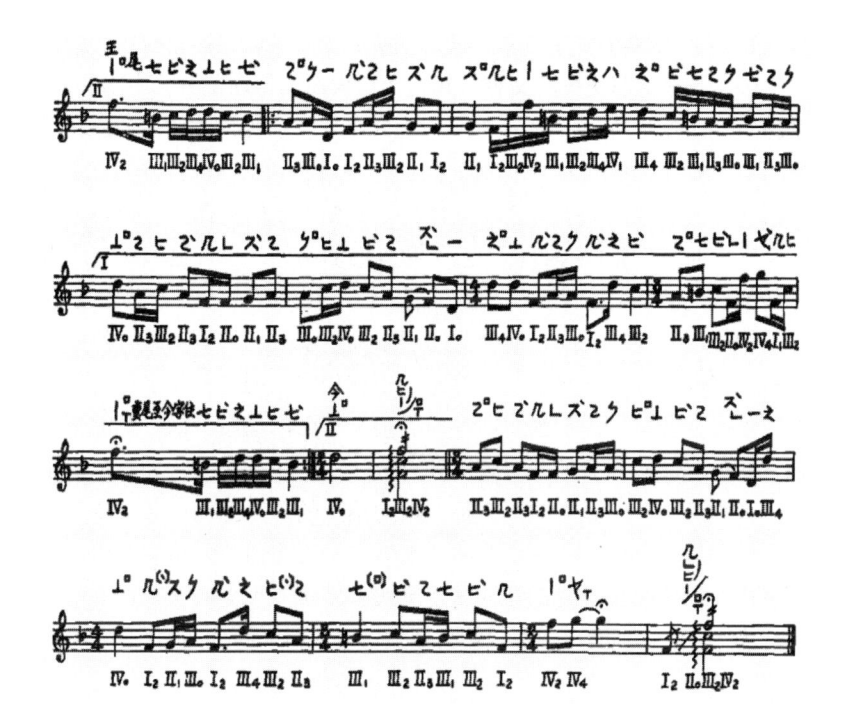

四、结语

对敦煌曲谱的研究，本文仅为初探，尚待不断充实、完善，但据前述，该套乐谱的主要特点，大致可见者有：

（一）此卷子是由二十个谱字（谜乐半字谱）书写，由四弦四相琵琶用木拨弹奏的唐人乐谱。由于它原藏敦煌莫高窟，故可称为《敦煌唐人琵琶曲谱》。对音乐富有修养、熟悉琵琶等乐器的唐代诗人白居易（722—846）有《代琵琶弟子谢女师曹供奉寄新调弄谱》一诗："琵琶师在九重城，忽得书来喜且惊。一纸展看非旧谱，四弦翻出是新声。蕤宾掩抑娇多怨，散水玲珑峭更清。珠颗泪沾金捍拨，红妆弟子不胜情。"可见唐代四弦琵琶的发展，已有了琵琶谱。想必《敦煌唐人琵琶曲谱》即属此类乐谱。白居易《琵琶行》一诗中，又有"曲终收拨当心画，四弦一声如裂帛"之句，曲终的四弦一声，相当于卷子中的多数分曲具有最后四个琶音拨奏的结音；而全套最后热烈的《水鼓子》结音，想必即为"四弦一声如裂帛"了。见《水鼓子》。

过去曾有人为唐乐谱未能流传下来而感到惋惜，并认为唐乐已绝响，今人已见不到其作品、听不到其音乐了。其实不然，我们不仅尚能通过一些民间音乐和乐种间接了解唐代音乐，而且可在对现存《敦煌唐人琵琶曲谱》的进一步研究中，比较直接地了解其音乐，并可演奏赏听。

（二）它是由一系列不同分曲组成的唐大曲，故这一卷子也可称为《敦煌唐人大曲·琵琶谱》，该套乐曲的二十五个分曲的结音，共分三大组。第一组十曲，散板慢起，后慢、快、慢曲子两次循环交替，相当于唐大曲的散序部分，中间曲调若干遍，"靸"为过渡到慢的段落。第二组十曲，慢速转略快，前为慢曲子后为急曲子；相当于唐大曲的中序部分，歌唱为主，"攧、正攧"为过渡到快的段落。第三组五曲，快速，最后两曲为前两组中同名分曲的变体再现；相当于唐大曲的破或舞遍部分，舞蹈为主。全套乐曲中的拍眼（古称均拍）和分曲的结构，也都显然具有唐大曲的特点（见后文五）。尤为显著可证者，相当于"转"快的第十七、十八、十九三首以谱字"L"为结音的分曲，同其他分曲的末尾都落于拍上的琶音和时值拖长的结音相异；这三首相近的分曲各自反复后都落于不在拍眼上的"王"字部位，同不在拍眼上开始的下一分曲紧接声相连，即其前后两个分曲的谱字，前一分曲至"王"字末尾的几音同后一分曲开头的几音连声相合成"一拍"一小节。如六个谱字为"一拍"即六个音为一小节，唐大曲中古称"六均拍"的第十七曲《又急曲子》之尾四字，接六个谱字为"一拍"的第十八曲《水鼓子》之头两字，正好合为一个"六均拍""六均拍"的第十九曲《急胡相问》之尾四字，接"八均拍"《长沙女引》之头四字，正好合为一个"八均拍"。作为套曲形式，这一部位的分曲与分曲的衔接严密，具有一定的发展规律，转折很有特点。敦煌曲谱与唐大曲比较，大致如下：

表 2-13-1 ①

敦煌曲谱		结音	拍眼	定弦定音、调式调性	速度	大曲曲式
第一群十曲	1 品弄	散	单段	d f g c¹ 弦 "♭B"调仲吕宫的角调式	散板慢起 慢快慢交替"起"	散序 中间若干遍靸为过渡到慢的段落
	2 ?弄	散	前段反复，后两段反复《品弄》			
	3 倾杯乐	4/4	十六拍			
	4 又慢曲子	3/4	十八拍（换头）		各曲末尾都有相同的三、四个琶音终结，落于第一拍，时值拖长	
	5 又曲子	3/4	十二拍			
	6 急曲子	3/4	十二拍			
	7 又曲子	3/4	十六拍			
	8 又慢曲子	4/4	十六拍（换头）			
	9 急曲子	3/4	十六拍（换头）			
	10 又慢曲子	4/4	十六拍			

① 叶栋：《敦煌曲谱研究》，《音乐研究》1982年第2期，第70页。

续表

敦煌曲谱		结音	拍眼	定弦定音、调式调性		速度	大曲曲式
第二群十曲	11 (佚名)	2/4	十六拍	d f a d¹ 弦	「F」调黄钟宫的宫调式	慢「承」	中序歌唱为主撷正撷为过渡到快的段落
	12 倾杯乐	4/4	十六拍		各曲末尾都有相同的三、四个琶音终结,落于第一拍,时值拖长		
	13 又慢曲子西江月	3/4	十六拍(换头)				
	14 又慢曲子	3/4	十二拍				
	15 慢曲子心事子	3/4	十六拍				
	16 又慢曲子伊州	3/4	十八拍(换头)		「L字组」落于王字紧接下一分曲	略快「起」	
	17 又急曲子	3/4	十二拍				
	18 水鼓子	3/4	二十四拍				
	19 急胡相问	3/4	三十拍				
	20 长沙女引	4/4	二十二拍				
第三群五曲	21 (佚名)	4/4	十六拍	d #f a d¹ 弦	「D」调南吕宫的宫调式	快「起」	破或舞遍舞蹈为主
	22 撒金砂	3/4	十二拍		各曲末尾都有相同的四个琶音终结,落于第一拍时值拖长		
	23 营富	3/4	十六拍				
	24 伊州	3/4	十八拍(换头)				
	25 水鼓子	3/4	四十八拍(换头换尾)				

（三）它是由三种不同宫调的许多不同分曲构成的多段体套曲。第一组（相当于第一乐章散序）十曲为〔ᵇB〕调仲吕宫的角调式；第二组（相当于第二乐章中序）十曲为〔F调〕黄钟宫的宫调式；第三组（相当于第三乐章破或舞遍）五曲为〔D调〕南吕宫的宫调式。这种一系列曲调不同、变化多样、转宫转调的多段体套曲，早已具有了后来宋代诸宫调"取同一宫调的若干曲牌联成短套，首尾一韵；再

用不同宫调的许多短套联成……长篇"①的特点,至少可说已成为诸宫调曲式的雏形。1979年版《辞海》词目〔大曲〕条中认为:"唐宋大曲,由同一宫调的若干'遍'组成的大型乐舞,每遍各有专名。"②有的戏曲史专著中在阐述唐大曲章节时认为:"大曲的结构虽然庞大,但它却是由一首单一的曲调反复变化而成。……所以大曲的曲体,很近似近代音乐中的变奏曲形式。"③并认为:"诸宫调……在历史上第一次完成了一种既有曲调变化、又有宫调变化的联套体制。"④"诸宫调第一次突破了单一宫调的局限,而创造了一种多宫调的多曲体。"⑤今从《敦煌唐人琵琶曲谱》、并从"大曲"的衔变发展来看,这类论断,尚待商榷。

(四)全曲由三种音阶——燕乐音阶、清乐音阶和古音阶(一称雅乐音阶)组成。第一组十曲,虽以六声音阶为主,但前五曲具有燕乐音阶的特点(有时出现降si 闰→羽音),后五曲则为清乐音阶(相当于今之自然大音阶);第二组与第三组十五曲,都是七声古音阶(出现升fa 变徵→徵音)。可见,隋唐音乐是多种音阶并用的;五声音阶并不能概括为我国音阶的特点,我们应看到唐代就已广泛运用变徵、变宫、清角和闰音的实际,在《敦煌唐人琵琶曲谱》中主要为七声古音阶。又如从二十五曲音阶的成组性运用和富于规律的变换来看,不仅还可证明该乐谱为一套曲,并可说明多种音阶也在套曲中并用,亦可证明si、升fa是我国传统音乐的特点,并非"音不准""调式调性游移",它在唐人古谱谱字中早已明确标明,并在唐代四相琵琶中就是如此演奏的。

(五)全曲兼具词曲音乐联套的特点。该曲谱中运用了不少花音、舞曲节奏、跳音、同音反复、倚音、拨音等琵琶器乐的旋法进行,但其主旋律(骨干音)清晰,音域在十一度内,从通常所作的黄钟为F,即属$d-g^1$,其高八度d^1-g^2即为一般女声可唱之范围。各分曲并具有清晰、方整的歌曲(舞曲)结构,其中除两曲散板外,各个分曲都由十二拍、十六拍、十八拍、二十拍、二十二拍、二十四拍、三十拍、四十八拍(小节)组成,内以十六拍和十二拍为多,占大半;中间的《水鼓子》二十四拍实际是两个十二拍,最后的《水鼓子》四十八拍实际是四个十二拍,《长沙女引》二十二拍实际是前为十六拍、后加变节奏重复的四花拍、末尾为二煞拍——可能即为唐大曲中的〔六幺〕形式⑥。第20曲《长沙女引》二十二拍的结构关系如下:

---

① 《辞海》上册,上海辞书出版社1979年版,第898页。
② 《辞海》上册,上海辞书出版社1979年版,第1425页。
③ 张庚、郭汉城主编:《中国戏曲通史》上册,中国戏剧出版社1980年版,第333页。
④ 张庚、郭汉城主编:《中国戏曲通史》上册,中国戏剧出版社1980年版,第344页。
⑤ 张庚、郭汉城主编:《中国戏曲通史》上册,中国戏剧出版社1980年版,第346页。
⑥ 南宋王灼《碧鸡漫志》:"欧阳永叔云,'贪看〔六幺花十八〕'。此曲内一叠名〔花十八〕,前后十八拍,又四花拍,共二十二拍。乐家者流谓花拍盖非正也。曲节抑扬可喜,舞亦随之。"

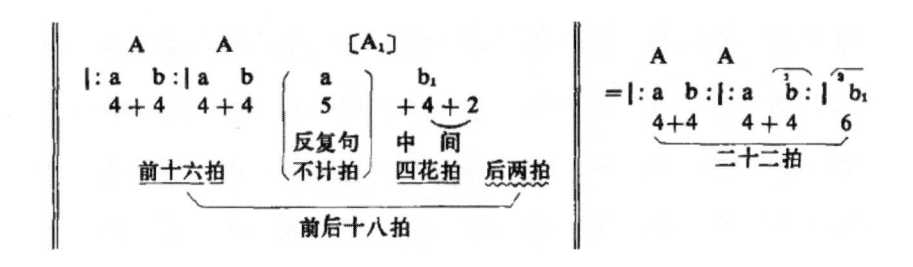

$$\left| \begin{array}{cc} A & A \\ |:a\ b:|a\ b \\ 4+4\quad 4+4 \end{array} \right. \underbrace{\left\{ \begin{array}{c} [A_1] \\ a \\ 5 \\ \text{反复句} \\ \text{不计拍} \end{array} \right. \begin{array}{c} \\ b_1 \\ +4+2 \\ \text{中间}\ \text{后两拍} \\ \text{四花拍} \end{array}}_{\text{前后十八拍}} \underbrace{}_{\text{前十六拍}}\quad =\underbrace{\left| \begin{array}{cc} A & A \\ |:a\ b:|:a\ \overset{3}{b}:|\overset{3}{b_1} \\ 4+4\quad 4+4\quad 6 \end{array} \right.}_{\text{二十二拍}}$$

不少分曲并具有辞曲的〔换头〕的双叠形式；尤为显著者，即十六拍的《又慢曲子西江月》一首，每叠句法与谱中拍眼正好相配。如敦煌曲中的《西江月》五十字两片（六六七六）："云散金乌初吐，烟迷沙渚沉沉。棹歌惊起乱栖禽，女伴各归南浦。船压波光摇舻，贪欢不觉更深。楚歌哀怨出江心，正值月当南午。"（见《敦煌曲谱初探》第332页）

又据宋张炎《词源》"拍眼"篇云："法曲、大曲、慢曲之次引近，辅之皆定拍眼。盖一曲有一曲之谱，一均有一均之拍，若停声待拍，方合乐曲之节。"又云"引近则用六均拍"，"慢曲八均之拍"。可见，大曲以六均拍、八均拍为多见。在《敦煌唐人琵琶曲谱》中除第一组开始两曲和第二组开始一曲外，其他分曲基本上皆为六均拍或八均拍，八均拍都是慢曲子，六均拍最多见。又据"拍眼"篇云："大曲降黄龙花十六，当用十六拍，前衮、中衮六字拍，要停声待拍，取气轻巧。煞衮则三字一拍，盖其曲将终也。"在《敦煌唐人琵琶曲谱》的分曲中，不少分曲开始和中间即为六字拍，结束时即紧为三字拍或紧为四字拍（有的包括小谱字的倚音奏法）或把八字拍紧为四字拍。可见，该套曲谱同曲辞与声乐的密切关系。

本文限于篇幅，某些特点和有关资料将在后文中陆续阐述。

敦煌曲谱的研究是一项颇为重要而又细致的工作，尚有不少问题需继续努力探讨，亟望同行和前辈指点批评，使之充实完善，本文如能起到抛砖引玉的作用也好。任二北先生早在1954年《敦煌曲初探》一书中谈到关于该曲谱（今在法国国家图书馆）和唐代舞谱时曾云："今日文艺家之所赏者，依然曲辞而已，对于此二谱，仍恝然置之，未尝介意。音乐家于二谱，亦未闻有所阐发；或仅视作古董，玩其形式而已，不问内容也，毋乃遗憾！"又云："今日敦煌诸谱，又先留在异邦，设若有人努力钻研，或竟先我而能贯通，摹拟表演，张皇于世"，"在我则自侮人侮，分判不清，又将何以堪？故对于此项残谱之作用，国人应本爱国热忱，力求通解，务着先鞭，不可再落人后。"[1] 这些发自前辈的肺腑之言，对我们是很有启迪的。我们伟大的中华民族历史悠久，基础深厚的民族音乐天地广阔，有许多瑰丽的艺术品，有待于我们

---

[1] 任二北：《敦煌曲初探》，上海文艺联合出版社1954年版，第142页。

去挖掘、探索、研究。为了振兴中华,为了使我国古老的艺术珍品重放光芒,我愿与有志于研究敦煌曲谱的同人共勉之!

第二节 评述与拓展

一、基本内容及意义

《敦煌曲谱研究》为叶栋先生所作,全文共分为四部分:

第一部分,乐器定弦、谱字译音和调式调性。在日本学者林谦三已有研究的基础上,进一步整理、推断敦煌 P.3808 三群曲谱的定弦关系与谱字译音,认为三群的定音顺次为递升关系,各群分曲的宫调顺次为转宫转调的关系,符合套曲的规律。

第二部分,谱字符号和文字标记。分析敦煌曲谱中二十个谱字以外的符号和文字标记的作用,认为"口""、"是节拍的标记,"口"相当于现今小节的首拍,"、"相当于现今小节中的眼。

第三部分,曲谱试译。根据上述结论,试译《品弄》《又慢曲子西江月》《长沙女引》《水鼓子》四首分曲。

第四部分,结语。据前所述,提出四个结论:一、此卷子是由二十个谱字(谯乐半字谱)书写,由四弦四相琵琶用木拨演奏的唐人乐谱;二、它是由一系列不同分曲组成的唐大曲;三、它是由三种不同宫调的许多不同分曲构成的多段体套曲;四、全曲由燕乐音阶、清乐音阶和古音阶组成;五、全曲兼具词曲音乐联套的特点。

评述:敦煌曲谱于1900年被发现于敦煌莫高窟藏经洞中,随后被带往法国。直至1937年,通过日本学者林谦三的研究,敦煌曲谱才逐渐为世人所知。但此后几十年中,相关研究仍较少,主要以林谦三和任二北为主。1982年,叶栋的《敦煌曲谱研究》发表,引起了国内外学界的广泛关注,激发了众多学者的研究兴趣,一石激起千层浪,使敦煌曲谱的研究迅速兴盛起来。

《敦煌曲谱研究》是叶栋苦心钻研近二十年的成果,通过延续、修正林谦三先生的结论,为解读敦煌曲谱提供了完整的方案,也为在该领域奋斗的学者们提供了新的思路。尽管站在今天的角度,此文尚有不足和疏漏之处,但其整体方向仍是值得借鉴的。尤其是对敦煌曲谱研究的促进,更是奠定了其在这一领域不可撼动的地位,是研究敦煌曲谱的必读之作。

二、作者与之相关的论著

1. 叶栋:《唐代音乐与古谱译读》,陕西省社会科学院出版发行室1985年版。

2. 叶栋:《唐乐古谱译读》,上海音乐出版社 2001 年版。

三、其他作者与之相关的论著

1. ［日］林谦三:《敦煌琵琶谱的解读研究》,潘怀素译,上海音乐出版社 1957 年版。

2. ［日］林谦三:《敦煌琵琶谱的解读》,陈应时译,《中国音乐》1983 年第 2 期,第 16—22 页。

3. ［日］林谦三译谱:《敦煌琵琶谱》,《交响》1984 年第 2 期,第 18—20 页。

4. 任二北:《敦煌曲初探》,上海文艺联合出版社 1954 年版。

5. 何昌林:《敦煌琵琶谱之考、解、译附〈敦煌琵琶译谱〉》,载《1983 年全国敦煌学术讨论会文集 石窟·艺术篇 下》,甘肃人民出版社 1987 年版,第 331—428 页。

6. 何昌林:《〈敦煌琵琶谱之考、解、释〉之补充》,载《1983 年全国敦煌学术讨论会文集 石窟·艺术篇 下》,甘肃人民出版社 1987 年版,第 429—441 页。

7. 赵晓生:《〈敦煌唐人曲谱〉节奏另解——与叶栋先生商榷》,《音乐艺术》1987 年第 2 期,第 16—20 页。

8. 陈应时:《敦煌乐谱新解》,《音乐艺术》1988 年第 1 期,第 10—17 页。

9. 饶宗颐:《敦煌琵琶谱写卷原本之考察》,《音乐艺术》1990 年第 4 期,第 1—2 页。

第十四章 《敦煌壁画中的五弦琵琶及其唐乐》

第一节 原文

叶栋:《敦煌壁画中的五弦琵琶及其唐乐》

——《音乐艺术》1984年第1期

一

在我国古代敦煌石窟壁画的艺术宝库中,音乐舞蹈壁画是这座宏伟宝库中光辉灿烂的明珠。在这些壁画中,乐器的品种名目繁多,乐队的组合形式丰富多样,乐舞的表现姿态绚丽多变。其中,不论是以"神"的形态方式体现也罢,还是以世俗的形态方式体现也罢,都有其现实生活的基础,为当时社会上乐舞艺术的真实写照。虽然,我们从壁画上听不到正在演奏着的乐声,看不到正在连续跳动着的舞姿,但从画面上所见到的那激情奔放、聚精会神的表演神态,并据许多文献上的有关记载,已能使人们想象到那乐舞是何等美妙精彩了。可以认为,"敦煌曲谱""敦煌舞谱""敦煌曲子词""敦煌变文"等就是敦煌壁画中乐舞形象表现的基础,而现存的其他古谱,特别是一些唐传乐曲,如在本文中阐述解译的"五弦琵琶谱",也是这些壁画的基础,同样为我们研究敦煌(以及吐鲁番)艺术的工作、继承中华民族的优秀音乐遗产、发展社会主义音乐事业,提供了条件,开拓了领域。

每当人们在欣赏敦煌的乐舞壁画,特别是唐代部分时,联想起有关的文献记载,不由得为现今听不到当时的音乐而遗憾。虽然,现今已有更多的人在关心和研究着"敦煌曲谱",但仅仅如此还不够。且不说如何具体研究当时坐部伎、立部伎的乐队音乐了,就是其他乐器的音乐又是怎样的呢?从琵琶这类弹拨乐器来看,在敦煌壁画中,几乎每组伎乐都有琵琶,在天宫伎乐中还有大量的琵琶飞天。可见,琵琶在当时是主要乐器。"敦煌曲谱"即为当时主要的四弦四相琵琶谱,但另一种与四弦四相琵琶关系密切,使用也较多的五弦琵琶及其音乐又如何呢?据1982年与1983年文艺双月刊《阳关》上连载的《敦煌音乐》中所云,在敦煌壁画中,唐以前出现五弦琵琶的有:十六国272窟窟顶;北魏260窟四壁上部,435窟中心柱西面上部;西魏285窟南壁上部，288窟四壁上部；北周290窟四壁上部，299窟四壁上部，301窟南壁、301窟北壁上部，301窟西壁龛楣里、438窟南壁上部；隋262窟西壁北端，303窟、313窟北壁说法图上部，394窟北壁上部，404窟西壁上部，407窟西壁中心柱龛楣里；初唐220窟北壁，322窟窟顶藻井，322窟北壁《阿弥陀经变》图上部，341窟南壁下端；盛唐172窟南壁上部；中唐201窟北壁《观无量寿经变》图，358窟西壁南端；晚唐12窟南壁《观无量寿经变》图，85窟南壁《阿弥陀经变》图，85窟南壁《金刚经变》图，85窟北壁《密严经变》图，85窟北壁《药师经变》图，138窟东壁北端，138窟北壁窟顶藻井，156窟南壁《思益梵天问经变》图；等等。共有三十余处之多，实际上还不止这些。如盛唐148窟南壁顶端就有一处弹五弦琵琶的六手飞天（见画册《敦煌飞天》第56图"弹琵琶的六手飞大"，1980年7月中国旅游出版社）。这幅幻想和现实相结合的艺术珍品，一身六手，下端两手横抱拨弹琵琶，中间左臂半举手摇一小钟、右手执笛横吹，上端双手高举过头相击小铜钹。这一极乐世界的飞天，能奏乐善飞舞之神，在单头六臂的自奏自舞中所用的是人间演奏的乐器，正好是打击乐器类、吹管乐器类、弹拨乐器类三种（同唐朝乐器的实际一样，无拉弦乐器类），这正是被神化了的现实的反映，是艺术大师天才创造的结晶。可见，五弦琵琶在当时也是一件主要乐器。从唐代诗人白居易、元稹、张祜、韦应物所写的五弦诗和唐代诗人王建、无名氏以及五代诗人花蕊夫人的多首诗中提到五弦之句，也可证信。

　　唐代乐舞虽在有关文献中有不少记载，敦煌壁画也为后代保存了一定形象的描绘，其中的坐部伎、立部伎和九、十部乐中的西域少数民族乐舞与尤为盛行的龟兹乐舞场面，与上述的五弦琵琶这一弹拨乐器在壁画中的表现形态也都有关。但是，这一切都还不能替代音乐形象的具体体现，都还不能使人们进一步了解以至听到用敦煌壁画中的五弦琵琶乐器演奏的音乐，即当时现实生活中用五弦琵琶独奏或合奏的唐乐，包括有五弦琵琶参加的歌舞音乐。本文拟阐述在前人成就（及其某些失误）的基础上，探索和解译同"敦煌曲谱""敦煌琵琶二十谱字"有密切关系的唐传"五弦（琵琶）谱"，以进一步研究敦煌壁画中的五弦琵琶的表现形态。

二

　　1937年日人羽冢启明在日本《东洋音乐研究》杂志上发表了《五弦谱管见》。同年11月日人林谦三与平出久雄共解此唐传古谱初见端倪。1939年由日本京都市、右京区阳明文库所藏近卫家世传的这一古谱，在日本被指定为国宝。1940年林谦三在日本《音响学会》杂志第2期上发表了《国宝五弦谱的解读端绪》（解读了其中的七首为王昭君、秦王破阵乐、饮酒乐、圣明乐、崇明乐、夜半乐、三台），后于1969年又在日本东洋音乐学会编、音乐之友社刊行的《东洋音乐选书〔十〕"雅乐——古乐谱的解读》中发表了《全译五弦谱》(解读了全部二十八首，按古抄本次序为：平调子、大食调、一越调、黄钟调、般涉调、大食调二、王昭君、夜半乐、何满子、六胡州、如意娘、天长久、薛问堤、惜惜盐、崇明乐、秦王破阵乐、饮酒乐、圣明乐、弊契儿、韦卿堂堂、上元乐、九明乐、三台、胡咏词、苏罗密、武媚娘、平调火凤、移都师）。1981 年英人 R.F. 华尔泼特博士在英国牛津大学学报《亚洲音乐》第 3 期上发表了《在东方亚洲的五弦琵琶》和《九世纪的五弦琵琶谱》。在上述一些论文中，有两位学者都附有全部五弦谱的五线译谱，但与以前林氏发表的"敦煌曲谱"译谱类同，为前后时值相等的一字一声、一拍一音、无板眼和无句段之分；如说能视谱奏之，则实在呆板无味，难说成为音乐的实际，而某一定弦（平调）、某一关键性谱字（"小"字）的辨认，某些乐曲的调名或调式结论和某些考证，也值得商榷。但其中所附的与敦煌壁画中的一种五弦琵琶样式相同的现存日本奈良正仓院的唐传嵌螺钿紫檀五弦琵琶的实物图样及其整体和各部位的大小与具体尺寸，可供仿制唐五弦琵琶时作参考。

"五弦琴"即"五弦琵琶"，唐传抄本"五弦谱"上写明的"五弦琴谱"即为"五弦琵琶谱"。

但是，日本学者林谦三在《全译五弦谱》一文开始则认为："在京都市、右京区的阳明文库中用'五弦琴谱'名称作为目录，实则是后世人搞错的题名，之后在旧国宝目录下一直沿用至今。"后又写道："本谱是从前近卫家世传的用墨写的纸卷本，幅宽二十八厘米，长十三四米。卷子的标题为'五弦琴谱'。必须了解，这是后代人加写时不知其真实的内容。五弦称之为五弦琴这是不对的。昭和十四年五月二十七日被指定接受国宝，这是战后书存的重要文化财产。书写的年代是平安中期和后期。后世人一看本谱的曲名就知多数是失传曲，在《夜半乐》末尾有着'丑年润十一月二十九日石大娘'语。曲谱的表现形式是唐式的，丑年润十一月正值宝龟四年（纪元七七三）。"林谦三在《国宝五弦谱的解读端绪》一文开始又写道："本谱俗称五弦琴谱，根据后人书写的标题来看其内容不是琴谱，五弦用的是琵琶谱。"林氏认为此五弦古谱为琵琶谱是无疑的，但又再三强调指出标题为"五弦琴"的"琴"系后人误加之笔（日本音乐学者岸边成雄先生在日本平凡社音乐事典第八卷第 322 页"琵琶"条目释文中亦持此说），其实，这倒是林氏本人的误解。富有音乐修养、熟悉琵琶等乐器的唐代诗人白居易有《五弦》（一作《五弦琴》）诗，琴即指琵琶。五代诗人花蕊夫人的《宫词》中有"逢著五弦琴绣袋，宜春院里按歌回"句，指的也是琵琶。在当时，琴既可泛指乐器，也可实指某一弦乐器（如七弦琴、琵琶）。白居易的《九日宴集醉题郡楼兼呈周殷二判官》诗中有"胡琴铮鏦指拨刺"句，其中的胡琴即指琵琶。唐初诗人陈子昂以千金买一胡琴，也即琵琶。宋笔记《南部新书》云："韩晋公（韩滉）在朝，奉使入蜀，至骆谷山椒，巨树耸茂可爱，鸟鸟之声皆异。下马以探弓射其颠,枝柯坠于下,响震山谷,有金石之韵。使还,戒县尹募樵夫伐之,取真干载以归,召良工斫之,亦不知其名,坚致如紫石,复金色线交结其间。匠曰:为胡琴槽,他木不可并。遂为二琴。名大者曰大忽雷,小者曰小忽雷。"唐笔记《乐府杂录》云:"文宗朝(李昂,公元 827—840 年)有内人郑中丞善胡琴,内库二琵琶号大小忽雷,郑赏弹小忽雷。"据此,则唐名琴、胡琴,也称琵琶,五弦琴即五弦琵琶。又据宋笔记《唐语林》卷八曰:"按周书云:'武帝弹琵琶,后梁宣帝起舞,谓武帝曰:陛下弹五弦琴,臣何敢不同百兽舞?'则周武帝所弹,乃是今人五弦,可知前代凡此类,总号琵琶尔。"由此可见,五弦古谱题名"五弦琴谱",不仅非为后人误书,反之却可证明其为唐时题名之实,亦可证明该卷古谱为唐传日本的抄本。该谱题名指明为琵琶谱,不仅为解译此一古谱提供了条件,也为确认同类谱字的"敦煌曲谱"为琵琶谱的又一佐证。

三

"五弦谱"谱字音位的辨认是解译此一古谱的一个重要方面。"敦煌二十谱字"与"敦煌曲谱"的研究,即为进一步探索研究"五弦谱"提供了条件。

在单页"敦煌二十谱字"中,有墨笔抄写其间有圈断("○")并注有"散打四声"的"一㇄小上。"、"头指四声"的"ユス七ハ"、"中指四声"的"几十比マ。"、"名指四声"的"フ乁丨尓。"和"小指四声"的"丿いㇱヤ。",共五组。可见,有圈断标名为"散打"(即空弦)的四声一组外,还有圈断的"头指"(即食指、一相位)、"中指"即二相位、"名指"(即无名指、三相位)、"小指"(即四相位)的四声都各为一组,共二十声,即二十个谱字。显见其为四弦四相琵琶以左手指按弦和空弦散打的音位符号。其中散打的"小"为"ㇱ"的变体、"上"即简体的"丄";中指的"比"即简体的"匕","尓"即简体的"厶";中指的"乙"和无名指的"丨",从后世的日本《乐家录》和雅乐琵琶谱字与解译"敦煌曲谱"过程来看,为笔误,两者在音位抄写上颠倒而应对换;中指的"丿"为"丄"的变体,在整卷"敦煌曲谱"中,二十五首乐曲共有二千七百多个谱字,由二十个音位谱字组成,即四弦四相琵琶全部二十声音位的谱字。

在整卷"五弦谱"中,二十八首乐曲共有八千七百多个谱字,比整卷"敦煌曲谱"多六千余字,由二十三个音位谱字组成,即五根弦四个相(加一孤柱)全部二十五(二十六)个音位中的二十三个谱字。Ⅲ弦二相的"匕"字和Ⅱ弦三相的"乙"字在六种调的乐曲中都未出现。

相位\弦位	空弦 Ⅰ Ⅱ Ⅲ Ⅳ	一相 Ⅰ Ⅱ Ⅲ Ⅳ	二相 Ⅰ Ⅱ Ⅲ Ⅳ	三相 Ⅰ Ⅱ Ⅲ Ⅳ	四相 Ⅰ Ⅱ Ⅲ Ⅳ
敦煌二十谱字	散打四声 一乚小上	头指四声 コス七八	中指四声 九十廾マ	名指四声 フ乙丨尒	小指四声 丿丨之ヤ
敦煌曲谱	一乚乚フ	コス七八	九十七Ь	フ乙ㄣ厶	七丨之ヤ

　　日本学者林谦三认为，谱字"口"（在三曲中共出现过六次）为"中"的简体，"小"即为"丨"。后来英国学者华尔渡特则把谱字"口"置于未出现过的"乚"字音位，并认为"小"系附加孤柱的谱字（即第二十六声）。在林氏的《国宝五弦谱的解读端绪》中以《胡咏词》和《苏罗密》两者乐曲先后出现五次"口"字同"中"字的情况作一比较，从相同的声律旋法、相同的乐逗和乐句进行来看，言之有理，当为同一音位的谱字，即"口"为"中"字简体。华尔渡特博士则将"口"字替代未出现过的"乚"字，但未见具体阐述，也未提出可信之证，而在实际译谱中与林氏相同，将"口"字也作为"中"字音位解译。至于林氏和华尔渡特博士所辨认的"小"字，恐都有失误。其实，"小"字较易于辨认为"敦煌二十谱字"中的"尒"，即"尒"字的简体，也即"尒"字的下半部。从初步全译完"五弦谱"后来看，凡在一起的大小字组，同"敦煌曲谱"中的规律一样，都在同一弦上，这是一个显著的特点。以"五弦谱"中的《平调火凤》《武媚娘》《苏罗密》《胡咏词》来看，即有大字书写Ⅳ弦二相上的"丨"字后下侧紧接为小字书写Ⅳ弦三相上的"小"字，或紧接为好几个小字书写Ⅳ弦三、二相上的"小"字与"丨"字；有大字书写Ⅳ弦空弦上的"丄"字后下侧紧接为小字书写Ⅳ弦三相上的"小"字（⺊），或紧接为好几个小字书写Ⅳ弦三相、空弦上的"小"字与"丄"字；有大字书写Ⅳ弦三相上的"小"字后紧接为小字书写Ⅳ弦空弦上的"丄"字（⺊），有大字书写Ⅳ弦三相上的"小"字后下侧紧接为好几个小字书写Ⅳ弦二相、三相上"丨"字与"小"字。这种方式和规律，以现今的音乐术语来说，倚音或颤音即属此类。当时五弦琵琶一作拨弹，也可作指弹，此谱中频繁出现此类方式和同谱字反复等，则大致为指弹奏法。故可将"小"字作为"尒"字的简体来解译。而英人辨认的"小"字为最高音位，则跳进甚大，缺乏规律，并将"小"认为即附加的"小孤柱"之"小"，故作"小"字解，比较牵强附会。日人将"丨"和"小"字作为同一音位解，但在不少乐曲中有上百处将两字书写一起的进行，甚至连续一起交替出现，如为同音位之音、同音位之字体，就实无必要用不同字体一起书写，显见一非误笔，也非一二处出现的同音，而是不同音位的两个谱字，应作他解。

"小"字作"尔"字简体解译后古谱的又一显著特点，即频繁出现了升高半音的徵音，升 Sol（$^\#5$），出现了一种特殊的具有增二度音程关系进行的音调（34$^\#$56、6$^\#$543），和新疆维吾尔族音乐的某些音调，如与今之塔吉克特有的一种音阶调式类同。从全译完"五弦谱"后来看，未出现"小"字的乐曲，但也出现了不少具有新疆风格的音调。如《渊鉴类函·文献通考》所载"疏勒曲调有《昔昔盐》"的同名曲，并能配上唐代诗人王维的同名诗；《隋书·乐志》卷十五所载"高昌献《圣明乐》"的同名曲，并能配上唐代诗人张仲素的同名诗，前两句后两句各自反复；《隋书·乐志》卷十五龟兹乐条所载"解曲有《婆伽儿》"的同名曲（《弊契儿》），并能配上唐代诗人张祜的《悖拏儿舞》诗，第一、二句和末句各自反复；等等。可见当时盛行的西域音乐，特别是龟兹乐的风貌。"小"字作为"敦煌二十谱字"中"尔"字的简体解译，也即作为"敦煌曲谱"中"厶"字的音位而以西域龟兹乐（今之新疆音乐）的特性变音在"五弦谱"中出现不是偶然的，并可信该卷古谱为唐乐，也可信该卷古谱为唐传日本的抄本。

林氏据现存笙谱中的同乐曲谱字比较，得出"子九中四五"最高音弦的音位顺序是可信的。华尔波特还提出"子"字作为最高音弦的"子弦"空弦音解，合乎琵琶传统之说；把"九"字作为前两弦"七"字、"八"字的顺序故排列为"九"字解；把"四"字、"五"字作为用无名指、小指，即四、五指弹的最高音位解；把"中"字作为此五音的正中位来解，即空弦、一相和三、四相音之间，从而得出的"子九中四五"音位顺序，也很有意思。从唐白居易在《五弦弹》诗中"第一第二弦索索，秋风拂松疏韵落。第三第四弦冷冷，夜鹤忆子笼中鸣。第五弦声最掩抑，陇水冻咽流不得"和《五弦琴》诗中"大声粗若散，飒飒风和雨，小声细欲绝，切切鬼神语"及《琵琶行》诗中"大弦嘈嘈如急雨，小弦切切如私语"等句的内容可见，大弦应为低音弦，顺序应为第一、二弦善于表现粗散的风雨声，小弦应为高音弦，顺序应为第四弦或第四、五弦，善于表现细绝的悲泣声。据唐无名氏《琵琶》诗"千悲万恨四五弦"句，也可为子弦（小弦）中表现最高音位的"掩抑""悲恨"声的谱字"四、五"两字之证或为第四、五弦应为高音弦之证，也即琵琶弦位顺序标记不应如外国小提琴那样从高到低，而应从粗到细、从低到高，以Ⅰ、Ⅱ、Ⅲ……标记，如传统的古琴定弦法那样。

如上所述，据"敦煌二十谱字""敦煌曲谱"、日本"乐家录"和雅乐琵琶谱字的音位排列，五弦琵琶谱二十五音位（未出现一孤柱音）应为：

弦位 相(柱)位	低粗 ⟶ 高细				
	I 第一弦	II 第二弦	III 第三弦	IV 第四弦	V 第五弦
空弦₀	一	ㄴ	ㄑ	ㅗ	子
一相₁	ユ	又	七	八	九
二相₂	几	十	(七)	丨	中(口)
三相₃	ㄱ	(乙)	マ	小	四
四相₄	厶	㇄	之	ヤ	五
					孤柱

四

"五弦谱"琵琶的定弦也是解释此一古谱的一个重要方面。在二十八首乐曲的古谱中仅少数几首乐曲名待考，绝大多数的二十几首乐曲即为唐代名曲，并多数见载于文献中指明为某调（落调音），也就为定弦和辨认调名关系提供了条件和依据。例如：

＊应为羽调曲，落调于羽，所见五首均出现"小"字而落于谱字"九"的，有——

《平调子》，即平调，乐曲名已表明为羽调曲。《唐会要》卷三十三云："林钟羽时号平调"。

《三台》，宋《乐府诗集》云："按《乐苑》，唐天宝中羽调曲有'三台'，又有'急三台'。"

《平调火凤》，乐曲名已表明为羽调曲。宋《乐府诗集》云："《乐苑》曰：'火凤，羽调曲也'。《唐会要》曰："贞观中，有裴神符者。妙解琵琶。初唯作胜蛮奴、火凤、倾杯乐三曲，节度清美，太宗深爱之'。"

《移都师——平调》，乐曲名附注已表明为羽调曲。宋陈旸《乐书》卷一六四"解曲"条云："大凤（系火凤之误）以移都师解。"《唐会要》中改名为《大仙都》。

＊应为羽调曲、落调于羽，所见三首均不出现"小"字，而落于谱字"九"的，有——

《般涉调》，乐曲名已表明为羽调曲。《唐会要》卷三十三云："太簇羽时号般涉调"。

＊应为羽调曲、落调于羽，所见五首均落于谱字"ヤ"的，有——

《黄钟调》，乐曲名已表明为羽调曲。《唐会要》卷三十三云："黄钟羽时号黄钟调。"

《弊契儿——黄钟调》，乐曲名附注已表明为羽调曲。《隋书》卷十五"龟兹乐"条："歌曲有善善摩尼，解曲有婆伽儿，舞曲有小天。"《唐会要》卷三十三云："天宝十三载七月十日，太乐署供奉曲名，及改诸乐名：……婆伽儿改为流水芳菲。"《新唐书·五行志》和《旧唐书·五行志》均作"契芯儿"。《朝野佥载》作"芯挈儿"，同相配的唐张祜诗《悖拏儿舞》的名称音近、字近。婆伽儿、芯挈儿、弊契儿、悖拏儿，当为出自唐代勃伽夷（今新疆皮山县境内）的不同音译，该地人善跳碗舞，张祜诗可证。

*应为角调曲，落调于角，所见一首落于谱字"四"字的，有——

《韦卿堂堂》，宋《乐府诗集》云："《乐苑》曰：'堂堂，角调曲，唐高宗朝曲也。'……按堂堂本陈后主所作，唐为法曲，故白居易诗云，法曲法曲歌堂堂也。"

*应为商调曲，落调于商，所见十一首中的七首均落于谱字"七"为一类、四首均落于谱字"七→ヤ"为又一类的，有——

《大食调一》，乐曲名已表明为商调曲，落于谱字"七"。《唐会要》卷三十三云："太簇商时号大食调。"《唐会要》为均调名，唐律"太簇商"即宋律"黄钟商"。

《圣明乐》，宋《乐府诗集》云："《乐苑》曰：'圣明乐，开元中太常乐工马顺儿造。又有大圣明乐，并商调曲也。'"

《何满子》，唐元稹写有关于何满子诗，内有"犯羽含商"句，属商调曲。

《昔昔盐》，日抄本为《惜惜盐》，宋《乐府诗集》云："《乐苑》曰："昔昔盐，羽调曲，唐亦为舞曲。'"经解译为大食调中清乐音阶的商调曲，也即相当为古音阶的羽调曲。

《武媚娘——大食》，乐曲名已表明为商调曲。宋《乐府诗集》云："《乐苑》曰：'舞媚娘、大舞媚娘，并羽调曲也。'"经解译为大食调中清乐音阶（加一特征变音升Sol "#5"）的商调曲，也即相当为古音阶的羽调曲。日本学者林谦三不解"小"字，并将古抄本上写明为"大食调"的《武媚娘》改为"黄钟调"，值得商榷。

《大食调二》，乐曲名已表明为商调曲，落于谱字"七→ヤ"。

《秦王破阵乐》，宋《乐府诗集》云："《乐苑》曰：'商调曲'。"

《饮酒乐——大食调》，乐曲名附注已表明为商调曲。宋《乐府诗集》曰："饮酒乐，商调曲也。"

《如意娘》，宋《乐府诗集》云："如意娘，商调曲。唐则天皇后所作也。"

*应为商调曲，落调于商，所见三首均落于谱字"五"的，有——

《越调》，日抄本为《一越调》，乐曲名已表明为商调曲。《唐会要》卷三十三云："黄钟商时号越调。"

《苏罗密》，明《唐音癸籖》卷十四云："羯鼓曲、太簇商曲苏罗……"《唐会要》

卷三十三云："苏罗密改升朝阳。"

　　可见，谱字"九"为羽或"ヤ"为羽，特别是"ヤ"或为羽或为商、"四"为商或"五"为商，至少说明了有两种不同的定弦，并或多或少为解译定弦提供了一些条件，也为验证解译的乐曲是否确切、是否为唐曲，亦即该卷乐谱是否为古谱、是否为唐传日本抄本之又一依据。从以上多数已指明为何调的乐曲来看，解译后结论相符，也可见该古谱的重要价值。

　　在研究定弦中，林氏根据在日本的其他古谱中传存的同乐曲谱字比较，得出的定弦也是可信、可取的（当然"平调"中的第四弦定音和"小"字的辨认有待商榷）。如林氏为解译"敦煌曲谱"所写的在我国出版的《敦煌琵琶谱的解读研究》（第59、60页）中，把"五弦谱"中的《崇明乐》和10世纪的"博雅笛谱"中的同乐曲开始八个谱字作的比较结论。华尔波特博士后在1981年英国牛津大学学报《亚洲音乐》第3期上发表的《九世纪的五弦琵琶谱》（第112、113页）中，将上述两曲又同后来14世纪的"新撰笙笛谱"、12世纪前的"三五要录琵琶谱""仁智要录筝谱"中的同乐曲全部作的比较结论。两位学者研究论证了《崇明乐》的"般涉调"定弦为：EBd#fa是确切的。林氏的《国宝五弦琵琶解读端绪》和《全译五弦谱》中还阐述了根据有《王昭君》《饮酒乐》《圣明乐》《三台》等传存乐曲的古谱对照，解决了其他的定弦关系。如同现存笙谱的同名乐曲对照比较，很有见解地得出"大食调"（一、二）定弦为：EBd#fa、"黄钟调"定弦为：EAceg；"越调"定弦为：DAdea；"平调"定弦为：EBdea；连同前述的"般涉调"定弦为：EBd#fa，六调共四种定弦关系。为全面解译"五弦谱"迈出极为重要的一大步。

　　但是，林氏把"小"字作为"┃"字同音位，看来是个失误。也可能林氏认为若把"小"="ホ"="ム"字解，会出现升Sol（#5）特性变音，为了回避此音，就把"小"字简单而缺乏论据地置于"┃"音位为同音字，造成了曲调进行上的单调，同音反复过多的累赘，前后字体书写上违反规律的怪形。另一方面，则在大曲《胡咏词》中，林氏根据定弦的唯一可能，也就不得不保留了"四"字译为升Do（#1）音，但未作阐述。其实这也是在现今新疆音乐中还经常出现的另一特性变音，同升Sol（#5）音一样，在全曲中多次出现，并同紧接一起弹奏的附加音形成五度之声，共有十七次之多，这正是《胡咏词》的表现特点，也可能正是西域音乐中胡声的特点。同时，日、英两学者把"平调"弦定为EBdea，而非本文所定的EBd#fa（与"大食调""般涉调"同），也是值得商榷的。前者的定弦，即使把"小"字作为"ホ"字简体（即"ム"字音位）或作为孤柱音，也能回避出现升Sol（#5）特性变音，但音乐缺乏一定风格，特别是西域乐风，旋律也不够流顺，与整卷中其他乐曲的旋法有异，并且落调音谱字有三，似不可能。此两种不同定弦的施法以本文和前者林氏所译比较如下（见谱例2-14-1，括号中为林氏译音）：

谱例2-14-1：

《平调子》第八小节

《三台》第二小节

《平调火凤》第二小节

《平调火凤》第七、八小节

（说明：第四行第一小节第三音为升F）

《平调火凤》第31、32小节

《平调火凤》第81—85小节

《移都师》第15小节

《胡饮词》飙致
第7—10小节

（说明：第四行谱第一小节第一拍，第五行第二小节第二拍双音、第四小节双音皆为延音）

综上所述，日、英学者把六调定为四种调弦。本文则为三种调弦，与前者有所不同，这是一；本文中"小"字解译与日、英学者不同，这是二；本文中乐曲调名归类也与前者有所不同，这是三；这里且不说节拍节奏，在同日、英学者解译的一半乐曲中的单音作比较，也很有不同，这是四。以下列举按林氏和本文所解译的归类作一比较：

以上林氏的落调音归类似欠规律可循，统一性不够，在一种定弦的调名中有两种或三种不同音高关系的落音，如"越调"中有"丫"字，也有"五"字，在"平调"中则有"丫"字、"九"字和"七"字。本文的归类比较统一而有一定的规律，即使是相同定弦的"平调"和"般涉调"，虽都落于"九"字，但前调中有"小"字，后调中无"小"字之分，形成了风格上的差异，决定了归类上的不同。因而，林氏用"平调"译的《夜半乐》本文以"黄钟调"解，用"平调"译的《何满子》《六胡州》《昔昔盐》《武媚娘——大食》以"大食调"解，用"平调"译的《天长久》以"般涉调"解，用"平调"译的《薛问堤》以"黄钟调"解。

五

"五弦谱"中板眼和小节（节拍节奏和句逗）的划分，也是全面解译此一古谱使之付诸音乐演奏实际的又一重要方面。在"五弦谱"中的谱字旁一系列富有规律出现的"·"和延长标记、停顿标记"丁"与反复标记"重弹""同""换头""前取同字弹""前取二同字弹""前取三同字弹"以及段落标记"第一""第二""第三"……（有多至"第十三"的），加以好多首乐曲有同名的"敦煌曲子词"和唐诗可配，也就为板眼和小节的划分提供了条件和依据。特别是根据曲式分析的旋律和结构关系的比较分析法，前后谱字的相同、相似、相异，以至到一系列一组谱字的相同、相似、相异，也就是说从一系列乐音的相同、相似、相异到乐汇、句逗以至乐句、乐段的相同、相似、相异，逐一比较，从大段到小段，从大乐句到小乐句到句逗和乐汇，板眼、小节的划分也就不难一一解决，当然，变化更微小的节奏就较难些。关键问题，应排除所谓唐乐是一字一声、一拍一音的错误理论，应承认同已有一定时值表达的工尺谱相类似的板眼规律。

唐"五弦谱"传抄本的书写年代，据林谦三考证为日本平安中期—后期；在该卷中的乐曲《夜半乐》末尾后一行（即《何满子》开始之前一行），则插入有"丑年润十一月二十九日"的记载；在全卷曲谱末尾结束后的空白，则又写有日本年历的"承和九年三月十一日书之。""丑年润十一月"，即日本光仁天皇宝龟四年、唐朝代宗天豫大历九年（公元773）；日本仁明天皇"承和九年"，即唐朝武宗李炎会昌二年（公元842）。由此推断，此卷古谱当为唐传乐谱。据考证，"五弦谱"传抄本的书写年代可能比"敦煌曲谱"为晚，但其原本和其中传存的乐曲肯定比"敦煌曲谱"为早，故其谱式尚不如后来已发展得比较完善的"敦煌曲谱"中已有"口"为板，

"·"为眼和每一小节有一定的"均拍"规律可循（极个别乐曲仅具雏形，如可作为六均拍类的《王昭君》）。但从当时世上尚无一定音高、一定时值的五线谱的水平来说，并同古琴谱缺乏板眼记号需后人打谱相比，已实为不易、难能可贵了。"敦煌曲谱"和"五弦谱"的谱式的形成和古谱中的"□""·"等记号，作为工尺谱之祖，对一个具有我国民族音乐知识的人来说，是易于理解的。在一千多年前的当时来说，能有如此比较科学的记载方法，给后人留下如此多、如此长、如此完整、如此美妙、如此丰富、如此古老而实为世界首屈一指的唐乐，正是中华子孙的骄傲。

我国词曲专家任二北首先提出"敦煌曲谱"中"以'·'为眼，以'□'为拍"的见解，并指出曲谱中的《又慢曲子西江月》与"敦煌曲子词"《西江月》的"六六七六"句法二十五字"相配情形，大致分明"，但在指出"谱内每片之'·'有十"后又附注"所据钞本，未必尽确，此所列之数，仅得其大概耳"（见《敦煌曲初探》第456、459页）。这是个实际情况，任老虽未作音乐的实际解释，但实际抄本，确实"未必尽确"，在该曲中的"丶"就有漏抄多处，并据前后片相同地位、相同句逗、相同旋律的进行还有漏抄谱字"七"加"丶"的，经一一补正，即完全符合任老的见解，词曲相配妥帖能够演唱，从而给解译全部"敦煌曲谱"，也给解释"五弦谱"的节奏节拍和小节提供了依据，创造了条件。

如"敦煌曲子词"有"何满子"四首，据任二北老先生云："此调四首，联列，而未标'第一'、'第二'……形式不备，然四首内容，不外边城行旅，跃马横刀，意境一致，并非漫无联贯之四辞也，"又云："白（居易）诗又曰：'一曲四词歌八叠，从头便是断肠声，'自来于此'一曲''四词'与'八叠'均无的解。咸认'八叠'有类阳关之三叠，乃叠唱诗句也。"（见《敦煌曲初探》第45、46页）据前言启迪配"五弦谱"同名乐曲。开始第一遍乐曲前段配第一首词（相当于歌一叠），后段为重复第一首词（相当于歌二叠）；接着是标明的"三回重弹"，即乐曲第一回反复为第二遍乐曲，前段配第二首词（相当于歌三叠），后段为重复第二首词（相当于歌四叠）；之后即乐曲第二回反复为第三遍乐曲，前段配第三首词（相当于歌五叠），后段为重复第三首词（相当于歌六叠）；最后即乐曲第三回反复为第四遍乐曲，前段配第四首词（相当于歌七叠），后段为重复第四首词（相当于歌八叠）。四首联列反复，正好是"八叠"，音乐形式与之相附，句法也较清晰。如以唐白居易同名诗"世传满子是人名，临就刑时曲始成。一曲四词歌八叠，从头便是断肠声"相配，也是如此，白诗是"四词"四句，同样第一遍乐曲前后段为一、二叠，再加"三回重弹"（"三次反复"），正好是"八叠"，音乐形式与之相符。如此多的反复，恐也同歌舞的表现有关。这也是唐诗中一种整首诗反复的唱法。

"五弦谱"中的乐曲《弊契儿》，以译音的旋律关系的相同、相似、相异作比较分析，大致为 $aabbca^1a^2$ 的七句形式。试以唐张祜诗《悖拏儿舞》相配，凡部位相同的、相似的旋律将诗句于以重复，正好相符，其间的乐句通过"落音"和"T"的延长、停顿记号，就更为明确，小节的划分也就得以明了。全曲根据乐句的反复和变化反复，第一、二诗句和最后诗句也予以反复，这是唐诗中诗句的又一种唱法。其叠法关系如下：（谱例略）

又如乐曲《饮酒乐》的一系列译音的旋律关系无完全相同的，相接部位的旋律也无一相同，大致为 ‖: a b c b¹ d :‖ 形式，试以唐聂夷中的同名诗相配，通过换头的反复，正好相符，其间的乐句划分，通过"同"的反复记号和"T"的延长、停顿记号，也就显得更明确，并为进一步划分乐句都为三小节一句的方整性关系创造了条件。全曲整段音乐有反复，诗句则不反复，这是唐诗中的又一种演唱方式。乐曲《昔昔盐》，试以唐代诗人王维的同名诗相配，与之类同；若试以隋代诗人薛道衡的同名诗相配，也与之类同，整首诗同乐曲标明的四次反复相配，正好相符。

同样，乐曲《圣明乐》的旋律关系大致为 a b a b¹ c d c d¹，试以唐张仲素的同名诗相配，并据各句落音及延长、停顿记号分析来看，前两句诗应于以反复，后两句也应予以反复，这是唐诗中诗句的又一种叠唱法。其叠法关系如下：

‖: 玉帛殊方至，歌钟比屋闻。:‖ ab + ab₁ (= ‖: ab :‖)

‖: 华夷今一贯，同贺圣明君。:‖ cd + c₁d (= ‖: cd :‖)

又如乐曲《王昭君》，试以唐张仲素的同名诗相配的情况也大致如前。全曲都由三小节一句的方整性句法组成，前段四句旋律反复，后段四句旋律也反复，第一句诗（第一乐句）本身也有反复，这是整首诗反复又加起句相叠的又一种方式。其叠法关系如下：

```
‖: 仙娥今下嫁，:‖      a + a           a₁ + a₁
                   ( = ‖: a :‖ )    ( = ‖: a₁ :‖ )
   骄子自同和。    （前段）  b    （后段）  e
   剑戟归田尽，             c              c
   牛羊绕塞多。             d              d
```

研究唐代文学的珍贵资料，敦煌 P.2555 号唐人写卷中的《安雅·王昭君》，系由五言 76 句、380 字组成情节完整而富有戏剧性的一首叙事诗（此诗又见敦煌 P.2673 号与 P.4944 号写卷）。全诗开始，昭君指责汉元帝，当元帝见昭君后的中间部分有两人精彩的对话，最后部分为昭君出塞的动人情景。这首叙事诗若以四句一组（第一句也反复）与上述同名曲调先后反复相配，并且，音域宽些的前段若配以女声，后段音域窄些则配以男声，也很妥帖、符合。看来，这是一种可能在当时就如此以男女不同角色来演唱的形式。

在"五弦谱"中，尚有不少乐曲，如《三台》，以唐韦应物的七言四句的《突厥三台》(即三台舞合突厥乐)相配，每句末三字反复，全曲即为方整性的 a a¹ b a² 四乐句，每句三小节，前三句句末均有过音，末句在羽长音上终结。《韦卿堂堂》，以唐素义府的五字四句的《堂堂》(别名《堂堂词》)相配，每段十二小节，正好为方整性的四乐句，每句三小节，末句落于角长音。《六胡州》，以唐岑参的七言四句的《簇拍陆州》(别名《六州》《六胡州》)相配，传辞如七绝，全曲即为不同的 a b c d 四乐句(3+4+3+4 小节)。《如意娘》，以唐武曌的七言四句的同名诗(别名《如意曲》)相配，传辞如七绝，后三句末三字都有反复，全曲即为 a b c b¹ 四乐句(4+6+5+6 小节)。《天长久》，以唐卢仝的五言四句二十字及其和声七字(别名《天长久词》《天长词》《天长地久词》)相配，传辞如五绝，前段为五言四句，即 a b a b 四乐句(2+3+2+3 小节)；后段为古称之和声——"天长地久万年枝"七字反复叠唱，即 c c¹ c¹ c² 四乐句(3+4+4+4 小节)。《秦王破阵乐》，以唐佚名的五言四句二十字及其和声五字的同名诗(别名《破阵乐》《神功破阵乐》《破齐阵》)相配，传辞如五绝，整首诗反复前后段，两段中的第四句"共赏太平人"之末三字也均有反复，后接古称之和声——"秦王破阵乐"五字终结。

鉴于在"五弦谱"中有前述一些规律可循，从而也可证信共板眼划分的可能，并给其他乐曲的辨认、划分提出了依据，创造了条件。同时，也从而可见唐时叠句法、叠唱法是多种多样的，是不拘一格的，一可随歌者(舞者)的自由，二需依原曲乐调的形式。这里不妨一提的是，有关众说纷纭、无可凭证、引起后世无数纷争而不得解决的《阳关三叠》的叠法。据唐陈陶诗《西川座上听金五云唱歌》中有"歌是'伊州'第三遍，唱着右丞征戍词"，意指《渭城曲》，即《阳关三叠》，也即唐尚书右丞王维的七言绝句《送元二使安西》；又据唐白居易《对酒五首》诗云："相逢且莫推辞醉，听唱阳关第四声。第四声：劝君更尽一杯酒，西出阳关无故人。"渭城曲至宋改以阳关曲或阳关三叠为名，入双调、大石调，唐时原宫调则未详。今试将"敦煌曲谱"第二十四首《伊州》据白诗所云与之相配，很有意思，叠法、句法相合，可能即为这首千年脍炙人口的唐代名曲的唱法。其叠法关系如下：(谱例略)

若以唐王维七绝《伊州歌》相配，乐句旋律关系则为：

‖·清风明月苦相思，荡子从戎十载余。·‖a+b ⁞ e+f
　·征人去日殷勤嘱，归雁来时数附书。·‖c+d ⁞ c+d₁

"五弦谱"中的板眼、句法、小节、段落的划分，同其他标记的辨认也是分不开的。其中，有的标记及其使用规律，基本上与"敦煌曲谱"相通，除以上已提到的外，本文将双谱字或三谱字旁有一撇"╱""﹥"作为琶音奏法，其下侧又加一撇为末音用震音奏法，多加几撇为快而多的震音奏法，仅为单谱字加撇也用震音奏法，谱字下侧加虚折线"⋮"用右手拨弦后左手指按音吟猱（都是实音），两谱字侧之间有"ら"相连用波音奏法，"火"即为快速奏法，对古谱中的脱字或误字，本文用括号［］标记，其中的"𫂁"字即为牒字。

此外，正如林谦三氏已指出的，在目录开始的"调曲廿七种"为误笔，应为"廿八种"；最后的"以上廿种"为脱字，应为"廿二种"；在整卷中未使用谱字"乙ヒム"（本文则为"乙ヒ"而"ム"为"小"字出现），是在六调场合下使用的情况，如有其他调，恐不尽然。

据以上主要方面所述，整卷唐传"五弦谱"得以初步的、全面的解译，其音乐面貌也就得以初步的、实际的呈现，从而也可能有助于对其他，包括文学、诗词、舞蹈、绘画等有关方面的研究。

六

"五弦谱"和"敦煌曲谱"，都是琵琶谱，但一为五弦，一为四弦；一为有大曲有小曲等散曲杂抄成卷内在不联贯，一为有一系列小曲分三组成套整卷联贯；一为内有多至一千六百三十余谱字一大曲或少至五十余谱字一小曲，一为最多仅一首二百余谱字和其他均为一百谱字上下或少至四十余谱字的小曲。"五弦谱"和"敦煌曲谱"中的乐曲，都是唐乐，前者虽为传抄本，抄本可能较后者为晚，但其中见载于史籍的乐调名却较早，唐式清楚、乐风古朴、情调多变，不少乐曲显著地杂以龟兹音乐，而中原声与胡声浑然一体，不可分割，当为盛唐之音。

"五弦谱"和"敦煌曲谱"，虽都是琵琶谱、琵琶曲，但实际也可能是乐队曲的琵琶分谱、琵琶曲调的骨干谱或声乐伴奏谱，这也是我国民族民间音乐中至今的传统。例如，同一乐曲的各合奏乐器分别奏之可为独奏乐曲，集合奏之即为乐队曲，其中也有主要乐器的旋律骨干谱。因之，"五弦谱"和"敦煌曲谱"，特别是"五弦谱"中的乐曲，通过付诸久已失传的五弦琵琶（今制一仿唐乐器）演奏的实际，不仅能听到千年前的五弦琵琶音乐和与同名诗相配成曲的基本风格和情调，也有助于理解敦煌壁画中的乐队合奏和五弦琵琶的表现特点与乐舞形象的描绘。

在敦煌壁画中，绘于中唐201窟北壁的《观无量寿经变》图，其中的伎乐由八人组成。一侧演奏方响、四弦曲项琵琶、横笛、笙，一侧演奏箜篌、筚篥、拍板、五弦直项琵琶，排列呈八字形。中间一舞伎上身袒裸、肚脐外露、项饰环，臂约钏，脚踏舞筵，赤足扬臂而舞。又如晚唐85窟壁画在多人伎乐（中间也有五弦琵琶）演奏下的舞伎，等等。这些舞伎的造型抒情优雅，温婉妩媚，具有古代中原汉族乐舞、西域少数民族乐舞和西北地方民间乐舞三合一的风格特点。从这类壁画的音乐来说，"五弦谱"中一些风格特点比较抒情柔婉的乐曲，如《武媚娘》《三台》《如意娘》《天长久》《堂堂》等，包括悲壮缠绵、婉转流畅的《何满子》，可说即属此类。

西方净土变是表现西方极乐世界的巨幅构图，通过各种人物、景色和传奇事物的描绘、渲染，传达给人的是一种装点华丽的亭台楼阁和荡逸着歌舞升平欢乐气氛的佛国天堂，其实，这正是大唐宫廷的缩影。在这类壁画中，总有舞伎和伴随着规模较大的乐队，其中的乐伎奏着各种乐器，甚至有自奏自舞的飞天，在空中还有翱翔不鼓自鸣的各种乐器（包括五弦直项琵琶，见盛唐172窟《观无量寿经变》部分，画册《敦煌飞天》第60图），颇有"鼓瑟箫韶半在天"之境。根据皇家宫殿帝王生活为蓝本而画的这类佛国的极乐世界，在生活实际中的乐声，如唐传"五弦谱"中的乐曲《圣明乐》《饮酒乐》《崇明乐》《上元乐》等，可说即属此类。

早在隋初，龟兹乐就在长安流行，隋代诗人薛道衡有诗句"羌笛陇头吟，胡舞龟兹曲"。在不少壁画中，舞伎脚踏小圆毯子，挥巾起舞，从人体的姿态和遒劲的绸花，可见节奏性和律动性强，大约为西域的胡舞。这类壁画的音乐，可以"五弦谱"中某些龟兹乐风格比较鲜明的乐曲《昔昔盐》（"盐"为古龟兹语音，其意为"曲子"）、《苏罗密》（后在唐玄宗时将此"胡部新声"并入法曲，并将此胡名改为有祥瑞意思的华名《升朝阳》）、《胡咏词》等为代表。龟兹解曲《弊契儿》则大致即为当时流行的托碗舞音乐。

晚唐156窟《张议潮统军出行图》是一幅反映政治生活的历史人物画。九世纪中叶，沙州将领张议潮率众起义，得到唐人呼应，吐蕃守将败走，打通了直达长安的丝绸之路，唐王朝敕封张议潮为河西节度使，驻节敦煌。为了庆贺、表彰张议潮的功绩，当时绘制了《张议潮统军出行图》和夫人《宋国河内郡夫人宋氏出行图》。《张议潮统军出行图》由一百余人组成，前部是仪队，队伍整齐威武。在分左右列队的前导鼓吹四对（鼓、角各四人）其后武将五对和文将五对中，鼓角为军乐，一作前导以振军威，一作号令以壮士气；文骑之间有八人舞乐一组，一行着吐蕃装，一行戴幞头；乐师有十二人，大鼓一对，分列左右，一人背鼓、一人击鼓，另八人分操拍板、笛、箫、琵琶（五弦直项）、筚篥、笙、羯鼓、腰鼓（见敦煌研究所编《敦煌研究》图版27和说明，甘肃人民出版社1983年版）。图中的乐队随舞者演奏着的节奏合拍和气氛欢腾的乐曲，今天当然已不能听到。但"五弦谱"中据说系唐太宗为秦王时用当时流行的民间乐曲而作的《秦王破阵乐》，起始富有号召感的胡角声高奏，并在仿佛伴以大鼓擂击和杂以龟兹声的武舞音乐中，表现了队伍富有律动的行进和操练威严雄壮的军威。从这方面来看，两者可说在情调上、表现上有其可通之处，"五弦谱"中的武乐《秦王破阵乐》可作理解此类壁画的辅助参考，给人以一定的启发。另外，敦煌盛唐217窟北壁一幅战阵场面的舞图，舞者十人，左右各五人

一排分别执矛握盾做战斗之势，若作为《破阵乐》舞艺图的部分来说，也具有形象的感染力。（谱例略）

音乐和舞蹈是姐妹艺术，两者同绘画艺术也都有一定的联系，我们可在理解、研究、欣赏敦煌壁画的许多乐舞场面时，从乐伎、舞伎的相互呼应、相互补充和相互配合中看到这种联系。真是有乐必有舞，乐中有舞，舞中有乐，并通过绚丽多彩的壁画艺术，增添了翅膀，达到神情俱备、声景交融的境地，给人以强烈的感染力和完美的艺术享受。尽管现存古谱中解译的乐曲，如"五弦谱"中的乐曲，很难具体说某一曲就是某一壁画中的某一乐舞音乐，也很难具体说某一壁画中某一乐舞是用现存古谱中解译的某一乐曲来表现的，但壁画中的乐舞和唐代音乐有着千丝万缕的联系，前述的不少乐曲，便在一定程度上表现了敦煌壁画中的乐队（乐器五弦琵琶）演奏和乐舞场面。

敦煌壁画所展现的千年前天宫伎乐给研究我国音乐舞蹈史提供了丰富的形象资料，现存千年前的古谱记载给研究我国盛唐古乐提供了珍贵的音响资料的依据。这些震惊中外的珍品、古代文明的象征、世界各族人民的财富，对东方乃至全世界都是具有深刻影响的宝贵遗产，使我们今天在一定程度上可以想见到、可以领悟到我国古代各族人民智慧的光辉结晶。这些在历史发展的长河中创造的辉煌灿烂的乐舞艺术形象，实为我们中华民族的骄傲。有人说得对：有一外国人纵然可以盗走美妙的"敦煌曲谱"，却一直无法打开这一艺术瑰宝之门，实际上是没有领略到它的美；这个外国人虽长了一双善于盗宝的眼睛，但在美妙的古谱面前依旧是一个"音盲"。有的外国人耻笑说："敦煌在中国，研究在外国。"不！以音乐艺术方面的探索研究为例，外国学者的成就之处我们应该重视，应该学习，应该肯定，但真正作为研究敦煌的、真正能够全面揭开"敦煌曲谱"和国外所传的唐人"五弦谱"等面纱以进一步研究敦煌音乐、敦煌乐舞壁画的主人翁，理所当然地是在中国，是我们炎黄子孙。

第二节　评述与拓展

一、基本内容及意义

《敦煌壁画中的五弦琵琶及其唐乐》是叶栋为 1983 年全国敦煌学术讨论会所写的论文。全文由六个部分组成：

第一部分，引言。由五弦琵琶在敦煌石窟伎乐壁画中出现的次数反映其在唐代音乐中的重要性。

第二部分，前人研究综述。介绍唐传五弦琵琶谱研究的历史与不足，明确东京所藏唐传抄本"五弦琴谱"为琵琶谱。

第三部分，"五弦谱"谱字音位辨认。梳理、论证前人研究成果；根据文献记载、已有敦煌二十谱字和敦煌四弦四相琵琶谱，排列五弦琵琶谱的二十五个音位。

第四部分，"五弦谱"的定弦。在前人研究的基础上，重新梳理五弦琵琶谱的调弦、谱字、乐曲调名归类、节拍节奏等，提出自己的见解。

第五部分，"五弦谱"中板眼和小节的划分。将五弦琵琶谱的乐句与同名唐诗、曲子词相配，反证其板眼划分的可能性。

第六部分，敦煌壁画中体现的乐曲演奏场面。通过敦煌壁画中各类乐舞场面与相应风格乐曲的对照，理解敦煌壁画中乐队合奏和五弦琵琶的表现特点与乐舞形象的描绘。

评述：唐传"五弦琵琶谱"（以下简称"五弦谱"）、敦煌曲谱和天平琵琶谱是唐代流传下来的古乐谱，是研究唐代音乐的直接史料，具有重要的学术价值。近代对"五弦谱"的研究始于1937年，与敦煌曲谱的研究同时开始。以林谦三、华尔泼特等国外学者为首，对"五弦谱"进行了解译、比较研究。

中国对"五弦谱"的研究始于20世纪80年代，以叶栋、何昌林、陈应时等学者为首，掀起了一阵研究的热潮。在完成《敦煌曲谱研究》一文后，叶栋再接再厉，于两年后再度发表了《敦煌壁画中的五弦琵琶及其唐乐》。这篇文章在评述前人研究成果的基础上，探索和解译与敦煌曲谱、敦煌二十谱字有密切关系的唐传"五弦（琵琶）谱"，以进一步研究敦煌壁画中的五弦琵琶的表现形态。[①] 这篇文章将唐代词曲、敦煌乐舞壁画与"五弦谱"的乐曲相互对应，体现了作者开阔的学术研究视野和扎实的文献研究功底，对后续研究具有启迪作用。

二、作者与之相关的论著

叶栋：《唐传五弦琵琶谱译谱（第一部分）》，《音乐艺术》1984年第2期，第1—11页。

三、其他作者与之相关的论著

1. 何昌林：《唐传日本〈五弦谱〉之译解研究（上）》，《交响》1983年第4期，第14—28页。

2. 何昌林：《唐传日本〈五弦谱〉之译解研究（下）》，《交响》1984年第1期，第41—46页。

[①] 叶栋：《敦煌壁画中的五弦琵琶及其唐乐》，《音乐艺术》1984年第1期，第25页。

3. ［日］林谦三著：《全译五弦谱》，陈应时译，《交响》1987 年第 2 期，第 59—64 页。

4. 关也维：《〈五弦琴谱〉研究》，《音乐研究》1992 年第 2 期，第 66—78 页。

5. 庄永平：《〈五弦谱〉中的"小"谱字研究》，《星海音乐学院学报》1994 年第 C2 期，第 19—25、37 页。

6. 陈应时：《浅谈唐传两种琵琶谱的记谱法》，《浙江艺术职业学院学报》2013 年第 1 期，第 1—5 页。

第十五章 《敦煌壁画乐史资料总录与研究》

第一节 引言、目录

牛龙菲:《敦煌壁画乐史资料总录与研究》

——敦煌文艺出版社 1996 年版

引言——敦煌乐史资料概论

一、敦煌乐史资料之分类简述

敦煌乐史资料，共分文献、形象两个大类。

敦煌乐史资料，在文献者，首推敦煌文物研究所所藏周炳南氏 1920 年于古玉门关外沙碛中发掘所得的"元嘉二年（152 年）东汉简牍乐谱残片"[①]。此汉简乐谱残片，是迄今发现之最早的古代乐谱。上面书作：（见所附照片中部，图略）

敦煌乐史资料，在文献者，又有 P.3808 抄本《敦煌曲谱》（原拟《唐人敦煌曲谱》之名）。二十五首曲谱的题名分别是：

1.《品弄》；
2.《弄》；
3.《倾盃乐》；
4.《又慢曲子》；
5.《又曲子》；
6.《急曲子》；
7.《又曲子》；
8.《又慢曲子》；
9.《急曲子》；
10.《又慢曲子》；

---

① 牛龙菲：《敦煌东汉元嘉二年五弦琴谱研究》，《敦煌研究》1985 年第 2 期。

11.（佚名）
12.《倾盃乐》；
13.《又慢曲子·西江月》；
14.《又慢曲子》；
15.《慢曲子·心事子》；
16.《又慢曲子·伊州》；
17.《又急曲子》；
18.《水鼓子》；
19.《急胡相问》；
20.《长沙女引》；
21.（佚名）
22.《撒金沙》；
23.《营富》；
24.《伊州》；
25.《水鼓子》。

敦煌乐史资料，在文献者，还有 P.3539《琵琶二十字谱表》。这是抄在本卷《三藏法师阇那崛多译》，即《佛本行集经·忧波离品次》背面的二十个谱字与一定弦制之琵琶指位的对照表。书作：

散打四声　一乚小上
头指四声　コス七八
中指四声　几十比乙
名指四声　丆乙尔
小指四声　丨ㄱ之乜

敦煌乐史资料，在文献者，另有 P.3719 本卷《尔雅白文》背面抄写的一段《浣溪沙》曲谱。

此外，在文献者，尚有《敦煌遗书总目索引·敦煌遗书散录·李氏鉴藏敦煌写本目录》著录的《琴谱》（0238号）一卷，唯不详内容。

敦煌乐史资料，在文献者，除乐谱外，尚有"舞谱"三卷六调。"三卷"是为 P.3501；S.5613；S.5643。"六调"是为《遐方远》《南歌子》《南乡子》《双燕子》《浣溪沙》《凤归云》。此不详述①。

除乐谱、"舞谱"外，敦煌乐史资料在文献者尚有 S.0610《新集时用要字壹仟叁

---

① 任二北先生《敦煌曲初探·舞容一得》（上海文艺联合出版社1954年11月版，第145页）一文说："'舞谱'二字乃刘书（牛按：指《敦煌掇琐》）在目录内之拟名也，兹姑沿用之。唐人原称如何，尚俟考。"按：此说诚是，不应轻易放过。故本书内"舞谱"二字，均加引号。

佰言·音乐部》（原卷共分《仪部》《衣服部》《音乐部》凡三部）。《音乐部》共集以下诸字：

　　琵琶筝笛箜篌觱篥竽笙茄箫钟铃磬铎埙簾弹挑弦
别拨拊拍琴瑟鼓角吹嬴赞咏讽诵歌舞叫嘎诹蔼诃噭

与此相类的有 S.6208《新商略古今字样提其时要并行俗释》（上、下卷）。其《上卷》中亦有《音乐部》，集有以下诸字：

　　琵琶琴瑟箜篌方响铜钹拍板击筑

与此相类的还有 P.2578《开蒙要训》一卷。其中有以下诸句：

　　嚥（鹰）会嘉（加）宾，奏设伎乐，酣（甘）酌饮酒，劝酌酬醒（程），讽（风）诵吟咏（永），吼嘆蹤（从）横，喧唉歌儛（武），闹动音声，琵琶鼓角，琴（吟）瑟（虱）箫（逍）筝（争），箜（空）篌（侯）筚（必）篥，筑（竹）磬（庆）笛笙（生）①。

此外，北图生字二十五号《诸杂字一本》，也是同类的资料。其中如下诸字与乐舞有关：

　　……拍板、鼓（皷）子、鞭棒（捧）……傩刀、弄口号、作语、急缓……拍板、帽子……（见《敦煌杂录》）②。

又据王克芬、席臻贯介绍，S.2440 卷背面亦抄写了一段《"队仗"歌舞词文》③。

此外，散见于敦煌遗书——经、史、子、集、释典、道藏、变文、俗曲等卷子——中的有关音乐的史料，更是无计其数，无法一一详说细述。

敦煌乐史资料，在形象者，有以下三个部分：1. 四百九十二个洞窟之总计四万五千余平方米的壁画；2. 敦煌藏经洞所出之"敦煌遗画"④，据已发表资料，其中斯坦因劫取部分共 536 幅，伯希和劫取部分共 216 幅；3. 敦煌第 437 窟中心龛柱正面（东向）上部残存的伎乐天人影塑。古代音乐生活，以及乐人、舞伎、乐队、乐器，在其中有极其生动丰富的反映。

特别弥足珍贵的是，敦煌莫高窟壁画，上迄十六国时期，下至宋、元、明、清，连绵延续达千年之久。这种时间上的连绵延续，使其空间的留影写真，具有举世无双的史学价值。观摩玩味敦煌莫高窟壁画，一种明晰的"历史感"油然而生。众多的乐史图像资料，在历史长河的时间序列中，充分显露了它所贮存之信息的深层含意。

---

① 括号里的字是原卷音注。牛按：为排版方便，繁体字大都作了简化。
② 括号里的字是原卷通假字、错字。
③ 见王克芬向 1983 年全国敦煌学术讨论会提交的论文《从敦煌壁画、龙门唐窟石雕及墓室俑画等文物探索唐代舞蹈的特点》及《音乐研究》1983 年第 3 期席臻贯《〈佛本行集经·忧波离品次〉琵琶谱符号考》文。
④ 此"敦煌遗画"一名，系由敦煌文物研究所张德明先生提出。

二、敦煌乐史资料之一般价值

音乐是听觉的艺术。音乐史之理想的研究对象是音乐音响。然而遗憾的是,在1877 年秋季爱迪生发明世界上第一架留声机之前,音乐史上绝无音响资料可言;在公元之前,亦无贮存音乐音响信息的乐谱资料可言。

又因音乐是抽象的艺术。即使像中国古代之"乐舞",明显地带有视觉艺术——舞蹈的成分,也不适于用文字来记录描述。因此,在有完备的记谱方法产生之前,以及录音技术产生之前的乐史,曾经被人夸张地称为"无对象的历史"。

其实,乐史的研究对象,即乐史资料,并不仅是"音响""乐谱"。乐史资料,计有以下六个方面:

1. 乐响;
2. 乐谱;
3. 乐器;
4. 乐典;
5. 乐像;
6. 乐俗。

"乐响",是第一等级的乐史资料。没有音响的乐史,真可称为"哑巴音乐史"。

"乐谱",是第二等级的乐史资料。有了记谱法,便可使生生不已的音乐音响,凝结转化为逻辑严密之信息符号。有了古代乐谱,便有了将前人创造的音乐作品复原成为活的音乐音响的文献依据。音乐史家之所以特别看重古谱,正是为此。

"乐器",是第三等级的乐史资料。乐器,是乐史的标尺,是乐史的"化石"。至少,我们可以据古代乐器来了解先民音乐艺术之物质材料——乐音的消息。

"乐典",是第四等级的乐史资料。尽管在典籍浩如烟海的中国,历来有崇尚文献的心理。但就音乐艺术的特性而言,我们完全有理由对音乐文献的重要性大大打个折扣。

"乐像",是第五等级的乐史资料。形象资料虽然有其生动的品质,但如果没有乐响、乐谱、乐器、乐典以及乐俗资料参照,它只能作为一个默证,而无雄辩的可能。更何况图像的漫漶、画法的粗率、雕塑的残损、制造的简略,往往降低了其史料的价值。

"乐俗",是第六等级的乐史资料。其现世的实践性,使其成为极好的旁证材料。但其渊源的难以追溯,又使其不能作为历史的确证。

以上是仅就这六个等级之乐史资料本身的性质比较而言。如果把它们放在历史之时间序列中考察,其价值意义,又和以上分析有所不同。

人类之文明,参照《第三次浪潮》的作者托夫勒(Alvin Toffler)的分期,大致可分为四个段落：

1. 渔猎游牧文明；
2. 农业定居文明；
3. 工业机械文明；
4. 弱电信息文明。

今存之上述六个等级的乐史资料，与人类文明之四个分期对应的分布情况，大致是如表 2-15-1 所示。

表 2-15-1

文明分期 \ 分布情况 乐史资料	乐响	乐谱	乐器	乐典	乐像	乐俗
渔猎游牧	无	无	有	无	有	有年代无考之传说
农业定居	无	有	有	有	有	有年代无考之记载
工业机械	有	有	有	有	有	有录音、摄像资料，但其本身已经开始消亡
弱电信息	有	有	有	有	有	有录音、摄像、录像资料，但其本身已经开始消亡

从表 2-15-1 可以看出：贯穿整个音乐历史的，只有"乐器""乐像"两项乐史资料。乐器，是由生产工具演变而来。犹如生产工具是人类社会历史的"标尺"一样，乐器也是音乐艺术历史的"标尺"。然而，就"乐器"和"乐像"两项乐史资料比较而言，传世的以及出土的古乐器实物往往有所残缺，而形象资料则较为完备。研究乐史，特别是研究乐器史的学人之所以重视乐史形象资料的原因，正在于此。

乐史之形象资料，揭示了许多史籍语焉不详的细节，弥补了乐响、乐谱、乐器、乐典资料的不足。它往往可以证史、补史，打开我们的思路，使我们对过去曾经忽略而未加重视甚至误解了的典籍文字，产生全新的认识。其时间的连续性，则使我们梳理全部乐史脉络的企图有了得以实现的可能。

敦煌文物、文献中，既有迄今发现之年代最早的元嘉二年（152 年）东汉简牍乐谱残片，又有年代较早的唐代抄本乐谱，还有关于古代音乐生活、乐人、舞伎、乐队、乐器的许多文字记载，更见之以无量数之连绵千年之久的关于古代乐史的形象资料，它在中国乃至世界乐史研究方面的价值，已是不言而喻的事情。

三、敦煌乐史资料之特殊价值

敦煌乐史资料的历史价值，又因其地理的位置而倍增。

在中国乐史上，自远古至今，"西音"一直领导着潮流。

早在公元前 1600 年之先，这里便存在着以玉门火烧沟出土之夏代陶埙为代表的高度发达的音乐文化。它"纪之以三"（把一个八度分为三个连续大三度）的乐制，早载于周代典籍《国语》；由它而来的"宫、颉、曾"纯律大三度音列，犹存于曾侯乙墓乐钟。

降至春秋，《雅》声大作。这《雅》声，也是中国西部之乐。除《雅》声外，《国风》之中，《秦风》因其发达，而有特殊的地位。此正如《左传》"襄公二十九年"记载之季札语所说：

> 为之歌《秦》。曰："此之谓夏声。夫能夏则大，大之至也。其周之旧乎？"

秦汉以来，"西音"与"南音"结合。（"南音"，即楚汉之音，其中亦含有自夏至殷，楚人承之的"西音"之乐。）降之魏晋，在陇右河西之地，形成了一个彪炳显赫的地方性乐舞流派——《西凉乐》。隋一开国，《西凉乐》便被尊崇为《国伎》。李唐王朝，也十分看重这优雅妙绝的"西音"。唐·郑启《开元传信记》说：

> 西凉州俗好音乐。

南宋·郑樵《通志》更极言：

> 凡是清歌妙舞，未有不从西出者。

"清歌妙舞，多出西凉"[1]、"国家之乐，本在酒泉"[2]、"唐时唯西音最盛"[3]。直至有清一代，"高调依然在五凉"[4]。原为"甘肃调"的"西秦之腔""古调独弹"[5]，堪称"梆子腔"之冠。这"西秦腔"的曲调"西皮"[6]，后来又有所发展，成为京剧曲调之重要组成部分。任二北先生曾说：

> 尤其唐调，至两宋词乐中，隐而不见，伏流于民间，及金元明清之曲乐中始又显露，初不止一调（牛按：指《柳青娘》）为然，其故何在，殊可研究？[7]

敦煌乐史资料，正是做此一类专题研究的重要依据。

敦煌地处丝绸之路咽喉，中西交通孔道，东西音乐文明交流，在其文献文物中每每留影造型、叙录刻铭。古河西陇右之地，作为中国音乐文明的源头之一，作为

---

[1] （清）徐养源：《律吕臆说·俗乐论一》。
[2] 敦煌遗书 P.2718《茶酒论》。
[3] （清）徐养源：《律吕臆说·俗乐论一》。
[4] （清）张澍：《凉州葡萄酒》诗。
[5] 鲁迅先生 1924 年给西安易俗社的题词。
[6] 甘肃乐人至今仍把陇南影子腔的曲牌称作"皮儿""瓢儿"。
[7] 任二北：《敦煌曲初探》，上海文艺联合出版社 1954 年版，第 37 页。

楚汉音乐文明的传存重镇，作为华夏之声西被的前沿，作为西域文明东渐的首站，在敦煌文献文物中多有所反映。

《穆天子传》载，早在周穆王时代，华夏音乐便已传入西域之地（其实，恐不止于此上限）。《穆天子传》说：

> 天子休于玄池之上，乃奏广乐，三日而终。

当时，使用的乐器已有"琴、瑟、笙、竽、簫、篴、筦、簧"。这些乐器传入西域，便对西域音乐产生了深远的影响。如其中的"篴"——一种以芦叶、芦管制成的古笛，"筦"——管，便成了后来龟兹筚篥的前身。此以芦叶为哨，以竹胴作管的龟兹觱篥，在敦煌壁画中凡所多见。

到了春秋战国，以至秦汉、魏晋，秦地之民与西域之民的音乐文明交流更为广泛。值得特别提出的，有以下几件事情：

1. 巴比伦埃及长颈琵琶——Pandoura 的输入。此长颈琵琶经西亚、中亚之地辗转传入中国之后，中国秦地之民便以原先固有乐器的观念，将其称为"弦鼗"。西晋·傅玄《琵琶赋序》说：

> 杜挚以为嬴秦之末，盖苦长城之役，百姓弦鼗而鼓之。

其所谓"弦鼗"者，原是秦地之民对于 Pandoura 的称呼。Pandoura，原是音槽张以兽皮，长颈无品，长颈一端插入音槽其中的便携式弹弦乐器。此 Pandoura 传入秦地之后，原有"播鼗"传统的秦地之民，便将其称为"弦鼗"[①]。"弦鼗"一器，魏晋隋唐乐人又俗称为"秦汉子"，今谓之"三弦"。此器，亦常见于敦煌壁画之中。

2. 中国"鼗鼓"的输出。有柄而带双耳式小槌的"鼗鼓"，原是属于中国"珥两鱼"[②]、"珥两蛇"[③]远古神话系统的"法器"，后来又成为夏、商、周三代的礼器，汉代承之，是为楚汉音乐文明的代表性乐器之一。此具有双耳式小槌的带柄小鼓，至今仍是萨满教和藏传密教的法器。经古凉州之地传入西域之后，它还深入中亚、西亚之地的人民生活之中。如郭义恭《广志》便说：

> 罽宾大狗大如驴，赤色，数里摇鼗以呼之。

鼗鼓，在汉代有与排箫一起由一人兼奏之的传统。此与排箫兼奏之的传统，在龟兹之地演变为与鸡娄鼓一起由一人兼奏之的新俗。此在龟兹乐人中产生的"播鼗

[①] 本书 1984 年完稿之后，见 1985 年第 2 期《中国音乐》所载张伯瑜文《"弦鼗"一词的说明》，称："分析其句法，弦鼗二字并非一名词，而'鼗'应是一名词，'弦'是一动词。意为把弦置于鼗上之义。"张伯瑜此说，把常任侠先生在 1980 年第 2 期《音乐研究》所载之文章《汉唐间西域音乐的东渐》中所谓"在柄上张弦，达于鼓面，弹之作声，所以叫弦鼗"的说法，作了进一步的解释。此说颇合我意，特记记之。

[②] 见西安半坡人面鱼纹陶盆。

[③] 语出《山海经》。

兼击鸡娄鼓"的新俗，后来成为李唐时代的惯例。① 这种情形，在敦煌壁画中也多有反映。

3."鼓角横吹"之乐和"大曲"的产生。史称：

> 鼓吹，未知其始也。汉班壹雄朔野而有之也。鸣笳以和箫声，以和八音也。②

汉班查是在秦末迁至"楼烦"的。他将中原军乐"短箫铙歌"和西域音乐"鸣笳"结合起来，创立了世界乐史上一种新型的军乐队组织形式——"旌旗鼓吹"。此"旌旗鼓吹"之乐，后来又因张骞的出使西域，而回授返输中原。《晋书·乐志》载：

> 横吹有双角，即胡乐也。张博望入西域，传其法于西京，惟得《摩诃兜勒》一曲，李延年因胡曲更造新声二十八解，乘舆以为武乐。

《摩诃兜勒》者，是为大曲之名。这是中原音乐与西域音乐结合而在中国"楼烦"之地的产物，并非从天竺传入。《摩诃兜勒》在深受西亚、南亚和中原内地文明多重影响的中亚文明区产生，其名即由梵文"Mak"（摩诃）——"大"，以及阿尔泰语系突厥语族之蒙古语"dor"（兜勒）——"歌曲"③二词组合而成。此"摩诃兜勒"——"大曲"，是当能歌善舞之西域兄弟民族，由游牧迁徙转入农耕定居生活后产生的曲式。它吸收了汉族音乐文明，保持了中国古代之"广乐"长夜乐饮乐思连绵不断，如春蚕吐丝、如金线织锦的线性飞动之美，又融合了西域兄弟民族集体欢舞舞姿奔放热情，如雄鹰展翅、如羚羊腾跃的刚劲强健之力；二者之结合，才是所谓"大曲"。今之"木卡姆"，正是"大曲"流亚遗风。"旌旗鼓吹"之乐，在敦煌壁画中存有宏大绚丽的画面。"摩诃兜勒"式的"宴乐歌舞"，在敦煌壁画中也不乏栩栩如生的描绘。

4.龟兹长颈直项五弦无品柱琵琶——"秦汉"的创造。汉之西域，三十六国内附，楚汉文明深泽其地。龟兹之国，汉化尤深。其歌舞伎乐，当年虽蒙"非驴非

---

① 此说，日本林谦三氏在音乐出版社1962年2月版《东亚乐器考》第125页已经言及。我在《古乐发隐——嘉峪关魏晋墓室砖画乐器考证新一说》（甘肃人民出版社1985年3月版）第216页据林氏之说，又加以发挥。近见1987年第3期《中国音乐》载高德祥文《中国古代乐队中的指挥》，称："直到西域的鸡娄鼓传入内地之后，中国乐人才改为鼗与鸡娄鼓兼奏之法。"此说不确，实际上此法是在西域而不是在内地产生。

② 刘献：《定军礼》，见《乐府诗集·卷十六〈鼓吹曲辞〉注》。

③ 此解，蒙关也维先生见告。此语，至今仍保留在东部裕固族和西部蒙古族语言之中。

马"①之讥，后来则获"特善诸国"②之誉。吕光由龟兹带回的乐舞，后来被称作"秦汉乐"③，便深刻地揭示了此中的历史内涵。深受汉文明影响，由先秦"击筑"以及汉五弦之琴演化而来的龟兹民族乐器——"龟兹秦汉琵琶"即长颈直项五弦无品柱"胡琴"琵琶，至今仍留影于敦煌石窟壁上。

5. "汉魏阮咸琵琶"的西被与"碎叶曲项琵琶"的回授。汉晋之时，由中国乐人发明创制的"汉魏阮咸琵琶"——四弦十二柱之长颈琵琶传入西域。受其影响，后在西突厥建牙之所"碎叶"，产生了一种短颈曲项四弦四柱琵琶。这种"碎叶曲项琵琶"，其四弦四柱，弦制柱制正相当于"汉魏阮咸琵琶"中隔的音位柱制。这种属于"西国龟兹"之部的乐器，显系"汉魏阮咸琵琶"变体，它与"华夏旧器"的异同之点，可从敦煌壁画中得到清楚的认识。

6. "竖箜篌""维那"（"凤首箜篌"）、"梵贝"的行踪。由中亚一路东渐的波斯乐器"竖箜篌"，原称"Harp"，至中亚之地，才有了从中国"坎侯"之名的"chang""cank"一名，中国中原乐人称其为"竖箜篌"。此器，在中国早已绝迹，却在敦煌壁画中留下了它东渐中原的最初行踪。古印度乐器 Vina，在龟兹之地尚保留了早先的原形（状如猎弓，附有音槽）。此原形的 Vina，又有其变体，是为弦数较少的角形竖琴 Vina。这种乐器，在今日缅甸仍有遗存，名为 tsuan，译为"弯琴"。隋唐人称之为"凤首箜篌"。这种乐器，在中印两地，皆已消亡，却留影有形于敦煌壁画之上。"梵贝"，又称"法螺"，是佛教的法器，也是"天竺乐"的特性乐器，其器在今日中国，已由乐器蜕化为音响信号工具，是为"螺号"。但在敦煌壁画中，仍可见到鼓腮歪嘴吹奏其器的乐师形象。

敦煌所处的特殊地域，使其壁画成为了解古代"龟兹""高昌""康国""安国""疏勒"之乐的重要史料。古代西域诸国，鼓乐特别发达，隋唐乐书所载，有"毛员""都昙""鸡娄""侯提""羯鼓""揩鼓"诸名。这些乐器之中，"毛员""都昙"二鼓，与"腰鼓"的区别，前有"无从质证而分名之"④的感觉，研究敦煌壁画中的大量鼓乐材料，便清楚地看到了其中的差异。又如"侯提鼓"一名，向未有人指出与之相应的图像，也是在排比敦煌壁画中大量鼓乐资料的过程中，找到了与之相应的图像（即后世称为"行鼓"的）。

---

① 参见《汉书·西域传》。牛按：阴法鲁先生在1990年第3期《音乐研究》所载《丝路管弦话古今——读〈丝绸之路的音乐文化〉》一文中说：周菁葆书"通过龟兹（今新疆库车）音乐与阿拉伯音乐的比较，指出阿拉伯音乐的兴起是在公元7世纪，而龟兹乐从4世纪已进入兴盛时期，一经比较，则所谓龟兹乐源于阿拉伯音乐之说便难以成立了"。而我则要强调指出，早在公元之前中国中原音乐便已高度发达，且给龟兹乐以重大影响。
② 语出《大唐西域记》。
③ 参见《隋书·音乐志》。
④ 语出清·肖雄《西疆杂述诗·乐器（注）》。

敦煌地处河西陇右之地，古代楚汉音乐文明在此地的传存延续，在其壁画中留下了珍贵的记录。《西凉乐》，是传存楚汉音乐文明而又有所发展的隋唐时凉州之地的地方性乐舞流派。《西凉乐》之特性乐器有"义背笛"一名。此称为"义背笛"的乐器，又为《高丽乐》所用。由于此器早已佚失亡绝，今人此前并不明其形制。后在普查敦煌壁画乐史资料的过程中，发现了此器的图像资料，才知道所谓"义背笛"者，原是一种带有附加管装置——"义背"的横吹之笛。此"义背笛"由于有此附加管装置，故能发出较一般横笛为低的筒音。这是目前发现之世界乐器史上最早的具有附加管装置的吹管乐器。

凡此种种，充分地说明了敦煌壁画具有无可比拟的乐史资料价值。它已经为世人所注目，且必日甚。

四、敦煌乐史资料之研究概况

敦煌乐史资料的研究，在文献者，目前唯古代乐谱、舞谱较为引人注目。

1938年，日本人林谦三、平出久雄在日本《月刊乐谱》1938年第29卷第1期上发表了《琵琶古谱研究》的论文，开始涉及了敦煌所出的唐传五代抄本乐谱。林谦三后在1955年又说：

  这乐谱早已有法国以及欧美或中国的学者，看到了此谱而加以研究的。[①]

林谦三所说的"中国学者"，系指任二北先生。任二北先生在其1954年出版的《敦煌曲初探》一书中，对敦煌所出古谱（P.3808），作了初步的探讨。任二北先生于此谱曲名，考证堪称详密，但译谱方面，却未能通。故任二北先生大声呼吁：

  对于此项残谱……国人应本爱国热忱，力求通解，务着先鞭，不可再落人后。[②]

然而遗憾的是，当时并无中国乐家像任二北先生所期望的那样："努力钻研，或竟先我而通，模拟表演，张皇于世。"[③] 中国乐家于此一端，在当时仍处于"自侮人侮，分判不清，又将何以堪"[④] 的境地。

任二北先生作此呼吁的一年之后，日本人林谦三用英文在1955年12月《奈良学艺大学纪要》第5卷第1号上发表了《中国敦煌古代琵琶谱的研究》，并公布了全部五线谱的译谱。虽然他的译谱节奏不明，定弦亦系假设推论，但在当时历史条件下，已实属难能可贵。林谦三的这篇论文，后经增订，于1957年由我国音乐史家潘怀素先生译成中文，题《敦煌琵琶谱的解读研究》，并由上海音乐出版社出版。唯印

[①] 林谦三：《敦煌琵琶谱的解读研究》，潘怀素译，上海音乐出版社1957年版，第33页。
[②] 任二北：《敦煌曲初探》，上海文艺联合出版社1954年版，第142页。
[③] 任二北：《敦煌曲初探》，上海文艺联合出版社1954年版，第142页。
[④] 任二北：《敦煌曲初探》，上海文艺联合出版社1954年版，第142页。

数太少，仅九百六十册。故，知者甚鲜。

1964年，杨荫浏著《中国古代音乐史稿》上、中两册由音乐出版社出版。杨先生认为：

> 敦煌出现的后唐明宗长兴四年（933）所写的唐代乐谱，就是属于工尺谱的体系。宋人称这种工尺谱为"宴乐半字谱"，是当时教坊中间通用的一种记谱符号。①

杨先生还说："（这）很可能就是教坊筚篥上所用的工尺谱。"②

同年，林谦三在其《正仓院乐器之研究》一书，以及发表于《奈良学艺大学纪要》1964年第12卷上的论文《琵琶谱新考——专论琵琶记谱和演奏法的变迁》中，首次强调了 P.3539 卷标示二十谱字之某种特定弦制琵琶指位的重要意义。1969年，林谦三又在其《雅乐——古乐谱的解读》一书中发表了新的论文《敦煌琵琶谱的解读》。此文直至1983年，才由陈应时先生译成中文，并发表于《中国音乐》1983年第2期上。

在这期间，日本人以及欧洲人关于日本所传与敦煌古谱同类谱式的其他古谱的研究工作也取得了较大的进展，此不详述。

任二北先生当年曾经说过：

> 愿海内明达得见林译者，参考审定，终有以此（牛按：指日本人近卫氏所藏石大娘传唐代五弦琵琶谱）通敦煌此谱，庶几我之遗产，我能整理，我先民既能有敦煌谱，今日我国不能有林谦三其人者乎？③

先生的殷切心情，跃然纸上！

1978年我国台湾学者潘重规先生发表了他的《敦煌俗字谱》。

1981年底及1982年，叶栋先生公布了其《敦煌曲谱研究》一文，并全部五线谱译谱及录音，终于打破了此项研究的沉寂局面。对于叶栋译谱的质疑、讨论，大大促进了敦煌曲谱的深入研究。这方面，另几篇较有分量的论文是：

陈应时《解释敦煌曲谱的第一把钥匙——"琵琶二十谱字"介绍》（载《中国音乐》1982年第4期）。

陈应时《评〈敦煌曲谱研究〉》（载《中国音乐》1983年第1期）。

应有勒、林友仁、孙克仁、夏飞云《验证〈敦煌曲谱〉为唐琵琶谱》（载《音乐艺术》1983年第1期）。

陈应时《论敦煌曲谱的琵琶定弦》（载《广州音乐学院学报》1983年第2

---

① 见该书第270页。
② 见该书第270页。
③ 任二北：《敦煌曲初探》，上海文艺联合出版社1954年版，第460页。

期），陈应时《敦煌乐谱新解》（载《音乐艺术》1988年第1、2期）[1]。

敦煌所出之"舞谱"（S.3501，S.5613，S.5643），早在1925年便由刘复先生在其《敦煌掇琐》中过录刊布。1938年日本人神田喜一郎在其《敦煌秘籍留真》下卷，刊布了此二卷六调"舞谱"。同此一年，林谦三、平出久雄发表了论文《敦煌舞谱研究》。其后，林谦三又在《奈良学艺大学纪要》第10卷第2号上发表了《敦煌舞谱解读端绪》一文。1940年中国人罗庸、叶玉华在《北京大学四十周年纪念论文集》（乙篇上）中发表了《唐人打令考·敦煌舞谱释词》一文。同一时期，还见之有冒广生《疚斋词论》一书中的《敦煌舞谱释词》一文，唯不详年代。1951年，早年曾著《敦煌舞谱残佚探微》（载《新加坡南洋大学图书馆季刊》）一文的赵尊岳先生又发表了《敦煌舞谱详解》一文（载《一九五一年香港大学学生会论文集》）。1954年，任二北先生《敦煌曲初探》一书中，亦有《舞容一得》之章节论及此谱。1962年，饶宗颐先生《敦煌舞谱校记》一文发表于《香港大学学生会金禧纪念论文集》上。同年，亦有赵泰先生之《敦煌舞谱残帙探微》发表在1962年第12期《州府》之上。1971年，法国人戴密微和饶宗颐合著的《敦煌曲》在巴黎出版，书中亦论及此三卷六调舞谱。日本人水原渭江，是近年来于此研究用力尤勤的学人。1971年，他在香港《词乐研究》上册中，发表了《法京所藏敦煌舞谱〈遐方远〉解读问题》一文；1976年，他在《桔茂先生古稀纪念论文集》中发表了《法京所藏敦煌舞谱〈南歌子〉解读研究》一文；1980年，他又在《大谷女子大学纪要第15号第1辑》上发表了《敦煌舞谱〈南乡子〉的解读》一文。然直至今日，对此仍有根本疑点的所谓敦煌"舞谱"，国内一般乐舞史家仍"恝然置之，未尝介意"！[2]

近年来，这种情况开始有了改变。1986年第1期《新疆艺术》上，见载有王克芬《敦煌"舞谱"残卷探索》一文；1986年第4期《敦煌研究》上，见载有李正宇《敦煌遗书中发现题年〈南歌子〉舞谱》一文；1987年第3期《中国音乐学》上，见载有席臻贯《唐乐舞"绝书"片前文句读字义析疑——敦煌舞谱交叉研究之一》一文；1987年第4期及1988年第1期《敦煌研究》上，见载有柴剑虹《敦煌舞谱的整理与分析》一文。这方面的研究已渐渐蔚为大观。

对敦煌乐史文献资料的研究，除上述P.3808、P.3539、P.3719卷之乐谱，P.3501、S.5613、S.5643卷之"舞谱"外其余各项，仍是有待开发的处女地。S.0610、S.6208、P.2578卷之共三项的"乐部"诸字，庄壮同志已据《敦煌遗书总目索引》之

---

[1] 有关于此的其他文献，可参考陈应时《敦煌曲谱研究实录初篇》（一）、（二）（载《阳关》1983年第3、4期），《敦煌曲谱研究实录初篇补遗》（收《阳关》1984年第3期），《敦煌曲谱研究实录续篇》（载《中国敦煌吐鲁番学会研究通讯》1986年第3期）。

[2] 语出任二北《敦煌曲初探》，上海文艺联合出版社1954年版，第143页。

线索查阅原卷缩微胶卷，将 S.0610、S.6208 卷之两项在其《敦煌音乐》[①]一文中加以过录介绍[②]，笔者也做了一些注释、训诂的工作，并于 1983 年 9 月 5 日在兰州大学历史系敦煌学研究室举办的"敦煌学讲习班"上予以公布。对于 S.2440 卷背面抄写的《队仗歌舞词文》，目前除王克芬、席臻贯同志的介绍外，尚未有更深入的研究。至于敦煌文物研究所所藏之东汉元嘉二年汉简乐谱残片，最早加以注意的是敦煌文物研究所的李正宇同志，笔者初步研究之后，已将此东汉木简乐谱试译为现代乐谱。[③]

在敦煌遗书中其他与古代音乐生活有关的文献散见于总计达数万卷的各卷之中。对它们的料理，已有各科专家结合自己的专题着手进行。这项工作目前成绩甚微。今后须待乐史专家从乐学的角度入手普查整理，综合诸学科成绩加以专门的辑录研究，才能有所建树。陈垣曾说："国人治学，罕具通识。"在历来有"乐奴舞妓"之传统背景，今日又"重技轻艺"的中国乐坛，更罕具略具通识的乐学达人。这是中国音乐史界应加以反省，力图补救，并期待于来者的大端。

对于敦煌壁画乐舞历史形象资料的研究，先前虽也有伯希和、勒柯克、林谦三等人涉及，但作专题研究的学人之中，当首推日本人岸边成雄。他在 1939 年便发表了专题论文《南北朝隋唐时代的河西音乐——关于西凉乐与胡部新声》《出现在敦煌壁画的音乐资料——尤其与河西地方音乐的关系》。从那时的论文，直到 1982 年他的新著《古代丝绸之路的音乐》，他一直高度评价敦煌、库车等地的乐史图像资料。

新中国建立始初，中国一些有远见卓识的乐舞史专家，便开始了对敦煌乐舞历史资料的研究。1951 年，蓝玉崧先生于中国民族音乐研究所油印刊行了专题论文《敦煌壁画音乐资料提要》。同年，阴法鲁先生也在《文物参考资料》1951 年 2 卷 4 期上发表了《从敦煌壁画论唐代的音乐和舞蹈》一文。从 50 年代起，中国音乐研究所开始编辑出版《中国音乐史参考图片》，至 1964 年，已出至第 9 期。其中，收有不少敦煌壁画乐史图像资料。

50 年代中期，欧阳予倩、阴法鲁先生等人，带领一批同志，开始从事舞蹈史的研究。他们的工作，虽在特定的历史条件下后来有所中断，但 1976 年以后，阴法鲁先生以及董锡玖、王克芬、刘恩伯等人便发表了一系列运用敦煌壁画史料来解决舞蹈史问题的专论专著。例如：

阴法鲁：《敦煌乐舞资料的历史背景》，《中国史研究》1980 年第 3 期。

欧阳予倩主编：《唐代舞蹈》，上海文艺出版社 1980 年版。

吴曼英等：《敦煌舞姿》，上海文艺出版社 1980 年版。

王克芬：《中国舞蹈史话》，人民音乐出版社 1980 年版。

[①] 连载于《阳关》1982 年第 3 期至 1983 年第 4 期。
[②] P.2578 卷之《开蒙要训》中乐部诸字。已见《敦煌掇琐》。
[③] 参见牛龙菲《敦煌东汉元嘉二年五弦琴谱研究》，《敦煌研究》1985 年第 2 期。

孙景琛等：《中国历代舞姿》，上海文艺出版社1982年版。
这些专论和专著，都涉及了中国古代乐史的有关问题。
关于敦煌所出乐史资料的研究，正方兴未艾。本书即是作者长期注目于此的初步成果。①

目录

再版说明
第二版序
引言——敦煌乐史资料概论
凡例

上卷：敦煌莫高窟壁画乐史资料总录

……
十五、敦煌莫高窟壁画乐器资料分期统计表
十六、敦煌莫高窟壁画乐器资料分窟统计表

下卷：敦煌莫高窟壁画乐史资料研究

（一）乐器篇
……

（二）乐舞篇
……
附件：敦煌壁画乐史资料中文专论文献索引
跋

---

① 此节文字，已载1984年第5、6期《新疆艺术》，并收入乌鲁木齐新疆人民出版社1985年9月版《丝绸之路乐舞艺术》一书。此处，稍有增补、修改。

第二节 评述与拓展

一、基本内容及意义

《敦煌壁画乐史资料总录与研究》一书的第一版是1991年2月由敦煌文艺出版社出版的。此书的第二版是牛龙菲先生在第一版的基础上纠正部分错字,并增补了几条相关的《文献索引》,于1996年12月由敦煌文艺出版社出版。该著作曾获得了第六届"中国图书奖"、甘肃省第三届优秀图书奖。本书以该著作的第二版作简要介绍。

全书主要分为上、下两卷:

上卷:敦煌莫高窟壁画乐史资料总录。此一部分以时代为索,从北凉至清,对敦煌的壁画分期辑录,进一步分窟著录,以表格形式呈现,并在卷末附有"分期统计表"及"分窟统计表",以便阅者清晰简洁地了解敦煌莫高窟的壁画资料。

下卷:敦煌莫高窟壁画乐史资料研究。这一部分主要分为乐器篇和乐舞篇两大板块。其中"乐器篇"涉及壁画中的古琴、古筝、琵琶、弓形竖琴、匏琴、龠籥、埙篪、笛筇、螺贝、钲铙、铃铎、钟磬、鼓鼗、瓦缶水盏、拍板木鱼十五个专题;"乐舞篇"则是包括图像总说、世俗乐舞、宗教乐舞三个专题。

评述:《敦煌壁画乐史资料总录与研究》一书上卷的总录部分,可以说是第一次完整地将敦煌莫高窟建窟以来的十四个时代的所有壁画资料,以表格形式清楚简明地全面呈现出来,为该领域的进一步研究提供了便捷的查找途径。而下卷的研究部分,既包含作者自身的研究成果,又有对该领域其他同人论著的评论,这样的探讨,有益于相关研究的思考,能够推动敦煌壁画乐史研究的进一步发展。如此翔实的资料整理与研究著录,是敦煌音乐舞蹈领域研究的重要理论成果。

二、作者与之相关的论著

1. 牛龙菲:《嘉峪关魏晋墓砖壁画乐器考》,甘肃人民出版社1981年版。
2. 牛龙菲:《古乐发隐——嘉峪关魏晋墓室砖画乐器考证(新一版)》,甘肃人民出版社1985年版。
3. 牛龙菲:《敦煌壁画乐史资料总录与研究》,敦煌文艺出版社1991年版。

三、其他作者与之相关的论著

1. 庄壮:《敦煌石窟音乐》,甘肃人民出版社1984年版。

2. 郑汝中、董玉祥：《中国音乐文物大系·甘肃卷》，大象出版社 1998 年版。
3. 郑汝中：《敦煌壁画乐舞研究》，甘肃教育出版社 2002 年版。
4. 高德祥：《敦煌古代乐舞》，人民音乐出版社 2008 年版。
5. 郑汝中：《敦煌石窟艺术全集·16 音乐画卷》，同济大学出版社 2016 年版。
6. 王克芬：《敦煌石窟艺术全集·17 舞蹈画卷》，同济大学出版社 2016 年版。
7. 中国敦煌壁画全集编辑委员会：《中国敦煌壁画全集》，辽宁美术出版社、天津人民美术出版社 2006 年版。

第十六章 《敦煌壁画乐舞研究》

第一节 序、目录

郑汝中：《敦煌壁画乐舞研究》

——甘肃教育出版社 2002 年版

序

《敦煌壁画乐舞研究》一书，集结了郑汝中先生在敦煌十余年辛勤工作的丰硕成果。当本书出版之际，我回想起在1987年敦煌石窟研究国际讨论会上初识汝中先生的情景。那天，我拿着一幅有琵琶图像的粟特壁画图片，向郑先生请教。汝中先生谆谆教诲，至为恳切，至今仍令人不胜怀想。

也是在那次会上，我们恭听了郑先生《敦煌壁画乐器研究》的讲演。汝中先生绘制了一幅《敦煌壁画琵琶形态图》，绘出了琳琅满目的50种敦煌壁画所见的琵琶图式。讲演指出："这50种图形，基本可以概括一千余年中的中国琵琶流传的形态，若再与今日基本定型的琵琶对照，可以看出这件乐器在我国发展的脉络。"日本著名敦煌学家藤枝晃先生听了这一讲演，当即赞赏说："只有真正在莫高窟做研究的人，才能写出这样的文章。"

藤枝先生的法眼十分犀利，他道出了汝中先生近十年工作的一个非常重要的特色：他的全部工作都来自莫高窟石窟现场。和一般从文献到文献的研究不同，也和一般走马观花的工作迥异。他一头在洞子里扎下来，一扎就是十几年。汝中先生在本书中采取的朴质而卓有成效的方法是值得称道的，这个方法的特色是：

1. 穷尽敦煌壁画乐舞图像的第一手资料。在以往前人对"壁画乐舞"图像调查的基础上，反复穷搜，如50种琵琶图像，则是在调查492个洞窟中有乐舞洞窟240个、绘有乐器4000余件、乐伎3000余身、不同类型乐队500余组、乐器44种的总的情况之后，逐个遴选出来的。

2. 十分重视分类方法。这是一个极有成效而又常被人忽视的方法。段文杰先生近年在《段文杰敦煌艺术论文集》中，反复运用分类方法进行研究。宿白先生1962

年在敦煌所作讲演《敦煌七讲》中，也反复强调石窟研究中的各种分类方法。收入本书的《敦煌壁画乐器分类考略》，是极见功力的大作。

3. 在全面分类的基础上，进一步作特异性个案的分析，作出发明或证伪。一方面，发千古未发之覆，如对"花边阮"的发现和研究就是一个颇有新意的发现；另一方面，从乐理、乐器制作机理、文献等视角，对壁画乐器图形进行去伪存真的考辨。如指出画家想象出的一根弦的弯琴，不能将弦按及品柱，因而不可能用于演奏。

4. 作者严谨地界定了"壁画乐舞""壁画乐舞图式""壁画乐伎""壁画舞伎""壁画乐器""壁画经变乐队"这些特定概念的界限，始终把握住作者分析的对象是壁画图式或壁画乐舞图像。一方面，进行了类似图像志要求的分类研究，如《敦煌壁画舞伎研究》，将壁画舞伎分类为"装饰性的舞蹈造型"和"写实性舞蹈造型"；另一方面，也指出画工制作这些图式、图像时，"必然有一定的杜撰和虚构"。作者说："经过仔细核对，一些文献、诗篇，都与壁画不十分吻合，因此实事求是地说，查无实据。"由此，作者与对历史文献及现代舞蹈术语用于解读壁画乐舞图像的生搬硬套现象，划清了界限。作者不同意把宗教曼陀罗图像解释为舞蹈，也不同意把佛之"手印"解读作舞姿，从而显示出作者严肃、严谨的治学态度，由此，得出了许多更加接近真实的结论。

5. 本书不是为研究乐舞图像而研究壁画乐舞图像，而是作出了图像的文化诠释。如对礼佛舞伎造型的研究，论及其所表现我国舞蹈史上的"身韵"；又如指出壁画模拟的缩小了的宫廷乐队的图像，乃以隋唐燕乐的"坐部伎"为主要模拟根据。更进一步把乐器图式的研究工作引向古乐器的复原仿制工作。

近世以来，研究隋唐燕乐的凌廷堪、邱琼荪诸氏，精于律吕；研究敦煌乐的饶宗颐先生，本人即是一位古琴家。娴于律吕及古器乐，是攀登中国音乐史研究高峰的重要前提。郑汝中先生多年从事琵琶教育，桃李芳菲。娴熟古乐，这也成为郑先生近年来致力于敦煌乐器复原仿制研究工作的一个重要出发点。

汝中先生的仿制乐器工作，是基于十余年研究工作所得的一个重要的学理上的实践。作者指出："中国乐器的发展历史是枣核形的兴衰过程"，敦煌壁画所见乐器，是其发展中最兴旺的时期。"宋元之后逐渐衰落，以致有些乐器泯灭无存了，现今民族乐队所用的乐器品种远不如敦煌古时丰富多彩。"由此，雄辩地论证了仿制敦煌古乐器的必要性和紧迫性。而收入本书的《敦煌壁画乐器仿制研究》，可以说是作者近年来心血的结晶。

郑汝中先生是一位性情中人。他的"率性由真"的个性，表现在他的"自由率意"的书法作品中。郑先生曾出版《雪墨书法选集》，他的作为"心画"的书法作品及风格，曾得到我的前辈肖弟先生的激赏。汝中先生在《敦煌书法管窥》一文中写道："每览敦煌写卷，笔者有骤然惊绝之感。"认为敦煌书法的特点，"表现在自然，质朴，自由率意，不矫饰做作，不故弄玄虚"，"富于创造"，"泼辣大胆，不受甚么法度的约束。"这些，也正是汝中先生所追求的美学理想，是汝中先生的夫子自道。

当本书出版之际，殷切希望本书作者在台建群先生及诸同道的支持下，把本书中已经开拓的工作坚持下去，祈望今后取得更大的成果。

姜伯勤
1996年7月31日于莫高窟

目录

敦煌乐舞壁画的形成分期和图式
敦煌壁画中的乐伎
新发现的莫高窟第275窟音乐图像
敦煌壁画舞伎研究
敦煌壁画乐器研究
敦煌壁画乐器分类考略
敦煌壁画中几种特异乐器
榆林窟三窟千手观音经变乐器图
敦煌壁画乐器仿制研究
敦煌曲谱研究简述
飞天艺术纵论
甘肃音乐文物的特色
【附】
莫高窟音乐洞窟统计表
莫高窟经变画音乐情况统计表
莫高窟壁画乐伎分类统计表
莫高窟壁画乐器统计表

第二节　评述与拓展

一、基本内容及意义

《敦煌壁画乐舞研究》是由郑汝中先生十二篇文章汇编而成的论文集。该书可划分为两个部分：第一部分是有关敦煌器乐、舞乐的研究；第二部分是对飞天艺术以及甘肃音乐文物的研究。

第一部分共十篇文章，涉及敦煌石窟音乐文化多个维度的考察。

《敦煌乐舞壁画的形成分期和图式》从形成、分期、图式三个方面探究敦煌乐舞壁画。该文从四个方面对敦煌壁画形成的因素进行了归纳，又从乐舞壁画本身的内容、艺术风格、构图等方面考虑，将其分为"早、中、盛、晚"四个时期。此外，作者还对石窟中典型的图像按"装饰性""写实性"进行细致分类。

《敦煌壁画中的乐伎》根据作者对敦煌壁画中乐伎的分类研究结果，对不同类别的伎乐形象逐一说明，涉及伎乐的身份、分布情况、表现形式、相关文献与佛典记载、发展演变等方面。

《新发现的莫高窟第275窟音乐图像》分两部分：一是结合275窟内新发现的音乐图像对窟内南、北壁画内容的整体考察；二是对新揭露壁画的时间、乐器图像等内容的考证。

《敦煌壁画舞伎研究》从"装饰性舞蹈造型""写实性舞蹈造型"两个类别着手，对分属不同类的舞蹈装饰画的舞蹈特征与表现内容进行说明，并在文中阐述了作者对壁画舞蹈与文献关系、壁画中的外来因素、民族属性等问题的思考。

《敦煌壁画乐器研究》从五个角度对敦煌石窟中乐器类图像进行论述：一是对乐器在壁画中出现的位置进行分类总结；二是对壁画中所绘乐器特点的归纳；三是对敦煌壁画乐器构图依据的分析；四是按时间序列看壁画中乐器的品种、形态、演奏技艺、演奏形式的衍变；五是对壁画内容"虚""实"的讨论。

《敦煌壁画乐器分类考略》基于作者对全部洞窟里的乐器整理、分类后的结果，将乐器按吹、拉、打三类，分而叙之，逐一说明。

《敦煌壁画中几种特异乐器》研究了敦煌壁画里"异形笛、铜角、花边阮、葫芦琴、弯琴、胡琴"这六种独特造型的乐器，将乐器形制、乐器在石窟的分布情况与史料记载的内容相结合，从多个方面对这几件乐器进行有依据的推测。

《榆林窟三窟千手观音经变乐器图》将安西榆林窟第3窟的"千手千眼观音经变图"的内容、表现形式与敦煌壁画的特性相联系，详细分析了"千手千眼观音经变图"中乐器的特征，并结合史料对图中三种独特乐器进行考察。

《敦煌壁画乐器仿制研究》简述了作者在"敦煌壁画乐器仿制"的工作，展现了作者从前期思考到设计与制作，再到试奏与测音的全过程。

《敦煌曲谱研究简述》是对学界研究敦煌曲谱情况的简述。

第二部分共2篇文章，第一篇《飞天艺术纵论》以佛教绘画中"飞天"造型为研究对象，追溯了"飞天"的由来、表达内涵，归纳总结了"飞天"的内容与形式，分析了中外不同国家、地区"飞天"艺术的特征，并从美学角度探讨"飞天"呈现的美学风貌。第二篇《甘肃音乐文物的特色》从乐器类、图像类对甘肃地区的音乐文物进行梳理、介绍。

评述：本书收录了郑汝中先生 20 世纪 80—90 年代的论文，可以说作者十余年来对敦煌音乐文化研究的心血都汇集于这一册文集中。郑汝中先生从 80 年代开始投身到敦煌音乐研究的工作后，对洞窟中的壁画做了详尽扎实的图片收集、整理工作，这也是其能对石窟壁画有深入认识的关键原因之一。

该书的内容涉及敦煌石窟乐舞图像、乐器图像分类、乐伎形态、舞伎造型分析、乐器仿制等多个方面，对不同研究对象进行图像整理、类型划分是该书极为突出的贡献。郑汝中先生基于自身对敦煌壁画一手材料的全面掌握，对壁画图式、乐器、舞伎等内容给予明确的类别梳理，并附录大量图表说明，尤其是对器乐的类型研究中，详细阐述了多种乐器的形制、演变过程、制作原理等。为方便大家理解，有不少图片都是作者亲自绘制，予以演示。此外，对当时敦煌音乐文化研究中尚未明确之处，例如一些造型奇特的乐器、乐舞图像的内容阐释、飞天伎乐的内涵等，作者都表达了独特的个人见解。书中的图像资料、分类依据、研究方法等学术成果，是研究敦煌器乐、舞乐文化十分重要的参考。

二、作者与之相关的论著

1. 郑汝中：《"敦煌音乐"中的若干问题》，《敦煌研究》1986 年第 2 期，第 79—82 页。
2. 郑汝中：《敦煌壁画乐器研究（摘要）》，《敦煌研究》1988 年第 2 期，第 60—62 页。
3. 郑汝中：《敦煌石窟全集：音乐画卷》，香港商务出版社 2002 年版。
4. 郑汝中：《敦煌石窟全集：飞天画卷》，香港商务出版社 2002 年版。
5. 郑汝中：《佛国的天籁之音》，上海人民出版社 2007 年版。
6. 郑汝中：《飞翔的精灵》，华东师范大学出版社 2016 年版。

三、其他作者与之相关的论著

1. 阴法鲁：《从敦煌壁画论唐代的音乐和舞蹈》，《文物》1951 年第 4 期，第 107—139 页。
2. 蒋咏荷：《敦煌壁画中的隋唐乐器及其组合形式》，《乐府新声》1984 年第 3 期，第 9—19 页。
3. 郝毅：《敦煌壁画中的古乐器——方响》，《敦煌研究》1985 年第 3 期，第 118—119 页。
4. 郝毅：《敦煌石窟壁画中的古乐器——羯鼓》，《乐器》1986 年第 4 期，第 4—5 页。
5. 郝毅：《敦煌石窟壁画中的古乐器——羯鼓（续）》，《乐器》1986 年第 5 期，第 3—4 页。

6. 高德祥：《敦煌石窟壁画中的古乐器——篪》，《中国音乐》1987 年第 2 期，第 88—89 页。

7. 高德祥：《敦煌石窟壁画中的各种鼓》，《乐器》1988 年第 2 期，第 1—3 页。

8. 高德祥：《敦煌石窟壁画中的各种鼓（续）》，《乐器》1988 年第 3 期，第 7—9 页。

9. 阴法鲁：《敦煌石窟中的音乐资料》，《文史知识》1988 年第 8 期，第 54—58 页。

10. 杨森：《敦煌石窟艺术中的箜篌乐器形态简析》，《敦煌研究》1991 年第 1 期，第 25—38 页。

11. 丽瑚：《近期敦煌音乐研究论文索引》，《中国音乐》1992 年第 1 期，第 81—82 页。

12. 庄壮：《敦煌壁画乐器仿制研究工作报告》，《敦煌研究》1992 年第 3 期，第 9、18—20 页。

13. 樊锦诗：《从敦煌壁画图像的研究到制作——敦煌壁画乐器的仿制成功》，《敦煌研究》1992 年第 3 期，第 23—26 页。

14. 林石城：《敦煌壁画乐器喜见复活》，《敦煌研究》1992 年第 3 期，第 29—31 页。

15. 庄壮：《拓宽敦煌音乐研究的路子》，《敦煌研究》1994 年第 2 期，第 55—57 页。

16. 黎蔷：《西亚诸教对敦煌乐舞影响之研究（上）》，《交响》1995 年第 3 期，第 50—53 页。

17. 黎蔷：《西亚诸教对敦煌乐舞影响之研究（下）》，《交响》1995 年第 4 期，第 14—17 页。

18. 庄壮：《敦煌乐舞的研究、实践和发展问题》，《新疆艺术》1996 年第 5 期，第 11—12、24 页。

19. 庄壮：《敦煌音乐舞蹈研究的成果与发展趋势》，《人民音乐》1997 年第 2 期，第 35—36 页。

20. 庄壮：《敦煌乐器研制使用的回顾和思考》，《中国音乐》1997 年第 4 期，第 13—14 页。

21. 庄壮：《复活的敦煌乐器》，《乐器》1999 年第 6 期，第 46—47 页。

22. 庄壮：《试论敦煌壁画音乐艺术的美学观》，《敦煌研究》2000 年第 4 期，第 89—94 页。

23. 庄壮：《敦煌壁画上的打击乐器》，《交响》2002 年第 4 期，第 15—22 页。

24. 庄壮：《论早期敦煌壁画音乐艺术》，《中国音乐》2004 年第 1 期，第 71—79 页。

25. 庄壮：《敦煌壁画上的弹拨乐器》，《交响》2004 年第 4 期，第 12—21 页。

26. 王福生：《敦煌壁画中的部分乐器考辨》，《中国音乐学》2006 年第 4 期，第 76—79 页。

27. 庄壮：《敦煌壁画乐器组合艺术》，《交响》2008 年第 1 期，第 7—17 页。

28. 石应宽：《敦煌石窟乐伎及其音乐形态释考》，《贵州大学学报：艺术版》2009 年第 4 期，第 14—17 页。

29. 李根万：《对敦煌壁画乐器仿制研究的商榷》，《乐器》2009 年第 11 期，第 37—39 页。

30. 庄壮：《敦煌壁画乐器复制应用之思考》，《汉唐音乐史首届国际研讨会论文集》，2009 年，第 357—372 页。

31. 钟力：《敦煌壁画中"不鼓自鸣"乐器组合之研究》，《飞天》2012 年第 24 期，第 83—88 页。

32. 尚媛、魏晓平：《2013 年敦煌乐舞国际学术研讨会综述》，《交响》2013 年第 3 期，第 158—160 页。

33. 景月亲：《敦煌乐舞艺术研究的文献计量学分析》，《交响》2013 年第 3 期，第 37—41 页。

34. 曾金寿：《敦煌乐舞与印度佛教乐舞的渊源关系》，《交响》2013 年第 4 期，第 41—50 页。

35. 程天健：《敦煌壁画乐器、乐队、乐伎的历史形态构成分析》，《交响》2014 年第 1 期，第 18—23 页。

36. 刘蓉：《丝路多元音乐文化在敦煌壁画中的呈现》，《交响》2014 年第 1 期，第 36—41 页。

37. 朱晓峰：《弹拨乐器流变考——以敦煌莫高窟壁画弦鼗图像为依据》，《中央音乐学院学报》2015 年第 4 期，第 114—128、160 页。

38. 钟力：《无量音适众生意——"不鼓自鸣"乐中的妙音声》，《中国音乐图像学学会第二届年会暨学术研讨会》，2015 年，第 182—200 页。

39. 朱晓峰：《敦煌画稿中的音乐图像研究》，《敦煌学辑刊》2017 年第 2 期，第 85—101 页。

40. 王征：《丝绸之路上的龟兹与敦煌音乐图像研究》，《人民音乐》2017 年第 9 期，第 47—52 页。

41. 刘文荣：《1949 年前敦煌乐舞研究的历史进程》，《星海音乐学院学报》2018 年第 4 期，第 72—86 页。

42. 盛鸿斌：《多元文化交融下敦煌舞音乐风格探究》，《北京舞蹈学院学报》2019 年第 2 期，第 77—81 页。

43. 朱晓峰：《解读敦煌乐舞——敦煌乐舞研究方法之讨论》，《艺术评论》2020 年第 1 期，第 54—67 页。

44. 朱晓峰、刘致畅：《敦煌乐舞中的舞蹈：概念与分类》，《北京舞蹈学院学报》2021 年第 3 期，第 18—26 页。

45. 刘文荣：《敦煌壁画乐器的线形表达——兼谈壁画的以图辨乐与图像叙事》，《乐器》2021 年第 7 期，第 30—33 页。

拓 展

一、书籍

1. ［日］林谦三：《敦煌琵琶谱的解读研究》，潘怀素译，上海音乐出版社 1957 年版。

2. 庄壮：《敦煌石窟音乐》，甘肃人民出版社 1984 年版。

二、论文

1. ［日］岸边成雄：《敦煌壁画中的音乐资料》，《唐代的乐器》（与林谦三合著），音乐之友社 1968 年版。

2. ［日］林谦三、陈应时：《敦煌琵琶谱的解读》，《中国音乐》1983 年第 2 期。

3. 郝毅：《敦煌壁画中的古乐器——方响》，《敦煌研究》1985 年第 3 期。

4. 高德祥：《敦煌石窟壁画中的古乐器——篴》，《中国音乐》1987 年第 2 期。

5. 高德祥：《敦煌壁画中的童子伎》，《中国音乐》1991 年第 2 期。

6. 赵昆雨：《云冈石窟乐舞雕刻研究》，《敦煌研究》2007 年第 2 期。

7. 周菁葆：《丝绸之路上的细腰鼓》，《艺术百家》2014 年第 4 期。

8. 刘文荣：《莫高窟隋唐壁画"葫芦琴"图像再考》，《音乐研究》2015 年第 1 期。

9. 朱晓峰：《弹拨乐器流变考——以敦煌莫高窟壁画弦鼗图像为依据》，《中央音乐学院学报》2015 年第 4 期。

10. 朱晓峰：《〈张议潮统军出行图〉仪仗乐队乐器考》，《敦煌研究》2015 年第 4 期。

11. 孙武军、张佳：《敦煌壁画迦陵频伽图像的起源与演变》，《中国国家博物馆馆刊》2018 年第 4 期。

12. 郑汝中：《敦煌壁画中的弹拨乐器》，《中央音乐学院学报》2019 年第 1 期。

13. 周杨:《隋唐琵琶源流考——以石窟寺所见琵琶图像为中心》,《敦煌研究》2020年第4期。

14. 温和:《从敦煌壁画中的弯琴形象看凤首箜篌的传播》,《艺术评论》2020年第1期。

15. 和云峰:《象形文字里的记忆遗产——纳西族东巴音乐的历史承袭及分期》,《民族艺术研究》2019年第4期。

第三篇

研究方法与研究历史

第一章 《音乐图像学及音乐图像研究》

第一节 原文

王玲:《音乐图像学及音乐图像研究》

——《民族艺术研究》2004 年第 1 期

一、音乐图像研究及音乐图像学的概念

图像研究是诠释视觉化再现及其意义的研究。图像研究"Iconography"和图像学"Iconology"的概念由 16 世纪人文主义者首创,用以研究考古学发现的符号、钱币上的肖像和其他图像证据。它们指对图像内容的描述和阐释,包括视觉的象征体系和事实研究。到 19 世纪,艺术史确立为专门学科,综合分析方法发展起来,内容和形式成为分析的主题。从那时起,当学者们提到与形式和风格相对的研究内容时,他们便使用"图像研究"和"图像学"这两个术语。但在音乐学中,内容和形式研究两种方法继续并存。"图像研究"术语的双重含义仍然阻碍着它的明确使用。一些人认为视觉艺术能提供与音乐事实相关的特殊信息,把音乐图像研究用作乐器和表演图像文献编集研究的附属工具。另一些人则把音乐题材的图像视为独立的艺术作品,使用音乐图像研究音乐视觉和音乐视觉化。

图像研究认为相对材料的了解导致重要的明达描述,而图像学意味着解释学层次的理智洞察。20 世纪 70—80 年代,音乐学家为了自己的目的已开始采用这些方法论概念,考虑它们与音乐图像研究的特殊相关性。伊曼纽尔·温特尼茨(Emanuel Winternitz)提倡"音乐图像学"(Musical Iconology)概念,尽管他自己很少洞察到它所隐含的分析层次,这个术语也因为负载了如此多的内涵而很少被使用。之后,像音乐史一样,艺术史也日益注意解读时语意的多元论。在音乐图像研究中,这与题材(在时间过程中音乐被欣赏的方式)和媒介(在时间过程中绘画被观看的方式)有关。在音乐图像学中,因为视觉媒介再现内容和听觉媒介表演内容的代码并不相同,解释学的等式随两个未知数而运算。而且,由于一些图像,诸如殖民地探险者、游客或民族音乐学家拍摄的照片,由来自不同于所描述文化的作者首创,图像创作者尽管是音乐事像的目击者,却并不是音乐文化的一部分,不同文化的并置可能使得音乐图像的分析更为复杂。

20世纪80年代以来,音乐图像学在西方兴起,它横跨音乐史、艺术史、民族学、民俗学及人类学。世界著名音乐人类学家、音乐文化史学家、联合国教科文组织国际传统音乐学会(ICTM——International Council for Traditional Music)理事、国际音乐图像学学会会长、奥地利因斯布鲁克大学蒂尔曼·塞巴斯(Tilman Seebass)教授对音乐图像学是这样解释的:如同西方的其他一些学术术语一样,"图像研究"(Iconography)和"图像学"(Iconology)是由希腊语词素合成的。"icon"的含义为"image"(图像),"-graphy"的含义为"writing","-logy"的含义为"reason""word reading"。音乐图像研究(Music Iconography)则意味着对以音乐为题材的美术作品的研究,但它是研究图像中的音乐现象,或者更广义地说,研究与视觉证据有关的音乐现象,这就不同于其他的研究资料,例如录音音乐、记谱音乐、译谱、乐器或文字记载。

二、音乐图像研究个案

音乐图像学研究20世纪80年代以来比较活跃。迄今为止,国际音乐图像学学会已组织了8次国际会议,以促进这一新兴学科的发展,加强各国学者的交流与合作,介绍新的研究成果,对分析和阐释的方法进行讨论,促进跨学科的合作。2004年1月14日,蒂尔曼·塞巴斯博士应邀到云南大学做了音乐图像学学术讲座,他对几幅东方音乐图像进行了解读,这是一个西方人从历史学、人类学以及美学角度所做的音乐图像学分析。他的讲座可概括为五个部分。

(一)阿弥陀佛图像(净土降落的阿弥陀佛)

佛教图像中有三组与音乐有特殊关系的主题。第一组是曼荼罗,佛祖端立宝座上,周围是他的随从、乐师和舞者;第二组是阿弥陀佛图像,展现从西方净土降临到人世的阿弥陀佛,由奏乐的菩萨陪同,来欢迎去世的信徒;第三组是本生经故事,关于菩萨的传说。

12世纪后半期日本镰仓时代一幅丝帛彩色卷轴画"阿弥陀佛降临和25个菩萨"(净土降临的阿弥陀佛),就是第二类主题的典型例子。和歌山的这幅阿弥陀佛与奏乐菩萨降临图像上,来自西方乐土的阿弥陀佛乘云降临人世,欢迎死去的信徒,信徒在等待他,随行的菩萨中有的手拿日本竖琴(kugo),这是一种现在看似奇怪的乐器。

基于20世纪80—90年代晋·鹿岛(Susumu Kashima)等日本研究者收集的图片资料中获得的大量知识,可以区分日本佛教图像中流行的三种竖琴,其中仅有一种不是真实存在过的乐器。乍一看,阿弥陀佛图像仅只是想象中虚构的事物,这可能会导致乐器史学家把它们搁置一边，但图像学家却不能就此为止。毕竟由于这些器物纯粹和简单的可视形象，它们宣告着自身的存在。不能剥夺它们宣称自己是乐器的权利，但是需要更精确地措辞：这些图像再现的不是乐器，但它们意味着乐器。人们所看到的是西方人称为的"图像"（image），或希腊人称为的"偶像"（icon），但不是乐器本身。画家强调和表明看似奇怪的竖琴象征着声音、音乐，导致精神的愉悦。图像可能是独立存在的超现实主义的作品，或是意在作为象征的典型化的产物。这样的探究不是乐器史学的研究，而是图像学的研究。

图片中乐器史学信息的不连贯提醒人们，乐器的图像再现总是比它们显现的要更少或更多。就它们不是真实的器物而言，它们的内涵更少；就它们能指代无形意义甚至使其视觉化而言，它们的内涵更多。因此，从菩萨手中奇怪乐器在物理上是可能的、可以制成的意义上，它令人迷惑不解的形状并不需要可行。如果图像的观众认出它指代音乐，这就足够了，因为它已经在人们头脑里唤起了声音的概念和音乐产生的效应。

对乐器图像再现的乐器史研究不是一门完全孤立和与音乐图像学研究分离的学科。如果艺术家、画像制作委托人、音乐家和音乐学会会员能够认出图像中超越乐器发声作用之外的意义，那是因为对于他们来说，此乐器代表的已不仅是一种技术装置。东亚学者比西方人更容易理解这一点。在东方文化中，乐器总是一种精神器物，特别在日本，它也是一种美学器物。日本尺八（一种5孔竹笛）的制作极其复杂，甚至比声学标准所要求的更复杂，这是因为乐器制作者要把自然材料内在的美表现到乐器表面，乐器是日本美学概念的镜子。

在中国和东亚、东南亚的其他地区，不仅乐器图像，而且乐器本身具有指代性质。它们不仅本身是美的、实用的，而且还指代超越它们之外的美。人们可以从乐器身上看出正确演奏时可能听见的乐音。声音的先验性、启发性和魔幻性结合到了可视器物的美中。乐器史学研究不仅对乐器的构造产生具体的领悟，而且因为它能将可复制的乐器分离出来，也有助于理解物质世界后面的音乐性质。

（二）波斯竖琴图像

波斯竖琴（harp）与中国箜篌（kughoo）和日本竖琴（kugo）有着历史悠久的亲属关系。东亚较结实的日本竖琴幸存于日本奈良宝库中，它提出了调音的问题。因为这种乐器缺少使之成为三角形而且坚固的前柱，它的稳定性就成问题了。当琴弦绷紧时，最坚固的支弦架也会稍微弯曲。除非使琴弦的紧张程度较小，否则单独每一根弦的调音都会影响其他弦，而松弛的琴弦只能产生非常柔和的乐音。当人们看到15世纪微型画和敦煌石窟中波斯竖琴的图像时，几乎不能想象具有7个或更多音调的特定音阶的精确调音是可能的。针对这问题可能有三种解释：这种乐器比图像所示的要结实得多，其内部甚至有图像上看不到的支柱；或者它被制作得更轻巧，弦的紧张程度也更小；或者音阶和音调系统不是稳定的。如果后一种解释是实情，人们将得以纠正调式的概念，因为直到今天，理论家总相信调式音阶及其众多微分音是精确的。可能调式音阶原先不稳定，但却包含一组可以被正确调音的固定的主音程和若干灵活的次音程，这些次音程在每一次重新调音时可以被重新创造。努力解释诸如音高和音程安排这类音乐要素的理论家总是倾向于给予现象有序和恰当的位置，以便它们符合数学或宇宙论体系。这种态度在东亚、东南亚等地区比较典型。但音乐的现实往往走向相反方向，对抗系统化的企图。与古代琵琶乐器指板上定音的品相关的问题出现了。也许品一直未被艺术家正确再现，或者它们的确被正确刻画，从而表明一个调式音阶内特定的音调是灵活的。希腊四弦乐器的情形已是如此。

图像学研究者的怀疑主义并不意味着不应去努力复制乐器，而意味着应该用更灵活的态度来复制，不采取可能出错的急于寻求答案的态度，而是乐于去发现古老乐器精神本身可能揭示的内涵。

（三）婆罗浮屠上的印度和印度尼西亚音乐

并非佛教阿弥陀佛图像上所见的一切都是的确存在的真实器物，而认为它们与音乐实践毫无关系也是荒谬的。在所有基督教、伊斯兰教或佛教的天堂图像上，都有依照宫廷音乐实践来塑造的场景。赞美诗第150篇中的欢呼场面和《圣经·启示录》中长者的微型画彩饰都使用拜占庭和西班牙宫廷的音乐实践作为意象的模型。意大利巴勒莫皇宫小教堂天花板上刻画的伊斯兰天国音乐是从苏丹（伊斯兰国家最高统治者）在花园里的宫廷娱乐中汲取元素的。展现阿弥陀佛、菩萨、建筑、莲花池、为舞者和乐师所设舞台的佛教曼荼罗是依据印度、中亚和中国宫廷里的实践来塑造的。许多中国和日本学者在努力把图像与当代的宗教、文学和档案文本、幸存的乐器相匹配。

约公元825年建于爪哇中部的著名佛教寺院婆罗浮屠上有一浮雕，其上有关于印度故事场景的插图，这幅作品描述人世生活期间的行为造成日后在天堂或是地狱以及之后化身命运的后果。该寺平台的饰带上绘有本生经故事中菩萨行为的场面。

印度故事画面上的两个场景由一棵棕榈树分隔开。在画面左边较远处，两个芦笙演奏者在为一位舞者奏乐。其他人物包括：一个坐着的旁观者，一个拍手者，一个背有杂货的云游小贩。作为额外乐器的还有一个陶罐和一个乞丐的装有两根叮当作响小棒的贝壳制饭碗。服装、相貌、手势、人物标志、自然环境这一切都展现了普通人的集会和娱乐情形。只有通过指代旁观者熟悉的生活方式，尘世生活的概念才可能被视觉化。因此，这一场面一定是指代爪哇农民和工人的通俗文化。使参拜寺院的爪哇佛教香客与来自印度的农民场景对立是没有意义的。芦笙是东南亚和东亚的典型乐器，今天在云南山区、东南亚大陆和婆罗洲仍成对使用于舞蹈中。棕榈树右边的场景可以依循同样的原则来解释。在华盖之下，一位富商和他的女伴正在欣赏持乞丐碗前进的舞者，一位可能是歌手的男子用刮响器伴奏。

本生经故事画面的风格和刻画的主题就很不同。人物是经精心安排和平衡的，雕刻的技巧也更精练。人群根据功能整齐分隔，在显得密度均匀、生动和装饰性的纹理上，一位舞者自由移动但又伴有优雅的克制，乐师们挤在一块矩形的广场上，画面中心是悠闲而文雅地坐着观看表演的菩萨和他的女伴，马匹、大象和僧侣们构成了有序而恰当的背景，并展示整个场面的仪式性。本生经故事是佛教的道德故事。这一图像上可以看到一个即将修行成功的佛陀在天国享受着天堂的欢乐。与200年之后在爪哇创作的史诗《阿朱那》中天国的场面相比，该图像的创作者更有叙事性，也许更面向生活。从音乐角度来看，乐器的结合是符合逻辑的。小钹构成了闪闪发光的地毯，舞者在上面移动，大钹和陶鼓奏出节奏重音，笛子奏出旋律。如果这一浮雕刻画了从音乐角度看可能存在的乐队，那唯一的解释是：9世纪爪哇与印度的交流一定是直接的，或者为人们所深刻铭记的。爪哇宫廷发展印度音乐，或者浮雕作者参看印度佛教专家提供的模型书来创作。

如果把这个乐团解释为真实音乐的证据，并分析它的基本成分，就会得出三个音乐分层：延伸广泛的旋律，有节奏的节拍重音，声毯（暗喻）。由这三层组成的音乐在印度许多地方相当常见，其历史可以追溯到第一个千年期，但在印度尼西亚却罕见，因为它不强调标点，没有等价于用数层木琴、金属木琴和锣乐声来衬腔式地携带旋律的概念。

令人难以置信的是，婆罗浮屠乐队组成要素的主要特征在巴厘岛幸存下来了。它是杆步（Gambuh）乐队和乐舞。这是一种深奥难懂的音乐种类，比其他木琴乐队更密切地与宫廷环境相联系。杆步乐恰好包括相同要素：一组笛子奏出旋律，两个鼓和一个小锣鼓作为节拍器奏出节奏和重音，一组体鸣乐器奏出声毯。

婆罗浮屠乐队与杆步乐队之间的区别只是次要的。印度乐器变成了印度尼西亚的乐器，但是三个基本结构层次是相同的，唯一的变化只是加入了一组标点装置，尽管是一组不完全的装置。令大多数巴厘乐师惊愕的是，杆步乐的标点弱得出名。乐师们抱怨定位的难度和长得不可思议的小节。甚至到今天，杆步乐仍被视为巴厘音乐范围内一个非常深奥的外来者。可以假设自从它被引进到印度化的宫廷以来，一直是外来者。或者假设它像一块碎片缓慢地与它所属的体系分离，这在印度尼西亚并不是一种不平常的现象。

纵览图像学研究的成果，可以发现浮雕为人们提供了令人着迷的信息。一方面，如果没有它们，杆步乐的存在将会是非常难以解释的，事实上，到目前为止，没有人能够解释它的起源。另一方面，如果没有民族音乐学的证据，将没有史料来证明浮雕上表现的印度尼西亚存在一种印度音乐。更容易评估的是带有菩萨的印度或印度化的音乐场景的虚构性和现实性，并把它与今天的印度尼西亚联系起来，而不是从显现当地街道和通俗音乐的底座来判断浮雕的现实主义，这几乎具有反讽性。但既然有修养的宫廷文化具有不同的优先权，并有意识地保存有助于确立其身份的内容，它是符合逻辑的。

（四）木版画上的日本乐器

葛饰（Hokusai Katsushika）刻画日本古代一种乐器（hachogane）的木版画也带有佛教语境。画面不是表现仪式的场景，却展现出从经常来往于日本奈良和江户的游客获得一些施舍的两个化缘僧侣。如果使用图像来复制画面中央男性人物演奏的乐器，那将不太令人满意。画面上可明显看出这种乐器至少是一种节奏工具或噪音制造器，乐器演奏者正伴着鼓手的伴奏而起舞。演奏者手持两个木槌，正在敲击圆形的器物，但不知这些圆形器物是用什么制成，它们可能是扁平的锣鼓，或钹，或是声板，甚至也可能是鼓。葛饰的复制图极好地再现了演奏技巧，弥补了这方面精确史料的缺乏，它显示出乐器演奏与演奏者旋转及舞蹈的关联。画家用无双的技巧解决了在空间和时间意义上呈现运动的难题。乐师右手里的锣槌正好击到圆盘上，左边的锣槌向外摆动在空中，宣告片刻之后的下一次敲击，即敲击另一圆盘。使图像具有时间意义上运动感觉是通过舞者身体的扭动而实现的，他左脚抬起并指向鼓手，同时右脚脚尖支撑着身体的重量。他身体上部扭动的幅度甚至更强烈，头部面向左边，手臂指向右边。画面的观众都会把圆盘的水平位置与乐师旋转时的离心力联系起来，因为圆形器物仅只上升到水平位置，此时系住圆盘的细线处于圆形运动中。这一演奏把兴奋和狂热的感觉转移给了场景中的观众（可以看到有秃头人，农夫的帽子和人群的阴影），也转移给木版画的观看者。

这幅图像的解读或许并不令乐器史学家满意。展现日本这种古代乐器的其他图像提供了关于它的更多信息，葛饰的另一幅木版画正是如此。它告诉人们演奏者必须满足的活动艺术条件和要素：高速旋转、音乐和舞蹈结合、伴随演奏乐器而来的着迷状态。人们不仅看到这种日本乐器，知道它如何被演奏，而且获悉许多有关表演目的、音乐事像所需体力和精力投入的信息。这种体力需求不仅明显被画面中的观众所感受，也被木版画的观众所感知。

（五）歌伎的图像

对东亚乐器的研究应采取重视万物有灵论和唯物主义的方法。西方乐器因其结构复杂、机械巧妙和部件多样而使人产生兴趣，而日本乐器包含寥寥无几的部件和材料，但日本乐器的制造过程和对材料、形状和润饰的关注却并不简单。制造日本古筝时，上部要刨平，下部不加工，然后燃烧表面，才制成古筝。即使在今天技术占主导的时代，人们仍然珍视通过燃烧表面而显现的古筝木质结构。乐器的世界也是可以被严格压缩为实用性和嬉戏性的纹理、光线的运用和形状的世界。换句话说，从乐器二维的表面和三维的形状来看，它本身也是视觉艺术的器物。没有不意识到这一点的日本画家和木版画家。在乐器各种成分和各方面中，画家会看到在自然界的其他地方或人类手工制造的器物中可以发现的要素。

在日本彩色木版画"歌伎演奏琵琶"中，背景中有带"福"字的红白圆圈，圆圈周围环绕着四只蝙蝠。琵琶的形状和表面的纹理已整合在画中。梨状的外形在宽大和服的下部反复出现，在用于表现画框中歌伎的位置、仪态和衣裙褶状下垂的各类椭圆和圆形成分中，有大量类似琵琶的形状。这一形状也融入了背景的装饰之中，乐器的棕色扩展开来，转化为秋天的叶子，琵琶表面流动的纹理使人想起驱动树叶的微风。而衣裙黑色的背景可能是树叶漂浮于其上的水面。

三、音乐图像研究的启示

上述东方音乐图像的解读分别说明了西方音乐图像研究的视角和价值取向，包括视觉对象和视觉含义（或能指和所指），图像研究及使用图像研究的乐器史学目的，图像研究及历史，视觉的潜能和力量。

音乐图像学描述的对象可进一步分为乐器图像、总谱图像、表演图像和舞蹈图像。其研究对象是古代流传下来和考古发掘出来的音乐（包括舞蹈）的图像资料，即涉及乐舞现象（例如音乐的舞蹈场面）的美术作品（绘画、雕塑）的视觉图像。凡是表现音乐或与音乐有关的各种图画（木版画、水墨画、镶嵌画、微型画等）、雕塑、照片、音乐厅、歌剧院，各种表现礼拜仪式、世俗庆典的画像等，都是音乐图像学的研究对象。

任何使音乐具象或抽象的视觉化的图像材料都带有艺术家对音乐的思考，因此都是音乐图像学研究的对象。此外，关于控制音乐和视觉艺术的联觉概念也属于音乐图像学研究的领域。不同文化提供了各种类型的研究源泉，图像学把图像解释为特定文化的范式。从最具象的照片直到比喻和抽象艺术都是音乐图像研究的材料。它可能是文本的插图、源于口传故事的意象、不附文本的图像、乐器的装饰、乐器图像、唱片套、舞台装饰、音乐表演场地和建筑的设计、音乐创作者工作室的照片、使音乐家产生创作灵感的图像等。这些材料能够反映出相关时期艺术家对音乐的认识，也能够反映出当时的社会文化环境，反映出音乐与绘画两种艺术在宗教中的作用，它们的社会功能和与文化、半文化或无文化传统的关系。

要解读任何图像资料都需要理解视觉美学，解释声音这类不可视和非物质世界的图像尤其如此。因此除了满足乐器史学和表演实践专门知识的方法论要求之外，音乐图像研究者还必须熟悉艺术史图像学。音乐图像研究方法包括三个层次：第一，要描述图像的形式要素，论述每一要素的事实含义；第二，必须考虑影响刻画这些要素的文化习俗，把它们追溯到一个故事或一个场景，并且讨论任何蓄意超自然的、寓言的或暗喻的含义，这是图像研究的描述分析阶段；第三，确立图像内在含义的图像研究，并讨论它所表现的艺术家个性、图像创作赞助人的抱负和旁观者的期待。

音乐图像学研究的主题包括五大类：宗教主题，其中又包括基督教和犹太教世界、伊斯兰教和佛教图像、典礼仪式图像和神话图像；世俗主题；象征性再现，其中包括寓言、符号、寂静生活、空虚图像；肖像；联觉，其中包括音乐内容和过程的视觉化、结构的视觉化。塞巴斯谈到的相互指代实质是联觉效应，例如听到某种声音而产生看见某种颜色的感觉。联觉经历在东亚文化中有悠久传统，它在诗歌中以言辞表达，在绘画中则视觉化了。"唐诗画谱"就是很好的范例。它是罕见的中国明朝时期在唐诗诗集中的插图画，展现了一幅山水风景，右下角有一处居所，一位书生在其间抚琴。从原意上讲，琴比其他任何乐器更具有与自然和谐的内涵。盛开的梅花使抚琴者产生灵感，他桌上的花瓶里亦插有一枝嫩梅。梅花预示着春天，带有强烈的爱的内涵，据说极易受音乐影响，奏乐使自然和人进入和谐的统一。这幅东方图像强调音乐与自然的和谐。道家的学者——音乐家在弹琴过程中表达了自身经验的自然界的和谐，对可视和诗意化世界的专注；他们对充满声音和寂静的时间的音乐体验在水墨画中视觉化了，在诗歌中言辞化了。

在西方，音乐美学，即关于音乐的价值评价和对音乐美的察觉，已经完全与其他艺术分隔开了。当做出价值评价时，音乐学家背离了总谱禁锢的文本，乐器史学家背离了技巧的敏锐和声学的细节，艺术史家背离了媒介中固有的风格和主题范畴。人们保持艺术媒介分离，也凭此保持艺术标准分离。

东亚的情况则非常不同。东亚国家的乐器制造者、乐师、画家和分析艺术作品的学者在对美的理解上有共同的根据。自从远古以来，画家和音乐家共享可视空间和及时空间的概念，它们是关于和谐与过程的类似概念即事件在艺术实体、乐章、织品、木版画内扮演的角色。在乐器中传播美同样是古老的概念。乐器通常被视为声音精神的偶像，物质完美的理念被感知为由乐器制造的完美声音的镜子。学者共有的美学概念促进了美学的交叉，允许他们在音乐的每一次出现中感知到它对其他领域的指代。乐器指代声音，乐器的物质外观指代视觉世界，绘画指代器物和与声音共享的意义，声音指代它的视觉等价物。东亚的学者更具有论述一般艺术之间相互指代的倾向，尤其具有论述音乐图像研究的倾向。

例如，针对塞研究葛饰画中日本古代圆盘形乐器，尚未得知其制作材料，有中国学者认为中国古代也有类似乐器，用玉制成。白居易"玉佩珊珊"诗句即是对类似的中国乐器演奏场面的形象描绘。鉴于东西方审美与思维模式各具特色，音乐图像研究可以促进国际间学者的交流与合作，互相借鉴，取得跨文化交流的新认识。

总之，音乐图像学（Music Iconology）是一门对各种有关音乐图像的内容和形式以及其中的各种符号、题材等加以鉴定、描述、分类和解释的专门学科。其价值在于可弥补文字记载之不足或缺乏，有助于揭示乐器史学、表演方法、音乐家生平和文化史等内涵。这新兴学科将为中国存留甚丰的音乐图像的解读提供新的视角和方法论指导，为阐释其蕴含的民族历史、文化传统、审美模式等提供国际视野和多学科的支持。

第二节　基本内容及意义

一、基本内容及意义

《音乐图像学及音乐图像研究》一文主要分为三个部分：

第一部分，音乐图像研究及音乐图像学的概念。作者在这一部分介绍了音乐图像学的概念、研究对象与学科背景，指出音乐图像研究是对美术作品中的音乐题材、音乐现象的研究。

第二部分，音乐图像研究个案。通过蒂尔曼·塞巴斯博士对几幅东方音乐图像的解读，了解西方人对于音乐图像的分析方法。其分析方法及观点可总结如下：

1. 图像中的乐器不需要完全等同于真实存在的乐器，它们能指代无形意义，使音乐视觉化。只要能在人们头脑里唤起声音的概念和音乐产生的效应即可。

2. 复制图像中的乐器时应采取更灵活的态度，注重表现古老乐器的精神内涵，而不过分拘泥于形制和音高、音阶的准确。

3. 音乐图像学研究成果可以为民族音乐学的研究提供佐证，同时民族音乐学也可以反过来印证音乐图像上的内容。

4. 乐器的形制与纹饰同样是音乐图像学研究的一部分。

第三部分，音乐图像研究的启示。在上述解读的基础上，作者进一步讨论了音乐图像学的研究对象与研究方法。明确音乐图像学的研究对象是古代流传下来和考古发掘出来的音乐图像资料，包括乐器图像、总谱图像、表演图像和舞蹈图像。其研究方法主要分为三个层次：一、对图像表象及其含义的描述；二、在图像相关文化背景下进行研究；三、对图像的创作者、欣赏者等外在因素予以一定的关注。

文章最后，作者指出，东西方学者的研究方法有显著的差异，西方图像学研究的学科界限较为明显、艺术标准较为分散，东方的学者更具有将各类艺术融会贯通的倾向。通过东西方的交流可促进音乐图像学研究的多元化发展。

评述：西方的音乐图像学研究自20世纪80年代兴起，现已趋于成熟，对我国音乐考古学中的图像研究具有重要的启迪和引导作用。本文通过蒂尔曼·塞巴斯博士在讲座上对几幅东亚音乐图像的解读，试图介绍用西方音乐图像学的方法来研究古代东亚的图像。这样跨国界、跨区域的研究方式在中国音乐考古学研究中是比较少见的，它可以使我们了解西方音乐图像学的研究方法，为中国图像类音乐文物的研究提供了国际视野与思路。

二、作者与之相关的论著

王玲：《对音乐图像相关概念的界定及其本质特性的理论思考》，《音乐艺术》2011年第4期，第22—29页。

第二章 《音乐图像学的历史现状与未来发展刍议》

第一节 原文

李荣有：《音乐图像学的历史现状与未来发展刍议》

——《中央音乐学院学报》2006 年第 1 期

一、学科形成与发展简况

音乐图像学（Musical Iconography）是由音乐学和图像学两个不同意义的现代学科结合而成的新兴交叉学科。从其字面意义看，就意味着要对以音乐为题材的美术作品的研究。而实质上音乐图像学的研究，则必须和艺术本体之外的历史学、文化学、社会学、民俗学、宗教学、人类学等学科产生密切的联系，吸收多学科知识的源泉，借鉴多学科的研究方法和优秀成果，方能完成本学科的预定计划任务，实现本学科的最终目的。如同西方其他诸多术语的产生，"图像研究"（Iconography）和"图像学"（Iconology）由希腊语组合而成，最初它仅仅用于研究古代纹章、图案与钱币考据，后来逐步扩展到对各种不同类型、不同题材艺术图像的文化学意义阐释研究等领域，并渐渐地形成了诸多新的交叉学科[1]（p.196）。

将音乐图像学作为一门具有独立意义的现代学科提出，始于 20 世纪初的西方国家，最初只是零星地发表了一些论文，之后又相继涌现了一大批音乐图像学研究的论著，并在此基础上逐步形成了独立的学科教育与学术研究体系。和音乐学的许多研究领域一样，一些德语国家的学者率先做了诸多开拓性工作，发表了一批有较大影响的论著，如德国学者 G. 金斯基（G. Kinsky）出版于 1930 年的《图片音乐史》[2]，对于音乐图像学学科地位的确立与发展等方面，起到了举足轻重的作用。从 20 世纪 50 年代末起，音乐图像学在艺术史研究的推动下有了进一步的深入发展，重要的

---

[1] Tilman Seebass，*Imago Musicae International Yearbook of Musical iconography vol.ix/xii*. Libreria Musicaie lyaliana，1992–95.

[2] G. Kinsky，*History of Music in Pictures*，London：J. M. Dent and Sons，1930.

著作有潘诺夫斯基（Erwin Panofsky）的《图像学研究》[①]、科马（Karl Micheal Komma）的《图片音乐史》[②]、F. 勒苏尔（Francois Lesure）的《音乐、美术与社会》[③]，美国学者温特尼茨（Emanuel Winternitz）的《西方美术中的乐器及其象征意义》[④] 等。

1961 年以来，由德国莱比锡音乐出版社陆续出版的《音乐史中的图像》[⑤] 系列，成为迄今为止规模最大、包容范围最广的音乐图像学著作。这套大型图片丛书分为民族音乐、远古音乐、中世纪与文艺复兴、近现代四大系列，每一系列再分为 10 卷，每卷由一位学者编辑和撰写说明文字，全套丛书共 40 卷，为音乐史学和民族音乐学研究提供了空前丰富的图像资料，使研究者可以从中获得许多有益的启示。可以说这套丛书的每一卷都是一本很有价值的学术专著，特别可贵之处是它完全摆脱了西方过去此类著作以欧洲为主线的方法，把全世界各民族的音乐文化放到了同等的地位，非欧洲音乐史和传统与民间音乐的图片在其中占有相当大的比重，从而大大地促进了各国学者对其他民族音乐文化的了解。这一时期以乐器为主题的专著中，最具代表性的有美国学者温特尼茨的《西方美术中的乐器及其象征意义》[⑥]，R. 查尔斯（R. Charles）的《油画中的乐器》[⑦] 等。温特尼茨的著作没有停留在对乐器本身的描绘和展示上，而是在乐器本体阐释的基础上，进而集中探索了音乐图像中乐器的象征性，特别是象征意义问题，从而使研究工作更具有文化史的深度。即如学界所公认的那样，音乐图像学逐步把音乐图像扩大到整个艺术史、社会文化史的范围中进行研究和阐释，形成了具有系统学科理论和丰硕研究成果的学科发展氛围和学科体系。20 世纪 70 年代初，霍华德·梅尔（Howard Mayer）、琼·拉塞尔（Joan Lascelle）所著《音乐图像学》[⑧]，则对音乐图像学研究成果文献进行收集、梳理和分类编目、著录，为国际音乐学界提供了十分珍贵的参考资料。

随着音乐图像学学科体系在越来越多的国家得以确立和发展，学科教育与学术研究成果的不断涌现，世界各国各民族的广大学者之间很快形成了一种强大的内聚力，在经过了有序的互动与酝酿之后，最终达成一种共识，即建立一个世界性的学

[①] Erwin Panofsky, *Studies in Iconology*, London: Oxford, 1939.
[②] Karl Micheal Komma, *Musikgeschichte in Bildern*, Stuttgart: Alfred Kroner, 1961.
[③] Francois Lesure, *Musik und Gesellschaft im Bild*, Cassel: Barenreiter, 1966.
[④] Emanuel Winternitz, *Musical Instruments and their Symbolism in Western Art*, New York: W.W.Norton, 1967.
[⑤] Werner Bachmann, *Musikgeschichte in Bildern*, VEB Deutscher Verlag fur Musik Leipzig, 1961–1984.
[⑥] Emanuel Winternitz, *Musical Instruments and their Symbolism in Western Art*, New York: W.W.Norton, 1967.
[⑦] Sydney R. Charles and David Boyden, *Musical Instruments in Paintings*, mimeographe Berkeley, Calif, 1961.
[⑧] Howard Mayer and Joan Lascelle, *Musical Iconography*, New York and London: Harvard University Press, Cambridge Massachusetts, 1972.

术研究机构，以全面推动和繁荣音乐图像学学科教育与学术研究事业。1971年国际音乐图像学学会在瑞士正式成立①，它标志着世界性音乐图像学学科体系的诞生而且在之后的国际间学术交流与传播、学术创新与发展等方面，确确实实起到了核心调控与协调等多种作用。

20世纪80年代以来音乐图像学学术研究日趋活跃，从1986年到1996年的10年时间里，国际音乐图像学学会就成功地组织举办了8次国际会议②，标志着其学科建设与学术研究的飞速发展。简况如下：

第一次：1986年6月9—14日，由荷兰海牙市博物馆承办，主要议题是"在民俗学和非西方艺术研究中的音乐图像学的方法"。有奥地利、比利时、加拿大、丹麦、芬兰、德国、意大利、荷兰、美国等国家学者参会。

第二次：1988年5月举行，由意大利波伦亚大学赞助举办，主要议题是"视觉艺术中的北地中海民间音乐"，参会者多来自希腊、南斯拉夫、意大利、葡萄牙、德国、美国等。

第三次：1990年5月举行，由希腊萨洛尼卡大学主持召开，主要议题为"古希腊艺术中的希腊音乐精神"，与会者主要来自法国、德国、希腊、瑞士、美国等。

第四次：1991年9月在乌兹别克斯坦举行，由乌兹别克斯坦作曲家协会、苏联作曲家协会承办，主要议题为"中亚视觉艺术中的音乐"，有来自法国、德国、意大利、美国以及阿塞拜疆、俄罗斯、塔吉克斯坦、乌兹别克斯坦等国家的学者。

第五次：1993年8月在德国海因里希·许茨纪念馆举行，主要议题为"形象与实在：对音乐的列队行进之描绘，1600—1775"，与会学者多来自奥地利、比利时、法国、德国、西班牙等。

第六次：1994年12月30日至1995年1月3日在以色列耶路撒冷和拉马特甘召开，由巴兰大学与国际传统音乐理事会下设的音乐考古学会联合举办，主要议题为"音乐形象与圣经"，与会学者多来自奥地利、保加利亚、中国、法国、德国、匈牙利、以色列、意大利、日本、俄罗斯、美国等。

第七次：1995年6月在奥地利召开，由因斯布鲁克大学与国际传统音乐理事会下属的舞蹈学会联合举办。主要议题为"在舞蹈图像里的形象与实在"，与会学者多来自亚美尼亚、奥地利、保加利亚、丹麦、德国、希腊、匈牙利、克罗地亚、塞尔维亚、日本、美国等。

第八次：1996年5月在西班牙巴里阿德大学举行，主要议题为"在大众节日与贵族节日的图像中的乐器，南欧，1500—1750"，与会学者来自奥地利、法国、德

---

① 刘东升：《杨荫浏先生与音乐图像研究》，《中国音乐学》2000年第1期，第5—15页。
② 李丽芳、杨海涛：《凝固的旋律——纳西族音乐图像学的构架与审美阐释》，云南人民出版社2002年版。

国、日本、葡萄牙、西班牙、美国等[1]。

由上可见，最初确定每两年召开一次国际性例会，后由于多种需要改为一年一次，会议议题多以主办国周边区域内的音乐图像研究为主，而由于种种原因中国学者只有其中的一次参加了会议。

这些会议的成功召开，对促进音乐图像学这一新兴学科的学科体系、理论体系、学术体系等的发展完善，加强各国学者之间的交流与合作，介绍与推广新的研究成果，探讨更为科学的分析、阐释的方法体系，促进跨学科的合作，以及推进主办国该领域研究等方面贡献卓著。由于音乐图像学是一门多领域交叉的学科，需要具有专门知识的各方学者的通力合作，才能共同推进这一学科的发展，由此也吸引了众多音乐学家、艺术史学家、文艺学家、人类学家、民俗学家和博物馆管理者等参加了以上会议和研讨。

二、中国学界的探研历程

作为音乐图像学现代学科体系的构建，中国明显迟于西方国家数十年时间，而中国学界对于音乐图像学术研究的历史，却可追溯到北宋年间的金石学兴起阶段（中国考古学的滥觞阶段），当时主要以遗存或出土古代青铜器和石刻上的图像为研究对象，偏重于著录和考证文字资料，以达到正经补史的目的。我们权且把这一历史分为如下几个阶段：

1. 早期发现阶段。北宋时期肇创的"金石学"，开启了专书著述的历史。所见较有代表性的有欧阳修成书于嘉祐六年（1061）的《集古录》[2]、赵明诚的《金石录》[3]，开始直接记录了山东嘉祥武氏祠地面上的画像石资料（参见《汉画像的音乐学研究》[4]，第17页），涉及内容虽然不多，却产生了重大影响。洪适的《隶释》[5]、《隶续》[6]则记录了四川夹江杨宗阙、梓潼贾公阙等的画像[7]。这一时期金石学发展较快，其研究方法有著录、摹写、考释、评述等方面。

最早集中出现音乐类画像的《金石学》著作，当数吕大临完成于元祐七年

---

[1] 李丽芳、杨海涛：《凝固的旋律——纳西族音乐图像学的构架与审美阐释》，云南人民出版社2002年版。
[2] （宋）欧阳修：《集古录》，《石刻史料新编（第24册）》，台北新文丰出版公司1982年版。
[3] （宋）赵明诚编撰：《金石录》，文物出版社1982年版。
[4] 李荣有：《汉画像的音乐学研究》，京华出版社2001年版。
[5] （宋）洪适：《隶释、隶续》，载《古代字书辑刊》，中华书局2003年版。
[6] （宋）洪适：《隶释、隶续》，载《古代字书辑刊》，中华书局2003年版。
[7] 李荣有：《汉画像的音乐学研究》，京华出版社2001年版，第17页。

（1092）的《考古图》[1]，后又有《续考古图》[2]共10卷，首次分门别类地收录了少量传世和出土的钟、磬、镈、錞于等乐器画像，精心摹绘图形、铭文，记录尺寸、重量等，成为一部具有开创性意义的杰作，并由此开启了汉画像及其他各类音乐图像收集与研究的历史。

除金石学家之外，一些科学家也对此有所关注。如北宋的科学家沈括，在其成书于元祐年间（1086—1093）的《梦溪笔谈》中记载："济州金乡县发一古冢，乃汉大司徒朱鲔墓，石壁皆刻人物、祭器、乐架之类。"并对古代编钟的形制与音响之间的关系作过探讨，发现"古编钟皆扁如合瓦。盖钟圆则声长，扁则声短。声短则节，声长则曲。节短处声皆相乱，不成音律。后人不知此意悉为圆钟。急叩之多晃晃尔，清浊不复可辨"（《补笔谈》卷一）[3]。之后又有王黼等人的《博古图》（1123）[4]、薛尚功《历代的钟鼎彝器款识法帖》（1144）[5]两部金石学著作，收录古代乐器资料较多。

元、明时期，由于政治观念等的原因，学风渐变为恶实学，轻考证，金石之学难以为继，著述甚少，出现了一个冷落的时期。

清代金石学又趋于繁盛，并形成了乾嘉时期的所谓"乾嘉学派"。当时据清宫所藏铜（乐）器"御纂"的《西清古鉴》《宁寿鉴古》《西清续鉴甲编》和《西清续鉴乙编》合称《乾嘉四鉴》[6]。乾嘉学派的兴起，为汉画像的发现和研究带来了新的契机，以至于武氏祠画像得以重见天日（1786年秋），发现者时任济宁运和同知的浙江人黄易，被誉为中国田野考古"第一人"[7]。

清光绪年间，汉画砖也相继被发现。公元1877年，在四川成都新繁县出土了八方画像砖由此也开启了收集和研究汉画像砖的历史。

20世纪20年代以来，越来越多的人开始关心各种图像的收集整理工作，其搜集的范围也由地上扩大到地下墓室，大量不同品类、不同内容和风格的音乐图像资料得以相继问世，并受到广大学人的高度重视，鲁迅先生就曾多次托请各地学人，代为寻访拓印如游猎、卤簿、乐舞、宴飨等可见两汉风俗的石（砖）画像，目的是在国外发表以扩大影响[8]。

1935年10月10日，在东汉光武帝刘秀的故乡——南阳，我国首座专门展放

---

[1] （宋）吕人临、赵九成撰：《考古图、续考古图、考古图释文》，中华书局1987年版。
[2] （宋）吕大临、赵九成撰：《考古图、续考古图、考古图释文》，中华书局1987年版。
[3] （宋）沈括：《补笔谈》卷一，胡道静校注，上海古籍出版社1986年版。
[4] （宋）王黼：《博古图》，北京图书馆出版社2005年版。
[5] （宋）薛尚功：《历代钟鼎彝器款识法帖》，中华书局1986年影印本，第1144页。
[6] 刘雨：《乾嘉四鉴综理表》，中华书局1989年版。
[7] 李荣有：《汉画像的音乐学研究》，京华出版社2001年版。
[8] 王建中：《汉代画像石通论》，紫禁城出版社2001年版。

汉画像石的"南阳汉画馆"落成典礼，为这些稀世珍宝安置了立身之所[1]。故自吕氏《考古图》(1092)[2]的问世至新中国成立以前，是广大学人自发自愿地对进行图像资料的收集梳理，向世人初步介绍图像音乐文物的阶段，可称其为图像类音乐文物发现与研究的早期阶段。

2. 科学开发阶段。新中国成立以来，对古代历史文物的发掘与研究工作，正式纳入国家政府的计划之中，建立了各级、各类专门的文物考古与研究机构，使各类音乐文物的开发研究也逐步由无序变为有序，科学的发掘与考证研究工作稳步进行，并不断取得新的突破。大量珍贵的墓葬图像音乐文物的出土，为古代音乐文化研究提供了十分珍贵的参考资料。

数十年来，对于出土音乐图像学术价值的开发研究与利用，许多学者已投注了大量心力，并不失时机地将新的研究成果运用到教学与科研工作之中。如在杨荫浏先生的《中国古代音乐史稿》(1964上、1981下)[3]，吴钊、刘东升先生的《中国音乐史略》(1983)[4]等音乐史学论著中，均使用了大批出土古代乐舞艺术图像，作为一种有形的音乐史料，有效地改变了中国古代音乐史无形无声的局限。

在资料的收集梳理与研究方面，中国音乐研究所作了大量卓有成效的工作，及时地把来自全国各地的音乐图像分门别类编辑成册，从1954年至1964年，十年间出版《中国音乐史参考图片》[5]九集，其中除各类音乐图像外，还附有专论和说明文字。事实上，这些文字说明亦属于图像学研究之专论。至80年代初，中国音乐研究所资料室已收藏图像2万余幅，成为一个丰富多彩的音乐图像的宝库。1985年德国著名音乐图像学家维尔纳·巴赫曼先生访华，首次把西方音乐图像学的学科理论及方法介绍到中国，而当他参观了中国音研所陈列室后，深有感慨地说："真没想到，中国古代音乐文化是那么绚丽多彩，你们是巨人，我们欧洲只是侏儒。"[6]故此阶段堪称为中国音乐图像学术研究科学开发的阶段。

3. 专题研究阶段。20世纪80年代改革开放以来，随着国内政治生活的稳定，极"左"思潮的清除，科研机构的迅速恢复和开展正常的研究工作，特别是国外各种学术思潮如音乐社会学、音乐民俗学、音乐地理学、音乐民族学、音乐文化人类学等学科理论体系和研究方法相继传入国内，为学术界进一步解放思想、开阔观念起到了巨大推动作用，也为创建相关学科体系带来了良好的契机。在学科建设方面，音乐考古学这一学科体系较早孕育成熟。1982年，中国艺术研究院初设音乐考古专业

---

[1] 李荣有：《汉画像的音乐学研究》，京华出版社2001年版。
[2] (宋)吕大临、赵九成撰：《考古图、续考古图、考古图释文》，中华书局1987年版。
[3] 杨荫浏：《中国古代音乐史稿》(上、下)，人民音乐出版社1964年、1981年版。
[4] 吴钊、刘东升：《中国音乐史略》，人民音乐出版社1983年版。
[5] 中国音乐研究所：《中国音乐史参考图片》(9集)，人民音乐出版社1954—1964年版。
[6] 刘东升：《杨荫浏先生与音乐图像研究》，《中国音乐学》2000年第1期，第5—15页。

硕士点，它表明我国已经具备了培养音乐考古专业高等专门人才的条件和能力，标志着这一学科的诞生。自1985年开始正规招生以来，已为国家培养了许多硕士、博士等高级专门人才。1989年，武汉音乐学院音乐学系开设音乐考古本科专业，后又招收硕士生，与此同时，西安音乐学院也相继开设了音乐考古学的古乐器学课程以及招收研究生，从而形成了遥相呼应的掎角之势并逐步结成网络体系，使这一学科初步形成了阶梯式形态，具有了更加广泛的社会属性。之后又有部分学者零星地招收培养了音乐图像学研究方向的研究生，武汉音乐学院2002年以来还为本科生开设了音乐图像学普修课程，使这种学科发展的氛围日趋浓烈，并为音乐图像学学科体系的确立和发展奠定了牢固的基础。

成立于1990年的中国汉画学会（国家一级学会），是一个聚集了文博考古界、文化艺术界及自然科学界等社会各界的学者，形成了图像学研究领域群英荟萃的庞大学术研究阵地，反映出各学科之间的相互融合渗透与相互借鉴协作已成为一种时代学术精神的象征和发展趋势。这种跨学科的学术研究组织和举办的一系列学术活动，其突出优长是能更加及时、直接地吸收借鉴相关学科的研究成果和方法，在互相启发、互相影响和互相促进中推动学术研究工作的进展，提升学术研究工作的价值，同时也从另一侧面极大地促进了中国音乐图像学学科理论的孕育和学术研究工作的进展。

十余年来，越来越多的学者进入音乐图像学的研究领域，从不同的途径和角度考据论证，著书立说，各类学术论著相继面世，如牛龙菲《嘉峪关魏晋墓砖壁画乐器考》（1981）[1]，庄壮《敦煌石窟音乐》（1984）[2]，牛龙菲《古乐发隐——嘉峪关魏晋墓室砖画乐器考证（新一版）》（1985）[3]，中央民族学院编著《中国少数民族乐器志》（1986）[4]，刘东升等编著《中国乐器图志》（1987）[5]，中国音乐研究所编著《中国音乐史图鉴》（1988）[6]，廖奔《宋元戏曲文物与民俗》（1989）[7]，《中国大百科全书音乐舞蹈卷》（1989）[8]，萧亢达《汉代乐舞百戏艺术研究》（1991）[9]，牛龙菲《敦煌壁画

---

[1] 牛龙菲：《嘉峪关魏晋墓砖壁画乐器考》，甘肃人民出版社1981年版。
[2] 庄壮：《敦煌石窟音乐》，甘肃人民出版社1984年版。
[3] 牛龙菲：《古乐发隐——嘉峪关魏晋墓室砖画乐器考证（新一版）》，甘肃人民出版社1985年版。
[4] 中央民族学院编著：《中国少数民族乐器志》，新世界出版社1986年版。
[5] 刘东升等：《中国乐器图志》，轻音乐出版社1987年版。
[6] 中国音乐研究所编著：《中国音乐史图鉴》，人民音乐出版社1988年版。
[7] 廖奔：《宋元戏曲文物与民俗》，文化艺术出版社1989年版。
[8] 中国大百科全书编辑部：《中国大百科全书音乐舞蹈卷》，大百科全书出版社1989年版。
[9] 萧亢达：《汉代乐舞百戏艺术研究》，文物出版社1991年版。

乐史资料总录与研究》（1991）[①]，赵沨主编《中国乐器》（1991）[②]，中国音乐研究所编著《中国乐器图鉴》（1992）[③]，周到《汉画与戏曲文物》（1992）[④]，黄翔鹏、王子初总主编《中国音乐文物大系》（1996年来陆续出版）[⑤]，董锡玖、刘峻骧《中国舞蹈艺术史图鉴》（1997）[⑥]，应有勤《中国民族乐器图卷》（1997）[⑦]，吴钊《追寻失去的音乐足迹——图说中国音乐史》（1999）[⑧]，冯双白等《图说中国舞蹈史》（2001）[⑨]，李荣有《汉画像的音乐学研究》（2001）[⑩]，郑汝中《敦煌壁画乐舞研究》（2002）[⑪]，李丽芳、杨海涛《凝固的旋律——纳西族音乐图像学的构架与审美阐释》（2002）[⑫]等。这些学术专著的问世为中国音乐图像学学科建设奠定了丰厚的理论与实践基础。

由上可见，音乐图像学的学科体系首先在西方国家孕育诞生，但中国学者对音乐图像的学术性研究却有着悠久的历史，自北宋时期以来，历代都有音乐图像研究的经验积累和不同类别的研究成果，中国古代音乐图像的藏量和质量均优于西方国家，中国音乐图像学学科教育与研究潜在着巨大的发展活力。

三、新起点与新的思路

随着学术观念的不断改变和学术研究的不断深入，音乐图像学研究已逐步成为中国学界共同关注的焦点，成为弥补古代音乐史记载的严重不足，探究音乐文化艺术发生与发展规律的最为重要的途径之一。有幸的是，由于杭州师范学院在汉画艺术研究的不同侧面，如音乐学、美术学、文化学、民俗学等多学科交叉的领域，形成了一个学术研究群体团队，并已圆满完成国家级、省部级科研项目多个，推出批量学术研究成果，在学术界形成一定的影响。2003年度，艺术学二级学科一举获得国家批准，艺术（音乐）图像研究作为学科第一专业方向开始招生，它标志着一个相对持久、稳定的综合性艺术教育与音乐图像学研究之路的开启，同时也给我们提出了新的课题目标和要求。在新的起点下，我们的初步想法如下：

[①] 牛龙菲：《敦煌壁画乐史资料总录与研究》，敦煌文艺出版社1991年版。
[②] 赵沨主编：《中国乐器》，现代出版社1991年版。
[③] 中国音乐研究所编著：《中国乐器图鉴》，山东教育出版社1992年版。
[④] 周到：《汉画与戏曲文物》，中州古籍出版社1992年版。
[⑤] 黄翔鹏、王子初总主编：《中国音乐文物大系》，大象出版社1996年版。
[⑥] 董锡玖、刘峻骧：《中国舞蹈艺术史图鉴》，湖南教育出版社1997年版。
[⑦] 应有勤：《中国民族乐器图卷》，上海音乐出版社1997年版。
[⑧] 吴钊：《追寻失去的音乐足迹——图说中国音乐史》，东方出版社1999年版。
[⑨] 冯双白等：《图说中国舞蹈史》，浙江教育出版社2001年版。
[⑩] 李荣有：《汉画像的音乐学研究》，京华出版社2001年版。
[⑪] 郑汝中：《敦煌壁画乐舞研究》，甘肃教育出版社2002年版。
[⑫] 李丽芳、杨海涛：《凝古的旋律——纳西族音乐图像学的构架与审美阐释》，云南人民出版社2002年版。

1. 加强外联，构筑学科网络体系

学科机制的建立，无疑为我们搭建了一个广阔的发展平台和空间。然而，如前所述，中国音乐图像学学科一直处于潜学科地位，其学术研究和学术教育多属于部分学者个体性行为，作为一个刚刚起步的新兴交叉学科，其学科的教研工作尚处在初始阶段，面临着构筑与完善学科的基础理论体系、功能结构体系、教育教研体系、学术机制体系等艰巨而繁重的任务。又由于其多学科交叉的特性，怎样准确地把握它的学科性质和意义，怎样处理好各种错综复杂的学科关系，怎样才能使其快速进入正确的发展轨道等，目前尚无现成的理论和模式可供借鉴。而这单靠我们一个学科点的努力是远远不够的，这就需要我们必须进一步加强外联与合作，多渠道多途径地吸纳与联合国内外高层次的人力与物力资源，以便于更加及时快捷地全面吸收利用先进的学术理念、学术方法和优秀的科研成果，特别是要在国内学术界形成一个学术机制共建、学术资源共享的网络体系，使学科的发展具有前瞻性、计划性，避免盲目性。

据此，首先必须全面掌握国际音乐图像学学科发展的现状和动态，纵向吸收与借鉴世界各国特别是西方国家音乐图像学学科发展的成功经验和成果，并根据我国的实际情况制定长远发展规划和近期发展的目标，具体可采取利用互联网广泛的收集各种信息，开展长短期学术性互动互访，派遣留学生和访问学者举办不同形式的学术交流活动，翻译引入国际学界最新学术动态、学术理念、研究方法和优秀成果，把他国、他民族的优长和精华全面吸收利用到中国音乐图像学学科建设中来。

其次，要进一步加强国内学术界更加深入系统的互动与联合，横向借鉴周边相关学科的理念精华和优质成果，如采用人才的活性引进与聘任、学科共建、合作开展科研攻关、共同编写教材以及通过创办学术刊物等多种方式，共同营造良好的学术氛围，为学术研讨与学术推介提供更加广阔的空间，逐步实现学术资源与学术成果共享互为的现代学术机制，让不同地域不同学科归属的广大学者，直接或间接地聚集到中国音乐图像学学科建设的阵营之中，共同打造本学科可持续发展的良好基础。

最后，从其表象上看音乐图像学是由音乐学与图像学两个学科体系交叉融合而成的音乐理论学科，而由于音乐艺术是社会历史文化整体中的一个组成部分，在各种不同文化艺术的体系之间又都存在着千丝万缕的内在联系，在所见的古代乐舞艺术图像中也多非孤立地表现音乐本体的内容，而是集中、精练地反映了当时社会文化生活的基本概况和精神风貌，即使是在现代意义上的各个艺术学科门类之间，这种与生俱来的固有关系依然十分密切，特别是对古代音乐文化的考证研究，若仅仅局限于目前划分的音乐学科内的知识范围是远远不够的，还必须借鉴和利用相关文化艺术学科的方法和成果，方能获得该学科的生存价值和实际意义。故从其现代意义上讲,特别是在艺术学学科的框架之下,则进一步赋予了该学科更加广泛的文化含义。因此,就音乐图像学的学科定位问题,我们既可以仍然把之归属于音乐学、音乐史学等学科的分支学科,又应根据其广袤的学理意义及在 21 世纪全球性文化场中的普遍意义,把之看成一个新兴的横跨音乐学、美术学、历史学、文化学、社会学、民俗学、心理学、民族学、人类学等多个学科的综合性前沿人文艺术学科,只有这样才能突破原有学科框架理念的束缚,根据该学科全新的学理性质与意义,重新确定其适宜的发展目标,才能确立其正确的发展定位,才能在未来的历史进程中取得最为理想的学科发展效益。

2. 内部挖潜,完善学科教研体系

由于音乐图像学研究不仅要对图像中音乐艺术表现的内容及细节进行音乐本体意义上的梳理研究,而且要对其图像或符号作文化学、社会学、民俗学、民族学、人类学等意义上的解读,这就需要从事该项研究的人必须学习和掌握以上多学科领域的知识和研究方法。音乐图像学作为一个新兴的综合性人文艺术学科,特有的宗旨目的决定着其必须根据其实际需求重组其课程结构,以扩大学生的知识层面和学术视野,培养学生对艺术作宏观了解和整体把握的能力,使学生具备全面的艺术素质和从事综合性艺术教育与学术研究的基础条件。

从此意义上讲,以多学科综合性为其主要特征的高师院校有着丰富的人才资源和学科基础,这应看成是一种天然的优势所在。因为较长时期以来,由于我国学科的分类越来越细,一个本来完整完善的学科被切割成七零八落的块状或线条,学科与学科之间又逐步形成了故步自封的小型堡垒,缺乏应有的互通与往来,从而造成了学科基础的薄弱和人才知识结构的单一贫乏。而高师院校具有学科齐全、人才集中的特点,各路人马很容易汇集于一体,拧成一股绳,就可形成一种强大的学术合力,攻克一些难度较大的课题,这也是目前符合我国国情的一种推动综合性学科的发展,提高综合性学术研究能力的唯一可行的方法。就目前情况来看,我校虽然已经形成了多学科交叉性质的学科基础骨架,但从学科长远发展的角度来看还仅仅是形成了一个良好的开端和起点,还有更加艰辛的路程和更为广大的发展空间需要我们去努力开拓。

首先必须进一步改变施教者的教育理念,一个显著的特点是,我校艺术(音乐)图像研究方向是置于艺术学学科框架之下的一个多学科交叉的肌体之中,从其表象上似乎离开了音乐学的学科母体,甚至有人戏称其是一种"大杂烩""无主体",而实际上在这更具包容性的博大学术空间里,表面上展现的是多学科知识百川交汇的奇异壮观和魅力,而由于其研究的主体内容和核心并没有因此而更弦易辙,故最终仍将赋予音乐学本体研究更加深刻的哲理性和更加强劲的生命力。在前不久中央音乐学院等单位联合举办的"全国音乐学研究生教育工作会议"现场,不少人在谈论关于"厦大教育模式"的问题，按照周畅教授的说法"厦大有着四面环海的自然优势，难道说还用到游泳池里去游泳吗？"（大意）即指厦门大学自1999年以来在音乐学研究生教育中，充分利用综合性大学的自然优势，广开教路，集优组合，倡导"四环"教育理念，引导学生冲破原有学科的界限，到博大无垠的知识的海洋里吸取营养，在培养全面发展的优质人才方面所取得的成就和经验。之所以称为"厦大模式"，就是因为厦大人具有"先知""先觉"的能力，并率先跨出了单一学科门槛的一步，也就顺理成章地获得了丰收的喜悦。

因此，我们要通过学科理念、教育观念等的调整根据中国音乐图像学学科的现状，根据我校已有的学科基础、人力资源等条件，不断扩展研究的领域和层面，对教育与教学的内容、形式和方法等进行调整，制定适宜的发展规划和实施方案。在课程内容的总体安排上，可适当减少音乐学本体的课程与课时，根据不同的专业方向选开一些诸如艺术社会学民俗学、文化学、古汉语、文献学、目录学、宗教学、民族学、人类学等人文艺术基础性课程，以扩大学生的知识修养与学术视野，为升华到学术研究的层面打下良好的基础。

其次，在学术研究方面，由于音乐图像学研究具有"强调对图像的观看、观察，充分利用人的视觉功能，激发人们更多的使用形象思维、直觉思维，以使人摆脱传统研究方法的禁锢。可以不经过概念群的运转至深而玄的思辨，绞尽脑汁的分析、判断等过程，而直接与信息源相合，用知觉去体察和领悟，从而更多地使用形象思维，以启发人的灵性、灵感，有效地摆脱纯理论研究的枯燥和让人殚精竭虑的苦恼"[①]等丰富多彩的古代遗留之乐舞图像资料，又具有直观、形象和优于其他文字信息的功能，通过音乐图像学的研究，"可以揭示许多典籍史料中语焉不详的细节，可以证史、补史，最终达到梳理全部乐史脉络的目的"[②]。故我们既要摆脱传统研究方法的禁锢，尝试运用思维科学、认知科学等现代科学原理，敢于直接、简单地认识和把握对象，敢于确立全新的思维观念和价值观念，又要严格固守遵循学界长期以来形成的学术规范，要充分重视学科教育与学术研究过程中每一步骤、每一环节的合理性，时刻进行自我检查、自我调适，最大限度地避免随意性、盲目性，逐步建立起一种稳固的学科教育与研究的秩序规范，在理论与实践的交织运转中，逐步完善音乐图像学学科教育与学术研究体系。

3．突出特色，建立可持续发展体系

常言说，十年育树，百年育人。它说明了对人实施全面的文化素质教育的艰巨性和持久性，也反映出建立与健全学科可持续发展体系的重要性意义。从人类文明的历史进程来看，人类文化的发展从单一到多元，各学科门类之间既有其个性特

[①] 刘东升：《杨荫浏先生与音乐图像研究》，《中国音乐学》2000年第1期，第5—15页。
[②] 刘东升：《杨荫浏先生与音乐图像研究》，《中国音乐学》2000年第1期，第5—15页。

点又有其共性特征，存在着千丝万缕的内在联系，当今国际学界把学科之间相互交叉、借鉴与交融提到很高的位置，并已经对世界学术的发展产生了广泛而深远的影响，说明较长时间以来形成的学科分立的极限状态已经或正在得到有效的遏制和解决，多学科之间的交融交汇亦将成为未来学校高等教育及学科发展的必然趋势和重点。从学科发展的层面上讲，音乐图像学作为一个多元文化交织的新兴学科，自然有其独特的学理性质和社会学、文化学意义，特别是置于综合性院校的艺术学学科宏观构架之中，在学科的结构关系上则更加具有包容性和厚重感，在人力物力和设备等教育资源的配备上也有着很大的优越性，在音乐图像的学术研究方面则可以更加直截了当地吸收借鉴相关文化艺术学科的经验、方法和成果，应该说，这既是一种优势，也是一种特色，是学科可持续发展的极好条件。

从其学理性质上看，音乐图像研究讲求实证，是一种对遗存各种有关音乐图像（含绘画、雕塑、文字符号等）中的内容、形式、题材等加以鉴定、描述、分类和解释的专门学问，通过这些手段达到认识、了解、恢复古代音乐活动的具体状态，使现代人对古代音乐的认识超越文字描述的不足等目的。如国际音乐图像学会会长蒂尔曼·塞巴斯（Tilman Seebass）先生所言："音乐图像研究（Musical Iconography）意味着对以音乐为题材的美术作品的研究。音乐图像研究是研究音乐的，但是，是研究图像中的音乐现象，或者更广义地说，是研究与视觉证据有关的音乐现象，这就不同于其他的研究资料，例如，录音音乐、记谱音乐、译谱、乐器、收藏或文字记载。音乐图像学致力于研究音乐的图像资料，任何使音乐具象或抽象的视觉化的图像资料，从最具象的照片直到抽象和象征艺术都是音乐图像研究者感兴趣的对象。它所涉及的媒介包括绘画、雕塑、照片或者任何其他诸如此类的材料。因为这些材料能够反映出艺术家对音乐的认识，也能够反映出当时的社会文化环境。"[1] 总而言之，音乐图像学试图对人类遗存的各种音乐图像或符号做音乐文化学意义、社会学意义和人类学等意义上的综合性解读与阐释，并为相关艺术文化学科的研究提供大量的信息资源和参考依据。

由上可见，从其学理意义上讲，音乐图像学是一个具有很强的包容性和凝聚力的现代前沿学科，而从学科的属性上讲，它又是一个可以挂靠于许多传统学科名下的分支学科，从学科的分布与发展情况来看，我国音乐图像学学科教育刚刚起步，处在具有勃勃生机的发展阶段，也正由于它所具有的这种多元的品性特征，才使得这一学科具有更加强劲的发展潜力。再从我校的基本情况来看，我们已经形成了多学科交叉融合的学科基础有了一个良好的开端，也是一笔宝贵的资源，同时我校学

---

[1] Seebass, Tilman, *Imago Musicae International Yearbook of Musical iconography vol.ix/xii*. Libreria Musicaie lyaliana, 1992-95, p.196. 转引自李丽芳、杨海涛《凝固的旋律——纳西族音乐图像学的构架与审美阐释》，云南人民出版社 2002 年版，第 2 页。

科齐全，人才集中，便于调控极易形成一种强大的合力，加之作为后来者，我们有条件更加客观全面地审视与总结前人的经验教训，吸收借鉴其优长和精华，这样就可以有效地避免或少走弯路，少犯错误，使学科的发展逐步走向良性循环。

然而，如前所述，一个学科教育体系的构建、发展和完善不是一朝一夕的事，要靠长期持续的实践磨砺与积累总结，方能逐步走向一条必然的发展之路。那么，我们目前要努力去做的，一是要继续保持和扩大已有的良好基础和成果，稳步有序地开展正常的学科教育与学术研究。二是要扎扎实实地进行教育理论、管理理论和发展理论的深层研究，建立与健全以科学发展观为主导的信息管理、学科管理、学术规范、学科发展等的长效管理机制。三是要继续依托汉画艺术多层面、全方位研究的特色优势，与时俱进，继续攻关，努力打造人才工程、品牌工程。总之，要充分重视学科发展过程中每一步骤、每一环节的合理性，时刻进行自我检查、自我调适，最大限度地避免随意性、盲目性发展状态，逐步建立起新的学科秩序、学科目标和学术规范，一旦完成了这一艰难曲折的过程，中国音乐图像学学科可持续发展之路就会更加宽阔通畅。

第二节　基本内容及意义

一、基本内容及意义

《音乐图像学的历史现状与未来发展刍议》共三部分：第一部分是对音乐图像学学科形成与发展历史的梳理，同时也介绍了1986—1998年间，国际音乐图像学学会八次举办有关"音乐图像学"会议的情况；第二部分概述了从北宋至21世纪初，我国音乐图像学术研究在不同阶段的发展状况及有关研究成果；第三部分阐述了作者对我国音乐图像学学科建设所存问题的思考，并在文中提出了几点个人建议，涉及学科机制、教研体系、教育体系等内容。

评述：李荣有在该文中对国内外"音乐图像学"学科发展的状况有清晰的梳理、介绍，也让学界更加清楚地构建"音乐图像学"的价值与意义。基于自身对该学科的深入了解，他在文中针对我国"音乐图像学"的发展，提出了几点颇有建设性的意见，这些观点在当时乃至现今，都有着重要的启发作用。

此外，在阐述"音乐图像学"与其他相关学科间的关系时，作者明确指出：我国音乐考古学深厚的根基为"音乐图像学"在我国的形成奠定了一定的基础。再者，我国丰富的文物类音乐图像也为"音乐图像学"提供了广袤的研究空间。反之来看，正因为"音乐图像学"与中国古代音乐史研究、中国音乐考古学的密切关系，就更加凸显出我国"音乐图像学"在当下发展的急迫性与重要性。可以想见,该学科的成熟会更有助于我们去发现、破解文物类音乐图像的信息,对中国古代音乐研究产生重要助益。也因此,李荣有先生在文中对我国"音乐图像学"学科建设所提之建议,才显得越发珍贵。

二、作者与之相关的论著

1. 李荣有:《图像学的历史传统及其与现代的接轨》,《艺术百家》2012 年第 6 期,第 150、166—173 页。

2. 李荣有:《图像与表演融合的历史与未来》,《东南大学学报(哲学社会科学版)》2012 年第 6 期,第 48—54 页。

3. 李荣有:《悄然崛起的中国音乐图像学》,《人民音乐》2013 年第 6 期,第 68—71 页。

4. 李荣有:《图谱图像学与书籍文献学的古今关系》,《艺术百家》2014 年第 4 期,第 151—156 页。

5. 李荣有:《音乐图像学在中国再议》,《交响》2014 年第 3 期,第 11—15 页。

6. 李荣有:《中国音乐图像学释义——〈中国音乐图像学概论〉导言》,《人民音乐》2015 年第 8 期,第 90—92 页。

7. 李荣有:《图谱学·金石学·图像学——中国艺术文化史实证研究体系的完美链接》,《艺术百家》2016 年第 4 期,第 172—178 页。

8. 李荣有:《中国音乐图像学的第二个春天》,《艺术探索》2016 年第 6 期,第 109—113 页。

9. 李荣有:《音乐图像学学科教育与研究及可持续发展探研》,《中国音乐学》2005 年第 4 期,第 88、102—104 页。

10. 李荣有:《中国音乐图像学导论》,《南京艺术学院学报(音乐与表演版)》2017 年第 4 期,第 17—22 页。

三、其他作者与之相关的论著

1. 金经言:《音乐图像学与〈图片音乐史〉》,《中国音乐》1985 年第 4 期,第 39—41 页。

2. 韩国鐄:《音乐图像学的范围和意义》,《中国音乐学》1988 年第 4 期,第 50—55 页。

3. 田岛翠:《音乐图像学》,《人民音乐》1990 年第 1 期,第 51—53 页。

4. 王玲:《音乐图像学及音乐图像研究》,《民族艺术研究》2004 年第 1 期,第 29—35 页。

5. 罗永良：《中国音乐图像学鉴思》，《中国音乐学》2009 年第 1 期，第 99—102 页。

6. 杜亚雄：《应该正确评价中国音乐图像学的成就》，《艺术百家》2010 年第 1 期，第 50—52 页。

7. 洛秦：《视觉艺术中的可视性声音文化维度及其意义——音乐图像学的独特性与不可替代性》，《音乐艺术》2012 年第 4 期，第 89—95 页。

8. 刘勇：《音乐图像的辨伪问题》，《音乐研究》2012 年第 5 期，第 24—26 页。

9. 宋克宾、李秀明：《音画交织·学科交叉·文化交流——国际传统音乐学会音乐图像学分会第十一届研讨会综述》，《中国音乐》2013 年第 1 期，第 106—109 页。

10. 刘宇统：《中国音乐图像学理论体系建设三要议》，《交响》2013 年第 3 期，第 32—36 页。

11. 牛龙菲：《音乐图像学在中国》，《2013 首届中国音乐图像学国际学术研讨会论文集》，2013 年，第 32—41 页。

12. 李沛健、董鑫：《传统与现代接轨是中国音乐图像学的发展之道——2013 杭州首届中国音乐图像学国际学术研讨会综述》，《人民音乐》2014 年第 4 期，第 74—76 页。

13. 丁同俊：《"筚路蓝缕，玉汝于成"——第一届中国音乐图像学国际学术研讨会综述》，《艺术百家》2014 年第 5 期，第 271—272 页。

14. 汪小洋：《考古图像与音乐图像学》，《南京艺术学院学报（美术与设计版）》2014 年第 6 期，第 1—4 页。

15. 王玲：《西方音乐图像学的发展历史及国内外音乐舞蹈图像研究现状述评》，《民族艺术研究》2015 年第 5 期，第 92—101 页。

16. 秦序：《漫说李荣有教授与音乐图像学研究——〈中国音乐图像学概论〉序》，《南京艺术学院学报（音乐与表演版）》2018 年第 1 期，第 134—138 页。

17. 刘勇：《谈音乐图像学与音乐考古学的关系及研究对象》，《音乐研究》2018 年第 6 期，第 70—80 页。

第三章 《中国图像类音乐文物的种类与分布》

第一节 原文

王子初：《中国图像类音乐文物的种类与分布》

——《中国音乐》2013 第 1 期

中国考古发现的音乐文物，主要包含乐器类实物（包括乐器的零配件和舞具等）与音乐图像。乐器类实物所反映的，往往与音乐本体相关的信息较多；而音乐图像类遗存，则更多地反映古人音乐表演的某个场面，其在古代社会音乐生活方面的信息量，则要远远大于乐器类文物。自远古到今天，中国人的祖先在漫长的社会生活中创造了无数的图像类音乐文物，它们在一定程度上直接或间接地截取了人类音乐艺术活动的瞬间。

就目前所见，中国古代的音乐图像类文物，主要可以分为岩画、墓葬壁画、洞窟壁画、汉画像（石、砖）、乐舞俑、艺术绘画、建筑雕刻、器皿装饰（包括编织图案）、音乐书谱（包括铭文）等九种。岩画、墓葬壁画等前八种音乐图像类文物，它们或可以写实或写意的方式较为直接地表现古人音乐生活的情貌；后一种，即音乐书谱和铭文，则是人类为了表达特定的音乐概念创造出来的特殊符号，如文字、谱字等所谓"第二信号系统"的产物，它们间接地记录了古人音乐生活的部分内容。

一、岩画

音乐图像中，内容最古老的可能要算岩画了。一些岩画反映的是人类十分原始的群体乐舞场景。我们所能看到的往往只是人体的舞姿和舞人队列构图的表象，其音乐的含义是从这种舞姿和舞队表象所体现的某种律动，并辅之以对先民乐、舞不分的普遍现象的认识而感受到的。迄今为止，人们还没有从岩画中发现确切的、可以称为乐器的形象。所以一般说来，岩画可以直接描绘古人乐舞活动的场面，但并没有直接表现"音乐"。中国新疆、西藏、内蒙古、甘肃、云南、广西、贵州、四川、黑龙江等地区都发现过古老的岩画，其中有一些反映了先民乐舞生活的场面。由于中国地域广大，各地区、各民族社会发展的不平衡，相当一部分岩画的年代不一定早于公元前 2000 年。不过，多数岩画所反映的内容，确是人类史前社会生活的写照。乐舞岩画可以新疆的呼图壁康家石门子、内蒙古阴山和甘肃嘉峪关黑山等地的岩画为代表。

1. 新疆康家石门子乐舞岩画

新疆自治区呼图壁县康家石门子岩画地处天山支脉山谷中，1987 年发现。岩刻画总面积约 120 平方米，布满大小人物 300 多身。岩刻内容反映了古代先民的祭祀场面和追求种族繁衍、生生不息的生殖崇拜图景，舞蹈姿态表示了繁衍后代的愉悦。岩刻最上部为一列舞蹈者，共有 8 身，大小错落，产生远近感。舞人头部刻画得很真实，上身呈倒三角形，两腿修长，小腿弯曲。头上有高帽，顶部插翎羽两支。肩平展，左小臂下沉，右小臂上扬，做舞蹈状。

2. 内蒙古阴山岩画

散布在内蒙古自治区境内的岩画，东起哲里木盟扎鲁特旗、赤峰克什克腾旗，西至阿拉善盟阿右旗雅布赖山岩洞，特别是在横亘内蒙古中南部，东西绵延数千里的阴山山脉。岩画成了众多北方少数民族在蔓草荒野中留下的沧桑历史的见证。这些岩画早期始于两三万年前，晚期止于清末，为不同时代、不同民族所作。画面生动地反映了中国古代北方先民由蒙昧走向文明的历史进程。无论是狩猎的丰收还是祭祀的盛典，舞乐欢歌是先民用来表达喜悦、虔诚之情最基本的手段。图略为乌拉特中旗的几公海勒斯太岩画之一幅：连臂组舞。画面描绘的是四个舞者在洞口（或室内）连臂而舞。在洞口有一只北山羊翘首卷尾而立。

3. 甘肃嘉峪关北黑山岩画

在甘肃省河西走廊嘉峪关市北 15 公里黑山峡谷中，发现许多岩刻画，有各种动物图像及狩猎图、放牧图、舞蹈图、操练图等，为新石器时代遗存。此幅画刻在距地面高 0.98 米的一块不规则岩石上，石面坐东北朝西南，略呈长方状，长约 2.80 米、宽约 1.03 米。画面所描绘的场面宏大，有人物图像近 30 身，分上、中、下三层列队横排，前有单人教练，有双手叉腰者，有单手叉腰者，头上均佩戴尖长状饰物，似雉翎。画面所表现的似为一种与军事有关的操练性舞蹈。

二、墓葬壁画

在中国的图像类文物中，墓葬壁画类音乐图像十分丰富。这与中国古来的重葬之风有着极为密切的关系。有理由把墓葬壁画单独从绘画作品中分离出来，作为音乐图像的一个独立的品种予以介绍。墓葬壁画常反映当时社会所推崇的、理想的生活方式，或是墓主人生前的重要事迹。如内蒙古和林格尔汉墓、江苏淮安杨庙宋墓壁画上所画内容，很可能就是墓主人生前的重要事迹、生活喜好；或者说，至少也反映了当时社会的一种时尚生活场景。辽、宋、金、元戏曲兴盛起来，促使墓葬壁画题材发生了新的变化。戏曲是中国古代音乐史上最后一种主要的表演形式，一直沿袭到今天。戏曲在当时的社会生活中已成为不可或缺的重要内容。这一点也顺理成章地反映到墓葬壁画上，值得注意的有河北宣化张氏家族墓地和韩师训墓的戏曲壁画，河南禹州白沙宋墓、林州金赵处墓、伊川元东村元墓等地的散乐壁画等。内蒙古敖汉一带也多有发现。另外还有四川广元市石椁墓、广元罗家桥的杂剧大曲石刻壁画等，均为学术界屡屡引述的重要考古资料。

1. 内蒙古和林格尔汉墓乐舞百戏图壁画

1971年秋出土于内蒙古呼和浩特市和林格尔新店子东汉墓。墓中的壁画50多幅，内容丰富。乐舞百戏图分布在前室至中室甬道北壁上，描绘墓主人护乌桓校尉驻地宁城县南门外设置情况，反映出汉王朝与北方游牧民族间的关系。

其中宁城县建鼓、乐舞杂技壁画绘于中室东壁下半部，堂下院内正在表演乐舞杂技，伴奏乐器有瑟、箫、排箫、埙等，表演有双人倒立、对舞、弄丸等。

2. 河北宣化张世卿墓散乐壁画

张世卿散乐壁画墓发现于张家口市宣化区下八里村，根据墓志记载，墓主人张世卿葬于辽天庆六年。在辽授右班殿直，累迁银青崇禄大夫检校国子祭酒兼监察御史云骑尉。墓中壁画面积达86平方米，散乐图绘于墓前室东壁，虽经千年雨水浸蚀，色彩仍很鲜艳。散乐图共绘12人，为一完整的表演场面。应为当时流行的以器乐和舞蹈为主的"戏班"。乐队有吹筚篥者、吹横笛者各2人，吹笙、击腰鼓、击大鼓、击拍板、弹琵琶、击腰鼓和吹十二管排箫者各1人，另有一低矮的舞蹈者，做按节起舞状。

三、汉画像石（砖）

汉画像石主要出现于西汉晚期至东汉。当时的贵族崇尚奢华厚葬的风气，盛行用巨石造墓，并在墓石上刻凿大量反映墓主生前社会生活的画面，或汉人观念中天国的种种景象。形成了一种独特而重要的中国音乐图像品种。这是由于当时世家豪强的势力日趋膨胀而产生的一种社会现象。汉画像石数量很多，主要的考古发现分布在河南的南阳，山东的嘉祥、滕州，江苏的徐州和四川的成都等地。汉画像多用雕刻来代替笔墨彩绘，绘画的手法更为讲究，而且更有利于长久保存。常见汉画像石的雕刻方法，有阴线刻、减地薄肉雕和浮雕，往往再加施彩绘。实际上，汉人也常常直接在墓中绘制壁画来反映这些内容，其传统似乎比刻石成像画像石更早一些。这些壁画直接承袭了西汉前期帛画引魂升天的主题。东汉以后，驱邪升仙内容，逐渐变为以表现死者生前的权势和威仪为主要内容。如盛大的车马仪仗出行、侍者成群，死者生前拥有的庄园，包括农耕、畜牧、桑园、粮食加工和附属手工业生产等内容的画面。除此之外，还绘有一些珍禽瑞兽、树木楼阙、仙人故事和历史人物等题材。与音乐有关的内容，常为建鼓舞、乐舞杂技和鱼龙百戏等。如南阳军帐营乐舞画像石、成都羊子山乐舞百戏画像石、山东嘉祥汉画像石、滕州西户口建鼓乐舞图画像石、徐州白集乐舞画像石、铜山洪楼1号墓宴乐画像石等，均是较为典型的例证。

1. 河南南阳军帐营乐舞画像石

河南南阳军帐营乐舞画像石，其时代应属东汉早期。反映墓主人音乐生活的有三石。内容均为音乐舞蹈的表演场面。其中一石刻鼓舞撞钟图，可见：左帷幔下共有6名乐伎。左侧立建鼓，鼓上饰羽葆，下有虎座，鼓旁两男子各执鼓桴且鼓且舞；图正中挂一大钟，钟右一人右手扶钟架，左手执杖撞钟；图右3人，皆跽坐，两人吹箫播鼗，一人吹埙。另两石刻有长袖舞蹈、假面舞的表演，均有各种乐器伴奏。

2. 江苏铜山洪楼鼓乐百戏画像石

江苏铜山洪楼鼓乐百戏画像石时代为东汉末期，刻有气势宏大的鼓乐百戏场面，可能是汉代张衡《西京赋》中的"总会仙倡"。图中，左方一人手举一物站立，面对整个演出场面，似为指挥、引导者。云气中，一人赤膊，拉动5个连在一起的石滚，表演转石之戏。石滚隆隆，即所谓"礔砺激而增响，磅石盖象乎天威"。在这种热烈的气氛中，开始了"怪兽陆梁，大雀踆踆，白象行孕，垂鼻辚囷"的漫衍之戏。图中的鱼、龙均有4条腿，龟腿也很长，白象显为水牛装扮。"仙倡伪作假形"，怪兽均用动物或人来假扮表演。紧接着"海鳞变而成龙……舍利风牙 风牙化为仙车"，由鱼、龙拉着仙车疾驰而来；仙车上竖有建鼓，"象人"（化装假面人）正在击鼓。还有"蟾蜍与龟，水人弄蛇"行舞于队列之中。最精彩的是幻术表演："奇幻儵忽，易貌分形，吞刀吐火，云雾杳冥。"一伎人手持喇叭形物，鼓腮用力，吹出熊熊燃烧的火焰，表演似乎达到了高潮。

四、伎乐舞蹈俑

乐舞俑是中国图像类文物中的另一个大类"立体图像"。俑人进入墓葬的本义，是先秦奴隶制社会曾广为流行的人殉的替代物。用人俑殉葬的风气，较早出现于先秦，盛行于汉和唐，所取得的艺术成就，也以此时为最高。宋元以往衰落，但仍有沿用。乐舞俑所反映的是单人或群体进行音乐表演的一个特定的场景。从乐舞俑的制作材料上来说，有木、石、铜等类，但最多的是陶俑。从种类上说，乐俑的概念似乎涵盖了伎乐俑、舞蹈俑、说唱俑、杂技俑、戏弄俑等，它们都与音乐有关。乐舞俑在一定程度上反映了墓主人曾拥有过的社会音乐生活。乐俑用立塑的手法制作而成，并常常采用塑绘结合的技法，甚至还给穿上逼真的服装，使其更显得栩栩如生，生动地再现了当时丰富多彩的社会音乐生活。乐俑类所反映出来的乐器形制、乐器组合、演奏手法、舞形舞姿、表演场面和服饰发式等，使其在古代音乐图像中的价值不容忽视。

考古发现的乐舞俑分布较广，四川、湖北、山东、河北、江苏、河南、山西、陕西、新疆、江西等地均有大量重要文物出土。较为著名的有成都天回山说唱乐舞俑、河南孟津岑氏墓彩绘乐舞俑、鲜于庭诲墓三彩骆驼载乐俑等。

1. 成都天回山说唱乐舞俑

成都天回山说唱乐舞俑1957年出土，年代为东汉光和七年（184）。其中的说唱俑最为著名。俑人两肩高耸，大腹如鼓；左臂环抱小鼓，右手翘举做说唱状。该俑是四川出土众多的俳优俑中之佼佼者。

2. 河南孟津岑氏墓彩绘乐舞俑

唐岑氏墓彩绘乐舞俑，据墓志可知其下葬年代为大足元年（701）。10件俑中有男、女舞俑各2人，伎乐俑6人。伎乐俑均跽坐于一方座之上，头绾双螺半高髻，粉面朱唇，为舞蹈表演者伴奏。所持乐器可能为木制，均不存。该彩绘为一十分精彩的历史音乐舞蹈画面。

3. 鲜于庭诲墓三彩骆驼载乐俑

1957年陕西西安鲜于庭诲墓出土三彩骆驼载乐俑。骆驼昂首直立于长方形平板座上，背上以木架成平台，平台上有乐舞俑5人，中立一歌舞男胡俑。左右两侧各坐两乐俑，演奏琵琶等乐器。5人中3人为胡人，2人为汉人形象。该俑为反映唐代中外音乐文化交流盛况的罕见精品。

五、佛教洞窟壁画（包括雕塑）

洞窟壁画作为专门的佛教艺术而独树一帜，其中也包括大量的雕塑作品。新疆库车的克孜尔石窟、甘肃敦煌的莫高窟、山西大同的云冈石窟与河南洛阳的龙门石窟，是洞窟壁画最为集中的地方，号为中国的四大石窟。其发端于南北朝或更早，兴盛于隋唐。所绘那些虚无缥缈的天宫伎乐，漫天飞舞而不鼓自鸣的乐器，表明菩萨们在净土仙界享受的音乐生活，实际上仍是人间现实的折射。从音乐角度考察，那些人间的乐器形制大多未加任何改变，便一股脑儿进入了天宫仙界，去为菩萨们服务。四大石窟是横贯亚欧大陆的"丝绸之路"上的重要遗存，是古代东乐西渐、西乐东渐的历史见证。

1. 克孜尔第8窟伎乐天人图

新疆克孜尔第8窟主室入口上方保存着部分壁画，可能是一幅佛居中央的说法图。其中一天人身体平展，披帛带，胸前横卧一五弦琵琶，左手执琴颈，右手拨弦。乐器的形态、比例都较准确。其形制在中原隋代及唐初的文物中可以见到，此种形制在龟兹壁画中所见很多，唯此图最标准。

2. 甘肃敦煌第220窟乐舞图

甘肃敦煌第220窟乐舞图位于南、北二壁，其上尚存的墨书"贞观十六年"（642），当为初唐所绘。南壁为《阿弥陀经变》，北壁为《药师经变》，为隋代以来比较突出的有大型乐舞的壁画。其中北壁《药师经变》下部的乐舞，是敦煌莫高窟壁画中规模最大、人数最多和最为壮观的一组场面。其乐舞人数竟达32身之多，仅乐队就由28人组成。乐人左、右分列，各持一种乐器，均踞坐于方毯之上，为舞者伴奏。这幅《药师经变》可能是根据隋代达摩笈多所译的《药师如来本愿经》而绘制的，画面极为复杂。

六、建筑装饰

在中国留存至今的宫殿庙宇、碑塔戏楼、官宦宅邸、民居祠堂上，处处可见到精美的砖（石）雕木刻和彩绘装饰。它们与风格独特的建筑浑然一体，构成了中国建筑享誉世界的艺术特色。这些雕刻和彩绘的画面，其内容和题材包罗万象，但最为引人注目的不外乎《三国》《水浒》《红楼》《西厢》等戏曲题材；民间如《八仙过海》《封神演义》等种种神话传说；"松鹤延年""喜鹊闹梅"等吉祥主题；以及雷纹勾连、牡丹忍冬等纯装饰图案。其中也不乏反映古人音乐生活的内容和场面。

1. 郭子仪庆寿乐舞图通雕神龛门窗肚

郭子仪庆寿图通雕神龛门窗肚为清代作品，内容描述唐朝名将郭子仪庆寿场面。作品采用多层通雕技法。画面最上层有一老者端坐于殿堂上，两侧绘有表演乐舞之人，案台下有一人呈恭拜状。中下层可见步行或骑马之人群，以及列于道路两旁之表演乐舞之人，自上而下分别为：1名吹笙者、1名击钹者、2名吹唢呐者、1名击鼓者与1名舞者。刻画出郭子仪庆寿时的一幅热闹非凡的乐舞场面。

2. 广东龙门主兑李公祠太平鼓乐舞砖雕

广东龙门县龙华镇龙华村新楼下主兑李公祠建于清代，檐下徽边及屋顶、梁栋均饰有木雕和石刻，为一种受徽派建筑影响的岭南祠堂建筑风格。太平鼓乐舞砖雕嵌于额枋木榫的端头，共4件，男、女各两件，与民间所要求的男左女右的传统风俗相一致。舞者左手持太平鼓，右手向上高扬过肩做表演状。

3. 云居寺经幢石雕伎乐人

北京房山云居寺辽代经幢残存束腰部分，八面壸门内各雕一伎乐人。内容为一人作舞，七人伴奏。伴奏者所持乐器依次为：吹笙、击鼓、弹琵琶、吹笛、弹筝、吹筚篥和拍板。

七、器皿饰绘

一些古代的乐器或一些日常生活器皿上常常有表现音乐内容的绘画和雕塑装饰，这里统称"器皿饰绘"。如北京故宫博物院所藏战国铜壶上的宴乐渔猎纹即是。它具体地描绘了其时贵族宫廷中表演钟磬之乐的实况。以后有汉魏的陶塑、隋唐的釉绘、两宋魂瓶堆塑、明清瓷器的粉彩画等。各个历史时期有其各自的特色，各个地区有其地方的风格。

1. 宴乐渔猎纹铜壶

宴乐渔猎纹铜壶为战国器，通体刻有精美图像。壶中部，上层刻有宴饮图，下层为奏乐图。奏乐图中置簴簨1架，悬编钟4件，编磬5件。演奏者6人，持槌且歌且舞；右侧竖建鼓1架。该图为战国时期贵族宫廷钟磬礼乐的表演场面，也可看出当时乐队的组合形式。

2. 黄釉瓷扁壶乐舞图

1971出土于河南安阳洪河屯北齐范粹墓。瓷扁壶模制，通体施菊黄色釉。腹部前后两面纹饰相同，为五人乐舞场面：中间一人婆娑起舞于莲座上，右手前伸，左手下垂，双足腾跳，反首回顾。两边为伴奏：或弹五弦琵琶，或击钹、吹横笛。五人均高鼻深目，足蹬长靴，可能是当时西域人的形象。

3. 东汉铜镜七盘舞图

七盘舞是中国汉代最流行的民间舞蹈，在地上排列的道具有盘有鼓，数目多少不等。表演者有男有女，在音乐伴奏中边歌边舞。

铜镜圆形，高圆钮。主题纹饰浮雕四组，并以乳钉相间隔。其中一组为乐舞场面：地上正中置三盘两鼓，一女伎脚下置一盘，挥动长袖起舞。左侧两人跽坐吹排箫。右上一女长袖舒展，左手执桴，边舞边击鼓。右下一人坐地抚琴。

4. 雷陔墓漆盘宴乐图

1997年土于江西南昌火车站的东晋永和八年（352）雷陔墓。漆平盘内底以红、黄、黑、灰绿等色彩饰绘人物、车马、禽兽及勾线纹图案，为汉代典故"惠太子延商山四皓"。图以一绿衣老者抚琴为核心。老者所抚之琴已与传至今日的全箱式古琴相同，与安徽马鞍山三国东吴朱然墓出土漆盘彩绘和南京西善桥南朝墓出土"竹林七贤"砖画所绘之琴基本相同，为这种乐器迄今所见较早的考古图像资料。

八、艺术绘画

所谓艺术绘画，这里单指艺术创作性质的绘画作品。中国著名的历史名画《韩熙载夜宴图》《清明上河图》等，均从一个侧面反映了当时人们的音乐生活。前者截取的是盛行于隋唐间的歌舞伎音乐生活的瞬间，这种王公贵族红地毯上的音乐表演至五代仍经久不衰；后者描绘了800多年前街头说唱艺人精彩表演实况，是当时市民音乐活动繁荣的写照。明清的绘画作品留存至今的就更多了。一般来说，作为艺术的创作，现实主义和浪漫主义、写实和写意并存，它们都是研究古代人们音乐生活的资料。

1.《韩熙载夜宴图》

《韩熙载夜宴图》为南唐宫廷画家顾闳中所作。韩熙载出身北方豪族，逃亡到南唐，官至中书侍郎。为了躲避宫廷的矛盾和帝王的猜疑，于是纵情声色，饮酒作乐，以示胸无大志。南唐后主李煜想重用韩熙载，但又不放心。便派画家顾闳中等到他家去窥探，然后将所见情景绘成图卷上呈，即为《韩熙载夜宴图》。全图按不同场景分成 5 段：听乐、观舞、休息、清吹、送别。其中的"听乐"，描绘韩熙载和众宾客在欣赏当时教坊副使李家明妹妹琵琶独奏的生动画面。

2.《清明上河图》

《清明上河图》作者张择端，北宋徽宗赵佶时期的画院待诏，作品有《西湖争标图》《清明上河图》，都被时人选为神品。全图卷描绘的是清明时节北宋都城汴京（今河南开封）繁华热闹的景象。本图是其中的说书场面：一家高悬市招"孙羊店"的房屋前，围聚了一大堆人，有老者、青年、儿童，还有穿袈裟的和尚。一位长须者正在说唱表演。作者以细腻的手法，真实地记录了 800 多年前的一场街头演出。

九、音乐书谱、铭文

书谱是指乐书和乐谱，是一种间接地反映音乐内容的符号或文字图像；铭文，乐器或其他器物上书写或铭刻的文书。这一类音乐图像是人类第二信号系统的产物，它主要通过文字或其他特定的符号来记录和表达音乐或与音乐有关的事物。古人留下的乐书内容，几乎涉及有关音乐的一切方面。乐谱记录的对象是音乐（乐曲）本身。音乐的本质是一种特定的空气振动，是难以用符号记录下来的。但人们通过乐谱，已经做到了使音乐的一些主要特性在一定程度上得到再现，乐谱从而在古代就得到了广泛的流传和应用。如果说古琴的文字谱《碣石调·幽兰》还不能算作真正意义上的乐谱的话，那么敦煌藏经洞出土的乐谱，则是我们今天所能见到的中国最早的乐谱。曾侯乙编钟上铭刻的文字，真实地记录了中国先秦一部失传了的乐律学理论著作，是中国音乐铭文的著名例证。

1. 敦煌曲谱

"敦煌曲谱"原藏敦煌莫高窟藏经洞，时代为后唐长兴四年（933），是中国迄今所见最早的一种曲谱。国内外学者称它为"敦煌琵琶谱""唐人大曲谱""敦煌卷子谱"等，为一种符号型曲谱，有分段曲谱 25 首，每首曲谱冠有词牌性小标题。曲谱所用符号，仅少数与传世之几种曲谱符号有相同之处，更多的符号尚有待于解释。

2. 曾侯乙编钟

曾侯乙编钟的出土和钟铭的发现，导致了人们对中国先秦乐律学水平认识的彻底改变。如钟铭关于某音在不同调中称谓的对应记叙，真实地反映了当时旋宫转调应用的实际情形，而后世已经全然不知。又如通过对钟铭的研究发现，现代欧洲体系的乐理中大、小、增、减等各种音程概念和八度音组概念，在曾侯乙编钟的标音铭文中应有尽有，而且完全是中华民族独有的表达方法。钟铭中"变宫"一名的出现，弥补了先秦史料关于七声音阶的失载……这里为编钟之中·三·5钟右鼓部的一条铭文：

    姑洗之宫。姑洗之才（在）楚号为"吕钟"，其坂（反）为钟。

  本文为国际音乐图像学会的特约稿，旨在为中国音乐图像学研究提供参考。笔者对该学科接触不多，尤其是对该学科的基本理论，如其研究的对象、研究目的和基本的研究方法，均未有过认真思考。以上所述，仅是提供一些材料、一点思路而已。音乐图像学当以音乐图像为其研究对象。何为"音乐图像"？是否可以说一切与音乐相关的视觉形象都可以算作"音乐图像"？如此，则音乐考古学研究对象中的音乐图像类文物，恐怕还不能囊括全部的"音乐图像"。如音乐考古学研究对象中的音乐图像类文物，一般不外乎是借助线条、色彩或造型的艺术手段完成的有形有体的而且是古代的作品。而现代的、使用光电手段塑造的影视艺术图像，显然不能被包含在内。音乐图像学的研究对象中包含影视图像吗？

  艺术是人类借助想象、运用形象表现思想和情感、反映社会生活的一种意识形态，属人类社会的上层建筑。作为人类的一门重要的艺术，音乐艺术也不例外。音乐艺术是音响的艺术，其以声波为传播媒介；表演停止，声波即刻平息，音乐也不复存在。音乐又是时间的艺术，真正的音乐只能存在于表演的刹那间，古代的音乐作品只能存在于表演当时的瞬间。作为音乐学家，难以以看不见、摸不着的某种特定的声波为研究对象，也无法将早已逝去的历史上的音响为其直接研究对象。一些古代的乐谱也许记载了某些音乐作品。人类曾使用过的一切记谱法，无论如何"完善"、如何"科学"，它只能在非常有限的程度上反映音乐作品部分特性。音乐图像学借助与音乐相关的视觉形象对音乐的历史和理论进行探索，应该是一种值得重视的研究渠道。

第二节　基本内容及意义

  王子初的《中国图像类音乐文物的种类与分布》一文，是国际音乐图像学会的特约稿，旨在为中国音乐图像学研究提供参考。全文共分为九部分：

  一、岩画。主要包括"新疆康家石门子乐舞岩画""内蒙古阴山岩画""甘肃嘉峪关北黑山岩画"。

  二、墓葬壁画。主要包括"内蒙古和林格尔汉墓乐舞百戏图壁画""河北宣化张世卿墓散乐壁画"。

三、汉画像石（砖）。主要包括"河南南阳军帐营乐舞画像石""江苏铜山洪楼鼓乐百戏画像石"。

四、伎乐舞蹈俑。主要包括"成都天回山说唱乐舞俑""河南孟津岑氏墓彩绘乐舞俑""鲜于庭诲墓三彩骆驼载乐俑"。

五、佛教洞窟壁画（包括雕塑）。主要包括"克孜尔第8窟伎乐天人图""甘肃敦煌第220窟乐舞图"。

六、建筑装饰。主要包括"郭子仪庆寿乐舞图通雕神龛门窗肚""广东龙门主兑李公祠太平鼓乐舞砖雕""云居寺经幢石雕伎乐人"。

七、器皿饰绘。主要包括"宴乐渔猎纹铜壶""黄釉瓷扁壶乐舞图""东汉铜镜七盘舞图""雷陔墓漆盘宴乐图"。

八、艺术绘画。主要包括《韩熙载夜宴图》《清明上河图》。

九、音乐书谱、铭文。主要包括"敦煌曲谱""曾侯乙编钟"。

评述：王子初先生的《中国图像类音乐文物的种类与分布》对于中国图像类音乐文物的种类、图像类音乐文物与音乐图像学的差异性提出了独到的见解。他将音乐图像文物建设性地分成九类，并介绍了各个类别的具体内涵和代表性文物，对于中国图像类音乐文物的研究具有重要的指导性意义。

第四章 《图像中的音乐史料研究视角与方法》

第一节 原文

吕钰秀：《图像中的音乐史料研究视角与方法》

——《中央音乐学院学报》2014 年第 3 期

音乐图像学这门学科的研究对象，是一切与音乐有关的平面视觉艺术品，内容包括乐器、人像、手稿、文件、建筑、风景及一切包含音乐主题的美术作品等图像或照片。[①] 中国大量考古发现中的壁画、简帛等，或出土文物上的图饰、雕刻等，都属于音乐图像学的研究范畴。

早期人们对于艺术品的喜好、鉴赏与珍藏，到 20 世纪后半期更增加了研究的部分。1971 年，总部设于苏黎世的国际音乐图像库（Répertoire International d'Iconographie Musicale，RIdIM）成立，其宗旨为"发展对于音乐相关原始图像的分类、编目、研究的方法、意义，并成为一个研究中心"。[②] 1972 年，国际音乐图像库的倡导者之一巴里·布鲁克（Barry S.Brook）继而在美国成立音乐图像学研究中心（Research Center for Music Iconography，http://rcmi.gc.cuny.edu），它成为国际音乐图像库的美国国家中心。此后各国相继成立相关学会，1984 年国际音乐图像库创立了音乐图像学年刊《音乐映像》（*Imago Musicae*，可参见 http://www.ridim.org 网站）。中国则于 2013 年在杭州成立了中国音乐图像学学会。[③] 通过各种会议与出版品的交流，这个学科在中国具有广阔的发展远景。

仔细剖析这门学科在中国的现状，可发现分别有见证历史发展与文化象征意义两种研究视角与方法上的区别。本论文除了阐述二者在中国的发展，还将提出以音乐图像重建古代声响的第三种图像研究方法。

[①] 韩国鐄：《音乐图像学的范畴与意义》，载《韩国鐄音乐文集（二）》，台北乐韵 1995 年版，第 76 页。
[②] 国际音乐图像库（Répertoire International d'Iconographie Musicale，RIdIM）http://www.ridim.org。
[③] 参见 https://wskc.hznu.edu.cn/c/2013-11-08/341192.shtml。

一、见证历史发展

中国文人长期以来都有收集古文物的意识,但其目的多为鉴赏。宋代女词人李清照与其夫婿赵明诚对古代书画与金石之器的收藏赏玩,即为一例。至于图像学这门学科的发展,则在传统的图像鉴赏上更强调赋予图像知识性的"描述与理解"[①]。

长期以来,国内音乐史学科对于图像学知识性理解的应用,多以其作为历史的见证。1980 年版《新格罗夫音乐与音乐家辞典》(The New Grove Dictionary of Music and Musicians)中由布朗(H.M. Brown)撰写的"音乐图像学"词条,内容呈现了"二战"后三十多年来西方在这个学科上的努力。布朗在界定此学科的范围与历史后,将图像所能提供的讯息分为四个方面讨论,即乐器史、表演史、作曲家、文化史。[②] 这四方面均为利用图像所呈现的资讯,辅助音乐史研究者说明历史事件。

图像为音乐史佐证,在中国音乐史的研究中也时有所见,甚至直至今日仍被视为音乐图像最主要的功能。以韩淑德与张之年的著作《中国琵琶史稿》(1987)为例,书中"第三篇:曲项多柱琵琶"中的"一、曲项多柱琵琶的产生"章节段落,即运用了大量音乐图像资料,再辅以一份乐器实物、一份文献及两首诗歌,加以证实。所利用的图像资料计有七种,分别为敦煌壁画中的北魏石窟图像(秦琵琶与曲项琵琶)、《炽盛光佛五星图》、甘肃酒泉丁家闸五号墓壁画、山西大同善化寺大雄宝殿天王塑像、《三才图会》、《韩熙载夜宴图》、《南北二派秘本琵琶谱》插图。所用的乐器实物为正仓院所藏的唐代琵琶;文献部分仅探讨了清朝陈澧的《声律通考》,并一笔带过了白居易的《琵琶行》以及元稹的《琵琶歌》两首诗歌。[③]

中国学者对于图像在音乐史的应用,另可见 1988 年刘东升、袁荃猷编撰,中国艺术研究院音乐研究所出版的《中国音乐史图鉴》[④]一书。这是一部大本的精装巨著,呈现了 497 幅精美的彩色大图片。从书名即可见,图像的功能,是作为音乐史发展的佐证资料。

二、文化象征意义

1939 年,沃堡(Warburg)学派领导人潘诺夫斯基(E.Panovsky,又拼作 Panofsky)

---

① Tilman Seebass, *Musikikonographie*, in Die Musik in Geschichte und Gegenwart. Kassel: Bätenreiter. Sachteil, vol.6.1997: pp.1320–1321.
② H. M. Brown, *Iconography of Music*, Stanley Sadie ed., The New Grove Dictionary of Music and Musicians. London: Macmillian Publishes Limited.vol.9, 1980: pp.11–17.
③ 韩淑德、张之年:《中国琵琶史稿》,台北丹青图书有限公司 1987 年版,第 115—127 页。
④ 刘东升、袁荃猷编撰:《中国音乐史图鉴》,人民音乐出版社 1988 年版。

及其学生们提出艺术史领域中对于图像研究的三步骤[1]，并于1992年在希巴斯（T.Seebass，又译塞巴斯、泽巴斯）的文章中被借鉴为音乐图像学的研究方法。这三个步骤分别为：1.对于图像中一切事物的具象描述；2.对于具象事物象征及隐喻的探讨；3.作画风格与意图的深究。[2] 希巴斯在此文中，以9世纪前期东南亚的婆罗浮屠石雕为例，进行了三步骤研究法的实例说明。

分析希巴斯对于音乐图像学所建议的研究步骤，可以发现上文所提及的利用图像作为见证历史发展的素材，仅能归属于这种研究方法的第一步骤，也就是说，以图像中的既有事实，验证音乐史的发展，仅为这种研究方法的第一层面。而希巴斯之后所提的两个步骤——强调音乐在图像中所显现的文化象征隐喻，以及作画背景与意图的探讨，则更倾向于反映图像中的社会学面向。[3] 1997年版德语音乐百科辞书《音乐的历史与当代》（*Die Musik in Geschichte und Gegenwart*，简称 MGG），以及2001年出版的《新格罗夫音乐与音乐家辞典》第2版中，"音乐图像学"这个词条均邀请了希巴斯撰写，[4] 可见希巴斯所提出的理论与方法获得了音乐图像学学科领域的认同与肯定。

希巴斯在欧盟"文化2000"科研项目的支持以及7个欧盟国家的参与之下，在一年时间内，耗资109392.32欧元，于2003年出版了包含三张影像光盘（CD-ROM）的"音乐映像"（Images of Music）。三张内容分别为：第一张"圣乐、图像及真实性"，内含95幅图像及37个相关乐器音乐片段；第二张"音乐与舞蹈中的节奏"，内含99幅图像及33个相关乐器音乐片段；第三张"音乐神话——从远古至当代"，内含105幅图像及37个相关乐器音乐片段。所有图像均以300dpi解析度扫描，可进行放大，有利于细部检验，并附有图片解说、索引、乐器表等文字内容。

1. 社会学导向的中国音乐图像研究

按照希巴斯的理念，吕钰秀对于台北故宫博物院中6000幅纸本绘画进行了全盘梳理，归结出其中与音乐有关的450幅，并尝试以希巴斯所提出具象、象征、意图三个步骤加以检验，1999年以德语发表了《古典中国文人绘画中的声响世界》

---

[1] Erwin Panofsky：《造型艺术的意义》，李元春译，台北远流出版事业股份有限公司1996年版；Tilman Seebass，"Musikikonographie"，*in Die Musik in Geschichte und Gegenwart*. Kassel：Bätenreiter. Sachteil，vol.6.1997：pp.1320–1321.

[2] Tilman Seebass，"Iconography"，in Helen Myers ed.，*Ethnomusicology, an Introduction*，London：The Macmillan. 1992：pp.238–244.

[3] Tilman Seebass，"Musikikonographie"，*in Die Musik in Geschichte und Gegenwart*. Kassel：Bätenreiter. Sachteil，vol.6.1997：pp.1320–1321.

[4] Tilman Seebass，"Musikikonographie"，*in Die Musik in Geschichte und Gegenwart*，Kassel：Bätenreiter. Sachteil，vol.6.1997：pp.1319–1343；Tilman Seebass，"Iconography"，in Stanley Sadie ed.，*The New Grove Dictionary of Music and Musicians*. London：Macmillian Publishes Limited. vol.12.2001：pp.54–71.

(*Klangwelt in der klassischen chinesischen Gelehrtenmalerei*)[①]一文。2002年，更整合全部450幅图像的研究成果，发表了《台北故宫博物院绘画中的音乐图像研究》[②]一文。文中除了对于台北故宫博物院所藏图像内容提出分类意见（分为包括文人意识图像、宗教活动图像、世俗生活图像三类），亦提出西方绘画研究所未见、独属中国传统纸本水墨绘画研究上的困难性与解决之道。这包括四个部分，其一为实际音乐图像、图像标题和其中的题诗之间存在矛盾问题。以清张宗苍画《寒山晓钟》一图为例，标题与题诗中，都提及了钟这项乐器，但画面中并无任何钟的踪影，而是一幅写意的山水画，远方并有一座寺庙。这种诗文引领的写意及隐喻式描绘手法，是中国图像研究上的一个困难点。其二，苏东坡于《书鄢陵王主簿所画折枝二首》中提及"论画以形似，见与儿童邻"昭示着写意画有着比写实画更崇高的地位。这也让中国画的绘图与后人的收藏赏玩上，有着更重视写意图像的倾向，造成提供写实信息，也就是以上所提的"见证历史发展"的这类图像，在台北故宫博物院的收藏中所占不多。此外，其三画面大小所能展现的讯息量，以及其四中国人学习绘画中的临摹概念，也都属于研究台北故宫博物院内中国音乐绘画时较突出且必须解决的问题点。

在提出问题点与解决方案之后，文章对于台北故宫博物院纸本音乐图像绘画尝试以希巴斯所昭示的社会学倾向步骤进行分析。分析研究中，例如占有整体研究数量46%的古琴图像，乐器本身在绘画中常常以布包裹，或仅为山水画的装饰，无法看清乐器具体形制，不具有实际可以计算徽位、弦数等功能性。但如果从社会学的角度分析，台北故宫博物院纸本绘画中大量此类乐器图像，显示了这些作画者，也就是中国文人对自然的向往、对现实的逃避，以及不与世俗同流合污的情操。

在此之后，由吕钰秀所带领的研究生继续以主题形式与社会学观点进行台北故宫博物院音乐图像的深度研究，探讨了台北故宫博物院纸本绘画中的儿童题材图像（华美惠《故宫绘画中的儿童乐器研究》，2004[③]）；宗教主题图像（刘素杏《故宫释道画的音乐表现》，2004[④]）；仕女画像（李书宜《故宫仕女图中合奏之研究》，2010[⑤]）；清朝谢遂《职贡图》画像（庄雅斐《谢遂〈职贡图〉画卷中的苗族音乐文化探讨》，2006[⑥]）；王玉玫《乐器被视为文化象征——以谢遂〈职贡图〉中的乐器为

[①] Lu, Yu-Hsiu. "Klangwelt in der klassischen chinesischen Gelehrtenmalerei", in *Systematische Musikwissenschaft* June 1999, pp.87—94.
[②] 吕钰秀：《台北故宫博物院绘画中的音乐图像研究》，《音乐探索》2002年第2期，第9—13页。
[③] 华美惠：《故宫绘画中的儿童乐器研究》，硕士学位论文，东吴大学，2004年。
[④] 刘素杏：《故宫释道画的音乐表现》，硕士学位论文，东吴大学，2004年。
[⑤] 李书宜：《故宫仕女图中合奏之研究》，硕士学位论文，东吴大学，2010年。
[⑥] 庄雅斐：《谢遂〈职贡图〉画卷中的苗族音乐文化探讨》，硕士学位论文，东吴大学，2006年。

例》，2009①）。通过希巴斯所提供的研究方法，以具象、象征与意图研究的三个步骤，对于这些主题分别得到以下结论：绘画中的儿童乐器部分，喜用琉璃喇叭、锣鼓、铙钹等简单易于操作，但声响上又极为响亮的乐器，以制造出热闹欢腾的声响效果，间接显现了古代中国人对于家族兴旺、多子多孙的期待。宗教主题绘画中的佛教音乐世界，则多有魏晋以来，佛教大量东传至中国时的一些相关乐器出现，例如琵琶、竖箜篌、方响、笙簧等，显示了佛教这个宗教的历史来源。仕女图像中，以丝竹弦管等轻型室内乐器为主，显现了中国古人对于仕女贤淑优雅的印象与期待。成画于清乾隆时期的谢遂《职贡图》中呈现的他国异邦的各项民族乐器，展现了当时中国幅员辽阔，对于分属不同族群的异域文化有着极高的兴趣。

2. 研究方法的确立

陈欣在《我国音乐图像研究的肇始及音乐图像学形成与发展中的几个问题》（2011）一文中提出，音乐图像学这门学科在中国被关注的起点，在于维尔纳·巴赫曼（Werner Bachmann）1985 年的访华之行，之后"音乐图像学"一词就在中国音乐学界时有所闻。② 巴赫曼继承其前辈贝斯勒（H.Bessler）与施奈德（M.Schneider）两位学者于 1961 年所开创的《图像音乐史》（*Musikgeschichte in Bildern*）系列，继续编纂。据 2005 年华美惠的统计，此套书籍分为四大系列，分别为民族音乐（13 卷）、远古音乐（9 卷）、中古及文艺复兴（10 卷）、近现代（9 卷）。③ 基本上每卷左页为文字叙述，右页为音乐图像，编纂理念主要建立于上文所提及的"见证历史发展"。

20 世纪 90 年代后半期，国内出版的音乐图像学相关论文及专著渐多，除了历史见证，希巴斯的概念也渐渐被关注与引用。例如李玫的《图像研究还是看图说话》（2008）④，以及洛秦的《视觉艺术中的可视性声音文化维度及其意义——音乐图像学的独特性与不可替代性》（2012）⑤ 两篇论文，均提及了帕诺夫斯基以及希巴斯的三步骤研究方法，显示以社会学视角进行音乐图像的探讨正逐渐被国人接受并利用。

三、重建古代声响映像

2012 年，吕钰秀发表了《重建先秦音乐史中的声响可能性——以〈乐记·乐本篇〉为例》一文，探讨文献所能提供重建古代声响想象的可能性。文中认为，虽然

---

① 王玉玫：《乐器被视为文化象征——以谢遂〈职贡图〉中的乐器为例》，硕士学位论文，东吴大学，2009 年。
② 陈欣：《我国音乐图像研究的肇始及音乐图像学形成与发展中的几个问题》，《齐鲁艺苑》2011 年第 5 期，第 14 页。
③ 华美惠：《故宫绘画中的儿童乐器研究》，台北美乐出版社 2005 年版，第 150—151 页。
④ 李玫：《图像研究还是看图说话》，《文艺研究》2008 年第 5 期，第 138—146 页。
⑤ 洛秦：《视觉艺术中的可视性声音文化维度及其意义——音乐图像学的独特性与不可替代性》，《音乐艺术》2012 年第 4 期，第 89—96 页。

文献无法呈现个别的一首旋律曲调、一个节奏韵律，但借助收集文献中对于声音的文字描述与形容，可以建构起一个有理论依据的、想象的理想音乐声响。这是一种古人意图上的声响，是一种声响全貌的概念，对于认识古代音乐史，提供了另外一个思维的可能性，对于摆脱哑巴音乐史，亦提供了方法。[1]

其实，音乐图像亦能提供重建古代声响概念的可能性。在20世纪60年代末70年代初，加拿大作曲家默里·谢弗（Murray Schafer）已经提出"声音景观"（Soundscape）概念（1969，1977）[2]。在谢弗的理论中，声音景观是一种环境音乐的概念，它不但包括噪音，亦包括一些自然与文化下有意义的声音。[3] 在研究的过程中，谢弗不断完善这个概念，使其不但是一种声响环境中任何声音元素的空间概念，亦可包含历史脉络之下的"记忆音""意象音""文化音""社会音"[4] 等层面。

谢弗的概念对于民族音乐学的研究影响深远。美国音乐学者谢勒梅（Kay Kaufman Shelemay）就受此影响，在其2001年的著作《声音景观：探索变化中的世界音乐》（Soundscape: Exploring Music in a Changing World）中，将声音景观诠释为"声音"（sound）、"场域"（setting）和"意义"（significance）三者相互影响而存在的音乐文化景观。[5] "声音"是具体的音色、音高、时值等；"场域"是指音乐表演空间的所有事物，以及这些事物的当下行为；"意义"则指不同背景的表演者与听众的所有相关事物。国内对于这个概念亦同步引入，汤亚汀于2001年就已经以中文发表了《音乐的流动景观与家门口的民族音乐学——读谢勒梅新著〈声音景观：探索变化中的世界音乐〉》一文，介绍声音景观的概念。[6]

绘画本身属于平面式的二度空间，而一幅图像恰恰显示了一个完整的空间平面，正是声音景观的空间界定。对于一个空间概念的音乐文化观，可涵盖"具象与抽象、视觉性与实践性、物理性质与文化性质"[7]，在此提供了对于图像剖析的可能性。

---

[1] 吕钰秀：《重建先秦音乐史中的声响可能性——以〈乐记·乐本篇〉为例》，《中央音乐学院学报》2012年第4期，第25—28、68页。

[2] R. Murray Schafer, *The New Soundscape*, Scarborough: Berandol Music Limited, 1969; R. Murray Schafer, *The Tuning of the World*, New York: Alfred A. Knopf, 1977.

[3] R. Murray Schafer, *The Tuning of the World*, New York: Alfred A. Knopf, 1977, pp.274–275.

[4] 王俊秀：《音景的都市表情：双城记的环境社会学想像》，《国立台湾大学建筑与城乡研究学报》2001年总第10期，第90页。

[5] Kay Kaufman Shelemay, *Soundscape: Exploring Music in a Changing World*, New York: W. W. Norton & Company, 2001, 2006^2: xxxv–xv.

[6] 汤亚汀：《音乐的流动景观与家门口的民族音乐学——读谢勒梅新著〈声音景观：探索变化中的世界音乐〉》，《音乐艺术》2001年第4期，第91—94页。

[7] 杨建章、吕心纯：《音声空间研究的全球趋势与本土回应初探》，《关渡音乐学刊》2010年总第13期，第84页。

四、实例分析

按此概念，例如现藏于国家博物馆的明朝《宪宗元宵行乐图》，其中有燃放烟花、各色货郎、走会游行、百戏杂耍等图像场景。如果从上文所述见证历史发展的视角，可见到明朝货郎与百戏情形、走会中不同的队伍内乐队乐器的应用状况、乐器形制与配器可能性等。而如果从希巴斯所提出社会学视角观之，例如货郎卖货附近，孩子们提着象形、人形、鱼形、三脚蟾蜍等形状的灯笼，象征着太平有象、步步高升、年年有余及财源滚滚；走会游行中的外邦朝贡队伍，显现了太平盛世，藩属国对于大明王朝的臣服；钟馗队伍，则呈现了驱除鬼魅，吉祥平安的节庆含义。至于此图的绘图意向，宫中浓缩了民间元宵节的形态，并隐含了许多象征意图，且皇帝亦亲临观赏，除了显示宫廷中对于民间盛会活动的羡慕与向往，图像将一朝之君，甚至全体中国人，在一年之始希望讨个吉祥如意好彩头的心愿，表现无遗。

但除了以上所提及，音乐图像可象征文化与绘画意图的意义性，《宪宗元宵行乐图》也反映了绘画空间所显示的一个理想声响概念。例如图中的百戏场景，拥有着许多不同的声响，为了吸引观众所发出的锣鼓与口哨声，以及在百戏动作中，在最高难度时，表演者却神闲气定地以笛子吹出悠扬之声。这些声音显示了演员与群众的两种心态，所表现在声响上的极大反差。另外，人群所制造出的鞭炮、锣鼓等多样声响，反映出了中国人所期待的一种庞大数量的集合，不论表现在丰收、丰年的年节庆祝活动中，或是在整个场景所制造喧腾震耳的热闹情怀。这种热闹的声响，可说是中国传统社会中，在年节时分所期待的理想声响。[①]

五、结语

在中国音乐史中对于图像应用的初期，图像仅被用为直观的、具象的事实呈现，并多仅作为音乐历史发展的见证。但随着希巴斯对于图像研究方法的展开，关怀图像背后深层的、隐晦的象征意义，以及创作的意图性，更将音乐图像从单一价值中解放出来，转向了图像中的社会学视角，提供了认识音乐史中，音乐现象背后社会意涵的可能性。而本论文，则将音乐图像的价值，推向考察图像空间声音景观的建构，以及图像所呈现音乐中理想声响的层面，为中国古代音乐史空间场景中理想声响的追寻指示了方向。

[①] 另可参见毕乙鑫《听见〈宪宗元宵行乐图〉——图像中的明朝音乐声响重建》，学士学位论文，中央音乐学院，2014年。

第二节　基本内容及意义

吕钰秀的《图像中的音乐史料研究视角与方法》一文，对于音乐图像学见证历史发展和文化象征意义的两种研究视角与方法在中国的发展作出了详细阐述，并提出以音乐图像重建古代声响的第三种图像研究方法。

全文共五个部分：

一、见证历史发展。作者分别列举了1980年版《新格罗夫音乐与音乐家辞典》、1987年版《中国琵琶史稿》、1988年版《中国音乐史图鉴》等著作中对音乐图像内容的运用，来论证国内音乐史学科对于图像学知识性理解的应用，多以其作为历史的见证。

二、文化象征意义。作者首先对希巴斯所提出的理论与方法进行介绍，表明其理论方法获得了音乐图像学学科领域的认同与肯定。再根据希巴斯理念，分别从社会学导向的中国音乐图像研究、研究方法的确立两方面对于音乐图像学的文化象征意义进行阐释。

三、重建古代声响映像。作者提到了其在2012年发表的一篇文章中的观点，认为可以借助收集文献中对于声音的文字描述与形容，建构起一个有理论依据的、想象的理想音乐声响。[①] 因此，提出了音乐图像能提供重建古代声响概念的可能性，并对"声音景观"概念的产生、发展及与绘画结合的可能性作出探讨。

四、实例分析。通过举例分析现藏于国家博物馆的明朝《宪宗元宵行乐图》中的燃放烟花、各色货郎、走会游行、百戏杂耍等图像场景，对其见证历史发展的视角、社会学视角、绘图意向进行阐述，并对于音乐图像可象征文化与绘画意图的意义性作进一步阐释。

五、结语。对中国音乐史初期图像应用、发展过程的梳理，以及对未来前景进行展望。并认为本文将音乐图像的价值，推向考察图像空间声音景观的建构，以及图像所呈现音乐中理想声响的层面，为中国古代音乐史空间场景中理想声响的追寻指示了方向。

评述：《图像中的音乐史料研究视角与方法》一文，逻辑清晰地对音乐图像学在中国音乐史中的见证作用和文化象征意义进行了阐述，又在此基础上提出了以音乐图像重建古代声响的新角度，并通过实例分析进行论证。体现出作者对于音乐图像学学科初期发展成果的充分理解，以及经过深入研究、分析后对该学科未来前景做出展望，为后世该学科的相关研究提供了新的视角与方法。

[①] 吕钰秀：《重建先秦音乐史中的声响可能性——以〈乐记·乐本篇〉为例》，《中央音乐学院学报》2012年第4期，第25—28、68页。

第五章 《中国音乐图像学概论》

第一节 目录及导论

李荣有：《中国音乐图像学概论》

——人民音乐出版社 2019 年版

目录

第一章　导论
　第一节　中国音乐图像学研究的历史渊源
　第二节　中国音乐图像学概论的学理基础
　第三节　中国音乐图像学概论的思维导向
　第四节　中国音乐图像学概论的布局结构
第二章　中国音乐与图像本源关系论
　第一节　音乐与图像生成的文化本源
　　一、音乐的初始形态与功能
　　二、图像的初始形态与功能
　第二节　音乐与图像融合的历史路径
　　一、思想文化理念方面的体现
　　二、艺术实践理论方面的体现
　　三、遗存图文史料方面的体现
　第三节　音乐与图像融合的未来展望
　　一、理性回归的生存空间
　　二、日渐广阔的学术平台
第三章　中国音乐图像学基本论
　第一节　中国音乐图像学的形成因素
　　一、传统文化因素
　　二、现代文化因素

第二节 中国音乐图像学的学术定位
　一、学理定义
　二、学术定位
第三节 中国音乐图像学的学术成就
　一、早期探索阶段
　二、广采博纳阶段
　三、快出成果阶段
第四节 中国音乐图像学的应用价值
　一、音乐史学研究价值
　二、学术理念拓展价值

第四章 中国音乐图像学认识论
第一节 以本土优秀文化传统为根基
　一、本土优秀文化传统的凝练
　二、本土优秀文化传统的升华
第二节 以外来异质文化理念为辅助
　一、外来异质文化理念的筛选
　二、外来异质文化理念的融入
第三节 以传统与现代的接轨为主导
　一、大文化系统的接轨
　二、图像学系统的接轨

第五章 中国音乐图像学体系论
第一节 艺术门类体系
　一、音乐与表演艺术体系
　二、音乐与造型艺术体系
第二节 学科门类体系
　一、音乐图谱图像学与书籍文献学
　二、音乐图谱图像学与相关学科

第六章 中国音乐图像学研究对象与范围论
第一节 中国音乐图像学的研究对象
　一、乐舞图像
　二、书谱铭文
第二节 中国音乐图像学的研究范围
　一、时间范围
　二、空间范围

三、学术范围
第七章　中国音乐图像学研究对象属类论
　第一节　音乐图像质地属类
　　一、非物质类乐舞图像
　　二、物化类乐舞图像
　第二节　音乐图像性能属类
　　一、器乐类图像
　　二、歌唱类图像
　　三、乐舞类图像
　　四、百戏类图像
第八章　中国音乐图像学研究方法论
　第一节　音乐图像的调查法
　　一、实地考察调研
　　二、图版资料收集
　第二节　音乐图像的分类法
　　一、质地分类法
　　二、断代分类法
　　三、区域分类法
　　四、属性分类法
　第三节　音乐图像的解读法
　　一、录文存目
　　二、摹图存形
　　三、图像考证
　　四、内涵解读
第九章　中国音乐图像学著述论
　第一节　乐图类著述
　　一、专题类图集
　　二、综合类图集
　第二节　乐史类著述
　　一、图志著述
　　二、图史著述
　第三节　乐论类著述
　　一、乐图专论
　　二、乐图综论

第十章　中国音乐图像学研究实践论
　第一节　音乐图像个案研究范例分析
　　范例1：汉画中的纯器乐演奏图及其历史文化价值（文摘）
　　范例2：试析南阳汉墓砖（石）画中的音乐艺术形象（文摘）
　第二节　音乐图像综合研究成果分析
　　范例1：论汉画音乐文物的综艺特征（文摘）
　　范例2：民俗文化视野中的汉画乐舞艺术解读
　　　　　　——以《南阳汉代画像石墓》的研究为例（文摘）
　第三节　音乐图像学理论研究成果分析
　　范例1：图像学的历史传统及其与现代的接轨（文摘）
　　范例2：音乐图像学在中国再议（文摘）
附录：插图索引
参考文献
后记

第一章　导论

第一节　中国音乐图像学研究的历史渊源

中华民族的图像文化传统源远流长，自古至今长期传承的象形文字，就是世界四大文明古国中唯一完好保留了人类早期图像文化传统的重要标志。在上古经典《周易》（包括西周初年成书的《易经》和战国成书的《易传》两部分）一书中，就提出了"立象以尽意""变通以尽利""鼓舞以尽神"等思想命题。如《系辞上》"子曰：书不尽言，言不尽意。然则圣人之意，其不可见乎？子曰：圣人立象以尽意，设卦以尽情伪，系辞焉以尽其言，变而通之以尽利，鼓之舞之以尽神"[1]。这里全面阐释了词语和图像相互补充、相得益彰的和谐关系，提出了图像高于词语，变通获取最佳效益，鼓舞达到神妙境界等主张。另如《系辞下》说："昔包牺氏（伏羲）之王天下也，仰则观象于天，俯则观法于地，观鸟兽之文与地之宜，近取诸身，远取诸物，于是始作八卦，以通神明之德，以类万物之情。"[2]此说则以伏羲创制八卦图为例，描述了其观物—取象—器的全过程，明确了"观物取象"和"观象制器"的基本法则，认为八卦图具有"通神明之德""类万物之情"的功能作用。

显然，在《周易》这部凝聚着华夏文明结晶的巨著中，已经全面阐释了书籍、图像和乐舞这三种文化形态的密切关系及其功能作用和精神实质。同时，由于作为

---
[1]（清）阮元校刻：《十三经注疏·周易·系辞上》，中华书局1980年版，第82页。
[2]（清）阮元校刻：《十三经注疏·周易·系辞上》，中华书局1980年版，第86页。

以造型为主旨的图像和以表演为主旨的乐舞这两种文化形态之间，一直保有着本为同根生的密切血缘关系，而乐舞有着最易于接受、易于传播和易于普及的特殊功能，以至于在西周时代就形成了以"乐"为统领的（含音乐、舞蹈、诗歌、图像、田猎、游戏、宴飨等）综合性艺术文化体系。

自汉以来，虽然孕育成熟的文字体系渐渐取代了图形图像在人们日常生活中的实用性功能作用，但图像文化的发展却并未像西方国家那样完全退守到纯粹的艺术神坛之上，仅仅供人们茶余饭后欣赏把玩，而是依然在历代学人的著述和研究工作中，以"左图右书""上图下文""前图后文"等方式，继续在学术研究和文化传承等领域发挥着多种多样的功能作用。以至于北宋时代就孕育形成了以钟鼎彝器和石刻造像等为主体研究对象，以"补经传之阙亡，正诸儒之谬误"为宗旨目的，内容涉及现代诸多学科领域之综合多元的"金石学"实证学术体系。

众所周知，钟、鼎皆为周代重型礼器，而钟又有着礼器与乐器的双重功能，且在宫廷雅乐之"礼乐重器"排序中位居第一，故虽然说"金石学"的研究包含很多内容，却应该是以"乐"文化的研究为首要任务。即在"金石学"这一包罗万象的综合性学术体系之中，从一开始就把音乐图像学的研究放在重要的位置上，这既是一个历史的存在，又是一个学术的存在。同时，这个综合多元的"金石学"，等于开创了现代"图像学"诸学科学术研究体系的先河。

然而，近代以来国力的羸弱和屡受欺凌，导致华夏民族由来已久的文化自信全面崩溃。即从清末民初的反帝反封建运动到彻底砸烂"孔家店"始，及至学校教育体系和学术评价机制的全盘西化，几乎全部斩断了历经数千年艰辛磨砺的传统文化的根脉体系，使得特别是在许多年青一代学人的心目中，西方国家的任何一种文化的系统，似乎都和他们高度发达的科学技术一样贴上了"先进"的标签，而中国作为世界四大文明古国之一长期积淀形成的优秀文化传统，则全部与"封建""腐朽"和"落后"等画上了等号。对于西方国家传入的任何一种理论与方法，则均会采取不假思索全部照搬的态度。基于此，笔者多年来致力于以自学和求助于同人等方式，弥补自身传统文化功底薄弱的缺憾，并试图冲破传统与现代之间长期以来形成的藩篱，寻求构筑传统与现代接轨中国音乐图像学理论体系的途径。

在21世纪高度开放的世界文化大格局中，特别是计算机网络文化的普及，导致全球人类距离的拉近，以及"地球村"概念和全球性文化发展一体化理念的软着陆。在这样的历史文化大背景下，许多文化和学术的定义与概念的借鉴、互换和转移等不再成为问题。同时，由于世界各国各民族文化自觉意识的逐渐回归，再度珍视和强调本国本民族固有传统文化的特点与特色，又一次成为全球学界共同认可与关注的一种新型理论思维走向。另外，从西方学界后现代主义思潮的出现，到不断地对现代主义进行无情的批判，及至全面否定以科技文化为中心单一发展模式，美国率先提出"综合便是创新"的发展理念，等等，这些形形色色学术发展观的交织出现，对于我们长期坚守的试图将"图谱学"文化传统和"金石学"学术传统与当代世界图像学诸流派融合互补这一课题的研究来说，无疑起到了强而有力的推动作用。

西方国家图像学的概念形成于19世纪末叶，而作为其后缀之交叉学科的音乐图像学历史更加短暂，国际学界一般以1971年在瑞士成立的国际传统音乐理事会音乐图像学分会，作为这一现代交叉学科正式诞生的重要标志。据介绍，20世纪初以来。陆续有如［德］G. 金斯基（G.Kinsky）《图片音乐史》[1]，［法］F. 勒苏尔（Francois Lesure）《音乐、美术与社会》[2]，［美］温特尼茨（Emanuel Winternitz）《西方美术中的乐器及其象征意义》[3]等相关书目问世，却并未见到关于音乐图像学理论体系的专门著作。迄今学界公认和推崇的，依然是欧文·潘诺夫斯基（Erwin Panofsky）1939年著《图像学研究》文集"导论"中提出的图像学研究三层次学说，即第一个层次被称为前图像志描述，第二个层次为图像志分析，第三个层次是图像学解释或文化学象征意义的阐释。[4]

由上可见，西方国家所谓的音乐图像学，迄今并无独立的理论体系，而只是借用了作为美术史研究的图像学的方法。同时不难发现，在以西方科技文化理念模式切块分割之后再次重组而成的诸多所谓交叉学科，比如音乐民族学、音乐人类学、音乐社会学等，其实仅仅属于科技文化模式下学科反复切块分割之后的一种局部的远端对接，特别是对于本为同根生的艺术家族之间的关系来说，则依然存在着远交近分甚或远交近攻的现象。

由于西方国家"图像学"的理念和方法，是在原始图像的实用性功能被文字符号完全取代，作为纯粹艺术的门类发展演变数千年之久后一个重大的历史性回归，虽然说从其孕育发生到逐步繁荣历时较短，却有着强劲的发展势头和活力。且从元理论的角度来看，也符合事物分合的基本规律。纵然学者们关于"图像已然战胜了文字"和"文字屈从于图像"等预言仅仅作为一种假设，但图像遗存在学术研究中的独特功能作用与地位，在20世纪后半叶以来的全球范围内得到了充分的彰显，也足以反映出这门迟来的实证之学的珍贵价值。

更为重要的是，由于全球性学术发展理念的转型，作为实证研究的图像学理念与方法渐渐地渗透于大文、大理诸多学科领域，如"音乐图像学""生物图像信息学""计算机图形图像学"等许多交叉学科的生成和发展，可以说已经从根本上颠覆

---

[1] G.Kinsky, *History of Music in Pictures.London*：J.M.Dent and Sons, 1930.
[2] Francois Lesure, *Musik und Gesellschaft im Bild*.Cassel：Barenreiter, 1966.
[3] Emanuel Winternitz, *Musical Instruments and their Symbolism in Western Art*.New York：W.W.Norton, 1967.
[4] ［美］欧文·潘诺夫斯基：《图像学研究：文艺复兴时期艺术的人文主题》，戚印平、范景中译，上海三联书店2011年版，第3—5页。

了单一的以文字著史、修史和创新历史的传统模式。即包括人类社会的政治经济、科技文化诸领域的历史学研究，以及包括现代计算机科学等社会上层建筑领域所有学科与学术的创新发展，都和"图像学"产生了密切的内在关联，以至于这一学术领域对于当今世界的学术创新和繁荣发展具有十分重要的意义。

20 世纪 80 年代中期，伴随着国内改革开放的步伐，西方音乐图像学的理念、方法和成果陆续传入我国。值得一提的是，当西方音乐图像学的方法传入我国之初，就有学者撰文指出："音乐图像学……其名目虽迟于近几年才传入中国。但其方法却早已被中国音乐史家，特别是乐器史家所谙熟。所谓'音乐图像学'（Music Iconography），正是韩非子'案其图以想其生也'之音乐历史学的分支。"[1] 这充分反映了当时我国学人依然保有着敏锐的文化自觉意识。

当然，若无大量理论与实据的支撑，上述说法则略显空泛。据梳理，我国金石学研究的早期成果，如北魏郦道元《水经注》中有关于发现汉代画像石墓及其石碑、石阙、祠堂、石室和四壁雕刻的人物、龟龙、鳞凤、飞禽、走兽等图像内容的记载。欧阳修成书于宋嘉祐六年（1061）的《集古录》、赵明诚的《金石录》，记录了山东嘉祥武氏祠地面上的画像石资料。洪适的《隶释》《隶续》，记录了四川夹江杨宗阙、梓潼贾公阙等的画像。而吕大临完成于宋元祐七年（1092）的《考古图》，及之后的《续考古图》共 10 卷，首次分门别类地收录了传世和出土的钟、磬、镈、錞于等乐器画像，精心摹绘图形、铭文，记录尺寸、重量等，成为一部具有开创性意义的音乐考古（图像）学研究著作。沈括《梦溪笔谈》，《补笔谈》，王黼《博古图》，薛尚功《历代的钟鼎彝器款识法帖》，清代御纂《乾嘉四鉴》，王昶《金石萃编》，冯云鹏、冯云鹓《金石索》，阮元《积古斋钟鼎款识》等，可谓积淀丰厚。民国时期朱剑心著《金石学》，马衡著《中国金石学概要》等，则对"金石学"的理论体系进行了系统的梳理和总结。及至从中华人民共和国成立到 20 世纪 80 年代改革开放之前，更有大量音乐图像研究的优质成果和理论著述公之于世，而如中国音乐研究所从 1954 年至 1964 年编辑出版的《中国音乐史参考图片》，到《中国乐器图志》（1987年）、《中国音乐史图鉴》（1988 年）等的陆续出版，则反映出我国音乐学界长期以来对于遗存和考古发现新材料的收集、梳理和基础性研究工作的高度重视。

经历了近 30 年来艰辛的探索历程，在完成了多个专题研究项目的前提下，通过对我国自古至今延绵不断之图像文化传统的梳理与研究，笔者认为，从古文献所载伏羲的时代在"河图""洛书"基础上形成的"图谱之学"，到生成战国时代"按其图以想其生"的学术理念，汉魏时代"古学"中运用文物考据的方法，及至宋代最终孕育形成并传承至今的"金石学"这一学问，应该说正是我国古老悠久图像文化传

---

[1] 牛龙菲：《音乐图像学在中国》，载《中国音乐年鉴》（1990 年卷），山东教育出版社 1990 年版，第 105—113 页。

统赖以长期传承和发展的基本动因，也是中国音乐图像学的存身之所。而西方国家的"图像学"，则可作为接通由"图谱学"到"金石学"这一中国音乐文化史实证研究体系的一个重要媒介。

至此，我们需要进一步客观科学地探讨人类文化的渊源和人类文化的大同问题。因为人类有着饮水思源和寻根求源的文化情结，如对一个国家、一个民族以至一个学科门类、一种文化现象等发展演变历史的追溯，是人类作为高级动物必须知晓自己从何处来又要向何处去的一项崇高的使命。之前笔者曾对中西方文化的异同做过初步梳理，如中国上古时代所推行的"六艺"教育，以及西方古希腊国度的"七艺"教育，无论是其教育的理念还是具体施教的科目，都十分清晰地显现出人类早期文化的大同性特征。而在之后数千年以来的发展历程中，西方国家渐渐地偏重于科技文化的发展，东方的古老国度中国则依然保持着以人文为主体发展走向。

由于前述一些特殊的缘由，近现代以来的中国学人更多的是强调知识的力量，将全部精力倾注于学习高度发达的西方科技文明以强固羸弱的国体，而对诸如以儒、道为首的思想文化精髓，以"乐"为统领的艺术文化精髓，以历史悠久的"图谱学"到体系完备的"金石学"学术文化精髓，以"十二平均律"为代表的乐学文化精髓，曾对西方戏剧产生重大影响的元杂剧文化精髓等缺乏应有的关注，使这些仍在人类艺术文化发展的进程中产生巨大作用的珍贵家传，瞬间失去了其光鲜亮丽的本色和豪气勃发的生命活力。

特别是从"图谱学"到"金石学"这一珍贵的学术文化传统，究其源头可达人类文明的初始时期，且有着"上自经史考定、文章义例，下至艺术鉴赏之学"的广大范围和目标定位，有着包括"著录、摹写、考释、评述"等四端的研究方法，正可谓历史悠久、体系完备。而且，这一包括四个层次的研究方法和西方"图像学"研究的"三层次"学说相比较，其内容和实质都惊人地相似。那么，相较二者之间有着近千年的时间跨度而言，许多曾经说不清道不明的问题和悬念已经不辩自明。故无论是运用唯物论、唯心论还是生物进化论等任何一种学理思路来解读，都不难找到其中活生生地被忽略已久的历史真相。也即无论是针对中国音乐文化史的实证研究，还是针对世界音乐文化中的实证研究来说，任何一种现代学术理念和方法，都不可避免地与古老的"图谱学"和"金石学"学术文化传统有着必然的内在逻辑关系。

人们常用"源远流长"来形容一种文化现象，即同时看重源和流之间的密切关联。如前所述，中西方人类早期的文化传统有着惊人的相似性，包括从以图像记事说事到以文字著述历史的文化转型。不同的是，在发展演变的过程中，西方的文字用各种符号的聚合完全脱离了图像原形，中国的文字则在保留图像形态的基础上逐步简化，以至于来自人类文明源头的图像文化传统得以持续传承，并且孕育生成了以钟鼎实物和各种图像的研究为主体的"金石学"学术文化传统。故在中国这个文明古国的大地上,古老悠久的图像文化传统并未些许离开历史文化的主线,也不存在"图像时代回归"这一概念。并且毫无疑问,中华文明古国由"图谱学"到"金石学"这一独特的学术文化传统,必然地也和其他优秀的传统文化精髓一样,通过古已有之的丝绸之路,以及近古时期以来各种途径的中西文化交流渠道向外扩散,如明清以来众多西方学人来华传教、考察的同时,也源源不断地将中华文明传播到世界各地,从而对西方"图像学"的诞生和"图像时代回归"起到了无形的激发作用。

第二节 中国音乐图像学概论的学理基础

2010年,教育部人文社会科学规划办批准下达了《传统与现代接轨的中国音乐图像学研究》项目任务,也使得本专题研究走上了快车道。为更加准确地把握好学术探研的走向,曾较为广泛地求教于诸多前辈和同人学长,当时曾分别提出了如"中国图谱图像学""中国金石图像学""中国音乐文物学""中国乐舞实证学"等初步概念,后经过一系列仔细的排比分析,我们认为,当下我们必须严谨审慎、客观科学地正确看待本国本民族的文化和他国他民族的文化。既要珍视和珍重华夏民族宝贵的文化传统,又不能故步自封和自以为是地完全回归到传统。既要一如既往地包容吸纳世界各国各民族的文化之长,又不能单纯地为了求新求异而对外来文化不假思索地全部照搬。因此,最后决定不再另起炉灶,依然因循已经约定俗成的音乐图像学之名义,作为实现中国图像文化传统与当代世界图像文化理念融合接轨的桥梁,并将最终成果的名称确定为《中国音乐图像学概论》。

关于中国音乐图像学与传统的"图谱学"和"金石学"之间关系问题,笔者认为:"音乐图像作为遗存艺术图像的重要组成部分,它和其他图像一样很早以前就已经成为学术研究的重要参考材料。如经历战国时代'案其图以想其生'和汉魏'古学'的长期孕育,及至宋代'金石学'这门专学的主要研究对象中,金类器物主要指由青铜铸造的编钟乐器。因为编钟作为十分重要的礼乐器,历来成为各个时代礼乐文化传承延续的基本标志和学术理论探讨研究的焦点。故可以十分肯定地说,有着上千年悠久学术文化丰厚积淀的'金石学'学术体系中,自始至终包含着音乐图像学术研究的内容。因此,对于已经约定俗成的中国音乐图像学的学术研究来说,无疑仍应回归到尊重古遗存之整体性状态,从宏观整体角度全面解析乐舞图像的内容和内涵,如若人为地破坏了其本原的基本属性,将无法全面系统地获取这些珍贵历史文化遗存所蕴含的原生态学术文化信息。"[1]

---

[1] 李荣有:《图像学的历史传统及其与现代的接轨》,《艺术百家》2012年第6期;人大复印报刊资料《文化研究》2013年第2期。

从史料学价值的角度来看，遗存中国古代音乐文物的史料信息丰富多彩，其中以乐器实物和乐舞图像两大类别为主体。特别是所见自古以来遗存之乐舞图像资料，更以其历史悠久（早于文字）、代代相袭、数量庞大、覆盖面广和自成体系等典型特征而独具特色和备受关注。以至于在有宋以来"金石学"的学术研究体系中，从来就把古代遗存之金石器物（乐器）和乐舞艺术的图像纳入一体作为共同的研究对象。

近世以来，虽然由于学科分割切块的加剧，分别形成了以实物考据为主体的所谓乐器考古学和以图像考据为主体的所谓音乐图像学等的分支系统，但实质上它们之间本为一体的内在关联是无法通过人为手段彻底分开的。特别是当西方学界已经对以科技文化为中心发展模式的弊端有所检讨和反思，及至提出"综合便是创新"理念的前提下，相信我们不管借用什么样的现代学科名义，只要遵循中华民族艺术文化生成与发展的历史轨迹和基本规律开展学术探讨，就一定能够获取更大的突破和成功。

诚然，在近百年来以西方科技文化为中心学术理念的支配下，高校里的学科设置几经切块分割之后，渐渐地呈现出只见局部不见整体的支离破碎状况，也必然地形成了诸多弊端和重重矛盾，以至于如音乐民族学、音乐社会学、音乐考古学、音乐图像学等交叉学科应运而生，它们旨在通过或远或近的两个以上不同学科理论与方法的交融互惠，解决或缓解当今世界所有学科所面临的只见局部不见整体的窘境。故无论是所谓的音乐考古学、音乐图像学和乐器考古学等，均属于这一文化背景下的必然产物。

毋庸置疑，20世纪以来一些在西方国家孕育形成的全新交叉学科的出现，一般均以其母体的剥离和新对象的重组为特征，标志着原有框架体系的破裂和秩序改变，但在这些新秩序和新体系之间，必然地也还存在着一系列新旧问题和矛盾。诚如音乐考古学这一交叉学科，体现的是音乐学和考古学之间的远程对接，即在这两个原本相距甚远的学科之间架起一座知识与方法互通的桥梁，以谋求弥补古代音乐发展史研究中的一些不足和缺憾。但在具体的实践中，却也明显地存在如下一些矛盾和问题。

一是科学的考古工作有着从发掘现场到实验室等一套完整系统的工作程序，而考古工作现场又是高度封闭的，即除在编的考古工作者成员外，他人不允许进入考古发掘现场，而作为其分支学科的音乐考古学研究者，则无合法资格进入考古发掘的第一现场获取直接的研究材料。因而较多只能作为"二道贩子式"间接研究。

二是专门的考古工作者业务繁忙和对相关音乐文物的重要性认识不足等原因，导致许多已发现音乐文物资料长期封存于库不能公开发表。亦囿于文物管理条例的特殊性，其他人不能够越俎代庖。以至于新材料却派不上新用场，音乐考古工作者则只能是隔岸观火，研究工作往往陷于滞后状态。

三是音乐考古学虽号称音乐学和考古学的交叉学科，事实上却依然难以避免远交近分的现象。比如该领域考证研究的对象，学理上应包括遗存音乐的实物和图像两大类，但在具体实施的过程中，早期的音乐考古工作者可能自觉不自觉地将乐器实物当成了唯一的考证对象，致使音乐图像学作为与美术史研究的图像学方法相交叉的新学科再度独立出来，即所谓的节外生枝。

然而，纯粹的音乐图像学研究同样存在着很大的缺陷，因为仅仅将原始图像作为研究对象，也很难全面探讨古代音乐文化发展史的全貌，这也是在科技文化单一发展模式下所有交叉学科均无法逾越的一大障碍。具体来说，一是遗存各种图像所展示的内容同样存在历史的局限性；二是其中必然存在一定的人为想象和夸饰的成分，需要审慎地通过多种资料信息的互证以辨伪和澄清真相。故我们虽然依旧借用国际通行之音乐图像学的名义，但具体实施中却必须以我国古老悠久的综合性历史文化传统和包容性学术文化精神为主导。如回归到歌、乐、舞本为一体的"乐文化"的研究视域，以有着千载传承发展史的"金石学"传统体系为理论基础，将遗存古代乐舞艺术的图像、书谱和铭文，以及相关器物、人物的科技成像（照片、音响、影像）等纳入研究范围，将中国音乐考古学的成功经验和优秀成果充分融会贯通，并全面吸纳融合世界各国各民族音乐图像学的学术精华，无疑是一种具有可行性、长效性意义的做法。

在研究的过程中，许多方面的问题和矛盾依然较为突出，并不时困扰着自己的思想和工作的进程，为使我们提出的新观点和新主张及时被学界同人们关注和讨论，遂不断地将一些阶段性研究成果即时发表。如《音乐图像学的历史现状与未来发展刍议》一文，《中央音乐学院学报》2006年第1期；人大复印报刊资料《舞台艺术》2006年第5期全文转载。《图像与表演融合的历史与未来》一文，《东南大学学报》2012年第6期；人大复印报刊资料《文艺理论》2013年第2期全文转载。《图像学的历史传统及其与现代的接轨》一文，《艺术百家》2012年第6期；人大复印报刊资料《文化研究》2013年第2期全文转载等。也正由于我们不同时期发表的阶段性成果，得到了不同学科广大学者和学术机构的认可，才使得这一有着较大难度的基础性理论研究课题，能够以舒缓的速度和有序的节律较为顺利地进行下来。

值得庆幸与宽慰的是，随着西方国家"综合便是创新"理念广泛传播，全球图像学诸学科均在不断地扩展着研究的领域和范围，呈现出一种理性的学术文化发展走向。更为重要的是，这种通过多元学术发展理念交融而形成的新方法，不仅可使该领域里的研究获得更加翔实的历史文化信息，而且由于这种实证考据有优于文字考据的空泛性，以及西方国家由哲学、美学到艺术学的虚无性等特征，从而使得中国的音乐图像学有望在全面揭示古代乐舞艺术历史面貌的基础上，探索发现人类艺术文化发展演变的基本规律，并可让传统的音乐图像学焕发出全新的生命活力。

第三节　中国音乐图像学概论的思维导向

综上，恰逢当今世界呈现由科技文化单一模式向多元文化综合模式转化的大好契机，接通"图谱学""金石学""图像学"这三者之间的有机内在关联，建构以图像研究为主体的中国音乐文化史现代实证研究体系已经水到渠成，而在微观层面我们仍然需要强调以下三个方面的问题。

其一，珍视我国古老悠久的图像文化传统和实证研究学术体系的精华是立足之本。这样的问题，本来在经历了近代以来的"洋务运动""思想启蒙运动"和"新文化运动"等的洗礼过程中已经得到了有效的解决。特别是以梁启超为首的文艺救国思潮，以王国维为首的学术救国思潮，以蔡元培为首的教育救国思潮及其当时提出的"除心奴""学无中西""贯通古今"和对中西文化的"融合创新"等主张，均已从不同的视角和层面厘清了各种关系，并在学界和广大社会产生了巨大影响力。但在之后的发展过程中由于受到多种极端主义思潮的干扰，许多主观、武断、狭隘、片面的言论和做法逐渐占领上风，从对中华文化的全面否定和决裂，到思想文化和教育机制的全盘西化，历史的车轮严重地偏离了轨道。如中国社会科学院哲学研究所聂振斌先生在其著作中尖锐指出："现代中国人一直在向西方学习，大力发展科学技术，增强实力，提倡生存竞争，优胜劣汰。这当然是对的。但学习西方的长处，却把自己文化的优良传统也扔掉了。直到西方后现代社会到来之际，西方的哲人们开始'屈尊'向中国古代文化思想、哲学思想学习，吸取营养，我们才有所醒悟，才开始重视我们自己的文化。但真正的醒悟，真正的重视，不是靠宣传、广告，而是靠扎扎实实的学术研究和教育实践。"[①] 这段话的警示意义在于，即使我们许多人在外因的作用下已"有所醒悟"和"有所重视"，却远远没有达到真正"文化自觉"的程度，这也需要经历一个曲折繁复的转换过程。

其二，在充分的比较研究基础上吸纳西方现代图像学的异质理念和方法是必然选择。中华传统文化有着兼容并蓄、包容万有的基本特征，任何一个国家、民族的优质文化均可融入并转化成新的文化样态。但在病态心理支配下对西方文化的囫囵吞枣和全部照搬，导致学术研究的理念游移，目标含混，章法无序，矛盾重重。而今需要特别厘清的是，并非百年来涌入我国的异质文化不可为用，而是我们毫无选择地生吞活剥却无从消化造成了积弊。故对待任何一种外来的文化，都应该细嚼慢咽，再经过胃肠的消化，方能够真正地对身体有所补益。这就要我们对中西方艺术文化进行更加认真细致的深层次比较研究，才能够逐渐形成相互融合与创新发展的良好环境。如聂振斌所言："中西艺术之比较研究，广义地说，从20世纪初引进西

[①] 聂振斌：《中国艺术精神的现代转化》，北京大学出版社2013年版，第290页。

方艺术和艺术批评的新观念、新方法的时候,就开始了。因为新学与旧学、中学与西学、东方文化与西洋文化,等等,都是在中西文化比较的语境下产生的概念。但在这种意义上的'比较',只是凭某种直观感觉所得到的结果,往往是先入为主或人云亦云,而不是真正的比较研究。真正的中西艺术比较研究,是建立在跨文化(中西文化)研究的基础上,即把中西艺术的比较研究置于中西文化语境之中,不仅比较异同,更要追根问底,找出各自特点的生命力所在及其价值取向,探出西方文化各种异质因素与我国固有文化融化出新的方法、途径。"[1]

其三,加强传统艺术文化和艺术精神的研究与教育并促使其现代转化是发展之道。在此着重要强调的,乃如前述王国维的学术救国理念和蔡元培的教育救国理念。蔡元培把教育文化作为立国之本,把科学研究作为一切事业的基础。他指出:"要知道,一个民族或国家要在世界上立得住脚——而且光荣地立住——是要以学术为基础的。尤其是在竞争激烈的二十世纪,更要依靠学术。所以学术昌明的国家,没有不强盛的;学术幼稚和知识蒙昧的民族,没有不贫弱的。"[2]而我们较长时间以来的教育和学术研究,完全脱离开了中华民族传统文化的基础,全盘照搬外来经验和方法试图解释和揭示中华文化的奥秘,必然如走入死胡同而不得要领。我国数千年来完成了从"图谱学"到"金石学"这一实证研究学术系统的连接,这是世界学术文化发展史上一项独具特色的伟大业绩。具体来说,"图谱学"直观逼真地描摹了中华文明与音乐文化的历史,并成为有宋以来"金石学"这门实学体系生成与发展的牢固基础;"金石学"奠基了中华社会文化和音乐文化实证研究的传统体系,并成为当今推行"跨学科""跨文化"研究与综合创新理念的优质传统资源。从当今世界学术文化创新发展的大局而论,从教育教学与学术研究的层面双管齐下,接通古老悠久的"图谱学""金石学"与现代"图像学"之间的内在逻辑关系,形成三者之间的有机贯通,方能再度充分彰显这一实证学术体系生成与发展的内在动因与美好愿景,并在此基础上形成新的既属于中国又属于世界的音乐文化史研究现代实证学术体系。

鉴于上述因素,笔者曾多次强调,我国以"乐"为统领艺术文化和思想文化体系与从"图谱学"到"金石学"实证研究学术体系的并存发展,是华夏文明独立于世界文化之林的重要标志。顺利实施对其传统精髓的现代转化,将有望在突破古代乐(舞)文化史和艺术文化史研究瓶颈的基础上提升民族文化的实力,推动中华民族伟大复兴这一历史使命。

第四节 中国音乐图像学概论的布局结构

本成果采用了概论性著述方式。全书共分九章,暗含三大部分内容。

---

[1] 聂振斌:《中国艺术精神的现代转化》,北京大学出版社2013年版,第259页。
[2] 《蔡元培全集》,商务印书馆(中国台湾)1968年版,第609页。

第一部分（一至四章）为中国音乐图像学的理论基础，也是本专题探讨研究的重点所在。第一章"导论"，主要阐述了《概论》一书的学理基础、思维导向和布局结构；第二章"中国音乐与图像本源关系论"，主要论述了音乐与图像生成的文化本源（含音乐的初始形态与功能、图像的初始形态与功能）、音乐与图像融合的历史路径（含思想文化理念方面的体现、艺术实践理论方面的体现、遗存图文史料方面的体现）、音乐与图像融合的未来展望（含理性回归的生存空间、日渐广阔的学术平台）；第三章"中国音乐图像学基本论"，主要论述了音乐图像学的形成因素（含传统文化因素、现代文化因素）、音乐图像学的学术定位（含学理定义、学术定位）、音乐图像学的学术成就（含早期探索阶段、广采博纳阶段、快出成果阶段）、音乐图像学的应用价值（含音乐史学研究价值、学术理论拓展价值）；第四章"中国音乐图像学认识论"，提出以本土优秀文化传统为根基（含本土优秀文化传统的凝练、本土优秀文化传统的升华）、以外来异质文化理念为辅助（含考古学文化因素、图像学文化因素）、以传统与现代的接轨为主导（含大文化系统的接轨、图像学系统的接轨）的认识论主张。

第二部分（五至七章）为中国音乐图像学的属类关系论。包括中国音乐图像学体系论、研究对象与范围论、研究对象属类论等三章。其第五章"中国音乐图像学体系论"，含艺术门类体系（音乐与表演艺术体系、音乐与造型艺术体系）、学科门类体系（音乐图谱图像学与书籍文献学、音乐图谱图像学与相关学科）；第六章"中国音乐图像学研究对象与范围论"，含研究对象（乐舞图像、书谱铭文）、研究范围（时间范围、空间范围、学术范围）；第七章"中国音乐图像学研究对象属类论"，含音乐图像质地属类（非物质类乐舞图像、物化类乐舞图像）、音乐图像性能属类（器乐类图像、歌唱类图像、乐舞类图像、百戏类图像）。

第三部分（八至十章）为中国音乐图像学的基本方法。包括中国音乐图像学研究方法论、著述论、研究实践论等三章。其第八章"中国音乐图像学研究方法论"，含音乐图像的调查法（实地考察调研、图版资料收集）、音乐图像的分类法（质地分类法、断代分类法、区域分类法、属性分类法）、音乐图像的解读法（录文存目、摹图存形、图像考证、内涵解读）；第九章"中国音乐图像学著述论"，含乐图类著述（专题类图集、综合类图集）、乐史类著述（图志著述、图史著述）、乐论类著述（乐图专论、乐图综论）；第十章"中国音乐图像学研究实践论"，含音乐图像个案研究、音乐图像综合研究、音乐图像学理论研究等三个方面的范例分析，主要将不同时期已发表的相关研究成果以文摘的方式予以展示和简介，旨在为新一代学人和广大读者进入该领域起到一定的引导作用。

第二节 评述与拓展

一、基本内容及意义

《中国音乐图像学概论》入选"十三五"国家重点出版规划项目：首批中国音乐学文库。全书共分为十个章节，大致分为以下三个部分。

第一部分：一至四章。这一部分主要为中国音乐图像学的理论基础，也是本专题探讨研究的重点所在。第一章"导论"，主要阐述了本书的学理基础、思维导向和布局结构；第二章"中国音乐与图像本源关系论"，主要论述了音乐与图像生成的文化本源、音乐与图像融合的历史路径、音乐与图像融合的未来展望；第三章"中国音乐图像学基本论"，主要论述了音乐图像学的形成因素、音乐图像学的学术定位、音乐图像学的学术成就、音乐图像学的应用价值；第四章"中国音乐图像学认识论"，提出以本土优秀文化传统为根基，以外来异质文化理念为辅助，以传统与现代的接轨为主导的认识论主张。

第二部分：五至七章。这一部分为中国音乐图像学的属类关系论，包括中国音乐图像学体系论、研究对象与范围论、研究对象属类论等三章。第五章"中国音乐图像学体系论"，含艺术门类体系、学科门类体系；第六章"中国音乐图像学研究对象与范围论"，含研究对象、研究范围；第七章"中国音乐图像学研究对象属类论"，含音乐图像质地属类、音乐图像性能属类。

第三部分：八至十章。为中国音乐图像学的基本方法，包括中国音乐图像学研究方法论、著述论、研究实践论等三章。第八章"中国音乐图像学研究方法论"，含音乐图像的调查法、音乐图像的分类法、音乐图像的解读法；第九章"中国音乐图像学著述论"，含乐图类著述、乐史类著述、乐论类著述；第十章"中国音乐图像学研究实践论"，含音乐图像个案研究、音乐图像综合研究、音乐图像学理论研究等三个方面的范例分析，主要将不同时期已发表的相关研究成果以文摘的方式予以展示和简介，旨在为新一代学人和广大读者进入该领域起到一定的引导作用。

评述：《中国音乐图像学概论》是目前学界能见到的极少关于"音乐考古学中的图像文物"的学理性研究书籍。该书从研究方法、研究历史、理论基础、研究对象、研究范围、图像分类和范例分析等方面入手，系统地介绍音乐图像文物的研究方法、范式、属性等。李荣有认为构建"中国音乐图像学"的契机已经到来，同时将该书的书名定为《中国音乐图像学概论》，但也在书中强调："故我们虽然依旧借用国际通行之音乐图像学的名义，但具体实施中却必须以我国古老悠久的综合性历史文化传统和包容性学术文化精神为主导。"其研究主体依然是音乐文物，因此，将该书纳入本册导读的范围内。总之，该书兼具理论和实践，不仅在方法上还在实际操作上对音乐图像文物的研究具有指导意义。

二、作者与之相关的论著

1. 李荣有：《从图与文的互证看古代文化遗产的多重价值与意义》，载朱青生主编《中国汉画学会第九届年会论文集（下）》，中国社会出版社2004年版，第258—271页。

2. 李荣有：《音乐图像学学科教育与研究及可持续发展探研》，《中国音乐学》2005年第4期，第102—104、88页。

3. 李荣有：《音乐图像学的历史现状与未来发展刍议》，《中央音乐学院学报》2006年第1期，第94—100、135页。

4. 李荣有：《图像学的历史传统及其与现代的接轨》，《艺术百家》2012年第6期，第166—173、150页。

5. 李荣有：《悄然崛起的中国音乐图像学》，《人民音乐》2013年第6期，第68—71页。

6. 李荣有：《音乐图像学在中国再议》，《交响》2014年第3期，第11—15页。

7. 李荣有：《图谱图像学与书籍文献学的古今关系》，《艺术百家》2014年第4期，第151—156页。

8. 李荣有：《中国音乐图像学释义——〈中国音乐图像学概论〉导言》，《人民音乐》2015年第8期，第90—92页。

9. 李荣有：《图谱学·金石学·图像学——中国艺术文化史实证研究体系的完美链接》，《艺术百家》2016年第4期，第172—178页。

10. 李荣有：《中国音乐图像学导论》，《南京艺术学院学报（音乐与表演版）》2017年第4期，第17—22、7、103页。

三、其他作者与之相关的论著

1. 秦序：《漫说李荣有教授与音乐图像学研究——〈中国音乐图像学概论〉序》，《南京艺术学院学报（音乐与表演版）》2018年第1期，第134—138、8页。

2. 岳亚：《音乐图像学之"乐""图"互证研究——评李荣有〈中国音乐图像学概论〉》，《出版广角》2020年第5期，第94—96页。

拓 展

1. 张金石：《乐器上的图像和图像中的乐器》，《中国音乐学》2009 年第 3 期。

2. 王玲：《对音乐图像相关概念的界定及其本质特性的理论思考》，《音乐艺术》2011 年第 4 期。

3. 李荣有：《图像学的历史传统及其与现代的接轨》，《艺术百家》2012 年第 6 期。

4. 洛秦：《视觉艺术中的可视性声音文化维度及其意义——音乐图像学的独特性与不可替代性》，《音乐艺术》2012 年第 4 期。

5. 李荣有：《图谱图像学与书籍文献学的古今关系》，《艺术百家》2014 第 4 期。

6. 王玲：《西方音乐图像学的发展历史及国内外音乐舞蹈图像研究现状述评》，《民族艺术研究》2015 年第 5 期。

7. 李荣有：《图谱学·金石学·图像学——中国艺术文化史实证研究体系的完美链接》，《艺术百家》2016 年第 4 期。

8. 李荣有：《中国音乐图像学导论》，《南京艺术学院学报（音乐与表演版）》2017 年第 4 期。

9. 王清雷：《谈谈使用图像类音乐文物资料应注意的几个问题——以唐代乐俑为例》，《南京艺术学院学报（音乐与表演版）》2018 年第 2 期。

第四篇

中外音乐考古图像资料集成

第一章 《图片音乐史》

第一节 作者、概要

一、作者[①]

维尔纳·巴赫曼（Werner Bachmann）是德国著名的乐器学家和音乐图像学家。1923年生于弗赖堡，曾就学于哈雷音乐大学和哈雷大学，师承著名的音乐学家施奈德（Max Schneider, 1875—1967）和罗伊特（Fritz Reuter, 1896—1963）。从1956年起在莱比锡霍夫迈斯特音乐出版社从事编辑工作。1959年以《弓弦乐器表演的始源》一文获博士学位。早在学生时代，巴赫曼就在导师施奈德的指导下，开始收集、整理和研究世界音乐图像资料，准备出版大型丛书《图片音乐史》。1961年，他协助贝塞勒（H.Besseler, 1900—1969）和施奈德编辑出版了该丛书的第一册《埃及》。1968年他调至莱比锡德意志音乐出版社接任该丛书主编。除负责编辑《图片音乐史》外，巴赫曼还撰写有《萨·沙伊特和民歌》(1954)、《弓弦乐器演奏的起始及其13世纪以前的发展》(1969)、《拜占庭乐器》(1966)、《关于音乐图像学研究及图片资料出版的诸问题》(1977)等论文多篇。

二、《图片音乐史》概要[②]

《图片音乐史》(*Musikgeschichte in Bildern*) 是一套受到联合国教科文组织资助，计划出版40分册的大型世界音乐史丛书。它由德国莱比锡德意志音乐出版社出版。目前，已出版了26分册，其中一半已经重印。此外，该丛书除有德文版外，还有英、日等翻译版。

一般而言，普通音乐史专著为读者提供的原始资料往往比较缺乏。而《图片音乐史》从音乐图像学的角度出发，为读者提供了丰富的原始资料，包括很多鲜为人知的图片。因此，该丛书既是一部学术性很强的音乐史专著，又是一部能为研究者进一步研究不同时代的音乐实践、音乐生活以及乐器等方面提供可靠依据的文献集。

---

① 金经言：《音乐图像学与〈图片音乐史〉》，《中国音乐》1985年第4期，第43—45页。
② 金经言：《〈图片音乐史〉和它展示的4500年前的金银里拉琴及其他》，《南京艺术学院学报（音乐与表演版）》2016年第1期，第7—13、61—62、161、176页。

该丛书的读者主要是考古学家、音乐学家、音乐民族学家和部分医生（在欧美，不少医生对音乐既有兴趣又有素养）。

该丛书各分册大体由三部分组成。第一部分为有四至五万字的绪论，它系统地介绍了所论地区的音乐文化及其历史背景。以《古代印度》和《美索不达米亚》分册的绪论为例，前者包括《地域和时代的划分》《史前时代和印度河流域文化》《吠陀时代的印度》《后吠陀时代的印度》《建筑和造型艺术》《乐师的社会地位》《音乐生活》《音乐实践》《音乐和舞蹈》《乐器》等小节，分别对公元前三千年至公元5世纪印度音乐文化的有关问题进行了介绍和论述；后者包括《年代的确定和编年顺序》《研究的发展史》《原始资料》《乐师》《音乐生活》《音乐演奏实践》《音乐课程》《音乐理论》和《乐器》等小节。第二部分为图片部分，每册收140至180幅（其中10幅彩色）图片。图片从世界各地的博物馆收集而来，因此内容十分丰富，并具有代表性。它们各有500至1500字的文字说明。这不仅是对画面的解释，而且还对背景作有介绍。第三部分为附录，其中最为可贵的是所列参考书目。每册列出有关专题的论文和著作150至300种之多。这为读者了解和摸清某一领域的基本情况提供了极为重要的线索。

该丛书所聘各分册的主笔大都为各自领域内的学术权威或多年从事该专业研究的学者。这就保证了该书具有相当高的学术水平。例如，《古代印度》由从事印度音乐研究近40年的考夫曼主笔；《美索不达米亚》分册由系统收集、整理了该地区文物并对此很有研究的伊拉克巴格达博物馆前任馆长拉辛德撰稿。

该丛书分为四辑，各辑所含内容分别为《民族音乐学》《古代音乐》《中世纪和文艺复兴时期的音乐》和《近代音乐》。目前已出版的和拟出版的各分册情况如下：

第一辑《民族音乐学》，共十三册，已出版的有：第一册《大洋洲》（科拉尔撰，1974年第2版）、第二册《美洲——爱斯基摩人和印第安人》（科拉尔主笔，1980年第2版）、第三册《东南亚》（科拉尔主笔，1979年）、第四册《南亚——印度音乐及其传统》（戴尼龙撰，1978年）、第八册《北非》（科拉尔和埃尔斯纳主笔，1983年）、第九册《中非》（冈泽曼斯和施密特-弗伦格尔主笔）、第十册《东非》（库比克主笔，1982年）和第十一册《西非》（库比克撰）；拟出版的有：第五册《东亚》、第七册《近东》、第十二册《南非》和第十三册《欧洲民间音乐》等。

第二辑《古代音乐》，共九册，已出版的有：第一册《埃及》（希克曼撰，1975年第2版，该书封面见图3）、第二册《美索不达米亚》（拉辛德撰，1984年，该书封面见图1）、第四册《希腊》（魏克纳撰，1970年第2版）、第五册《埃特鲁里亚和罗马》（弗莱施豪尔撰，1970年第2版）、第七册《古代美洲》（马丁撰，1970年）、第八册《古代印度》（考夫曼主笔，1980年，该书封面见图2）和第九册《中亚》（卡洛马托夫、麦什克里斯、维兹戈合撰）；拟出版的有：第三册《古代中国》和第六册

《古代欧洲》。

第三辑《中世纪和文艺复兴时期的音乐》，共十册。已出版的有：第二册《伊斯兰》（法尔默撰，1976年第2版，该书封面见图4）、第三册《音乐教育》（维斯贝格撰，1969年）、第四册《单声部音乐的书写形式》（施特布莱因撰，1984年第2版）、第五册《多声部音乐的书写形式》（贝塞勒与居尔克合撰，1981年第2版）、第八册《15世纪的音乐生活》（鲍尔斯撰，1977年）和第九册《16世纪的音乐生活》（萨尔门撰，1983年第2版）；拟出版的有：第一册《拜占庭》、第六册《中世纪乐器》和第十册《文艺复兴时期的乐器》等。

第四辑《近代音乐》，共五册。已全部出齐：第一册《歌剧》（沃尔夫撰，1980年第2版）、第二册《音乐会——17至19世纪公开的音乐表演》（施瓦布撰，1980年第2版）、第三册《家庭音乐和室内音乐——在1600至1900年间社会变迁中的私人音乐活动》（萨尔门撰，1982年第2版）、第四册《十七和十八世纪的舞蹈》（萨尔门撰，1988年）和第五册《十九世纪的舞蹈》（萨尔门撰，1989年）。

该丛书已得到国际学术界的承认和重视，不少报刊认为它是一部图文并茂、有水平、有价值的世界音乐史著作。[①]（其中《美索不达米亚》《古代印度》《埃及》和《伊斯兰》四本分册的封面见图1-4，略）

第二节 《上古时代的音乐》目录及译后记

［联邦德国］汉斯·希克曼、［伊拉克］苏比·安韦尔·拉辛德、［美国］瓦尔特·考夫曼：《上古时代的音乐》
古埃及、美索不达米亚和古印度的音乐文化
王昭仁、金经言译

——文化艺术出版社1989年版

目录

古埃及的音乐文化

［联邦德国］汉斯·希克曼

美索不达米亚的音乐文化

［伊拉克］苏比·安韦尔·拉辛德

[①] 笔者曾撰文介绍过这套《图片音乐史》（详见《中国音乐》1985年第4期），现又增补了若干信息。

古印度的音乐文化

［美］瓦尔特·考夫曼

附图及图片说明

译后记

译后记

《图片音乐史》是德国莱比锡德意志音乐出版社出版的一套大型世界音乐史丛书。这套受到联合国教科文组织支持的出版物共分《音乐民族学》《古代音乐》《中世纪和文艺复兴时期的音乐》《近代音乐》四辑，每辑按内容多寡各分成若干分册，原准备出版40分册，而按目前情况看，由于内容丰富，有可能突破这一数字。

《图片音乐史》原由德国著名音乐学家海因里希·贝塞勒和马克斯·施奈德负责主编，自两人先后于1969年和1967年谢世后，即由维尔纳·巴赫曼接任主编。该丛书自1961年首先出版《古代音乐》辑的《埃及》分册以来，迄今逾四分之一个世纪，已出版23分册。本书收录的三篇有关古埃及、美索不达米亚和古印度音乐文化的文章，分别为《图片音乐史》古代音乐辑中《埃及》《美索不达米亚》和《古印度》三分册的绪言。

古埃及分册的作者是联邦德国音乐考古学家汉斯·罗伯特·赫尔曼·希克曼（1908—1968），他早年曾在柏林音乐学院师从A.舍林、C.萨克斯和霍恩博斯特尔等人，并获博士学位。自1932年起一直在埃及从事考古研究，从对乐器的分类研究入手，为古埃及音乐文化的研究积累了丰富知识。先后被聘为埃及研究所研究员、开罗德意志考古研究所通讯研究员，并在1957年被任命为开罗德国文化研究所所长；但他在同年稍晚些时回联邦德国，在汉堡大学教授比较音乐学；1959年担任德国东方音乐协会第一任主席之职。希克曼以他在埃及学方面的成就，曾先后获法兰西科学院颁发的一级教育勋章和联邦德国的联邦十字勋章。他作为音乐学家长期从事音乐考古的研究工作，为音乐考古学这门新的学科作出了一定贡献，《图片音乐史》埃及分册就是在这基础上完成的。此外，他还发表过大量论述古埃及音乐文化的文章和词书条目。

对美索不达米亚分册的作者苏比·安韦尔·拉辛德的情况，仅知他曾担任伊拉克巴格达博物馆的馆长，并在70年代写过八篇探讨美索不达米亚和西亚地区古代乐器的文章和专著。他在担任博物馆馆长期间，有机会接触大量第一手资料，并对实物进行细致研究，因此在编纂《图片音乐史》美索不达米亚分册时，他得以使用最新的考古发掘资料。由于他在编纂此分册时有前人的经验可循（本书包含的另两个部分"埃及"和"古印度"分别于1961年和1981年出版，"美索不达米亚"于1984年出版），所以在绪言中包括了《研究的发展史》和《原始资料》两个部分，实际是对研究美索不达米亚音乐文化的历史综述，是研究这一地区音乐的史学史，具有较强的学术价值。

古印度分册的作者是瓦尔特·考夫曼（1907——   ），原籍捷克斯洛伐克，现定居美国。早年曾分别在柏林音乐学院和布拉格大学师从萨克斯和内特尔。自1957年起任美国印第安纳大学音乐学教授，并从事东西方音乐的比较研究。考夫曼自1941年发表《贡德人和拜加人的民歌》起，至负责编纂《图片音乐史》古印度分册，在此期间还曾发表过七八篇有关印度音乐的论文，古印度分册可说是作者研究印度音乐40年的结晶。

值得一提的是，这三位编著者除本人对所涉及领域具备的知识功底之外，他们在编纂各自负责的分册时，都参阅了大量有关著作。据粗略统计，希克曼参阅的文献达102种，拉辛德参阅的著作有489种，考夫曼参阅的作品有273种。

关于德意志音乐出版社出版《图片音乐史》的目的，可以摘引贝塞勒和施奈德为《图片音乐史》古代音乐部分所写的前言加以说明：

"……图像研究显示了其重要意义。如今，通过民族学的研究，欧洲以外地区的音乐展示了它丰富的多种多样性，而在同时，考古学和艺术史也对音乐研究起了显著的辅助作用。尤其是在史前、上古和古代历史时期，图像证据对认识具有特殊的价值。因为除了为数甚少的残存的乐器之外，奏乐者的图像为音乐本身、音乐演奏和乐器的使用提供了唯一可供推论的线索。所以，充分掌握图像资料对上述各时代具有极为重要的意义。"

"音乐史并不单单决定于作曲家和理论家，而是以音乐听众为前提……在19世纪，作为这方面成果的伟大艺术作品不断大量出现，而且形成了其本身的领域。在此以前一直与生活联系的音乐渐次减弱，丧失了它的内聚力。就欧洲来说，最后在音乐会场里只有取得了独霸地位的'表演音乐'左右着一切。一直到了20世纪，与生活结合的'实际音乐'以其特性又复获得了承认。"

"清楚说明音乐与往昔生活的这种联系，既阐述其全部区别，也指出其约束力，这就是本书的主要目的。……凡是音乐与宗教和世俗崇拜或节庆活动相关联的，都需加以说明。在本书中尤其要突出社会学方面的各种观点，因为本书要求鲜明突出音乐与舞蹈的关联、与任何形式的社交活动的关联以及并不少见的与劳动过程的关联；也要求显示音乐对人的教育作用。"

"本书着重为乐器学的研究提供基本的资料来源。然而并不提出成为一部完整音乐史的要求。因为图像资料很不完备，所以遗憾地无法做到这一点。本书将为目前还缺乏原始资料基础的世界音乐史的撰写提供所需的资料。"

埃及、美索不达米亚和古印度这三个分册所反映的内容，都密切结合考古研究的成果，是在图像学和文献学的基础上对世界三个文明发源地的音乐现象和音乐文化进行研究的结果。在某种程度上，也可说是音乐考古学、音乐图像学和音乐文献学综合研究的结果，而且涉及乐器学、民族学、社会学以及宗教和艺术史诸方面。这对我国音乐学的研究不无参考价值。这也是把这三个分册的绪言翻译汇编成册的原因之一。

印度与我国是近邻，有着渊源深厚的文化交流历史，但对古印度音乐文化的研究，在我国则尚属薄弱环节；而对埃及和美索不达米亚这两个古文明发源地，由于历史原因，我们的研究也大大落后于西方。史学界的有识之士曾呼吁要重视这方面的研究，填补我国在埃及学、亚述学等方面的空白。历史界如此，音乐史界更为如此。翻开一部世界通史，对这些地区的文化所述甚少，而对音乐文化，则更无一字篇幅。希望通过这三篇译文能为国内从事这方面研究的同志和关心这方面的广大读者提供一些资料和线索，这是翻译这些材料的另一原因。

埃及、美索不达米亚和印度是除我国与爱琴海地区以外的人类文明发源地，三个地区各自形成了本身的文化（包括音乐文化）。而通过民族迁移（公元前1400—前1000年雅利安人迁居印度西北部）以及通过战争与贸易等交往（美索不达米亚与古埃及之间的关系），使这三个地区的文化早在公元前2000年就已有了交流，音乐文化也不例外。这在本书所收的三篇文章中均有程度不同的反映。对各个古代文明发源地的音乐文化进行综合比较研究，无疑有助于进一步了解音乐的起源和发展，有助于从音乐文化及其发展的异同之中总结出共同规律和特殊情况。希望这三篇译文能为比较研究提供一些资料，这是翻译这些材料的第三个原因。

《图片音乐史》的每一分册，都包含一百余幅珍贵的图像资料，为绪言所提到的内容提供了形象的、感性的实物资料和补充说明，由于条件所限，无法一一介绍，仅能选载数幅图片及其说明供读者参考。

由于译者水平有限，译文难免有错误或不当之处，敬希读者批评指正。

译者
1987年10月25日

第三节　基本内容及评述

《图片音乐史》由德国莱比锡德意志音乐出版社出版，是一套受到联合国教科文组织资助，计划出版40分册的大型世界音乐史丛书，目前已出版26分册，其中一半已经重印。该书有德、英、日等版本。全套数共分四个部分。第一辑《民族音乐学》，共十三册；第二辑《古代音乐》，共九册；第三辑《中世纪和文艺复兴时期的音乐》，共十册；第四辑《近代音乐》，共五册。① 目前已出版的与中国音乐考古学相关的内容均在第二辑中。

《上古时代的音乐》的作者为［联邦德国］汉斯·希克曼、［伊拉克］苏比·安韦尔·拉辛德和［美国］瓦尔特·考夫曼，中文由王昭仁、金经言译，1989年出版于文化艺术出版社。全书正文主要分为三部分：

一、古埃及的音乐文化。由概述和乐器两部分组成。

二、美索不达米亚的音乐文化。由引言、年代的确定和编年顺序、研究的发展史、原始资料、乐师、音乐生活、音乐演奏实践、音乐课程、音乐理论和乐器等部分组成。

三、古印度的音乐文化。由地域和时代的划分、年代的划定和年表、史前时代和印度河流域文化、吠陀时期的印度、后期吠陀时代的印度、建筑和造型艺术、宗教方面的和世俗方面的问题、乐师的社会地位、音乐生活、音乐实践、音乐和舞蹈、乐器等部分组成。

评述：巴赫曼先生主编的《图片音乐史》是一套世界顶尖的有关音乐图像的丛书，其中有关中国的部分尚未出版。已经出版的书籍中与中国音乐考古学相关性较大的有《埃及》《美索不达米亚》《古印度》等册。其中这三册的绪言被收录成书——《上古时代的音乐》，这三册也是我国学者引用最多的三册。《美索不达米亚》与丝绸之路音乐图像等相关；《古印度》与佛像或伎乐图等相关；《埃及》与箜篌等乐器图像相关。总之，该丛书已得到国际学术界的承认和重视，不少报刊认为它是一部图文并茂、有水平、有价值的世界音乐史著作，② 是研究相关领域必不可少的参考文献。

---

① 详见上文。
② 金经言：《〈图片音乐史〉和它展示的4500年前的金银里拉琴及其他》，《南京艺术学院学报（音乐与表演版）》2016年第1期，第7—13、61—62、161、176页。

第二章 《中国音乐文物大系》

第一节 基本信息摘要

《中国音乐文物大系》（一期工程）
前言 黄翔鹏（略）

《中国音乐文物大系》（二期工程）
前言
王子初

《中国音乐文物大系》终于迎来了其续编的问世。

《中国音乐文物大系》作为国家"七五"社会科学重点研究项目，自1988年由先师黄翔鹏先生立项至今，已经历了长达18年的曲折历程。追溯著名的音乐家吕骥、考古学家夏鼐的首倡之功，已近30载。逝者如斯夫！

本书之所以还要有一个"续编"，实为时势使然。18年历程的本身，已充分说明问题。作为一个国家科研项目，一般周期不能超过3年。但是作为一部"中国音乐文物资料总集"这样的鸿篇巨制，岂是三二年内可以完成的？项目的阶段性成果，即已出版的《中国音乐文物大系》前12卷，曾聚集了全国数以百计的音乐学、考古学、历史学方面专家指导或参与编撰工作，其工程之浩大，工作之艰巨，不难想象，实在难以在国家现行的科研体制所框定的计划中实施。所以1998年，笔者不得不以"中国音乐文物大系Ⅱ期工程"的名义，申报为国家"九五"艺术科学重点研究项目；并且在两年以后的2000年，又不得不如期"结题、验收"，于是就有了现在的"续编"。结题归结题，验收是验收，从行政管理角度，续编已经完成；但实际的编撰和出版工作一如既往，直至今日。预计自今年起，以每年出版二至三卷的速度，续编的出版工作还要持续数年。如要出齐全国内地各省、自治区、直辖市的分卷，甚至加上港、澳、台和海外等各卷，以及长期地修订和补遗，是否还要有"Ⅲ期工程"，很值得考虑。

1988年7月，我承担项目《湖北卷》主编工作的时候，翔鹏师对这个项目的性质及其终端成果，有过明确的意见：《中国音乐文物大系》的性质，是'集成'而不是'精选'!"所以我在编定首卷《湖北卷》，以及后来长期主持《中国音乐文物大系》项目，先后起草《中国音乐文物大系编撰体例》《中国音乐文物大系工作条例》《中国音乐文物大系音乐文物命名法》《中国音乐文物大系音乐文物分类方法》等一系列文件时，坚定地贯彻了先生的思想。1996年《湖北卷》面世之际，先生对该书的内容和形式均表赞同，并在重病之中专为该书撰写了前言。1997年5月，先生不幸与世长辞。笔者在其后多年的工作中，自始至终坚持了"集成"的方针。

继《湖北卷》之后，北京、陕西、天津、上海、江苏、四川、河南、新疆、甘肃、山西等省（市、区）各卷陆续出版。待到《山东卷》出版时，时间已经到了公元2001年年底。12个省卷分10册装订，共收录了文字及数据资料近200万言，彩色、黑白照片及各类拓片、线描图5000余幅。该书采用全彩印刷，八开本豪华装帧，以尽可能博大的气派，再现我国优秀的民族音乐文化遗产，可以说是中国有史以来规格最高、规模最大的一套专业音乐书籍。1999年，《中国音乐文物大系》获得了第四届国家图书大奖，2005年又获得了第二届文化部文化艺术科学优秀成果一等奖。这是社会对包括翔鹏师和我在内的全体工作人员的肯定和最高的奖赏。

Ⅱ期工程自1998年立项以来，总编辑部全面继承了前期的宗旨、体例和工作方法，并继续得到了国家财政支持和国家文物局及有关省、市文博部门的协助，实现了预期的目标。当然，要让这部续编一一摆上书架，无疑是一副历史的重担。续编给后人留下的，同样应该是一笔有用的学术财富，而不能是一种难以弥补的遗憾。

本书收录的文物包括：大量考古发现的和传世的各种古代乐器、舞具，反映音乐内容的器皿饰绘、雕砖石刻、纸帛绘画、俑人泥塑、洞窟壁画、书谱经卷等。所收录的文物中，不乏历见著录的传世名器，也不乏闻名于史的重大考古发现；但更多的是以往鲜为人知的文物，它们在本书中是第一次集中面世。这些文物的年代，从约10000年前的新石器时代直到清代末期，充分体现了中国音乐文化的源远流长和丰富多彩。作为中国音乐考古学方面的一部重典，它对中国音乐史学的推动是不言而喻的。

曾几何时，人们开始热衷于讨论中国音乐史的改写问题。

曾侯乙墓的发掘，是中国，也是世界音乐考古史上的一次空前大发现，更是中国音乐史学界重新审视现有的一部中国音乐史的原动力。

1978年，举世闻名的曾侯乙编钟在埋藏地下2400年之后，重见了天日，它一时被誉为"世界第八大奇迹"。与编钟同出的乐器，有编磬一套及架、槌、匣等附件，有建鼓、有柄鼓、扁鼓、悬鼓等鼓类，有琴（十弦琴）、瑟等弹弦乐器，有均钟（五弦琴）这样的调律仪器，有篪、排箫、笙等吹奏乐器，还有饰绘了钟鼓乐舞图的彩漆鸳鸯盒。音乐文物总计达126件。这是一套完整的先秦宫廷乐队编制，曾侯乙墓俨然是一座2400年前的地下音乐厅。

在曾侯乙墓发掘以前，现有的中国音乐史从来没有告诉我们，先秦时期曾出现过如曾侯乙编钟这样气势恢宏的乐器。它有着三层八组的巨大构造，全套65件编钟的重量超过2500千克；加上钟架和挂钟构件，总用铜量达4421.48千克。编钟发音相当准确，音域为C—d4，达五个八度之广，基本为七声音阶，中部音区十二律齐备，可以旋宫转调，可以演奏较复杂的中外乐曲。

现有的中国音乐史从来没有告诉我们，先秦的编钟在铸造技术方面，不仅制作精美，花纹繁缛，还产生了每个钟分别可击发出相距大三度或小三度的二音的双基频编钟冶铸和调律技术。这一科学发明的重大学术含义，绝不在已有的中国古代"四大发明"之下。

现有的中国音乐史也从来没有告诉我们，先秦时期的各国，使用着不同音律体系，而并非汉儒所说的那一套整齐划一的十二律和包含了种种被后世误会的音阶名称。因为曾侯乙编钟的钟体及钟架和挂钟构件上刻有的3700余字的错金铭文，标明各钟的发音属于何律（调）的阶名，并清楚地表明了这种阶名与楚、周、晋、齐、申等国各律（调）的对应关系。曾侯乙编钟铭文实为一部失传了的先秦乐律学史。

多年来，中国音乐史上向有"古音阶""新音阶"之说。人们把《吕氏春秋·音律》中所描述的生律次序构成的音阶称为"古音阶"，即半音在第四、五和七、八级之间的七声音阶。相对于"古音阶"一名，20世纪二三十年代杨荫浏先生在其《雅音集》中，将半音在第三、四和七、八级之间的七声音阶定名为"新音阶"。因为根据典籍的记载分析，这种音阶出现得比较晚。曾侯乙编钟的确凿证据表明，无论古音阶、新音阶，早已长期使用于先秦人的音乐生活中。"新音阶不新"的结论让史学家们扼腕长叹！

钟铭的发现震撼了世界，导致人们对中国先秦乐律学水平的认识彻底改变。如钟铭关于某音在不同调中称谓的对应记叙，真实地反映了当时旋宫转调应用的实际情形，而后世已经全然不知。又如通过对钟铭的研究还可发现，现代欧洲体系的乐理中大、小、增、减等各种音程概念和八度音组概念，在曾侯乙编钟的标音铭文中应有尽有，而且完全是中华民族独有的表述方法。钟铭中"变宫"一名的出现，弥补了先秦史料关于七声音阶的失载……编钟的铭文推倒了国内外多少专家以毕生心血换来的结论，导致了先秦音乐史的彻底改写！它还使学者深深地感觉到，数十年来逐步完善起来的整部中国音乐史，有了重新认识和估价的必要。曾侯乙墓乐器的出现，第一次从根本上撼动了有着显而易见局限的、以文献为主要史料基础的传统音乐史学。有关曾侯乙墓的音乐考古资料，在本书的《湖北卷》中有着最为完备的记载。

也许，对于中国的音乐史学家们来说，音乐的起源问题远比一部失传了的先秦史，更加让人心烦。

人类艺术，包括音乐的起源，始终是所有社会学者密切关注的重大课题。无论是哲学家、美学家或是音乐史学家，总想弄清楚"音乐是怎样产生的？"这一似乎永远也弄不清楚的难题。借助于古代的神话和传说这根拐棍，当然是一条无须承担学术风险的捷径。古代中国并无系统的音乐史著作，《吕氏春秋》等古籍记载的音乐传说始终是音乐史早期的主要内容。无论是朱襄氏的"士达作为五弦瑟"，还是葛天氏之乐的"歌八阕"，19世纪以前，人们把这样的神话传说看成是信史。音乐是怎样产生的？是谁发明了十二律？那些琳琅满目的乐器又是从哪里来的？祖先们都有"完满"的解答。《山海经》上说，夏后启曾三次去天上做客，并把天帝的音乐《九辩》《九歌》偷下来自己享用，从此人间就有了音乐。《吕氏春秋》说，黄帝派他的乐官伶伦创造乐律。伶伦以雌雄凤凰的鸣叫声为标准，用竹管制成律管，确定了六吕、六律，成了乐律的创始人。至于那些琳琅满目的乐器，我们的祖先几乎都给它们找到了发明者：笙是女娲发明的，埙是庖牺氏用土烧成的，鼖鼓是有倕创造的，磬是无句最先制作使用的……这些就是后人追记的人类还没有文字时候的"历史"。

"五四""新学"兴起，中国出现了专门的音乐史学著作。最早的有20世纪20年代初出版的叶伯和的《中国音乐史》。他将中国音乐史分为4个时代，其前两个时代分别为传说中的黄帝时代以前的"发明时代"，以及从黄帝时代到周代的"进化时代"。其有关音乐的起源，只能借助于文献和古代神话传说。这一以文献资料为基础构建史料系统的撰史传统，历经完成于1928年的郑觐文的《中国音乐史》、1930年商务印书馆出版的许之衡的《中国音乐小史》、1937年商务印书馆出版的田边尚雄的《中国音乐史》（陈清泉译）、早期倡导吸收西方科学思想并身体力行和成果卓著的音乐史学家王光祈撰成于1931年的《中国音乐史》，以至中华人民共和国成立后杨荫浏的《中国古代音乐史稿》这一部里程碑式的巨著等数十部音乐史学著作问世，均未有根本性的改变。即是说，从叶伯和到杨荫浏的半个多世纪中，我们的音乐史摆脱不掉古代的神话和传说这根拐棍。

不知是中国音乐史的不幸还是大幸，1986年，河南舞阳贾湖遗址陆续出土的一批新石器时代早期的骨笛，再次从根本上撼动了这样的一部中国音乐史。

迄今总数已达25件以上的舞阳骨笛，系鹤类肢骨制成，一般长20多厘米，一侧有规整的圆形钻孔。这些骨笛形制固定，制作规范。多数笛子的开孔处尚留存有刻划的横道，说明人们在制作这些笛子时，是经过比较精确的度量和计算的。中国艺术研究院音乐研究所对其中一支骨笛（田野号M282：20）的测音研究表明，该笛能吹奏以G为宫的下徵调七声音阶或是以D为宫的六声或七声清商音阶。此外，该研究所对同时出土的其余部分骨笛也进行了系统的鉴定，并得出了明确的结论：舞阳贾湖骨笛已经具备了七声音阶结构，而且发音相当准确，音质较好，至今仍能吹奏旋律。吹奏骨笛时要斜持，和至今流传在河南民间的竹篪、塔吉克族的鹰骨笛、哈萨克族的斯布斯额相似。

从 C-14 测定的大量数据，得知骨笛距今为 7800—9000 年，其中 14 支七音孔骨笛的年代是距今 8200—8600 年。中国八九千年前即已经使用了七声音阶的结论，犹如一个晴天响雷震惊了音乐史学界，因为不久以前人们还在讨论：中国 2000 多年以前的先秦有无七声音阶？战国末期的荆轲在唱"风萧萧兮易水寒"时所用的"变徵之声"是否由两河流域东传而来？一个曾侯乙墓的发掘，已经彻底粉碎了这些在 20 世纪六七十年代尚在流行的学术观点。现在，当学者们还没有从曾侯乙墓的震撼中完全醒悟过来的时候，又一次强烈"地震"不期而至。严肃学术论题已经变得如同儿戏：中国八九千年前即已经使用了七声音阶，中国 2000 多年以前的先秦有无七声音阶的疑问自不必再谈，荆轲所唱的"变徵之声"当然更无须由两河流域传来，在迄今为止发现的一切史前音乐文化的物证中，舞阳骨笛无论在年代和可靠性方面，还是在艺术成就方面，都是无与伦比的。中华民族远远走在世界的前面。

问题接踵而来。

既然中国使用七声音阶已有八九千年的历史，势必涉及整个人类的艺术史、文化史以及人类文明的起源等大问题。如果说，通过曾侯乙墓的考古发现，我们初步地认识了先秦音乐文明的高水平；那么从舞阳骨笛的出现到 2000 年前的商周时代，这中间的 6000 多年是如何发展过来的？难道说还是用三皇五帝的神话来搪塞？还是用朱襄氏、葛天氏的传说来填补？显然，今天具有科学常识的读者已经不会接受这样的一部音乐史了，我们也不能再拿这些神话传说来敷衍我们的下一代了。运用本书所提供的大量史前物证，已经可以使我们丢弃神话和传说这根拐棍，着手构建一部全新的中国远古音乐史。历史学永远是一门"遗憾"的科学。今天的考古资料，还远不足以填补这 6000 年的空白。历史的真实面貌，犹如数学领域中的"极限"概念，史学家们只能一步步地去接近它，而永远不可能到达它。但是，这正如人类对自然或对人类自身的认识过程一样，我们可以从无知到有知、从知之甚少到知之较多、从认识的片面直到相对的全面。一部中国音乐的历史如此走来，也应该如此走去。

历史的发展瞬息万变。一部中国远古音乐的历史刚刚"如此走来"，就又要考虑"如何走去"了。

近悉中国科学院古脊椎动物与古人类研究所的考古学家黄万波等在重庆奉节天坑地缝地区发现了 14 万年以前的古人类遗址，是中国人类考古史上又一次重大收获。在这一地区的兴隆洞里，还找到了一个经人类加工而成的石哨。2003 年 4 月 1 日的《北京晚报》和同年 5 月 23 日的《北京晨报》相继报道，"奉节发现 14 万年前石哨""三峡发现最早乐器"。据中国艺术研究院音乐研究所研究员王子初介绍，"三峡奉节石哨的发现，可能会把人类原始音乐活动的历史向前推至 14 万年以前"。

中国科学院地质专家的研究指出，这件石哨系一小段洞穴淡水碳酸钙沉积——石钟乳，下部中央为一内壁光洁的鹅管，鹅管开口端的两边有斜切石钟乳沉积纹层的截面，其不同于自然撞击面，更不同于自然风化面；鹅管开口端周缘的磨蚀痕迹，特别是开口一侧的微凹状态很难用自然侵蚀解释。标本从根部的浑圆变为鹅管开口端的扁圆，是由于部分沉积物被损耗掉，但这种损耗难以用自然差异风化或差异溶蚀来解释。更重要的是，在发现这件标本的兴隆洞里，文化堆积层未经扰乱过，不存在这种自然差异风化或差异溶蚀的环境。显然，有关此器造型上非自然力因素（可以理解为人为加工因素）的一系列推断说明，奉节石哨应该是当时人们利用一截带有鹅管的石钟乳加工而成的发声器械，是目前所发现的人类最早的原始乐器。

奉节石哨是曾侯乙墓乐器群和舞阳骨笛之后，又一戏剧性的发现！关于人类在旧石器时代艺术活动情形，古来的神话传说与信史相去甚远，不足为凭；文字记载的历史充其量也仅有3000余年，鞭长莫及；而人类在旧石器时代文化艺术活动的考古发现几乎为零。奉节石哨将使人们闯入零的禁区，再一次改写人类的艺术文明历史！

乐器是人类为音乐艺术制作的专用发声器具。这是比较狭隘的现代定义。乐器的广义定义是：人类为通过听觉得到情绪的愉悦或振奋而创制的发声器具。琴、瑟、箫、笛自然是乐器，錞于、铜鼓是军乐器，沙球、猎角、车马铃乃至骨哨、石哨是不是乐器？也是乐器。人类从幼年时期开始，对生活中经常接触到的某些特定音响，渐渐产生了注意和爱好。久而久之，学会利用手边的器具去模仿类似的音响。随着人类社会的进步，人们进而学会了制造能产生这些音响的器具。这些器具，无论其制作上是如何粗糙，或其音响性能是如何低劣，都应该算作人类最早的乐器了。奉节石哨能算"乐器"吗？答案应该是肯定的。

可以这样设想，利用手边的生活用具、生产工具或其他自然物品直接发出音响，是人类学会制造乐器的第一阶段；本书收录的大量远古石磬，就和一些石犁、石刀有着一脉相承的特点。通过改造生活用具、生产工具或其他自然物品去获得人们所需要的音响，是人类制造乐器的第二阶段；山东泰安大汶口文化晚期遗址出土的用日常生活中使用的陶罐蒙皮而制成的土鼓，应是这第二阶段的写照。当人们有目的地去制造专用的发音器具的时候，应是人类学会制造乐器的第三阶段；本书《山西卷》所录襄汾陶寺的木鼍鼓，可说已踏入了"专门的乐器"行列。

用奉节石哨对口吹奏，可以轻而易举地获得一个清晰而稳定的音频。这也许只是一种发声的玩具，或狩猎用的诱捕工具。不过不可忽略这样一个事实：在人类如此早的幼年时期，已经懂得如何利用有孔的钟乳石去加工成能够发声的器具，而且能够发出人们所预想得到的音响。这标志着奉节兴隆洞出土的石哨已经进入了创制原始乐器的第二发展阶段。

历史借奉节石哨的出现，给音乐史学家们开了一个更大的玩笑。它又一次给人们制造了一段难以填满的历史空白——这一次不是从商周社会到舞阳骨笛的6000多年，而是从舞阳骨笛到奉节石哨的13万多年！当然，奉节石哨只能发出一个单音，不存在什么"旋律"性能。我们还不能要求14万年前的古人已经具有了我们今天所认为的某些音乐观念。人类从最初随意的叫喊声中，从不规则、不固定的无数自然音响中，把几个具有相对固定高度的乐音抽象出来，并赋予其一定的内在联系，构成一个人们称为"音阶"的乐音系统，其间经历的漫长岁月，何止千年万年！

奉节石哨的出现，毕竟给这千年万年前遥远的另一头，确立了一个可参照的定点。

卷帙浩繁的《中国音乐文物大系》及其续编，拟把以曾侯乙编钟、舞阳骨笛和奉节石哨为代表的无数中国音乐文物，奉献给读者，在展示无比灿烂的中国古代音乐文明的同时，不断挑战着传统的中国音乐史，以在逐渐构建一部更新的中国音乐史的过程中，发挥不可替代的作用！

2006年6月12日

编者的话

《中国音乐文物大系》（以下简称《大系》）的出版，是我国音乐学界和考古学界的一件大事。

我国古代遗留下来的音乐文物十分丰富，既有大量极其珍贵的乐器实物，又有许多颇为生动的形象资料。其数量和品种之多，跨越时代之长，是其他文明古国无法比拟的。新中国成立以后考古工作迅速发展，中国古代音乐文化的研究改变了单纯依靠文献资料的状况，注意考察各地出土的有关实物资料，取得了一系列重要的成果。特别是1977年进行的甘、陕、晋、豫四省音乐文物调查以及1978年湖北随县曾侯乙编钟的发现与研究，所获突破性成果引起国内外学术界的广泛关注。在此情况下，大力开展对现有音乐文物的全面调查和系统整理，以促进中国古代音乐和历史考古领域研究的发展，为社会主义精神文明建设作出贡献，也就成了一项迫切的学术任务。1985年年初，中国音乐家协会主席吕骥提出编辑《中国音乐文物图录集成》（多卷本）的倡议。这一倡议得到中国社会科学院副院长兼考古研究所名誉所长夏鼐，以及有关单位和专家的赞同。同年4月15日，召开了中国艺术研究院音乐研究所、中国社会科学院考古研究所、中国科学院声学研究所和国家文物局负责同志参加的座谈会，商洽此项编辑工作的有关事宜。但此后，由于种种原因，工作迟迟未能正式启动。

1988年，在中国艺术研究院音乐研究所乔建中所长的主持下，将项目名称确定为《中国音乐文物大系》，成立了以黄翔鹏为主任的编辑委员会及其所属总编辑部，并申报列入国家"七五"期间哲学社会科学研究重点项目。申报前，曾约请有关专家多人，对此项目进行可行性论证。为保证这项工作的顺利展开，国家文物局于1988年7月15日发出《关于协助编纂〈中国音乐文物大系〉的通知》，希望各省、市、自治区文物考古部门将此项工作列入工作日程，对本地区本部门所发现和收藏的音乐文物进行清理，选取有代表性的、能够反映我国古代音乐发展水平的精品，编成《大系》的各省分卷。随后，这项工作在湖北、北京、陕西、天津、上海、江苏、四川、河南、甘肃、山东、山西、新疆、湖南、江西等地先后得到落实，并逐步取得进展。其中《湖北卷》着手最早，摸索了宝贵的工作经验。主编王子初根据《湖北卷》的工作实践，制定了《中国音乐文物大系编撰体例》。

1992年3月11日至14日在北京召开编辑出版工作会议，主要内容是审定编撰体例和工作进度。通过讨论进一步明确：本书以省分卷编撰；不是图录，也不仅是普查资料汇编，而是音乐文物集成性质。会上讨论了《中国音乐文物大系编撰体例》，对其中的音乐文物命名、常见器种及部位名称的规范、全书的分类体系、条目说明的撰写提纲，以及卷首综述的要求等主要内容，取得了共识。其后，《大系》的编撰工作遇到了资金和人事方面的困扰，致使工作几乎陷于停顿。1993年年底，音乐研究所正式委托王子初担任《大系》执行副总主编，并主持总编辑部工作。经其多方奔走，《大系》的工作得到国务院有关部门的重视和支持，并会同财政部、国家文物局相关部门妥善解决了部分编撰经费和出版资金。此与同时河南教育出版社（即现大象出版社）的领导和编辑同志对本书的出版给予了高度重视和大力支持，使此套丛书的早日出版成为现实。1995年6月24日至26日，总编辑部在江苏昆山市召开了编辑出版工作会议，做了全面动员，并检查了各卷的进展情况。会上，河南教育出版社与总编辑部签订了出版意向书，不久又签订了正式出版合同。至此，《大系》的工作取得了突破性的进展。

本书从立项到首卷出版，历时将近10年。作为主管部门的负责人，乔建中所长直接主持了从立项到出版等一系列工作。并始终关心着工作的进展。本书的编撰工作尽管经历了许多困难和曲折，但由于全体人员的通力合作，特别是各地有关同志的勤奋努力，使各个分卷得以陆续完稿并交付出版，对此我们深表感谢。作为总编辑部，由于工作人员较少、业务水平有限，未能发挥更大的作用，存在诸多缺点和不足之处，敬请大家给予批评和指正。

《中国音乐文物大系》总编辑部
1996年8月

凡 例

一、《中国音乐文物大系》以文物藏地分省（区、市）卷编撰，不以文物出土地域分卷。各省（区、市）收藏品原则上归该省（区、市）卷收录。

二、文物命名原则

1. 沿用旧名。

2. 以器物自铭、器主或墓主命名。如曾侯乙编钟、秦王卑命钟等。

3. 以出土地命名。一般格式：县（市）名＋出土地点名＋墓葬号＋器种名。如信阳楚墓编钟、长治分水岭 14 号墓编磬、当阳曹家岗 5 号墓瑟等。

4. 以文物自身的显著特征命名。无出处、无款无铭的传世、征购、罚没文物，以此法命名。文物自身特征包括：纹饰、造型、色泽、材质、年代、文化属性、使用者、收藏者、作器者等方面。如虎纹石磬、龙首铜编磬等。

综合以上各点，一般先考虑沿用旧名，无旧名者可用器主、墓主、铭文命名，或退用出土地、文物自身特征命名。必要时结合使用命名。

三、编目分类

1. 各卷以"器类法"为一级分类，即将文物分为乐器、图像两大类。类外文物就近归入其中一类。如少量出土书籍附入图像类。特殊情况单独成辑，如曾侯乙墓专辑。

2. 乐器类文物数量及种类较多时，用"材质法"［如铜器、玉石器、陶器、漆木（竹）器等］作二级分类（暗分），继以"种类法"（如钟、钲、鼓、瑟、箫、笛等）作三级分类。数量及种类较少时径用"种类法"为二级分类。"种类"以下，按大致时代顺序排列各条目。

3. 图像类以下视文物构成的实际情况，采用适当的方法作次级分类。

四、条目撰写体例（必要时可增删标目）

顺 序 号　条目名称（即文物名称）

时　　代

藏　　地（或附馆藏号、田野号）

考古资料（来源）　文物出土（或征集）时间、地点、发现经过（或流传世系）、共存物、历史背景、文化属性、器主、现状等情况。

形制纹饰（画面内容、造型工艺）　保存情况及材质，形制结构，纹饰特征、铭文及释文等。形制数据可列表。

音乐性能　使用及调音遗痕，特别的使用方法，音响性能，测音结果及与音乐有关的其他内容。测音结果可列表。

文献要目 作者，篇名或书名，出处（与该件文物无直接关联的文献不予收录）。

例如：

2. 随州季氏梁编钟（5件）

时　　代　春秋中期

藏　　地　随州市博物馆（18；2-5）

考古资料　1979年4月经发掘出土于随州市东郊义地岗季氏梁西侧一春秋墓。墓葬封土已被村民平整土地时取走，墓坑内葬具均腐，仅存木炭及残丝麻织物，其下铺有朱砂。与编钟同出有青铜礼器、兵器、车马器、玉器等，共44件。其中有体现墓主身份的鼎和簠。有1件簠铭："陈公子中庆自作匜簠用祈眉寿万年无疆子子孙孙永寿用之"可为断代依据；2件戈铭："周王孙季怠孔臧元武元用戈"，"穆侯之子西宫之孙曾大工尹季怠之用"。戈铭说明古曾国是周朝分封的姬姓国，墓主为周室宗支。

形制纹饰　18、2号钟有不同程度残损，余保存完整。5钟同式，大小相次。钮呈长方环形，舞平，钟体若合瓦，于口弧曲上收。舞底正中有一直径为0.5厘米的圆槽，钲部内腔壁上各有一长1.0厘米、宽0.5厘米的长方形槽，槽或穿透或不透，系铸造时铸范芯撑遗痕。18号钟素面，口无内唇。余钟两面均饰夔龙纹，于口有内唇。形制数据见附表12。

音乐性能　4、5号钟内唇上各有调音锉磨的半圆形对称缺口8个。2、18号钟哑，余钟上均能得双音。

文献要目　随县博物馆：《湖北随县城郊发现春秋墓葬和铜器》《文物》1980年第1期。

第二节　目录及综述

王于初总主编：《中国音乐文物大系Ⅱ·广东卷》

——大象出版社2010年版

目录

第一章　乐器

……

第二章　图像
第一节　木雕
1. 空城计图雕花板
2. 佘太君挂帅图浮雕花楣
3. 荔镜记图浮雕雀替
4. 专诸献鲈鱼图通雕花板
5. 赵云救阿斗图通雕花板
6. 游园惊梦图通雕龛楣花
7. 姜子牙制服琵琶精图通雕龛楣花
8. 仙姬送子图浮雕屏门花板
9. 百忍堂图通雕窗花
10. 郭子仪庆寿图通雕神龛门窗肚（2件）
11. 奏乐图素雕方形宣炉罩
12. 潮剧人物图金漆木雕小围屏
13. 郭子仪庆寿图金漆木雕寿屏
14. 潮戏图金漆木雕神轿轿围屏
15. 琴棋图通雕人物香筒
16. 唐明皇访月宫图彩雕雀替
17. 龙门廖氏宗祠汉剧出征图木雕
18. 龙门廖氏宗祠公堂审案图木雕（3件）

第二节　砖雕　石刻
1. 乐舞人画像砖
2. 拍板乐伎砖雕（2件）
3. 细腰鼓乐伎砖雕（2件）
4. 腰鼓乐伎砖雕
5. 大鼓乐伎砖雕（2件）
6. 竽篥乐伎砖雕
7. 竽篥伎乐砖雕（3件）
8. 龙门主兑李公祠太平鼓乐舞石刻（4件）

第三节　绘画
1. 陶渊明四季画抚琴图
2. 龙门孟盛李公祠抚琴图壁画
3. 龙门廖氏宗祠琴书共乐图壁画

4. 陈琼潮州海堤竣工图

5. 伯容监邝露抱琴图

第四节 乐舞俑

1. 广州麻鹰岗陶乐俑（3件）

2. 韶关第二拖拉机厂东汉墓陶舞俑

3. 鼓琴陶俑

4. 清远大朗村乐舞杂耍俑（2件）

5. 清远何屋乐舞杂耍俑（3件）

6. 广州先烈路陶舞俑

7. 奏乐俑（3件）

8. 彩绘乐舞俑（3件）

9. 清远奏乐俑（5件）

10. 石湾灰釉敲钟和尚

第五节 戏曲写本 唱本

1. 揭阳百寨村《蔡伯喈》戏曲写本

2. 潮安书图村《刘希必金钗记》戏曲写本

3. 班本《沙陀搬兵》

4. 班本《狡妇疴鞋》

5. 班本《碧容祭监》

6. 班本《河》残本

7. 木鱼书《阴阳扇全本》

8. 木鱼书《新刻初集纣王全本》

9. 木鱼书《百八钟》

10. 《正粤讴》残卷

11. 手抄木偶剧合本《狄青出世》等

12. 手抄木偶剧本《西游全卷演义》

13. 手抄木偶剧合本

14. 手抄木偶剧残本

15. 《海阳县志·祭器·乐舞》篇

16. 潮州弦诗手抄谱

第六节 唱片 留声机

1. 唱片《荷池会妻》（2件）

2. 唱片《蒙正卖妻》（2件）

3. 唱片《重台分别》（4件）

4. 唱片《五凤楼戏叔》（2件）

5. 哥伦比亚留声机

第七节　戏曲服饰　戏台

1. 花朝戏"定长春"班名旗帘

2. 花朝戏"定长春"印章

3. 花朝戏"叶阳春"印章

4. 戏楼外景彩绘（10件）

5. 雷州岭高傩舞面具（8件）

6. 罗锦芳木偶戏服（4件）

7. 佛山琼花宫香炉

8. 佛山琼花宫灯架

9. 乳源镇溪祠戏台

10. 佛山万福台

11. 南雄里东戏台

12. 始兴马市戏台

第八节　器皿饰绘

1. 曲江石峡舞蹈纹陶片

2. 青黄釉魂瓶

3. 魂瓶（3件）

4. 青花抱琴图梅瓶

5. 粉彩人物奏乐图六角瓶

6. 青花牧童吹笛纹盘

7. 黄釉吹笛人物罐

8. 青釉抱琴图花瓶

9. 仿康熙奏乐图五彩瓶

10. 葱白釉古琴形枕

11. 钟形砚

第三章　南越王墓专辑

……

附录

后记

综述

广东音乐文物综述

孔义龙　刘成基

广东地处五岭之南，南海之滨，陆地与岛屿总面积18.14万平方千米。全省大陆岸线长3368.1千米，居全国之首。由东江、西江和北江3条支流汇集而成的珠江水系滋润着岭南大地，宜人的亚热带气候和肥沃富饶的红土壤造就了广东省得天独厚的自然资源。勤劳的广东人民创造了让世人瞩目的现代经济，形成了以珠江三角洲为中心并辐射南中国的经济网络。历史上的广东，曾一度被称为"南蛮"，这无疑在一定程度上贬低了她包括古代音乐文明在内的文化个性特征及意义。事实上，商周以降，南越国突起。经历了北方文化冲击，岭南人民创造了以多元与包容为特征的灿烂的音乐文化，并保存了带有浓郁地域特色的大批音乐文物。

本卷收录的600余件音乐文物，绝大多数出自本省，分别珍藏于全省63个县市的75个文博馆所中，时间上从新石器时代贯穿至清末，内容绚丽多姿，品种齐全，特色鲜明。

乐器类

……

图像类

广东卷共收录图像类音乐作品143件，时间从商代延续至清末，内容丰富，地域特色鲜明。包括反映潮剧音乐、民间戏剧题材的潮州金漆木雕，广东戏曲音乐发展过程中遗留的戏服、戏印、戏楼和曾经名噪一时的古戏台，标志戏曲音乐发展历史与记载戏曲剧情的戏曲写本，记录粤剧名剧和重要角色精彩演唱的唱片，还有汉代的乐舞俑、唐宋以来的器皿彩绘和金代的乐伎砖雕，尽显岭南乃至中原古乐之遗风。

如果说马坝陶片上的舞蹈纹仅能展示商代先民欢庆的一角，那么，西汉南越王墓铜提桶上的羽旌乐舞浮雕，则为我们展现出一幅难得的、极具南越风格的乐舞祭祀画面。提桶复耳、平底、矮圈足，口比底稍大，腹部微鼓。器身饰4组纹带，近口沿处和近器足处有几何纹带。器腹中部的一组是主晕，饰羽人船4只，形象大同小异。四船首尾相连。船身修长呈弧形，两端高翘像鹢首鹢尾。首尾各竖两根祭仪用的羽旌，船头两羽旌下各有一水鸟。中后部有一船台，台下置一鼎形物。中前部竖一长杆、杆上饰羽藟，下悬木鼓。每船羽人5人，多饰长羽冠，冠下有双羽翼，额顶竖羽藟，细腰，下着羽毛状短裙，跣足。其中一人高立于船台上，左手前伸持弓，右手执箭。第2船立船台之羽人头着矮冠，左手持靴形钺，右手执披发首级，似属主持祭祀的首领形象。船台前3人。头一人亦左手持弓，右手执箭；第2人坐于鼓上，左手执短棒击一鼓，右手执一物。第3人紧靠船台、左手执1裸体长发俘虏，右手持短剑。船尾1人划桨。每只羽人船饰以水鸟、海龟、海鱼。从主要人物的活动看，应是杀俘祭河（海）神图像。《楚辞·九歌·东君》中有"緪瑟兮交鼓，箫钟兮瑶簴，鸣篪兮吹竽，思灵保兮贤姱，翾飞兮翠曾，展诗兮会舞"的记载，虽然这些描述因地域、风俗不同而使表现方式各异，但在功能上都应该是接近的。藟旌乐舞图像在西南使用铜鼓的民族中是一种普遍的艺术，类似的表现在贵县罗泊湾M1：10号鼓[1]、西林普驮铜鼓[2]及广州博物馆收藏的羽人船纹铜鼓（3·796）等汉时石寨山型铜鼓的纹饰中均有描绘。更重要的是，提桶现于出身北土的南越王宫廷，这给南北文化相互吸收与融合提供了一个极好实证。提桶上的乐舞浮雕与同墓出土的6件中原风格的玉舞人俑，展现出一种"形相异意相融"的时空画卷。除纯粹的南越乐舞外，本卷还收录了一些表现南越贵族生活的乐舞俑。广州先烈路出土乐舞俑着长袖宽衣、长裙，右手在前，左手反挽于后，做歌舞姿态，造型生动，风格独特。

唐以来，岭南俗乐之风盛行。从记录在器皿中的乐舞彩绘以及砖雕乐伎可略见一斑。藏于四会及省博物馆的唐宋魂瓶，装饰着一批批吹鼓手，激情彰显，不拘小节；散见于曲江、湛江、韶关、乳源、大埔及省城的明清彩瓶、瓷罐与瓷盘上的歌舞及器乐独奏、合奏图，题材丰富，形式简洁。难怪明嘉靖九年的大埔最早县志说"埔之在潮弦诵媲邹鲁"。以实物观之，粤中北又何尝不是如此呢？这也印证了清代屈大均在其《广东新语·诗语·粤歌》中"粤俗好歌，凡有吉庆，必唱歌以为欢乐"[3]的说法。

明清时期，正是广东音乐文化渗透到各地域、各领域、各阶层的时期。从潮剧戏曲写本到花朝戏遗物，从古戏台到戏楼外景彩绘。从粤曲、木鱼唱本到粤剧唱片，从潮州金漆木雕到宗祠檐下石雕，无一不在向我们展示广东戏曲、曲艺的方方面面。

先看本卷收录的两个潮剧戏曲写本。1975年12月，潮安县凤塘镇出土的宣德写本《金钗记》是用无格麻纸抄写的整部剧本。出土时多为散页，现藏的是重新装裱后的写本。此本《金钗记》高39厘米、宽26厘米，是目前国内所见抄写年代最早且相当完整的戏曲演出本，乃相当难得的戏曲研究材料。原写本封面由多层字纸衬

---

[1] 广西壮族自治区文物工作队：《广西贵县罗泊湾一号墓发掘简报》，《文物》1978年第9期。
[2] 广西壮族自治区文物工作队：《广西西林县普驮铜鼓墓葬》，《文物》1978年第9期。
[3] 李权时：《岭南文化》，广东人民出版社1993年版，第428、433页。

贴而成，封面左上角原有朱书"迎春集"3字。第1页右上角标明"刘希必金钗□"。最后一页署"新编全相南北插科忠孝正字刘希必金钗记卷终下，宣德柒年六月日在胜寺梨园置立"。原本第5页（第4出）末尾书有"宣德六年六月十九日"字样，可知这个戏文全称是《忠孝刘希必金钗记》，其抄写时间在明宣德六至七年（1431—1432）。戏文之后还附有《三班鼓》《得胜鼓》等锣鼓谱及南曲《锦衣香》《浆水令》《黑麻序》等共3页。封面与封底还衬托了一些散页和残稿。戏文长达67出，中间原缺第36、37、38及第48出，实存63出，但剧情相当完整。《金钗记》为研究宋元南戏《刘文龙》的主旨、情节等的嬗变提供了翔实的年代和确切的文献材料，《刘文龙》佚曲实包含两个不同类型的南戏，一为"和番型"，一为"恋爱型"，写本《金钗记》在剧情及曲辞上主要继承、发展了"和番型"，而在曲辞方面又对"恋爱型"加以吸收。所以明初《忠孝刘希必金钗记》的出现，使"和番型"剧开始占据主导地位，"恋爱型"剧相对隐没。福建的梨园戏、莆仙戏及安徽贵池傩戏等地方戏曲一直演出"和番型"《刘文龙》剧，说明《金钗记》在剧情演变中承前启后的地位。

1958年揭阳渔湖镇百寨村明墓出土的《蔡伯皆》戏曲写本，是近30年来在国内外学术界备受瞩目并产生很大影响的5种潮剧戏文抄本中发现最早的一本。从剧情和人物可知，《蔡伯皆》即《琵琶记》，亦即王国维《宋元戏曲史》中5种剧本（《金钗记》《刘知远白兔记》《拜月亭记》《杀狗记》与《琵琶记》）所存最早的南戏戏本之一。《金钗记》《蔡伯皆》2种写本与《荔镜记》(附《颜臣》)、《金花女》(附《苏六娘》)及《荔枝记》5种戏文一起构成了明代潮剧戏曲中的7个代表作，同时它们又揭示了潮剧的发展和壮大过程。这7个剧本中，《金钗记》和《蔡伯皆》兼用官话音韵、洪武音韵和中原音韵，掺有潮方言词汇，它们都不能算是"潮州戏文"。它们只是南戏正字戏传入潮州后，开始发生地方化的本子[①]；而后5种剧本或在标题上有"潮调""潮泉插科"字样，或在曲牌上注"潮腔"二字，题材都取材于粤东、闽南的民间故事，此5本才算真正的潮州戏。康熙中期的屈大均在其《广东新语·诗语·粤歌》篇中有"潮以土音唱南北曲者，曰'潮州戏'""其歌轻婉"的描述，就是指经历了《金钗记》和《蔡伯皆》探索后发展而成的潮州戏，与清光绪时张心态《粤游小识》中"多习南音而操土风，名本地班。观者昼夜忘倦。若唱昆腔，人人厌听，辄散去"的说法相吻合。故《金钗记》和《蔡伯皆》是南戏在明代传播至潮州并最终发展成潮剧的桥梁和中介，是正字戏演化至潮腔的有力物证，其历史价值不容替代。

至清中叶，广东地方小戏如雨后春笋，花朝戏即是其中之一。本卷收录了紫金花朝戏"定长春"班名旗帜、"定长春"和"叶阳春"戏班印章。"定长春"和"叶

[①] 陈泽泓：《潮汕文化概说》，广东人民出版社2001年版，第245页。

阳春"戏班是清光绪三十年流行于紫金的19个戏班中最早的两个。清代数任广东学官的李调元在《南越笔记》(卷一)中曾记述：粤东永安(今紫金县)俗尚师巫，"巫作姣好女子。吹牛角鸣锣而舞，以花竿和一鸡而歌。其舞曰赎魂之舞，曰破胎之舞；歌曰鸡歌，曰暖花歌"。当地人把这种巫之歌舞称为"跳神朝"，是乡人于庙宇落成或瘟疫病流行之际，请来巫师设坛祭神所做之法事。巫师2人一扮巫公，一扮巫婆，巫公头戴缨帽，手执小锣，巫婆头裹罗帕，手拿方巾和扇子，在锣鼓、唢呐的伴奏下边歌边舞，请来神将镇鬼驱邪。跳神朝所唱曲调以《南越笔记》所述的"鸡歌"为主，中间往往插入长短不一的快板，唱念结合，末句一律加帮腔。舞蹈动作主要由锣花、扇花组成，反复走"八"字图。山区农民喜爱"神朝"乐舞，神朝艺人为取悦观众，常在做完神朝后加插滑稽动作和笑话，其后更把梳妆打扮、纺线绣花种种动作提炼集中，配上小曲演唱逸闻趣事。清光绪年间，有神朝艺人根据粤东地区的民情风俗，赋予此类演唱以人物情节，搬演简单的故事。因为表演谐趣花哨，同虔诚肃穆的神朝形成鲜明对比，故人们称之为"花朝"。花朝作为傩戏的一种，本来就盛行南方广大地区，只是名称各异，省内粤西就有鬼舞、考兵、跳花棚等多种。当这种巫文化随着现代文化的脚步离我们远去之时，唯有仅存的遗物能为它的历史做证。

古戏台也是一种记录岭南戏曲发展的重要物证，本卷仅收4个。

乳源境内明嘉靖三十四年(1555)的镇溪祠古戏台立"夯土青砖、悬山顶构"之外架，容"穿斗架梁、云龙藻井、八仙廊绘"之内形，塑"月梁龙珠、瓷坡滴水、檐唇起翘、雕甍走脊"之气势、洋溢着江浙建筑之风，为研究北方庙会南移的重要实物资料。南雄珠玑镇清乾隆时期的里东戏台，坐落于里东墟老商业街，坐东南朝西北。整体建筑三段递进、双井相间；凸字舞台、主辅相分；八角藻井、挑檐翘角。清代的南雄乃岭北的湘赣地区与岭南经济贸易往来的重要枢纽，著名的梅关古道和珠玑古巷均在境内。始兴境内乾隆时期的马市戏台位于浈江南岸，此处曾是岭南上京的水陆交通要道，也是南北商品的重要集散地之一，曾设驿站、码头、商号、金行、客栈、店铺、典行、盐行等行业。湖南花鼓戏班、江西采茶戏班、广东粤剧戏班等戏班来此演出，它既是始兴清代商业及文化生活发展的历史见证，也是研究古代建筑艺术和粤北戏曲音乐的实物依据。

更有佛山祖庙内清顺治十五年(1658)的万福台，它是华南地区最著名的古戏台，在建筑上更为讲究。万福台与祖庙正殿遥相呼应，据说其建造目的是上演粤剧(大戏)给对面的北帝观看，以酬谢北帝的保佑之恩。万福台正面四柱三间，分前台、后台两部分，中间用一饰有大量金漆木雕的隔板分开。隔板两侧有四门，明间的"出将""入相"两门供演员出入，侧间的"蹈和""履仁"两门供奏乐人员和舞台工作人员使用。① 前台演戏，后台化装，演戏在明间，奏乐在侧间。前台三面敞开，可供观众三面看戏。后台东、西、南面均有墙，东、西墙上各开一窗、一门。屋顶为歇山式卷棚顶，不用斗拱，显得轻巧玲珑。戏台高 2.07 米，向前伸出，台面至檐前的高度为 6.25 米。整座戏台远远高于观众席，这样设计据说是为了使远处的北帝看得清楚。中间隔板上雕刻着降龙罗汉、伏虎罗汉、三星拱照、八仙、曹操大宴铜雀台等四组六幅金漆木雕作品，使整座建筑显得金碧辉煌、精美华丽。隔板中间的金木雕两侧悬着一副木刻篆书对联"传来往事留金鉴，谱出高歌彻紫霄"，正是万福台的真实写照。万福台在粤剧史上具有重要的地位，现已成为海内外红船子弟寻根的重要场所。佛山是粤剧的发源地，粤剧最早的行会组织——琼花会馆就建在佛山。旧时戏班每年组班一次，然后乘红船分赴各地演出，组班后的首场演出必在祖庙万福台举行，因而万福台又有审戏台的作用。过去万福台每逢喜庆节日、神诞庆典都会演戏，尤其是每年秋收之后，几乎每晚都有演出，四乡来看大戏者，络绎不绝。

无疑，古戏台是岭南戏曲繁荣的标志。面对这些古戏台，我们难以知晓究竟曾经出现过多少戏楼外景彩绘、多少戏曲写本或多少唱片，现在流传下来的且本卷能收录到的只是一小部分罢了。戏曲以歌舞、曲艺等民间音乐为基础，岭南戏曲的发展与潮州歌册、粤讴、粤曲、木鱼书等曲艺艺术有着紧密的联系。正因如此，戏曲或曲艺总以题材、表演形式、服饰、布景等多种方式渗透到雕刻、绘画、文学民俗等领域。潮州金漆木雕中的戏曲题材就是潮剧繁盛后向木雕艺术渗透的典范，潮州木雕中总喜欢选择如"空城计""佘太君挂帅""荔镜记""专诸献鲈鱼""赵云救阿斗""游园惊梦""姜子牙制服琵琶精""仙姬送子""百忍堂""郭子仪庆寿""擒孟获""罗通叫关""辕门射戟""加官进爵""封神演义""唐明皇访月宫""岳飞抗金兵"② 等讴歌"忠孝""善美"，鞭挞"丑恶"的经典历史题材，并通过戏曲、曲艺的表演方式表现出来，既是惟妙惟肖的艺术精品，又是表演艺术的一种生动记录与独特诠释。

当陶埙、钲、铎、铙、钟等乐器零星南传，远古乐声依稀传来之时，岭南音乐之门欣然大开，乐舞萌动；当南越国编悬礼乐蓦然敲响之时，岭南大地备受震撼，正声伊始；当中原礼乐与铜鼓乐舞相互碰撞、竞相交融之时，岭南音乐传统一脉相承，特色彰显；当海上丝路逐渐拓展、文化传播盛极之时，宗教音乐席卷岭南大地，多元交织；当中原文化进一步南进、市民文化兴起之时，岭南音乐包容吸收，盛世来临。条条脉络，实物为证。

我们深深地感觉到，完成此书不仅在于对广东古代音乐资料的整理，更在于对今天广东音乐文化建设的启示，愿此书能发挥它应有的作用。

2010 年 6 月于广州

---

① 佛山市博物馆编：《佛山祖庙》（引黄晓蕙"万福台"），文物出版社 2005 年版。
② 广东省博物馆：《潮州木雕》，文物出版社 2004 年版。

袁荃猷：《中国音乐文物大系·北京卷》

——大象出版社 1999 年版

目录

第一章　乐器
……

第二章　图像
第一节　器皿饰绘
1. 舞蹈纹彩陶盆
2. 宴乐渔猎纹铜壶
3. 燕乐射猎图案刻纹铜鉴
4. 三人奏乐纹铜带钩
5. 四人乐舞铜饰
6. 四人乐舞纹印
7. 三人乐舞纹印
8. 青釉谷仓
9. 石雕方砚
10. 黄釉瓷扁壶
11. 人物故事画像镜
12. 七盘舞画像镜
13. 抚琴引凤纹镜
14. 侯瑾之镜
15. 吹笙引凤纹镜
16. 吹笙引凤纹镜
17. 嵌螺钿人物花鸟纹镜
18. 傀儡戏纹镜
19. 乐器纹镜拓片
　　附1　玉舞人
　　附2　平盘陶灯
　　附3　八子银铃
　　附4　车马歌舞画像镜

附5　车马乐舞杂技画像镜

　　附6　真子飞霜镜

第二节　画像石　画像砖

1. 盘鼓舞画像石

2. 长袖舞画像砖

3. 乐舞杂技画像砖

4. 邓县彩色乐舞画像砖

5. 丁都赛画像砖

　　附　姜夔画像石拓本

第三节　乐舞俑

1. 分水岭14号墓彩绘陶舞俑（7件）

2. 白家口24号墓彩绘女舞俑（2件）

3. 陶乐俑（2件）

4. 男舞俑（2件）

5. 弹琴俑

6. 弹琴俑

7. 歌唱俑（2件）

8. 彭山666号墓女舞俑（2件）

9. 天回山崖墓击鼓说唱俑

10. 涂井蜀汉崖墓乐舞俑（2件）

11. 草厂坡北朝墓乐舞俑（6件）

12. 彩绘骑马击鼓俑（2件）

13. 库狄迴洛墓彩绘弹琵琶俑

14. 黄绿釉持腰鼓俑

15. 黄绿釉女舞俑（2件）

16. 骑马吹排箫俑

17. 骑马携琴俑

18. 吹排箫等乐俑（5件）

19. 女乐俑（3件）

20. 女乐俑（3件）

21. 女乐俑（2件）

22. 吹排箫俑

23. 郑仁泰墓彩绘骑马乐俑（2件）

24. 李贞墓三彩骑马乐俑（5件）

25. 骑马击鼓俑（2 件）

26. 骑马乐俑（3 件）

27. 骑马吹唢呐俑

28. 彩绘女舞俑（2 件）

29. 女乐俑（3 件）

30. 女乐俑（2 件）

31. 鲜于庭诲墓三彩骆驼载乐俑

32. 插秧村唐墓乐俑（6 件）

33. 李昇陵墓舞俑（4 件）

34. 击鼓俑

35. 持管俑

36. 持唢呐等乐俑（6 件）

37. 骑马击钹俑

  附 1　吹埙俑

  附 2　男舞俑

  附 3　说唱俑

  附 4　歌唱俑

  附 5　骑马击鼓俑

  附 6　彩绘女舞俑

  附 7　持管俑

  附 8　彩绘女乐俑（3 件）

  附 9　击鼓泥塑像

  附 10　铁舞女

第四节　乐舞石雕像

1. 太和造像背光浮雕伎乐天

2. 孔水洞石雕像

3. 曲阳修德寺遗址奏乐石雕像（4 件）

4. 万佛堂石雕伎乐人

5. 云居寺塔砖雕伎乐人

6. 天庆八年塔石雕伎乐人

7. 云居寺经幢石雕伎乐人（西廊）

8. 云居寺经幢石雕伎乐人（南塔塔基）

9. 云居寺经幢石雕伎乐人（东廊）

10. 云居寺经幢石雕伎乐人

11. 戒台寺经幢石雕伎乐人
12. 居庸关云台石雕天王像
13. 真觉寺石雕天王像
14. 慈寿寺塔砖雕乐器

第五节　壁画

1. 执失奉节墓舞女壁画
2. 李爽墓吹排箫伎乐人壁画
3. 法海寺天王像壁画

第六节　绘画

1. 洛神赋图卷（局部）
2. 斫琴图
3. 卓歇图（局部）
4. 阆苑女仙图卷（局部）
5. 韩熙载夜宴图卷（局部）
6. 清明上河图卷（局部）
7. 听琴图
8. 踏歌图
9. 大傩图
10. 杂剧图（2件）
11. 九歌图卷（2件局部）
12. 便桥会盟图卷（局部）
13. 伯牙鼓琴图卷
14. 宪宗元宵行乐图卷（局部）
15. 人物故事册（2开）
16. 麟堂秋宴图卷（局部）
17. 南都繁会图卷（局部）
18. 皇都积胜图卷（局部）
19. 康熙南巡图 第一卷（局部）
20. 康熙南巡图 第十卷（局部）
21. 雍正祭先农坛图 第一卷（局部）
22. 乾隆南巡图 第一卷（局部）
23. 乾隆南巡图 第二卷（局部）
24. 万树园赐宴图
25. 紫光阁赐宴图（局部）

26. 塞宴四事图（局部）

27. 光绪大婚图册太和殿庆贺礼图

28. 潞河督运图卷（局部）

29. 畲族祖图（局部）

30. 高山族风俗图（局部）

31. 苗族乐舞图

32. 傣族击鼓采花图

33. 大梅诗意图册盲歌图

34. 妙峰山进香图

35. 妙峰山进香图轴（部）

36. 天津天后宫过会图

37. 万寿山过会图

    附1 竹林拨阮图

    附2 藩王道装行乐图轴

    附3 文姬归汉图卷（局部）

    附4 西园雅集图卷（局部）

    附5 清人仿仇英百美图卷（局部）

    附6 清人仿谢时臣嫁娶图卷（局部）

    附7 西顶过会图（局部）

第七节 乐谱 乐器图册

1. 笳吹番部合奏乐章满洲蒙古汉文合谱

2. 庆隆舞乐章清汉文合谱

3. 皇朝礼器图册 乐器图

附录

    图片索引

    部分形制数据和测音结果

后记

北京音乐文物综述

袁荃猷

    《中国音乐文物大系》依省市分卷。地区不同，情况各异，或出土文物极为丰富，或壁画雕塑美不胜收。其中的音乐文物，自然也占一定比重。北京市却情况大异，出土音乐文物，寥寥无几，屈指可数；辽金遗存，断塔残幢，所留音乐文物，亦微乎其微，不能自成体系，故无法结合本市地理情况、历史沿革等，来探讨其音乐发展源流。但是，北京系伟大祖国的首都，亦曾是辽、金、元、明、清几代延续千年的建都之地，精华荟萃，珍宝备集，自古已然。以当今集中在这里的音乐文物而言，仅就故宫博物院和中国历史博物馆所藏，就质精量大，举世无匹。前者在明清两代宫廷御物的基础上，又搜集了大量珍贵文物，以传世品居多。后者则为办好展现我国悠久文明的博物馆，经全国各地支援了众多有代表性的展品，以发掘出土的为主。有不少属于国宝级或一级音乐文物。乐器类，有研讨价值者，不可胜数。或因其为最早，或因其为最佳，或因其为绝无仅有，或因其烜赫已久，流传有绪，由于不同原因，都成为我国音乐文化瑰宝。尤以经测音而发现音响良好者，价值更高，堪称精品之最。经分析研究，探讨其音阶结构及发展规律对研究音乐史、乐器史以及乐律学等，都是可靠的珍贵实物。图像类，上起远古彩陶，下至宋元明清历代名画，内容丰富，题材广泛，它们属于不同时代，来自不同地区和民族，描绘不同的音乐生活。尤以出自杰出画家之手的写实乐舞图、演奏图等，对我国古代乐器的发展、乐队的组合、表演的形式、乐舞的变化，以及各阶层人物的音乐生活，都有真实而生动的写照。它们的特殊价值，在可以弥补文献的欠缺，考核史料的真伪，印证传说的有无，对研究音乐文化的贡献，又是任何其他种类的文物所不能替代的。

总之，所收音乐文物，质量高，品种多，显然是《北京卷》的主要特点。

本卷所收音乐文物共301项，其中乐器类183项，图像类118项，择要分述如下：

一、乐器类

……

二、图像类

音乐文物除乐器以外，还有大量有关音乐的形象材料。从各种器物上的纹饰、画像石、画像砖的内容，墓葬出土的乐舞俑，经幢寺塔上雕刻的伎乐人，以及壁画、绘画等，都可以看到历代工匠和画师们留下的杰作，反映各个时代的乐舞艺术风貌。

最早的一件是新石器时代的舞蹈纹彩陶盆（图2·1·1，略），青海大通上孙家寨384号墓出土，是距今4500年前我国先民集体欢歌踏舞的图像。从战国铜壶（图2·1·2，略）、铜鉴（图2·1·3，略）的刻绘纹饰中，可看到当时编钟编磬从左至右、大小顺序的编悬情况，甬钟钮钟悬挂方法的区别，簨虡的造型，建鼓的形状，以及演奏者的姿态。汉代铜带钩、铜饰、铜印及铜镜，都在极小的画面上，铸刻了丰富的乐舞图，说明汉代民间鼓瑟吹笙、轻歌曼舞，在日常用具上的反映。三国吴永安三年（260）陶仓上堆塑装饰中有一乐伎，斜抱一阮（图2·1·8b，略），造型清晰，刻划细致，盘圆柄直，四弦多柱，是迄今所见最早的一个弹阮形象。北齐范粹墓出土的黄釉瓷扁壶上的乐舞图（图2·1·10，略），是当时西域乐舞的写照，可视为各族乐舞大交流的缩影。唐镜纹饰中的高士弹琴（图2·1·13、图2·1·14，略）、弹阮（图2·1·17，略）、仙人吹笙（图2·1·15、图2·1·16，略），反映了当时文人情趣。宋傀儡纹镜（图2·1·18，略）是宋代木偶戏在民间广泛流行的反映。元乐器纹镜（图2·1·19，略），怀柔河防口窖藏出土，是北京地区难得的音乐文物，所示为当时流行使用的各种乐器。

画像石、画像砖上的乐舞形象，如盘鼓舞（图2·2·1，略）、长袖舞（图2·2·2，略）、巾舞（图2·2·3，略）、双人舞（图2·2·4c，略）、戴面具舞（图2·2·4d，略）等，都有伴奏乐队。在不同场地，有不同组合。汉代以鼓、竖笛、排箫、瑟为主。南朝行进中的舞蹈用鼖鼓、细腰鼓、铜钹、笙或排箫伴奏。南朝邓县画像砖上的鼓吹乐队（图2·2·4a，图2·2·4b，略）是汉代以降流行的鼓吹乐的最好写照。出行的仪仗乐队，由鼓、角、横笛、排箫及胡笳等乐器组成。从乐器性能来看，角和笳有较强的音乐表现力，与伴歌舞的丝竹管弦乐器有明显的不同。宋丁都赛画像砖（图2·2·5a，略），是迄今仅见最早的一个著名杂剧女演员的演出形象，也是研究宋杂剧的珍贵历史资料。以上各件，数量不多，却件件精品。

乐舞俑是权贵豪门家伎的写照，所收最早的为山西长治分水岭战国墓出土的陶舞俑群（图2·3·1，略），高仅5厘米左右，造型简略，动作含蓄。汉乐舞俑多生动传神，尤以四川出土的击鼓说唱俑（图2·3·9，略）更是塑造精绝，妙趣横生，足以证明当时说唱艺术有很高的造诣。古琴形象见于东汉弹琴俑（图2·3·5、图2·3·6，略）、西安草厂坡北朝墓出土女弹琴俑（图2·3·11b~c，略）及隋骑马携琴俑（图2·3·17，略），均塑造精细，得知当时古琴形制、演奏指法以及携带方法等。隋唐之际，最完整的伴歌舞乐队，是西安插秧村唐墓出土的6件一组的乐队（图2·3·32a~f，略），同出有舞俑（现藏陕西省博物馆），由琵琶、箜篌、笛、排箫、笙、拍板组成。另有传世品唐代女坐俑、女立俑多件，据其服饰发型与唐墓壁画或出土女俑相较，亦可断定为初唐或盛唐制品。发掘出土的骑马仪仗乐队，有北朝墓击鼓俑（图2·3·11f，略），唐郑仁泰墓吹排箫俑（图2·3·23a，略），唐李贞墓击鼓俑、执排箫俑、击铜钹俑等（图2·3·24a~c，略）。传世品有鼓吹仪仗乐俑多件。此时出现最多的乐器为琵琶、五弦琵琶、排箫、铜钹和各种不同的鼓。其中骑马吹唢呐俑（图2·3·27，略）为唐代唢呐的形象，提供了珍贵资料。这些零散的乐俑，真实地记录了当时丰富多彩的音乐生活实况，尤以色彩绚丽的三彩骆驼载乐俑（图2·3·31，略）工艺精湛，题材新颖，更能显示当时社会的风情习俗，反映了唐与西域的音乐舞蹈文化交流盛况。五代俑仅收南唐李昇陵墓出土舞俑4件（图2·3·33a~d，略），与唐开元天宝间的舞俑（图2·3·28，略）相比，风格迥异，时代特点明显不同。明俑数件均施琉璃釉，各持长短大小形状不一的唢呐或喇叭，是明代仪仗乐队常用乐器。

本卷所收石雕像，以京郊辽金建筑物基座伎乐人为主。北京地区的佛教，起自北朝，兴于隋唐，盛于辽金。当时碑塔经幢，遍布京畿各州县，唯历年破坏，残存无几。房山区上方山是一处经久不衰的佛教圣地，万佛堂孔水洞石壁上、大历万佛龙泉宝殿内墙壁上，都留有隋唐伎乐人的形象。以藏石经称著的云居寺内的颓塔断幢，则是辽金时代的残存。各基座束腰壶门内的乐舞图像，大同小异。仅以辽天庆八年（1118）塔乐舞伎为例，他们的服饰、舞姿、所用乐器都与河南禹州白沙宋元符二年（1099）墓壁画"散乐图"和河北宣化辽天庆六年（1116）墓壁画"散乐图"极为相似。《辽史·乐志》："今之散乐，俳优歌舞杂进。"可见这些组乐舞形象，展现的正是当时流行的散乐。

本卷所收绘画数十件，大多为久经著录的历代名画。按内容可见乐器制造、器乐演奏、乐舞场面、节庆活动、说唱音乐、戏曲音乐、宫廷音乐等方面的真实写照。其中《斫琴图》是迄今仅见的一幅制造乐器的古画，制琴的过程、琴面板底板的形状，对研究古琴形制、鉴别古琴年代极有价值。《韩熙载夜宴图》《卓歇图》《听琴图》《清明上河图》《踏歌图》《大傩图》《伯牙鼓琴图》等，均展现出生动的音乐舞蹈场景。宋《杂剧图》反映了南宋杂剧的舞台人物形象。辽《便桥会盟图》虽写唐代历史故事，但实为契丹民族的马上乐舞生活。明《麟堂秋宴图》中的二胡与箫合奏，为拉弦乐器提供了可靠资料。明《南都繁会图》和《宪宗元宵行乐图》，清《妙峰山进香图》和《天津天后宫过会图》等，可见从宫廷到民间的多种音乐舞蹈杂技百戏的表演实况。晚清兄弟民族乐舞活动的有《畲族祖图》《高山族风俗图》《苗族风俗图》《傣族击鼓采花图》等。最后还有多幅清宫旧藏画院臣工奉诏绘制的记事写实画，其中有清代重要政治活动和帝王生活中的中和韶乐、卤簿乐、宴飨乐等的写真。

第三节　基本内容及评述

《中国音乐文物大系》（以下简称《大系》）是中国音乐考古学的第一部重典，其性质是中国音乐文物资料总集，也是中国音乐史学的一个大型的基础工程，荣获第四届国家图书奖。目前共计出版 16 本（共 19 卷）。音乐家吕骥、考古学家夏鼐是其最早的倡导者。《大系》由中国艺术研究院、国家文物局、中国社会科学院考古研究所、中国科学院声学研究所共同发起，中国艺术研究院音乐研究所承办编撰，先后由黄翔鹏、王子初担任总主编。

评述：《大系》各卷主要以乐器、图像和各地的重要音乐考古发现三部分组成，其中乐器和图像为每卷必有的部分。上文以广东卷和北京卷为例，一者两卷一南一北均有代表性，二者广东卷代表了大部分《大系》的特点，即文物出土地域集中且还有地方重要音乐考古发现；而北京卷则比较特殊，由于地处首都，所以文物中既有北京地区出土的文物，也有历代皇家和贵族传世的珍品，还有各地出土的汇集到首都的国宝级文物。因此，上文选取了这两卷作为实例，供各位学者参考。

《大系》中每卷都会将半数的笔墨用于音乐图像，这些图像文物按照木雕、砖雕石刻、乐舞石雕像、乐舞俑、绘画、画像石和画像砖、壁画、器皿饰绘、戏曲写本和唱本、戏曲服饰和戏台、唱片和留声机、乐谱乐器图册等进行分类。已出版的各卷几乎囊括了当地的音乐图像文物，因此，《大系》也成为研究中国音乐图像文物最为便捷的工具书和必备的参考文献。

第三章 《敦煌石窟艺术全集》

第一节 前言及目录

郑汝中:《敦煌石窟艺术全集·音乐画卷 16》

——同济大学出版社 2016 年版

一、前言

音乐壁画显现中国音乐历史。

音乐、舞蹈,乃人类文化的重要部分。它以音响的组合,形体的表演,构成形形色色的表现形式,渗入社会生活各个角落,标志着人类的智慧和文明的发展。从大量世界文化遗存看,不论哪个地区,哪个国家,哪个民族,都是以乐舞为先导的,音乐甚至萌发在语言和文字之前。尽管地球上各个地区的文化产生有先后,但音乐都是率先出现的。音乐是人类智能的反映,具有与智能同步产生的特性。

中国的先民具有非凡的音乐才能,可以说,被称为"礼乐之邦"的中华民族,它的音乐发端史,是世界上最早的文化迹象之一。中国、埃及、印度及希腊等文明古国,都有其音乐发展的历史,但比较而言,其他三国音乐的累积,似不如中国丰实和有延续性。

从考古发掘的乐器资料看,中国音乐的产生可以追溯到距今六七千年前的新石器时代。中国文化史在音乐方面的发端是以古乐器出现为标志的;除乐器外,随着音乐的诞生,"音乐画"也同时出现,同一时期的岩画、地画及彩陶纹饰,保存了大量原始音乐、舞蹈的图形,这是一种同步的文化现象了。音乐画形象记录了古代音乐历史的发展,从中可以窥见各个时期、各种类型的音乐状况,因而,它也是研究音乐史的重要依据。透过音乐图像看音乐历史,甚至比文献的记载更生动、直观和真实。

虽然中国音乐历史悠久,遗存丰厚,但实物资料相对匮乏,甚至至今仍无一本可以作为依据的、系统清晰的音乐史,今天的学者欲知古代音乐的真实状况,犹如雾里看花。尽管古代文献记载大量的音乐历史,甚至《廿四史》中,有"音乐志""乐志""乐记""律志"专篇，但把这些材料集中在一起，充其量只能是与音乐有关的史料汇编，而且内容驳杂，含糊不清，因此，不能算是严格意义上的音乐史。历史上曾有不少先贤修过乐史，均未成功。主要弊病是：从文献到文献，缺乏科学的调查研究和系统、综合的分析论证；还有一个重要的缺憾，就是只关注帝王将相等上层社会的音乐历史，而缺乏民间的、民族的、下层社会的音乐调查，更少顾及图像的搜集。

20世纪末，随着人文科学、社会科学与自然科学技术的发展，考古学、形态学、图像学的应用于音乐研究，以及音乐史学队伍的扩大、音乐史学发生了重大的变革，虽然起步较晚，现在仍属其他学科之附骥，但在观念和研究方法上，都有许多突破和进展，进入新的研究阶段。

敦煌石窟壁画是中古时期中国西北地区的重要文物遗存。敦煌石窟始建于北朝时期，历经十朝，长达千余年，与中国古代音乐及音乐画的发展、成熟相始终，其丰富的音乐壁画是古代音乐与佛教艺术结合的产物，形象记录了每一阶段的音乐发展。敦煌石窟，仅以莫高窟统计，壁画中有音乐题材的洞窟就有240个。

其中：

乐器44种4500件（其中不鼓自鸣乐器1016件）

乐伎3346身

乐队500组

绘有乐队的经变 400铺

以上资料表明，就反映音乐事物而言，在乐器品种、数量、表演形式，以及延续时间等方面，敦煌壁画在世界壁画史上，均有极重要的价值。特别是敦煌壁画乐器的研究，在学术界极受瞩目。

敦煌壁画中的乐器图形，之所以受人关注，首先在其历史意义。它经历了北凉—北魏—西魏—北周—隋—唐—五代—宋—西夏—元十个朝代，可以说，在世界上还找不出第二个遗址，能有连续近千年绘制乐器图形的地方。其次，它本身确实丰富多彩，充分体现了中国古代音乐的繁荣发展。敦煌发现的音乐史料，包括敦煌壁画的音乐图像和藏经洞文献的音乐资料，属于文献学和图像学的范围，被学者认定是窥视中国古代音乐的一个窗口和音乐史研究的新领域。近年来，学者对"敦煌音乐"的科研命题，极感兴趣，成果不断涌现。

其实，"敦煌音乐"一词并不十分确切，所指的并非今日敦煌地区的音乐，而是敦煌石窟资料所见的古代该地区的音乐，称为"敦煌音乐史料研究"较为妥当。但是既已约定俗成，亦毋庸为之正名。

本卷以考古学为坐标，以图像学的观点，来研究敦煌壁画的音乐图像。用调查、分类、比较、分析的方法，来诠释其中的史学价值和文化内涵。此外，还要附带介绍一下有关音乐的文献资料"敦煌曲谱"的情况。本卷还有一个目的，就是不能再使资料长期与世隔绝。现在我们把图像与有关资料第一次公之于世，希冀有更多学者来参与这项科学研究。正如学者现在公认的，敦煌学是中国的，也是世界的文化财富。

二、目录

前言　音乐壁画显现中国音乐历史

第一章　清歌妙舞入画图
第一节　佛教东渐与华夏艺术的融合
第二节　敦煌音乐壁画的特色
第三节　灵动的音乐符号——不鼓自鸣

第二章　佛国的乐神——伎乐天
第一节　天宫乐伎和飞天乐伎
第二节　经变画中的礼佛乐伎
第三节　化生乐伎和护法神乐伎

第三章　世俗的乐工——伎乐人
第一节　经变画及故事画的伎乐人
第二节　地方权贵的真实写照——供养人乐伎

第四章　管弦鼓吹，琳琅满目的乐器
第一节　种类繁多的气鸣乐器
第二节　连类派生的弦鸣乐器
第三节　形制多样的打击乐器

附录一　敦煌曲谱
附录二　莫高窟壁画中伎乐天分类统计表
附录三　莫高窟壁画乐器统计表
图版索引
敦煌石窟分布图
敦煌历史年表

王克芬：《敦煌石窟艺术全集·舞蹈画卷 17》

——同济大学出版社 2016 年版

一、前言

乐舞大交流时代的舞蹈形象图片库。

佛教是在全世界传播最广的宗教之一。世界各地的佛教艺术大都具有很高的艺术水平和重要的史料价值。

具有世界影响的佛教艺术本身的传承性是不容忽视的，它深刻而广泛地影响各时期各地佛教艺术的创造与发展。而特定历史时期、特定国度和地区的佛教艺术，往往会在一定程度上反映出当时、当地的社会风貌。由于各地千差万别、风格迥异的佛教艺术会显示出不同的艺术形象与审美情趣，因此，史学家特别是研究艺术史的学者，都相当重视对不同时期、不同地区的宗教艺术，特别是流传十分广泛的佛教艺术的研究。

在漫长的历史长河中，前人为我们留下许多描述古代舞蹈的诗、词、歌、赋等文字资料。我们固然可据此插上想象的翅膀，去领略那些曾辉煌一时的古代舞蹈丰姿。然而，舞蹈是形象的艺术，因此，最具史料价值的，莫过于遗存至今的古代舞蹈形象。宗教艺术中保存的古代舞蹈形象是相当丰富的，因为宗教艺术被人为破坏的可能性少些，完好保存的可能性大些，使我们能一睹千百年前的部分舞蹈形象。这些舞蹈形象在一定程度上记录了那个时期特定地区舞蹈发展的脉络。

佛教艺术，特别是佛教石窟艺术中，常常保存丰富的舞蹈形象，这是因为：第一，"伎乐供养"是印度大乘佛教主要经典《妙法莲华经》（后秦鸠摩罗什译）规定的。该经所列对佛的十种供养是："一华（花）、二香、三璎珞、四抹香、五涂香、六烧香、七缯盖幡幢、八衣服、九伎乐、十合掌。"据考察，20 世纪 30 年代以前，印度的古典舞主要保存、流传在寺院，"神的侍女"以舞祭神，宗教节日则可供群众观赏。这种祀神的"舞祭"方式，随着佛教在中国的传播而流传。《洛阳伽蓝记》卷一载：北魏佛寺的"伎乐"甚是美妙动人。佛像出行时，还有狮舞开道，诸种杂技表演随行。敦煌遗书《龙兴寺毗沙门天王灵验记》（S.0381）记载：公元 801 年寒食节，城中官僚百姓就龙兴寺设乐。所谓"设乐"就是演出乐舞百戏等，由此可见唐代寺院乐舞活动也很兴盛。古代寺院既是宗教活动的中心，也是群众娱乐的场所。寺院中的舞蹈表演，名为娱神，实为娱人。这些佛事活动中的舞蹈形象为佛教艺术的创作提供了丰富的素材。其次，中古时代，舞蹈逐渐摆脱敬天娱神的原始祭祀功能，向娱人方向发展，开始进入表演领域，成为一种上层社会特有的艺术享受。人间的帝王、贵族要以观赏舞蹈取乐，人臆想的神佛自然也要有乐舞相随相伴了。古天竺传说：在佛的护法神——"天龙八部"中，有乾闼婆与紧那罗，他们是佛国专司奏乐歌舞之神，相当于中国佛教艺术中的飞天等伎乐之神。鸠摩罗什译《大智度论》卷十称：乾闼婆与紧那罗都是为"诸天作乐的天伎"。慧琳《一切经音义》载："紧那罗音乐天也，有微妙音响，能作歌舞"；紧那罗还"常与乾闼婆为妻室"；故在印度的佛教艺术中，他们常常同时出现。在印度佛教圣地阿旃陀石窟高高的石壁、石柱上，他们相依相偎，并坐在云际云端。他们与中国敦煌早期壁画及云冈、麦积山石窟等北魏石窟，体呈V形的飞天比较接近，却远不像隋唐时期敦煌壁画中，在天国奏乐歌舞的飞天那样轻盈飘逸体态优美。人间宫廷宴享、民俗节日、祭祀、婚宴、酒馆等有乐舞活动，佛教艺术中也就有大致相同的画面。画工塑匠将他们所见到的人间乐舞场面，加上想象，绘制或雕塑在佛寺和石窟中。

有世界艺术宝库美称的敦煌石窟，保存了极其丰富、珍贵的舞蹈形象。从公元4世纪的十六国时期到元，历时千余年，古代的艺术家在这里开窟、造像、绘壁，创造了璀璨夺目、绚丽多姿的敦煌艺术。时至今日，这些经历了漫长岁月的艺术珍品，仍有一部分相当完好。敦煌莫高窟存有壁画、塑像的洞窟492个。几乎每个洞窟都有舞蹈形象，如在窟顶、龛楣飞舞翱翔的飞天；在天宫凭栏奏乐、舞蹈的天宫伎乐；在大铺经变画中，居于显著地位正在真实地"舞蹈"着的伎乐天；在供养人行列中起舞，具有浓郁生活气息的舞蹈人形象以及那些富于舞蹈美感的塑像菩萨、力士等。这些舞蹈形象可分为人们臆想中神佛世界的天乐舞和人间的俗乐舞两大类。天乐舞包括天宫伎乐、飞天伎乐、化生伎乐、经变画伎乐以及各种护法神如金刚力士、药叉、迦陵频伽伎乐等具有舞蹈感的形象。俗乐舞包括供养人行列中的乐舞场面和佛教故事画中生活气息浓郁的舞蹈画面。这类舞蹈壁画，直接而真实地反映了当时社会生活中的舞蹈形式。安西榆林窟、东千佛洞、西千佛洞等也保存了相当丰富、生动的舞蹈形象。它们是中华民族悠久灿烂的舞蹈文化百花园中的奇葩。

敦煌壁画的舞蹈风貌，随时代的变迁而各异。按舞蹈形象所展示的不同风格与韵律，根据敦煌学家对敦煌艺术的分期，大致可分为以下三个阶段：

早期：北凉及北朝时期

中期：隋、唐时期

晚期：五代、宋、西夏、元

早期的舞蹈壁画构图比较单一，多为单身的乐舞表演。人物形象多稚拙古朴，体态粗壮，带有明显的印度、西域及北方游牧民族风格。唐代是敦煌壁画发展的全盛期，中期的舞蹈壁画气势宏伟、富丽堂皇，乐舞题材较前大为丰富。唐代多民族交融的乐舞文化、各种舞蹈类型及河西地区的乡土风情在壁画中都得到了生动的反映。从五代开始，由于政权更迭频繁、舞蹈艺术远不如唐代兴盛等诸多因素，敦煌石窟进入衰落期,晚期的舞蹈壁画在构图、画技及乐舞形象的描绘上,多沿袭前代,艺术性明显降低。虽然在少数民族的洞窟中,也出现一些精品,但总的来说这一时期的艺术成就远不能与隋唐时期相比。

二、目录

前言　乐舞大交流时代的舞蹈形象图片库

　　第一章　北朝豪健气质与西域、中原舞风的结合
　　第一节　天宫乐舞
　　第二节　北周的西域世俗舞蹈

　　第二章　广取博采的辉煌唐舞壁画
　　第一节　唐代舞蹈与敦煌壁画
　　第二节　经变画上的天宫乐舞——巾舞
　　第三节　经变画上的天宫乐舞——腰鼓舞和琵琶舞
　　第四节　折射世俗生活的舞蹈壁画
　　第五节　生动活泼的儿童舞蹈

　　第三章　斜阳夕照的五代至元舞蹈画面
　　第一节　承传唐舞余韵的五代宋舞蹈壁画
　　第二节　刚柔并济风韵独特的西夏元舞蹈壁画
　　第三节　晚期壁画中的菩萨美姿

　　附录：本书所见舞蹈动作术语表
　　图版索引
　　敦煌石窟分布图
　　敦煌历史年表

第二节　基本内容及评述

《敦煌石窟艺术全集》丛书共 26 卷,于 2016 年 1 月由同济大学出版社出版。这套书以不同的主题向读者介绍敦煌石窟,包括佛传故事、飞天、动物画、法华经、报恩经、交通画卷等,其中第 16、17 卷为音乐、舞蹈画卷,本书以此二卷的内容作

简要述评。

《敦煌石窟艺术全集·音乐画卷16》主要分为四章：

第一章：清歌妙舞入画图。这一章分为三节进行论述：1.佛教东渐与华夏艺术的融合，介绍佛教进入敦煌后对其音乐壁画的影响、与传统音乐画的结合发展以及音乐内容与佛经的相关性。并附上相应的壁画及文字注解以便读者理解和认识。2.敦煌音乐壁画的特色，分为独具匠心的艺术特色和音乐壁画创作的制约因素两点进行论述。3.灵动的音乐符号——不鼓自鸣，这类乐器是佛教与世俗、绘画与音乐互相融合而成的一种艺术创造，也是敦煌壁画中最具象征意义的音乐图像。

第二章：佛国的乐神——伎乐天。这一章主要分为三节：1.天宫乐伎和飞天乐伎。2.经变画中的礼佛乐伎，其中又分经变画伎乐的创作、宫廷仪仗制度的写照、乐队乐器的组合与西凉乐的反映三部分。3.化生乐伎和护法神乐伎，护法神乐伎则又分为天王乐伎、金刚乐伎、药叉乐伎。

第三章：世俗的乐工——伎乐人。这一章主要分为两节：1.经变画及故事画的伎乐人，包括俗乐中的乐伎类型、浓厚的民俗特征两部分。2.地方权贵的真实写照——供养人乐伎。

第四章：管弦鼓吹，琳琅满目的乐器。这一部分主要是分类介绍了敦煌石窟中所出现的乐器，并且将其按照气鸣、弦鸣、打击乐器的不同，分三类进行归类论述。

《敦煌石窟艺术全集·舞蹈画卷17》主要分为三章：

第一章：北朝豪健气质与西域、中原舞风的结合。这一章主要分为两节：1.天宫乐舞，包括北朝壁画的舞蹈类型、天宫伎乐、神佛世界中的乐舞人三部分。2.北周的西域世俗舞蹈，通过现存的第297、299窟的两幅北朝世俗舞蹈形象来分析探讨北周西域的世俗舞蹈。

第二章：广取博采的辉煌唐舞壁画。这一章主要分为五节：1.唐代舞蹈与敦煌壁画，包括唐代舞蹈民族化的成就、敦煌壁画与唐代舞蹈、敦煌舞谱三部分。2.经变画上的天宫乐舞——巾舞，论及唐代敦煌壁画中数量最多最常见的巾舞以及设计巧妙的双人舞画面安排。3.经变画上的天宫乐舞——腰鼓舞和琵琶舞，包括击腰鼓而舞和弹琵琶而舞两部分。4.折射世俗生活的舞蹈壁画，分经变画及佛传故事画中的民俗舞场面，如宴会嫁娶及民间宴乐乐舞、宗教祭祀舞蹈、剑舞，以及供养人乐舞两部分。5.生动活泼的儿童舞蹈，包括莲花童子舞、儿童嬉戏舞两部分。

第三章：斜阳夕照的五代至元舞蹈画面。这一章主要分为三节：1.承传唐舞余韵的五代宋舞蹈壁画，分为多承袭少创新、经变伎乐两部分进行论述。2.刚柔并济风韵独特的西夏元舞蹈壁画，包括矫捷柔曼舞韵兼具的西夏舞图和风格迥异的元代舞蹈壁画。3.晚期壁画中的菩萨美姿，选取许多有特色的舞蹈形象，以供舞蹈创作及表演者参考。

评述：《敦煌石窟艺术全集》26卷丛书中，每一卷都附有相关的知识和研究成果，包括现存最完整的石窟壁画、佛像、详细的文字介绍、地图、敦煌历史年表、图版索引等。该套书中第16、17卷音乐、舞蹈部分，不仅能够论证文献史料中的记载，部分图像还能提供文献所不曾著录的珍贵材料。此二卷，基本囊括了敦煌石窟中与音乐舞蹈相关的所有壁画的资料，为研究敦煌音乐舞蹈文化提供了丰富的史实材料和图像参考，是研究该领域中必不可少的工具书，同样也为现代的音乐舞蹈创作开拓了眼界和路径。

拓　展

1. 中国音乐研究所编：《中国音乐史参考图片》，音乐出版社1954年至1964年。
2. 刘东升、胡传藩、胡彦久：《中国乐器图志》，轻工业出版社1987年版。
3. 中国艺术研究院音乐研究所编：《中国音乐史图鉴》，人民音乐出版社1988年版。
4. 敦煌研究院主编：《敦煌石窟全集13 图案卷（上）》，商务印书馆（香港）有限公司2003年版。
5. 敦煌研究院主编：《敦煌石窟全集14 图案卷（下）》，商务印书馆（香港）有限公司2003年版。
6. 敦煌研究院主编：《敦煌石窟全集1 再现敦煌》，商务印书馆（香港）有限公司2005年版。
7. 孟凡玉主编：《丝绸之路乐舞艺术研究资料汇编　歌舞综合卷》，中央民族大学出版社2018年版。
8. 熊小玉主编，周菁葆著：《丝绸之路音乐舞蹈大系　上》，现代出版社2020年版。
9. 熊小玉主编，周菁葆著：《丝绸之路音乐舞蹈大系　下》，现代出版社2020年版。
10. 赵塔里木主编，周菁葆著：《丝绸之路乐舞文库》（10册），中州古籍出版社2020年版。